한국사

24

조선 초기의 경제구조

국사편찬위원회

자문위원

이 재 룡　　차 문 섭

편찬위원

김 태 영　　이 수 건　　최 승 희

집필(조선 초기의 경제구조)

김 재 근　　김 태 영　　남 도 영
박 구 병　　박 홍 수　　신 지 현
원 유 한　　유 승 주　　유 원 동
이 재 룡　　이 호 철　　조 효 숙
최 완 기　　하 종 목

기획 · 편집

신 재 홍　　변 승 웅　　이 근 택
고 혜 령　　권 영 국　　김 영 미
나 애 자　　박 남 수　　박 한 남

복간 간행 : 김 용 곤 · 장 득 진

한국사 간행취지

우리 겨레가 앞으로 어떻게 살아갈 것인가 하는 문제는 우리들은 물론 우리와 더불어 살아가는 세계인들의 관심사일 것이다. 이에 대한 해답은 과거에 어떻게 살아왔는가 하는 우리 역사에 대한 인식을 통해 찾을 수 있을 것이라고 생각된다.

본 위원회에서는 이미 1970년대에 『한국사』 25권을 간행하여 해방 이후 한국사의 연구성과를 집대성함으로써 한국사에 대한 인식을 새롭게 한 바 있다. 그 이후 한국사회는 놀라운 성장과 발전을 이루었고 역사학계도 상당한 연구성과를 축적하였다. 이러한 변화에 발맞추어 한국사학계는 새로운 『한국사』 편찬의 필요를 느끼게 되었다.

이에 본 위원회는 일차적으로 한국사 연구지원비를 마련하여 역사학계로 하여금 1980년대 중반까지 연구성과가 미진하다고 생각되는 분야를 연구할 수 있도록 하였다. 이어서 1989년부터 1990년까지의 준비를 거쳐 1991년에는 '신편 한국사 편찬위원회'를 따로 구성하고 총 60권에 달하는 새로운 『한국사』를 편찬하기로 하였다. 그리고 다음과 같은 『한국사』 편찬의 목표를 세웠다.

① 한국의 역사와 문화에 대한 객관적 인식의 토대를 제공할 수 있는 한국사를 편찬한다.

② 민족의 창조적 문화활동과 민족사의 내재적 발전을 드러내는 한국사를 편찬한다.

③ 최근까지의 연구성과를 체계화하고 새로운 영역을 개척함으로써 한국사 연구의 지평을 넓힌다.

④ 한국사 연구와 관련하여 고고학·인류학·사회학·경제학 등 인접학문의 연구성과를 수용하여 한국사 인식의 폭을 넓히는 데 기여한다.

새로운 『한국사』를 펴내면서 우리 모두가 바라는 바는, 민족의 통일에 대비해야 하고 급격히 변화하는 시대상황 속에서, 한국사 연구자의 깊이 있는 연구를 도와주고 독자들의 역사인식을 드높일 수 있는 길잡이 구실을 할 수 있었으면 하는 것이다.

국사편찬위원회 위원장

목　차

Ⅰ. 토지제도와 농업

Ⅱ. 상　업

Ⅲ. 각 부문별 수공업과 생산업

Ⅳ. 국가재정

V. 교통·운수·통신

VI. 도량형제도

개 요

I

고려 말 사전개혁운동은 공양왕 3년에 과전법을 공포하기에 이르렀고, 이 과전법은 조선시대 토지제도의 근간을 이루었다. 과전법은 농장의 不輸租특권을 배제하여 모든 전지를 과세지로 재편성하며 소유권적 토지지배관계를 공인하게 하였고, 私田의 재분배는 私田畿內의 원칙에 따라 分給收租地가 축소되었으나 신진관료의 경제적 기반을 제공해 주었으며, 농민의 所耕田에 대한 소유권을 보호하여 어느 정도 농민생활의 안정을 기하게 하였다.

과전법 이래 토지소유권이 공인되자 토지소유자는 자립성을 갖게 되어 농민이 직접 국가를 상대하게 되는 처지로 성장하였다. 그러므로 수조권은 소유권을 기반으로 한 민유지 위에 설정된 복고적 법제로서 경기도 내에만 분급함을 원칙으로 축소되었다.

종래 조선 초기의 토지제도는 과전법에서 직전법으로의 변천을 주된 제도적 골격으로 다루어 왔으나, 그것은 조선 초기 토지제도의 일부인 양반관료의 수조지 지배만을 다룬 것에 불과하였다. 양반관료의 수조지 지배인 과전은 사전억압시책으로 태종·세종년간의 私田 하3도 移給과 還給, 세조 12년의 직전법, 성종 원년의 직전세 官收官給制로 이어졌으며, 직전세의 관수관급제는 직전 내에서 田主의 토지지배관계가 불가능하게 된 것을 뜻한다. 그리고 그 직전제마저도 명종 때에 이르러 소멸되고 말았다.

토지소유관계는 일제시기 이래 일제 관학자와 유물사관론자에 의하여 토지국유제로 주장되어 정설로 인정되어 왔으나, 1960년대 이래 토지사유제가 주장되어 토지국유제는 하나의 표방에 불과하고 실제로는 토지사유제임을 밝혀냈다. 토지사유제를 주장하는 근거는 공전·사전·민전의 개념에 대한 재검토와 민전의 실태에 대한 규명이었다. 공전·사전·민전의 개념에는 토지

국유제론자가 말하는 바와 같이 수조관계로서의 개념이 담겨 있는 이외 소유관계로서의 개념이 함께 내포되어 있다. 그리고 민전은 상속·매매·증여·전당할 수 있는 토지로서, 평민은 물론 양반·중인·천인 등 모든 계층의 민유지였다.

과전법 체제 아래 영농형태는 지주의 農莊형, 소농민의 自營형, 零細小農·無田농민의 並作형으로 분류된다. 농장 가운데 왕족의 농장은 거의 노비에 의해, 양반의 농장은 노비와 佃戶에 의해, 그리고 사족·향리의 농장은 거의 전호에 의하여 경영되었다. 세종 때 강원도의 한 통계에 의하면 약 15%의 지주에게 전체 면적의 43%가 점유되고 있었다. 자영형 소농민의 민전은 자가 노력과 노비·雇工·婢夫 등으로 경영되었다. 세종 때 토지소유 농민은 7/10에 달하였으며, 농민의 토지소유 규모는 1, 2결에 불과하나 자영농의 토지소유 상황은 고려 말에 비하여 훨씬 호전되어 있었다.

영세농민이나 무전농민은 병작에 의지할 수밖에 없었으며, 과전법에서 병작을 금하고 있으나 조선 초기 이래 병작은 널리 보편화되어 갔다. 병작이 발달한 원인은 토지집적의 진전과 영세·무전농민의 끊임없는 증가, 농업생산력의 발전과 유통경제의 발달, 농민의 小經營능력 보유와 철저한 양인 影占의 금지 등을 들 수 있다. 과전법으로 여말 권문세가의 대토지소유에 의한 권력형 농장이 사라진 이래 15세기에는 중소지주의 財理형 지주전호제가 발달하기 시작하여 16세기에는 더욱 발달하게 되었다.

고려 말까지 중국의 농서만이 간행, 보급되었으나 세종 때 비로소 우리의 농서인《農事直說》이 편찬, 보급되어 농업기술의 발달에 이바지하였다.

여말·선초에 休閑法이 극복되고 連作法이 보급되면서 농업생산력이 발전하였다. 조선 전기에 연해지역의 개발과 下濕地의 水田개발은 중국 江南農法의 도입과 밀접한 관계가 있으며 수전농업의 발달을 촉진시켰다. 조선 초기 이래 수전은 直播連作法이 정착되었으며 移秧法은 수리·생산기술면에서 아직 널리 행해지지 못하고 乾耕法이 조선의 기후 조건에 맞추어 독특한 耕種法으로서 개발되었다. 旱田농업은 15세기에 1년 1작식의 연작법이 지배적이었고, 16세기에는 비옥한 밭에서 1년 2작식 혹은 2년 3작식도 행하여졌다.

연작법의 보급은 施肥法의 발달과 직결되었다. 시비에는 客土·草木肥·糞

種 등을 들 수 있으며, 특히 분종이 시비 중에서 가장 중요한 요소이었다. 15세기에는 粗放的 시비법인 분종법이었으나 16세기에는 糞田・廐肥도 발달하였다. 노동수단으로 2필의 소를 끌어 동력으로 한 우경이 발달하여 쟁기가 널리 보급되고, 손으로 사용하는 농구로 호미가 널리 보급되었다.

II

조선 전기의 상업은 농본주의 정책으로 크게 발달하지 못하였다. 상업은 국내상업과 대외무역으로 구분되고, 국내상업은 다시 도시상업과 지방상업으로 나눌 수 있다. 도시상업으로, 서울에 行廊상점인 市廛은 상설점포이었으며 개성과 평양 등 도시에도 상설점포가 개설되고 있었다. 서울의 시전은 개성의 것을 본 따 태종 때에 대규모의 행랑을 조성한 후에 개설되었다. 서울의 시전이 가장 성한 곳은 雲從街, 鐘樓, 廣通橋 등이었다. 京市署는 시전을 관장하고 시전으로부터 行廊稅를 징수하였다. 시전은 宮中과 府中의 수요를 조달하는 반면 상품에 대한 독점판매의 특전을 차지한 어용상점이었다. 선조 말 내지 인조 때 쯤에 모든 시전 가운데 으뜸이 되는 전으로 발전한 六矣廛(육주비전)은 縇・綿紬・綿布・苧布・紙・魚物廛 등을 가리키며, 그들은 독점판매상점일 뿐 아니라 國役의 대가로 禁亂廛의 특전마저 부여받았다.

자방상업으로 場市는 15세기 후반에 전라도에서 발생하여 점차 삼남지방으로 파급되고 이어 전국적으로 발달되었다. 장시의 발생은 농업생산력의 발전에 따른 유통경제의 활성화 현상이었다. 즉 조선 초기에 휴한법이 극복되고 연작법이 보급되면서 농업생산력이 증대됨에 따라 장시가 발생하였다. 이에 당시 농업 선진지역이던 하3도에서 먼저 장시가 발생하여 발달한 것이다. 그리고 16세기에 접어들어 장시는 정부의 금압책이 이완되는 가운데 충청・경상도에 번지고 이어 전국적으로 보급되어 각 군현마다 개설되기에 이르렀다. 장시 발달의 배경은 지주제의 발달, 중국과의 사무역 발달, 군역의 布納化, 농민층의 분화와 이에 따른 상인의 증가, 防納의 성행 등을 손꼽을 수 있다. 장시의 성립 초기에는 1개월에 2회 개설되는 15일장이었는데, 16세기에는 10일장과 5일장으로 발달하였다. 장시에서 거래되는 상품은 대개 농민이나 수공업자들이 스스로 생산하고 제조한 소상품들이었다.

조선 초기에 정부는 米·布 등 물품화폐 기능의 한계를 통감하고 화폐경제가 발달한 중국의 영향을 받아 楮貨·銅錢·箭幣 등을 유통시키고자 하였으나 실패하였다. 태종 원년부터 저화를 제조하여 유통케 하고, 세종 4년에 동전인 朝鮮通寶를 주조하여 저화와 함께 병용케 하였으며, 세조 8년에는 柳葉錢인 전폐를 주조하여 통용케 하였으나 모두 실패하였다.《經國大典》에는 布貨를 國幣로 규정하고 있는 바, 포화에는 麻布와 綿布가 있고, 그 중에서 마포가 正布로 규정되어 있으나 실제로는 면포가 세종 때부터 유력한 유통수단의 기준이 되었다. 조선 전기에 화폐유통정책이 실패한 것은 상품교환경제가 미숙한 상태인 까닭도 있겠지만 면포의 화폐적 기능에도 한 원인이 있었다.

대외무역은 사대교린정책에 따라 朝貢과 回賜의 형식인 관무역과 使行에 의한 사무역이 행하여졌다. 대외무역의 대상국은 명·여진·일본·유구·남만 등이었다. 명과의 조공은 3년 1貢이 원칙이나 조선은 실리를 위해 자주 사행을 파견하였다. 명과의 조공에서 金銀歲貢이 과중한 부담이었으나 세종 때에 금은세공이 면제되어 양국간의 교역에 원만한 관계가 이루어졌다.

여진과는, 여진의 조공에 조선이 회사하는 형식으로 여진이 조선에서 생필품을 교역해 갔다. 태종 때부터 국경지대인 경성·경홍에 무역소가 설치되어 鹽鐵 등을 교환해 갔다. 일본과는 對馬島 宗氏가 중개무역을 담당하였는데, 일본과의 무역도 일본의 조공에 조선이 회사하는 형식인 관무역으로 행하여 졌다. 세종 원년에 대마도정벌로 남해안이 평온해지자 조선은 3포개방으로 교역활동지역을 제한하며 계해약조를 맺어 歲遣船의 척수와 歲賜米豆를 제한하였다. 유구와의 교섭은 고려 말부터이며, 그들은 토산품과 베트남·샴 등 남방의 산물을 조공하고 회사품을 가져갔으며, 성종 2년에는 그들의 세견선을 공인하고 관직이 수여되었다. 남만은 샴과 자바를 자칭하였는데, 그들에게도 토산품의 조공에 회사품이 주어지고 관직도 수여되었다.

Ⅲ

수공업은 15세기에 관영수공업인 官匠制가 주도하였으나 16세기에는 민영수공업인 私匠制로 바뀌어 갔다. 관장제는 工匠이 관부에 예속되어 물품을 생산하여, 중앙관아에 경공장이, 지방관아에 외공장이 배속되었다.《經國大典》에 의하면 중앙에는 30개 관아에 2,800여 명의 경공장이 129종의 물품을, 지방에는 3,500여 명의 외공장이 27종의 물품을 생산하였다. 공장의 신분은 양인과 公賤으로 구성되며, 그들은 관아의 수요에 따라 각기 책임량을 제작하였다. 그들의 작업은 公役에 응하는 것이므로 무상이며, 공역 이외에 사적으로 생산한 물품에는 납세의 의무가 부과되었다.

민간수공업도 독립수공업자, 농민·승려·백정 등에 의하여 수공업품이 생산되었다. 독립수공업자는 관부의 匠籍에 등록되어 공역을 부담하지만 공역 이외에 생산된 물품에는 匠稅가 부과되었다. 농촌수공업은 농민의 부업으로 생산되었으며, 승려의 수공업으로는 製紙·製鞋·木工·製麵 등이, 백정의 수공업으로는 製革·柳器제조 등이 있었다.

철광업은 야철수공업의 성장과 함께 발달하였다. 고려 이래 繕工監과 軍器監에서 소요되는 철물은 각 도의 貢鐵로서 충당하는 斂鐵法이었다. 이 공철이 배정되면 수령이 징수하여 선공감·군기감이 납부하였다. 그러나 태조 7년에 염철법이 혁파되고 鐵場都會制로 바뀌었다. 철장도회제는 철장도회에서만 선공감·군기감에 공철을 납부하고, 철장도회가 설치되지 않은 곳에서는 민영으로 광산이 운영되었다. 그 곳에는 철물제조업자인 月課匠人이 사적으로 생산하였고, 정부는 그들을 외공장에 등록하여 匠稅를 부과하였다. 세조 때에 철장도회의 공철이 미곡으로 代納되었고, 성종 때에는 철강생산지에 한하여 각 읍 採納制를 시행한 바 있다. 그러나 16세기 초에 민간 야철수공업의 성장으로 각 읍 채납제도 무너지고 대납제가 보편화하게 되었다.

방직업에는 주로 絹織과 綿業이 있었다. 견직을 위해서 잠업진흥정책이 수립되었다. 조선 초기에 서울을 비롯하여 전국에 蠶室都會를 설치하여, 5등호제에 따라 뽕나무 수량을 의무화하는 양잠조건을 펴 생산이 배증되었으며, 관영수공업에 의한 견직물 생산이 주도되었다. 그러나 16세기에 관영수공업은 독립수공업이나 농가 부업의 민간수공업으로 바뀌어 갔으며, 농가의 견직이 장시에서 거래되었다.

면업은, 여말에 文益漸이 원나라에서 목면 종자를 가져와 재배되기 시작하였으며, 목면의 전래에 따라 조선 초기 의료생활에 큰 변화가 일어났다. 종래의 주된 의료는 마포였으나 태종대에 목면이 서민 의료에 사용되기 시작하였고, 세종·세조 때에는 아래로 천민에 이르기까지 목면으로 옷을 입게 되었다. 한편 세종 때 이래 목면은 일본으로의 수출에서 큰 비중을 차지하였는데, 일본의 목면 재배는 조선보다 1세기 이상이나 늦게 시작되었기 때문이었다. 16세기에 목면은 대량으로 생산되면서 화폐의 기능을 담당하였으며 代役價나 노비 身貢 등이 모두 면포로 납부되었다.

제지업은, 종이의 용도가 많아 발달하였고 관영수공업이 위주이나 민영수공업도 있었다. 《經國大典》에 의하면 경공장과 외공장의 전체 인원 중 紙匠 인원이 차지하는 비율이 1위로 가장 많았다. 서울에는 造紙署가 있었고, 지방에는 각 읍마다 官楮田에서 官備貢物로 국가의 수요를 조달하였는데 주로 하3도와 강원도에 배정되었다. 제지 공정은 手灑法이었으며, 제지에는 그 길이, 너비, 두께 등에 각기 규격이 있었다. 종이를 잘 만드는 곳은 조지서와 전주, 남원을 꼽았는데, 《林下筆耕》에는 '湖南楮 天下第一'이라고 하였다.

造船은, 민간 조선업이 없지 않았으나 관부의 조선관리가 위주였으며, 典艦司에서 造船을 관장하였다. 원래 韓船은 平底船型으로서 鐵釘이 사용되지 않았으므로, 못을 갈아치우는 改槊은 큰 보수작업이었다. 세조 때에 새로운 兵漕船을 개발하여 전시에는 병선으로, 평시에는 조운선으로 사용하였다. 《經國大典》에 보이는 大·中·小猛船은 병조선을 그 크기에 따라 일컫는 것이다. 명종 때에 板屋船이란 군선을 개발하였는데 格軍은 판옥 내에, 戰士는 上甲板에 배치했던 구조의 군선이었다. 조선 초부터 제조되어 왔고 임진왜란 때에 위력을 보인 거북선은 平屋船에 두터운 널빤지(蓋板)를 복개한 군선이다.

염업은 모든 해안에 鹽盆을 두어 소금을 생산하였다. 고려시대에 비하여 염분 수가 배로 증가되고, 황해·평안·함경도 해안에까지 염분이 널리 설치되었다. 조선의 소금은 陸鹽이 없고 海鹽 위주이며, 제염방식은 海水直煮法에서 無堤鹽田式으로, 다시 有堤鹽田式으로 발달해 갔으며, 이 시기에는 아직 세 가지 제염방식이 함께 행하여졌다. 소금의 생산은 鹽干이 신역으로 官鹽을 제조하는 것이 원칙이나 염분의 私占, 염간의 도망 등으로 그 폐단이 적지 않았다.

수산업은 3면이 바다로 둘러싸여 어획물의 종류가 풍부하였으므로 연안어업으로 개발되었다. 《신증동국여지승람》의 어획물에는 어류·패류·갑각류·수산동물·해조류 등이 있다. 漁法으로는 어망·漁梁·釣漁 등이 있는 바, 어망이 널리 사용되었고, 어량은 서해안 중심으로 행해졌으며, 조어에는 외줄낚시와 주낙이 있었다. 수산양식업으로 양어가 있었으며, 해조류 양식 중 김양식이 조선 전기에 이루어졌는지는 자세하지 않다. 수산제조품으로는 乾製品이나 젓갈류가 있었다. 어장은 원래 私占을 금하고 司宰監에 속하게 하였으나 어장의 사점이 일반화되어 갔다.

Ⅳ

국가재정의 수입원은 租稅·力役·貢物 등이었다. 그리고 세조 때에 일종의 세출일람표라 할 수 있는 橫看의 제도가 마련되고 세입일람표라 할 수 있는 貢案이 재조정된 것은, 국가재정제도에 있어서 일대 전기가 마련된 것이었다.

조세의 수취는 건국 초에 과전법의 조세규정에 의하였으나 세종 때에 새로운 전세제도인 貢法으로 개혁되었다. 과전법의 조세규정은 1/10 수조율과 損實踏驗法 등이 중요 내용이었다. 공법은 손실답험의 폐단과 농업생산력의 증대에 따른 전세제도의 개혁으로 田分6등법, 年分9등법, 1/20稅, 常耕의 正田과 時耕에 한하여 수세하는 續田과의 구분, 災傷田 10결 連伏에 의한 감면규정 그리고 田結制의 재조정 등이 주요 내용이었다. 손실답험법이 休閑法에 알맞은 조세규정이라면 공법은 連作法에 적합한 조세규정이었으나 공법의 전분6등법은 隨等異尺指尺이 기준이었으나 공법의 전분6등법은 隨等異尺周尺으로 그 기준을 삼았다.

역역은 徭役과 國役으로 구분되었다. 요역은 국가에서 필요에 따라 개별 민호의 노동력을 무상으로 정기·부정기적으로 징발하는 제도였다. 요역의 기준은 태조 원년의 計丁法에 의한 3등호제이었는데 정종 원년에 人丁과 田地의 기준을 함께 한 計丁計田折衷法으로 개정되고, 세종 17년에 計田法에 의한 5등호제로 재개정되었다. 《經國大典》에 요역은 出丁 기준이 '田八結 出一夫'로 되어 있고, 동원 기간은 1년에 6일로 규정되어 있으나 실제 그 기준은 지켜지지 않았다.

국역은 항구적인 역이며 身役 혹은 職役이라 할 수 있고, 그 신분에 따라 良役과 賤役의 구별이 있었다. 따라서 역의 내용도 軍役, 혹은 吏校, 혹은 干尺, 혹은 노비身貢 등 다양하였다. 그러나 국역 부담의 주 대상은 양인층이었고, 이들이 부담하는 국역의 부담은 군역이었다. 군역 부담자 중에서 큰 비중을 차지하는 양인층의 대표적 兵種은 正兵과 水軍이었다.

국역 부담에 있어서 당번의 의무를 지는 자는 戶首라 하고, 호수가 당번 의무를 수행하는데 소요되는 경비를 뒷바라지하는 자를 奉足이라 했다. 국역 부담의 단위인 戶는 대개 3丁 1戶로 삼는 것이 통례였다. 세조 때에 봉족제는 保法으로 개편되었는 바, 보법에서는 봉족을 保人이라 부르며 2丁을 1保로 삼고, 이제까지의 戶 기준 대신에 丁을 기준으로 삼았다. 그리고 《經國大典》에 보인의 호수에 대한 재정적 부담인 保布는 매월 면포 1필로 규제하였으나 지켜지지 않았다.

貢物은 민호가 토산의 현물을 공납하는 것으로서, 각 주현에 배정되면 다시 민호에 배정되었다. 공물은 민호에게 현물로 부과하는 것이 원칙이나, 혹은 민정을 동원하여 조달하는 경우도 있고, 혹은 현물의 대가로 미・포 등을 부과하는 경우도 있었다. 또 민호에 나누어 배정되지 않고 관아에서 직접 마련하여 납부하는 官備貢物도 있었다. 그리고 매년 바치는 常貢 이외에 필요에 따라 징수하는 別貢이 있었다. 공물의 分定은 실제 지방관의 임의에 맡겨지고 향리가 그 실무를 맡았으며, 공물의 종류도 잡다한 까닭에 그 분정에 있어 공평하기가 어려웠다.

공물의 수납과정에서 防納과 點退는 큰 폐단이었다. 방납은 공물청납업자가 공물납부자의 물품을 대신 바치고 그 대가를 납공자로부터 배 이상으로 징수하는 일을 말하며, 점퇴는 공물납부자의 물품을 검사할 때에 규격미달의 구실로 그 물품을 도로 퇴하는 것을 말한다. 방납은 관료・양반・승려 등 공물청납업자가 모리를 일삼던 일이며, 점퇴는 공물 수납의 실무자인 吏胥의 농간이었다. 이러한 공물 수납의 폐단을 개혁하기 위하여 후일 貢物의 田稅化인 大同法이 실시되었된 것이다.

공물 이외 토산의 현물을 공납하는 進上이 있었다. 공물은 납세의 일종으로 각 주현 단위로 매년 1차 상납하는 것이나, 진상은 본래 납세의 의무라기보다 국왕에 대한 外臣의 禮獻으로 궁중에 쓰일 물품을 각 도 단위로 감사와 병사·수사가 월 1차 상납하는 것이다. 그러나 진상도 공물과 같이 의무적인 것이어서, 각 도 단위라 하지만 역시 주현에 나누어 배정되어 민호의 부담이 되는 점에서 공물과 다름이 없었다.

국가재정은 그 수입면에서 중앙 각사나 지방 관아에 분급된 토지의 收租로서, 혹은 노역으로, 혹은 전세와 공물에 의지하기도 하는 등 다양하였다. 또 국가재정과 궁중재정의 구분이 확연하지도 않았으며, 세입·지출이 오늘날의 재정제도와 같이 수립된 것도 아니었다. 그러나 세입일람표인 貢案은 이미 고려 이래로 있어 왔으며, 세조 때에 이르러 세출일람표인 橫看이 제정되고 공안도 조정되었다. 《經國大典》에 공안과 횡간의 제도가 제정되어 있으나, 그것이 어느 정도로 국가재정의 총규모를 통괄한 것인지 분명하지 않다. 그러나 종전에는 세입을 보아 세출을 정하던 것을 이제 세출을 계산하여 세입을 정하게 된 것이므로 국가재정의 새로운 개혁이었다.

V

교통기관으로 驛과 院이 있었다. 역에는 驛子를 배치하여 공문의 전달, 공무여행, 관물수송 등에 역마를 제공하였다. 《經國大典》에 의하면, 전국 41개 驛道에 537개 역이 설치되어 察訪·驛丞이 관장하며, 역마 이용자에게 중앙에서는 尙瑞院이, 지방에서는 감사와 병사·수사가 마필 수가 새겨진 馬牌를 발급하였다. 원은 공무 여행자의 숙식을 위해 관에서 설치한 여관으로, 《新增東國輿地勝覽》에 따르면 1,310개소의 원이 있었다. 그러나 16세기에 공무 여행자의 숙식은 대개 客舍나 민간업자에 의해 대행되었으며, 후기에 원은 없어지고 원터에 주점·주막이 발달하였다.

漕運은 水運과 海運으로 각 지 漕倉에 수납된 세곡을 서울로 수송하는 것이었다. 《경국대전》에는 9개 조창제로서 각각 조창의 收稅구역이 배정되어 있었으나 평양·함경 양도의 세곡은 조운하지 않고 고장에 그대로 두었다. 조운은 주로 관선에 의해 행해졌으나 명종 때 이래 사선의 賃船制가 행해졌다.

烽燧는 중요한 통신기관으로 산봉우리의 봉수대를 연결하여 변경의 긴급한 상황을 서울 남산(木覓山)에 전달하는 군사적 기능을 담당하였다. 전국의 주요 봉수망은 5개 간선으로 되어 있고 5炬法으로 변경의 상황이 중앙에 보고되었으며, 대체로 변경의 상황이 12시간이면 서울에 전달될 수 있었다.

역과는 달리 임진왜란 직후부터 공문을 급히 보내기 위하여 擺撥制가 개설되었다. 파발에는 騎撥과 步撥이 있고, 그들이 교대하는 곳을 站이라 했다. 파발망은 3개의 간선망으로 되어 있었다.

馬政은 중앙의 경우 병조 아래 司僕寺가 관장하고, 지방에서는 관찰사가 監牧官으로 하여금 각 목장의 群頭와 牧子를 시켜 관할하게 하였다. 목장 중에는 馬목장이 9할로 많으며, 《신증동국여지승람》에 의하면 馬목장의 수는 87개소이며, 목장 소관의 馬匹數는 약 4만필에 달하고 제주도 목장 소속의 것이 2/3였다. 말의 수요는 주로 역마의 조달을 비롯하여 對明 수출에 충당되었다.

Ⅵ

度量衡은 세종 때에 통일, 정비되어 周尺·營造尺·布帛尺·黃鐘尺 등이 제정되었다. 당시 제정된 주척은 量田尺으로 활용되어 전분 6등법에 의한 양전척의 기준이 되었다. 세종 때에 量器체제도 개혁하여 營造尺을 제정하고 그 표준 量器尺도 영조척으로 바꾸었다. 영조척이 건설용척으로 제정되고 포백척도 새로 통일되었으며 황종척도 국악의 표준척으로 만들어졌다. 용적을 재는 量制도 개혁되었으며 중량도 黃鐘律管에 채운 물 무게를 기준으로 삼아 제정되었다.

<李載龒>

Ⅰ. 토지제도와 농업

1. 토지제도
2. 농업과 농업기술

Ⅰ. 토지제도와 농업

1. 토지제도

1) 과전법체제의 확립

(1) 고려 말 사전개혁의 방향

고려 후기에는 개인 수조지로서의 사전이 전국적으로 팽창해 있었다. 또한 그 같은 사전을 일정 지역에 집중시켜 경영하는 유형으로서의 농장이라는 것도 널리 존속하고 있었다.[1] 그런데 이들 사전이나 농장은 국가의 제도적 운영에 필수 불가결한 지반으로 편성되어 있는 각종 명목의 토지를 겸병·탈점하여 국가체제의 유지를 매우 어렵게 하였다.

A. 신우 14년(1388) 7월 大司憲 趙浚 등이 상서하기를 '근년에 이르러 겸병이 더욱 심해져 간흉한 무리가 주군을 포괄하고 산천을 경계로 하여 그 모두를 祖業田이라 칭하면서 서로 빼앗으니, 1畝의 田主가 5, 6을 넘고 1년의 田租를 8, 9차례나 거두어 간다. 위로는 御分田으로부터 宗室·功臣田과 조정의 문무 양반전, 그리고 외역전이라든가 律·驛·院·館田에까지 이르고, 무릇 다른 사람이 대대로 심어놓은 뽕나무와 집까지 모두 빼앗는다'고 하였다(《高麗史》 권 78, 志 32, 食貨 1, 田制 祿科田).

즉 이 시기에는 국가 각 기관의 수조지라든가 왕실·공신·양반전으로부터 군인전, 나아가서는 향리나 진·역리의 외역전 등 국가 말단 행정·교통기관에 복무하는 자들의 職役田에 이르기까지 모두 권세가가 겸병하여 자기의 사전으로 차지하였다. 당시 그 같은 사전이 전국의 전지 가운데 어느 정

1) 고려 후기 사전과 농장의 문제에 대해서는 여러 학설이 분분하므로, 여기서는 그 자세한 소개를 피한다.

도의 비중을 차지하였는지는 정확히 알 수 없지만, "宗廟·學校·倉庫·寺社·祿轉·軍須田 및 國人 世業의 전민을 호강한 자들이 거의 모두 탈점"한 상태라고 하였으니[2] 아마도 전국적 현상으로 광범하게 확대되고 있었던 것으로 짐작된다.

고려 후기의 사전은 우선 조업전이라고도 칭해지면서 국가의 정당한 제도적 수속을 거치지 않고 그 자손에게 사사로이 相傳되는 토지였다. 위에 인용한 사료에서도 권세가는 그가 겸병한 대규모 사전에 대해서 "그 모두를 가리켜 조업전이라 칭하면서 서로 빼앗으니, 1畝의 전주가 5, 6을 넘고 1년의 田租를 8, 9차례나 거두어 간다"고 하였다. 趙浚과 함께 사전개혁을 발의한 趙仁沃, 李行의 상소에서도 "각기 그 先世로부터 私授한 전지를 祖業이라 일컬으면서 收食하는 것이 1,000결, 100결에 이른다", "그 조부의 문권을 가지고서 國田을 100결, 1,000결씩 坐食하는 자가 있다"[3]고 하였다는 사실을 주의할 필요가 있다. 이들은 모두 사전에서의 수조권을 실현할 수 있는 근거가 곧 조업전이라는 사실을 주장함으로써 확보될 수 있었다는 것을 명백히 말하고 있다.

그런데 이 시기의 조업전은 世業田이라고도 칭하는 것으로서 곧 조상 전래의 소유지를 가리키는 말이었다.[4] 조상 전래의 수조지로서의 사전이 어떠한 연유로 해서 조업전이라고도 칭해지고 있었는지는 아직 분명히 밝혀져 있지가 않다.[5] 그러나 그것은 국가와 민생에 다음과 같은 폐해를 자아내고 있었다.

우선 사전은 국가의 제도에 따라 정당한 절차를 거쳐 분급되거나 환수되는 것이 아니라 전혀 개인의 사사로운 수수행위를 통하여 자손으로 상전되고 있었다. 그러므로 사전의 확대는 필연적으로 국가 운용의 물질적 지반을

---

2) 《高麗史》 권 132, 列傳 45, 辛旽.
3) 《高麗史》 권 78, 志 32, 食貨 1, 田制 祿科田.
4) 姜晋哲, 《高麗土地制度史硏究》(고려대출판부, 1980), 186쪽.
金泰永, 《朝鮮前期 土地制度史 硏究》(지식산업사, 1983), 35쪽.
李景植, 《朝鮮前期 土地制度 硏究》(일조각, 1986), 8~10쪽.
5) 이에 대하여 이 시기에 收租權이 강화되어 家産化함에 따라 '본래 所有地를 가리키는 語義인 祖業田으로 지칭되는 데까지 이르게 되는 것'이라고 이해하는 경우도 있다(李景植, 위의 책, 15쪽).

잠식해 들어가는 결과를 초래하였다. 사전 개혁론자들은 사전의 확대로 인한 국가사회의 폐단을 다음과 같이 말하였다.

> 사전은 私門에는 이롭지만 국가에는 무익하고 … 사문에 이로운 것이므로 겸병이 일어나며 국가의 용도가 그 때문에 부족해진다(《高麗史》 권 78, 志 32, 食貨 1, 田制 祿科田 신창 원년 8월).
>
> 粢盛과 供上이 때로는 이어지지 않으며, 사대부로서 王事에 복무하는 자들이 資生 養廉할 길이 없고, 州·縣·津·驛의 국역에 이바지하는 자가 그 田宅을 잃고 … 國用·軍須·祿俸이 나올 곳이라고는 전혀 없이 되었으며, 국고에는 旬月을 지탱할 만한 축적이 없고 군사는 수개월의 식량도 없으며 … 군사로서 적과 싸우러 가는 자는 그 부모처자가 飢寒 流移하고 있다(《高麗史》 권 78, 志 32, 食貨 1, 田制 祿科田 신우 14년 7월 典法判書 趙仁沃 등 上疏).

뿐만 아니라 사전의 확대는 그 겸병·탈점에 따른 토지소송의 번잡함으로 인하여 국가 통치행정의 정상적 운영을 마비시키는 한편, 국가체제 유지의 바탕인 농민경영의 재생산과정 자체를 파탄으로 몰아가고 있었다.

> 안으로는 판도사·전법사와 밖으로는 수령·안렴사가 그 본직을 폐한 채 날마다 田訟을 처리하는데, 추위나 더위를 무릅쓰고 땀을 씻고 붓을 녹여가며 文券을 조사하고 증거를 검토하며 전호에게 물어보고 古老에게 물어본다. 무릇 관련된 사람들이 감옥과 官庭에 가득 차서 농사를 폐하고 판결을 기다리는데, 여러 달의 문건이 산처럼 쌓여 있고 한 이랑의 쟁송이 수 십년을 끌어가니 침식을 잊고 처리하여도 부족한 것은 사전이 쟁단으로 되어 소송이 번잡해진 까닭이다(《高麗史》 권 78, 志 32, 食貨 1, 田制 祿科田).
>
> 농민이 사전의 租를 바칠 적에는 남에게 빌려도 다 충당할 수가 없고 그 빌린 것은 처자를 팔아도 갚을 수가 없으며 부모가 기한에 떨어도 봉양할 수가 없다. 억울해 울부짖는 소리가 위로 하늘에 사무쳐서 和氣를 感傷케 하여 수재·한재를 불러일으키니, 이로 말미암아 호구가 텅 비고 왜구가 깊이 쳐들어와 시체가 천 리에 널려 있어도 막아낼 자가 없다(위와 같음).

즉 사전 전주들의 횡렴으로 인하여 이 시기 농민의 재생산활동이 무방비상태로 유린되고 있었으며, 그것은 필연적으로 사회 지반의 공동화를 가져와 외적의 침략 앞에선 속수무책일 수밖에 없는 현실이 초래되고 있었던 것이다.

사전의 횡포는 국가체제 존립의 두 가지 지반인 토지와 농민을 그 바탕에서부터 무너뜨려 가고 있었으므로 결코 그대로 두어서는 안되는 것이었다. 그래서 고려 후기에는 토지와 농민에 대한 국가적인 정리작업을 기회 있을 때마다 시도하였다. 이른바 田民에 관한 여러 차례의 辨整·推刷·推考·整治 등의 사업이 곧 그것이었다. 《高麗史》 百官志 기사만을 보더라도 우선 人物推考都監, 火者據執田民推考都監 등의 설치가 여러 차례 있었다. 整治都監은 충목왕 3년(1347)에 설치되어 충정왕 원년(1349)까지 활동한 바 있었다. 田民辨整都監의 경우는 원종 10년(1269), 충렬왕 14년(1288)과 27년(1301), 공민왕 원년(1352), 우왕 7년(1381)과 14년) 등 여러 차례에 걸쳐 설치되었다.[6)]

그러면 그러한 사업이 자주 반복되고 있었다는 사실은 무엇을 뜻하는 것인가. 그것은 실상 그 사업이 결코 일관성을 띠고 추진되지는 못하였으며, 동시에 辨整 자체가 결코 온전히 실현될 수 없었다는 사실을 반증해 주는 것이다. 그런데 그 같은 사전의 확대와 변정의 역사에도 일대 전기가 닥쳐오게 되었다. 우왕 14년(1388)의 위화도회군으로 이제 개혁파 사류가 결정적으로 정권을 장악하게 되었던 것이다.

이 해 5월에 위화도에서 회군한 이성계 중심의 개혁파 사류는 6월에 우왕을 축출하고 나이 어린 창왕을 옹립하는 한편, 신망이 두터운 최영을 비롯한 여러 구신들을 제거하여 정권과 군권을 장악한 다음 곧바로 현안의 사전개혁에 착수하였다. 그들이 정권을 운용하는 데 필수불가결한 국가재정의 조달, 휘하 군사의 생계문제를 포함한 軍須의 확보, 그리고 새로운 정권에 복무할 관리들의 생활보장 등의 문제를 해결하기 위해서도 사전의 개혁은 가장 우선적으로 착수하지 않으면 안되는 일이었다. 그래서 개혁파 사류가 창왕의 이름으로 처음 발표한 사전개혁에 관한 교서의 내용은 다음과 같다.

B. 신우 14년 6월 창왕의 교서에 '① 근래에 호강이 겸병하여 田法이 크게 무너졌으니 그 폐단을 구제할 방법을 도평의사사와 사헌부 및 판도사 등은 논의하여 보고하라. ② 料物庫 소속 360 莊·處田으로서 선대에 사원에다 시납한 것은 모두 환수하라. ③ 동북면·서북면에는 원래 사전이 없는데, 만약 사전이라 칭하면서 넘치게 가지고 있는 자가 있거든 도순문사가 통렬히 금단하여 다스릴 것이

6) 《高麗史》 권 77, 志 31, 百官 2, 諸司都監各色.

며 갖고 있는 文契는 모두 관에서 몰수하라'고 하였다(《高麗史》 권 78, 志 32, 食貨 1, 田制 祿科田).

즉 B ①은 사전개혁에 관한 구체적 방법을 제시하라는 것인데, 이는 곧이어 이 해 7월부터 시작되는 대대적인 사전개혁의 발의로 드러나며 계속하여 사전개혁운동으로 전개되었다. ②는 供上用으로 설정된 왕실 직속의 수조지로서 선대 여러 왕들의 시납에 따라 사원의 사전으로 변질해 있는 것을 환수한다는 내용이었다. 사전개혁의 본질은 곧 공전의 확보인데, 그것을 왕실 공전의 추쇄에서부터 우선적으로 착수하는 것은 지극히 명분있는 당연한 일이었다. '조종의 분전제도'라고 하는 구질서의 회복을 내세움으로써 현실의 사전개혁에서 야기될지도 모르는 혼란과 불안감을 진정시키는 효과까지 기대할 수 있는 것이었다고 생각된다.

③의 사항에 나타난 바 양계 사전의 공전으로의 확보문제도 매우 상징적 의미를 띤 것이었다고 해석된다. 그것은 우선 요동정벌이라는 군사행동을 일으킨 당해년에 현실적으로 북방에 대비할 군수의 확보가 문제되지 않을 수 없었을 것이며, 양계라고 하는 북방지역에서의 공전의 확보를 통하여 그것을 도모하는 일이야말로 가장 적절한 조처였던 것으로 해석된다. 더구나 원래 사전을 설정한 적이 없는 이 지역의 사전은 불법적 존재임이 명백하므로 그 공전으로의 추쇄는 상대적으로 쉬울 수밖에 없는 일이었다.[7] 그리고 그 추쇄는 여타 지역에서의 사전개혁을 위한 하나의 선행 사례로서의 효과도 충분히 기대할 수 있는 것이었다.

위의 교서 가운데 ②항과 ③항의 내용은 발표와 동시에 곧 착수되고 실현되었을 것으로 보인다. 그것은 무엇보다도 명분이 뚜렷하고 상대적으로 용이하며 또한 상징적 효과까지를 기대할 수 있는 개혁사업이었기 때문이다. 그리고 ①항의 요청에 부응해서는 같은 해 7월에 대사헌 조준, 간관 이행, 판도판서 황순상, 그리고 전법판서 조인옥 등이 사전개혁의 당위성과 필연성을 역설하는 많은 상소문을 제시하였는데, 이들은 모두 당시 만연하고 있는 모든 사회적 화란의 근본 원인이 곧 사전의 무제한적인 팽창에서 기인

7) 실상 북방의 방어에 대비하는 군량의 확보와 불법적 사전의 추쇄문제는 이전부터 주목되어 온 것이었다(《高麗史》 권 82, 志 36, 兵 2, 屯田).

하는 것이라고 하여 그 개혁을 강력히 촉구하고 나섰다. 이제 고려 말의 사전개혁운동이 본격적으로 시작되기에 이르렀던 것이다.

(2) 사전개혁의 이념

사전개혁의 발의 가운데에서 대표적인 것은 조준의 상소이다. 조준은 위화도회군 직후 이성계의 천거에 따라 知密直司事兼大司憲이 되어 일의 크고 작음을 막론하고 모두 자문하는 처지에 서게 되었는데,[8] 이 때의 상소에서도 그는 사전개혁의 선봉에 서서 그 구체적 개혁의 요목까지를 제시하였던 것이다. 이제 그 개혁안의 요지를 설명하면 다음과 같다.[9]

C-1. 중외의 창고가 모두 비어 군국의 비용이 나올 곳이 없으며 변경의 우환은 예측할 수 없다. 지금 마침 量田의 시기를 맞이하였으니, 규정에 따라 일정한 액수를 급전하기 이전에 모든 전지에 대하여 3년을 한정하여 임시로 公收토록 한다면 군국의 수용에 충당할 수가 있고 관리의 녹봉도 줄 수가 있다.[10]

2. 녹과전시는 侍中으로부터 庶人在官者에 이르기까지 품계에 따라 절급하되, 그것을 당해 아문에 배속시켜 당직자가 체식토록 한다.

3. 구분전은 왕자 제군 및 1품으로부터 9품에 이르기까지 시·산을 막론하고 품계에 따라 지급하며 첨설직을 받은 자는 그의 실직에 따라 주는데, 모두 終身에 한한다. 그 처가 수절하는 경우도 종신에 한한다. 현임 외에 전함 및 첨설직으로 수전한 자는 모두 5군에 소속시키며, 그 재외자에게는 다만 군전을 주어 충역한다. 무릇 수전자로서 죄가 있으면 그 전지를 국가에 환납하고, 승급하면 거기에 따라 더하여 지급한다.

4. 군전은 그 재예를 시험하여 주는데 20세에 수전하고 60세에 반납한다.

5. 외역전은 군현의 향리, 진·향·소·부곡·장·처리 및 院·館直의 구분

---

8) 《高麗史》 권 118, 列傳 31, 趙浚.

9) 《高麗史》 권 78, 志32, 食貨 1, 田制 祿科田.
이 내용에 대한 설명은 金泰永, 앞의 책, 44~52쪽 참조.

10) 이 조항은 당시 개혁파 사류의 사전 개혁운동이 단순한 상소운동으로 시작된 것이 아니라 이미 전국적 양전의 계획까지 세워 놓은 상태에서, 그리고 그 양전과 동시에 전국 공사전을 모두 公收한다는 치밀한 계획하에서 시작되었다는 사실을 명백히 전한다. 동시에 제시된 전법판서 조인옥의 상소에서도 "事機를 놓치지 말고 금년부터 임시로 공사전조를 공수하여 軍食을 갖춘 후에 조종의 分田之法을 회복해야 한다"고 촉구하였다. 공사전조의 일체 공수는 나중에 살피는 바와 같이 이 해부터 수년간 그대로 실현되어 갔다.

전으로서 전례대로 절급하는데 모두 그 종신에 한한다.

6. 城隍·鄕校·紙匠·墨尺·水汲·刀尺 등의 位田은 전례대로 절급한다.

7. 白丁代田은 백성으로 付籍되어 차역에 당하는 자에게 호당 1결씩으로 하고 그 納租를 불허하며, 공사천인으로서 차역에 당하는 자에게도 역시 절급하되 籍에 명백히 기록해 둔다.

8. 寺社田은 정리하여 祖聖 이래의 국가 裨補所로서 경성에 있는 것에는 廩食을 주고 외방에 있는 것에는 柴地를 주며, 密記 이외의 것은 삼국시대 이래 새로 지은 寺社에 이르기까지 주지 않는다.

9. 驛田으로서 馬位·口分田은 전례대로 절급하되 모두 終身에 한한다.

10. 外祿田은 留守·牧使·都護府使로부터 知官·監務에 이르기까지 관품에 따라 정하고, 인구수에 따라 計口하여 녹과전을 절급한다.

11. 공해전은 각 관아의 품질 고하와 吏員의 다소에 따라 지급한다.

12. 무릇 作丁에 있어서는 공전·사전의 구분을 일체 없애고 혹 20결, 혹 15결, 혹 10결씩으로 묶어서 하되 각 군현마다 丁號를 천자문으로 표기하며 전주의 성명을 달아두지 아니함으로써 뒷날 조업전이라고 모칭하는 폐단이 일어날 길을 끊는다.

13. 양전이 끝나 안정된 연후에 법에 따라 分授할 것이며, 공사전조는 매 1결당 미 20두로 하여 민생을 후하게 한다.

14. 전지의 분급과 환수시 1결을 가급하거나 1결을 加受한 자, 수전시 1결을 누락시키거나 환납시 1결을 은닉시킨 자, 부자간에 관에 고하지 않고 사사로이 수수한 자, 父가 죽은 후에도 그 부의 所食田을 반환치 않는 자, 타인의 전지를 1결 이상 탈취하거나 공전 1결을 은닉시킨 자는 모두 사형에 처한다. 양전시에 10負 이상의 전지를 은닉시킨 자는 사형에 처하며, 전지를 누락시킨 경우도 같다. 무릇 田禁을 범한 자는 赦宥의 경우에도 혜택이 미치지 않으며, 版圖司와 司憲府에 그 이름을 올려 그 자손의 臺諫 政曹 仕宦을 불허한다.

이상 趙浚의 1차상소로 흔히 불리는 창왕 즉위년(1388) 7월의 사전개혁안에는 토지지배관계에 관한 다음과 같은 몇 가지 특이한 점이 드러나 있다.

첫째, 여기에는 직역을 가진 개인과는 별도로 국가 기관의 당직자 자체에 대한 급전이 설정되었다. '당해 아문에 배속시켜 당직자가 체식토록 한다'는 녹과전시(C-2)를 비롯하여 외록전(C-10), 공해전(C-11) 등이 그것이다. 이들 토지는 당직자가 당직 기간에 한해서만 취식할 수 있도록 설정한 일종의 직전이었다. 그러한 의미에서 성황·향교·지장·목척·수급·도척 등의 위전(C-6)과 역의 馬位田(C-9)도 같은 성격을 띤 것으로 설정되어 있었다. 이들은 모두 국가 기능의 수행을 위한 기초 재원으로 설정한 것이므로 국유지와 같이 국가의 관리권이 큰 토지로써 충당해야 마땅한 것이었다. 토지를 직역자 개인에 분속시키지 않고 국가기관에 배속시킨다는 것이 그것을 말해준다. 그 같은 토지종목은 고려 전시과에서도 각종의 位田 등 하급 직역에 대해서는 설정된 바 있었으나, 이 녹과전시 및 외록전과 같이 중앙, 지방을 막론하고 고위의 관직에까지 적용한다는 것은 여기에서 처음 제시되었다. 그러므로 이 개혁안은 토지지배관계에서 국가의 공적 관리권을 매우 강화시키려는 입장에 서 있었던 것으로 판단된다.

둘째, 여기에는 현 직역자는 물론 그가 퇴직하고 나서도 종신토록 취식할 수 있도록 설정한 구분전 계열의 토지를 들 수 있다. 제군 및 1품으로부터 9품에 이르는 時·散의 관인이 취식하도록 설정한 구분전(C-3)과 각 지방 행정·교통기관의 외역전 및 驛子 구분전(C-5, 9) 등이 그것이다. 관인 구분전은 고려 후기에 크게 팽만한 사전과는 다르게 관인 신분의 유지를 위해 국가에서 합법적으로 운용한 토지였다. "전조의 사전은 모두 下道에 있었으며 경기는 비록 達官이라도 다만 구분전 십 수 결뿐이었는데, 역시 족히 거기에 의지하여 생활할 수 있었다."[11]고 한 사실이 그것을 말해준다. 그것은 관직의 수행을 위한 관인의 생활 재원으로 절급된 것이었는데, 이 개혁안에서도 마찬가지 성격의 것으로 설정되고 있었다. 그리고 외역전 등으로 설정된 구분전은 물론 국가 말단 행정·교통기관 종사자의 직역수행을 위한 생활자원으로 설정된 것이었다. 그런데 후자인 직역자 구분전은 그 직역이 사실상 세습적으로 수행되어 가는 것이 관행이었으므로 직역과 함께 그 구분전 또한 세습되어 가도록 설정된 것으로 보인다. 여기서의 '종신에 한한다'는 제한 규정은 이들 직역적 구분전에서의 토지지배 관행에 별다른 문제를 일으킬 것 같지는 않다. 그러나 질적으로 큰 비중을 가진 관인 구분전의 경우는 종래까지의 토지지배 관행이 크게 달라질 것으로 예상된다. 즉 무엇보다도 종래의 구분전은 이미 사실상 조업전화하여 있었음에[12] 반하여 여기서의 그것은 일반적으로 관인 자신의 종신에 한하며 기껏해야 그 守節妻의 종신

11) 《太宗實錄》 권 55, 태종 3년 6월 계해.
12) 《高麗史節要》 권 25, 충혜왕 후 5년 5월 金海君李齊賢 上書.

까지 한하도록 규정되었던 것이다. 관인 구분전을 종신에 한정하며 그 후의 국가반환을 규정한 내용은 C-12의 조업전을 근본적으로 부정한다는 규정에 비추어서도 명백한 것이며, 다시 C-14의 가혹한 토지관리 규정으로 보아서도 관인 종신 후의 그 구분전 반환은 필연적으로 실현되도록 원칙화하여 있는 것이었다. 그리고 그런 면에서도 이 개혁안은 토지에 대한 국가의 공적 관리권을 대폭 강화시킨다는 원칙을 견지하고 있었다 할 것이다.

셋째, 20세에 군역과 함께 절급 받고 60세에 퇴역과 동시에 환납하는 軍田이 설정되었다. 종신에 한하지 않고 국역의 담당기간 동안에 한하여 취식하게 하였다는 의미에서 군전이야말로 직역전의 전형적 유형으로 설정된 것이다. 국가 직역의 전형적 형태인 군역에 대해 지급된 군전은 질적으로나 양적으로 매우 중요한 비중을 차지하였으며 국가의 공적 운용이 요구되는 지목이었다. 그리고 자세한 규정은 보이지 않지만 C-7의 '白丁代田'이란 것도 국역담당자에게 절급한다는 내용으로 미루어 직역전의 일종으로 설정한 것이었다고 이해된다. 군인전은 물론 전시과에서도 설정되어 있었으며 전형적으로 전정연립의 적용을 받는 토지였지만, 군인전제도의 붕괴는 고려 후기 사전팽창의 큰 요인이 되었던 것으로 알려져 있다. "選軍給田의 법이 폐하여지면서 겸병이 드디어 일어났다"거나 혹은 "府田이 망하자 府兵 또한 망하였다"는 등의 사실이 당시에 이미 누누이 지적되고 있었다.[13] 그 제도가 돌이킬 수 없이 무너지고 난 후 새로운 개혁안에서 설정된 전형적 직역전으로서의 군전은 이미 전정연립 원칙과는 전혀 관계없는 별개의 것으로 등장하게 되었다. 즉 여기 군전은 군인으로서의 재예를 감당할 수 있는 자를 선발하여 그가 군역을 담당하는 기간 동안에만 취식하도록 하는, 철저한 국가 관리하에 운용되는 토지로 설정되어 나타났다. 이 개혁안은 군역 이외의 국역을 담당시킬 자에게도 '백정대전' 따위를 설정하는 정도로 무릇 모든 국역자에게는 토지를 절급한다는 원칙을 세워두고 있었지만, 또한 그 수수에 관한 한 국가의 공적 관리권을 한층 더 강화시켜 둔다는 원칙도 표방하였던 것이다.

넷째, 전정연립의 원칙을 폐기할 뿐 아니라 이 개혁안에서는 토지를 파악하는 단위로서 이른바 作定방식 자체에 중대한 변화를 기도하였다. 즉 종래

13) 金泰永, 앞의 책, 23~24쪽.

까지의 足丁·半丁 따위의 작정방식을 폐기하고 각 군현별로 20결, 15결, 혹은 10결씩의 토지를 단위로 묶어 그것을 천자문의 글자 순차에 따라 작정하는 字丁制를 도입하고자 하였던 것이다. 족정·반정제의 실체는 아직도 명백하지 못한 편이지만, 1족정은 17결로 구성되며 그것이 직역전의 절급 단위임과 동시에 전조 수취단위였다는 사실은 알려져 있다.[14] 그리고 C-12의 내용으로 보아 사전의 전정에는 그 田主의 성명이 기재되어 소속관계를 증명해 주고 있었던 모양이다.[15] 그런데 고려 후기에 와서는 직역과 직역전의 연계가 붕괴되어 직역전 모두가 조업전이라는 사전으로 전국에 팽만하기에 이르렀으니, 족·반정제의 운용이라는 것은 전혀 무의미하게 되고 말았다. 작정방식의 새로운 고안은 지극히 당연하고도 필요한 일이었다.

앞서 살핀 바 이 시기의 사전은 그것이 곧 조업전이라는 사실을 文劵에 의하여 증빙함으로써 사전으로서의 배타적 권한을 보장받고 있었다. 현안의 사전을 개혁하려는 이 마당에서 이제 작정의 단위를 새로이 조정하는 것은 물론이려니와 개혁 이후에도 그것이 다시 조업전으로 변질될 수 있는 소지를 철저히 끊어버리는 조처는 필수적인 수순이었다 할 것이다.

그래서 개혁파 사류는 각 군현별 字丁制라고 하는 새로운 작정의 방법으로 양전을 추진하면서 거기에는 이제 공전·사전의 구분을 일체 없앤다는 것, 따라서 사전의 전적에 전주의 성명을 기재하는 관행을 아예 제거함으로써 그것이 후일에라도 조업전으로 주장될 수 있는 근거조차 없애버린다는 것, 그리고 새 양전에 따라 새로운 자정제 작정이 안정된 후에 법에 따라 토지를 새로이 절급한다는 원칙을 천명하기에 이르렀다. 그리고 이 원칙을 관철시키기 위하여서는 국가의 공적인 토지 관리권을 더욱 강화시키지 않을

---

14) 金容燮, 〈高麗時期의 量田制〉(《東方學志》 16, 1975).
尹漢宅, 〈고려 전시과 체제하에서의 농민신분〉(《泰東古典硏究》 5, 1989).
그리고 새로운 작정의 단위가 왜 하필 20결, 15결 혹은 10결로 설정되었는지는 명백하지 않다. 나중에 그것이 결국 5결 작정으로 귀착되기에 이른다는 사실을 고려할 때에 아마도 이 시기 생산력의 발전에 따라 직역전 절급의 기본 단위를 축소하여 5결을 최소단위로 하는 작정방식을 도입하려는 의도에서가 아니었는가 생각된다. 과전법에서 軍田의 최소한이 5결로 결정된다는 사실을 상기할 필요가 있다.

15) 이경식, 앞의 책, 84쪽.

수 없었다. C-14에 나타난 바 새로운 토지 운용에 관한 법제를 범한 자에 대한 가혹한 처벌규정이 곧 그것을 뒷받침하는 내용이었다. 그것은 실로 가공하리 만큼 가혹한 처벌규정으로 설정되어 있었다.

개혁파 사류가 고안해 낸 이 새로운 사전개혁안의 기본원칙은 한마디로 무엇이라 할 수 있는 것인가. 이 개혁안은 토지 운용의 전체적 내용을 자세하게 전하고 있지는 않으므로 그 궁극적 의미를 간단히 단언하기는 어려운 바 있다. 그런데 그것은 전국의 토지를 보편적인 국가수조지로 편성해 놓고 다만 그 수조권의 일부를 국가기관 혹은 공직자에게 절급하여 취식하도록 하되 그 모든 것을 철저한 국가의 공적 관리하에 두어 운용한다는 내용이었다. 특히 국가체제 유지의 기본적 사회계층인 군인층에게 직역전으로서의 군전을 절급한다고 설정한 것, 국고가 어느 정도 충실해질 때까지 사전에 대해서도 국가에서 전조를 公收할 뿐 아니라 이후로는 공전·사전의 구분을 일체 혁파하고 전적에는 전주의 이름을 아예 삭제해 버린다는 것, 토지법제를 범하는 경우에 대해 추호의 용서도 없는 가혹한 처벌규정을 설정한 것 등으로 미루어, 이 개혁안은 전국의 토지를 국유로 편성해 두고 다만 직역자에게 응분의 수조지 혹은 면조지를 절급한다는 원칙하에서 추진된 것이 아닌가 한다. 그리고 그 같은 원칙론은 역시 개혁파 사류의 주동인물의 하나였던 정도전의 다음의 글에서도 나타나 있다.

> D. 옛날에는 전지가 모두 관에 속해 있어 민에게 나누어주었으니 민이 경작하는 것은 모두 그가 받은 전지였다.… 전제가 무너진 뒤로 호강이 겸병을 하게 되어… 전하가 잠저에 있을 때 친히 그 폐단을 보고 개연히 사전의 혁파를 자신의 임무로 맡았으니, 대개 경내의 모든 전지를 취하여 국가에 소속시키고, 民數를 헤아려 授田함으로써 옛날 전제의 올바름을 회복하려 하였다. 그러나 구가 세족들이 그것이 자신들에게 불편하다고 번갈아 비방 원망하고 여러 방면으로 저해하여 民으로 하여금 至治의 은택을 입지 못하게 하였다(鄭道傳, 《三峰集》 권 7, 朝鮮經國典, 賦典 經理).

즉 개혁파 사류가 추진한 바 사전개혁의 원래 이념은 토지국유와 計民授田의 원칙을 실현하는 이상적인 제도를 창출하려는 것이었지만, 현실적으로는 그것이 결코 실현할 수 없는 일이었다고 정도전은 나중에 술회하였던 것이다.

(3) 사전의 개혁과 과전법의 성립

창왕 즉위년(1388) 7월에 조준의 1차 상소를 비롯한 여러 개혁론자들의 강력한 주장이 제시된 직후, 사전개혁에 관한 중신회의가 도당에서 개회되었다. 정치권력은 이미 개혁파의 수중에 들어와 있었지만, 이 회의에서는 시중 이색을 비롯하여 여러 권문세족 출신 중신들이 개혁을 반대하고, 개혁파 정도전·윤소중 등이 찬성하였으며, 정몽주는 중립의 입장을 취하였다. 다시 백관회의를 열어 논의한 결과 참석자 53명 가운데 개혁에 찬성하는 자는 18·9명이요, 나머지 다수는 모두 반대하였는데 그 반대하는 자들은 모두가 '巨室子弟'였다. 그럼에도 불구하고 이성계를 비롯한 개혁파 사류는 끝내 사전개혁을 추진해 나갔다.[16]

그들이 이 때 거실자제들의 반대를 무릅쓰고 추진해 간 사전개혁의 구체적 절차는 동·서북면을 제외한 남부 6도의 양전과 또한 이 해부터 전국의 공사전조를 모두 公收하는 두 가지 큰 일을 동시에 실현해 가는 것이었다. 먼저 양전의 경우부터 살펴보기로 한다.

> E-1. 신우 14년 8월 창왕이 6도관찰사로 하여금 각기 副使와 判官을 동원하여 토지를 고쳐 양전토록 하였다(《高麗史》 권 78, 志 32, 食貨 1, 田制 經理).
>
> 2. (같은 해 8월) 각도 안렴사를 고쳐 都觀察黜陟使로 하였다. 양광도는 정당문학 成石璘, 경상도는 전 평양윤 張夏, 전라도는 전 밀직부사 崔有慶, 교주강릉도는 전 밀직상의 金士衡, 서해도는 밀직제학 趙云仡로서 모두 대간의 추천을 받아 임용하였는데, 각기 부사와 판관을 동원하여 토지를 고쳐 양전토록 하였다(《高麗史》 권 137, 列傳 50, 辛禑).

이 사료는 사전 개혁을 대대적으로 발의한 창왕 즉위년(1388) 8월부터 6도의 양전을 시작하였다는 사실을 전해주는 것이다. 그런데 양전을 단행하기 앞서 각 도의 안렴사를 보다 품계가 높고 권한이 강력한 도관찰출척사로 바꾸었다는 사실을 주의할 필요가 있다. 실상 이 때 안렴사제도를 바꾸어 兩府의 대신으로 임명하는 도관찰출척사 제도로 대신한 것은 고려 지방행정제도의 일대 변천을 의미하는 바, 그것은 이제 각 도 내의 군·관·민 모두를

---

16) 《高麗史》 권 118, 列傳 29, 趙浚.

총체적으로 지배하는 대권을 가진 상급 행정기관의 새로운 설치에 해당하였다는 것이다.[17]

각 도의 장관을 파격적으로 격상시켜 전에 없던 큰 권한을 부여하는 지방 행정제도의 개편이 사전개혁을 위한 양전에 즈음하여 단행되었다는 사실은 결코 우연한 일이 아니었을 것이다. 그것은 곧 어떤 세력가의 조업전이라든가 사전에 대해서도 무차별한 양전을 결행하고 무차별한 개혁을 단행하기 위한 대권의 위임과 직접 관련된 제도의 개편이었을 것으로 생각되기 때문이다.

여러 차례의 전민변정사업이 權奸들의 훼방으로 중도 무산되었던 종래의 경험에 비추어, 개혁파 사류는 사전을 개혁하기 위한 기본적 전제로서 6도의 양전부터 단행하였다. 이 때 착수한 양전은 창왕 2년(1389)에 일단 완료되는데, 그것이 장차 과전법시행의 바탕이 되는 기사양전이었다.[18]

무릇 양전사업이란 단순히 토지 결부수의 조사만 끝내고 그치는 것은 아니었다. 더욱이 고려 후기 이후로 결부제란 것은 토지의 비옥도를 기준으로 상·중·하 3등의 전품을 책정하고, 그 각 등급의 각 전품에 따라 결부의 實積을 다르게 책정하는 것이었다. 그러므로 어느 전지의 전품이 어느 등급으로 책정되는가에 따라 그 전지의 결부 실적에 변동이 일어나고, 그러한 변동의 연쇄에 따라 종래까지 어느 字丁 단위에 묶여져 파악되어 오던 그 전지의 소속 자정에 변동이 일어나게 되는 것은 지극히 당연한 일이었다.[19] 그 같이 전지의 소속 자정에 변동이 초래되기 마련이므로 가령 어느 전지일지

---

17) 邊太燮, 〈高麗按察使考〉(《歷史學報》 40, 1968 ; 《高麗政治制度史硏究》, 1971, 181~194쪽).

18) 己巳年(1389)은 창왕 원년임과 동시에 공양왕 원년이다. 기사양전이란 말은 "기사년에 양전치 못한 바닷가나 섬의 田地"(《高麗史》 권 78, 志 32, 食貨 1, 田制 科田法)라거나 "기사년간에 경기 및 5도전을 모두 양전하여 作丁하였다"(《太宗實錄》 권 4, 태종 7년 7월 기해)라 하여 당시에 이미 술어화되어 있었다.

19) 量田에 따라 새로이 파악된 결부수에 대변동이 일어난 사례로는 《太宗實錄》 권 13, 태종 7년 5월 기사와 金泰永, 앞의 책, 220~221쪽 설명 참조. 양전에 따라 소속 字丁에 변동이 일어난 사례로는 《世宗實錄》 권 74, 세종 18년 9월 갑오와 李景植, 앞의 책, 112~113쪽 참조. 심지어 斗落 따위로 전지의 절대면적을 파악하는 관행이 굳어져 가고 있던 구한말에 와서도 光武量田에 따라 전지의 소속 字丁과 字番이 많이 변동하였다는 사실은 裵英淳, 《韓末·日帝初期의 土地調査와 地稅改定에 관한 연구》(서울대 박사학위논문, 1987), 39·151쪽 참조.

라도 그 소유권의 보전을 위해서나 혹은 국가 수세권의 확보를 위해서도 양전에서 소유권자를 확인하고 대조하는 일은 불가피한 것이었다.

기사양전은 특히 고려 말의 사전을 개혁하기 위하여 단행한 것이었던 만큼 그것이 소유관계를 비롯한 토지의 불법적 탈점에 따라 권세가의 사전이나 농장으로 일시 편입되어 있었던 많은 토지가 양전을 통한 소유권자 확인 과정을 거치면서 원래의 소유자에게 반환되었을 것으로 이해된다. 다른 변정사업에서와는 달리 이 때에 이르러 지방행정제도를 개편하면서까지 전국적 양전을 단행한 의도가 거기 있었던 것이라고 생각된다.

한편 양전이 시작된 창왕 즉위년부터 전국의 공전은 물론 모든 사전에 대해서도 당분간 그 전조를 모두 公收한다는 원칙을 관철시켜 가고 있었다는 사실을 주의할 필요가 있다. 양전과 동시에 결행된 전국의 공사전조를 모두 공수한다는 이 조처야말로 사전개혁의 실제 내용과 직결되는 일이었다. 어떠한 조업전적 사전이라 할지라도 그것이 혁파의 대상인 불법적 존재였다면, 양전을 통해서는 그 정당한 소유권자가 확인되었을 것이며, 동시에 그 사전의 전조가 이 해부터 공수되기에 이른다면 그것의 사전으로서의 실체 혹은 내실은 전혀 분해되어 없어져버리는 것이었기 때문이다. 우선 사전조의 공수 과정은 《高麗史》 권 78, 食貨志 田制條에 잘 나타나는데, 다음과 같은 순차를 거쳐 단행되었다.

F-1. (신우 14년, 1388) 7월 대사헌 조준 등이 상소하였다.…'지금 마침 양전의 시기를 맞이하였으니, 규정에 따라 일정한 액수를 급전하기 이전에 3년을 한정하여 (모든 전지에 대하여) 임시로 공수토록 한다면 군국의 수용에 충당할 수가 있고 관리의 녹봉도 줄 수가 있다'(《高麗史》 권 78, 志 32, 食貨 1, 田制 祿科田).

2. 전법판서 조인옥 등이 상소하였다.…'事機를 놓치지 말고 금년부터 임시로 공사전조를 公收하여 軍食을 갖추게 된 연후에 朝宗의 分田之法을 회복해야 한다'(위와 같음).

3. (같은 해) 8월 창왕이 6도관찰사로 하여금 각기 부사와 판관을 동원하여 토지를 고쳐 양전토록 하였다(《高麗史》 권 78, 志 32, 食貨 1, 田制 經理).

4. (같은 해) 8월 (창왕이) 敎하되 '사전의 전조를 일체로 모두 공수한다면 반드시 朝臣들의 식량이 어려워질 근심이 있으니, 우선 그 절반만을 공수하여 국용

에 충당키로 한다' 하였다(《高麗史》 권 78, 志 32, 食貨 1, 田制 祿科田).

사료 F-1과 2는 앞서 말한 대로 개혁파 사류가 정권을 잡고 문제의 사전 개혁을 발의하면서 이 해부터 결행되는 양전과 함께 전국의 공·사전 모두에 대하여 공수하기를 주장하였다는 내용이다. 그 주장대로 F-3은 양전을 결행한다는 내용이다. 그런데 양전의 결정과 동시에 개혁파의 주장대로 이 해부터 사전조에 대해서도 일체의 公收를 단행한다는 결정 또한 내려졌던 것이 틀림없는 사실이다. 그러나 F-4의 교서내용을 보면, 그 같은 사전조의 전면적 공수 결정이 내려지자 아마도 거실자제들의 큰 반발이 일어났던 모양이어서, 사전조를 전면 공수하는 대신에 그 절반만을 공수하기로 한다는 내용으로 번복하게 되었다.

그런데 사전조의 절반을 공수한다는 조처는 사료에 표현된 대로 '조신들의 식량이 어려워질 근심'을 그 주요한 요인으로 하고서 결정된 것이 아니었다는 사실은 짐작하고도 남음이 있으리라 생각된다. 사전조의 절반을 공수한다는 것은 그 나머지 절반에 대하여 당해 사전의 조업전적 토지지배관계를 새 정권이 오히려 확인해 주는 결과를 가져올 것이 틀림없는 일이었다. 그러므로 개혁파 사류는 다시 반격을 시도하고 나섰다.

F-5. 창왕 즉위년(1388) 9월 右常侍 許應 등이 상소하였다. … '근간에 사헌부와 판도사·전법사가 번갈아 상소하여 선왕의 균전제도를 회복하도록 청하자 전하께서 이에 따라 윤허하시니, 사방에서 듣고 좋아하지 않는 자가 없었습니다. 오직 巨家世族의 겸병자들이 불편하다 하여 시끄러이 많은 말로 뭇 사람의 귀를 혼란시키자, 사대부로서 전지를 가진 자들이 한 때 이에 성세를 같이 하더니, 이윽고 宗廟·社稷·道殿·神祠·功臣田과 登科田에 대해서는 공수하지 않기로 하자는 논의가 일어났습니다. 신 등은 여기에는 필시 폐법의 끄트머리를 일으켜 세우려고 唱導하는 자가 있는 것이라 여겼더니, 며칠 되지 않아 과연 (사전조를) 절반만 공수한다는 명이 내려졌습니다. … 국가의 공전을 공도 없으면서 좌식하는 자에게 주어 가지게 한다는 것은 좋은 계책이 아닙니다. 엎드려 생각건대 전하께서는 뭇 사람의 번거로이 떠드는 소리는 버려두고, 균전의 구제를 회복하여 군국의 수용이 모두 여유가 있고 사대부가 수전하지 않는 자가 없이 된다면 국가가 다행이겠습니다'라고 하였다.

6. 창왕이 드디어 사전조 반수의 명령을 폐기하였다.[20]

---

20) 이 문단은 F-5 기사에 바로 이어져 있는 것이지만, 설명의 편의를 위해 이와

사료 F-5에 보이는 대로 사헌부 등에서 발의한 균전제도 회복의 상소에 따라 창왕이 윤허하였다는 사실은 곧 이 해 7월의 F-1, 2 등의 주장을 창왕이 그대로 따라 F-3에 나온 대로 6도의 양전을 결행하면서 동시에 사전조에 대한 공수를 단행키로 결정하였다는 것을 뜻한다. 그래서 종래의 사전제도는 이미 폐법이 되어버린 것으로 사료의 문면에 나타나 있는 것이다. 그런데 그렇게 되면 종래 조업전으로 보전되어 온 사전의 내용이 분해되어 그 실체가 없어져버리는 것이므로, '거가세족의 겸병자'들은 여타 사전소유 사대부들의 성원을 얻어 사전을 보전하기 위한 반격적 책동을 일으키고 나섰다. 이에 따라 우선 종묘전 이하 등과전에 대해서는 공수하지 않기로 한다는 조처가 있게 되었으며, 다음으로는 사전 일반에 대해서도 전조의 절반만을 公收한다는 명령으로 구체화되었던 것이다.

그런데 여기서 사전의 전조 절반을 공수하는데 그쳐서는 개혁파가 추진하는 사전개혁이 결코 실현될 수 없는 일이었다. 문제가 되어온 사전은 국가의 공적 관리를 벗어나 조업전임을 내세우면서 수조권을 행사하는 것이었는데, 비록 절반 정도로나마 그 수조권을 그냥 보유하도록 허용한다면 그것은 곧 전주의 수조권적 토지지배관계를 다시 공인해 주는 결과로 되는 것이 필연적이었기 때문이다. 양전을 통하여 토지의 정당한 소유자를 점검 확인하는 일, 공전·사전 전체에 대하여 일체로 전조를 공수함으로써 조업전으로서의 사전의 田主權을 일단 해체시키고 모두를 국가 수조지로 확보하는 일, 그리고 양전이 끝난 후 새로운 급전법에 따라 응분의 유자격자에게 수조지를 새로이 절급하는 일, 이 세 가지를 동시에 실현하지 않고서는 문제의 사전은 결코 혁파될 수 없는 일이었던 것이다.

그러므로 개혁파 사류는 권문세족 등이 획책하는 사전의 전주권 보유운동을 다시 반격하고 나서지 않을 수 없었다. 즉 "국가의 공전을 공도 없으면서 좌식하는 자에게 주어 가지게 한다는 것은 좋은 계책이 아니므로, 무엇보다도 군국의 수용을 여유있게 하고 국사에 복무하는 유자격의 사류가 응분의 토지를 절급 받아야 하는 것"이라는 주장을 펴나갔던 것이다.

그 같은 개혁파의 압력에 따라 국가가 사전조를 절반만 수취하도록 추진

같이 단락을 나누어 살피기로 한다.

해가던 획책을 권문세족들도 여기서 다시 철회하지 않을 수 없었다. 사료 F-4에서 '사전조의 절반만을 공수'하기로 한다는 명령을 내린 지 한 달만에 창왕은 다시 그것을 번복하여 사전조 반수의 명령을 폐기(F-6)한다는 입장을 표명할 수밖에 없었다. 결국 개혁파의 주장대로 공·사전 일체에 대한 전조를 전부 공수한다는 방침이 확정되기에 이르렀던 것이다.21)

그런데 권문세족이 사전을 보전하고자 하는 노력은 이로써 그치지 아니하였다. 앞서 말한 대로 법에 따라 새로이 급전하기 위해 양전을 단행하면서 동시에 사전의 전조를 일체 공수한다는 것은 실상 일체의 조업전적 사전을 혁파하고자 하는 것이었던 만큼 권문세족들의 반발은 그만큼 집요할 수밖에 없었다. 양전과 사전조의 전면 공수를 추진한 지 1년이 지난 뒤에도 그 같은 반발이 계속되고 있었다는 사실은 다음의 글들에서 볼 수 있다.

G-1. 신창 원년(1389) 8월 대사헌 조준 등이 상소하였다. '… 하늘이 국가를 도와 聖神한 임금을 탄생시켜 曠世의 적폐를 벗겨내니, (사전의) 복구와 혁파에 관한 이해를 분명히 알 수 있습니다. 그런데도 世臣巨室은 오히려 폐풍을 답습하여, 本朝가 날로 어려워져 반드시 工·商으로 내닫게 될 것이라고 서로 충동하면서 浮言으로 뭇 사람의 귀를 현혹시킴으로써 사전을 복구하여 부귀를 보전해 가고자 합니다. … 가만히 이르건대 경기의 토지로는 마땅히 사대부로서 왕실을 옹위하는 자들의 전지로 삼아 資生케 함으로써 그 생업을 후하게 하고, 나머지는 모두 혁거하여 供上과 祭祀의 수용에 충당하여 녹봉과 군수의 비용을 넉넉히 할 것이며, 겸병과 쟁송의 길을 끊어버림으로써 無疆히 아름다운 제도를 정할 일입니다'(《高麗史》 권 78, 志 33, 食貨 1, 田制 祿科田).

2. 공양왕 원년(1389) 12월 대사헌 조준 등이 상소하였다. '상평·의창의 법은 구황의 長策이니 … 국가를 운용하는 자가 마땅히 먼저 힘써야 할 일입니다. 지난해에는 한여름에 군사를 일으켰고 거기다 왜구까지 더하였으므로, 耕種에 시기를 놓치고 수확에 節候를 잃었습니다. 금년은 또 수재를 입어 동남지역 군현들이 쓸쓸히 赤立의 상태에 있으니, 구황의 계책을 생각해내지 않을 수 없습니다. 국가가 이미 사전을 혁파하였으므로 이르는 곳마다 축적이 궁핍하게 되었습니다. 원

21) 종래의 연구 가운데에는 사료 F-6을 '사전조를 전면 公收하려던 원래의 개혁안을 완전히 폐기한다'는 뜻으로 해석한 경우가 있다(李相佰, 《李相佰著作集》, 乙酉文化社, 1978, 194쪽 및 李成茂, 《朝鮮初期 兩班硏究》, 一潮閣, 1980, 297쪽의 주 131 참조). 그러나 이는 사전조 반수의 명령(F-4)을 폐기한 것이므로, 사전조 전부를 공수하기로 확정하였다는 내용이다.

컨대 지금부터 군현마다 상평창을 설치하도록 하되, 풍년·흉년에 그것을 거두어들이고 나누어주는 법은 한결같이 근일 도평의사사에서 아뢴 대로 할 일입니다. 듣건대 양광도는 이미 상평창을 설치했다고 하니, 마땅히 각 도에서도 이에 따라 시행토록 해야 할 것입니다'(《高麗史》 권 80, 志 34, 食貨 3, 常平義倉).

먼저 사료 G-1을 보면, 우상시 허응 등 개혁파들이 적극적으로 사전조를 전면 공수키로 확정하고 난 뒤로도 세신거실들의 사전 보전 책동은 끊이지 않고 계속되었던 모양이다. 본조의 成法에 따라 운용되어 온 사전은 그만큼 오랜 내력을 가진 것이었으며, 그 전주들 또한 정치·사회적 실권을 오래 운용해온 권문세족들이었기 때문에 그것을 하루아침에 혁파한다는 것은 결코 쉽지 않았던 것이다.

그러나 사전의 개혁은 명분이 있는 국가적 사업이었으며 또한 개혁파들은 현실적으로 실권을 쥐고 있는 형편이었다. 더구나 사전의 개혁은 개혁파 사류로서는 정치적 결단을 통한 승패를 가름 짓는 대사업이었기 때문에 결코 후퇴할 수 없는 것이었다. 그 같은 사정은 "얼마 안있어 세신거실들이 浮動해 말하여 (사전을) 복구하려고 하자, 조준이 다시 상소하여 이를 논하고 諫官 吳思忠·李舒·李竴 등 또한 (사전을) 복구해서는 안된다고 상소하여 굳게 주장하자 (이성계가) 이에 따랐다"[22]고 하는 당시의 관련 기록에서도 살필 수 있다. 개혁파와 臺諫들은 동시에 상소운동을 벌여 여론을 환기시켜 가면서 권문세족의 사전 복구책동을 반박하고 나섰던 것이다.[23] 그리고 그들은 경기지역에는 供上·軍需 등의 국용 및 朝官들의 수조지 이외에는 사전을 전혀 설정치 않는다는 구체적인 개혁안까지 제시하면서 적극적으로 개혁을 추진해갔다.

한편 사료 G-2에서 '국가가 이미 사전을 혁파하였으므로 이르는 곳마다

---

22) 《高麗史》 권 118, 列傳 31, 趙浚에 보이는 이 구절이 반드시 창왕 원년 8월의 기사(사료 G-1)와 직접 관계되는 것인지는 단정하기 어렵다. 그러나 사전 개혁과정의 정황으로 보아 이른바 조준의 2차상소(G-2)와 열전의 이 대목은 맞물려 있다. 또 2차상소인 까닭에 열전에서는 "浚又上疏論之"로 표현한 듯하고, 열전의 "世臣巨室 浮動言 欲復之"라는 구절이 사료 G-1에서는 "世臣巨室 … 相與胥動浮言 … 欲復私田" 등으로 부연 서술되어 있는 듯하다.

23) 앞서 새로운 量田을 단행하기 위하여 각 도의 안렴사를 도관찰출척사로 고쳐 파견할 때에도 臺諫의 추천을 받아 임용하였다는 사실(E-2)이 참조된다.

축적이 궁핍하게 되었으니, 이제 常平倉을 세워 구황의 방편으로 활용하자'고 주장한 내용이 주목된다. 전년도에 사전의 혁파를 위한 양전과 사전조의 공수를 결행한다는 방침을 세워 추진했다는 사실은 사료상으로 확인된 것이지만, 그것의 구체적 진전사실에 관련된 기록은 달리 찾아 볼 수 없다. 그런데 1년이 지난 뒤의 이 상소(G-2)를 보면 사전은 이미 혁파된 것으로 나타나 있다. 그 사이에 무엇이 어떻게 진전되고 있었던 것일까. 그것은 곧 전년(창왕 즉위년) 8월에 6도의 양전을 시작하고(E-2) 이어서 우여곡절 끝에 그 9월에는 사전조를 공수키로 확정하였는데(F-6), 그 1년이 지난 이 해(1389) 12월 당시로서는 양전과 공전조 공수라고 하는 두 가지 일이 계획대로 실현되고 있었기 때문에 사전이 이제 혁파된 상태로 되어 있었다는 사실을 말한 것으로 판명된다.

그리고 사전이 혁파된 후 각 곳 민간의 축적이 모두 궁핍해져 있었다는 사실 또한 여기서 다시 생각해 볼만한 문제이다. 이 해에는 흉년이 들었으므로 축적이 모자라기도 하였겠지만, 한편으로는 사전의 전조를 모두 공수하였기 때문에 私穀의 여유가 없어져 더욱 축적이 궁핍하게 된 것은 아니었을까. 사실 고려시대에는 양반 등 호강자의 私穀이 다시 長利 따위를 통하여 토지를 겸병하는 재원으로 활용되었으며,[24] 또한 그 사곡에 의존함으로써 오히려 가난한 농민들의 연명과 생업의 재생산활동이 가능한 것으로 구조화되어 있었다.[25] 그런데 이제 전년도부터의 사전조 공수에 따라 그 같은 호

---

24) 명종 18년 3월 制를 내리되 "각 곳의 부강한 兩班은 빈약한 백성들이 賖貸를 갚지 않는다 하여 古來의 丁田을 劫奪하니 이 때문에 산업을 잃고 더욱 가난해 진다"고 하였다(《高麗史》 권 79, 志 33, 食貨 2, 借貸). 공민왕 5년 6월 敎에 "富戶는 稱貸取息하되 利中生利하여 빈민은 아침에 저녁 일을 도모할 수도 없어 子女를 典賣하니 심히 애처롭다"고 하였다(위와 같음).

25) (공민왕) 11년 밀직제학 白文寶가 箚子를 올려 "빈민은 해마다 數畝를 경작하는데 租稅가 절반이나 되는 까닭에 그 해를 넘기지 못하여 양식이 궁핍해지니, 명년 농사철에는 富戶의 곡식을 빌려서 種子와 農食을 마련한다. 지금 관리들은 民患을 걱정치 않고 富民이 함부로 貸穀하여 利息 취하는 일을 금지하는데, 이후로는 부민들이 貸穀을 넉넉히 하되 예에 따라 子母停息케 하도록 권하기로 하자"고 하였다(위와 같음). 고려 때 뿐 아니라 전근대에서 이른바 私債로 불리우는 장리는 농민 일반의 재생산과정에서 피할 수 없는 제약조건이자 보충수단으로 항구화하고 있었다. "빈민이 그래도 살아갈 수 있는 것은 사채가 있기 때문이다. 세종도 일찍이 혁파해 버리려 하였으나 그러지 못하였다. 사채는 혁파해서는 안되는 것이다"(《成宗實錄》 권 104, 성종 10년 5월 임신).

강자의 사곡에 여유가 있을 수 없게 되었으므로 민간의 축적이 궁핍해질 수 밖에 없었던 것이다. 그러나 그 대신 사전조까지 공수한 결과 官穀에는 다소의 여유가 생기게 되었으므로, 농민의 재생산활동을 보충하는 관곡 대여제도로서 상평창의 설치를 건의한 것은 아니었을까 생각된다.[26]

양전과 사전조의 공수를 통한 사전의 개혁에 착수한 지 1년만에 그 사업은 착실하게 수행되어 갔다. 그것은 사전 복구론자들의 방해책동을 배격하면서 경기지역 토지의 새로운 지배관계의 설정 논의(G-1)에서도 읽을 수 있고, 사전에 대한 국가의 公收를 실현함으로써 사전을 사실상 혁파함은 물론 그로써 확보한 公穀을 활용하여 국가가 직접 소농민의 재생산과정을 보호한다는 제도의 수립 논의(G-2)에서도 확인된다.

개혁파는 창왕 원년(1389) 9월 현재로 이른바 양반전을 받을 자격을 확실히 가진 관인들을 종실, 문반, 무반, 그리고 前銜 각 품의 네 가지 부류로 나누어 각기 宗簿司, 典理司, 軍簿司, 그리고 개성부에서 그 자격 여부를 심사 선택하도록 하였다.[27]

이제 사전의 혁파는 물론이요, 새로운 토지 절급에 관한 법안이 구체적으로 마련되어 가고 있었던 것이다. 비록 무자격자일지라도 조업전임을 증빙하는 문권을 가지고 국가 법제의 보호를 받으면서 1,000결, 100결씩이나 되는 대규모 사전의 전조를 취식하던 사전은 이미 존속할 수 없게 되었다.

개혁파는 마침내 이 해 11월에 창왕을 몰아내고 공양왕을 옹립하기에 이르렀다.[28] 공양왕을 옹립한 직후 조준 등은 전제개혁에 관한 이른바 3차 상소를 올렸는데, 그 주요 내용은 다음과 같다.[29]

첫째, 거경관인의 사전은 경기지역에 한해서만 절급한다는 원칙을 다시 확

---

26) 실상 이 때 설치된 것은 常平倉이 아니라 義倉이었다(《高麗史》 권 80, 志 34, 食貨 3, 常平義倉 및 권 117, 列傳 30, 成石璘). 의창이 조선 일대의 환곡제도로 계승된 것은 물론이지만, 농업생산력이 일정 발전단계에 이르러서야 소농민들의 재생산 보족장치가 長利 따위 개인의 사적 보호장치보다도 환곡과 같은 국가의 공적 보호제도 중심으로 전환한다는 사실 또한 유의할 만한 사실이다.

27) 《高麗史》 권 137, 列傳 50, 辛禑.

28) 昌王은 舊臣들의 의사에 끌려 개혁파의 주장을 잘 따르지 않았으므로 우유부단한 성격의 공양왕을 옹립하여 괴뢰로 삼았다는 견해가 있다(《李相佰著作集》 제2권, 92쪽).

29) 《高麗史》 권 78, 志 33, 食貨 1, 田制 祿科田.

인하여 강조하는 한편, 여타 지역의 토지는 대개 국가수조지로 확보하되 다만 거기에도 각지의 유력한 군사들에게 절급할 군전의 설정은 허용한다는 원칙을 표명하였다. '사전 경기의 원칙'이 강조되었던 것은, 전통적으로 고려의 사전이 주로 외방에 설치되었고 이를 매개로 하여 간활한 호강들이 토지겸병을 자행하여 왔으므로, 새로운 수조지로서의 사전을 절급하게 된다면 그것은 곧 소유권과 수조권을 겸유한 종래와 마찬가지의 사전으로 확보되며 겸병의 근거지로 활용될 수 있을 뿐 아니라 혹 거기에 다시 조업전적 사전으로 복구될 수 있기 때문이었다. 다만 군전의 경우는 대부분 외방 거주자인 군사들에게는 그것을 당연히 자기 거주지에다 절급하는 것이 오히려 가장 합리적인 토지제도이기 때문이었던 것으로 이해된다. 그러므로 군전은 직역전이라기보다는 외방에 거주하는 품관 따위 유력한 군사요원들의 우대를 위해 설정했던 것으로 생각된다.

둘째, 전년도 이래 추진해 온 소위 기사양전이 이 때에 이르러 일단 완료되었으며, 그 결과 확보한 6道의 總結이 50만 결 가량인데, 이를 국가 재정의 용도별로 분속시키는 작업이 구체적으로 진행되고 있었다. 즉 供上을 위해서는 3만 결을 4庫에, 국용을 위해서는 10만 결을 우창 즉 豊儲倉에 분속시키고,[30] 백관의 녹봉을 위해 10만 결을 좌창 즉 廣興倉에 귀속케 하였으며, 또 중앙 거주 관인층에게는 경기의 토지 10만 결을 절급하기로, 그리고 나머지 17만 결은 軍人·津尺·院主·驛·寺院田과 향리의 외역전 및 지방관의 廩給·衙祿田으로 절급한다는 계획을 추진하였다.

그런데 제1차 상소에서 특히 강조되었던 토지국유의 이념이 3차 상소에서는 거의 보이지 않는 점이 주목된다. 거기서는 국가기관의 운용을 담당한 당직자에게 절급하는 직전의 형태라든가, 혹은 국가의 직역자에 대한 직역전 위주의 토지절급이 우선시되고 있었다. 가령 국가 직역 가운데서도

---

30) 사료 G-2에서는 우창 즉 풍저창에 분속시킨 10만 결을 공상용으로 표기하였다. 풍저창은 "국가는 풍저창을 설치하고 무릇 祭祀·賓客·田役·喪荒의 용도가 다 여기에서 나오니, 이를 일러서 國用이라 한다"(《朝鮮經國典》 賦典 國用)는 것과 같이 국용을 위한 것으로 볼 수도 있다. 그러나 이 국용은 국왕이 직접 혹은 국왕의 명으로 거행하는 제사·손님 접대·수렵, 그리고 구황 따위의 용도를 말한다(《周禮》 天官冢宰 小宰 참조). 전근대 유교적 지배이념에서 국용과 공상의 구분이 애매한 대표적 사례의 하나라고 생각된다.

가장 기본적이라고 할 수 있는 군역의 경우 담당자의 '才藝를 시험하여 주는데 20세에 수전하고 60세에 반납한다'[31]고 설정한 것이 그 같은 사례에 속한다. 그러나 이 3차 상소에서는 군전을 외방에 설치한다는 원칙만을 표방하였을 뿐, 그것을 철저히 직역전으로 절급한다는 내용은 전혀 보이지 않는다. 결국 군전은 과전법체제하에서 군역과는 무관하게 외방 각지의 유력자인 閑良官吏層을 신분적으로 우대하는 성격을 띤 것으로 정착되었던 것이다.[32]

조준의 1차 상소와 3차 상소 사이의 시간적 차이는 불과 1년 반 정도인데 그 사이에 어떠한 연유가 있어서 토지국유의 이념이 그렇게 퇴색되었던 것인가. 이는 개혁파의 새로운 집권에 따라 한때 고조되었던 개혁의 열기가 어디까지나 소유권 위주라고 하는 토지 지배관계의 현실적 관행에 부딪쳐 점차 원래의 이념으로부터 변질된 결과로 이해된다.

그런데 비록 토지국유의 이념을 관철시킬 수는 없었지만, 세신거실들의 유언과 선동을 통한 집요한 책동에도 불구하고 개혁파는 사전경기의 원칙을 견지하면서 전제개혁의 골격을 다듬어가고 있었다. 바로 다음 달인 공양왕 2년(1390) 정월에는 각 품 관인에 대하여 田籍을 나누어주기에 이르렀다.[33] 그리고 같은 해 9월에는 종래의 공사 전적을 모두 수도의 시가에 모아서 불태우고 말았다.[34] 이 때 불태워 없앤 전적은 물론 기사양전을 통하여 정당한 소유관계를 확인 받아 새로 작성된 것이 아니라, 구래의 공・사 전적이었다. 그것을 모두 불태움으로써 개혁파는 지난날의 토지지배관계를 전면적으로 부정하는 대신,[35] 기사양전에서 정당한 소유권을 가진 것으로 확인된 토지에 대해서만 그 소유권을 인정하며, 또한 이번의 전제개혁 과정에서 새로 절급하는 토지에 대해서만 그 수조권 혹은 면조권을 인정하는 입장을 취하

31) 《高麗史》 권 118, 列傳 31, 趙浚.
32) 이 사실은 당해 항목에서 설명하기로 하겠다.
33) 《高麗史》 권 45, 世家 45, 공양왕 2년.
34) 《高麗史》 권 78, 志 32, 食貨 1, 田制 祿科田 공양왕 2년 9월.
35) "僞辛逆亂之徒와 喪田失職之輩가 (공양왕의) 좌우에 늘어붙어서 流言으로 浸潤케 하여 殿下(이성계)를 가리켜 權勢가 重하다 하고 臣 등이 朋黨을 한다고 무함하였다"는 뒷날 조준의 상소(《太祖實錄》 권 2, 태조 원년 12월 임술)를 보면 이 때 舊來의 私田을 빼앗기고 職役을 잃은 권문세족의 동향이 짐작된다.

였다.[36] 이 전제개혁의 결과 정립된 과전법 조문에, "경오년(공양왕 2년, 1390) 이전의 공·사 전적은 모두 불태워 없앴으니, 감히 그것을 私藏하는 자는 국법을 훼손한 이로 논하고 재산은 적몰한다"[37]는 규정을 둔 사실이 곧 그것을 말한다.

이로써 고려를 지탱하는 토지제도로 운용되어 온 사전은 여기서 일단 모두 혁파되었던 것이다.[38] 결국 기사양전과 경오년 공·사 전적의 燒毁는 고려말 사전개혁의 획기를 이루는 일이었고, 이미 중앙의 관인들에게 관품에 따라 토지를 절급하고(G-3) 또 구래의 공·사 전적을 모두 불태워 지난날의 사전지배의 근거를 박탈한 다음, 개혁파 사류는 다시 외방의 토지를 각 기관에 분속시키고 각 職役人에게 절급하는 절차를 취하였다. 즉 외방의 토지를 가지고서 지방관 및 지방 각 기관의 직역자에 대한 수조지를 절급하는 한편, 국용 및 녹봉을 위한 국고수조지로 분속하였던 것이다.[39] 그리고 다음 해인 공양왕 3년(1391) 5월에는 그 동안 추진해 온 전제개혁의 내용을 과전법이라는 이름으로 공포하였다.[40] 이미 그 시행 절차를 면밀하게 준비해오던 터이었으므로, 과전법은 공포된 즉시부터 효력을 발생하였던 것으로 생각된다. 그리고 다음 해인 1392년에 조선이 개창되고서도 과전법은 신왕조의 기본 토지법제로 존속되었다. 조선의 개창 직후 중외의 대소 신료·한량·耆老·軍民에게 내린 태조의 교서에 "田法은 일체 전조의 제도를 따르되, 만약 損益할 것이 있으면 主掌官이 논의하여 申聞한 후 시행하라"[41]고 하였다는 조처가 그것이다. 그리고 과전법은 다소의 변질을 거치면서도 조선 초기의 기본 토지제도로서 한동안 운용되었던 것이다.

---

36) 따라서 공양왕 2년(庚午, 1390) 이후 구래 私田租의 公收 조처도 폐지되었을 것이다.

37) 《高麗史》 권 78, 志 32, 食貨 1, 田制 科田法.

38) 고려의 私田은 개혁파 사류의 상소에 나타난 바와 같이 국가의 토지제도를 완전히 벗어난, 그야말로 모든 사회적 화란의 원흉이었다고만은 생각할 수 없다. 적어도 한 왕조의 기본적 토지제도로서 일정 기간동안 제도적으로 운용되어 왔다는 사실을 고려한다면, 그것의 실체는 좀더 다른 각도에서 추구되어야 할 것이라고 판단된다.

39) 《高麗史》 권 45, 世家 45, 공양왕 2년 11월 계묘.

40) 《高麗史》 권 78, 志 32, 食貨 1, 田制.

41) 《太祖實錄》 권 1, 태조 원년 7월 정미.

(4) 과전법의 내용과 그 운용

가. 토지분급 규정

과전법에 나타난 토지지배관계의 기본방향은, 전국의 토지를 일단 국가수조지로 편성한 위에 그 수조권을 국가재정의 용도에 따라 각 기관에 분속시키고 다시 중앙·지방의 관인층과 직역인에게 그것을 절급한다는 것이었다. 그런데 그 개혁의 동기가 무엇보다도 조업전적 사전의 혁파와 관련하여 추진되었던 만큼, 결과적으로 국가 수조지가 크게 확대되고 개인 수조지는 크게 축소되었다는 점이 주목된다.[42] 비록 민유지가 전체 경지의 대부분을 차지하고 있는 편이지만 그 전체를 국유라는 왕토사상으로 분식하여 국왕의 명의로 그 수조권을 분속하고 절급한다는 면에서 과전법은 고려의 전시과와 같은 것이었다. 그러나 관인층은 물론 모든 직역자에게 수조권을 절급하여 직역을 담당하게 하던 전시과의 경우[43]보다는 과전법이 토지지배권의 질과 양 면에서 모두 현저히 쇠퇴되었던 것으로 보인다. 이제 과전법에 설정된 새로운 給田制의 내용과 그 초기의 운용 사실부터 검토해 나가기로 한다.[44]

> H-1. 문종 때 정한 바에 따라 경기 군현에 좌·우도를 설치하고, (관인층을) 1품으로부터 9품 산직에 이르기까지 18과로 구분한다.

사전 경기의 원칙을 견지하면서 이 지역에 중앙 거주 관인들의 과전을 10만 결 정도(H-2) 설정하려면 경기지역의 확장이 불가피하였다. 이미 고려 문종대에도 전시과의 재편과 관련하여 이 지역을 크게 확장한 적이 있었다.[45] 그래서 과전법의 시행을 위한 관련조처로서 공양왕 2년(1390)에는 현재의 경기 13군현을 좌·우도로 분립시키는 한편, 문종대의 구제에 따라 양광·교

---

42) 祖業田 즉 世業田의 혁파가 곧 科田의 설치로 이어졌다는 당시의 인식을 참작할 일이다(《太宗實錄》 권 25, 태종 13년 4월 임신).

43) 金泰永, 앞의 책, 19~20쪽.

44) 《高麗史》 권 78, 志 32, 食貨 1, 田制 科田法.

45) 《高麗史》 권 56, 志 10, 地理 1, 王京 開城府條에 의하면 문종 16년(1062)에 京畿의 통치기구를 개편하고 동 23년(1069)에 양광도의 漢陽 이하, 교주도의 永興 이하, 서해도의 延安 이하 도합 41縣을 경기지역에 편입하였다(邊太燮, 〈高麗時代 京畿의 統治制〉, 앞의 책, 251쪽).

주·서해도로부터 다수의 군현을 이속시킴으로써 경기지역을 크게 확대하고 좌·우도에 각기 都觀察黜陟使를 두어 다스리게 하였다.46)

사전을 외방에 절급하면 그것을 빌미로 호강자들이 鄕曲에서 무제한하게 사전을 확대하게 된다는 사실을 감계하여 개혁파 사류는 처음부터 사전경기의 원칙을 끝까지 지켜온 것이었다. 그리고 과전법이 이 원칙을 지켜감에 따라 이제 토지지배형태로서 수조권에 입각한 지배관계는 크게 위축됨을 면할 수가 없게 되었다. 비록 사전의 설정을 위한 경기지역의 확장이 있었다 할지라도, 그리고 사전의 일부가 이후 한때 하3도에 이급되는 일이 있었다 할지라도, 과전법체제에서의 사전의 설정지역은 원칙적으로 경기지역에 한정되고 말았으며, 그 원칙은 이 체제가 사실상 소멸할 때까지 계속 지켜지게 되었던 것이다.

> H-2. 경기 및 6도의 전지를 일체로 踏驗 量田하여 경기에서는 實田 131,755결과 荒遠田 8,387결을, 6도에서는 실전 491, 342결과 황원전 166,643결을 얻었는데, 결수를 헤아려 作丁하되 丁에는 각기 字號를 붙여서 田籍에 기재한다.

창왕 즉위년(1388)에 시작하여 그 다음 해에 완료한 기사양전의 결과 확보된 토지는 실전 623,097결과 황원전 175, 030결이었는데, 그것이 과전법을 운용할 기본 結總이었다. 실전은 현재 경작 중인 토지를 가리키며, 황원전이란 荒閑·遠陳의 토지로서 사회의 안정에 따라 곧 기경이 예상되는 토지를 가리킨다.47)

그리고 기사양전의 결과 확보한 전국 토지의 결총을 한꺼번에 말하지 아니하고 그것을 각기 경기와 6도의 것으로 구분하여 논한 이유는 어디에 있었는가. 앞서 살핀 바 과전법 시행에 즈음하여 경기지역을 크게 확장하였으며 그래서 경기지역의 결총이 여타 지역의 것에 비하여 약 4분의 1에 가까운 다수를 점하게 되었다는 사실을 주의할 필요가 있다. 그것은 아마도 경기의

46) 공양왕 2년의 원래 경기는 13현이었는데 이 해의 개편 결과 左道에 25군현이, 右道에 19군현이 배속되기에 이르렀다(《高麗史》 권 56, 志 10, 地理 1, 王京開城府). 이후 조선시대에 가서도 漢城으로의 천도 등 여러 요인으로 경기의 지역 변동이 여러 차례 있었다(《太祖實錄》 권 6, 태조 3년 6월 신묘).

47) 이 황원전은 科田 따위로 절급받을 수도 있는 것이었다(H-6 참조).

토지를 여타 지역의 토지와 다소 다른 용도로 편성하려는 의도를 반영한 것은 아니었을까. 다음에 살피는 바 일단 사전으로 설정된 토지는 이후 공전으로 편입치 못한다는 규정(H-16)을 참작해 보면, 고려의 사전이 중앙의 통제가 어려운 외방에 설치되어 결국 국가사회의 파국을 초래하기에 이르렀다는 사실을 감계하여 이제 사전을 경기지역에 한정하여 절급하는 원칙을 실현한다는 조처에 따른 것이었다고 이해된다. 즉 경기지역을 크게 확장하고 관인층의 사전을 집중적으로 이 지역에 한하여 절급함으로써 사전의 불법적 확대를 방지함은 물론, 외방에서의 호강의 발호를 억제함으로써 사회·정치적으로 중앙집권화를 한층 더 실현한다는 목적에서 그 같은 조처를 취하였던 것으로 보인다.

또한 여기서 새로운 양전을 통하여 확보한 전결의 전적을 작성하는 일에도 변동이 일어나고 있었다는 사실을 주의하여야 할 것이다. 토지의 결부수를 헤아려 일정 단위로 作丁하되 거기에다 천자문의 字號를 붙여 순차대로 전적을 작성한다는 것은 이미 조준의 1차 상소에서 세워 둔 원칙이었다. 다만 그 상소에서 제시한 바 전주의 성명을 전적에 기재하지 않는다는 원칙 역시 이 과전법에 와서 실현되었는지는 의문이다. 그 1차 상소는 워낙 철저한 토지국유의 원칙을 실현하려는 방향에서 추진된 개혁안이었지만, 과전법에 와서는 정작 그 원칙이 실현되지는 못하였기 때문이다. 그러나 수조권자를 표시하는 전주의 성명은 기재하지 않았을지 몰라도, 현실상 所耕田의 소유자 성명을 기재하는 전대 이래의 관행은 그대로 계승되지 않았을까 한다.[48]

그리고 조준의 1차 상소에서는 作丁의 단위를 20결·15결·10결 단위로

48) 조준의 1차 상소에서 田主란 곧 수조권자를 가리킴이 명백하다. 과전법에서도 그 같은 전주의 성명을 기재하지 않고서 사전의 운용은 가능하였으리라고 추측된다. 그러나 所耕田의 소유=경작자의 성명이 이 당시의 田籍에 기재되지 않았는지는 극히 의문이다. 왜냐하면 이 당시로서 토지지배관계는 이미 수조권이 아니라 소유권을 주축으로 하여 운용되었기 때문이다. 그런데 소유권자의 성명을 전적 즉 양안에 기재한다는 법제는 《經國大典》에는 보이지 않고 《續大典》에 가서 나타난다(戶典 量田). 그러나 물론 《경국대전》 등의 법전이 모든 토지지배의 관행을 다 등재한 것은 아니었다. 가령 이 때 현실에서 실행되고 있던 5結 作丁의 사실이 그 같은 사례의 하나다.

조정한다고 제시하였지만, 과전법체제에 와서는 그것이 10결 혹은 5결 단위로 규정되었으며,[49] 뒤이어 5결 단위로 정착되고,[50] 과전법체제가 사실상 무너지고 난 후에도 작정방식은 그대로 준행되어 갔다.[51]

H-3. 왕년의 공사 전적을 낱낱이 거두어들여 그 진위를 철저히 가려내고 舊例에 따라 損益하여 陵寢·倉庫·宮司·軍資寺 및 사원·외관의 직전과 廩給田, 그리고 鄕·驛吏田과 軍匠·雜色田을 정한다.

이 조항은 국가의 제도적 운용을 위한 토지절급의 기본을 천명한 것이다. 즉 왕실의 능침전과 궁사전, 공상을 위한 우창전, 백관의 녹봉을 위한 좌창전, 군수의 마련을 위한 군자시전, 그리고 사원전과 외관의 직전 및 廩給田, 나아가서는 향리 이하 雜色 직역인에 이르기까지의 職役田을 설정한다는 원칙을 밝혀둔 것이다. 과전법 제정 당시 이들 각 항목의 토지가 어느 정도로 분속되었는지 현재로서는 자세하지 않지만, 과전법체제의 운용과 더불어 다소의 변용과 정리가 일어나게 된 바, 이에 관해서는 당해 항목에서 살피기로 한다.

H-4. 경기는 사방의 근본이므로 모름지기 科田을 설치하여 사대부를 우대하여야 한다. 무릇 경성에 거주하면서 왕실을 보위하는 자는 時·散을 가리지 않고 각기 科에 따라 절급한다.

중앙 거주의 관인층에게는 현직 즉 時任官이나 전직 즉 산관이거나를 막론하고 각기 科等에 따라 구분전을 절급한다는 원칙은 조준의 1차 상소에서도 제시된 바 있다(C-3). 다만 고려 후기의 구분전은 앞서 살핀 대로 이미 조업전으로 되어 있었으므로, 과전법에서는 그 세전적 성격을 부정한다는 원칙 아래 그냥 과전이라 하였다. 과전을 절급하는 과등이 앞서 H-1에서 규정

---

49) 과전법에서 절급한 科田의 최하액이 10결이며, 軍田은 10결 혹은 5결인데, 자손들이 그것을 분할하여 가질 때에도 破丁을 不許한다고 하였으니, 作丁의 단위는 10결 혹은 5결이었을 것으로 판단된다. 조선 태조 2년(1393) 新都와 京畿지역을 다시 量田할 때에도 10결 혹은 5결씩 差等 作丁하였다(《太祖實錄》 권 4, 태조 2년 8월 기축 ; 李景植, 앞의 책, 84·112쪽 참조).

50) 《世宗實錄》 권 74, 세종 18년 9월 갑오.

51) "陳起를 막론하고 5結이 되면 字號를 가지고 標記한다"(《續大典》 권 2, 戶典 量田)는 5결 1字丁의 作丁 방식은 日帝의 조선토지조사사업 때까지 존속하였다.

한 18과였음은 다시 말할 필요가 없다. 과전법에서 규정한 각 과의 과전 절급규모는 다음과 같다.

〈표 1〉 과전법에서의 과전 절급액

과 등	관 직	절 급 액
제 1 과	在內 大君에서 門下侍中까지	150결
제 2 과	在內 府院君에서 檢校侍中까지	130결
제 3 과	贊成事	125결
제 4 과	在內 諸君에서 知門下까지	115결
제 5 과	判密直에서 同知密直까지	105결
제 6 과	密直副使에서 提學까지	97결
제 7 과	在內 元尹에서 左右常侍까지	89결
제 8 과	判通禮門에서 諸寺判事까지	81결
제 9 과	左右司議에서 典醫正까지	73결
제 10 과	六曹總郎에서 諸府少尹까지	65결
제 11 과	門下舍人에서 諸寺副正까지	57결
제 12 과	六曹正郎에서 和寧判官까지	50결
제 13 과	典醫寺丞에서 中郎將까지	43결
제 14 과	六曹佐郎에서 郎將까지	35결
제 15 과	동·서반 7품	25결
제 16 과	동·서반 8품	20결
제 17 과	동·서반 9품	15결
제 18 과	權務·散職	10결

과전법에서 설정한 여러 토지 종목 가운데서도 관인층에게 절급하는 과전이야말로 가장 기본적이며 보편적인 분급수조지였다고 할 것이다. 그것은 공신전의 경우와 같이 특수한 공훈과 연관하여 절급되는 것이 아니라, 현직자는 물론 전직자까지를 포괄하는 관인층 일반을 대상으로 절급되는 것이며, 직무에 대한 경제적 반대급부로서가 아니라 기본적으로 그들 지배층의 사회적 처지의 유지와 재생산을 위하여 절급되는 신분제적 토지종목이었다. 그리고 또한 국가수조지 이외의 수조권에 입각한 토지지배의 유형 가운데 단일 종목으로서는 가장 큰 비중을 차지하는, 개인에게 절급되는 가장 보편적인 수조권적 토지지배의 형태였다.52)

52) 科田法 자체가 과전을 기본으로 하는 토지법제라는 뜻이다.

과전을 절급하는 18등의 과는 관인의 관품 고하를 기본적으로 고려하면서도 대체로 그 職事를 기준으로 하여 분등한 것이었다.[53] 과전법은 그런 면에서 고려 문종대 갱정전시과에서의 과등 편성의 원칙[54]을 어느 정도 따르고 있는 편이었다. 따라서 여기서 직사라는 것도 기본적으로 관인의 관품을 기준으로 하고서 배치되는 것이므로, 그 차등이란 미미한 것이었다. 또한 과전법 제정 당시에는 직사 우선의 분등방식이 상당하게 채택되었지만, 조선시대에 이르러 관품의 제도적 운영이 자리잡게 되자 세종 13년(1431)에는 드디어 관인의 기본서열을 나타내는 관품 즉 품계 기준의 분지제로 전환하고,[55] 이후 제도화하여 그대로 준행되기에 이르렀다.

그리고 여기서 또한 살펴야 할 것은 時·散을 가리지 않고 각기 科에 따라 수조지를 절급할 때의 '散'의 내용이다. 위의 18과에 나타난 바로는 제2과의 검교시중과 제18과의 산직 이외에는 그것이 배치된 기록이 없다. 檢校職은 워낙 오랜 연원을 가진 것이며[56] 조선 개국 초에도 특히 검교시중은 國老로서 대우받는 처지에 있었다.[57] 그것이 높은 과등에 배치됨은 당연한 일이었다.

그렇지만 그만한 대우를 받지 못하는 여타의 산관들은 각기 자신의 전일의 실적에 따른 과의 과전을 절급 받았을 것인가, 혹은 제18과의 산직에 일괄 배치되었을 것인가. 본래 과전이란 것이 워낙 사대부를 우대한다는 뜻에서 설치되었고, 또한 "무릇 경성에 거주하면서 왕실을 보위하는 자는 시·산을 가리지 않고 각기 과에 따라 절급한다"는 과전법 조문을 그대로 해석한다면, 전자의 경우에 해당하였으리라고 짐작된다.[58] 그러므로 제18과의 산직

53) 가령 《高麗史》 百官志 職制에 나타난 품계를 보면, 과전법에서의 제6·7·8과는 모두 정3품인데도 밀직부사니 제시판사니 하는 직사의 차이에 따라 각기 상이한 과등에 배치되었음이 그것을 말한다.

54) 姜晋哲, 앞의 책, 49쪽.

55) 《世宗實錄》 권 51, 세종 13년 정월 을미.

56) 韓沽劤, 〈勳官 檢校考〉(《震檀學報》 29·30, 1966).

57) 《太宗實錄》 권 7, 태종 4년 정월 무오.

58) 閔賢九, 〈高麗의 祿科田〉(《歷史學報》 53·54, 1972)에서는 散官은 일괄 제 18과에 편입되었을 것이라 하였다. 이성무, 앞의 책에서는 流內散職에 대하여 검교시중 이외에는 과전을 절급치 않았다고 하였다. 한편 李喜寬, 〈高麗末·朝鮮初 前銜官·添設官에 대한 土地分給과 軍役賦課〉(《高麗末·朝鮮初 土地

은 流品 이외의 산직을 가리키는 것이었다고 생각된다.[59]

그리고 여기 규정한 각 품 과전의 액수는 조선 태조 3년(1394)에 가서 다소 축소 절급되면서 첨설직은 모두 실직에 따라 수전토록 하는 것으로 변용을 보이면서 운용되어 갔다.[60]

> H-5. 외방은 왕실의 藩屛이니 마땅히 군전을 설치하여 군사를 양성해야 한다. 동서 양계는 예전의 예에 따라 군수에 충당할 것이며, 6도의 한량관리는 資品의 고하를 논하지 아니하고 그 本田의 다소에 따라 각기 군전 10결 혹은 5결씩을 절급한다. … 군전을 절수한 자가 경성에 나아가 종사하게 되면 경기의 전지를 과에 따라 절수하는 것을 허용한다.

조준의 1차 상소에서는 才藝에 따라 선발된 군사에게 20세에 군전을 절급하고 60세에 그것을 환수한다는 이상적인 원칙을 세운 바 있지만, 과전법에 구체화한 군전은 외방 거주의 한량관리에게 절급하는 것으로 되었다.[61] 여기에서의 '한량관리'는 실상 한량관이며,[62] 고려 말기의 내우외환 속에서 군

制度史의 諸問題》, 서강대 출판부, 1987)에서는 전함관의 2품 이상은 科田을, 그 이하는 軍田을 받은 것으로 추정하였으나, 근거의 제시가 약한 듯하다. 그런데 糧餉을 비축하기 위해 各品 官人에게 米穀을 내도록 한 조선 개국 초의 사료를 보면, "時行 1品은 米 10石, 2품은 9석 … 9品·權務는 5斗, 前啣은 1品이 5石, 2품은 4석 … 9품·권무는 3두, 受田寡婦는 매 10結에 1石, 無受田 前啣은 1品이 3石, 2품은 2석 … 9품·권무는 2두, 庶人·公私賤口는 大戶가 3斗"(《太宗實錄》 권 18, 태종 9년 12월 계묘)라 하여, 現職 官員인 時行 다음에 散官인 前啣官을 거론하고, 無受田 前啣은 오히려 受田寡婦 다음에 붙여 거론하였다. 受田한 散官에 대해서는 보통으로 취급하고, 無受田 散官은 특수하게 취급하고 있었던 것이다. 여기 무수전 산관의 실체는 잘 알 수 없으나, 가령 '私田을 혁파할 당시에 文字를 未納하여 未受田한 자'(《太宗實錄》 권 28, 태종 14년 8월 신유)의 경우에 해당하는 특수한 부류였을 것이요, 內心의 긍정·부정과는 별도로 일단 田制改革에 응한 일반 前啣官 즉 散官은 자신의 實職에 준한 과전을 절급 받았을 것으로 판단된다.

59) 일찍이 이같은 견해를 제시한 선행 연구로는 千寬宇, 《近世朝鮮史硏究》(一潮閣, 1979), 184쪽.

60) 《龍飛御天歌》 73章 註.

61) 軍田도 조선 태조 3년(1394)의 개정시에 資品을 논하지 아니하고 才藝의 高下에 따라 각기 10결 혹은 5결씩 절급하였다(《龍飛御天歌》 73장 註)고 하였으나, 이는 전제 개혁과정에서 제시된 이상적인 이념을 끌어다 분식해둔 것에 불과하다고 이해된다. 《龍飛御天歌》 자체가 조선의 개창을 이상적인 사건으로 분식하기 위한 의도적 편찬물이었던 것이다.

62) 같은 科田法 조문에 곧바로 閑良官이라고 표기한 것도 두 곳이나 있다(H-6 및 17).

공 기타 여러 경로를 통하여 관품을 취득하게는 되었으나 현재로는 職事가 없는 전직·첨설직 등의 관인 신분층을 지칭하는 바, 각 지방에 거주하는 유력자들이었다.[63]

과전법에서의 군전은 보편적인 군인에게 그 군역의 반대급부로 절급한 것이 아니라 오히려 각 지방에 거주하는 유력한 관인층에게 절급하는 것으로 귀착되고 말았다. 물론 군전을 절수한 한량관도 이른바 赴京宿衛라고 하는 특수한 군역의 의무를 담당하게는 되었지만,[64] 그것은 군역이라기 보다는 일정 기간 서울에 나아가 왕권을 호위한다는 다분히 정치적인 명분에 관련된 의무일 뿐이었다. "외방의 侍衛軍·騎船軍은 1畝의 전지도 받은 적 없이 오히려 長年 종군하고 있다"[65]는 사실 그대로, 기본적인 군역은 군전의 절급과는 무관한 양인신분 위에 부과되기에 이르렀던 것이다.

결국 과전법은 비록 후기에 가서 제도의 원형은 거의 무너져 시행되지 않았다 할지라도 토지의 지배관계를 매개로 하여 군역을 부과한다는 고려시기 군인전제도의 오랜 관행을 법제적으로 부정해버리는 방향으로 귀착되고 말았다. 현실에서의 토지지배의 관행을 반영한 결과 그렇게 귀착되기에 이르렀던 것이다. 이제 가장 기본적 국가 직역인 군역을 국가가 절급하는 토지의 지배와는 무관한 차원에서 부과하고 수취하는 시대로 접어들게 되었던 것이다. 물론 鄕·津·驛吏田과 軍匠·雜色田 등 구체적인 국가 기능의 수행을 위한 직역인의 토지는 과전법에서도 우선적으로 설정하고 있었지만(H-3), 그보다 더 기본적이며 보편적인 군역을 토지 지배관계의 매개 없이 수취하도록 규정하였다는 것은 한국 중세 수조권적 토지지배의 역사에서 중대한 변천이 일어나고 있었음을 나타내는 사실로 해석된다. 그것은 한편으로는 생산력의 발전에 따라 양인층의 사회적 성장이 그만큼 보편적으로 현저하게 되었다는 사실의 반영으로서이며, 또 한편으로는 마찬가지로 생산력의 발전과 더불어 아래로부터의 소유권적 토지지배관계가 보편적으로 성장하여 그 위에 법제적으로 가설된 수조권적 토지지배의 관행을 그만큼 퇴조시키기에 이

63) 千寬宇, 앞의 책, 52~53쪽.
64) 다음의 사료 H-17 참조.
65) 《太宗實錄》 권 11, 태종 6년 5월 임진.

르렀다는 사실을 반영하는 것으로 이해되기 때문이다.

그 같은 변천 아래에서 이 때 절급된 군전도 그 명맥이 오래 갈 수는 없는 일이었다. 그것은 과전법 성립 당시 1차로 절급하는 데 그쳤던 것이며,[66] 비록 赴京宿衛의 의무와 함께 그것은 한동안 한량관의 子弟로 相傳되어 갔을 터이지만, 그나마 직전제의 성립과 함께 소멸되었다.

그리고 여기서 또한 살펴야 할 것은 "그 本田의 다소에 따라 각기 군전 10결 혹은 5결씩을 절급한다"고 규정한 본전의 내용 그것이다. 규정의 문맥으로 보아서는 본전이 많은 자에게는 10결씩을, 적은 자에게는 5결씩을 절급한다는 뜻이었음에 틀림이 없다. 그리고 본전이란 고려 후기의 조업전적 사전으로서 그 소유권까지를 지니고 있는 토지를 가리키는 것이었다.[67] 그 사전을 전면적으로 혁파하는 과정에서 과전법이 성립되었지만, 현 정권에 협력하는 중앙 거주의 관인층에 대해서는 그 정당한 소유지를 인정함은 물론 다시 전·현직을 막론하고 과전이라는 수조지를 절급하였다.[68] 마찬가지로 하여 외방 거주 관인층에게는 그들이 지배해 온 조업전적 사전에서 개인 수조지로서의 측면을 혁파하는 대신 그들 조상 전래의 소유지로서의 정당한 소유관계는 인정하지 않을 수 없었다. 그리고 현실적 지배 관행을 참작하여 사전을 원래 많이 지배해 온 자에게는 10결씩, 적었던 자에게는 5결씩의 면조권을 절급하게 되었던 것이라고 생각한다. 거경시위하는 관인층에게는 관직의 고하를 기준삼아 절급하였지만, 각 지방 거주의 관인층에게는 그것이

---

66) 같은 과전법 조문에 과전이 규정된 액수에 부족하거나 앞으로의 신래 종사자에 대한 과전의 절급을 규정하면서도, "無所任閑良官 不在此限"이라 하여 한량관을 가장 우선적으로 배제한다고 규정하였다(H-6)(千寬宇, 앞의 책, 191~192쪽 참조).

67) 《高麗史》 권 78, 志 32, 食貨 1, 田制 經理 충렬왕 11년 3월조에 보이는 本主 있는 토지란 곧 所有主 있는 토지의 이름인데, 권세가는 그 같은 토지를 자기 소유지로 점거하는 일이 허다하였다. 그리고 나아가서는 그것을 이미 本田이라 자칭하고 나서기에 이르렀다(《高麗史》 권 78, 志 32, 食貨 1, 田制 祿科田 충목왕 원년 8월). 이같은 토지야말로 항용 祖業田으로 주장되는 것이니, 그것은 소유권과 수조권을 겸유한 것으로 행세하는 토지였다. 본전이 소유지를 지칭하는 것이라는 견해는 姜晋哲, 앞의 책, 185쪽 참조.

68) 科田法 시행 이후로도 조상 전래의 정당한 소유지는 그대로 보존되어 갔으며, 과전은 그 같은 소유지 즉 '累代農舍' 위에 절수될 수가 있었다(《太宗實錄》 권 28, 태종 14년 8월 무오).

문제될 이유가 없으며 오히려 토지 지배의 다과가 기준으로 참작되었던 것이다.

실로 과전법이 규정한 군전은 고려 후기에 범람하던 개인 수조지로서의 외방 사전을 전면적으로 혁파하는 대신, 당해 지역의 유력자층에게 최소한의 명목만을 붙여서 유보시켜 준 면조지였다.[69] 그래서 그들이 외방 거주를 그만두고 서울로 가서 관직에 종사할 경우에는 각기 응분의 과등에 따라 경기의 토지를 과전으로 절수할 수 있도록 규정해 두었던 것이다. 그렇게 볼 때 과전법의 제정 과정에서는 불법적인 탈점이거나 혹은 법제적 근거를 가진 것으로 전수되었거나 간에 수조권에 입각한 개인 수조지로서의 사전은 전면 혁파되어 재편성되었지만, 정당한 소유권을 가진 토지는 그대로 온존되었다는 사실의 일단을 여기서 확인할 수가 있을 것이다.

> H-6. 이 신미년에 수전한 것이 科에 부족하거나 신미년 이후 새로 벼슬하여 수전치 못하게 된 자는, 조·부의 文契 유무를 논하지 아니하고, 혹 범죄자의 전지나 혹 후손이 없는 자의 전지, 또는 과외의 餘田을 가지고 科에 따라 체수하되, 소임이 없는 한량관은 여기에 해당되지 않는다. 경기의 荒遠田과 개간전은, 職事에 종사하는 자가 있으면 관에 보고하고 作丁하여 科에 따라 절수한다.

여기에서 신미년은 과전법이 공포된 공양왕 3년(1391)을 말한다. 과전법이 발효되는 당시에 자기의 과등보다 부족하게 수전하였거나 혹은 그 후에 새로 관직에 종사하게 된 관인의 경우에도 수조지를 절급한다는 것은 당연한 규정이었다. 다만 그러한 경우에도 자신의 조상 전래의 田券의 유무에 관계없이, 범죄로 인하여 환수된 수조지, 후사가 없는 관인의 수조지, 과외로 지나치게 많이 받은 여분의 수조지 등으로써 충당하되, 赴京宿衛 따위의 소임이 없는 한량관은 제외한다는 것이었다. 여기에서도 과전법이 職事官 우대의 원칙을 관철해가고 있음을 살필 수 있다.

그런데 여기서 특히 역점을 두었던 것은 '祖父의 文契 유무를 논하지 아니

69) 그러므로 閑良官들의 불만이 익명서로 조정을 비방하는 지경에 이르게 되자, 太宗은 "만약 5결, 10결로써는 京城에 머물기(年 100일간 宿衛하는 일)가 어렵다면, 너희들 마음대로 子孫壻姪 등에게 遞給하여 각기 마음을 바로잡을 일이요, 서로 나를 원망하지는 말라"고 하였다(《太宗實錄》 권 12, 태종 6년 윤 7월 계해).

하고' 기왕의 다른 관인이 절수한 수조지를 가지고서 새로운 유자격자가 체수하도록 규정하였다는 사실이다. 이 경우 체수되는 수조지의 종목으로는 과전과 군전을 들 수 있는데, 그것을 체수할 자들 또한 모두가 중앙·지방의 유력한 관인층이었다. 또 여기 보이는 '祖父의 文契'라는 것은 기사양전을 통하여 정당한 자격을 인정받은 조상 전래 소유지의 文劵일 수밖에 없는 것이었다.[70] 그러므로 이 규정은 유력한 관인들이 자기 조상 전래의 소유지임을 빙자하여 그 곳에다 수조지로서의 사전을 임의로 절수하는 현상을 금단하고자 하는 의도에서 설정한 것이었다고 해석된다. 즉 사전 확대의 폐단을 미연에 방지하고자 하는 의도적인 규정이었던 것이다.

그런데 사전 확대의 방지책은 사전경기의 원칙과 서로 위배되는 것이 아니며 오히려 相資관계로 운용되어야만 바람직한 편이었다. 그래서 새로운 정권에 복무하는 職事官은 荒遠田·開墾田을 막론하고 경기의 토지에 한하여 국가의 행정적 통제 아래 자기 科대로 과전을 절수할 수 있다는 규정을 덧붙여 두게 되었다. 그것은 사전의 자의적인 확대를 방지하면서 직사관 우선의 원칙을 지켜 가는 길이기도 하였던 것이다.

> H-7. 무릇 수전자는 그가 죽은 후 처가 자식이 있어 守信하는 경우 全科를 전수하며 자식이 없이 수신하는 경우에는 반감하여 전수하고, 원래 수신하지 않는 경우는 이에 해당되지 않는다. 부모가 모두 죽고 자손이 유약한 경우는 恤養함이 마땅하니 그 父의 과전을 전부 傳受하되, 나이 20세가 되면 각기 자기의 科에 따라 절수하고, 딸은 남편이 정해진 뒤 그 科에 따라 절수하며, 나머지 토지는 타인이 체수하는 것을 허용한다.

이른바 수신전·휼양전에 관한 규정이다. 그것은 멀리 고려 전시과에서의 구분전·한인전 계열을 이어 받았으며, 가까이는 조준의 1차 상소에서의 구분전과도 연관되는 것으로서 이른바 '仕者世祿'의 뜻을 구현한 규정이었다.[71] 전직·현직을 막론하고 관인의 생시에는 과전을 절급하여 사회경제적으로 優容하고 사후에는 그 守節妻에게는 물론 그 유약한 자녀들에게도 성인이 될 때까지 응분의 수조지를 절급해 준다는 이 내용은, 과전법이 관인층의 관

---

70) 기왕의 祖業田的 私田의 文契는 모두 불태웠으며, 그것의 私藏조차 엄금되었다.
71) 《成宗實錄》 권 32, 성종 4년 7월 기미.

직 자체는 세습적으로 지켜가게 할 수가 없어도 관인으로서의 신분 자체는 보전해 갈 수 있도록 하기 위하여 설정해 둔 것으로 이해된다. 그것은 수조권에 입각한 토지지배제도가 지배계급의 보전과 밀접한 관련 아래 운용되어 온 것이며, 수조권적 토지지배가 신분제적 토지지배의 유제였다는 사실을 말해 준다.

가령 父의 과전을 全科 전수한 관인의 子가 20세가 되었는데도 관직을 얻지 못한 채로 있어서 자기 과에 따른 과전을 절수할 수 없는 경우는 어떻게 처리되었을 것인가. 위의 규정대로라면 이 경우는 아마도 餘田으로 판명되어 타인이 체수하도록 처리되었을 것이며,[72] 조선 태조 3년(1394)의 田制 損益時의 규정에 따라 그 子는 학생으로 분류되어 5결의 과전을 유보 받고,[73] 나머지는 모두 반납하게 되었을 것이다. 또 무자격자의 과전 보유는 이른바 '진고체수법'에 따라 유자격자가 그것을 관에 보고하고 체수할 수 있게 규정해 두기도 하였다(I-17). 그러나 실제로는 과전의 환수 혹은 체수는 규정대로 시행되지 못하였다. 고려 후기 사전의 경우와 마찬가지로, "사망한 자의 과전은 繼嗣者가 있으면 응당 체수하는 것"[74]이라든가 "과전은 이미 영영 사여된 토지"[75]라고 하는 인식이 일찍부터 일어나고 있었다. 실제로도 "혹은 妻가 父의의 전을 체수하고 혹은 자손이 父祖의 전을 체수하여 서로 절급하고 改讐하지 않으니, 이로 인하여 田案이 不明"[76]하게 되었다. 또한 뒷날에 가서도 "과전은 父가 죽고 子가 전수한 경우 휼양전이라 칭하고, 夫의 妻가 전수한 경우 수신전이라 칭하여 대대로 그 租를 받아먹었다"[77]는 관행이 지적되고 있었다.

그러므로 수신전·휼양전의 규정으로 인하여 한 번 절급된 과전은 회수하기가 어려운 세전적 성격을 띠었던 것이다. 그 같은 세전성은 결국 경기 사전의 만성적 부족 현상을 초래하였다. 무자격자의 과전전수는 결국 어떻게든

---

72) 다음의 H-11에서도 父沒 후 자식의 科外 餘田 반납 규정이 보인다.

73) 《龍飛御天歌》 73장 註.

74) 《太宗實錄》 권 19, 태종 10년 2월 을유.

75) 당시 戶曹判書 자신의 말로 "且科田 旣是永永賜與"라 하였다(《世宗實錄》 권 5, 세종 원년 9월 신유).

76) 《世宗實錄》 권 11, 세종 3년 정월 을해.

77) 《成宗實錄》 권 4, 성종 원년 4월 기사.

지 정리하지 않으면 안되는 과제였던 것이다.

> H-8. 군인·향리 및 모든 有役人이 늙고 병들거나 죽고 후손이 없는 경우, 본역을 도피한 경우, 경성에 나아가 종사하는 경우에는 그 역을 대신하는 자가 그 토지를 체수한다.

군인·향리 그리고 모든 유역인은 지배체제를 직접 물리적으로 호위하거나 그 체제의 말단 직역을 맡아 수행하는 자들이었던 만큼 각 현장에서 그들의 존재는 필요 불가결한 것이었다. 그러므로 고려시대에는 그들 실무직역자에게는 대체로 田丁을 연립하게 함으로써 그 역을 항구적으로 확보하고자 하였다. 전정연립제는 고려 말기에 와서는 거의 전면적으로 무너지고 말았으며, 그래서 직역의 부과와 토지의 절수는 전혀 무관한 차원에서 각기 별개로 운용되었던 것이다.

과전법은 그처럼 완전히 붕괴된 전정연립제도를 원래의 것으로 복구할 수는 없었다. 그러나 국가 지배질서의 회복을 위한 전제개혁을 단행하면서 그 질서의 최일선 실무자들에게 최소한의 수조지나마 절급하지 않을 수 없었으므로,[78] 그 토지를 매개로 그들의 역을 항구적으로 확보하고자 한 규정이었다.

그러나 위 조문에서 규정한 토지 종목 가운데에서 군전은 과전법 성립 당시 1차 절급으로 끝났으며 그것도 군역을 수취하기 위한 매개로서가 아니라 각 지방의 유력자인 한량관을 우대하는 조처로 설정된 것이었다. 정작 군인의 역은 토지 따위 반대급부가 없는 양인신분의 의무 국역으로 전가되었는데, 이는 국역체계상의 큰 변화로서 앞으로 더욱 큰 변화를 초래할 인자를 내포한 것이기도 하였다. 그리고 향리의 외역전과 기타 유역인의 토지도 특수한 것을 제외하고는 세종 27년(1445) 국용전 제도의 시행과 함께 정리되어 소멸되었다. 과전법이 규정한 바 토지를 매개로 직역을 확보하는 방식은 실로 낡은 제도에 불과한 것이었다. 그러므로 과전법 자체도 하나의 잠정적이고 과도적인 토지제도에 불과한 것이었다고 할 수 있을 것이다.

> H-9. 경오년에 사여 받은 공신전은 科外로 자손에게 상전함을 허용한다.

78) 《三峰集》 권 7, 朝鮮經國典, 賦典 經理.

여기에서의 경오년은 공양왕 2년(1390)을 가리킨다. 이성계를 비롯한 일부 중신은 이른바 廢假立眞의 공이 있다 하여 공양왕 즉위년(1389) 12월에 중흥 공신으로 책봉되고 공신전을 받게 되었는데,79) 이것이 과전법에서 자손상전의 특별한 대우를 받는 사례로 규정되었다.

이 경오년 공신전은 조선이 개창되면서 전혀 의미가 없어지고 곧이어 혁파되었을 것으로 추측된다. 그러나 과전법에서 공신전에 대한 자손 상전의 특별한 우대 규정을 둔 것은 이후 공신전의 세습을 공인하는 길을 열어놓게 되었다. 그것은 왕권의 귀추라든가 왕실의 안위와 생사를 함께 하였다는 자들에게 절급하는 科外의 특별한 토지로서, 다소의 변천을 겪으면서도 수조권적 토지지배의 형태 가운데에서 가장 강력한 유형으로 존속하였다.

> H-10. 公·私賤口, 工·商人, 巫覡, 倡妓, 僧尼 등은 그 자신 및 그 자손에게 수전함을 허락하지 않는다.

수조지의 분급제도가 기본적으로 지배층의 계급적 지배체제를 운용한다는 원칙에서 설정된 사실은 앞서 살핀 바 있는데, 이 조문 또한 그러한 실정을 반영한다. 그것은 신분과 직역을 일치시키는 사회체제를 운용해 가고자 하는 의도의 실현이기도 한 것이었다. 승니는 사원전을 절수한 寺社에 기식하기 마련이며, 여타의 천인신분과 천업자들은 각기 그 천역·천업에 종사함으로써 지배체제의 유기적 일부분을 맡아 수행하도록 규정하였던 것이다.

실상 고려 후기의 혼란 속에서는 천인으로서도 왕실에 기생하면서 다수의 토지를 절수 받아 횡행한 사례가 더러 있는데,80) 위의 규정은 아마도 그 같은 사실을 감계하는 뜻에서도 설정되었음직한 것이다. 물론 과전법 아래에서도 왕실에 기생하면서 복무한 대가로 수조지를 절수하는 일이 없지는 않았다.81) 그러나 그것은 어디까지나 원칙에서 벗어난 예외적 사례에 불과하였다.

그리고 여기에서 주의할 것은 '수전을 불허한다'는 규정이 그들의 토지 소유까지를 허락하지 않는다는 뜻은 아니었다는 것이다. 이는 어디까지나 수조지의 절수를 두고 말한 것에 불과하며, 그들의 토지 소유의 여부는 그들의

---

79) 《高麗史》 권 45, 世家 45, 공양왕 원년 12월 임자·계해.
80) 《高麗史節要》 권 20, 충렬왕 8년 8월 정축.
81) 《太宗實錄》 권 5, 태종 3년 6월 기해.

사적인 일에 속하는 별개의 문제였던 것이다.

나. 토지관리 규정

과전법에 나타난 토지 관리의 규정들은 물론 분급수조지의 관리에 관한 것이었다. 과전법은 고려 후기에 문란해진 사전을 전면 혁파한 위에 전국의 토지에 대하여 전조를 공수함으로써 일단 국가수조지로 파악하여 국가 기관의 각 처에 분속시키는 한편, 그 수조권의 일부를 관인층을 비롯한 각 유역인에게도 절급하였다.

그런데 전국 전지의 대부분을 점하는 국가수조지는 사실상의 민유지로서 전통적인 관행에 따라 소유권에 입각한 토지 지배관계로 운용되어 갔으며, 거기에는 양전·수조와 같은 전통적 일반적 관리 이외에는 국가권력이 특별히 간여할 필요가 없었다. 그러나 과전법에 따라 새로이 설정한 분급수조지로서의 사전에 관한 한 사정이 달랐다. 그것은 국가의 권한에 속하는 수조권의 일부를 개인에게 위임한 것이므로 그 균평한 운용을 위해서도 국가의 특별한 관리가 필요하였다. 그것은 한편으로는 경기지역에 사전으로 설정된 토지에 대하여 비록 민전일지라도 "함부로 팔거나 함부로 증여할 수 없다"(H-25)는 규정을 두어 그 소유권의 일부까지 한동안 제약하였다. 그리고 또 한편으로는 수조권적 토지지배의 관행은 현실적으로 강력한 힘을 발휘하는 것이었으므로, 국가의 입장에서는 그것을 가능한 한 제약함으로써 직접생산자 농민층을 보호하여 그 재생산 과정의 항구화를 실현하고자 노력하였다. 과전법의 토지관리 규정이 새로운 사전의 관리에 관한 내용을 실었던 까닭이 거기에 있었다고 할 것이다.

H-11. 무릇 科가 加해져 受田하고 새로 공문을 작성하는 경우에는 原券에 합하여 한 通으로 할 것이며, 별도로 文券을 만들어서는 안된다. 부모가 受田한 것을 나누어 가질 경우에는 원권을 관에 바쳐서 (관이) 朱筆로 그 위에다 '某丁은 某子 某孫이 절수한다'고 標注하고서 이를 말소하고 원권은 그 장자에게 돌려준다. 비록 전지는 적고 자식은 많다 하더라도 破丁하는 것은 허락하지 아니한다. 자기의 전지를 감하여 자손이나 타인에게 증여하는 경우, 父가 죽은 후 그 子의 科外 餘田의 경우, 夫가 죽고 자식이 없어 (夫의 科田이) 減半된 경우에도 위와 같이 원권에는 標注하고 말소한 후 원권은 그 原主에게 돌려준다. 또한 자기의 전지 모두를 타인에게 증여하는 경우에는 관에 보고하고 遞給

토록 할 것이며 원권은 관에 반환한다.

이 규정은 분급수조지의 田券 관리에 관한 내용을 실은 것이다. 즉 ① 원래 과전 따위 일정한 수조지를 절수한 자가 자기 科의 승진에 따라 다시 과전을 가급받은 관계로 토지문권을 새로이 작성하게 되는 경우, 두 가지 문권을 꿰매어 1통으로 만들어야 한다. ② 부모가 절수한 수조지를 자손들이 분할하여 수조권을 행사하게 될 경우, 그 原券을 제출하면, 당해 기관이 거기에다 "某丁은 某子 某孫이 절수한다"고 朱書로 표기하고 해당 전결의 字丁을 원권에서 割減해낸 다음 원권을 장자에게 돌려주는 절차를 밟으며, 비록 절수지는 적고 자손은 많다 하더라도 한 字丁 안에 묶여 있는 地番들을 여러 사람이 분할해 가짐으로써 원래 作丁되어 있는 字丁을 흩트리거나 깨뜨려서는 안된다. ③ 자기가 절수한 수조지를 자손이나 타인에게 증여하는 경우, 휼양전을 收食하던 자가 나이 20이 되어 자기 科 이외의 餘田을 반환하는 경우, 그리고 자식이 없어 夫田의 절반만을 수신전으로 수식하게 되는 경우에도 당해 기관이 위와 같이 표기하고 할감해 낸 다음 원권은 그 原主에게 돌려주어야 한다. ④ 자기의 절수지 전부를 타인에게 증여할 경우에는 당해 기관에 보고하고 遞給하여야 하며 그 원권은 당해 기관에 환납하여야 한다는 내용이었다.

이 가운데 ① 항은 한 수조권자는 1통의 收租文券만을 소지하게 함으로써 수조의 문권이 난립하는 것을 방지하고, 동시에 국가에서도 수조권의 소재를 체계적으로 파악하기가 쉬워 그 절급과 환수에 보다 균형을 기할 수가 있으리라는 의도에서 이러한 규정을 두 것이었다. ② 항은 일단 절수한 수조지를 분할해서 傳受할 때에는 반드시 당해 기관을 통해 응당한 수속을 거치도록 규정함으로써 수조권의 사사로운 분할과 이동에 따른 그 隱漏 따위를 방지하고자 한 조처였다. 그리고 그 분할과 이동에 있어서 破丁을 불허한 것은 字丁의 破碎로 인한 토지 파악의 혼란을 미연에 방지하고 또한 한 자정 안의 다수 地番들이 분할됨에 따라 일어나는 은루 따위를 막기 위한 조처였다. 국가는 모양과 크기가 천차만별인 전지 하나하나를 개별적으로 파악할 수는 없는 일이었으며, 그래서 그것들에다 지번을 붙이고 5결 등 일정 단위로 묶어 천자문의 순서에 따라 作丁함으로써 그 遺漏를 방지하고자 하였던 것이다. ③, ④항도 마찬가지로 수조지를 傳受 혹은 遞給할 때 모름지기 당해 국가기관의 수속을 거치게 함으로써 그 隱占이라든가 脫漏를 방지하고자 한 것이었다.

그리고 이 규정을 보면 일단 절급된 수조지는 그 분할 收食과 증여가 가능하도록 되어 있었다는 사실을 알 수 있다. 단지 고려 후기의 사전이 사사로이 전수됨에 따라 국가의 통제를 벗어나 있었다는 사실을 거울삼아, 과전법에서는 그것을 반드시 국가기관의 정당한 수속을 거쳐 시행하도록 법제로 규정해 두기는 하였다. 그러나 수조권의 분할과 증여가 가능하였다는 것은 이 시기 수조권에 입각한 토지지배가 아직도 강인한 힘으로 마치 물권처럼 행사되고 있었다는 사실을 말해준다. 그것은 그 같은 수조권이 설정된 토지에 대해서는 오히려 그 擅賣·擅與를 불허하고 있었다는 규정(H-25)과는 매우 대조적이다. 그것은 아마도 전대 이래 오랜 연원의 인습을 좇아 관행되었던 것으로 생각되는데, 토지지배관계에서 지배층의 계급적 속성은 그만큼 강인하였던 것이다.

H-12. 무릇 科에 충족하도록 수전한 자가 부모가 죽은 후 자기의 전지로써 부모의 전지와 바꾸고자 하는 경우는 聽許한다.

자기 과에 따른 응분의 수조지를 그 부모의 절수지와 교환하여 절급받을 수 있다고 규정한 것은 관인층으로 하여금 그 부조의 절수지에 대한 우선적 보유를 보장한다는 내용이었다. 그리고 유력한 부조의 자손일수록 유리한 수조지를 확보하게 되는 길을 열어 주었던 것이다. 이 규정에 따라 관인층은 자기 조상 전래의 소유지 위에다 과전 등 수조지로서의 사전을 절수함으로써 소유권과 수조권의 양자를 동시에 행사하는 토지를 확보하는 길이 더욱 커지게 되었으리라 추측된다. 이른바 '累代農舍'라는 형태는 그러한 연유를 통하여 존속하였던 것이다.

H-13. 범죄자 및 후손이 없는 자의 공문을 그 家人이 은닉하고 관에 환납치 않는 경우에는 그 죄를 통렬하게 다스린다.

범죄를 짓거나 후손이 없는 경우에는 그 절수지를 국가로 환납하여야 한다는 규정이다. 물론 수조지로서의 사전을 두고 말한 것이었다.

H-14. 무릇 누구든지 寺院·神祠에다 전지를 시납하지 못한다. 어긴 자는 그 자신에게 죄를 준다.

고려 후기에는 사원 등에 대한 시납전이 인민에 해독을 끼치고 나라를 병들게 하는 것으로서 크게 문제시되고 있었다.[82] 과전법은 이미 사원 등에 대한 일정한 토지의 절급을 규정하였던 만큼(H-3), 아무나 자의적으로 토지를 시납하지 못하도록 금지한 것이다. 이 규정 또한 수조지를 두고 말한 것이었다. 앞서 살핀 대로 수조지의 일반적 분할 收食이나 증여는 허용되었지만, 그것을 사원 등에는 시납하지 못한다고 한 것은 다분히 유교 이데올로기적 정책의 구현이었다고 할 것이다.

H-15. 경오년(공양왕 2년, 1390) 이전의 공사전적은 모두 다 불태워 없앴으니, 그것을 감히 私藏하는 자는 국법을 훼손한 일로 논하고, 그 재산은 적몰한다.

고려 말 전제개혁 과정에서 공양왕 2년에 이미 공사의 전적을 모두 불태워 그 동안 횡행해오던 조업전적 사전을 혁파하였고, 또 과전법의 새로운 분급수조지 제도에 따라 수조지로서의 사전을 분급하였으므로, 그 이전의 사전은 전혀 인정할 수가 없는 것이었다. 그러므로 과전법 시행 이후로는 이 법이 규정한 새로운 공전·사전의 제도만이 효력을 가지게 되었다.

과전법에서 새로 규정된 공전은 기사양전을 통해서 보편적 국가 수조지로 편성되었고, 국가의 재정적 용도에 따라 그 수조권이 중외의 각 기관 및 각 公處로 분속되었다. 그리고 사전은 과전·공신전·군전·사원전 따위와 같이 개인 혹은 私處에 수조권이 절급된 토지였다. 고려 전시과에서의 공음전이나 혹은 막대한 규모로 설정되었다고 생각되는 군인전과 그 전정연립 등의 원칙은 이미 소멸한 지 오래 되었다. 과전법에서의 사전은 전시과에서의 경우보다 그 규모에 있어서 크게 축소되었으며, 반면에 국가수조지로서의 공전이 크게 확대되고 보편화되었던 것이다.

그것은 형식상으로는 고려 말의 전제개혁이 개인 수조지로서의 사전을 혁파하고 억제한다는 원칙을 견지함에 따라 일어난 일이었다고 할 것이다. 그

---

82) 李齊賢, 《益齋亂藁》 권 9 下, 策問.

러나 그 이면에 있어서는 농업생산력의 발전에 따른 토지 소유권의 성장이 관념과 현실 양면에 걸쳐서 커지게 되고, 그래서 토지소유관계가 그 수조관계보다도 현실적 의미를 더 크게 가지게 되었으며, 이제 토지의 소유자 일반이 점차 재생산과정에서의 자립성을 상대적으로 획득해 가면서 국가를 직접 상대하게 되는 처지로 성장하였다는 사실을 반영하는 것이었다.

고려 말의 사전개혁은 불법적으로 범람하는 不輸租의 사전을 혁파하였으나, 그같이 역사적으로 성장해 온 토지의 소유관계까지 변형시킬 수는 없었다. 과전법은 토지소유관계의 그 같은 대세에 따라 토지국유의 이념을 전혀 실현할 수 없었던 것이다. 물론 과전법에서도 수조권에 입각한 토지지배관계는 아직 강인한 힘을 발휘할 수 있도록 규정되고 있었다. 그러나 그것은 보편적인 국가 수조지 즉 민유지 위에 설정된, 복고적인 관행의 법제에 의하여 가설된 토지지배의 형태에 불과하였다. 이 시기 토지지배의 機軸은 이미 소유권에 입각한 그것으로 이행하고 있었던 것이다.

H-16. 앞으로 무릇 사전이라 칭하는 것은 그 田主가 비록 죄를 범하더라도 몰수하여 공전으로 삼는 일은 허락하지 않는다. (죄를) 범했더라도 응당 (전지를) 받을 자는 자기 과에 따라 절수한다.

과전법 시행 당시에 사전으로 설정된 토지는 이후 그 절수자가 죄를 범하여 당해 전지를 몰수하게 되더라도 그것을 공전으로는 편입치 못하며, 또한 가벼운 죄의 경우는 자기 과에 따라 응당 수전하도록 규정한 것이다. 아마도 전국 토지의 일정한 양을 사전으로 보유해 두고 그것을 매개로 관인층의 신분을 보전케 함으로써 지배질서를 유지한다는 것은 과전법의 한 원칙이었음을 알 수 있다. 그것은 관인층의 신분제적 토지 지배관계를 제도적으로 보장하려는 의도에서 설정한 것으로 짐작되는데, 그런 면에서 그것은 또한 전대 이래 사전 지배의 오랜 관행을 반영한 조처이기도 하였다고 생각된다.

그런데 사전의 규모를 축소하지는 못하도록 하는 한편, 앞서 살핀 대로 경기지역의 토지는 직사관의 사전으로 더욱 확대 절급될 수 있도록 규정하고 있었음이 주목된다. 그러므로 과전법에 나타난 분급수조지제의 원칙의 하나는, 외방에서의 사전의 확대를 금단하되 경기지역에 한해서는 어느 정도 변통의 여지를 남겨 두었다는 것이다. 그러나 조선 초기로 들어가 국가 행정력이 정비되면서 결국 경기지역에도 사전의 규모를 점차 축소해 가게 되었다.

> H-17. 杖 이상의 죄를 범하여 謝貼을 수취 당한 자, 期功 이상의 친척과 혼인한 자, 한량관으로서 부모의 喪葬·질병 이외에 이유 없이 三軍摠制府에 나아가 숙위하지 않은 지 100일이 된 자, 判禁 이후 동성과 혼인한 자, 수신전을 받고서 재가한 자, 전지를 가지고 있으면서도 공문을 작성하지 않은 자, 자신이 죽고 처자가 없는 자의 경우, 그 전지는 타인이 陳告遞受함을 허용한다.

즉 범죄로 告身을 회수 당한 자, 가까운 친척과 혼인한 자, 한량관으로서 赴京宿衛의 의무를 게을리 한 자, 동성 혼인자, 수절하지 않은 관인의 처, 절수지가 있으면서도 공문을 작성치 않은 자, 죽은 후 처자가 없는 자의 수조지에 대한 陳告遞受의 규정이었다. 사전을 절수할 관인의 수에 비하여 사전의 절대 액수가 항상 부족한 상태에 있었던 한편, 국가로서는 환수해야 할 사전의 구체적인 실상들을 자세히 알아내기가 어려웠기 때문에, 위와 같은 사례가 생기면 그것을 먼저 발각하여 신고하는 자에게 우선적으로 절급하는 법제를 세웠던 것이다.

진고체수법은 인간의 이기심리를 이용함으로써 사전의 불법적 隱漏와 그 확대를 방지하는 요법이었으나, 그런 만큼 수조지 절급의 균평을 기하기는 어려웠다. 그것은 관인층의 도덕적 품위마저 손상케 하는 방향으로도 운용되었다. 그러므로 태종 17년(1417)에는 위와 같은 사례가 생기더라도 타인의 陳告 대신 그 친척이 진고하게 하는 한편, 그 분급도 호조가 직접 관장하는 제도로 바뀌는 등[83] 변천을 겪으면서 한동안 운용되었다.

> H-18. 신미년에 수전한 뒤 과외로 冒受하거나 공사전을 침탈하는 자는 율에 따라 決罪하고 그 절수한 과전은 타인이 체수함을 허용한다. 만약 증거도 없이 타인의 奸盜 등의 일을 妄告하거나 雷電·猛獸·水火·盜賊으로 인하여 피해가 일어난 것을 지목하여 죄명으로 삼아 타인의 절수지를 탈취하려 하는 경우에는 통렬하게 금단하여 다스린다.

과전법이 시행된 공양왕 3년(1391)을 새로운 分地制의 원년으로 삼아, 그

83) 《太宗實錄》 권 33, 태종 17년 3월 정미.

이후 수조지를 과외로 모수하는 자와 공사전을 침탈하는 자에 대한 처벌을 규정한 것이며, 동시에 타인의 범죄를 무고하거나 자연 재해가 일어난 것을 지목하여 죄명으로 삼아 타인을 무고함으로써 그 절수지를 침탈하려는 자에 대한 금단규정을 설치해둔 것이다. 조준의 1차 상소에서는 토지 국유의 이념을 실현하려는 의도에서 이러한 경우는 사형에 처하고 그 자손에 대해서까지 청요직의 서용을 금고하는 혹독한 규정을 설정한 바 있었다. 과전법은 그 같은 토지 국유의 이념을 구현할 수는 없었지만, 관인들 사이의 불법적 과전 쟁점 혹은 그 쟁탈의 경우에 대비하여 최소한의 처벌 규정을 설정하지 않을 수 없었던 것이다.

H-19. 경기지역 공사전의 四標 안에 荒閑地가 있으면 백성들의 樵·牧·漁·獵을 聽許한다. 금단하는 자는 그 죄를 다스린다.

이 규정은 산림·초지·천택·수렵장 등의 황한지에 대한 농민들의 전통적 공동체적 이용을 개방한다는 내용을 규정한 것이다. 그것은 물론 전통적 관행에 불과하였을 터인데도 불구하고 새로운 전법에서 새삼스러이 규정하는 이유가 따로 있었던 듯하다. 즉 경기지역에는 관인층의 사전이 집중적으로 절수되어 있고, 사전의 전주는 물론 일반 농민층보다 호강한 자들이었다. 그러므로 그들은 흔히 그 주변의 다른 지면에 대해서까지 배타적 지배권을 행사함으로써 불법으로 사전 자체를 확대시키는 한편 국가와 농민에게 큰 해독을 끼치기가 일쑤였음이 고려 후기의 현실이었다.[84] 위의 규정은 그래서도 필요한 것이었다.

뿐만 아니라 산림·어렵지 등 황한지에 대한 공동체적 이용은 소농민경영의 재생산 지반의 유지를 위해서도 필요 불가결한 조건이었다. 그런 만큼 그것은 전근대사회에서는 원시 이래의 보편적 관행으로 존속되어 오던 것이었다. 그 같은 황한지의 공동체적 이용이야말로 불안정한 재생산과정에서 부침하고 있는 중세 농민생활의 최후의 의지처이기도 하였던 것이다.

H-20. 기사년에 양전하지 못한 바닷가나 섬의 전지, 양전에서 누락된 전지,

84) "跨州抱郡 山川爲標"라고 누누이 지적되는 고려 후기 私田의 경우를 상기할 일이다.

양전을 법대로 하지 않아서 餘剩된 전지, 새로 개간한 전지는 각 도 도관찰사가 매년 편의대로 관원을 보내어 踏驗作丁하여 田籍에 續書하고 主掌官에게 보고하여 軍需에 충당한다. 여러 사람이 함부로 점유하는 것을 허락하지 않는다. 위반자는 죄로 다스린다.

기사양전에서는 왜구의 침해로 인하여 서남해안 지역을 양전하지 못하였으며, 또한 그것은 이 시기 농법의 발전과 양전제의 변동이 진행되는 과정에서 약 1년 사이의 단기간에 졸속 수행되었기 때문에 필연적으로 脫漏·餘剩田을 많이 남겨놓게 되었다. 과전법이라는 전국적 토지법제를 시행하기 위해서는 전국의 전지 모두를 파악하여 그 법제에 따라 운용해야 하는 것이 당연한 일이었다. 그러므로 새로 개간되는 토지와 함께 여러 가지 사유로 기사양전에서 빠뜨려진 전국의 모든 경지는 각 도 단위로 양전하여 田案에 올려 파악하되, 이제 새로 확보한 토지는 국가수조지로 편성하여 군수에 충당하도록 할 것이며, 개인의 擅占을 막는다고 표방한 것이었다. 여기에서 천점을 막는다는 것은 물론 그것의 사전화를 막는다는 말로서 곧 외방에서의 사전의 확대를 방지한다는 일관된 원칙의 표명이었다. 또 그것을 군수에 충당한다는 것은 조준의 3차 상소에서 보이는 것처럼 기사양전에서 파악한 田結로써는 군수 확보의 여지가 전혀 없다고 하는 현실적 요청에 따른 것이었다.

다. 조세 및 田主·佃客관계 규정

H-21. 무릇 공사전의 전조는 水田 1결마다 糙米 30두로 하며 旱田 1결마다 잡곡 30두로 하고, 그 이외에 횡렴하는 자가 있으면 贓律로 논한다.

여기서 규정한 결당 30두라는 조액은 이른바 全實 연도의 최고액을 말한 것이며, 공전의 租는 중앙과 지방의 국고로, 사전의 조는 그 절수지로 수납되는 것이었음은 더 말할 필요가 없다.[85] 조준의 1차 상소에서는 당시 토지 생산량의 1/10조로서 1결당 20두를 설정한 바 있으나, 정작 과전법에 와서는 그것이 30두로 규정되었다. 어느 편이 1/10에 가까운 수조액이었는 지는 단

85) 이에 관한 사실은 이 책 Ⅰ-1-3) 〈전세제도의 개편〉에서 구체적으로 살피기로 하겠다.

언하기 어렵지만, 그 동안 전제개혁에 관한 논의가 개혁파의 주도로 진전되어 왔다는 사실을 고려할 때에 과전법의 경우가 더욱 거기에 가까운 것이 아니었는가 한다.

고려 전시과에서는 공전과 사전에 각기 다른 수조율이 적용되었다는 학설이 분분하지만, 후기에 와서는 적어도 법제상으로는 공·사전 모두 1/10로 되어 있었던 것으로 확인된다. 그러나 사전의 경우는 특히 법외의 횡렴뿐 아니라 오히려 田主의 난립에 의한 중첩 수조가 보편화되어 농민을 할거적으로 수탈하였다. 과전법은 그 같은 조업전적 사전을 일단 모두 혁파하고 새로운 급전법에 따라 수조지를 새로이 절급하는 한편 1/10조율을 엄격히 적용함으로써 전주의 난립이라든가 무단횡렴을 방지하고자 하였다. 실로 "조종의 取民은 1/10에 그쳤다"[86]라고 하는 것이 개혁파 사류의 기본 인식이었던 것이다.

H-22. 능침·창고·궁사·공해·공신전을 제외하고 무릇 전지를 절수한 자는 모두 세를 납부하는데 수전 1결은 백미 2두, 한전 1결은 황두 2두로 한다. 구경기는 料物庫에 납부하고 신경기 및 외방은 풍저창·광흥창에 분납한다.

사전에서도 그 전조의 일부를 세로서 국고에 납부하게 하는 규정은 고려의 전시과에서도 운용되고 있었지만, 그것은 1결에 기껏 7승 5홉 정도로서 그야말로 전세라고 하는 명목을 세워둔 것에 불과하였다.[87] 그런데 과전법에서는 전시과에서 보다 그 세액이 더 많아지게 되었음이 특징이다. 그것은 국가수조지에서의 전조가 1/10인 것과 마찬가지로 과전의 전주 등으로부터 국가가 수취하는 세도 그 전조의 1/10로 되어야 하는 것이 천하고금의 通義라고 하는 보편적 원리의 적용과 관련된 일이기도 하였다.[88]

그런데 능침·창고·궁사·공해전은 모두 왕실 및 국가기관의 수조지이며 거기에서는 이미 규정에 따라 전조를 수취하는 까닭에, 또 공신전은 사전 가

---

86) 《高麗史》 권 78, 志 32, 食貨 1, 田制 祿科田 신우 14년 7월 大司憲 趙浚 等 上書.

87) 《高麗史》 권 78, 志 32, 食貨 1, 田制 租稅.

88) 《太宗實錄》 권 3, 태종 2년 2월 무오.
1結 稅 2斗는 그 租 30斗의 1/15에 불과하므로 엄격히 1/10은 아니다. 다만 30斗는 2石이므로 그렇게 명목을 끌어다 붙였으리라고 생각된다.

운데서도 유일하게 과외로 자손에게 대대로 이어 전하는 특권이 부여된 가장 강력한 수조권적 토지지배의 유형이었으므로, 각기 세의 규정을 적용하지 않기로 한 것이다. 그러나 국가 지배체제가 더욱 정비된 조선 태종 2년(1402)에 가서는 공신전도 면세의 대상에서 제외되었다. 이에 공신전·과전·군전 등 모든 사전에 대해서도 천하 고금의 通義인 1/10세를 징수한다는 원칙이 실현되어 갔던 것이다.89)

이들 모든 분급수조지에 대해서도 1결 2두라고 하는 얼마 안되는 稅나마 규정해 둔 것은, 무릇 조세의 근원적 수취권은 언제나 국가가 보유한다는 원칙을 지켜가기 위한 표현이었던 것으로 이해된다. 즉 왕토사상 혹은 토지 국유사상의 의제적 표현이었다고 풀이된다.

H-23. 만약 대군을 조발하여 糧餉이 부족하게 되면 공사전을 불문하고 경비의 다소에 따라 임시로 액수를 정해서 公收하여 支用하고, 무사하게 되면 그친다.

과전법은 또한 국가 비상시의 경우 사전조의 공수에 관한 권한을 발동할 수도 있다는 규정을 두었다. 그 같은 권한의 발동 근거는 물론 토지국유라는 전통적 의제적 관념에 있었던 것으로 이해된다. 그 같은 관념은 이미 사전개혁의 과정에서 현실로 관철되기도 하였다. 그리고 조선을 개창한 이후에도 여러 차례에 걸쳐 논의된 바 있으며 또 실제로 행사되기에 이르렀던 것이다.90)

H-24. 田主가 佃客의 所耕田을 빼앗으면 1負에서 5負까지는 笞 20으로 하고 매 5負마다 1등을 더해서 杖 80에 이르기까지 죄를 주고 職牒은 환수하지 않는다. 1결 이상의 경우에는 그 字丁을 타인이 체수하는 것을 허용한다.

과전법은 아직도 수조권적 토지지배의 강인한 인습을 반영하고 있었다. 그것은 무엇보다도 토지의 소유자를 마치 단순한 경작자인 양 佃客으로, 그 소유 및 경작지를 소경전으로, 그리고 그 토지에 대한 수조권자를 전주라고 규정한 사실에서 잘 드러난다. 그것은 물론 과전법에서 비로소 정립된 개념이

89) 《太宗實錄》 권 3, 태종 2년 2월 무오.
90) 《太宗實錄》 권 12, 태종 6년 10월 신묘 및 권 18, 태종 9년 10월 경술·11월 기묘, 그리고 권 26, 태종 13년 8월 임자.

아니며, 토지국유사상에서 비롯된 전통적 의제적 관념[91]이 전제개혁이라고 하는 변동기를 맞아 지배층의 의사에 따라 다시 법제적 개념으로 확인되기에 이른 것이었다. 즉 토지의 원래 수조권자는 국왕으로 대표되는 국가이며 따라서 국왕 즉 국가가 田主이지만, 단지 그 수조권을 국왕이 어느 개인에게 절급하였으므로 이에 따라 그 개인이 전주로 행세한다는 관념에서 위와 같은 전주·전객의 관계가 설정되었다고 해석된다. 수조권적 토지지배라는 것 자체가 워낙 전근대국가에서 국왕을 정점으로 하는 관인층의 계급적 지배체제를 유지 운용시켜 가는 중요 지반의 하나였던 것이다.

그런데 1결 이상의 토지 탈점을 '處死'로 설정하였던 조준의 1차 상소에서의 엄격한 처벌 규정이, 과전법에 와서는 당해 字丁의 타인 체수를 허용하는 정도로 완화되기에 이른 사정은 어디에서 연유한 것이었을까. 조준의 1차 상소는 철저한 토지국유의 원칙, 즉 토지의 철저한 국가관리의 원칙을 실현하고자 한 것이었다. 그러나 전제개혁의 논의를 진행하는 과정에서 그러한 원칙은 도저히 관철될 수 없다는 사실을 확인하지 않을 수 없었다. 토지 지배관계는 현실적으로 국유가 아닌 개인의 소유를 기축으로 하여 전개되고 있었으며, 세력이 있는 관인층일수록 그 사회세력의 근원은 이미 그 같은 소유관계를 바탕으로 하고 있었다. 수조권적 토지지배는 비록 왕토사상으로 분식된 국가권력의 강인한 토지 관리권에 근거한 것이기는 하지만, 그것은 사실 그 바탕을 이루는 소유관계 위에다 가설한 부차적인 것일 수밖에 없었다. 따라서 비록 분급수조지로 설정된 토지라 할지라도, 전객이 법에 따른 전주의 수조권의 행사를 침해하지 않는 한, 토지에 대한 사실상의 지배와 관리는 기본적으로 그것의 소유자 겸 경작자인 전객 개인의 소관에 속하는 일이었다.

그러나 수조권이 비록 법제화 관행에 따라 가설된 부차적인 토지 지배권이라 할지라도 그것을 행사하는 자는 세력을 가진 관인층이었다. 개별 농민의 소유지가 그러한 세력가에게 침탈 당할 수도 있다는 것은 고려 후기 사

91) 가령 전시과가 제대로 운용되고 있던 고려 전기에 조세납부자는 분명 토지의 소유·경작자인데도 그것을 전호로 호칭하였다(《高麗史》 권 78, 志 32, 食貨 1, 田制 租稅 예종 3년 2월 判).

전의 예에서 증명된 객관적 사실이었다. 위의 조항에 보이는 소경전 침탈 금지규정은, 공권력을 행사하는 국가로서 그 존립지반인 농민의 자기 소유지 경작권, 나아가서는 그것의 바탕이 되는 토지소유관계를 보호하지 않으면 안 된다는 선에서 설정한 것이었다고 이해된다.

> H-25. 전객은 자기 소경전을 가지고 別戶人에게 함부로 팔거나 함부로 증여할 수 없다. 만약 (전객이) 사망·이사하여 戶絶한 경우라든가 餘田을 많이 점유하여 고의로 荒蕪케 한 경우에, 그 전지는 전주가 임의 처분하는 것을 허락한다.

위의 규정은 일단 분급수조지로 설정된 토지를 그 소유·경작자가 자의적으로 매매나 증여함을 금지하고 있는데, 이는 당시의 토지지배 관행으로 보아 매우 특이한 사항이었던 것으로 이해된다. 고려시대에도 토지의 매매와 증여는 소유자의 의도에 따르는 것이 이미 오랜 사회적 관행으로 시행되어 오고 있었기 때문이다.

그런데 고려 후기의 관행에 따라 과전법에서도 전주가 수조권을 행사하는 일은 자기 자신이나 혹은 그 대리인이 전객을 직접 상대하여 실현하도록 규정하고 있었다. 그러므로 전주가 모르는 사이에 당해 전지의 전객이 바뀌게 되면 그 수조권의 실현에 지장이 생겨날 수 있었다. 그래서 이 규정은 경작자가 함부로 변동되는 것을 방지함으로써 전주의 수조권을 보호하려는 의도에서 설정한 것이었다. 이 조항의 뒤편에 경작자가 없어지거나 혹은 고의로 진황시킴에 따라 수조권을 실현할 수 없게 되는 경우 전주가 당해 전지를 임의로 처분할 수 있다고 규정한 것도 마찬가지 취지에서 설정한 조처였다.

과전법은 사회경제적 관행에 역행하는 규정까지 설정해가면서 수조권자인 관인층의 계급적 이익을 크게 배려하였다. 그러나 이 당시 토지의 지배관계는 연작농업의 일반화라고 하는 농업생산력의 일정한 발전을 바탕으로 이미 소유권을 기축으로 하여 전개되고 있었다. 소농민 경영의 분화가 상대적으로 활발해지게 되는 것은 필연적이었다. 그러므로 개인 소유지의 매매·증여는 법제로써 금단해 갈 수 있는 성질의 것이 아니었으며, 따라서 세종 6년(1424)에 이르러 그 금지 규정은 철폐되고 말았다.

2) 토지 소유형태와 경영형태

(1) 토지 소유관계의 변천

고려 말의 사전은 기사양전 및 그것과 동시에 실시된 私田租 公收의 조처를 경과하면서 사실상 혁파되고, 과전법의 시행으로 사전의 옛 田籍마저 모두 불태웠으며 그것을 사적으로 감추어 두는 일도 처벌받도록 규정되었다. 이제 不輸租의 특권을 향유하던 조업전적 사전은 완전히 혁파되었으며, 전국의 전지는 일단 국가수조지로 편성되고 과전법에 따라 다시 재편성되었다.

사전혁파의 구체적 대상은 고려 말 사전의 전주들이 조업전임을 내세워 자행해오던 개별적 수조권이었다. 사전개혁의 초기단계에서는 그 같은 수조권 뿐 아니라 소유권적 측면에서도 토지국유의 원칙을 관철시키고자 하였으나, 그 원칙은 결국 현실적인 토지 소유관계의 제약으로 실현할 수가 없었다.

그러면 고려 후기에 전국적으로 범람하고 있던 사전의 소유권은 누구에게로 귀속되었을까. 물론 토지의 소유는 대체로 당시의 현실적 지배관계 여하에 따라 그 귀속이 판가름났을 것이다. 구체적 사실을 전하는 사례가 찾아지지 않으므로, 동·서 양계지역에 관한 다음의 사료를 검토해 보기로 한다.

> 신우 14년 6월 창왕이 교서를 내려 '근래에 호강의 겸병으로 田法이 크게 무너졌다. … 동북면·서북면에는 원래 사전이 없는 것이니, 만약 사전이라 칭하면서 넘치게 據執하는 자가 있거든 도순문사가 통렬히 금단하여 다스릴 것이며 그 갖고 있는 文契는 沒官하라'고 하였다(《高麗史》 권 78, 志 32, 食貨 1, 田制 祿科田).
>
> 동·서 양계의 땅은 전조의 말기에 고식책에 얽매여 일찍이 양전 수조하지 못하고, 혹은 日耕으로, 혹은 烟戶로 (수조)하고 있으니 전제가 한결같지 않다. 그중에는 토전을 광점하고 조업전이라 칭하면서 제 마음대로 궁민들에게 주거나 빼앗기도 한다(《太祖實錄》 권 2, 태종 원년 7월 경신).

위의 사료는 살펴본 바 개혁파 사류가 창왕을 옹립하고 착수한 사전개혁의 첫 조처였다. 즉 원래 양계지역에는 사전을 설정한 일이 전혀 없으니, 억지로 행세하는 사전은 모두 색출하여 혁파하라는 내용이었다. 그리고 사전개혁의 후속조처에 따라 不輸租의 사전 형태는 양계지역에서도 혁파되었다.

또한 국가의 수조는 일경 혹은 연호를 단위로 하였음을 알 수 있다. 이처럼 불수조 형태의 사전은 혁파되었지만, 그 뒤로도 토지를 광점하고서 조업전이라 칭하며 횡행하는 지주는 그대로 존속하고 있었다는 사실이 확인된다. 즉 별다른 하자가 없는 한 소유권에 입각한 토지 지배관계는 과전법의 시행 전후를 막론하고 그대로 존속하였던 것이다.

이 양계지역의 경우로 미루어 보아 여타 지역의 토지 지배관계의 변천을 대체로 짐작할 수 있다. 그것은 현실의 소유권을 중심으로 하는 현실적 지배관계 여하에 따라 토지 소유관계의 귀속이 결정되었으리라는 사실이다. 따라서 이전부터 경영해오는 농장이라든가 지주지도 그 소유와 경영에 별다른 하자가 없는 한, 그리고 아마도 개혁파와 적대적 관계에 있지 않는 한, 그 소유권이 그대로 보전되었다.

> 城州의 서쪽 교외는 황폐하여 사는 사람이 없었다. 政堂文學 安牧이 처음으로 개간하여 田畝를 널리 일으키고 크게 집을 지어 살았는데…손자인 瑗에 이르러 극히 번성하여 안팎으로 전지를 점거한 것이 무려 수만 頃이요, 노비가 백여 인이나 되었다(成俔, 《慵齋叢話》 권 3).
>
> 처음 정당문학 하륜이 경기·전라 양도 감사가 되어, 兵이 農에서 나온다는 옛 뜻에 따라 민호의 간전 다소를 헤아려 부역 차정하는 법을 세웠더니, 백성들은 심히 편하게 여겼으나 권세가로서 田園을 광점한 자는 많이 싫어하였다(《太祖實錄》 권 15, 태조 7년 12월 갑진).92)

위의 사료에서 개간을 통하여 농장을 일으킨 安牧은 고려 말 공민왕대의 顯官이었고, 그의 嗣孫 安瑗은 고려 말에서 조선 태종대까지 현달한 관인이었다. 그의 농장은 사전의 혁파나 과전법의 시행 및 왕조의 교체에도 불구하고 소유권에 입각한 토지 지배관계를 오히려 발전적으로 지속하고 있었다. 그리고 다음 사료는 여말선초의 그 같은 변동을 겪고 난 뒤에도 경기·전라도에는 전원을 광점하고 있는 권세가로서의 대소의 지주가 존속하고 있었다는 사실을 보여준다. 이러한 상황은 경기와 전라지역에 국한되지 않았던 것으로 생각된다. "畿內의 땅에는 達官들의 別業이 많다"라든가 "하삼도는 토

---

92) 河崙이 경기 감사가 된 것은 태조 2년(1393)이었다(《太宗實錄》 권 23, 태종 16년 11월 계사조와 그의 卒記 참조).

지가 비옥하고 물산이 풍부하여 朝士의 농장과 노비가 절반을 넘는다"[93]는 조선 초기의 기록들은, 고려 말 사전개혁과 과전법의 시행을 경과하면서도 별다른 하자가 없는 토지의 소유관계를 그대로 유지하고 있었음을 보여준다.

그렇다면 고려 말엽에 오히려 더 큰 물의를 일으키면서 범람한 비현실적 소유관계 아래에 있던 私田의 소유권은 어떻게 귀속되었을까. 고려 말기에 전국적으로 확대되었다고 하는 사전의 가장 큰 특징은, 그것이 조상 전래의 文券에 의한 조업전으로 행세하면서 개별 수조권을 행사하되 1인 소경전의 수조권자 즉 전주가 여럿으로 난립하고 있었다는 사실이다.

> 근년에 이르러 겸병이 더욱 심해져 간흉한 도당이 주군을 포괄하고 산천으로 경계를 표시하며 그 모두를 가리켜 조업전이라 칭하면서 서로 밀치고 빼앗으니, 1畝의 田主가 5, 6을 넘고 1년의 전조를 8, 9차례나 거두어 간다(《高麗史》 권 78, 志 32, 食貨 1, 田制 祿科田).
>
> 전조의 전제는 … 그 법이 더욱 심히 무너지게 되자 세력가들이 서로 겸병하여 1인의 소경전에 田主가 혹 7, 8인에 이르기도 하는데, 수조 때에는 사람과 말에 대한 供億, 求請 抑賣하는 물건, 路費, 漕運費 등이 실로 그 租의 몇 갑절 정도만이 아니었다(鄭道傳, 《朝鮮經國典》 上, 賦典 經理).

고려 말기에 사전의 폐단을 논하는 경우 언제나 가장 절급한 사항으로 거론되는 것은 전주의 난립이었다. 심지어 사전개혁파와는 다르게 그 폐단을 개량하여 사전제도를 그대로 지속시키자는 주장을 폈던 李穡이나 權近같은 경우조차, "그 田主가 1인이라면 다행이지만 혹 3, 4家가 되거나 혹 7, 8가도 있으니 … 백성의 곤궁함은 이 때문이다. … 바라건대 甲寅柱案을 위주로 공문朱筆을 참작하여 쟁탈자는 그대로 바로잡도록 하자"[94]고 하든가, "근년 이래 전란이 쉬지 않고 수재·한재가 서로 잇달아 백성은 飢色이 들고 들에는 굶주려 죽는 자가 있는데, 더구나 1田에 2, 3의 전주가 있어 각기 그 조를 징수하여 민재를 박탈하니 … 원컨대 지금부터 일체 본국의 전법에 따라 경중에서는 版圖司가, 외방에서는 按廉使가 田訟을 결단하여 승자가 수조토록 하여 1田에 1主만 있게 함으로써 백성이 蘇息하도록 해야 한다"[95]는 것이

93) 《太宗實錄》 권 28, 태종 14년 7월 갑진.
《世宗實錄》 권 124, 세종 31년 4월 계축.
94) 《高麗史》 권 115, 列傳 28, 李穡.

그 개량법의 요체였다. 1인이 소경전을 두고 그것을 사전으로 지배하는 전주가 여럿이 난립하여 서로 전조를 징렴하면서 또한 田訟을 벌였던 것이 이 시기 겸병된 사전의 보편적 실상이었다.

고려 말에는 '宗廟·學校·倉庫·寺社·軍須田 및 국인 세업의 전민을 호강한 자들이 거의 모두 탈점'[96] 할 정도로 사전이 전국에 널려 있었으며, 사전의 田訟이 너무 복잡하기 때문에 국가의 행정기능이 마비될 지경에 이르렀다.[97] 전국적으로 두루 존재하던 사전인데도 왜 1인의 소경전을 두고 그 전주는 여러 명이 난립하게 되었는가. 당시의 기록에는 대체로 겸병과 탈점 때문이라고 전하고 있다. 즉 조상 전래의 조업전임을 칭하는 사전을 다른 세력가 또한 조업전임을 내세워 다시 겸병하거나 탈점하기 때문에 그 전주가 여럿으로 난립하였다는 것이다.

그러므로 고려 말에 조업전임을 칭하는 사전의 전주권은 그리 대단하지 않았다고 할 수 있다. 이는 다른 세력가에 의하여 언제든지 겸병이나 탈점될 수 있는 것으로서, 당해 토지에 대한 항구적·구체적 지배권을 행사하는 것이 아닌 한갓 기생적 수조권에 불과한 것이었다. 오히려 토지에 대한 항구적이며 구체적인 관계를 일상적으로 가진 자는 바로 그 토지를 경작하는 농민이었다.

사전의 혁파는 한 토지 위에 난립하고 있던 여러 전주권을 혁파한 것이었다. 그러므로 이제 그 토지의 소유권은 지금껏 여러 전주에게 조를 바칠 수밖에 없는, 그러면서도 그 토지를 평소에 경작하고 있음으로 인하여 항구적·구체적 지배관계를 맺고 있는 佃客[98]들에게 귀속되었던 것으로 보인다.

사전을 혁파한다는 내용은 일차적으로는 그 토지에 대한 수조권을 국가가 확보하여 실현한다는 것이었다. 앞서 살핀 바 공사전조의 일체 공수로 인하

---

95) 《高麗史》 권 78, 志 32, 食貨 1, 田制 租稅 신우 9년 2월 左司議 權近 等 上書.
96) 《高麗史》 권 78, 志 32, 食貨 1, 田制 祿科田.
표현상의 과장을 감안하더라도 그것이 전국적 현상으로 대대적으로 확대되고 있었음은 인정할 수밖에 없다.
97) 《高麗史》 권 78, 志 32, 食貨 1, 田制 祿科田 신우 14년 7월 大司憲 趙浚 等 上書.
98) 과전법 조문의 田主·佃客이란 표현은 물론 고려 말기의 田主·佃戶라는 관용어를 이어받은 술어로서, 토지국유의 의제적 관념에서 표현된 것이다.

여 사전에 대한 개별 수조권 즉 전주의 권리가 일체 停罷된 상태에서 기사양전이 단행되었다. 과전법의 시행에 이르기까지 사전에 대한 옛 전주들의 개별 수조를 정파시킨 채 국가의 공수를 실현하게 되자, 국가는 토지를 일상적으로 경작하고 있는 당해 농민을 대상으로 전조를 징수하게 되었다. 그리고 이전의 사전이 혁파되고 새로운 과전법에 따른 수조권을 실현할 때에도 국가 혹은 새 전주가 상대하게 된 것은 역시 당해 토지의 경작자였다. 그래야만 당해 토지에 대한 수조권을 확실하게 실현할 수가 있었던 것이다.

사전의 혁파, 과전법의 제정 과정에서 당해 토지의 정당한 소유·경작자는 기사양전이 단행되는 과정에서 소경전과 그 일상적 경작자와의 대조를 통해서 자기 소경전임을 확인 받아 양안에 자기 소유지로 올리게 되었던 것으로 추측된다. 물론 이를 구체적으로 확인할 수는 없지만 그 사실을 유추게 하는 사료가 남아 있다.

> (신우) 14년 8월 대사헌 조준이 상소하여 '원컨대 지금 양전의 기회를 당하였으니 그 경작전을 심사하여 소경전의 다과로써 그 호를 상·중·하 3등으로 정하고, 良賤의 生口를 분간 成籍하여, 수령은 안렴사에게 바치고 안렴사는 版圖司에 바치게 하여, 조정에서 무릇 징병·조역할 때에 참고할 만한 근거가 되도록 하소서'라고 하였다(《高麗史》 권 79, 志 33, 食貨 2, 戶口).

즉 위화도 회군 직후의 개혁파 정권은 현안의 사전을 혁파하기 위한 양전을 결행하면서 민호의 소경전의 다과를 주요 기준으로 하는 새로운 징병·조역의 호등제를 추진하였는데, 이 계획이 당시에 그대로 실현되었던 것 같지는 않다. 그러나 위의 사료에서 볼 수 있듯이 호등제 문제와는 별도로 양전 과정에서 경작전을 심사하는 일, 그래서 개별 농민호의 소경전의 다과를 판별하는 일 등을 거치게 되어 있었다. 더구나 징병·조역 이외에 조세의 납부자를 새로이 판가름하였던 기사양전에서는 경작자와 그의 소경전을 대조심사하는 일이야말로 반드시 거쳐야 할 절차였다. 무릇 隨等異尺의 방식으로 결부제를 운용하는 전통적 양전에서는 그 전품의 등급에 따라 결부의 실적이 바뀌며, 이에 따라 부세의 부담이 달라지므로 그 같은 대조를 통한 상호간의 확인은 반드시 거치지 않으면 안되는 절차였다.[99]

---

99) 전통적인 양전의 경우, 가령 조선 후기에도 토지의 매 필지마다 그 납세자와

더구나 기사양전은 현안의 조업전적 사전을 전면 개혁하여 새로운 국가 토지법제를 정립하기 위한 기초작업으로써, 대신급의 대관을 새로운 都觀察黜陟使라는 직함으로 파견함으로써 새 정권, 나아가서는 새로운 국가의 경제적 기초를 확보하려는 것이었던 만큼 개별 토지와 그 소유·경작자와의 대조는 반드시 수반되었을 것으로 여겨진다. 농민으로 하여금 자기 토지의 소유관계나 결부의 수를 명확히 확인시키지 않고서 새로운 정권을 운용하기란 쉽지 않았을 것이기 때문이다. 그래서 결국 사전 속에 토지를 탈점 당하고 예농적 존재로 겨우 연명하던 다수의 농민이 이제 그 원래의 자기 소경전을 되찾음으로써 자영농으로 발돋움하게 되었을 것으로 생각된다. 또한 정치적 측면에서 개혁파 사류는 안정적인 정권을 확립하는데 실로 심대한 효과를 기대할 수 있는 관건이었기 때문에 그러한 방향으로 추진해가지 않을 수 없었던 것으로 보인다.

그래서 고려 후기에 등장하고, 과전법 조문에서는 佃客농민의 기본적 소유 및 경작지라는 개념으로 정립되며, 이후 "무릇 공부와 徭役은 백성의 소경전 결부수에 따라 정한다"[100]는 등 조선 전기에 많이 관행되는 '所耕田'이라는 용어는, 매우 중요한 역사적 의미를 지녔던 것으로 이해된다. 그것은 사료상으로 고려 후기에 등장하는 당시부터 소유 및 경작지라는 의미를 지니고 있었다.[101] 앞서 살핀 바 "세력가들이 서로 겸병하여 1인의 소경전에 전주가 혹 7, 8인에 이르기도 하였다"는 고려 말의 사전에 난립하였던 전주라는 존재가 부정될 때, 당해 토지에 남게 된 권한은 국가의 수조권과 그 수조권 실현의 대상으로서의 소경전을 경작하는 자의 소유권 두 가지 뿐이었으리라고 짐작된다.

의 대조가 이루어지고 있었다는 사실이 확인된다. "守令이 장차 汎繩[尺이 쌓여서 束이 되고 束이 쌓여서 負가 되는데, 줄(繩)로써 재는 것을 이름하여 범승이라 한다]하려 할 때, 백성이 수령 앞에 나와 호소하기를 '이 논배미의 稅는 3負나 되니 1負를 감해주기 바랍니다'라고 하였다. 從者에게 물으니 대답하기를 '진실로 그러합니다. 이 논배미의 稅가 억울함은 뭇사람들이 다 아는 바입니다'라고 하였다"(丁若鏞, 《牧民心書》 권 4, 戶典 田政).

100) 《成宗實錄》 권 4, 성종 원년 4월 병자.

101) 《高麗史》 권 85, 志 39, 刑法 2, 禁令 충렬왕 11년 3월 下旨는 그같은 개념의 所耕田이 처음 보이는 적절한 사례이다.

그러므로 과전법의 시행은, 고려 말의 조업전적 사전에 대한 전주들의 난립된 수조형태를 근절하고 자기 소경전을 경작·소유지로 확보하여 국가 혹은 새로운 전주에게 1년 1조만을 바치는 자연농민층을 폭넓게 확보케 하였던 것이다. 과전법이 그 운용과정에서 계속 병작반수의 영농형태를 금단하며 또한 균전론적 시책을 펴나가고 있었던 것도 그 원래의 자영농 확보책을 지켜가고자 하는 자기운동의 일환이었던 것으로 해석된다.[102]

(2) 과전법체제에서의 영농형태

과전법이 운용된 조선 초기 자영농의 보편적 존립현상에 대하여 최근의 연구는 오히려 지주지의 농장경영이야말로 이 시기의 기본적이며 규정적 영농형태였던 것이라고 주장하기도 한다. 즉 노비라든가 挾戶 등을 예속노동력으로 사역하는 지주지의 직영 농장이 중심을 이루고 그 주위에 지주로부터 토지·牛具·종자 등 생산수단 기타를 대여 받는 종속적 전호경영이 다수 집적된 복합적 농장형태가 이 시기 농업의 규정적 범주이며 동시에 국가 조세 수입의 기본 지반이었다고 한다.[103] 앞서 살핀 바 북부지역에서 그리고 경기와 하삼도에서 다수 세력가의 지주지와 농장형태의 존속 사실이 확인되므로 이들 견해는 매우 설득력이 있어 보인다.

그러나 만약 그 같은 세력가의 지주지가 농업경영의 규정적 형태라면 이 시기 국가체제는 아마도 유지되기가 매우 어려웠으리라 생각된다.

> 한 고을 안에 巨室 수십 가가 있으면 그 세력이 수령을 능가하고 시비를 전도시키기에 족하다. 권세가 성하니 아무도 감히 제어할 수가 없다. 용렬한 관리는 또한 위세에 겁내고 오히려 巨室로부터 죄를 입거나 재상에게서 꾸짖음을 당할까봐 두려워하니, 어찌 그들에게 법을 집행할 수 있을 것인가 … 이에 열 집의 부역을 한 집에 떠맡긴다(《世祖實錄》 권 46, 세조 14년 6월 임인).
>
> 각 군현의 품관들이 모두 향리·書員의 용사자로 婢夫를 삼아 짝을 지어 공

102) 金泰永, 〈朝鮮前期의 均田·限田論〉(《國史館論叢》 5, 1989).

103) 李鎬澈, 《朝鮮前期 農業經濟史》(한길사, 1986)에서 제시한 이른바 大農經營說 및 李榮薰, 《朝鮮後期 社會經濟史》(한길사, 1988)에서 제시한 이른바 主戶-挾戶說이 대표적이다. 특히 전자에서는 "조선 전기 가장 발전적인 농업경영형태는 바로 大農的 농업경영이었다"고 주장하고 있다.

> 모하되, 무릇 자기의 徭賦雜役을 촌민들에게 분담시키며 백성을 속이고 약자를 침해하니 그 해악이 여러 가지이다(《中宗實錄》 권 80, 중종 30년 11월 병자).

즉 일국의 드러난 巨室로부터 향촌의 품관 토호에 이르기까지 이 시기의 세력있는 지주 사족들은 국가의 정상적인 수취체제로부터 사실상 벗어나 있는 존재들로서, 자신과 그 예속 호구들이 부담해야 할 응분의 貢賦·徭役들을 여타 촌민들에게 전가시키고 있었다는 것이다. 아마도 이처럼 국가의 기본 부역조차 담당치 않는 거실 세가, 혹은 품관 토호 등 지주사족들을 기본 존립기반으로 하고서는 국가체제를 유지 운용하기가 어려웠을 것으로 판단된다.

뿐만 아니라 지주지의 직역이 기본적 영농 범주로 보편화되어 있는 상태라면, 과전법이라는 토지분급제도 자체를 운용하기가 사실상 불가능하였을 것으로 보인다. 물론 과전 등은 이른바 '累代의 農舍' 위에 설정된 경우도 있었지만 기본적으로는 일반 농민의 소경전 위에 설정된 것이었다. 그것을 경작하는 전객은 그 수조권자인 전주를 직접 상대하여 납조하면서 자신의 소경영의 재생산에 골몰하고 있었다. 따라서 일상적으로 자행되는 전주의 과도한 수탈에 대한 소농민들의 불평은 대단히 커서, 그 원한으로 인하여 한발 등의 천재가 초래된다는 풍문이 나돌기에 이르렀고, 그에 따라 사전의 일부를 하3도로 이급할 수밖에 없다는 논의가 일어나기도 하였다.[104)]

그리고 과전의 후신인 職田에서 관수관급제를 실시할 때에는 경기 감사를 통하여 새 제도의 편의 여부를 농민들에게 물어 보아서 동의하는 자가 훨씬 더 많다는 사실을 확인하고서야 그것을 시행하기에 이르렀다고 하였다. 이에 직전으로 설정된 토지를 소유·경작하는 주체가 보편적으로 소농민경영이었다는 사실을 알 수 있다. 그러므로 과전이 설정된 경기지역은 전주가 전조를 수납하고 여타 지역은 국가가 수납하는 차이야 있었지만, 아마도 이 시기 영농형태의 기본 범주가 소농민경영이었다는 사실에는 별다른 차이가 없었을 것으로 생각된다.

더구나 이 시기 국가재정의 주요 항목을 이루고 있던 공납과 역의 부과기

---

104) 金泰永, 앞의 책, 247~248쪽.

준은 이전의 計丁法으로부터 計田法으로 이행하기에 이르렀다. 앞에서 살핀 바 계전법적 수취제는 그 시험의 단계에서부터 농민들이 '심히 편하게' 여기는 것으로 판명된 제도였다. 그러므로 "무릇 貢賦와 徭役은 백성의 소경전 결부수에 따라 정한다"는 법제는 그 소경전을 경작하는 자영 소농민층의 보편적 존립현상을 전제하지 않고서는 결코 성립하거나 운용될 수 없는 수취제였다. 즉 토지와 가호를 소유한 자영 소농민층의 광범한 성장과 그 보편적 존립을 전제로 하고, 그들을 상대로 보다 더 효율적으로 부역을 수취하기 위하여 고안된 새로운 제도가 이른바 계전법으로 정착하였던 것이라고 생각된다.[105] 거실에서 품관에 이르는 세력 있는 지주사족들은 오히려 그같은 부역을 모피하는 것을 관례화하고 있었기 때문이다.

지역적인 혹은 규모상의 편차야 다양하였겠지만 조선 초기 사회의 기본적 영농형태는 자영 소농민경영이었던 것으로 판단된다. 그런데 이 시기 사회계층의 다수를 점하는 것은 양민층이었다. 그들은 여타 계층과는 달리 군역이라는 기본 국역을 사실상 의무적으로 전담하고 있었다. 그 다음은 노비층이 다수였으나, 소수의 공노비를 제외한 사노비들은 대개 그 主家에 직접 혹은 그 비호하에 은점되어 국가에 대한 정상적 부역의 부담을 모피하고 있었다.[106] 그러므로 이 시기의 사회는 대체로 국가와 양민 자영농층과의 관계를 기본 축으로 하여 운용되었던 것으로 여겨진다.

그러면 그들의 기준적 영농규모는 대체로 어떠하였는가. 우선 고려 말의 사전개혁론에서는 일정 직역을 갖지 않은 농민에게 代田 1결씩을 免租해줌으로써 그들을 일정 국역에 차정할 자로 책정한다는 규정을 제시한 바 있었다.[107] 또 실제로 고려 말기 왜구의 침략에 대비하여 전라도 연해의 군졸들

---

105) 아직 휴한농업이 더 일반적일 정도로 토지생산력이 상대적으로 낮은 함길도의 경우, 의연 計丁法을 그대로 시행할 수밖에 없었다는 사실을 참조해야 할 것이다(《世祖實錄》 권 32, 세조 10년 2월 갑신).

106) "무릇 公役이 있으면 모두 公賤과 良民으로 하여금 당하게 하고 私賤에게는 미치지 않는다"(《成宗實錄》 권 91, 성종 9년 4월 기해).
"지금 公私의 奴婢로서 逃漏隱接해 있는 자가 무려 百萬이나 된다"(《成宗實錄》 권 170, 성종 15년 9월 계축).

107) 代田에 대해서는 休閑田 혹은 代償田 등의 다른 해석도 있으나 "國俗 造家之地謂家代"라고 했으니, 곧 집 주위의 텃밭을 이르는 듯하다. 텃밭은 비옥한 토지라 하여 대체로 全實收稅가 관행되었다(《世宗實錄》 권 69, 세종 17년 9월 경오).

을 江華·喬桐으로 徙民시켜 항구적으로 수군역을 부과하면서 국가가 그들에게 절급한 토지는 각 호당 1결 50부였다. 관련 사료를 보면 그 1결 50부의 경작에는 雇工·閑民 등 종속노동력이 동원되었으며 그것의 경영을 바탕으로 하고서 戶首 1丁을 중심으로 奉足 2명과 다시 여러 명의 閑役者가 기식하고 있는 상태였다.[108] 이는 마치 당시에 병조가 보고한 바 '父는 정군이 되고 아들과 사위는 봉족이 되어 3丁으로써 1正軍을 이루고 있는 戶首'의 전형적 형태[109]와 매우 유사한 軍役戶였던 것으로 보인다. 이 시기 토지 1결 50부는 장정 3~4명의 노동력이 투입되어야 하는 경작규모였으며, 그래서 수군 1호의 호수 및 그 아들·사위 등 봉족과 이에 딸린 가족 등 여러 사람의 부양이 가능한 경제적 지반이 될 수 있었던 것으로 판단된다.

"10결 이상을 경작하는 자는 모두 豪富之民이요, 3, 4결을 가진 자도 대체로 적다"거나, "小民의 田地는 불과 1, 2결인 자가 많다"는 것이 이 시기 토지소유의 분화 상황이었다.[110] 경상도의 경우 "백성으로서 논을 가진 것은 그 落種의 수가 많아야 1石地를 넘지 못하고, 적은 자는 10두락에도 미치지 않는다"고 하는 정도로 소농민의 경작규모는 영세하였다.[111] 충청도에서도 "1결의 토지는 한 사람(家戶)이 경작하는 것이 아니다. 한 사람이(전세로) 바치는 것은 불과 몇 되에 불과하다"는 상태였다.[112] 그런데도 "하3도의 경우 각기 소경전의 다소에 따라 혹 몇 되, 몇 말씩을 농민들로부터 거두어 常稅로 삼는다"[113]고 하는 바와 같이, 일반 전세의 수납에서조차 소농민이 기본 바탕을 형성하고 있었다.

---

108) 《世宗實錄》 권 1, 세종 즉위년 9월 을해.

109) 兵曹의 계문에 이같은 형태를 '陸地軍丁之例'라고 하였다(《世宗實錄》 권 45, 세종 11년 7월 임신).
또한 이 시기에는 토지·노비 등 재산이 子女均分相續制로 운용되고 있었으며 사위의 처가살이가 보편적이었다.

110) 《世宗實錄》 권 83, 세종 20년 11월 경자 및 권 94, 세종 23년 12월 기유.

111) 《成宗實錄》 권 45, 성종 11년 7월 임신.
結負와 斗落의 관계로 말하자면 湖南의 薄田은 40두락이, 그 上畓은 20두락 정도가 1結이었다고 한다(丁若鏞, 《經世遺表》 권 8, 田制 10, 井田議 2).

112) 《成宗實錄》 권 197, 성종 17년 11월 신해.

113) 《燕山君日記》 권 12, 연산군 2년 2월 계축.
이 때 1結은 田稅는 下下年이라야 4斗였다는 사실을 아울러 참조할 것이다.

이제 이 시기 경작규모에 따른 호등분화 상황에 관한 거의 유일한 자료로 남아 있는 세종대 강원도의 경우를 도표로 만들어 보면 다음과 같다.114)

〈표 2〉 세종대 강원도 토지경영규모에 따른 戶等 분화

경 영 규 모	戶 等	戶 數	비 율	戶等別 추정 규모	비 율
50결 이상	大 戶	10호	0.1%	75結×10=750결	1.18%
20결 이상	中 戶	71	0.6	35×71=2,485	3.91
10결 이상	小 戶	1,641	14.2	15×1,641=24,615	38.7
6결 이상	殘 戶	2,043	17.7	8×2,043=16,344	25.7
5결 이하	殘殘戶	7,773	67.4	2.5×7,773=19,433	30.5
계		11,538호	100%	63,627결	100%

우선 위의 호등에 파악된 민호들은 비록 잔잔호로 분류된 소농민의 경우일지라도 대체로는 이른바 '恒産을 가지고 恒心이 있는 자로서 그 군현의 호적에 올라 부역을 제공하는'115) 즉 불완전하나마 자영농적 존재들이었다는 사실을 주의할 필요가 있다.

조선은 고려 말기의 여러 사회적 모순을 개혁하고 재편성함으로써 국가체제의 기초를 확립하였는데, 경제적으로는 다음과 같은 몇 가지 경영형태들의 복합구조를 그 기초로 하고 있었다. 즉 경영주체라는 면에서 볼 때 지주의 농장형, 소농민의 자영형, 그리고 영세소농 혹은 무전민의 병작형이라는 세 가지 형태가 그것이었다. 세 가지는 각기 차원을 달리하는 형태이며, 국가를 직접 상대하는 것은 앞의 두 가지가 중심이 되지만, 그러나 그 모두는 다소간의 상호 규정적으로 얽히면서 전개되었다.

이 시기에는 3, 4결에서 수십 결에 이르는 대토지를 소유한 다양한 규모의 지주가 존속하였고, 그 사회적 성분도 王室·宗親·勳戚·朝官·品官士族·富商大賈·鄕吏, 그리고 私奴에 이르기까지 다양한 편이었지만, 범주적으로

114) 《世宗實錄》 권 74, 세종 18년 7월 임인.
戶等 책정의 기준은 이보다 앞서 세종 17년 3월 무인에 이루어졌다. 도표의 호등별 토지소유 추정규모는 각 기준치의 중간을 택하여 계산한 것인데, 어디까지나 추정치에 불과하지만 전체 결수는 《世宗實錄》 地理志의 65,980결과 가깝다.
115) 《世宗實錄》 권 18, 태종 9년 12월 무오.

는 사족층이 그 핵심이었다.[116] 위의 표에 대·중·소호로 분류된 호등은 대체로는 사족지주였으며, 양민의 극히 상층부가 참여하고 있었을 것으로 보인다. 이 시기에는 토지·노비 등 재산이 자녀에게 균분상속되었으므로 특히 지배층일수록 계급내 혼인을 통하여 지주지의 보전을 도모하고 있었다. 대체로는 왕실에 가까운 勢家일수록 그리고 고위 관직을 띤 경우일수록 대토지를 소유하게 되는 편이었으며 동시에 그 소유지도 여러 군현에 분산되어 있는 편이었다.[117] 그 같은 지주지 경영은 기본적으로 지주의 노비를 중심으로 挾戶라든가 혹은 부근 作人의 일부까지를 노동력으로 사역하는, 지주 자신 혹은 그 대리인에 의한 농장직영의 형태가 일반적이었다. 아직 자연조건이나 노동조직의 한계성으로 인하여 하나의 농장이 일정 규모를 초과하는 대경영의 형태로 전개되기는 어려웠으며, 따라서 대지주의 경우라도 기껏 3, 4결 정도 규모의 농장을 여러 곳에 분산적으로 경영하는 방식을 취하게 되었다.[118]

한편 위의 표에 6결 이상의 殘戶로 분류된 이들도 기실 자영농으로서는 부농에 속하는 편이었다. 그 신분이 사족이거나 혹은 양민일지라도 그만한 정도의 토지규모라면 다소의 奴婢戶, 雇工이나 婢夫 따위 노동력을 구사하는 자영의 형태를 취하면서, 여지가 있으면 부근의 빈농들에게 병작지로 대여하거나 혹은 이러한 노동력을 직접 사역하여 전체를 농장제적으로 경영하는 방식도 충분히 가능하였을 것으로 짐작된다.

그리고 위의 표에서 가장 큰 비율을 점하고 있는 잔잔호는 일반 농민층을 가리키며, 그 가운데에는 이 시기 전형적인 소농민경영으로서의 양민 자영농이 있었을 것으로 판단된다. 기록에서는 그냥 5결 이하의 소유라고만 분류해 두었으나, 거기에는 물론 1결 미만의 영세농으로부터 4, 5결 정도의 부농까

116) 金泰永, 앞의 책, 제3장 〈朝鮮前期 小農民經營의 推移〉 참조.
117) 가령 세조의 왕위찬탈에 반대하다가 逆謀로 몰려 家産이 적몰된 錦城大君 瑜의 소유지는 6개 道 13개 군현에, 사육신 가운데 成三問의 소유지는 6개 군현에 분포하고 있었다(《世祖實錄》 권 3, 세조 2년 3월 정해 및 권 7, 세조 3년 3월 병술). 또 李退溪의 孫子女가 分衿한 토지는 3,000여 斗落으로서 5개 군현에 걸쳐 분포하고 있었다(李樹健, 〈退溪 李滉家門의 財産 由來와 그 所有形態〉, 《歷史敎育論集》 13·14, 1990, 675쪽).
118) 李鎬澈, 앞의 책, 제11장 참조.

지 널리 분포해 있었고, 그것도 영세농쪽이 훨씬 더 많은 비율을 차지하고 있었을 것으로 짐작된다.[119] 그리고 재생산과정에서의 자립이 어려운 영세농일수록 인근의 지주지를 부분적으로나마 병작하지 않을 수 없었으며,[120] 이에 따라 정도의 차이는 있겠지만 예속적 관계를 벗어나기가 어려웠을 것으로 보인다. "풍년에는 徭賦 때문에 괴롭고 흉년에는 徵債로 시달려 가산을 다 팔고 遊離 失所하여 타인에게 기식하는 자가 많다"[121]는 것이 이 시기 영세 소농들의 일반적 상태였다.

그런데 잔잔호층 가운데에서도 이 시기의 사회편제에서 기준적 농민층으로 비정할 수 있는 것은 역시 앞서 강화·교동 수군의 사례에서처럼 1, 2결 정도를 소유 경작하는 양인자영농이 아니었던가 한다. 그것은 호주 부부를 중심으로 그 자식 부부와 女壻 부부 등 3, 4명의 장정을 포함한 혈연가족으로 구성된 가호로서, 자체의 노동력으로 자기 소유지를 경영하는 한 단위의 자영농형태를 이루고, 또한 父가 정군이 되고 아들과 사위는 봉족이 되어 불완전하나마 독자적으로 군역의 기본 단위를 이루기도 하는 존재였던 것으로 여겨진다. 이 시기에도 노비 등 타인 노동력의 노동의욕 내지 노동효율은 매우 저조한 편이었으며, 또 보다 영세한 소농층은 생산수단과 그 도구가 부족하거나 열악함으로 인하여 노동생산성을 제대로 발휘하기가 어려운 편이었다. 따라서 별다른 외부의 교란을 받지 않는다면, 이 정도 규모의 자영농이야말로 경제적 유인관계로 보아 가장 힘써 경작노동에 종사하게 되는 선진적인 기준이 될만한 영농형태였을 것으로 생각된다. 그러나 물론 이들도 자연적 재해와 국가체제의 침체로 인하여 경우에 따라서는 여지없이 몰락하여 유이민으로 나서기도 하였다.

그런데 위의 표에는 파악되지 않았지만, 이 시기에는 貧農 혹은 無田農들의 竝作 농업도 관행되고 있었다. 이는 지주와 경작자가 토지의 소출을 절반

119) 이들이 軍役을 부담할 경우 대체로는 奉足 즉 保人으로 편제되었을 것이다.

120) 경작 규모와 그 재생산과정의 자립관계는 "지금 산간지역의 농민으로서 一夫一婦가 경작하는 것은 겨우 논 10두락과 밭 1日餘耕이니 합쳐야 種稻 20두락인데도 또한 요족하다. 들이 너른 곳 사람들은 한 농부가 경작하는 것이 거의 종도 30여 두락인데도 역시 굶주리는 자가 있다"(柳馨遠, 《磻溪隨錄》 권 1, 田制 上)는 기록이 참고된다.

121) 《成宗實錄》 권 45, 성종 5년 7월 기사.

씩 나누는 영농 관행으로서, 사료상으로는 조선시대에 와서 비로소 확인된다. 아마도 이 시기에 토지생산력이 발전하고 과전법체제에서 지주의 과도한 수탈을 금단한 결과 조세와 지대 사이에 차액이 항존하게 됨에 따라 자리잡게 된 영농관행이 아니었는가 한다. 다음 기사는 이와 같은 사실의 일단을 보여준다.

> 전조의 말기에 민폐가 다단하였는데 我朝에 이르러 점차 혁거되었으나, 민간에는 아직도 나머지 폐단이 있다. … 품관·향리가 토지를 광점하고 유망민을 招納하여 병작반수하니, 그 폐단이 사전보다 심하다. 사전은 풍년이라도 1결에 다만 2석을 수취하는데 병작은 많은 경우 10여 석을 수취한다. 유리자들이 이에 의탁하여 피역하게 되고 영점자들이 이에 의탁하여 그들을 隱接시키니, 부역이 균평치 않은 까닭이 오로지 여기에 있다.… 전지의 병작은 鰥·寡·孤·獨·無子息·無奴婢者로서 3, 4결 이하 경작하는 경우를 제외하고는 일체 금단할 일이다(《太宗實錄》 권 12, 태종 6년 11월 기묘).

즉 병작반수는 아마도 고려 말 사전에서 지대를 수취하던 관행에서 비롯되었다고 생각되는데, 과전법에서는 공사전을 막론하고 수조액을 1결 최고 30두로 묶어 두었으므로, 고려 말의 사전이 혁파되고 공조를 바치게 된 공전으로서의 지주 소유지에서 이제 지대와 공조의 차액을 수탈하는 새로운 병작반수제가 관행되어 갔다는 내용으로 풀이된다. 그러나 앞서 살핀 바와 같이 과전법체제는 농업생산 증대를 도모하기 위한 원리의 하나로 균전론적 시책을 강조하고 있었다. 경작노동력을 보유하지 못하여 자칫 진황시키게 될 경우 이외에는 원칙상 병작반수를 금단하고 있었던 것이다.

그런데 이 병작반수제에는 지주가 유망민을 끌어모아 병작제를 유도하고 나서는 편이며, 병작자는 피역 등 불가피한 사정으로 의탁하게 되었다는 사실이 주목된다. 유망민을 초납하여 병작반수관계를 맺었으니, 지주는 그들에게 토지는 물론 종자·농구·축력, 그리고 처음에는 農糧까지도 대여하여야만 비로소 영농이 가능하였다. 또 그러한 병작관계에서는 병작농의 지주에 대한 경제적 의존도가 높고 따라서 예속성이 강할 수밖에 없었다. 일정한 농업생산력 수준의 제약 아래 결부된 이러한 병작관계야말로 이후 전개되는 병작반수제의 원형이며 또한 그 전형이었던 것이다. 그래서 그것은 조선 전기까지 아직도 크게 발전하지는 못하였던 것이다. 이와 같은 병작농민은 이른바 '挾戶'의 전형이었으며, 혹은 婢夫・雇工으로도 정착되었을 것으로 추측된다. 그리고 그 가운데에는 금년에 南州의 豪猾家에 숨었다가 명년에는 北郡의 鄕愿家로 옮겨가 버리는 협호적 유망민도 적지 않았던 것으로 보인다.

병작반수제는 국가의 금단에 의해서라기 보다도 당시의 농업생산력으로 말미암아 병작농 자신의 자립도가 매우 낮아 부차적인 영농관행에 머물고 있었다. 15세기에도 "무전민이 거의 10분의 3이나 된다"는 상태였으므로 "토지를 가진 자가 有故하여 耕種이 불가능하게 되면 隣里・族親이 함께 경작하여 (수확을) 나누는 것이 곧 민간의 常事"[122]로 되어 있는 정도였다.

과전법체제에서 비중을 가진 영농 범주를 들자면 지주지 직영의 농장형, 소농민의 자경지 자영형, 그리고 소농민의 借地 병작형이라고 하는 세 가지로 대별할 수 있을 것이다. 그런데 국가경제에서 차지하는 구성비율을 들자면 역시 소농민 자영형이 기본이 되고 지주지 농장형이 그 다음을 점하고 있었던 것으로 이해된다. 그리고 병작농은 이 시기에 아직도 농장이나 지주지의 외곽에서 부수적으로 존립하는 형태가 일반적이었는데, 생산력의 발전과 함께 점차 그 독자성을 높여가고 따라서 그 범주를 확대시켜 가고 있었던 것으로 이해된다.[123]

그런데 이 시기에는 국가경제의 기반을 이루고 있는 다수 소농민들이 아직도 뿌리박기 어려운 낮은 자립도에서 항구적으로 국가의 還穀이나 지주사족들의 長利 등에 크게 의존하여 연명하고 있었다. 영세 소농민일수록 국가적 수취와 지주 사족의 수탈이라는 일상적 굴레를 벗어나기가 어려웠다. 그러므로 이 시기에는 국가권력의 일차적 담당자인 지주사족층이 양민 자영농을 사회경제적 바탕으로 하는 전형적인 지배체제를 구축할 수 있는 기초조건이 마련되고 있었던 것이라고 풀이된다.

---

122) 《世祖實錄》 권 11, 세조 4년 정월 병자.
123) 李榮薰, 〈土地所有와 農業經營〉(《한길역사강좌》 4, 1992).
金泰永, 〈朝鮮前期社會의 性格〉(《한길역사강좌》 4, 1992).

3) 전세제도의 개편

(1) 과전법에 규정된 양전·수조제

고려의 전시과체제에서는 전지의 肥瘠을 구분하는 田品의 기준이 대체로 休閑의 빈도에 의거하고 있었다. 즉 연작 歲耕의 토지를 상, 1년 휴한의 토지를 중, 그리고 2년 휴한의 토지를 하의 전품으로 파악하였다. 또한 결부제로써 전국의 전지를 파악하되 상·중·하등전을 동일한 기준 척도로 양전함으로써 그 상·중·하등전의 결부의 실적이 동일한 것으로 파악되었다. 그리고 水·旱田 각기 상·중·하의 전품에 따라 수조율을 차등있게 적용하였다. 즉 고려의 전시과체제에서는 同積異稅의 양전·수조제가 운용되었던 것이다.124)

그런데 전시과체제가 무너지게 된 고려 후기 어느 때부터 그같은 양전·수조의 방식에 중대한 변화가 있었다. 그것은 첫째 전품을 파악하는 기준이 전지의 휴한 빈도가 아니라 그 비척도에 따라 상·중·하의 3등전으로 파악하였다는 사실이며, 둘째 각 등의 전지는 그 양전의 기준 척도를 다르게 설정하여 각기 실적을 차등있게 파악하는 한편 수조를 동일하게 하는 방식으로 바뀌었다는 사실이다. 조금 뒷날의 기록이지만 다음의 사료를 살펴볼 필요가 있다.

> 우리 나라는 토지의 地品이 같지 아니하여… 전조에서는 단지 농부의 손가락 둘을 10번 더하여 上田尺으로 삼고, 손가락 둘을 5번, 셋을 5번 더하여 中田尺으로 삼고, 손가락 셋을 10번 더하여 下田尺으로 삼아 3等田을 정하고, 1결의 수조는 모두 30斗씩을 정수로 하였다. 고제와 어긋남이 있으나 개국 이래 그대로 이 법을 써서 다시 양전하고 있다(《世宗實錄》 권 49, 세종 12년 8월 무인).

즉 여기서는 전품을 登第하는 기준이 당해 전지의 휴한의 빈도가 아닌 비

124) 金容燮, 〈高麗時期의 量田制〉(《東方學志》 16, 1976).
———, 〈高麗前期의 田品制〉(《韓祐劤博士停年紀念史學論叢》, 1981).
姜晋哲, 《高麗土地制度史硏究》(고려대출판부, 1980).

척의 정도를 기준으로 하여 상·중·하등전으로 구분하였으며, 그 양전의 척도도 상·중·하등전에 각기 20 : 25 : 30의 차등을 둔 것을 사용하게 되었다. 따라서 이러한 隨等異尺制에 의거함으로써, 그 실적에 차등이 생겨난 各等田에 대한 수조는 모두 동일하게 1결당 30두로 규정하였음을 알 수 있다. 위의 사료에서는 그냥 '전조에서'라고 하였지만 그것이 전시과체제에서가 아니라 고려 후기에 와서 그렇게 바뀌었다는 것은 앞서 서술하였다.

이러한 수등이척의 양전제와 異積同稅의 수조제는 물론 과전법이 제정된 당시에 현행되었던 것이며, 그것은 과전법에서 다시 확인·재규정되었던 것이다. 과전법 시행이 바탕이 된 己巳量田은 수등이척제에 의거한 양전이었으며, 이에 따라 실적을 각기 달리하는 각 등의 전결에 대한 과전법 조문에는 "무릇 공사전의 전조는 수전 1결마다 조미 30두로 하며 한전 1결마다 잡곡 30두로 한다"고 하여 이적동세의 제도를 그대로 규정해 두었던 것이다.[125)]

이는 결부제를 기초로 하는 양전·수조제가 고려 후기 어느 때에 이르러 실로 중대한 변동을 겪게 되었다는 사실을 일깨워 주지만, 그 변동의 시기나 배경을 살필 만한 기록이 현재로서는 전혀 찾아지지 않는다. 그런데 그것이 실로 중대한 변동이고 보면 혹 전국적 규모로 시행된 양전 혹은 賦稅法의 개정과 같은 대사업을 전기로 하여 일어나게 된 것은 아니었을까 하는 의문을 갖게 한다. 그렇다면 기사양전 이전의 고려 후기에 이러한 개정이 단행된 것은 언제였는가.

최근에 그것은 충숙왕 원년(갑인, 1314)에 작성된 이른바 '甲寅柱案'에서 개정되었을 것이라고 추단하는 견해가 피력된 바 있다.[126)] 갑인주안은 충선왕이 복위(1308)하면서 착안하여 여러 해에 걸쳐 田民計定使 및 諸道巡訪計定使를 파견하여 당시의 전결을 수괄하고 이를 토대로 부세를 개정하였던 큰

125) 金泰永, 앞의 책, 제4장 〈科田法體制에서의 土地生産力과 量田〉·제5장 〈科田法上의 踏驗損實과 收租〉.
고려 말의 私田 개혁을 주도한 조준의 1차 상소에서는 1결당 20두로 설정한 것이 과전법에 와서는 30두로 증액되었지만 그것 역시 1/10조로 책정된 것이며, 특히 수등이척·이적동세의 양전·수조법에 의거하는 것이었음은 이미 앞에서 살펴보았다.

126) 朴京安, 〈甲寅柱案考〉(《東方學志》 66, 1989).

사업이었다. 그러나 그렇게 보기에 문제되는 것은 역시 그 새로운 양전법의 기준 척도가 농부의 손가락이었다는 사실이다. 수취체제 전반에 걸쳐 국가 사회적 대변동을 초래하게 될 새로운 양전·수조법을 법제화하면서도 겨우 농부의 손가락과 같은 모호하기 짝이 없는 기준 척도를 세울 수밖에 없는 정도로 고려 국가의 행정력이 조잡한 수준에 머물러 있었던 것일까.

잘 알려져 있듯이 고려 후기는 오랜 휴한농법의 시대가 끝나고 連作常耕 농법시대로 접어들게 된 시기였다. 물론 완전한 연작농업은 훨씬 뒷날에 가서야 실현되었지만, 범주적으로는 고려 후기에 성취된 일이었다. 그러므로 이 시기에는 이미 휴한의 빈도를 기준으로 하여 전품을 평가하는 일은 무의미하게 되었다. 이제 토지의 비척도가 전품 평가의 기준으로 될 수밖에 없었다. 그렇다면 비척도에 따라 수조액을 차등있게 규정하지는 아니하고 왜 그 토지의 결부의 실적을 차등있게 파악하는 양전법이 등장하였으며, 또한 그 실적을 차등있게 파악하는 기준척도를 왜 농부의 손가락이라고 하는 조잡하기 짝이 없는 것으로 책정하게 되었던 것인가.

어느 시기에 있어서도 토지생산력이 일정하게 발전하였다고 해서 곧바로 수조율이나 수조액을 올려 책정하는 것은 결코 용이한 일이 아니었을 것이다. 고려 후기에도 1/10 수조율은 엄연히 공인된 것으로 관행되고 있었다. 그렇다면 토지생산력의 발전에 따라 증대된 생산물은 직접생산자의 수중에 그대로 남게 되었을 것인가. 혹 이 시기 양전·수조제의 변동은, 연작농업이 보편화되고 전날의 상등전에서도 수확이 증대됨에 따라, 종전의 결부의 실적을 축소하여 파악하는 새로운 방식을 채택함으로써 증대된 잉여생산물을 수탈하기 위한 하나의 새로운 방편으로 사사로이 등장하게 된 것은 아니었을까. 이 시기 사전의 수조관계를 보여주는 다음의 기록을 검토할 필요가 있다.

> 겸병가의 수조하는 무리들은 兵馬使·副使·判官이나 혹은 別坐라 칭하면서 從者 수십 인, 騎馬 수십 필을 데리고 수령을 능력하고 안렴사를 摧折한다.… 그가 전지를 답험할 적에는 결부의 高下를 제 뜻에 따라 산출하고 1결의 전지를 3, 4결로 잡는다(《高麗史》 권 78, 志 32, 食貨 1, 田制 祿科田 신우 14년 7월 大司憲 趙浚 等 上書).

양전·수조법의 변동은 위의 사료에서 볼 수 있듯이, 국가가 행정력을 동원하여 일률적으로 제정한 것이 아니라, 혹 고려 후기 사회혼란의 와중에 전국적으로 범람하고 있던 사전 수조에서 하나의 관행으로 시작된 방식이 점차 사회적으로 널리 관행되어 갔으며, 드디어는 국가의 행정적 차원에서까지도 공인하게 됨으로써 사실상 법제로 정착하게 된 것이 아닌가 추측된다. 그것이 국가적 법제로 온전히 정착하게 된 것은 아마도 과전법에 와서의 일이었다고도 생각된다.[127]

농부의 손가락 척도 즉 指尺을 근거로 하는 양전은 과전법 시행의 바탕이 된 기사양전 이후 조선시대에서도 계속 시행되었다. 기사양전에서는 서·남쪽의 연해지역과 북방의 동·서 양계지역은 전혀 양전하지 못했을 뿐 아니라, 조선 초기에는 사회의 안정과 더불어 新墾田이 점차 증가하고 있었다. 이에 태종 5년(1405)에는 다시 남부 6도를 양전하고 동 13년(1413)에는 동·서 양계 지역을, 그리고 세종 원년(1419)에는 제주지방을 양전함으로써 과전법 성립 28년만에 수등이척의 양전제와 이적동세의 수조제가 전국적으로 시행되기에 이르렀다. 그래서《세종실록지리지》에 등재된 전결은 무려 1,632,006결로서 고려 말기보다 갑절 이상의 전결을 파악하기에 이르렀다. 그런데 과전법 성립의 바탕이 된 양전법은 그 시행의 과정에서 다음과 같은 문제점들이 드러나고 있었다.

첫째, 조선 초기 영농의 실제로는 중부지역에서도 보리-콩으로 이어지는 연 2모작 윤작방식이 상당히 보편화되어 있었고, 하삼도의 경우는 더욱 그러하였다. 물론 북부지역은 말할 것도 없고 중부지역이라 하더라도 산간지방에서는 아직도 휴한농법단계에 머무르고 있었다. 이렇게 지역에 따라 농업생산력 수준이 다른데도 불구하고 과전법은 남부 6도의 경우를 통틀어 결당 최고 30두 수조를 규정하고 있었으며, 동·서 양계지역은 수조액이 너무 과중하다는 논란이 일어난 끝에 태종 15년(1415)에 가서 결당 20두씩으로 책정하게 되었다.[128] 더구나 이 시기에는 "상등전은 오직 경상·전라도 등의 1,000

---

127) 金泰永, 앞의 책, 191~194쪽.

128) "平安·永吉兩道 … 自今 每一結收二十斗以爲恒式"(《太宗實錄》 권 26, 태종 15년 정월 을묘)에서 보는 바와 같이 태종대에 양계지역을 양전한 후 남부 6도보다 1/3이 경감된 결당 20두의 조액으로 조정하여 규정하였다.

결에 겨우 1, 2결, 중등전은 100결에 1, 2결이 있을 뿐이요, 그 나머지 각 도는 다만 중등전이 1,000결에 겨우 1, 2결 뿐이니, 이는 대개 지품의 비척을 나누지 아니하고 모두를 하등전으로 양전"[129]하고 있는 상태였다. 즉 당시의 농업생산력 수준에 맞는 좀더 세분된 전품제의 도입이 절실한 과제로 드러나고 있었던 것이다.

둘째, 3등전 각각의 실적이 그 생산력에 비례하는 것으로 책정된 것이 아닐 뿐 아니라 전품의 分等이 각 도 단위로 난립하여 전국적인 통일성이 없었다. 즉 "본국은 고려의 옛 습속을 따라 3등의 전지에 모두 방면의 수를 쓸 뿐 실적을 헤아리지 아니하였고, 토지의 膏瘠은 남·북이 같지 아니한데도 그 전품은 8도를 통계하여 등급을 나누지 아니하고 단지 1도 단위로 등급을 나누었으므로 3등 전지의 고척이 같지 아니하고 납세의 경중이 크게 다르니 富者는 더욱 부유하고 貧者는 더욱 가난하게 된다"[130]는 것이었다. 양전은 실로 토지 한 면의 等差가 아니라 그 한 면을 平方한 토지의 면적을 예상 수확량에 비례하는 것으로 차등을 두어 책정해야만 하는 것이었으며, 더구나 전품의 분등이 전국적으로 통일성을 띠고 있지 않으면 수세의 균평은 기할 수가 없는 일이었다. 과전법에 정착된 양전제는 전국적으로 통일된 전품 분등법에 따라 각 등전의 실적을 실제의 생산량 비례로 책정하지 않으면 안되는 과제를 안고 있었던 것이다.

한편 과전법에서 규정된 수조법도 그 시행과정에서 개선하지 않으면 안될 많은 문제점들이 드러나고 있었다. 전조의 수취율은 수확량의 1/10로서 결당 최고 30두를 규정하였지만, 당시의 불안정한 농업생산력의 사정으로 말미암아 다시 해마다 작황에 따라 구체적으로 수조액을 산정하는 절차 곧 '隨損給損'이라는 것을 적용하였다. 과전법의 규정을 보면 "10分을 率로 하여 損이 1분이면 1분의 조를 감하고 손이 2분이면 2분의 조를 감하며 이같이 감하여 손이 8분에 이르면 그 조를 모두 감면한다."[131]고 하였다.

---

129) 《世宗實錄》 권 49, 세종 12년 8월 무인.
130) 《世宗實錄》 권 106, 세종 26년 11월 무자.
131) 《高麗史》 권 78, 志 32, 食貨 1, 踏驗損實.
이 규정은 조선 태조 2년(1393)과 다시 태종대에 가서 다소의 변통이 있었다 (金泰永, 앞의 책, 240~241쪽).

그리고 수손급손을 실현하기 위해 각 전지를 매 필지마다 구체적으로 답사 점검하는 일을 '踏驗損實'이라 하는데, 답험손실의 책임자는 공전의 경우 현지의 수령이었으며, 사전의 경우는 그 수조권자인 전주였다. 이는 고려 후기의 관행을 따른 것이었다. 공·사전을 막론하고 답험손실에 의거하는 수손급손 제도는 일찍부터 많은 폐단을 내포하고 있었다.

우선 사전의 경우는 고려시기 이래 항상 자행되어 온 과중한 수탈을 불식할 도리가 없었다. 수조액은 구체적으로 답험손실의 과정에서 산정되는 것이므로 그것이 수조권자인 전주에게 위임되어 있는 사전의 경우에는 "단지 重斂에 그치지 않고 횡렴까지도 일어나는"[132] 정도로 과중한 수탈이 자행되는 것은 필연의 일이었다. 그러므로 사전이 집중적으로 설정되어 있는 경기 농민들의 불만과 저항은 실로 커지게 되었으며, 그들의 원한으로 인하여 혹 심한 한발과 같은 자연재해가 엄습한다는 물의가 일어나기도 하고, 이로 말미암아 경기 사전의 절반을 외방으로 이전한다는 결정이 내려지기도 하였다.[133]

그런데 과전법은 이미 토지에 대한 개별적 소유권의 보편적 성장이라는 역사적 사실을 전제하고 운용되는 국가적 토지법제였으므로, 구래의 유제인 자의성이 강한 수조권적 인습은 구조적으로 용납되기 어렵게 되어가고 있었다. 이에 사전의 답험손실권은 세종 원년(1419)을 기점으로 여타 공전의 경우와 마찬가지로 현지 수령의 책임으로 이관함으로써 공적 답험의 방식으로 전환되어 갔다. 그것은 강인한 수조권적 토지지배의 역사에서 일대 변천이었으며, 과전법 자체를 부분적으로 부정하는 것이기도 하였다.

한편 공전의 경우도 답험손실은 제대로 운용되지 못하였다. 답험의 절차 자체가 산야에 널리 흩어져 있는 전답의 매 필지를 일일이 답사하면서 그 경작 농민을 상대해야 하는 일이었으며, 또한 그것은 객관적 기준의 설정이 극히 모호하여 답험자의 자의에 일임된 채로 운용되기 마련인 것이었다. 이에 그러한 자의성을 배제하기 위하여 이미 태종 2년(1402)부터 敬差官을 파견하여 점검하게 하는 제도가 도입되었으며, 또 수령 혼자서는 자기 관내의

132) 《太宗實錄》 권 30, 태종 15년 8월 갑술.
133) 《太宗實錄》 권 31, 태종 16년 5월 신해.

모든 전지를 답험할 수 없는 일이었으므로 지방의 公廉한 품관사족으로 하여금 그 실무를 분담하게 하는, 이른바 '踏驗委官'의 제도가 역시 태종대부터 도입되었다.

그러나 경차관제도는 오래 시행해 보아도 별 효과가 없었다. 그 제도가 생긴 지 40년 뒤에도 "경차관의 직임을 띤 자는 먼저 면책의 꾀를 품고 모두 공사의 양편으로 공정하게 하지는 못한다"134)는 실정이었다. 그리고 답험위관의 경우는 더욱 많은 폐단을 구조적으로 자아내고 있었다. 우선 공렴한 품관사족은 실제로 위관이 되어 나가기를 극력 피하고, 대개 '吏典出身者' '鄕曲恒居之人'이나 심지어 '日守書員輩' 등이 그것을 담당하는 편이었다.135) 그들은 답험과정에서 허다한 부정을 자행할 뿐 아니라, 문서상의 집계과정에서도 향리 등과 함께 損實을 임의로 조작하였다. 土豪·鄕愿과 鄕吏·書員輩의 중간 부정이 널리 만연되어 갔으며, 한편으로는 소농민경영을 침해하면서 또 한편으로는 국고에 막대한 손실을 입혔다.

이미 연유가 오래된 사전에서 전주의 답험손실권을 국가로 귀속시킬 수 있게 된 조선 초기의 국가권력으로서는, 공사전을 막론하고 수조액을 구체적으로 산정하는 절차인 답험손실의 실제를 향리·토호의 사정에 맡겨 운용할 수는 없었다. 그들의 오랜 중간 부정을 막고 국고의 충실을 기하기 위해서도 조선 초기의 안정된 국가 행정력으로서 구래의 양전·수조제는 일대 개혁이 불가피하였으며, 이에 貢法田稅制의 제정이 준비되고 있었던 것이다.

(2) 공법 전세제로의 개편

잘 알려져 있듯이 '貢法'이란 원래 여러 해 동안의 토지생산량의 평균치를 기준으로 잡아 1/10에 해당하는 일정한 액수를 과세하는 일종의 정액세법으로서 중국의 夏后氏 때 행하였다는 전설적인 제도이다. 조선 초기에는 답험손실제에서 만연해 온 인간의 자의성의 개입을 배제하기 위해서 정액세법을 정립코자 노력한 결과, 비록 온전하지는 못하지만 정액세법의 원리가 다소

134) 《世宗實錄》 권 101, 세종 25년 7월 임오.
135) 《世宗實錄》 권 49, 세종 12년 8월 무인 및 권 75, 세종 18년 10월 정묘.

도입된 전세제도를 정립하기에 이르렀다. 이는 착안할 당시부터 이미 貢法이란 명칭으로 사용되었다.

貢法田稅制[136]는 세종의 즉위 초부터 구상하기 시작하였던 것으로 보인다. 세종 21년(1439)에 국왕이 "내가 공법을 시행하고자 한 것은 지금에 이르기 20여 년이 된다"[137]고 토로하고 있음에서 이러한 사실을 알 수 있다. 그런데 세종 9년(1427)의 重試의 策題에서 공법의 구상을 표면화시켜 試問한 것이 사료에 처음 보인다.

> 예로부터 제왕이 (나라를) 다스림에는 반드시 일대의 제도를 먼저 수립하는 법이다.… 손실답험은 구차히 愛憎에 좇아 高下가 그 손에 달려 있으므로 백성이 해를 입는다. 이 폐단을 구하려면 응당 공법이나 助法에서 찾아야 할 것이다. 조법은 반드시 井田을 한 뒤라야 행할 수 있으므로 역대 중국에서도 오히려 불가능했다. 하물며 우리 나라는 산천이 험준하고 언덕과 진펄이 뒤섞여 있어 그것을 쓸 수 없음이 명백하다. 공법은 夏書에 실려 있고 周나라 역시 조법을 썼다고 하나 鄕遂에서는 공법을 썼다. 다만 그것은 여러 해 (작황을) 비교하여 平常値를 정하는 까닭에 좋지 않다고 이르는 것이다. 공법을 쓰면서도 이른 바 좋지 않다는 점을 없애는 길은 어떠한 것인가(《世宗實錄》 권 35, 세종 9년 3월 갑진).

여기서 '좋지 않다'고 하는 측면은 공법이 정액제이므로 농업생산이 불안

---

136) 과전법에서는 租와 稅를 구분하여 사용하였으나, 그것은 私田의 경우에 엄격히 적용되는 술어였다. 여기 공법은 사전의 1/3이 下三道로 이급된 상태에서, 더구나 私田의 답험손실권을 국가로 귀속시킴으로써 개인의 수조권적 토지지배의 관행이 크게 퇴조한 상태에서 토지의 경작·소유자와 국가와의 수취관계를 새로이 규정하는 것이었으므로, 과전법에서 '租'의 개념에 해당하는 稅目을 일찍부터 '稅'라고도 칭하기 시작하였다. 최초로 공법 수세제 다운 방식을 계문한 《世宗實錄》 10년 정월 기해조의 "農事豊歉 分爲三等以聞 因之收稅可矣"에 보이는 '稅', 또한 최초의 정액세법으로서의 공법의 형태를 갖추어 공표한 19년 7월 丁酉條의 이른바 詳定貢法 節目의 "以各道與田品之等第 定收稅之數"라는 데서 나타난 '稅', 그리고 田制詳定所가 확정한 공법의 원리를 설명한 세종 26년 11월 戊子條의 "一結五十七畝收稅 亦依此二十分而稅一 上上年一等田稅 三十斗"라는 표현, 특히 공법을 확정 반포한 후 收稅 방법의 과도기적 변통을 규정한 세종 27년 7월 乙酉條의 "京中各司及外方田稅貢案 其道田品 畢分揀後 以九等年 田稅多寡 更加磨勘成籍"이라고 하여 '田稅'를 독립술어로 사용하게 된 사실 등을 참조할 것이다. 그런데도 '조'와 '세'는 한동안 혼용되다가 이윽고 '稅' 혹은 '田稅'라는 말로 관행되어 갔다. '田稅'라는 술어는 특히 공법의 성립 이후에 관용된 말이다. 또한 貢法 節目의 논의 과정에서는 수조권자가 아닌 '佃客' 즉 納稅者＝소유자를 '田主'라고 표기하고도 있음이 주목된다(《世宗實錄》 권 78, 세종 19년 7월 정유).

137) 《世宗實錄》 권 85, 세종 21년 5월 경인.

정한 당시로서 풍년에는 관계없지만 흉년에는 정액에 구애되어 반드시 과도한 수탈이 자행된다는 점이었다. 그런데도 여기서는 답험손실제가 안고 있는 인습적 병폐를 극복하기 위해서 결국 유교 경전에서 이상적 제도의 하나로 간주되는 공법을 개선하여 새로운 일대의 제도를 수립하고자 하였음이 주목된다. 고전에 제시된 이상을 살려 제왕의 통치를 실현하고자 하였던 것이다.

이후 공법의 논의는 진척되어 갔다. 重試로부터 10개월 후인 세종 10년(1428) 정월에는 국왕이 질문에 대하여 좌의정 黃喜는 "공법을 따르되 수확의 다소를 비교하여 전지 몇 負에는 米 몇 두인지 미리 그 액수를 정해두고, 해마다 가을이면 각 도 각 군현으로 하여금 농사의 豊凶을 審檢하여 3등급으로 나누어 啓聞토록 하여, 거기에 따라 세를 징수함이 좋다"고 하였으며, 호조판서 安純 등도 역시 "그 밖에는 다시 다른 길이 없다"고 하였다.[138]

세종 12년(1430)에는 다시 호조가 제의한 "지금부터 공법에 의거하여 전 1결마다 10두(평안·함길도는 7두)를 정액세로 징수"하는 방안을 국왕이 6조·각사 및 경중의 전함 품관, 각 도 감사·수령·품관으로부터 閭閻의 소민에 이르기까지 모두 그 가부를 물어서 계문토록 하였다.[139] 그 결과 전국적으로 공법의 시행을 찬성하는 자가 관민 98,657인이며 반대하는 자는 관민 74,149인이었다. 그 가운데 토지생산력이 상대적으로 높은 경상·전라 양도의 경우 65,864 대 664로 찬성편이 절대 우세하였으며, 반면 함길·평안 양도의 경우는 1,410 대 35,912로 반대편이 절대 우세하였다. 그리고 특히 현직의 大臣을 비롯하여 다수의 전·현직 고위 관료가 반대하는 편이었다.[140]

공법의 논의는 다시 진전되어 세종 18년(1436) 윤 6월에는 田制詳定所를 설치하고 여기서 공법을 전담하여 추진토록 하였는데, 여러 논의를 거쳐 다음 해에는 이른바 '詳定貢法'을 일단 수립하였다. 7개조로 되어 있는 그 절목의 주요 내용은 다음과 같다.[141]

---

138) 《世宗實錄》 권 39, 세종 10년 정월 기해.
139) 《世宗實錄》 권 47, 세종 12년 3월 을사.
140) 《世宗實錄》 권 49, 세종 12년 8월 무인.
141) 《世宗實錄》 권 78, 세종 19년 7월 정유.

土品에 따라 전국을 3등도로 구분하고 다시 각 등도를 종래의 전품에 따라 3등전으로 구분하되 수세액을 아래와 같이 정한다.

구　　분	상전 1결	중전 1결	하전 1결
上等道(경상·전라·충청)	20두	18두	16두
中等道(경기·강원·황해)	18두	16두	14두
下等道(함길·평안)	15두	14두	12두

전분의 등급과 연분의 등급이 더 세분화된 이 상정공법은 세종 19년(1437)부터 전국에 시행하기로 하였으나, 각 지방의 관원들이 그 시행의 불가함을 역설하는 상소가 거세게 들어오고 사간원을 비롯한 여론의 반대가 심하여 결국 그 시행을 중단하지 않을 수 없었다.142) 그러나 다음 해인 세종 20년(1438)에는 토지생산력이 상대적으로 높은 경상·전라도에서 우선 시험삼아 시행키로 하였고, 그 다음 해에는 충청도에서도 시행키로 하였으며, 그 뒤로도 상정공법의 미진한 조항들을 계속 수정 보완하여 나갔다.

나아가 세종 25년(1443)에는 5등의 전품제, 9등의 연분제, 그리고 결부제 대신 頃畝制로 고쳐 양전하는 법 등을 골자로 하는 '更定貢法'을 수립하였는데, 이 때 양전의 근거 척도로서 종래의 指尺 대신 周尺을 채택하기로 하였다. 그리고 그 사이 많은 실험과 논의를 거친 끝에 세종 26년(1444)에는 드디어 결부제에 의거하는 전분 6등, 연분 9등의 공법을 확정하였는데, 그 주요 내용은 다음과 같다.143)

① 6등전 각 1결의 양전척(尺·寸·分)과 그 실적은 아래와 같다.144)

142) 金泰永, 앞의 책, 273~276쪽.

143) 공법의 전체 절목과 그 원리는《世宗實錄》권 106, 세종 26년 11월 무자조 참조. 이에 대한 자세한 설명은 金泰永, 앞의 책, 306~312쪽 참조.

144) 각 등전 1결의 실적을 尺貫法으로 표시하면 다음과 같다(단위 : 坪)

제1등전	제2등전	제3등전	제4등전	제5등전	제6등전
2,753.1	3,246.7	3,931.9	4,723.5	6,897.3	11,035.5
2,986.6	3,513.2	4,259.8	5,423.0	7,466.5	11,946.4

위의 수치는 朴時亨의 논문에, 아래 수치는 朴興秀, 〈李朝尺度에 관한 硏究〉(《大東文化硏究》4, 1967)에 제시된 것이다. 양자간의 차이는 周尺 1尺의 길이를 20㎝ 전후로 서로 달리 잡았기 때문에 생겨난 것이다.

제1등전	제2등전	제3등전	제4등전	제5등전	제6등전
4·7·7	5·1·8	5·7	6·4·3	7·5·5	9·5·5
38畝	44畝 7分	54畝 2分	69畝	95畝	152畝

② 수세는 소출의 1/20로 한다. 9등연분제에 의거한 각 등전 1결의 전세는 아래와 같다.

상상년	상중년	상하년	중상년	중중년	중하년	하상년	하중년	하하년
20두	18두	16두	14두	12두	10두	8두	6두	4두

③ 각 도의 감사는 그 관하 각 군현이 審定한 연분을 보고하되, 각 군현 단위로 종합하여 10분을 기준으로 全實을 상상년, 9分實을 상중년 … 2분실을 하하년으로 잡아 수전과 한전을 각기 年分等第하여 某縣의 수전은 某等年이며 한전은 某等年이라고 啓聞한다. 1분실은 면세한다.

④ 正田 내의 진황전은 모두 매년 可耕之地인데 혹 전지를 많이 점유한 까닭에 번갈아 진황시키거나 혹은 게을러서 경작하지 않는 까닭에 전지가 많이 진황되니 심히 불가한 일이다. 부분 陳田이나 全陳田 모두 수세한다.

⑤ 續田 내의 진황전은 수령이 경작자의 告狀을 받아 親審한 후 감사에게 보고하고 감사 首領官이 다시 그 수를 사실대로 조사한 후 啓聞하여 면세토록 한다.

⑥ 災傷田의 경우 片斷災傷을 제외하고 뭇 사람이 다 아는 連伏 10결 이상의 全損田은 수령이 친심하여 감사에게 보고하고 감사가 啓聞한 후 다시 敬差官을 파견 조사하여 재상의 분수를 계문하고 王旨를 받아 감세한다.

즉 공법은 각 군현 단위로 수전·한전별로 연분을 단일하게 책정함으로써 일종의 지역단위 比定法的 정액세법의 원리를 도입하게 된 것이었다. 이른바 중간부정이 많이 줄어들 수 있는 전기가 마련된 셈이었다. 그리고 正田이나 續田을 막론하고 이제 진황은 용납되기가, 災傷田은 감세받기가 매우 어렵게 되었다. 권농정책이 한 가지로 해석되는 것이지만, 당시의 생산력 수준으로 그것은 결국 농민의 유망을 재촉하는 요인으로 작용하게 되었다.

그리고 損實수조시의 각 등 전결과 특히 종래 넓은 면적으로 책정되었던 山田들이 공법에서는 어떻게 편성되었는가를 도표화하면 다음과 같다.[145]

145) 특히 山田은 이제까지의 공법 논의에서 전혀 도외시되어온 편인데, 공법의 확정 후 다음 해 7월에 가서야 6等田制 속으로 편성되었다(《世宗實錄》 권 109, 세종 27년 7월 을유). 이에 관한 설명은 金泰永, 앞의 책, 310~312쪽 참조.

〈표 3〉

손실수조시		공법수세시	
전 품	1결의 실적	전 품	1결의 실적
상등전	25.4畝	제1등전	38畝
중등전	39.9묘	제2등전	44.7묘
하등전	57.6묘	제3등전	54.2묘
山下田	115.2묘	제4등전	69묘
山腰田	172.8묘	제5등전	95묘
山上田	230.4묘	제6등전	152묘

위의 표에서도 알 수 있듯이 종래 전국 전지의 절대다수를 점하고 있던 하등의 많은 전지가 제1·2·3등전으로 편입되고, 종래 넓었던 結積의 산전이 상대적으로 축소된 결적의 제5·6등전으로 편성됨에 따라, 결국 전체적으로 결의 실적을 축소시킴으로써 전국의 결총을 대폭적으로 증대시켰을 것으로 판단된다. 그러므로 손실수조시의 1/10조로서의 결당 최고 30두에 비하여 공법에서는 1/20조로서 결당 최고 20두를 규정하였다는 것은 사실 그대로라고는 할 수 없는 것이었다. 이미 공법의 시험적 실시를 통해서도 수세액이 대폭 증대하는 결과로 나타났음은 객관적 사실로 판명되었다.[146] 그리고 그 일차적 원인은 공법의 정립 과정에서 기준 토지생산량을 과다하게 책정하였다는 사실에 기인한 것으로 이해된다.[147]

(3) 공법전세제의 전개

공법은 새로운 기준에 따라 전분을 6등급으로 세분하는 한편 새로운 척도에 의거하는 양전을 통하여 각 전등의 전결을 파악한 다음에야 시행할 수

146) 《世宗實錄》 권 105, 세종 26년 8월 경오.

147) 세종 25년부터 충청도 淸安에서 실험한 기준 토지생산액은 57畝地(구 下等田 1結의 實積)에서 上上年 제1등전의 所出은 米 40石(벼 80석), 제6등전의 그것은 米 10石으로 산정되었는데, 이를 종래의 損實收租時의 평상 소출과 비교해 보면 過多한 산정이라는 것이 드러났다. 세종 자신도 이것이 다소 과다한 산정인 듯하다고 이해하였다(《世宗實錄》 권 105, 세종 26년 8월 경오). 이 기준 생산량의 과다한 산정이야말로 공법의 시행과정에서 年分이 결국 下下로 떨어져 가는 궁극의 원인이 아니었던가 한다.

있는 것이었으므로 처음의 의도보다는 시행이 늦어지게 되었다. 그래서 세종 26년(1444) 공법의 확정으로부터 많은 논란과 수정을 거쳐 45년이나 지난 성종 20년(1489)에 가서야 전국적으로 시행되었는데, 그 경과를 표로 나타내면 다음과 같다.[148]

〈표 4〉 공법 시행 경과표

지 역	공법에 의거한 양전	공법의 실시
전 라 도	세조 8년(1462)	세종 32년(1450)
경 기 도	세조 7년(1461)	세조 7년(1461)
충 청 도	세조 8년(1462)	세조 8년(1462)
경 상 도	세조 9년(1463)	세조 9년(1463)
황 해 도	성종 2년(1471)	성종 2년(1471)
강 원 도	성종 7년(1476)	성종 9년(1478) 무렵
평 안 도	성종 17년(1486)	성종 18년(1487)
함 경 도	성종 19년~20년(1488~89)	성종 20년(1489)

공법에서의 6등 전품의 분등과 거기 따른 수등이척의 양전은 원리상으로는 보다 더 객관적 타당성을 띠게 된 것이 틀림없지만, 그 절차에 層節이 많고 까다로워졌기 때문에, 착오라든가 중간 농간이 개입할 여지가 많았다. 가령 공법을 시행한 후 처음으로 실시된 전라도 양전(성종 24년, 1493)의 경우를 보면, "한 군현의 전지가 혹 2, 3천 결이 늘고 한 州府의 전지는 혹 3, 4천 결이 늘어났으니, 그 작성된 전적을 살펴보면 명백히 알 수 있는 일"[149]이라는 정도로 실착이 커지고 있었다. 각 군현의 양안이 모두 다 冒濫하다는 논란이 일어나자, 성종 자신이 "비록 고쳐 바로잡더라도 폐단은 다시 여전할 것"[150]이라고 자포자기할 정도로 양전은 개선의 전망이 없었다. 16세기 중종 때 양전을 논의하는 자리에서 의정부 3대신이 국왕에게 보고하는 다음의 말을 보면, 공법전세제에서도 양전은 크게 개선된 수준에서 운용되지 못하였다는 사실을 알 수 있다.

148) 金泰永, 앞의 책, 314~321쪽.
전라도의 경우 전품의 분등만을 먼저 끝낸 내용을 가지고 옛 田結을 환산하여 공법을 적용한 것이므로 새로운 양전에 앞서 공법이 시행되었다.

149) 《成宗實錄》 권 293, 성종 25년 8월 신사.

150) 《成宗實錄》 권 57, 성종 6년 7월 계유.

> 듣건대 양전의 일은 비록 최선을 다하려 하나 그리되지 않습니다. 그러므로 (새 양안이) 오히려 전 양안만 같지 않으며, 또한 正案도 없다고 합니다(《中宗實錄》 권 62, 중종 23년 7월 임오).

한편 공법에서는 권농책의 일환으로 陳田에 대한 면세 절차를 매우 까다롭게 규정해 두었다. 《經國大典》에는 "全災傷田 및 全陳田은 면세하고 續田·加耕田은 기경하는 대로 수세한다"[151]고 다소 고쳐졌지만, 실제로 면세의 절차가 매우 까다로웠으며 면세되기는 더욱 어려웠다. 가령 16세기 명종 때의 대사간 姜士弼은 당시 농민들이 유리도산하여 그 생명을 보존하지 못하는 세 가지 근본 요인으로서 군역 및 各司 選上과 함께 진전 수세에서의 一族 침해 현상을 들었다.

> 오래된 진전도 그 세를 감하지 않고 비록 유망하여 絶戶되거나 풋나무가 수풀을 이루어도 또한 반드시 一族切隣에게서 징렴한다. … 농민으로서 기경하는 자가 겨우 數畝의 토지를 일구기가 무섭게 100결의 세를 독촉한다. 그러므로 호미를 메고 익히 바라보면서 땅을 일구려 하지 않으니, 그 때문에 陳地가 점점 넓어져 끝없이 肅然하게 되었다(《明宗實錄》 권 32, 명종 21년 5월 임인).

즉 농사를 권장하기 위해 설정된 진전 수세의 고식책은 오히려 전지의 진전화를 조장하는 악순환을 되풀이하였던 것이다.

한편 공법에서 災傷田은 앞서 살핀 대로 뭇 사람이 다 아는 連伏 10결 이상의 현저한 災損에 한하여, 그것도 까다로운 절차를 거치고서야 감세하도록 규정하였다. 그러나 가난한 소농민일수록 재상을 입기 쉬운 척박한 조각땅을 경작하는 것이 보편적인 현실이었으므로 《경국대전》에서는 全災傷田은 면세하도록 고쳐 규정하였다. 그런데 재상을 인정해주는 給災의 실무가 현지의 吏胥들에게 맡겨져 운용되고 있었으므로, 가난한 소농민일수록 그 규정을 적용받기란 매우 어려웠다.

> 감사가 수령을 파견하여 답험하게 하면 수령은 災와 實을 돌보지도 않고 큰길로 다니면서 委官에게 맡겨버리는데, 위관은 吏胥에게 맡기고 이서 또한 跋涉을 꺼려 여러 마을로 편히 다니면서 닭을 잡고 기장을 삶아 농민의 재물과 가축을 축낸다. 하물며 이서는 또 뇌물을 이롭게 여기므로 强猾한 자의 경우는 혹

151) 《經國大典》 권 2, 戶典 收稅.

實이라도 災로 매기고 貧賤한 자의 경우는 혹 災를 당해도 實로 매긴다(《中宗實錄》 권 29, 중종 12년 8월 갑자).

즉 가난한 소농민의 조각땅은 재손을 인정받을 길이 거의 없었던 반면에 오히려 세력을 가진 토호 사족에게만 그 혜택이 적용되고 있었던 것이다. 나아가 공법은 처음에 각 군현 단위로 동일한 연분을 적용하기로 규정하였으나, 그것이 너무 소략하다 하여 많은 논란 끝에 단종 2년(1454) 이후 각 面 단위로 연분을 등제하는 법으로 고쳐졌다.[152]

그 이후 9등연분제의 일반적 추세로 말하자면 15세기까지는 현지의 보고보다도 중앙에서 한 등급 올려서 수세하는 일이 많았다. 그러나 16세기에 이르러서는 전국의 연분이 점차 낮추어 등제되면서 드디어 전국이 대체로 下下의 연분으로 고착되어 가는 경향을 나타내기에 이르렀다. 이는 민생이 날로 곤궁해지고 요역이 많았던 까닭에서라고 하는 바,[153] 그것은 곧 지주제의 확대에 따른 그리고 공납·군역 등 부역의 과중함에 따른 소농민경영의 불안정에서 기인하였던 것으로 이해된다.

전국의 전세가 하하로 고착되는 것은 결국 지주사족에게 유리한 세율로 귀결되기 마련이었다. 따라서 전세제도의 측면에서 볼 때 조선 전기에 지주지를 보존하거나 혹은 확대해갈 수 있는 계층은 범주적으로는 지배층에 불과하였다. 신분제적 지배체제에 대응하는 신분제적 지주, 곧 양반지주의 형태가 일반적이었던 것이다.

공법전세제는 양전·수조제에 고질적으로 수반되는 여러 폐단을 불식하기 위하여 여러 의견을 모아 마련한 것이며, 그것은 조선 초기에 성취된 과학기술의 발달에 의하여 보완되고, 더구나 동시기의 안정된 중앙집권적 국가권력에 의하여 적극적으로 추진되어 갔다. 그래서 그것은 당시에 있어서 비교적 객관적인 타당성을 지닌 새로운 전세제로서의 면모를 갖추게 된 것이었다. 그러나 그 실시 현장에서는 그러한 객관적 타당성이 실현되지는 못하였다. 그것은 원래의 법제대로 시행되지 못하고, 의연 奸吏·鄕愿 따위의 중간세력

152) 《端宗實錄》 권 12, 단종 2년 8월 정미.
153) 《仁宗實錄》 권 2, 인종 원년 6월 임자.
《宣祖實錄》 권 5, 선조 4년 11월 정축 및 권 17, 선조 16년 2월 무술.

층에 의하여 농단되는 좀 모호한 전세제로 운용되어 갔다.

그와 같은 모호한 수취제는 결과적으로 有勢層에 의한 지주제의 전개를 조장하는 방향으로 운용되기 마련이었다. 그래서 공법이 원래 의도하였던 국고의 증수를 실현하기가 어렵게 되어 갔음은 물론, 소농민 보호라고 하는 또 하나의 이상도 좀처럼 실현하기 어렵게 되었던 것이다.

〈金泰永〉

2. 농업과 농업기술

1) 농업생산력의 위치

조선 전기에 농업생산력은 크게 발전하였다. 이러한 농업생산력의 발전은 바로 농업을 둘러싼 여러 환경들, 이른바 자연조건과 농업노동력, 그리고 농업생산을 위한 여러 노동수단과 노동대상의 발전적인 변화를 수반하는 것이었다. 그러므로 이러한 여러 요인들의 다양한 결합 형태를 규명함으로써 우리는 조선 전기 농업생산력의 수준과 위치를 보다 객관적으로 살펴볼 수 있을 것이다. 이제 이 시대 농업생산력의 기본 성격을 규명하기 위하여 당시의 '토지와 인구'의 관계를 검토해 보자.

〈표 1〉 조선시대의 토지와 인구

연 도	추정전결 (1천 결)	추정면적(1) (1천 정보)	추정인구(2) (1천 명)	(2)/(1)
1550	1,516(100.0)	4,337(100.0)	9,503(100.0)	2.19(100.0)
1650	1,378(90.9)	3,783(87.2)	9,020(94.9)	2.38(108.7)
1725	1,320(87.1)	3,712(85.6)	12,130(127.6)	3.27(149.3)
1775	1,445(95.3)	4,259(98.2)	14,093(148.3)	3.31(151.1)
1825	1,445(96.0)	4,148(96.6)	15,277(160.8)	3.68(168.0)
1875	1,487(98.1)	4,325(99.7)	15,884(167.1)	3.67(167.6)

*( )는 1550년을 100으로 하여 만든 지수임.

위 〈표 1〉은 조선시대의 토지와 인구를 추계한 것이다. 이를 보면 1550년에서 1875년에 이르는 기간 동안 토지 면적은 큰 변동이 없었지만, 인구는 69%나 크게 증가하였다. 한 사람 당 식량 소비 수준이 동일하였다고 가정할 때, 이러한 인구 증가는 곧 단위 면적 당 농업생산력의 증대를 의미하는 것이라 하겠다. 이러한 사정은 조선 전기 농업의 역사적 성격을 명백히 보여준다. 이른바 1550년 경의 농업은 일차적으로 '넓은 토지를 비교적 적은 인구가 경작하였던' 노동생산성 중심의 조방적 성격을 가지고 있었다. 따라서 조선 전기 농업의 미래지향적 발전 방향은 바로 토지생산성 중심의 농업으로 가는 '집약화의 길' 밖에 없었으며, 물론 그러한 발전 방향은 조선 후기에 이르러 더욱 분명해진다.

이제 그러한 관점에서 조선 전기 농업생산력의 기본 성격을 분석해 보자. 당시의 농업은 넓은 토지 위에 부족한 노동력이 결합한 이른바 노동절약적·토지집약적 성격의 것이었으며 그러한 조건은 축력을 풍부히 구사하는 노동생산력 중심인 대농법의 우위를 보증하는 것이었다. 이러한 사실은 이 시대의 농업생산력을 '집약적'이라고만 단정해 온 기존의 통념과는 본질적으로 다른 것이다. 물론 이러한 사정은 이 시대의 농업이 '농업생산성에 기초한 농업에서 토지생산성에 기초한 농업으로의 전환'이란 조선시대 농업발전의 기본방향에 있어 출발점 위에 있음을 웅변해 주는 것이라 보여진다.

2) 농업생산력의 추계

(1) 호구당 경작 면적의 추계

조선 전기 농업생산력의 위치와 성격은 많은 문헌 자료들을 동원한 시계열분석(time-series analysis)에서도 그대로 증명될 수 있을 것인가가 문제이다. 이른바 조선 전기에는 그 생산 요소로서 토지보다 노동이 중요시되었으며, 생산력의 성격에서도 토지 생산성보다 주로 노동 생산력에 근거하고 있었음이 검증되어야 하기 때문이다. 그러한 관점에서 여기에서는 아래와 같은 여러 종류의 농업생산력에 관한 시계열의 추정치들이 추계되었다.

다음의 〈표 2〉는 각 시기별 호구당 실제 경작 면적의 추이를 정리한 것이다. 먼저 이와 같은 실제 경작면적의 추계에 있어 그 계산 단위인구(口)는 자연인구·男丁별로, 그리고 호는 자연호·편호별로 각각 나누어 추정하였다. 왜냐하면 각 시대별 통계를 보여주는 문헌자료에서는 비록 같은 '구'란 명칭을 사용하였지만 그 내용에 있어 '자연인구를 지칭하는 경우'와 '남정을 지칭하는 경우'가 있었으며, 또한 '호'에 있어서도 '자연호를 지칭하는 경우'와 '편호를 지칭한 경우'가 있었기 때문이다. 여기에서는 '자연인구 5구에 남정이 1구'였다고 가정하였으며, 편호는 '세 자연호가 모여서 한 편호를 이루는 형태'였다고 가정하였다.

〈표 2〉 호구당 실제 경작면적의 추정

구 분 / 시 기	실제경작면적지수	
	자연인구당	자연호당
제 1 기		
① 8세기~9세기	509.2	503.9
② 992~1301년	727.6	723.3
제 2 기		
③ 1391~1432년	135.8	162.3
④ 세종년간(1432)	143.4	161.8
제 3 기		
⑤ 淸安縣(1444)	130.5	209.8
⑥ 1444~1543년	100.0	100.0
제 4 기		
⑦ 17세기 전	111.2	74.4
⑧ 18세기 전	82.2	69.3
⑨ 18세기 후	81.6	67.5
⑩ 19세기 전	80.0	68.2

(이호철, 《조선전기농업경제사》, 한길사, 1986, 742~743쪽).

다음으로 여기에서 結負制의 발달과정을 모두 4가지(제1기 : 신라~고려후기, 제2기 : 고려 후기~1444, 제3기 : 1444~1653, 제4기 : 1653~1918)로 나누었다. 그리고 토지이용 방식으로는 제1기의 결부제하인 신라시대에는 '3년 1작'의

再易田 방식이, 같은 제1기였던 고려시대에는 2년 1작의 1역전 방식이 지배적이었다고 가정하여, 각각 실제로 경작한 토지의 결수를 소유 결수의 3분의 1 또는 2분의 1로 추정하였다.[1] 또한 제2기와 제3기에서는 '1년 1작식'의 常耕田이 지배적이라고 보았다. 제4기의 18세기 이후부터는 根耕法·間種法·水田種麥法 등 보다 고도의 윤작 체계가 보편화되어, 연간 농경지 이용율이 150%에 달하였고 가정하여 실제로 경작한 결수를 소유 결수의 1.5배로 산정하였다. 이와 같이 추정한 각 시기별 '실제 경작결수'는 다시 각 시기별로 추정된 결의 면적을 곱하여 환산함으로써, 300평을 단위로 한 '실제 경작면적'을 추계해 냈다. 이러한 실제 경작면적은 다시 조선 전기인 제3기의 '전국 평균 실제 경작면적'을 100으로 한 모두 4시기의 '실제 경작면적 지수'로 최종적으로 추계되었던 것이다.

이와 같이 추정된 시계열 자료인 '실제 경작면적 지수'는 1인 및 1호가 경작하였던 면적이 고대에서부터 점차 상승하여 고려 전기 무렵에 가장 높은 위치를 차지하였으며, 그 이후부터는 근대에 이를수록 점차 하락하였음을 보여준다. 이른바 토지에 비해 인구가 극히 희소하여 경작 면적을 무한정 높일 수 있었던 제1기에는 축력에 기초한 대농기구가 등장하면 할수록, 노동생산성이 크게 증대되면 될수록 '1인당 실제 경작면적'이 증대되었다. 그러나 이후부터는 국토면적과 기후 및 지형조건에 제한될 수밖에 없었던 농지면적과 증가하는 인구라는 두 가지 조건 때문에 이 지수는 점차 하강할 수밖에 없었으며, 그 결과 농업생산력은 점차 집약화의 방향으로 전개되었던 것이다.

(2) 토지생산성의 추계

한국농업사에서 조선 전기 토지 생산성이 처하였던 위치를 밝혀 보자. 주지하는 바와 같이 토지생산성이란 단위 면적당의 수확량의 추이를 나타내는 지표이다. 그런데 시계열 자료를 통해 우리가 밝힐 수 있는 유일한 토지생산성은 각 시기별 수전에서의 1결당 미곡 생산량에 불과하며, 이는 결부제의 각 시기별 결 면적에 따라 모두 10a(약 300평)당 수확량으로 환산되었다. 또

1) 필자는 견해가 엇갈리는 제1기의 결면적에 대해 김용섭의 견해를 수용하였다.

한 이 추계에서는 각각 최고생산량·최저생산량과 아울러 당시의 평균적 생산량이 추정되었다. 그리하여 마침내 제3기의 공법(1444) 규정에 나타난 10a당 수확량을 100으로 하여 환산한 '數量指數'를 최종적으로 추정하였다.

이 추정치를 살펴보면 한국농업의 토지생산성은 무엇보다 제1기 말에서 제2기에 이행하는 단계에 가장 급격히 상승하였음을 알 수 있다. 그 다음으로는 17세기에서 18세기에 이르는, 이른바 제3기에서 제4기로의 이행과정에서 상승하였으므로 15세기에서 16세기에 이르는 조선 전기에는 이러한 급속한 상승이 검출되지 않는다. 이러한 사실은 결국 조선 전기에는 토지생산성의 획기적인 상승이 없었음을 의미하며, 이러한 사정은 조선 전기가 느린 인구증가에 따라 1인당 경작면적이 축소되는 추세에 있었음에도 불구하고 토지생산성이 완만하게 상승한다는 차원을 결코 넘지 않은 시기였음을 의미하는 것이라 하겠다.

(3) 노동생산성의 추계

앞에서 추계한 실제 경작면적 지수와 토지생산성 지수를 기초로 하여, 한국 농업에서 노동생산성의 흐름을 추계해 보자. 이 연구에서는 하야미(Y. Hayami)와 루텐(Rutten)이 사용한 공식에 따라 노동생산성을 추계하였다.[2)]

$$\frac{Y}{L} = \frac{A}{L} \cdot \frac{Y}{A}$$

이 연구에서는 앞서 추계한 호수 및 구수당 '실제 경작면적' 지수와 '토지생산성' 지수를 사용하여 추계한 두 종류의 노동생산성의 흐름을 추계하였다. 첫 번째의 사례(사례 1)는 토지생산성 지수에 '자연인구당' 실제 경작면적 지수를 곱한 결과이고, 두 번째의 사례(사례 2)는 '자연호당' 실제 경작면적

2) 여기에서 Y=총산출량, L=농업노동력, A=토지라고 할 때, Y/L=노동생산성, A/L=(호당·구당) 실제 경작면적, Y/A=토지생산성으로 정의된다(Y. Hayami and V.W. Rutten, *Agricultural Development : An International Perspective*, The Johns Hopkins Press).

〈표 3〉 토지생산성과 노동생산성의 추이

구분 / 시기	토지생산성지수	노동생산성지수		
		사례 1	사례 2	평 균
제 1 기				
① 8세기~9세기	11.4	58.0	57.4	57.7
② 992~1301년	16.0	116.4	115.7	116.1
제 2 기				
③ 1391~1432년	94.0	127.7	152.6	140.2
④ 세종년간(1432)	72.4	103.8	117.1	110.5
제 3 기				
⑤ 淸安縣(1444)	75.0	97.9	157.4	127.7
⑥ 1444~1543년	100.0	100.0	100.0	100.0
제 4 기				
⑦ 17세기 전	75.0	83.4	55.8	69.6
⑧ 18세기 전	119.7	98.4	83.0	90.7
⑨ 18세기 후	125.9	102.7	85.0	93.9
⑩ 19세기 전	142.5	114.0	97.2	105.6

(이호철, 앞의 책, 746·751쪽).

지수를 곱한 것이다. 이 두 사례를 평균한 노동생산성의 최종 추정치를 보면 노동생산성은 제2기에서 가장 높았음을 알 수 있다. 신라시대부터 점차 상승하였던 노동생산성은 제2기에서 그 절정에 달하였고, 제3기 이후에는 점차 하락세를 보이다가 제4기부터 조금 증가하였다.

특히 이렇게 계산한 노동생산성과 토지생산성의 흐름을 서로 비교해 보자. 대체로 통일신라에서 조선 초기에 이르는 제1기와 제2기에 이르기까지에는 노동생산성이 토지생산성보다 압도적으로 높았다. 제3기에서는 비록 노동생산성이 토지생산성보다 조금 높았지만 서로 엇비슷한 추세를 보이다가, 제4기 초에 이르러 토지생산성이 노동생산성을 추월하였다. 이처럼 원래 월등하게 높았던 노동생산성은 제4기 초반에서부터 오히려 역전되어 토지생산성이 보다 상위의 위치를 점하였던 것이다. 이러한 사정은, 조선 전기에 있어 농업생산성 발전은 상대적으로 토지생산성보다 노동생산성에 좀더 기초하고 있었으며, 그에 비해 토지생산성은 보다 낮은 수준에 머물고 있었음을 보여주는 것이라 하겠다.

이처럼 조선 전기의 농업생산력이 토지생산성보다 노동생산성에 더욱 기초하고 있었으며, 그 후 그와 같은 사정이 역전되었다는 사실은 조선 전기 농업생산력의 성격 규명에 적지 않은 의미를 부여해 준다. 이른바 조선 초기에는 직영지적 농장경영에서 나타나는 노동생산성 위주의 대농법이 지배적인 위치를 차지하였지만, 16세기 말 이후부터는 점차 사정이 역전되어 토지생산성 위주의 소농법이 보다 우위를 갖기 시작하였다. 그러나 이후 이러한 상황변화는 임진왜란에 이르기까지 그리 강력하게 전개되지 못하였다는 점에서, 적어도 토지생산성이 급속하게 증대된 18세기 전까지는 노동생산성이 여전히 사회적인 생산력을 대표했던 것으로 생각된다.

3) 농업생산력 발달의 여러 요인

(1) 직접적인 요인

가. 농학의 발달

조선은 농업생산력을 증진시키기 위해 지방에 권농관을 파견하거나 지방관 및 농업경영자에 대한 기술교육을 실시하였다. 조선 전기에는 특히 농서의 편찬 및 보급이 활발하였다. 이 시대 봉건정부가 취한 정책은 대략 다음의 두 가지로 나뉘어진다. 그 하나는 중국 농서를 수집·보급하여 중국의 선진 농법을 우리 것으로 흡수하려는 정책이었고, 다른 하나는 국내 농업선진지역의 관행기술을 채록하여 농서로 편찬하여 보급하는 정책이었다. 조선 초기에는 주로 전자를 중심으로 추진되었지만, 세종 8년(1429)의 《農事直說》의 편찬과 더불어 점차 우리 실정에 맞는 우리 농서를 보급하는 방향으로 전환되었다.

중국의 선진농법을 흡수하기 위하여 중국 농서를 민간에 널리 보급시키려는 노력은 이미 고려시대부터 시도되었다. 신흥 사족층에 의해 14세기부터 전개되기 시작한 이러한 노력은 특히 충정왕 원년(1349)에 李嵒이 연경에서 구입한 《農桑輯要》를 知陝州事 姜蓍가 간행한 데서 비롯되었다. 따라서 조선 전기에 가장 널리 보급된 중국농서는 《농상집요》와 《四時纂要》가 대표적이다. 또한 태종 15년(1415)에는 《농상집요》 양잠편만을 韓尙德이 이두로 번역한 《養蠶經驗撮要》가 간행되었고, 비록 오늘날까지 전해지고 있지는 않으나 《농상집요》를 이두로 초역한 《農書》도 편찬되었다. 당시 정부가 중국농서를 통해 주로 참고하였던 기술은 秋耕, 早種, 蟲蝗對策, 養蠶方 등이었는데, 중앙관료나 지방관료들은 이를 표준으로 권농을 독려하고 농사를 지도하였다.

그렇지만 이 시대의 우리 농업은 결코 이들 중국 농서에만 의존할 수 없었다. 이미 조선 전기의 농업에서는 중국과는 달리 '상경 농법의 확립'이란 커다란 생산력의 구조전환이 일어나고 있었기 때문이다. 그러한 사정은 우리 실정에 알맞은 새로운 기술보급을 그 어느 때보다 강력히 요청하였으며, 그러한 요구가 농학에까지 영향을 미쳐 새로운 우리 농서가 반드시 필요하다는 생각이 일찍부터 제기되고 있었다. 이처럼 우리 농법의 발전과 우리의 기후와 토양조건에 대한 인식이 깊어짐에 따라, 이제 중국 농서는 점차 그 이용 빈도가 줄어들게 되었다. 이는, 《농상집요》만은 여전히 널리 참고되고 있었다고 하지만, 각 처에서 점차 우리 농법과 농업환경에 알맞은 새로운 농서를 필요로 하였기 때문이다.

그러한 현실적인 필요성은 곧바로 국가의 권농정책으로 이어져 1429년 최초의 관찬농서인 《農事直說》이 편찬되었다. 이 농서는 먼저 우리 풍토에서 이미 실험이 끝난 선진지역 老農들의 관행 농법을 충분히 수집하여 편찬한 것인데, 정부는 이렇게 편찬된 농서를 농업 후진지역으로 보급시켜 선진 농법을 확산시키려는 노력을 계속하였다. 정부는 선진 지역의 관행농법을 수집하는 조치로서 하3도의 이른바 '耕種耘穫의 법'·'五穀의 土性所宜'·'雜穀交種의 방법' 등을 수집하여 농학자 鄭招 등으로 하여금 새 농서를 편찬하게 한 뒤, 함경도·평안도 등의 산간 및 한전 농업지대에 이 농법을 확산시켰던 것이다. 그러나 《농사직설》은 그 내용에 있어 주로 主穀만을 중점적으로 서술하여 채소류나 과수·특작 또는 식품에 관한 내용을 전혀 포함시키지 못한 한계를 가지고 있었다. 관찬 농서로서의 《농사직설》이 갖는 그러한 한계점 때문에, 중국농서들이 경우에 따라서는 여전히 권농의 지침서로 사용되고 있었다.

그러한 상황에서 농학자 姜希孟은 당시 경기도 지방의 불안정한 소농민들의 관행농법에 주목하면서 열악한 그들의 경영을 개선하기 위해, 성종 23년(1492)에 최초의 사찬농서인 《衿陽雜錄》을 저술·간행하였다. 또한 그는 농민들의 농사작업을 월별로 서술하였을 뿐 아니라 다양한 작물들의 재배법도 함께 다룬 농서인 《四時纂要抄》도 편찬하였다. 하3도의 선진 농법만을 취급한 《농사직설》과는 달리, 《금양잡록》은 특히 당시 경기도 衿陽縣에서 실제로 행해진 관행농법을 다루었다는 점에서 중요한 의의를 갖는다. 이처럼 《금양잡록》에 수록된 관행농법들은 이 시기의 소농민경영을 이해하는데 무엇보다 소중한 자료가 된다. 또한 《사시찬요초》도 《농사직설》과 《금양잡록》 만큼 중요한 농서로서 적어도 18세기 초까지 우리나라의 유일한 원예 농서로서 널리 이용되었다. 특히 이는 우리 농업의 환경과 실정에 맞도록 여러 농서를 참고한 독창적인 농서였다. 그러한 중요성 때문에 비록 사찬 농서이기는 하지만 선조 14년(1581)에 정부는 이들을 합본하여 간행하였던 것이다.

한편 조선 전기에는 중앙정부가 중심이 된 농서편찬 사업 외에도 각 지역의 지방관들에 의한 농서간행 사업도 추진되었다. 대표적인 사례로는 16세기 초의 경상관찰사였던 金安國은 농서와 잠서를 언해하여 간행하였으며, 그의 산하에 있던 안동부사 李堣는 중종 12년(1517)에 기존의 농서에다 새로운 관행농법을 추가한 《農書輯要》를 간행하였다. 한편 《농사직설》을 보완하기 위한 증보작업도 지방관들에 의해 추진되었는데, 그 단적인 예로서 16세기의 昌平縣과 17세기의 龍洲縣에서는 종래 없었던 목면의 경종법, '新增種綿'편을 증보한 새로운 판각이 만들어졌다. 이들 농서 외에도 정종 원년(1399) 우마에 관한 의서인 《新編集成馬醫方》, 15세기 초에 朴興生의 《撮要新書》, 그리고 15세기 중엽의 화훼서인 姜希顔의 《養花小錄》 등이 있다.

이와 같은 조선 전기의 농학은 중국 농서를 도입하는 데서 출발하여 이를 번역하여 보급하는 과정을 거쳐 마침내 자체 농서의 편찬과 간행으로 발전해 나갔던 것이다. 특히 우리 농학 발달의 핵이라 할 수 있는 이들 농서의 편찬은 관찬과 사찬이란 두 보완적인 방식을 통하여 급속히 전개되었는데, 16세기에 들어서서 더욱 확산되었다. 결국 이와 같은 농학의 발달은 이 시대 농업발전에 커다란 영향을 주었다.

나. 농업생산기술의 고도화

조선 전기의 농업 생산기술은 크게 수전농법과 한전농법으로 나누어진다. 특히 조선 전기를 통한 농업생산력의 발전은 이들 두 농법에서 모두 나타나고 있을 뿐만 아니라, 그러한 발전은 시비법에서도 두드러진다. 특히 이러한 발전은 《농사직설》·《금양잡록》을 중심으로 한 15세기적인 농법이 《농서집요》로 나타나는 16세기 전반의 농법, 그리고 《농가월령》으로 기술되는 16세기 말과 17세기 초의 농법을 비교 검토함으로써 객관적으로 검출될 수 있을 것이다.

가) 수전농법의 발달

조선 전기 수전 농법에서의 생산 기술발달과정을 먼저 살펴보자. 이미 벼농사에 있어서는 우리의 독특한 기술인 수전 직파 연작법이 15세기 농서인 《농사직설》로 정착되었다. 이 중 가장 특징적인 기술은 이른바 '草茂密處'와 '沮澤潤濕荒地' 등의 황무지를 수전으로 개간하고 숙전화하는 기술이었다. 이처럼 이 시대에는 저습지를 수전으로 개간하는 작업이 널리 진행되었는데, 그 결과 전반적으로는 종래에 비하여 수전 면적이 크게 확산되었다. 그리하여 갓 개간되어 척박한 열등지에는 晩稻가 연작되었을 뿐 아니라, 기후가 가물어 수경법으로 직파가 불가능할 때는 한전 농법을 응용한 乾耕法에 의해서도 벼가 재배될 수 있었다.

이처럼 《농사직설》에서 드러나고 있는 조선 전기의 벼농사 기술은 수전의 새로운 개간과 개간된 수전의 숙전화라는 이 시대 농업상과 연장선상에서 이해되어야 한다. 이른바 輪木 등의 농구들이 동원되어 생산의 외연적 확대에만 주목하는 시비법과 긴밀하게 결합함으로써 이 시기 벼농사의 진면목을 여실히 드러내고 있었던 것이다.

한편 《농사직설》의 移秧法은 수리 및 생산의 기술체계에 있어서도 여전히 미완성이었다. 그 때문에 이앙법은 경상·강원의 두 도에서만 한계적으로 행해질 수밖에 없었으며, 그마저도 노동력이 부족한 대농층의 제초문제 해결책이었거나 특수한 토양에서만 어쩔 수 없이 요구된 데 불과하였던 것이다.

더구나 정부는 이앙기에 가뭄이 발생되면 농사를 모두 망친다는 이유로 이를 법으로 금지하고 있었으므로, 이는 더욱 한계적으로만 존립할 수밖에 없었다.

그에 비해 《農書輯要》(중종 12년, 1517)에 실린 16세기 전반의 수전농법은 중국 농서인 《농상집요》의 기술 수준보다 크게 앞서 있을 뿐 아니라, 이미 歲易농법을 극복하였다는 점에서 《농사직설》과 같은 수준이었다고 평가된다. 당시의 벼농사는 부족한 수원을 최대한 활용하기 위하여 수전과 한전을 서로 교대하는 조선 특유의 回換農法이 이루어지는 윤답지대와 水稻만을 매년 경작하는 산곡의 常耕지대로 나뉘어 전개되고 있었다. 윤답지대에서는 매년 전곡과 수도가 서로 돌려가면서 경작되었고, 가물어서 직파가 불가능 할 때는 《농사직설》에서처럼 건경이 행하여졌다. 한편 상경지대는 골짜기여서 수전이 크게 부족하여 세역할 수가 없기 때문에 이앙법이 채택되고 있었다. 이처럼 이앙법은 상대적으로 좁은 골짜기란 지형조건 때문에 부족할 수밖에 없었던 수전을 최대한 활용하기 위해 그 곳에서 흘러나오는 관개수를 기반으로 전개되었다.

그렇지만 이러한 16세기의 이앙법도 오로지 제초문제 때문에 요구되었다는 점에서, 토지생산성만을 높이기 위한 18세기의 그것과 결정적으로 달랐다. 그러나 이 시대 이앙법에서는 《농사직설》의 수준을 앞서는 확실한 기술 진전이 보여진다. 이른바 이 때부터 養苗處와 本畓이 확실하게 구분되어 이앙이 행해졌을 뿐만 아니라, 독특한 우리 농구들이 사용되었기 때문이다. 그러나 16세기 전반의 수전농법은 아직도 부족한 수원 때문에 회환농법과 건경법이 불가피하였으며, 그나마 매년 연작되었던 산곡지대의 이앙법도 오직 '雜草茂盛'이라는 상황에만 대비하는 여전한 조방성을 보여주었다.

끝으로 16세기 말의 농법을 담고 있는 17세기 초의 농서인 《農家月令》(광해군 11년, 1619)의 벼농사 기술에 대해 살펴보자. 특히 여기에서는 건파법의 발달상이 두드러져서 파종·복토한 후에 번지의 일종인 '柴扇을 끌어 진압처리할 것'을 지시하였는데, 이는 같은 작업을 '足種하라'고 지시한 《농사직설》의 경우보다 훨씬 발달된 형태였다. 또한 여기에서는 密達租라는 건경에 알맞은 새로운 벼 품종까지 소개하고 있다. 그러한 건경법의 발달과 함께 주목되는 것은 이미 마른 못자리를 만드는 기술인 '乾秧法'이 권장되고 있었다. 그러한 사실은, 16세기 말에서 17세기 초에 이르는 시기에는 직파법에서 이앙법으로의 전환이 보다 더 진전되었음을 보여주는 중요한 증거이지만, 여기에서조차 이앙법은 제초 횟수를 4회에서 2회로 절약할 수 있다는 장점만을 가진 것으로만 평가되고 있다.

이처럼 15세기에 이르러 일단 완성된 《농사직설》의 조방적인 수전농법은 16세기 전·후반으로 전개되면서 점차 발전하였다. 이른바 갓 개간된 넓고 척박한 수전을 대상으로 늦벼(만도)를 직파하며, 가물어서 그것조차 불가능할 때에만 건경을 행하던 15세기의 벼농사법은 이제 16세기 전반에 이르러 부족한 수원을 최대한 활용하기 위해 밭작물과 수도를 매년 교대로 경작하는 '회환농법'을 출현시키고 있었다. 더구나 가뭄에 벼를 재배하는 독특한 우리 농법인 건경법은 더욱 발전하여, 16세기 후반에는 건파된 도종을 신속히 진압하기 위한 새로운 농구와 그에 알맞은 도종을 출현시키고 있었다.

한편 법으로도 금지되고 기술적으로도 미비하였으며, 15세기 이앙법은 16세기 초에는 산곡지대를 중심으로 보다 발전하였으며, 16세기 후반에 이르면 마른 못자리 기술(건앙법)을 새로이 낳을 정도로 더욱 진전되었다. 그렇지만 아직도 조선 전기의 이앙법은 농사에 최대 걸림돌이었던 제초 노동의 절약에만 주목함으로써 오로지 노동 생산성만을 높이기 위한 기술이란 한계를 드러내 보였다. 그렇지만 이러한 수전농법의 다양하고도 지속적인 발달은 이 시대 농업생산성 발전의 중요한 일환이었음은 부인할 수 없다.

나) 한전농법의 고도화

조선 전기 한전농업의 발달을 규명하기 전에 우리는 15세기 우리 농서들에 실린 당시 한전농법의 실상을 파악해야만 한다. 15세기의 한전 윤작체계를 살펴보면 《농사직설》의 단계에서도 이미 건경이란 '1년 2작식' 윤작체계가 행해지고 있었으며, 또 일부 빈농층의 경우 작물이 자라고 있는 기간 중에 같은 한전의 묘간에 다른 작물을 재배하는 간종법이 나타나고 있었다.

이처럼 조선 전기의 한전 작부 체계는 '1년 1작식'·'1년 2작식'·'휴한식'의 세 종류로 구성되었으며 그 지배적인 형태는 '1년 1작식'이었던 것으로 보인다. 아직도 '2년 3작식'의 근경법과 간종법으로 대표되는 이 시대의 윤작 체계들은 우등지에서만 행해지는 예외적인 존재였다. 또한《금양잡록》에는 모두 56품종의 한전작물을 상세하게 소개하고 있는데, 이를 분석해 보면 기장과 조·콩·팥·피·밀의 순으로 품종수의 분화가 이루어졌음을 알 수 있다. 이처럼 맥류가 가장 적은 품종분화를 보이고 있는 반면에 두류 또는 高田作物들이 가장 풍부한 품종 분화를 나타내는 것으로 보아, 당시에는 기장·조·피 등의 고전 작물들이 압도적인 비중으로 재배되었음을 알 수 있다.

한편 15세기 한전작물의 파종법은 足種法·條播法·撒播法의 세 형태가 있었지만 당시에 가장 널리 사용된 파종법은 바로 조파법이었다. 이는 곧 조선 전기의 파종기술이 노동생산성에 기초한 조방적인 것이었음을 웅변해주는 것이라 하겠다. 결국 15세기의 한전농법은 '1년 1작'을 중심으로 한 중등전을 중심으로 전개되었으며 중국 화북농법의 畎種法과 연결되는 노동 절약적인 조파법을 중심으로 이루어지고 있었던 것이다.

그러한 15세기 한전농법은 16세기 전반의《농서집요》단계에서도 그대로 견지되었다.《농서집요》에서는 중국 농서인《농상집요》와 달리 콩과 팥이 연작식 윤작체계에 깊이 개입되어 있지 않았다. 이른바 콩·팥의 경우 早種은 '1년 1작식'으로 春種되었고, 晩種만이 '1년 2작식'의 작부 체계에 맞물려 있었기 때문이다. 그러나《농서집요》에서는 麻에 대해서 매년 回換할 것을 강조하고 있는데, 이는《농서집요》나《농사직설》의 경우보다 매우 발전적인 기술이었다. 이처럼《농서집요》의 파종법은 그 대본이었던 중국 농서《농상집요》의 경우와 다르거나 15세기 우리 농서인《농사직설》과도 다른 독자성을 보여주었다. 뿐만 아니라 이 단계에서는 모든 작물의 파종이 犂耕과 직접적인 관계를 가지고 있었으며, 播種溝를 만드는 단순 작업보다는 反耕이라는 全面反轉耕이 많이 행해지고 있었다. 이러한 사실은 노동절약을 위해 作條犂에 의한 파종구 작성만으로 그친《농사직설》단계의 조파법을 크게 능가하는 새로운 기술발전이라 하겠다.

16세기 전반의 경우 '1년 2작식' 작부 체계에 가장 깊이 편입된 작물은 바로 콩과 팥이었지만, 이들 두 작물은 전년도의 穀根田에 춘종되거나 오뉴월에 보리와 밀을 수확한 바로 그 兩麥根田에 만종되고 있었다. 이를 보면 16

세기 전반에는 '1년 1작식' 작부체계와 '양맥(콩·팥)'이라는 '1년 2작식' 작부체계가 병존하였으며, 이는 아직 작부체계 고도화가 보편화되지 않았음을 의미한다. 이처럼 16세기 전반의 우리 농업은 최소한 '1년 1작식'의 작부체계가 보편화되고 있었다. 특히 《농사직설》에서조차 '田多的歲易'이란 말로 휴한을 권하였던 廐田에까지 매년 회환하는 회환농법을 권하였기 때문이다. 이처럼 《농서집요》의 단계에서는 이미 휴한법을 거의 극복하고 있었는데, 이러한 사실은 당시의 농업이 이미 휴한법을 극복한 상경농업의 단계를 완성하였음을 의미한다.

그에 비해 17세기 초의 농서인 《농가월령》을 통해 16세기 말의 한전농법을 살펴보면 사정은 크게 변하였다. 《농가월령》에서는 추맥의 파종이 모두 근경법이나 간종법과 관련되어 있는데, 麥根田에 추맥을 연작하는 《농사직설》과 《농서집요》의 '1년 1작식' 농법이 이미 사라졌기 때문이다. 그러한 사실은 맥작이 반드시 다른 작물의 윤작에 동원되는 '1년 2작' 또는 '2년 3작식'의 작부체계가 발전하고 있었음을 의미한다. 또한 《농가월령》에서는 黍·豆·粟·木麥根田에서 火耕法을 통해 추맥을 재배하는 15세기 《농사직설》의 조방적인 농법이 완전히 整地한 뒤 파종하는 방법으로 발전하였음도 눈에 띈다. 뿐만 아니라 이 단계에는 추맥이 실패했을 때 파종하는 凍麥의 파종법이 다양하게 개발되고 있었다.

또한 조나 콩의 경우에도 파종 및 작무법에서부터 새로운 기술 변화가 나타났다. 《농사직설》에서는 한전에다 두둑(畝)을 만들어 그 두둑 위에다 이들 작물을 파종하고 있었지만, 그와는 달리 《농가월령》에서는 熟治한 후 고랑을 내고 거기에 보리·조·콩·들깨·참깨 등을 파종하였기 때문이다. 또한 맥전에 콩과 조를 간종하는 '골고리'란 間種法이 널리 행해지고 있었다. 특히 이 '골고리' 농법은 그 작무법에서부터 기술 혁신을 실현하였다. 이른바 '反耕旱田 作小骨巷'이라 하여, 한전을 번경으로 갈아엎은 뒤 작은 고랑을 만들었다. 그런데 이 작은 고랑은 쟁기가 한번 起耕하여 만든 15세기적인 파종구인 畎이 아니라, 한전을 전면경한 뒤 숙치하고 그 위에다 기경하여 만든 작은 파종구였다. 그런 점으로 보아 이미 16세기 말이 되면 作畝·整地法에서부터 새로운 기술혁신이 일고 있었음을 알 수가 있다.

이처럼 조선 전기에 있어 한전 농법은 '1년 1작식' 작부 체계가 확립된 15세기부터 끊임없이 발전하여 16세기 말에 이르면 근경과 간종이 일반화되는 단계까지 발전하였다. 특히 그러한 발전은 번경이란 전면번전경의 보편화에 따른 숙치·작무법의 혁신과 점차 집약적인 시비법의 개선에 크게 의존하였다. 16세기 말의 사정을 보여주는《농가월령》의 집약농법은 그러한 지속적인 한전농법 발전의 산물이었으며, 결국 그 흐름은 토지 생산성에 주목하는 조선 후기 농법으로 이어지고 있었다.

다) 시비법의 발달

조선 전기 농업기술의 발전은 기본적으로 앞서 고찰한 수전 및 한전 농법뿐만 아니라 시비법을 통해서도 알 수 있다. 우선 15세기 비료의 존재형태에 대하여 알아보자. 15세기 농서들을 통해 밝혀진 당시의 비료는 크게 보아 전혀 가공을 하지 않은 것들과 어떠한 형태로든지 일차 가공을 가한 것들이 있었다. 그러나 시비량의 절대적인 부족으로 당시의 토지 비옥도는 전반적으로 척박하였으며, 비록 이러한 초보적인 비료들이 있었다 하더라도 전혀 영향력을 미치지 못하였다.

그러한 사실은 15세기의 시비법에도 영향을 주었다. 수전 농업에서는 客土와 草木肥를 중심으로 한 시비가 행하여졌다. 특히 수전에서는 저습한 토양에 완전히 腐熟되지 않은 비료를 넣어 쟁기질로 골고루 갈아 그 부숙을 촉진하였다. 또한 한전에서도 初耕 전후의 시비법, 그리고 파종시와 파종후의 시비법이 있었지만, 가장 많이 행해진 糞種의 경우까지도 주로 열등지만을 중심으로 시비되었다. 단지 최우등지인 廐田에서만 牛馬糞을 농지 전체에 시비하였는데, 이러한 발전적인 시비법은 17세기 농서인《농가월령》단계에서야 더욱 보편화되었다. 결국 15세기에는 비옥한 우등지에는 거의 시비를 행하지 않은 채 척박한 땅에만 여러 종류의 비료를 한계적으로 시비하는 糞種法이 널리 행해졌었다. 아직 당시의 시비법은 경작의 외연적 한계를 넓히는 조방적인 성격을 그대로 나타내고 있었던 것이다.

이러한 조방적인 시비법은 16세기 전반의《농서집요》단계에서야 약간의 변화를 보였다.《농서집요》의 耕地편에서는《농상집요》가《제민요술》말미의 〈雜說〉을 인용한 대목을 번역하면서 새로운 본격적인 廐肥를 전지에다 시비하는 획기적인 내용을 소개하고 있기 때문이다. 특히 《농서집요》 이두문에서는 추수·타작 후에 남은 부산물과 춘하절에 刈取하여 쌓아둔 산야잡초를 매일 외양간에 3寸씩 깔아 두었다가, 매일 아침 우마분과 함께 꺼내 적재한 뒤 12~1월 사이에 척박한 전지에 糞田하는 '糞收貯法'이란 새로운 廐肥 제조법이 실려 있다. 이 시비법은 봄과 여름 사이에 가는 버드나무 가지를 베어 외양간에 깔아두었다가 시비하는 15세기 《농사직설》의 麥糞田法을 더욱 발전시킨 형태임이 분명하다. 그렇지만 다른 한편으로는 '反耕으로 草肥·入糞 시비하라'는 대소맥의 경우와 달리, '水稻에 불을 질러 기경하는 시비'나 蕎麥의 '잡초를 反耕하는 시비', 참깨(胡麻)의 분종법 등에서는 조방적인 시비법이 여전히 계속되었다. 이러한 사실은 16세기 전반까지 아무리 중요한 주곡작물이어도 척박한 땅에만 분종하였고, '反耕' 등을 통한 잡초의 비료화가 시비법의 기본 원리를 이루었다는 사실은 아직도 전체 농지에다 시비하는 분전법이 예외적임을 보여주고 있다.

한편 16세기 말의 농법을 보여주고 있는 《농가월령》에서는 무엇보다 그러한 시비법의 한계가 여러 측면에서 깨뜨려졌다. 이 시대에는 이미 한전에서의 根耕과 間種이 일반화되어 있었으므로, 토양의 비옥도를 유지하기 위한 시비법의 발달이 필연적이었기 때문이다. 그러한 시대적 요구는 바로 '맥전에 대한 糞灰 및 구비 시비'와 '녹두의 掩耕', 그리고 '春牟 종자를 위한 雪汁漬種法' 등으로 나타났다. 이러한 16세기 말의 시비법은 15세기의 그것을 개량하고 더욱 발전시킨 것이었다. 특히 한전 비료의 주종을 이루는 '분회'의 재로는 草木灰였는데, 《농가월령》에서는 이를 모으기 위해 아침저녁으로 아궁이 재를 모으는 방법을 설명하고 있다. 뿐만 아니라 아직도 15세기처럼 지력 유지를 위하여 기장·조를 재배한 한전을 이듬해에 녹두·동배·소두전으로 교대할 것을 권유할 정도로 작부 체계의 합리성을 추구하였다. 한편 《농가월령》에서는 수도작의 비료로 '旱稻秧基의 비료' '조도·차도·만도를 수경한 수전의 基肥' '모내기한 本畓에의 追肥' 등에 대해서 설명하고 있다. 조도앙기의 비료로서는 구비를 가장 중요시하였는데 비해, 나머지 수전에서는 초목비가 주로 사용되었다.

이와 같이 16세기의 수전 시비법은 초목비로 사용된 비료의 원재료도 풍부해졌을 뿐 아니라, 이를 인분뇨·麁尿 등과 혼합하여 추비로 만든, 이른바 광의의 구비가 사용되었다는 점에서 그 발전상을 엿볼 수 있다. 특히 《농가월령》 말미의 〈잡령〉에서는 厠間구조의 개량을 통한 인분뇨 수집법을 서술하였다. 이처럼 조선 전기 시비법의 발달 과정은 전반적으로 보아 구비의 발달 과정이었을 뿐 아니라, 벼농사의 경우는 이앙법의 점차적인 보급에 따른 조도앙기의 새로운 비료 개발을 위해 지속적으로 고양되어 갔음을 보여주고 있다. 결국 이러한 시비법 발전이야말로 바로 조선 전기의 농업발전의 중요한 밑받침이 되었을 것은 자명한 일이라 하겠다.

다. 노동수단의 발달

조선 전기 농업생산을 둘러싼 노동수단으로서는 역축, 농구 등이 있었다. 여기에서는 이와 같은 노동 수단이 조선 전기 전기간을 통하여 어떻게 발전해 왔는가를 여러 농서들을 통하여 살펴보고자 한다.

가) 역축

조선 전기의 가장 주요한 力畜은 바로 '소'였는데, 15세기 《농사직설》은 반드시 '두 마리의 소'를 한 조로서 작업에 동원할 정도로 풍부한 축력을 전제로 저술되었다. 그에 비해 같은 시대의 경기도 금양현 소빈농층의 농법을 기술한 《금양잡록》에서는 "100家가 사는 마을에 농사일을 맡을 수 있는 소가 겨우 몇 마리뿐이어서 사람이 소 대신 쟁기를 끌 수밖에 없다"는 사정을 서술하고 있다. 이와 같은 역축 소유의 불균등성은 지속되었을 것이지만, 소의 총수는 조선 전기에서 후기로 이행함에 따라 점차 증가되었을 것이다.

이른바 16세기 전반의 농서인 《농서집요》의 농법도 풍부한 축력을 전제로 한 것이었으며, 16세기 말의 사정을 전해주는 17세기 초의 농서인 《농가월령》에서도 소의 보유는 농업을 위해서는 사활적 존재로 인식되고 있었다. 그 대표적인 예로 《농가월령》의 〈잡령〉에서는 "농사는 전적으로 소를 키우는데 달려 있으므로 겨울철에 미리 잘 키우고 보호하여야 한다"고 주장하면서 이 문제를 거듭 강조하고 있었다. 이처럼 역축의 확보와 그에 의존하는 생산력 발달은 축력 이용과 廐肥 제조라는 두 측면에서 이 시대 농업 발전의 중요한 요인으로 작용하였으며, 그 결과 소의 증식과 이용은 점차 더욱 집약화되고 확대되어 나갔던 것이다.

나) 경려와 농구

한편 15세기 농서인《농사직설》에 '耕地'편이 따로 독립되어 있었던 것에서 알 수 있듯이 이 시대의 농업에는 쟁기질이 필수적인 것이었다. 이른바 이 때에는 이미 '소에 의한 쟁기질을 전제로 한 농법'으로서의 경법을 논하였다는 점에서 특징적이다. 15세기에 가장 일반적인 경법은 바로 '초경－재경' 작업이었는데, 특히 벼와 9작물이 이러한 방식으로 재배되었다. 그러나 초경만을 행한 작물이나 쟁기질을 전혀 행하지 않은 작물도 역시 많았으므로 아직도 조방적인 경법이 일반적이었다고 하겠다. 그렇지만 '足種法'으로 파종한 주곡 작물들만은 예외적이라 할 정도로 집약적인 쟁기질을 하였던 것이다.

15세기에 가장 널리 사용된 쟁기는 바로 파종구 작성에 쓰인 볏(鐴)이 없는 作條犁의 '발외(把犁)'였으며, 또한 作畝用 쟁기인 '극'도 존재하였다. 그리고 때로는 麻田의 '縱三橫三'경 등에 사용된 유벽번전려(有鐴反轉犁)도 등장하였는데, 특히 이 '보' 쟁기는 쟁기 날이 좁았고 두 마리 소에 의해 견인되었다. 이와 같은 15세기의 농구 체계는 다양한 牛耕具와 手耕具를 분화 발달시키고 있었다. 그리하여 다양한 쟁기와 축력 농구가 등장한 것에 비해, 소빈농층의 경기작업에서는 '짜보' '삷' 'ᄀ래' 등의 빈약한 수경구만이 사용되었다. 이러한 사정은 15세기에는 쟁기 및 농구의 분화·발달이 아직도 불충분하였을 뿐 아니라 여전히 조방적이었음을 보여주는 것이라 하겠다.

16세기의 농서《농서집요》에서도 '경지'편을 따로 설정하고 이를 다시 "짜ᄀᆡ경ᄒᆞ기"라 풀이하였다. '경(耕)－파(擺)－노(勞)' 등의 축력 일관 작업을 한결같이 강조한 중국 농서들에 비하여,《농서집요》는《농사직설》과 같이 쟁기질한 다음 우리 고유의 농구인 밀개(推介)·쇠스랑(鐵齒擺) 등으로 熟治·摩田작업을 행하였다. 그리하여 이 단계에서는 이미 대소맥의 犁耕이

《농상집요》의 수준을 넘고 있었다. 16세기 전반에 있어 가장 치밀한 경법을 행한 것은 蔴田이었는데, 여기에는 가로로 세 번, 세로로 네 번 전면경하는, 모두 7차례의 전면번전경이 행하여졌다. 특히 이러한 蔴田의 경법은 '反耕'이라 기록되었는데, 그러한 표현은 대소맥·교맥 등 여기저기에서 나타나고 있어 15세기보다 有鐴反轉犁가 더욱 많이 사용되었음을 보여주고 있다. 기타 농구로서는 15세기의 그것과 같은 쟁기·쇠스랑(手秋郞)·밀개(推介)·작도, 써레(所訖羅)·호미(鋤) 등과 함께 사용되었다. 이처럼 《농서집요》는 역축을 기본동력으로 하는 농구 체계를 갖추고 있었으며 아울러 독특한 우리 고유의 농구들이 적지 않게 등장하였다. 특히 번경이란 이름의 유벽번전려에 의한 전면번전경의 사용이 널리 행하여졌다는 사실은 여경법의 발달을 확인해 주고 있다. 아직 16세기 전반기에서도 노동수단이 노동 생산성에만 의존하는 조방적 성격을 크게 벗어나지 못하였으나, 마전의 새로운 경법은 보다 높은 수준의 집약적인 여경법이 출현하였음을 보여주는 것이었다.

끝으로 16세기 말의 농법을 보여주는《농가월령》의 농구에 대해 살펴보자. 먼저《농가월령》은 '正月節 立春'조에 '비농기(備農器)'라 하여 '기본 농구를 준비하라'[3]고 이르고 있다. 그러나 이외에도 약간의 농구가 존재[4]하였는데, 이는 15세기의 그것보다 더욱 분화·발전된 형태임이 분명하다. 이들 중 중려는 기경용(起耕用) 쟁기이고 소려는 천경용(淺耕用) 쟁기였는데, 이로 보아 아마 개간용(開墾用)의 대형 쟁기가 있었으리라 추정된다. 여구는 '보습'이고 경철은 '볏'을 의미하였다. 병대삽은 '쌍가래'를 의미하며, 호치파는 '쇠스랑'이고 과미는 '괭이', 서흘라는 '써래', 번지판은 '번지에 부착하는 널판'이며, 시선은 '시선번지'였다. 이와 같은 다양한 쟁기류와 그 부품들 '쌍가래', '시선번지' 등의 존재는 16세기 말에야 이루어진 농구 체계에 있어 새로운 발전상이었던 것이다.

16세기 말에 이르면 수전과 한전에서 모두 '秋耕으로서의 번경'이 행해졌

3) 《농가월령》의 '備農器'편에 등장하고 있는 농기구로는 中犁·小犁·犁口·景鐵·幷大插·虎齒把·果米·鋤訖羅·飜地板 등이 있었다.

4) '備農器'에 등장하지 않은 농구들로서는 대체로 鋤·柴扇·斫·打稻便·飛盖 등이 본문의 여러 곳에서 발견된다.

는데, 이렇게 지력증진을 위한 전면경이 널리 행해지고 있었음은 15세기의 그것과 크게 다른 모습이었다. 또한 천수답에 건파를 했을 때에는 시선번지를 끌어 토양의 모세관 현상을 차단함으로써 수분 증발을 억제하였다. 뿐만 아니라 '지력유지를 위한' 初耕과 '作畝 작업을 위한' 再耕에서도 有鐴犁에 의한 전면반전경이 보편화되었다. 또한 간종법을 위한 경기 작업으로 양무간을 천경할 때는 한 마리 소가 끄는 소형의 作條犁인 소려가 사용되었다. 이처럼 《농가월령》의 단계에서는 토지이용율을 크게 증대시킬 수 있는 근경법과 간종법이 널리 보급되었고, 이를 뒷받침하기 위하여 유벽려에 의한 전면번전경이 널리 사용되었다는 점에서 크게 발전된 양상을 드러냈다.

이러한 사정은 조선 전기의 노동수단이 역축의 점차적인 보급 확대와 더불어 다양한 축력농구와 인력농구의 상호 보완적인 개발로 전개되었다. 특히 이는 쟁기의 다양한 분화와 더불어 전면반전경의 보편화를 지향하는 것이었다. 또한 조선 전기의 노동수단 발달은 제언 개발에서 川防 관개로 전개된 수리시설의 확충과도 깊은 연관을 가졌다. 결국 이러한 노동수단의 발달은 생산 기술의 고도화와 맞물림으로써 이 시대 농업 생산력의 발달을 견인하는 중요한 요인 중의 하나가 되었던 것이다.

(2) 간접적인 요인

가. 인구의 증가

조선 전기 농업생산력의 발전은 '인구의 급속한 증가'라는 간접적인 요인에 의해서도 더욱 촉진되었다. 개국과 더불어 조선 정부는 매 3년마다 호구조사를 실시하고 호적을 작성하였다. 조선 초기의 문헌기록에 나타나는 호는 바로 편호였는데, 이 시대에서는 같은 편호라 해도 농업지대에 따라 그 규모에는 커다란 차이가 있었다. 또한 조선 전기에는 적어도 전체 인구의 40% 이상이 노비였으므로, 결국 당시의 농업노동은 노비제와 편호제적인 성격을 강하게 띠었던 것이었다.

조선 전기의 인구자료는 기본적으로 편호 및 남정수로 구성된 호구통계와,

자연호와 자연구를 나타내는 통계 모두 두 종류로 구성되었다. 이른바 전자의 경우는 대략 20만 호와 70만 구였고, 아울러 후자의 경우는 7~80만 호와 3~400만 구로 기록되었다. 그러나 전자의 인구는 조선 후기에서처럼 호적신고에 근거한 기록이 아니라 부역과 군역 등의 목적으로 각 도로 할당된 호구수였으며, 후자의 그것은 호적신고나 구황미의 배급을 위해 나름대로 조사한 결과였다. 그러나 보다 실제에 더 가까웠을 후자의 경우도 오늘날의 인구학적 관점에서 볼 때 노인·여성 및 아동 인구 등이 누락된 불완전한 통계여서 완전한 인구로 보기는 어렵다.

조선 건국의 해인 1392년의 인구는 대략 555만 명으로 추정하여 왔다. 그러나 최근의 연구는 그보다 많은 약 750만 명을, 그리고 당시의 연평균 인구 증가율을 약 0.15%로 추정하고 있다. 이른바 《세종실록지리지》 경기도 관찰편에서 밝혔듯이 이 통계에 실린 호구가 실제의 10내지 20%에 불과하다면, 1432년의 인구는 약 800만 명이나 될 것이기 때문이다. 더구나 앞서의 연구는 이 시대의 인구 증가율을 조선 후기의 그것보다 2.7배나 높은 0.47%로 추정하였는데, 이들은 조선 전기의 인구증가 속도를 과장하였을 개연성이 크다. 왜냐하면 이는 전근대 사회로서는 지나치게 높은 수치일 뿐더러 보다 높은 농업생산력 상승을 일으킬 정도로 더 급속하였던 조선 후기의 인구증가가 조선 전기의 그것을 능가하였다는 것이 일반적인 관측이기 때문이다.

결국 조선 전기는 '多産多死'를 인구 모형으로 하는 중세의 전형적인 인구 성장기였다고 하겠다. 이른바 전통적인 높은 출산율과 높은 사망률로 인해 비교적 낮고 안정적인 인구 성장률을 보인 시기였을 것이기 때문이다. '토지에 대한 인구압력'이 느슨하였던 이 시기에 있어 인구 증가는 대체로 수전 농업보다는 한전 농업과 보다 깊은 관련을 맺고 있었다. 벼농사의 비중이 매우 낮았던 이 시기에는 그러한 경향이 분명하였을 뿐 아니라, 더구나 수리 문제에 크게 매이지 않고 조방적인 건조지 농법의 성격을 보인 당시 농업의 모습은 결국 이렇게 낮은 인구 압력의 단적인 결과였던 것이다.

그러나 조선 전기의 인구는 이 시기의 말기인 임란 직전(1592)에 이르러 1,012만 명 내지는 1,410만 명에 달할 정도로 성장하였다. 이제 토지에 대한 인구의 압력은 처음보다 배나 가깝게 높아졌으며, 인구 분포가 불균등했기 때문에 심지어 어떠한 지역은 매우 높은 인구 압력이 작용하기도 하였다. 그 한 예로써 전체 인구의 22%정도가 집중되었던 경상도 지방의 경우는 이미 조선 후기의 그것처럼 생산의 집약화가 나타나기도 하였다. 그러한 사정은 '토지에 대한 인구압력'이 매우 낮아 농업의 성격도 토지생산성보다는 노동생산성을 높이는 데 주력하는 조방적인 모습에서, 18세기 이후에야 본격화될 새로운 집약 농법의 단초가 일부 지역에서 조숙하게 나타났던 16세기 말기로의 발전을 의미하는 것이었다.

나. 농지공급의 확대와 개간 및 간척

'매 20년 개량'이라는 《경국대전》의 규정에 좇아 줄기차게 추진해온 조선시대의 양전 사업은 오늘날까지 그 결과를 온전하게 전하지 못하였다. 따라서 당시 전체 농지의 결수를 시계열로 정리할 수 있는 자료는 얼마 되지 않는다. 그나마 隨等異尺制로 표기된 이와 같은 전결수조차 20斗의 전세를 내는 수세 단위일 뿐, 그 자체가 토지 면적은 아니었다. 오히려 전결수는 수전이 많은 비옥한 지역일수록 점차 실제 면적보다 과대 평가되었는데, 그나마 세종 26년(1444)에 이르면 본래의 전분 3등의 隨等異尺・指尺制가 전분 6등의 수등이척제의 結負制로 전환되었다.

그러한 결부제의 전환 때문에 조선 전기의 전결 파악은 크게 두 시기로 나뉘어 전개되었다. 제1기는 고려 말인 1389년에서 세종 26년까지의 시기로서 처음에는 양계지방을 뺀 6도의 총계가 50만 결에 불과하였다. 그러나 세조 14년(1432) 경에는 119만 내지 125만 결로 증가하였을 뿐 아니라, 그 후 양전사업을 통하여 급격히 증가한 그 결수가 바로 《세종실록지리지》에 실린 163내지 171만 결에 달하였던 것이다.

한편 제2기는 전분 6등제의 공법이 제정된 때부터 임진란 전까지의 기간이었다. 여러 차례의 양전 사업에도 불구하고 이 시기의 전결수를 보여주는 통계는 극히 부족한 실정이다. 그러나 이 시기의 전국 결수는 제1기의 결과와 유사하였다. 이른바 《증보문헌비고》 田賦考에서 보이는 임진란 전 8도전결이나 《磻溪隨錄》의 전결 통계가 152만 내지 171만 결이 되었기 때문이다.

다만 도별로 살펴보면 이 두 기간 동안 경상·전라도의 전결은 증가한데 비해 충청도의 그것은 큰 변화가 없었으며, 다른 도의 경우는 오히려 감소하였다.

가) 농지개간 정책의 추진

앞서 언급된 것처럼 조선 전기의 농지공급은 주로 제1기에 급속히 이루어졌는데, 이는 곧 농지개간의 급속한 확대에 기인한 것이었다. 이 시기의 농지 개간은 정부의 조세 확보를 위해 농지 공급을 확대하려는 개간 정책에 의해 든든하게 뒷받침되고 있었던 것이다. 이러한 개간정책으로는 조세감면, 空閑地나 陳田의 급여, 科田지급, 徙民정책, 屯田설치정책 등이 있었는데, 이를 통해 조선 전기에는 약 163만 내지 171만 결에 달하는 거대한 墾田의 결수를 확보할 수 있었다.

이제 조선 전기에 있어 농지 공급 확대를 초래한 여러 개간 정책의 내용을 살펴보자. 조세감면정책은 정부가 가장 새로 개간된 농지에 대해서 일정기간 면세 조치를 취하는 방안이었는데, 개간의 필요성이 절실해질수록 면세의 기간은 점차 연장되고 있었다. 또한 개간이 가능한 공한지를 지방관으로 하여금 토지 없는 농민이나 백정·노비들에게 나눠주고 개간을 촉진하는 정책도 시도되었다. 국가적인 수리 사업을 통해 진전의 간전화가 이루어질 때에는 이를 땅 없는 농민에게 균등히 나누어주어, '농지도 개간하고 농민 경제도 안정시키는' 효과를 거두기도 하였던 것이다. 뿐만 아니라 봉건지배층에게 그 봉사의 대가로 국가가 지급하는 과전은 원래 간전이나 실제 농지를 지급하는 것이 원칙이었지만, 때로는 그 일부를 공한전으로 지급하여 개간을 유도하는 정책을 펴기도 하였다.

한편 당시 농지 개간을 위한 정부의 정책 가운데서 가장 주목되는 것은 바로 사민정책이었다. 본래 이 정책은 북변 방어의 군사적 목적에서 비롯되었다. 그러나 농지 개간 정책의 차원에서 보면, '인구는 많되 토지가 부족한(民多地少)' 하3도 농민을 '인구는 적으나 토지는 많은(民少地多)' 북부 지방으로 대량 이주시켜 이 지역을 개간케 하였다는 사실은 중요한 의미를 가진다고 하겠다. 또한 사민정책의 일환으로 양반지배층까지도 그들의 노복을 북부

지역으로 이주시켜 농지를 개간하도록 하는 조치도 취하고 있었는데, 개간의 실적에 따라 벼슬이 오르는 보상이 있었으므로 농지의 개간에 적지 않은 효과를 보였다. 그 외에도 군인 스스로 경지를 경작하여 자신의 군량미를 마련케 하는 일종의 관영농장이었던 둔전을 여기저기에 설치하여 개간을 촉진하는 새로운 정책도 시행되었다. 이처럼 국가에서까지 둔전을 통해 재정 수입을 확보하고자 주력하였으므로, 개간 사업은 널리 확대되었다.

개간에는 다수의 노동력과 축력이 필요하였는데, 노동력이 크게 부족하였던 이 시대에는 축력의 동원이 필수적이었다. 이에 정부는 농우를 증식하여 관급하는 농우정책을 시행하였다. 이와 같이 이 시기 농지 개간의 중심 세력은 바로 봉건국가·양반지배층·부농층 등이었으며, 이들에 의해 조선 전기의 농지 공급은 크게 확대되었다. 인구 밀도가 낮은 이 시기에서는 이러한 대규모적인 개간이 노동 생산성에 주력하는 조선 전기의 독특한 농법을 창출하였을 뿐 아니라, 결국 생산요소 가운데서 토지만을 계속 증투하게 함으로써 전체 농업생산력 발전에도 중요한 영향을 끼쳤던 것이다.

나) 수전의 확대와 농지의 숙전화

앞서 살핀 원장부 결수들은 모두가 경작되거나 전세를 낸 면적이 아니었지만, 이들 전결수는 결국 이 시대 전체 토지 면적의 한 흐름을 보여주는 유일한 지표로서 중요한 의미를 갖는다. 이에 따르면 제1기 초에 급속히 증가하여 마침내 그 한계에 도달한 전결수가 제2기에서는 그대로 정체되었기 때문이다. 이와 같은 전결수의 정체는 발전하는 농업생산력 구조와 비교할 때 특이한 현상이라 할 것이다. 그러나 이러한 현상은 당시의 농업이 넓게 개간된 척박한 토지[5]를 중심으로 숙전화 작업을 진행하는 과정 속에 있음을 단적으로 말해 주는 것이라 하겠다. 이른바 앞에서 살펴본 것처럼 개간 정책으로 이루어진 농지의 급속한 양적 공급은 세종 연간에 이르러 어느 정도 완료되었지만, 농지의 질은 계속된 숙전화 작업과 수전 개발을 통해 계속 향상되었을 것이기 때문이다.

이제 조선 전기 수전 농업이 처하였던 위치를 보다 정확히 파악하기 위해

5) 조선 전기에 있어서는 전체 농지의 80%정도가 바로 한전이었다.

조선시대 전반에 걸친 수전 비율의 흐름을 살펴보자. 조선 전기인 세종 연간(1432년 경)의 수전 비율은 27.9%인 데 비해, 1807년과 1913년의 그것은 각각 36.6%와 52.3%이었다. 그러나 일제가 토지조사사업을 통해 밝힌 1919년 경의 수전 비율은 35.7%였다. 물론 전자는 결수로 파악한 수전 비율이었으나 후자는 면적(町步)으로 파악한 수전이었으므로, 결국 52.3%의 결수로 된 1913년의 수전 비율이 불과 5년 후의 실제 면적 비율로는 35.7%에 불과하였던 것처럼, 세종 연간의 실제 수전결수는 20%남짓하였을 것이다. 이처럼 조선시대 전반에 결쳐 비록 완만하였지만 수전 비율은 지속적으로 증가하였던 것이었다.

이처럼 당시의 농업은 한전을 중심으로 영위되었으므로 벼농사는 일부 지역에서만 행해지고 있었던 것이었다. 전체 농지는 간전이라 불려질 정도로 급속하게 개간 증식되었는데, 그 면적도 이미 15세기 전반에 이르면 150~170만 결 수준에서 정점에 달하였다. 따라서 15세기 후반과 16세기 전기간 동안 절대 면적의 변화는 두드러지지 않은 채, 수전 면적의 지속적이고도 완만한 확대와 개간지의 숙전화가 진행되었던 것이다. 이러한 사정은 급속한 인구 증가와 결합됨으로써 농업생산력의 발전에 능동적으로 작용하였다. 이른바 15세기 전반의 급속한 농지 공급의 확대와 그 이후의 농지의 질적 개량은 바로 이 시대 농업 발전의 중요한 간접 요인이 되었던 것이다.

4) 농업생산력의 역사적 위치

이상을 종합해 볼 때 조선 전기의 농업 생산력은 지속적으로 성장하였음이 분명하다. 그러나 이러한 성장은 어디까지나 노동생산성 중심의 조선 전기의 농업생산력이 토지생산성에 기초한 조선 후기의 그것으로의 전환이란 성격을 갖는 것이었다는 점에서, 적어도 조선 전기에 있어서는 전자의 모습이 더욱 지배적이었다. 특히 이러한 조선 전기 농업생산력의 위치와 그 역사적 성격은 계량적인 접근을 통해서도 증명될 뿐만 아니라, 생산기술과 노동기술로 구성된 이 시기의 농업생산력을 하나 하나씩 검증하는 과정에서도 속속 밝혀지고 있다 하겠다.

이 시대 농업생산력 발달의 직접적인 원인으로서는 무엇보다 농학이 발달하였고 농업 생산기술이 고도화하였을 뿐만 아니라, 노동 수단인 역축과 농구가 새로 개발된 데 기인하고 있었다. 이러한 분석의 출발점으로서 더욱 분명해진 것은, 15세기의 농법이 많은 축력을 기반으로 한 노동생산성 중심의 노동절약적·토지사용적 기술에 근거하였다는 사실이다. 수전 농법의 경우도 주로 만도를 수경 및 건경법으로 재배하던 열등한 수전이 광범위하게 분포하였고, 한전의 경우도 '1년 1작식'의 작부 체계가 지배적이었으며 휴한전도 일부나마 존재한 상태였다. 또한 시비의 측면에서도 조방적이었을 뿐 아니라, 농구 체계도 두 마리 소를 견인 동력으로 하는 축력 일관 체계를 갖추고 있었다.

그러나 16세기로 가면서 이와 같은 농법도 점차 변화·발전해 나가고 있었다. 먼저 수전농법에서는 새로운 회환농법과 건경법, 그리고 이앙법의 보급과 발달이 점차 지속되었으며, 한전농법에서는 근경과 간종이 일반화되고 이를 뒷받침하기 위한 작무(묘)법과 시비법의 개선이 두드러졌기 때문이다. 뿐만 아니라 구비의 보편화를 낳은 시비법의 발달과 역축의 확대 보급, 농구의 분화 및 새로운 개발, 그리고 전면번전경의 보편화도 이 시대 농업 생산기술을 고도화하는 데 중요한 원동력이 되었다. 또한 이러한 발전과정은 처음 중국 농서의 보급으로 출발한 농학의 발달과 흐름을 같이하는 것이었으며, 이는 결국 우리 현실에 맞는 새로운 농서의 편찬과 보급으로 이어져 나갔던 것이다.

한편 그러한 직접적인 요인 외에도, 이 시대 농업생산력의 발전은 인구의 급속한 증가, 농지공급의 확대라는 간접적인 요인에 의해서도 더욱 촉진되었다. 특히 조선 전기의 전기간 동안 인구는 2배 가까이 성장하여 농업 발전을 강력히 촉구하였다. 뿐만 아니라 조선 전기의 농지 공급 상황 역시 초기의 급속한 농지공급 확대와 그 이후의 질적 개량을 통해 이 시기 농업 생산력 발전에 적지 않은 영향을 끼쳤던 것이다.

〈李鎬澈〉

Ⅱ. 상　　업

1. 도시상업
2. 지방상업
3. 화폐의 유통
4. 무　　역

Ⅱ. 상　　업

1. 도시상업

조선시대 도시상업의 성격을 구명한다는 것이 결코 용이하지 않지만, 여러 측면에서 다각적인 연구가 필요함은 재론할 여지가 없다. 더구나 이 방면의 문헌이 희소하기 때문에 어려움이 많으나, 과거 몇몇 학자들의 연구성과를 참고로 하여 그 대표적 존재라고 할 수 있는 六矣廛의 성격을 살피고자 한다.

육의전이라 하는 官府 어용상업기관은 한마디로 말하여 직업상인을 필요로 하였던 관인지배자들이 그들 상인에게 특권을 부여하고 상업경영을 보장하는 대신 그 代賞給付로서 과중한 국역을 부과시켜 상인계급의 이윤과 재산을 침해하고자 한 것이다. 여기서 다루어 보려는 육의전은 그 성립, 종류와 상품, 건축구조를 비롯하여 서구의 길드를 방불케 하는 조직과 어용상전으로서의 의무와 권리 등을 해명하고, 그 발전과정을 언급하는 것을 내용으로 한다.

조선시대 상업이 발달하지 못한 원인은 국초 이래로 농본주의를 국시로 하여 공업의 발달을 억압하고 상업의 자유로운 신장을 방해하였을 뿐 아니라, 지방의 생산력이 빈약한 데다가 교통의 불편으로 상업거래가 번영치 못하였으며 아울러 상업상의 과세에서 가렴주구가 심하였고, 도시에서의 어용상인, 지방에서의 시장상인에게 각각 상업상의 특권을 부여함으로써 일반 商賈의 자유로운 발전을 방해하였기 때문이었다. 당시의 상업은 농업과 가내수공업이 밀접히 결합되어 있던 만큼 극히 일부의 임시적인 교환이 각 개인간에 이루어진 것 이외에 전국적으로 1천 여를 헤아리는 향시가 그 지배적인 형태였으나, 약간 진보된 상업 형태로는 다음과 같은 것이 있었다.

첫째, 도시 상업기관으로서 서울 公廊商店인 市廛과 거기에서 발달된 육의전, 그리고 개성·평양 등 도시의 상설점포 등이 있었다. 이들은 주로 정부 및 여러 관아의 수요품을 공급하기 위하여 발생·유지된 것이라고 하겠다.

둘째, 객주·여각이 지방도시의 화물집산지에 존재함으로써, 화물의 도매·화물보관의 창고업·위탁판매업·화물의 운송업·고객의 편리를 도모하는 금융업 등을 겸하는 상업기관의 구실을 하였다.

셋째, 행상(주로 보부상)이 있는데, 이들은 상업집산지에서 구입한 일용잡화물을 등에 지거나 보로 싸서 지방 향시 또는 산간벽지를 돌아다니며 행상을 하였다.

그 가운데 서울 시전은 그 기능으로 보아 도시상업의 대표적 존재였고 후에 발생한 육의전은 官府에 대하여 막대한 국역을 부담하는 반면, 그 판매하는 상품에 관하여 독점판매권을 행사하는 특수한 상업조합이었다.

조선시대 이전의 시전은 문헌상으로 신라 소지왕 12년(490) 3월에 이미 보이고 있으며[1] 그 뒤에 동시[2]·서시 및 남시[3]로 발달하였다. 이는 일본 京都의 '동시'·'서시'나 당의 '町'과 거의 동일한 상업기관으로서, 市典[4]을 두어 이것을 감독 영솔하였던 것으로 여겨진다. 그 밖의 日市(鄕市)로서의 성격을 가진 소규모의 상업이 있었음은 《新唐書》 신라전과 《鷄林類事》 등을 통해 알 수 있다.

고려시대에도 건국 초인 태조 2년(913) 3월에 이미 시전을 설립하였으며, 특히 그 위치를 도성 중심지에 택하여 일대 미관을 이루었다고 하며,[5] 더욱이 고려 말엽 개성 시전의 번영은 외국 사신들에게 깊은 인상을 주었던 듯하다.[6]

고려시대의 시전에는 그 보호 감독기관으로서 개경에 京市署[7]를 설치하여

---

1) 《三國史記》 권 3, 新羅本紀 3, 소지왕 12년.
2) 《三國史記》 권 4, 新羅本紀 4, 지증왕 10년.
3) 《三國史記》 권 8, 新羅本紀 8, 효소왕 4년.
4) 《三國史記》 권 38, 雜志 7, 職官 上.
5) 徐　兢, 《高麗圖經》 권 3, 城邑 坊市.
6) 董　越, 〈朝鮮賦〉(《海東繹史》 권 25).
7) 《高麗史》 권 77, 志 31, 百官 2.

시전의 물가조절과 시전의 상황을 감독케 하였다. 경시서는 상행위의 감독만이 아니라 상품의 종류에 관하여도 통제를 가하여, 관이 허가한 물건 이외에는 임의로 매매할 수 없었으며, 이를 범할 경우에는 극형에 처했던 일도 있었다.[8] 또 경시서로부터 가격에 대한 평가를 받고 稅印을 찍은 후에 비로소 매매할 것을 허락한 일도 있었다.[9] 이와 같은 유래를 가진 시전은 조선에서도 본질적으로 동일한 성격을 계승하였던 것으로 보인다.

1) 서울 시전의 성립

고려 초의 수도건설은 궁궐을 세우고 방리를 나누며 시전을 세우는 것이 3대 중요사업이었다. 조선 초에 있어서도 역시 시전을 세우는 일은 태조 천도 이래 4대에 걸쳐 궁궐의 건축·坊里의 구획과 아울러 계속 수행된 중요사업의 하나였다. 즉 간선도로 좌우 양측에 막대한 국비와 노동력을 동원하여 定住商人의 점포를 개설하였다. 이로써 상민을 초치하여 최대한의 어용적 상업경영에 종사케 하고, 관부 및 귀족층을 비롯한 신도시 주민의 경제적 수요를 충족시켰던 것이다. 본시 옛부터 왕도에는 '前朝後市'[10]를 하나의 원칙으로 삼았는데, 《萬機要覽》의 各廛條에서 市의 성격을 단적으로 볼 수 있다.[11]

《만기요람》에 보이는 市는 小民의 교역장소로서 신라시대의 이른바 '日早晩爲市'의 시와 동일한 성격으로 이해된다. 즉 점포를 갖춘 商廛이 아니라, 행상이 몰려들어 교역하고 물러나는 이른바 '場' 가리키는 것이다. 《만기요람》을 통해 서울 신무문 밖 경무대 앞에 '장'이 있었음을 알 수 있거니와,[12] 이것이 곧 위에 말한 '시'라고 할 수 있는 것이다. '장'은 이 신무문 밖뿐만 아니라 그 뒤 雲從街, 즉 지금의 세종로(종로십자로)를 비롯한 梨峴, 七牌 등

8) 《高麗史》 권 79, 志 33, 食貨 2, 市估 신우 7년 8월.
9) 《高麗史》 권 79, 志 33, 食貨 2, 市估 공양왕 3년 3월.
10) 《萬機要覽》 財用編 5, 各廛.
11) 위와 같음.
12) 위와 같음.

지에도 형성되어 상품이 교역되었다.[13] 그러나 이들 장시는 처음 한양으로 천도했을 당시에 운종가 등지에 섞여 있어서 상업질서가 서지 않고 혼란한 상태였다.

장시의 자연발생과 그 무질서는 이와 같았으나, 관부로서의 시전건설은 이보다 훨씬 앞서 이미 시작되었다. 즉 태조 2년에는 領書雲觀事 權仲和가 왕도 시전에 대한 도안을 올린 바 있으며,[14] 정종 원년에는 惠政橋로부터 창덕궁 동구까지 행랑시전 좌우 800여 칸을 營造하려 하여 착수한 일이 있었다.[15] 그러나 실제로 완성되지는 못하였으며, 더구나 송도 천도의 정치적 분규로 인하여 계속적인 시전의 영조가 불가능하였던 것이다. 태종이 다시 한양에 천도하면서부터 시전 건축은 본격화되었다. 즉 태종 10년 2월에는 먼저 시전의 지역적 한계를 정하여 大市는 長通坊(관철동·장교동), 미곡잡물은 동부 蓮花洞區(연지동), 남부 薰陶坊(을지로 2가), 서부 혜정교(종로 1가 복청교), 북부 안국방(안국동), 중부 廣通橋(남대문로 광교), 소와 말은 장통방 하천변에서 각각 매매하도록 하고, 閭巷小市는 각각 사는 곳의 문앞에서 영위하도록 하였다.[16] 동시에 그 감독 기관으로 京市監을 다시 설치하여 시내 상업교역에 관한 물자 조절, 欺詐 방지, 奸盜 단속, 商稅 징수 등의 일을 주관케 하였으며, 별도로 淸齋監을 설치하여 시가의 청결을 감독케 하였다.[17]

이 지역적 한계를 기준으로 태종 12년 2월부터는 영조의 실제공사에 착수하였다. 즉 제1차로 그 해 2월부터 4월까지 혜정교로부터 창덕궁 동구에 이르는 800여 칸의 좌우행랑을 건조함으로써 수도 상가의 면모가 일신되었다. 태종 10년의 계획 이래 계속된 영조공사는 태종 14년 7월까지 5년간에 4차례 실시되었다. 제2차로 태종 12년 5월에 궐문에서 貞善坊 동구까지 행랑 472칸이 건조되었고,[18] 제3차로 12년 7월부터 다음해 5월까지 종루로부터 경복궁까지와 창덕궁으로부터 종묘 앞 누문까지, 그리고 숭례문

13) 《太宗實錄》 권 15, 태종 10년 정월 을미.
14) 《太祖實錄》 권 3, 태조 2년 2월 계유.
15) 《定宗實錄》 권 1, 정종 원년 을묘.
16) 《太宗實錄》 권 15, 태종 10년 2월 갑진.
17) 《太宗實錄》 권 23, 태종 12년 3월 무신·4월 정사·병인.
18) 《太宗實錄》 권 23, 태종 12년 5월 을사.

〈표 1〉 태종 연간에 건조된 각 궁궐·관서·행랑의 면적표

차 순	시 기	적 요	면적(칸수)
제1차	12년 2월~12년 4월	혜정교~창덕궁 좌우행랑	800여 칸
제2차	12년 5월	대궐문~정선방 동구 행랑	472칸
제3차	12년 7월~13년 5월	경복궁 남방~종묘 앞 좌우행랑	881칸
	〃	종루~경복궁	480칸
	〃	창덕궁~종묘 앞 누문	
	〃	숭례문(남대문) 전후	
제4차	14년 7월	종루~남대문	
	〃	종묘 앞 누문~동대문 좌우행랑	

(《太宗實錄》)

〈표 2〉 태종 연간에 징발된 한양 행랑조성 役丁

시 기	역정목공	승 군	선 군	감 독	비 고
12년 2월 을축		10,000		개 천 도 감	사망자 11명 병 자 200명 병사자 64명
12년 2월 경오	1,535	500		행 랑 조 성 도 감	
12년 7월 기축	200 (목공)	1,000		행 랑 조 성 도 감	
13년 2월 을묘	2,141	500		督 役 22 領 事 3	
14년 7월 임진		600 (경기)	1,000 (황해도)	공조판서 관령 朴子靑 감독 李暕 등 22인	목재는 강원·충청 해변 각 군에서 조달
계	3,876	12,600	1,000		
총 계	17,476명				

(《太宗實錄》)

전후까지를 합하여 총 1,360칸이 완성되었으며,[19] 제4차로 태종 14년 7월에 다시 종루로부터 남대문까지와 종묘 앞 누문으로부터 동대문까지에 좌우 행

19) 《太宗實錄》 권 24, 태종 12년 7월 기축 및 권 25, 태종 13년 4월 을축·5월 정미.

랑을 조성하였다.[20]

그 동안 각 도에서 징발된 연인원은 游手·승려·목공·船軍 등 17,000여 명에 달하였으며, 그 공사로 인한 희생자도 적지 않았다. 그 동안의 동원수와 건조된 행랑을 일람하면 앞의 〈표 1〉·〈표 2〉와 같다.

2) 육의전의 발생과 발전

시전 가운데에서 특히 특정상품 전매, 즉 禁亂廛의 특권과 국역부담의 의무를 갖는 일부 상전을 六矣廛이라 하면 그것은 언제 또 어떻게 발생한 것일까. 먼저 부담의 면에서 보면 조선 초에 이미 일반 商賈, 특히 관부 건조의 公廊을 사용하는 시전에 대하여 납세의 의무를 규정하였음은 《경국대전》을 통해 알 수 있다. 《경국대전》에 법규로서 확정되기 전에도 태종 7년 평양부윤 尹穆은 상소를 통해 행상의 통제와 납세 의무를 규정하려 하였고,[21] 또 태종 15년 4월에는 상고에 대하여 과세의 비율을 정하였으며, 상고를 공랑상인·坐賈상인·행상인 등 셋으로 구분하였다. '공랑상인'은 관부에서 제공한 공랑에서 상업을 하는 관부제공의 定住상인(후의 육의전)이며, '좌고'는 공랑 이외의 임시점포, 즉 假家상인(우리말로 '가게상인'으로 노변에 천막을 친 임시점포를 말함)으로서, 뒤에 육의전의 지배하에 들어가는 군소상점인 假家商을 말하는 것으로 보이며, '행상'은 관부에 등록하여 행상의 허가를 받은 상인이다.

그러나 그것이 일정한 상행위에 대한 과세를 넘어서서 국역을 부담하게 됨으로써 육의전으로서의 성격을 갖게 된다. 대체로 관부의 수요에 따라 부과되는 임시 부담금, 궁중·부중의 수리 도배를 위한 물품 및 경비 배당, 왕실의 冠婚喪祭는 물론 중국에 해마다 수 차례 파견되는 각종 사절의 세폐 및 수요품 조달 등이 그 중요한 것으로서, 이와 같은 국역부담의 상전을 '有分各廛'이라 하였다. 그 중에서도 최대의 규모를 가진 여섯 개 상전을 '육의전'이라 부르게 된 것이다. 그 발생시기를 고찰함에 앞서 육의전과 그 전제

20) 《太宗實錄》 권 28, 태종 14년 7월 임진.
21) 《太宗實錄》 권 14, 태종 7년 10월 기축.

가 되는 유분각전의 내용을 살펴보기로 한다.

'유분각전'이라 불리는 국역부담의 어용상단은 그렇지 않은 '무분각전'과 구별되는 것으로서 '各廛中稍實者'[22]에 대하여 그 이익 정도를 계량하여 각기 국역을 책정하였던 것이다.

이 유분각전의 명칭과 역분을 순조시대에 저작된《만기요람》에 의거해 정리하면 다음의 〈표 3〉과 같다.

〈표 3〉 유분각전

명 칭	역 분	명 칭	역 분
線廛(縇廛·立廛)	10분	苧布廛	6분
綿布廛	9분	布廛	5분
棉紬廛	8분	內魚物廛	5분
紙廛	7분	外魚物廛	4분
靑布廛	5분	生鮮廛	3분
煙草廛	3분	鍮器廛	2분
望門床廛	3분	衣廛	2분
新床廛	2분	綿子廛	2분
東床廛	1분	履廛	2분
壽進床廛	1분	樺皮廛	1분
上米廛	3분	茵席廛	1분
下米廛	3분	眞絲廛	1분
門外米廛	2분	淸蜜廛	1분
雜穀廛	3분	京鹽廛	1분
髢髢廛	1분	內長木廛	1분
鐵物廛	1분	煙竹廛	1분
內外匙箸廛	1분	牛廛	1분
馬廛	1분		

이 밖에 국역의 부담이 없는 무분각전은 外長木廛 등 55전이 있어 모두 91전이며, 기타 각전은 명색이 대단히 번잡하므로 일일이 기록하지 않는다. 설사 무분전이라 할지라도 그 취급상품이 자주 쓰지 않는 물건으로 유분각전에 없는 물품에 관하여는 平市署에서 육의전으로 하여금 貿納케 하고 그 가격의 差損額을 무분각전에 분배 添價하게 하였다.[23]

22)《萬機要覽》財用編 5, 各廛.

23)《六典條例》漢城府 市廛.

육의전이라 함은 이 유분각전 중 가장 큰 여섯 개의 전을 지칭하는 것으로서 《만기요람》에 기재된 당시의 육의전은 다음과 같다.

① 선전(縇廛 또는 立廛 : 10분역(상품－필단)
② 면포전(銀木廛 또는 백목전) : 9분역(상품－면포・은자 등)
③ 면주전(羽細廛) : 8분역(상품－각종 명주)
④ 지전 : 7분역(상품－종이와 그 가공품)
⑤ 저포전・포전 : 계11분역(상품－모시・베)
⑥ 내외어물전 : 계9분역(상품－각종 어물 등)

그러나 육의전은 시전 중 최대 應分廛인 시전 여섯 개를 말하는 것으로, 시간적・공간적으로 그 구성전은 변화되어, 때로는 그 수효를 늘려 '八矣廛'이라고도 칭하였다.[24] 육의전은 절대적으로 어떤 특정 전의 특정수를 뜻하는 것이 아니고, 다만 시전 중 최대의 국역을 부담할 수 있다든지 또는 정부 필수품의 조달상 필요에 의해서 그들에게 그 대가로 상업상의 특전을 부여한 것으로서 다른 시전과 근본적으로 성질이 다른 것은 아니었다.

상기한 순조시대의 《만기요람》 이외에도 고종 때 나온 《靑丘示掌》에는 ① 선전 ② 면포전 ③ 면주전 ④ 내어물전 ⑤ 지전 ⑥ 저포전으로 되어 있고, 고종 때에 간행된 《증보문헌비고》 市糴考에는 ① 선전(속칭 입전) ② 면포전(혹칭 은목전) ③ 면주전 ④ 내어물전・청포전(모자 판매) ⑤ 지전 ⑥ 저포전으로 되어 있으며, 고종시대의 《六典條例》 시전조에는 ① 입전 ② 면주전 ③ 백목전 ④ 저포전 ⑤ 지전 ⑥ 포전 ⑦ 내어물전 ⑧ 외어물전 등으로되어 있다.

뿐만 아니라 정조 15년 蔡濟恭의 상소에 의하면 한성 시내에 할 일 없이 노는 무리들이 廛號를 자의로 만들어 일용의 물화를 매점하기 때문에 물품이 귀하여 물가가 5배나 앙등하였음을 두려워하여, 신설 전호를 모두 혁파할 것을 요청한 바 있다.[25] 정조 18년에는 좌의정 金履素가 내어물전・청포전을 육의전에서 제외하고 그 대신 포전을 포함시킨 바 있고,[26] 순조 원년에는 내

24) 《增補文獻備考》 권 166, 市糴考, 糶糴.
25) 《萬機要覽》 財用編 5, 各廛.
26) 위와 같음.

어물전을 육의전에 다시 포함시켜 외어물전과 합하여 하나로 삼고 포전은 저포전과 합하여 육의전의 1전으로 등장케 한 일도 있었다.[27]

이와 같은 예에서 보는 바와 같이 변동하는 육의전 중에서도 그 자격을 계속 유지했던 상전은 선전·면주전·지전 등에 불과하였다. 이 외에 국역의 9분역을 부담하던 면포전은 은자(銀子)를 함께 판매함으로써 그 부담을 감당할 수 있었으며, 저포전 역시 6분역을 부담하는 것만으로는 육의전의 1전을 차지할 수 없었기에 5분역 부담인 포전과 합함으로써 1전을 차지할 수 있었다. 또한 내어물전도 외어물전과 더불어 모자를 판매하는 청포전과 합함으로써 육의전의 특권을 유지 행사할 수 있는 자격을 얻었다.

그러면 이러한 국역의 발생 시기는 언제인가. 그 정확한 시기는 알 수 없으나 대체로 대동법 실시논의가 일어난 선조 말에서 인조에 걸친 시기가 아닌가 추측된다. 대동법이란 종전의 토공, 즉 각 지역 생산품의 공납과 民有의 직접 징발이라는 형식을 폐지하고, 지세로 집약하여 일정한 미곡만(대개는 전 1결에 쌀 12두) 징수하게 한 것으로, 재정에서 화폐가 중심이 되는 것을 의미하는 것이다. 각종 잡다한 사용가치와 구체적 노동을 필요에 따라 직접 징수하던 것을, 다양해진 정부 용도에 따른 제반 불편을 제거하기 위해 일종의 국가재정 시행법으로 만든 것이라 할 것이다. 따라서 대동법시행 이후부터는 관부의 수요품 중 그 부족을 보충하기 위하여 경향 각지에서 '貢主人'을 지정하여 물품 구입의 청부를 맡게 하고, 그 대금을 大同收米로 지불하였던 것이다.

이 때 상업의 실정을 보면 임진란 당시 서울에서 피난한 상인들이 그 동안 각기 피난처에서 상업적 근거를 잡아 난이 끝난 후에도 상경하지 않았기 때문에 서울이 '市肆空虛'하게 되어 정부의 수요 물품공급에 지장이 많았다. 이에 선조 33년에는 각 지의 수령으로 하여 지방에 흩어져 있는 京商들을 찾아내어 舊業에 돌아가라는 강제책을 쓰는 한편, 서울에서 平市署로 하여금 시전에 대해 '束定市役'하게 되었다.[28]

市役이 각전의 경제적 실력에 따라 定律을 갖게 된 것이 언제인지는 알

27) 위와 같음.
28) 《增補文獻備考》 권 166, 市糴考, 糶糴.

수 없으나 대동법의 정률과세원칙과 또 그 당시 관부의 수요를 위한 공인의 발생을 상기할 때 막연하나마 상전에 대한 정률의 국역 부과도 같은 시기가 아니었을까 생각된다.

특히 육의전의 발생 시기는 중국에 보내는 방물과 세폐를 분담케 한 인조 15년(1637)부터라고 할 것이다. 방물·세폐로 상공된 물품은 각종 직물과 어물로 대별할 수 있으며, 육의전의 상품도 역시 직물과 어물이 그 주요 상품이었기 때문이다. 이로써 육의전 상품의 대부문이 방물·세폐로서 징발되게 되었으며, 육의전에 금난전권까지 부여하게 되는 연유도 여기에 있다고 하겠다.

국역부담면만이 아니라 육의전 금난전권은 이미 인조·효종 양대에 존재하였던 것이다. 따라서 '유분각전'과 그 중 가장 실력있는 '육의전'의 형성은 인조 15년 무렵으로 짐작된다.

육의전과 명칭에서 '六'의 뜻은 상술한 바와 같고 '矣'의 뜻은 국가에 납부하는 국역과 밀접한 관계가 있다. 몇 가지 예를 들어보면 '矣'자를 '주비'라고 訓讀하고, 다시 '官物斂散時統首謂之矣'라고 하였다.[29] 즉 관물을 斂散하는 首吏가 장부상에 '△'표를 가하므로 矣라 칭하던 것을 다시 矣자로 轉한 것이라고 하며,[30] 또 矣를 속칭 주비라 훈하여 육의전을 六注比廛이라고도 쓰는데, 그 원 뜻은 곧 部의 훈 주비라고도 한다.[31] 따라서 육의전을 육주비전·육부전·육분전·六調備廛 등으로 속칭하는 까닭도 여기에서 기인된 것이다.

육의전을 또는 六主夫廛이라고도 하는데, 그 어원상으로 보아 주부는 길다를 뜻한다고 하는 일설이 있으니,[32] 육의전은 육=주부=장으로 六長廛이 되며, 서울 시전을 건조할 당시에 종로 기타 간선도로에 長屋類의 건물을 조성하여 제공하였던 데서 기인된 것이라고 한다.

---

29) 《吏讀便覽》.
30) 《萬機要覽》 財用編 5, 各廛.
31) 梁柱東, 《古歌研究》(一潮閣, 1965), 740쪽.
32) 李丙燾는 《三國史記》 권 35, 地理 2에서 고구려 長堤郡을 主夫吐郡이라고 한 것을 근거로 주부를 장의 뜻으로 보았다.

3) 육의전의 상품 및 건축구조

육의전이 시대 변천에 따라 일반 시전과 마찬가지로 번창하기도 하고 쇠퇴하기도 했으므로 그 취급 상품이나 交局의 部數를 정확하게 드러내기는 곤란하다. 다만 〈漢陽歌〉의 내용으로써 그 대체를 추정할 수 있을 뿐이다.

〈한양가〉에 의하면 6의전은 광통교를 지나서 시작되며, 각 전의 市井들과 고객을 안내하는 '열립군'들은 큰 장옷에 갓을 쓰고, 소창옷에 한삼을 단 의복을 입고 사람을 불러 홍정을 하였다고 한다. 또 그 상품에 관해서도 아래와 같이 비교적 자세하게 기록하고 있다.

① 면포전 : 당진목 · 해남목 · 고양목(고양나이) · 강나이(목면, 한강변에서 방직한 것) · 상고목 · 군포목 · 공물목 · 무녀포 · 천은(순은) · 정은(품질이 낮은 은) · 서양목 · 서양주 등

② 지전 : 백지 · 장지 · 대호지 · 설화지 · 죽청지 · 상화지 · 화문지 · 초도지 · 상소지 · 분당지 · 궁전지 · 시축지 · 능화지 등

③ 포전 : 농포 · 세포 · 중산포 · 함흥오승포 · 안동포 · 계추리(경북산 마포의 일종, 황저포라고도 함) · 해남포 · 왜포 · 당포 · 생계추리 · 문포 · 조포 · 영춘포 · 길주명포 등

④ 청포전 : 주로 중국산 화물, 중침 · 세침 · 다홍삼승 · 청삼승 · 녹전 · 홍전 · 분홍전 · 삼승고약 · 공단고약 · 감토모자(방한용 모자) · 회회포 · 민강사당 · 오화당 · 연환당 · 옥춘당 등

⑤ 선전 : 육의전의 首廛으로 富商大賈인 시정들의 호사가 극진하였다. 공단 · 대단 · 사단 · 궁초 · 생초 · 설한초 · 운문대단 · 일광단 · 가계추 · 용문갑사 · 상사단 · 통해주 · 장원주 · 포도대단 · 조개비단 · 금선단 · 설사 및 뱃사 · 호로단 · 만수단 · 우단 · 광월사 · 아롱단 · 팔양주 · 쌍문초 · 흑저사 · 남추라 · 자지상직 · 거문궁초 등

⑥ 어물전 : 북어 · 관목 · 꼴뚜기 · 민어 · 석어 · 통대구 · 광어 · 문어 · 가오리 · 전복 · 해삼 · 가자미 · 곤포 · 미역 · 다시마 · 파래 · 우뭇가사리.

이 가운데 線廛(縇廛)같은 것은 거액의 자본을 필요로 한다는 점이나 영업품목이 많은 점에 있어서 유례가 없을 만큼 독특한 지위를 차지하고 있었으며 특히 연경 · 일본으로부터 수입한 외국물품이 진열 판매되었다.

육의전의 상품은 대략 이러하며 그 밖의 몇몇 시전의 상품으로서 〈한양

가〉에 기재된 것은 다음과 같다.

① 刀子廛 : 용잠 · 봉잠 · 서복잠 · 간화잠 · 금구호박 · 순금지환 · 산호지환 · 옥장도 등
② 병풍전 : 선약도 · 강남 금릉의 경직도 · 소상팔경도 · 해학파도 · 십장생도 등 각색 회화
③ 약전 : 인삼 · 사삼 · 현삼 · 황연 · 황금 · 황백 · 우황 · 사황 · 구황 · 웅담 · 사담 · 운모고 · 우황고 · 오독고 · 기타 약품

다음에는 육의전의 외형으로서 그 물적 설비인 건축구조를 살펴보고자 한다. 시전 건축구조에 관한 견해는 일치하지 않으나 서기 1890년 경에는 2층 목조 기와집으로서 상층은 창고로 사용하였고, 하층은 전포로 사용하였다고 한다.[33] 이러한 건축구조는 옛날의 그것과 유사하다고 여겨진다. 그러나 시전 건축 초기에는 2층건축이라는 기사를 볼 수 없기 때문에 현재 우리가 목격하는 종로의 잔존 건물이 1890년 경에 건축된 것이라고 하면 별문제라 할 것이다. 그러나 《한국건축조사보고》에서는 '常民의 가옥'을 다음과 같이 기술하였다.

그 경성 대로에 임한 시전과 같은 것은 거의 모두 기와집으로서 다소 굴곡있는 옥개를 支承하여 그 扉는 厚板으로써 만들고, 이면에서 수 개소의 橫棧을 치고, 외면에서는 丸頭鋲을 간추려 쳐서 장식으로도 삼았다. 店은 일반적으로 상판을 깔고 천정은 中天도 하지 않았다. 점의 후면은 가족의 住屋으로서 대소의 차는 있더라도 모두 온돌방으로 하고 중앙에는 中庭을 만들어 그것을 둘러싸고 矩形 · 凹字形 · 口字形으로 방 · 창고 · 낭하 · 庖廚 등을 배열함을 상례로 하며, 일상 가족의 起臥하는 곳은 반드시 상하에 온돌을 마련한다. 그 밖의 부분은 腰壁의 두터운 煉瓦로써 쌓고, 그 위에 작은 창을 만들며, 扉는 대개 片開 또는 양개로 하였다. 또 뜰에 면하는 곳은 床에서 1척 가량 높은 데에 창을 열고, 여기서부터 출입한다. 일반적으로 주실은 좁고, 천정 또한 얕으며, 창문도 극소하므로 난방을 위해서는 편하지만 광선이 들어오기는 불충분하여 음울함을 면치 못한다.

또 러시아 대장성에서 간행한 《한국지》에서는 '내지의 상업'을 다음과 같이 기술하였다.

각 상회의 특종의 勤工場을 소유하되 통례 같은 건물 중에 설치한다. 이러한

33) 黑正巖, 《經濟史論攷》(岩波書店, 1923), 19쪽.

근공장 중 가장 주목할 만한 것은 한국산의 書寫紙·면제품·絹布·신발·공작펜·부채·虎髭 및 자수품 등이다.… 보통 점포는 藁葺 건물로서 이것을 전후 2부로 구분하여 시가쪽 부분에 상점을 진열하고 후부는 가족의 처소로 사용했다.

위의 기록으로 보아 각 都家에는 각 전 취급 상품을 제조하는 공장이 부설되어 있음을 알 수 있고, 그 양상이 반드시 일치하지 않았음을 추측할 수 있다. 특히《都家事例》가 기록한 입전 전포 구조의 기술은 귀중한 자료라 하겠다. 즉 입전의 구조는 1방부터 7방으로 구분되며 각 방의 면적은 10칸으로 되었는데, 그것을 다시 10등분하여 영업에 종사하였으니 입전의 都員 수는 70인 정도라고 추측할 수 있는 것이다.

또한 입전에는 전포 뒤에 도가(Guild Hall)를 설치하여 廛務에 관한 회의 및 공사 처리의 사무소로 사용하였다. 뒤에 상술한 都中의 각 역원은 이 곳에서 전의 업무를 집행하였는데,《도가사례》에 의하면 시전의 도가 건평이 65평이었다는 것으로 미루어 보아 다른 전의 도가 면적도 대체로 그와 흡사하였을 것으로 추측된다. 이 건물의 단속을 위해서 看手人(主人)을 두고, 만약에 물건 서류를 분실 당했을 경우에는 일일이 徵棒케 하고, 재화가 훼손되면 즉시로 보수케 하며, 명령을 거역하면 즉시 출가시키는 동시에 盟文으로써 시행 처결하였던 것이다. 뿐만 아니라 도가를 사적으로 소유했다고 하여 임의로 개폐할 수도 없었다.

이 도가의 창시 연대는 확실하지 않지만 조선 초기의 시전건설기에 "각 전의 정부에 대한 부담이 춘추 2기에만 저화 각 20장씩의 사용세를 내는 것뿐이었다"[34]는 사실로써 추측하건대, 이 때엔 도가와 같은 것이 물론 없었던 듯하다. 그 뒤 여러 국역 부담이 생기고 육의전의 길드조직이 발생되어 전의 업무가 많아짐에 따라 일종의 '길드 홀(Guild Hall)'등을 필요로 하였다고 볼 수 있다. 길드란 중세의 동업조합으로 원래는 종교적·정치적·사교적인 의미에서 조직되었으나 조합원간에 상호 이익을 추구함으로써 분열이 생겨 상인길드가 발생하게 되었다. 이것은 도시의 상공업자 상호간에 일정한 규율에 의해 부정한 생산경쟁과 판매를 억제하였으며 전체의 조화를 이룩하면서 각기 상공업자를 대표하기도 하였다.

---

34)《經國大典》권 2, 戶典 雜稅.

유럽 사회의 길드 클럽(Guild Hall) 등도 길드단체의 특허 창립보다는 훨씬 뒤에 건축되었다. 또 중국의 상인 집회소인 회관의 기원을 살펴보더라도 각종 회관의 연혁이 200년 전에 알려진 것이 없다.[35] 당나라 때부터 상인회가 존재하였고, 명초(1368)에는 북경에 강서회가 창설되었다고 하나,[36] 芝罘의 복건회관·漢口의 영남회관 등의 건조는 각각 18세기 초·중엽에 이루어진 것으로 알려져 있어,[37] 역시 길드 단체의 창립과는 시간적인 거리가 있다. 이와 같은 외국의 사례로 보더라도 우리 나라의 도가가 반드시 공랑 건축과 같은 시기에 건축된 것은 아니고 육의전의 길드인 도중조직이 완비된 후의 일이라고 보아야 할 것이다.

4) 육의전의 조직

이상에서 보아온 바와 같이 도시상단으로서의 서울 육의전은 조선 궁실 및 산하 관청의 물품 수요에 대한 공급기관으로서 유일한 어용상인의 단체인 동시에 상품 독점에 관한 전매권을 가진 상전의 총칭이었던 것이다. 그러나 6전이 합하여 단일한 경제단위를 구성하였던 것이 아니라, 각 전은 각기 별개의 구성형태를 가졌다. 각 전은 都中이란 조합을 구성하여 정부에 대한 각종 부담을 총괄하고, 각 전의 상품 판매권을 독점하며, 都員 상호간의 친목을 도모하며, '保家之道'를 힘써 '敬長慈幼之風'을 배양함으로써 自家의 실력을 축적하였던 것이다.

각 전의 조직형태에 관한 개별적인 특징을 파악하기는 곤란하나 철종 12년(1861)에 시행되었던 〈立廛議文書〉를 중심으로 하고, 역시 동시대에 시행된 〈布廛廛案〉 및 그 밖의 몇 개 자료를 참고삼아 입전 및 포전의 길드적 조직을 해명하고자 한다. 왜냐하면 입전은 그 자본에서나 각종 賦納에 있어서나 단연 육의전을 대표할 만한 首廛的 지위를 차지하였고, 포전 또한 이에 비할 만한 큰 상전으로 그 내부 조직에 있어서도 다른 시전의 모범이 되었

35) O. D. J. MacGowan, 《Chinese Guilds》.
36) Morse, 《The Guilds of China》, 42쪽.
37) 根岸信, 《支那 길드의 硏究》, 41쪽.

을 것이므로, 이상의 두 전으로써 6전의 전체 구조를 알 수 있으리라 생각되기 때문이다.

(1) 도원의 가입 자격과 부담

都中 구성의 제일 요소라고 할 것은 도원의 가입 자격이다. 이에 관하여는 특이한 규칙을 세워 엄격히 그 자격을 심사하여 견고한 협동 정신을 발휘하며 동지적 결합을 감행할 수 있는 자격을 보유한 자만을 가입시켰다. 따라서 각 전마다 가장 연고가 밀접한 자, 예를 들면 도원의 아들이나 사위 등을 우선적으로 가입시켰으며, 전혀 연고 없는 타인에 대해서는 도원의 총회에 회부하여 엄격한 전형을 거쳐 그 가부를 결정하였다. 더욱이 무연고의 신입 희망자에 대해서 50세 이상은 비록 백금을 납입할지라도 절대로 허락하지 않았으며, 24세 이하인 자에 대하여는 도중의 총회에서 만장일치로 가결되어야만 비로소 가입할 수 있었다. 그리고 총회의 가결이 없이 사사로이 금품을 봉납하고 차입한 것이 발견되면 즉시로 가입을 취소하였는데 이는 그 조직의 견고함을 보여 주는 한 사례이다.

또한 도중의 가입에는 禮銀이라는 기본 가입금, 面黑禮銀[38]이라 하는 가입 축하 향연비를 납입하여야 하고, 그 밖에 관부의 접대를 요할 때 大事에는 大牌禮銀, 소사에는 소패예은을 각각 납입하여야 하였다. 그 납입액의 차이는 바로 도원 자격의 순서를 말하는 것으로 지극히 귀중한 시사를 주는 것이다.

다음 〈표 4〉의 납입액표는 철종 12년 경의 《立廛儀範》[39]에 의한 것이다.

---

38) 面黑禮銀은 일명 知面禮라고도 한다. 成俔의 《慵齋叢話》 三館風俗條에 의하면 "우리의 옛 풍습에 과거에 등과한 자를 新來라고 하는데 그 신래자를 선배들이 호출하여 먹으로 얼굴에 흑칠을 하여 索縛冠하는 등 종종의 악희를 하였으니, 이것을 黑新來라고 한다. 입전 新參者에 대해서도 역시 이 예에 의하여 신참자 判新來人에 대한 악희를 面黑禮라 명칭하였으니 그러한 악희를 면하기 위한 예를 면흑예은이라 하였다"고 한다.

39) 《立廛儀範》은 철종 12년 6월에 제작된 것으로 그 편목을 보면 禮案各項·罰案致誠案·行禮案·饌物式各項·食價磨鍊·南草式·國恤闕下侍會·勅使例給各項으로 구분되어 있고, 다시 各處元禮給·各處單子·各所銀傳掌目·冊傳掌目綃絹織週月限·日活例次 등의 각 항이 있었다 하나 지금은 대부분 유실되었다. 여기에 인용한 것은 그 殘存 부분 중 禮案各項에 의한 것이다.

〈표 4〉 〈立廛禮案〉에 의한 各出市者別 부담금

출시(도중가입)자별	예은	면흑예은	소패예은	대패예은	비 고
時先生(현도원)의 아들·사위	3냥		1냥	10냥	
舊先生(사망한 도원)의 아들·사위	6냥		〃	〃	未入丈則 결혼 후 6냥
舊先生의 아들(아동)	3냥		〃	〃	구선생 선화(사망) 3년 안에 分捧
시·구선생 진손	20냥	20냥	〃	〃	
〃 외손·진증손	25냥	25냥	〃	〃	
〃 외증손·진손서	30냥	30냥	〃	〃	
〃 외손서·진증손서	30냥	30냥	〃	〃	
〃 진손 아동	20냥	20냥	〃	〃	
〃 진증손·외손(아동)	25냥	25냥	〃	〃	
〃 외증손(아동)	30냥	30냥	〃	〃	
판신래인(24세 미만의 연고 없는 타인)	50냥	향연에 따라 금액이 일정치 않다	〃	〃	
판신래인(상첩이 있는 자)	40냥	40냥	〃	〃	

기타 옛날 도원이었던 사람이 재가입하거나 도원의 혈족으로서 다른 업종에 종사하다가 가입하는 자의 경우 그 납입금은 다음과 같았다.

구 도원의 재가입 ……………………………………………………예은 10냥
도원 아들·사위의 전입 ……………………………………………예은 10냥
구 도원 아들·사위의 전입 …………………………………………예은 20냥
도원의 손·외손·증손·외증손의 전입 ……………………………예은 30냥

위의 〈표 4〉에서 가입금의 과다를 가지고 도원 자격의 순서를 정리하면 다음과 같다.

① 시·구선생의 아들·사위, 시·구선생 사망도원의 아동
② 시·구선생의 진손, 시·구선생의 진손 아동
③ 시·구선생의 외손과 진증손, 시·구선생의 외손과 진증손 아동
④ 시·구선생의 외증손과 진손서, 시·구선생의 외손서와 진증손서, 시·구선생의 외증손 아동

⑤ 상첩이 있는 판신래인 무연고자
⑥ 24세 미만의 판신래인

위의 도원자격 순서에서 판신래인을 제외하고 이것을 다시 도식화하면 다음과 같다.

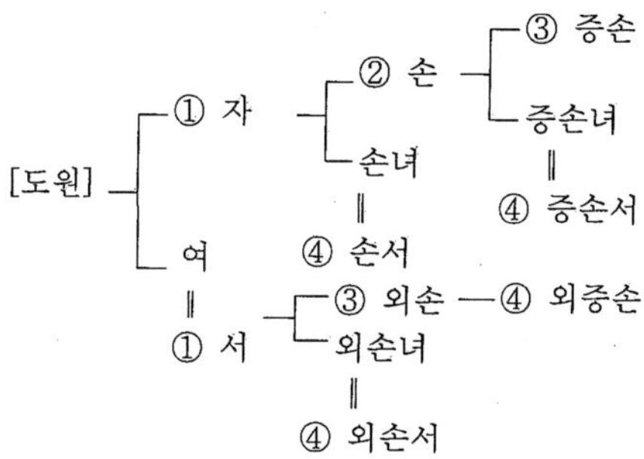

위의 그림을 보면 다음과 같은 사실을 알 수 있다.

첫째, 도중의 가입은 혈연관계가 기본이 되어 있고 최대한 도원의 증손대까지 세습적인 가입의 자격이 있다. 따라서 육의전이 가진 동업 길드적인 강인한 단결력은 특히 혈연을 중심으로 하였다는 것을 알 수 있다.

둘째, 남계만이 아니라 여계도 중요시되고 있다. 아들과 사위는 동일하게 대우하고 외손계는 진손계에 비해서 약간의 차등은 있으나 역시 경시되지 않고 있다.

셋째, 아동출시의 문제이다. 종래 육의전은 판신래인을 제외하고는 모두 혈연이라는 견해가 있어 "도원은 어떠한 경우에도 그 자격을 아들 또는 사위 이외의 자에게 양도할 수 없다"[40]라고 하였으나, 위의 도표에서 볼 때 아들·사위와 아동, 진손과 진손 아동, 외손·진증손과 외손·진증손 아동, 외증손과 외증손 아동이라고 병기된 것을 보아 아동출시란 아들이나 사위 기타 혈연자가 동일한 것이 아님을 알 수 있다. 즉 혈연자가 아동시절에는 상업에 종사하지 않다가 비로소 廛에 나오게 된 것을 말하는 것이라든지, 혈연자가 아동시절부터 전에서 종사하다가 독립하여 자신의 전을 갖게 되는 것을 말하는 경우라 하더라도 그것은 아동 아닌 아들·사위 등의 기술과 구별

40) 《立廛儀範》 禮案에 의하면 賞帖所持者에 대한 特典은 순조 32년 3월부터의 일이라고 한다.

하여 다를 것이 없는 것이다. 여기에서 필자는 '아동'이란 혈연자가 아닌 아동이 독립의 廛號를 가지는 경우, 외국의 도제(Apprentice)와 동일한 것이 아닌가 한다. 즉 진손 아동은 아들이 그 아들처럼 사역하던 도제, 외손 아동은 사위가 그 아들처럼 사역하던 도제, 진증손 아동은 孫이 그 아들처럼 사역하던 도제, 외증손 아동은 外孫이 그 아들처럼 사역하는 도제를 말하는 것이라고 볼 수 있다. 일반 혈연자는 자·서·손·외손·증손·외증손·손서·외손서·증손서가지 가입 자격을 주면서 아동의 경우는 자·손·외손·증손·외증손으로서 그치고 있는 것은 이것을 반증하고 있는 것이라 할 것이다.

또한 비록 중시하는 都中이라 하더라도 전혀 연고 없이 다액의 납입금으로써 가입할 수 있는 판신래인이 허용되는 것을 보면, 연고자는 아니더라도 어려서부터 사역되고 양육되어 온 도제의 가입은 당연히 허용될 수 있는 것으로 보아야 할 것이다. 이와 같이 어려서부터 상전에서 봉사하다가 성장후에 주인의 자산 일부를 얻는다던가 하여 독립 경영을 하는 관례는 현재에도 흔히 볼 수 있는 일이다.

이상과 같이 아동출시에 대한 필자의 견해를 따른다면 비혈연의 도제인 아동이 혈연자와 거의 동격의 대우를 받는다는 것은 주목할만한 사실이다.

넷째, 판신래인은 기술한 바와 같이 50세 이상자는 이유 여하를 막론하고 가입시키지 않았으나, 50세 이하로서 가입을 허락하는 경우에는 최대의 부담을 지우고 특히 신입 자축 향연비인 면흑예은은 더욱 심하여 전에 공로가 있어 상첩을 받은 자가 아니면 大房都員 전원과 50세 이상의 廛員 모두가 참석할 수 있을 정도의 금액을 부담하게 하였던 것이다.

위에서 서술한 것과 같이 立廛 都中의 가입금에 관한 규정이 있고 혼례에는 15냥, 상제례에는 25냥을 도원이 각각 부담하는 것과 같이 도원간의 엄격한 상호부조를 규정한다든지, 또 가입자격이 없는 자를 許參하였을 때에는 그 사무를 담당한 矣任을 '其人子施行'[41] 하는 엄격한 벌칙을 적용한 것 같

41) 《立廛完議文書》 立議에는 '其人施行'이니 '衆人子施行'이니 '盟文施行'이니 하는 벌칙이 규정되어 있는데, 古文에 나타나는 맹서 내지 罵詬의 습속을 따라 일종의 사회적 제재를 가하는 것이다.

은 것은 이 육의전 길드의 특징이었다.

(2) 도중의 임원과 그 승차

육의전의 각 전 도중을 운영하는 역원의 명칭과 수효도 역시 대체로 대동소이한 것이라고 볼 수 있다. 여기에서 입전을 예로 들어보면 〈立廛立議〉에 나타난 역원으로 上公員에 대행수·도령위·수령위·부령위·차지령위·별임령위, 下公員에 실임·의임·서기·서사 등이 있었다.

大行首는 1전의 대표자로서 도중의 사무를 총리하는 직책이며, 都令位 이하 각 영위는 평의원회와 같은 기능을 가졌다. 이들은 모두 선거에 의하여 선출되었으며, 實任·矣任 이하 하공원은 장부정리 등 도중의 실무를 담당하며 임명제에 의하였다. 각 임원의 임기는 대체로 춘추 2기로 되어 있고, 모두 일종의 명예직인 까닭에 재직 중 특별한 복장인 도포를 입었다. 보수는 많지 않았으며, 다만 別任領位(70세 이상의 영위)와 실임 이하 실무의 역임에는 七十領座例[42]에 따라 1기 종료시에 10냥을 지불하였다.

이들 대행수 및 각 영위의 선거는 먼저 도령위가 지명한 후보자 명단(3명이 상례)을 도원에게 회람시켜 적임자로 생각되는 자의 성명 밑에 날인케 하고, 그 날인수의 최고 득점자를 임명하였다. 선거시에 사적으로 순회하여 자기에게 날인할 것을 권유하거나, 자기가 스스로 각 영위 자리를 소망하는 등 자기의 당선 운동을 하는 자나 득점을 기만한 자 등에 대하여는 '罰三盆'(15냥)의 처벌을 하였다.

각 임원 가운데 대행수와 도령위는 그 직책이 중대한 것으로서 여러 특례가 있었는데 대행수는 각 전의 기강의 振頹, 재화의 취산 등이 오직 그 능력 여하에 달린 만큼 도원의 진퇴를 호령하며 상벌을 행하는 실권을 가졌다. 그 선거에서도 도령위가 집행하는 座中(領位) 50명 중에서 10명 이상의 찬성을 얻은 최고 득점자를 당선케 하였다. 또 중임이기 때문에 10개월 이상은 재임치 못하였으니, 대행수가 먼저 좌중 도원에 대하여 한 번 무릎을 꿇고 절하

42) 《立廛完議》에 의하면 "人間七十古來稀 亦世可無優老之典 七十歲領座段 行罰外大小宴會 則備物衷送爲齊"라 하여 70세 이상의 領座를 우대하게 되어 있으며 實任이하 苦役을 맡은 임원은 이 古老 예우의 例를 준용하였다.

면 軍中(都員 전체를 말함)은 두 번 무릎을 꿇되 그 때에 '儼座不起者'나 '不致敬者'는 '罰三盆'(5냥)에 처하는 엄한 규칙이 있었다.

도령위는 기왕에 1廳(1廛과 같은 뜻임)의 班首인 대행수였던 자로서 연륜과 덕망을 겸한 인물을 선임하였다. 임기는 종신이며, 도중의 역원 추천의 권한과 각종의 제사(南廟祭·普靜佛祭·山神祭)[43]를 주관하며, 도중의 고문역이므로 최대의 존대를 받았다. 따라서 연회나 行罰같은 때에 참석하지 못하면 그 일이 끝난 후에는 도령위의 자택으로 備物을 보내주었다.

도원의 승차는 일반도원으로서 공로가 있는 자에 대하여는 상첩을 주고, 이러한 수상자에 한하여 승차의 추천을 받을 수 있게 하였다. 《입전의범》 승차조에서 보면 일반 부원에서 승차할 수 있는 위계로는 時行首, 十座, 五座 같은 것이 있었다. 이들이 위에서 말한 상공원·하공원과 같은 직책을 가진 것인지 또는 도원의 계급을 가리키는 위계인지는 자세하지 않으나, 이러한 승차에는 반드시 예은을 봉납하였다. 그 봉납에 관한 구체적인 액수는 다음과 같다.[44]

〈표 5〉　　　　　　　　도원의 승차에 따른 예은

승차한 위계	예　　은	면 흑 예 은	도가비량금
시 행 수	8냥	2냥	2냥
십　좌	4냥	3냥	3냥
오　좌	8냥	2냥	2냥

여기에서 都家備量金은 도가의 상비금으로서 승차자에게 갹출하여 비축한 것임을 알 수 있다. 그 밖에 승차자는 領位禮銀이라 하여 도중의 최고위인 대행수와 도령위에게 각각 3냥, 5냥을 봉납하였고, 또 승차자들은 간단한 향연을 위하여 수시로 2·3냥 정도를 부담하였던 것으로 보인다.

상공원·하공원 이외에 삼소임·서역·수임선생·연중수령·좌객조사·소

43) 육의전의 중요한 연중행사의 하나이며 자체의 발전을 위한 치부책으로서 매년 가을 10월 제사를 지냈는데, 서울 남대문 밖 관우묘(남묘, 재신묘)에 각 전 상민이 제사를 지냈고, 종래 보신각 옆에 있는 소묘에 신상을 봉하여 재신으로 삼고 시전진수를 위하여 고사한 것과 그 밖의 산신을 지내는 천신제 등이 있었다.

44) 《立廛儀範》 陞差.

임선생·유사·사환·회계 등이 〈입전조례〉에 보이고 있으나, 그 지위와 사무적 한계에 관해서는 자세하지 않다.

5) 육의전의 정부에 대한 의무

육의전의 성립에서 살펴본 바와 같이 정주상인의 길드적 단체인 서울 육의전은 조선 봉건국가의 철저한 보호와 육성을 전제로, 상인으로 하여금 관부의 용도에 응할 수 있도록 하는 의무와 권한을 규정하였다.

그 국역부담의 실제를 약술하면, 관부는 경시서를 통하여 육의전으로 하여금 상납시킬 물품의 품목과 수량을 각 전의 도가에 하명하면 도가는 각 전의 부담 능력에 따라 유분각전의 비율을 정하고 그 分賦를 총괄하여 상납하였던 것이다.[45] 이와 같이 정기적으로 정률의 액수를 상납케 하였으므로, 도가는 미리 각 전에서 물품을 징수·보관하였다가 명령이 내려지는 즉시 납품하는 제도가 자연적으로 형성되었다.

서울의 각종 시전은 그 擔稅의 비중으로 보아 다음과 같다.

첫째, 육의전에서 취급하는 詞品, 곧 외국상품 또는 都民의 수요가 많은 상품에 대한 세율이 최고위를 차지하였다.

둘째, 일반 유분각전에서 취급하는 값비싼 상품에 대한 것이 다음의 위치를 차지하였다.

셋째, 무분각전의 상품은 일정 세율에서 누락되었고, 수시로 부담케 하는 의무만 갖게 한 것으로, 이것은 '1/10' 내지 '無分'으로 담세등급을 달리하는 것이며 또한 각 전의 상업자본 관계를 반영하고 있는 것이라 하겠다.

육의전을 비롯한 유분각전이 국가에 봉납하는 정기적인 공물공안에 기록되어 있는 元貢으로 가장 대표적인 것은 세폐와 방물이었다. 이러한 원공 이외에 관부가 물품을 구입하는 別貿를 비롯하여 각종의 公貿는 구입의 형식을 취하지만 이른바 '折錢'의 제도로서 실제 값의 몇 분의 1을 보상하는 것

45) 《萬機要覽》 財用編 3, 戶曹貢物別貿條에 "元貢之外 別貿者 謂之無元貢別貿 元貢之不足 而別貢者 謂之有元貢別貿"라 하고 이 特別貿入의 가격은 호조에서 정하였던 것이니 영조 26년에 호조판서 朴文秀의 제안으로 시행되었다.

에 불과하였으니, 이에 관하여 차례로 설명해 보고자 한다.

(1) 세　폐

세폐가 형식화되어 상전이 관부에게 공물을 봉납한 것은 인조 15년 戶曹에 歲幣色을 설치한 것을 시초로 한다. 그 뒤 세폐의 종목은 수시로 가감되어 14종으로 한정되었다. 그 중에서 특히 육의전과 밀접한 관계에 있었던 것은 각색 면포(무명)·면주(명주)·저포(모시)·세마포(삼베) 등으로서, 《만기요람》 財用編 歲幣條에 의하면 그 변천은 다음과 같다.

각색 細綿布

◦元 定 數	10,000필
◦減　數	
① 인조 21년(1643)	200필
② 인조 23년(1645)	2,700필
③ 인조 25년(1647)	2,100필
④ 효종 2년(1651)	600필
⑤ 숙종 19년(1693)	600필
⑥ 경종 3년(1723)	800필
계	7,000필
◦時存歲幣數(白上木 1,000필·生上木 2,000필)	3,000필

각색 綿紬

◦원 정 수			2,000필
◦감　수			
	紅紬	綠紬	白紬
① 인조 21년(1643)	50필	50필	500필
② 인조 23년(1645)	100필	100필	500필
③ 인조 25년(1647)	—	—	200필
④ 효종 2년(1651)	—	—	100권
계	150필	150필	1,300필
◦시존세폐수	100필	100필	200필
계			400필

각색 저포

◦정 수 필	200필
◦시존세폐필(백저포)	200필

각색 세마포

◦원 정 수	400필
◦감 수	
① 인조 21년(1643)	300필
② 인조 23년(1645)	100필
계	400필
◦시존세폐수	없음

이상과 같이 세폐는 그 종목으로 보아 육의전 가운데에서도 면주전·면포전·저포전 등이 담당한 것을 알 수 있고, 이에 대하여 관부에서는 아래와 같이 형식적인 대가를 지불하였다.

첫재, 백상목과 생상목은 면포전에서 담당하고 생상목 중 2동 25필은 선혜청에 납품하였다. 호조에서는 그 대가로 백상목·생상목 1필마다 쌀 2석씩을 지급하였다.

둘째, 각색 면주는 면주전에서 전담하여 호조로부터 그 대가로 1필마다 대동목 9필을 지급 받았다.

셋째, 각색 저포는 저포전에서 전적으로 납품하고 그 대가로 1필마다 대동목 8필 3척 5촌을 호조로부터 받았다.

넷째, 각색 세마포는 역시 저포전에서 400필씩을 바쳤던 것이 점차로 감소되어 인조 22년에는 전액이 면제되었다.

(2) 방 물

유분각전이 봉납한 공물 중 다음으로 중요한 것은 방물이었다. 즉 중국에 파견되는 사신이 휴대할 조선 정부의 중국에 대한 방물을 각 전에서 현물로 징발한 것으로는 冬至·正朝·聖節의 三節使行의 年例方物과 사은·奏請·심양행문안·進香·進慰·進賀·進奏 등의 別使方物이 있었다. 이 역시 인조 15년에 시작된 이후 수시로 가감되어 15종의 품목으로 되었다. 그 방물 중에

〈표 6〉 年例方物

	황제전			황후전			황태후전			황태자전			합 계
	동지	정조	성절	동지	정조	성절	동지	정조	성절	동지	정조	성절	
황세저포	*20필 보2	*20필 보2	10필 보2										50필 보6
백세저포	20필 보2	20필 보2	20필 보2	20필 보2	20필 보2	20필 보2	20필 보2	20필 보2	20필 보2	15필 보2	15필 보2		210필 보22
홍세저포				10필 보2	10필 보2	10필 보2	10필 보2	10필 보2	10필 보2				60필 보12
황세면주	20필 보2	20필 보2	30필 보2										70필 보6
백세면주	20필 보2	20필 보2	20필 보2	10필 보2	10필 보2	10필 보2	10필 보2	10필 보2	10필 보2	10필 보2	10필 보2		140필 보20
자세면주			20필 보2	20필 보2	20필 보2	20필 보2	20필 보2	20필 보2	20필 보2				140필 보14
백 면 지	1,300권 보13	1,300권 보13	1,400권 보14							500권 보5	500권 보5		5,000 보50
합 계	80필 보8	80필 보8	100필 보10	60필 보60	60필 보8	60필 보8	60필 보8	60필 보8	60필 보8	25필 보4	25필 보4		650필 보80
	1,300권 보13	1,300권 보13	1,400권 보14							500권 보5	500권 보5		500권 보51

(*표의 각 20필은 方物存減來歷項에 있는 필 수를 표시한 것이다)

서도 중국의 황제·황후·황태후·황태자에게 보내는 물품과 수량이 각각 상이하였다. 《만기요람》 방물조에 의하여 중국에 보내는 방물의 종류와 규모를 사행의 종류에 따라 살펴보면 〈표 6〉·〈표 7〉과 같으며, 그것은 유분각전 특히 육의전에서 전적으로 납품하였다.

이 표에서 '補'라 함은 방물물품의 부족함을 보충시키기 위하여 예비로 구비한 수량을 말하는데 만약에 부족함이 없어 보충용의 물품이 필요하지 않았을 경우에는 귀국 후에 정부에 바치게 하였으나 실제로 보충용의 물품을 정부에 갖다 바친 예는 드물었다.

여기에서 알 수 있는 바와 같이 각종 방물로서 육의전이 부담한 물품의 양은 막대한 수량이었다. 〈표 6〉과 〈표 7〉에 보이는 수량을 합하면 각색 저포는 764필, 각색 세면포는 900필, 백면지는 17,170권이다.

그 밖의 방물로 각종 해산물도 있었는데, 육의전이 대개 직물·어물전이었던 것도 여기서 그 원인을 찾을 수 있을 것이다.

〈표 7〉 別使方物

	황제전				황후전			
	사 은	주 청	황제 심양행 문안	진 향	사 은	주 청	황제 심양행 문안	진 향
황세저포	30필 보2	20필 보2		제폐 (祭弊)				
백세저포	30필 보2	30필 보2		100필 보2	10필 보2	10필 보2	20필 보2	
홍세저포					10필 보2	10필 보2		
황세면주	20필 보2	20필 보2						
백세면주	30필 보2	30필 보2		200필 보4	20필 보2	20필 보2		
자세면주	20필 보2	20필 보2					20필 보2	
백 지	3000권 보20	2000권 보20		5000권 보20				1000권 보10
전 복			20첩 보2				10첩 보1	
팔 대 어 (문어)			20미 보2				15미 보1	
대 구 어			200미 보10				100미 보5	
해 삼			200근 보6				100근 보3	
홍 합			200근 보5				100근 보2.8	
해 대			200근 보10				100근 보3	
광 어			200미 보2				50미 보3	

	황태후전				황태자전				
	사 은	주 청	황제 심양행 문안	진 향	사 은	주 청	황제 심양행 문안	진 향	합 계
황세저포									50필 보4
백세저포	10필 보2	10필 보2	20필 보2		20필 보2	20필 보2			280필 보2
홍세저포	10필 보2	10필 보2				20필 보2			40필 보8
황세면주									40필 보4
백세면주	20필	20필				20필			360필

	보2	보2				보2			보18
자세면주			20필 보2						80필 보8
백 지				1000권 보10	500권 보5	500권 보5			12,000권 보120
전 복			10첩 보1						40첩 보4
팔 대 어 (문어)			15미 보1						50미 보4
대 구 어			100미 보5						400미 보20
해 삼			100근 보3						400근 보20
홍 합			100근 보2.8						40근 보10.6
해 대			100근 보3						400근 보10
광 어			50미 보3						300미 유11

이와 같은 供上品에 대하여도 관부는 역시 형식적인 代價를 포·전으로 지불하였다. 그 가격은 《만기요람》 방물 각종공비조에 의하면 세면주·세저포 1필에 下地木 8필이었다. 이를 기준으로 환산하면 각색 저포 대가 6,172필, 각색 세면주 대가(하지목) 7,200필, 백면지 대가 쌀 12,019석(하지목 6,010필에 해당), 각종 어물 대가는 2,095냥 6전이었다.

(3) 별무·공무

이상에서 말한 세폐·방물 등이 본래 약간의 대가를 지불받는다 하여도 사실상 공물이나 별 차이가 없었음에 비하여, 별무는 元貢의 부족량을 관부에서 구입하는 것을 말한다. 《만기요람》 호조편 공물조에 의하면 별무에는 ① 各司有元貢別貿 : 각 관서에서 원공의 수량으로 충당할 수 없는 부족 수를 보충하기 위하여 매입하는 것, ② 各司無元貢別貿 : 각 관서에서는 원공과는 별도로 특별 구입하는 것, ③ 各廛各契別貿 : 유분각전과 각종의 공납계 등으로부터 특별히 물품을 구입하는 것 등의 3종이 있었다.

이 별무는 ① 정기적인 魚鱗分等을 하는 것과 ② 필요에 다라 수시로 貿入하고 지급한 2종이 있었으니, 어린분등이란 각 상전에 따라 1년에 1회내지

〈표 8〉 각전 별무 일람표

품 명	정조 2년(무술)		정조 9년(을사)		정조 22년(무오)		순조 7년(정묘)	
	품목	價折錢(대금)	품목	가절전(대금)	품목	가절전(대금)	품목	가절전(대금)
입 전	필단	10,600냥	左同	6,800냥	좌동	2,800냥	좌동	4,800냥
면 주 전	상주경 용면주 예단면주	6,275냥	좌동	1,194냥	좌동	1,194냥	좌동	2,028냥
초 포 전	12승백저 포 8승백저포	1,586냥	황저포 12승백저 포	2,616냥	황저포, 8승 백저포,1 2승	3,729냥	좌동	3,862냥
지 전	감시락, 폭지	400냥	좌동	64냥	좌동	150냥	좌동	285냥
발 리 전	유철주철	3,241냥	좌동	1,293냥	좌동	1,210냥	좌동	2,394냥
상 전	모구피	381냥	좌동	244냥	좌동	180냥	좌동	233냥
창 전	각색우피 각색웅피	1,522냥	각색우피	454냥	좌동	479냥	좌동	1,265냥
생 치 전	치미우	104냥		120냥	좌동	84냥	좌동	112냥
양 대 전			세량대	71냥	좌동	51냥	청포전	82냥 132냥
이상합계		24,114냥		13,059냥		10,215냥		15,173냥
합 계(各廛各契折錢		113,639냥		66,657냥		46,998냥		67,300냥
都折錢(同年各所司別貿總額)		356,374냥		208,080냥		212,084냥		212,084냥

4회로 정기적인 공급의 의무를 가하는 것으로서 각기 공급 기한과 공급 물품 종류 및 수량이 정해져 있었던 것이다. 여기에 그 별무의 실제를 보기로 한다. 즉《만기요람》호조 공물조에 정조 연간의 별무액이 가장 많은 정조 2년, 가장 적은 정조 22년, 중간 정도인 정조 9년, 그리고 순조 7년의 각 별무액에 관한 구체적인 내용이 기재되어 있는데, 이것을 표시하면 위의 〈표 8〉과 같다.

이상에서 육의전에 포함되는 전은 입전·면주전·저포전·청포전 등이며 호조의 서울 각전에 대한 別貿都折錢의 6.7%가 되는 것을 알 수 있다. 또한 같은《만기요람》에 의하여 호조 1년간의 捧入(세입)·用下(세출)를 비교해 보면 다음 〈표 9〉와 같다.

〈표 9〉 호조 1년간의 捧入·用下

	捧入	用下
	정조 9년(을사 : 中年)	정조 16년(임자 : 중년)
米	127,620석	117,152석
田米	4,037석	4,074석
太	41,363석	43,827석
銀	620냥	983냥
錢	219,830냥	274,890냥
木綿	1,440동 12필	1,279동 38필
麻布	133동 7필	23동 27필

이 가운데에서도 錢의 경우 호조의 1년간 수지관계 및 별무액을 비교하면 다음 〈표 10〉과 같다.

〈표 10〉 錢의 경우 호조의 1년간 수지관계 및 별무액

호조 1년간 수지관계				別貿額	
捧入		用下			
정조 14년(상년)	409,997냥	정조 원년(상년)	374,860냥	정조 2년(상년)	356,374냥
정조 9년(중년)	219,830냥	정조 16년(중년)	274,890냥	정조 9년(중년)	208,080냥
정조 7년(하년)	209,959냥	정조 6년(하년)	182,299냥	정조 22년(하년)	142,136냥
순조 7년	306,988냥	순조 7년	323,338냥	순조 7년	?

위의 〈표 10〉에서 호조 1년간의 경비중 錢의 세출·세입액이 별무액과 거의 동일함을 알 수 있으며, 또한 그 규모를 짐작할 수 있다. 물론 이 별무가 반드시 육의전을 통한 것만은 아니지만, 그 중에서 육의전 관계의 것이 차지하는 비율은 위에 제시한 〈표 8〉의 각 전 별무일람표에서 추측할 수 있다.

이상에서 말한 것은 官府 各署가 육의전의 상품을 구매한 것이지만, 그 밖의 육의전에도 없는 상품의 경우는 육의전으로 하여금 '廣求貿納'케 하는 일이 있었으니 이것을 특히 '公貿'라 한다.

조선 말엽에 이르러서는 공무로 말미암아 물주가 그 물자를 마음대로 조정하여 물가가 날로 급등하였던 반면에, 廛人이 관부로부터 받은 대가는 불

과 10분의 1, 2에 지나지 않는 실정이었다. 이 폐단을 제거하기 위하여 정조 15년 6월 공무제도를 혁파하고, 御藥材와 시급하고 구하기 어려운 물품에 한하여 예외를 두기로 하였다. 《만기요람》에 보이는 이 공무는 정부의 직접 구득뿐 아니라 양반층에서도 이를 활용하였던 것이니, 《대전회통》 戶曹 進獻條에 의하면 종친 및 동반 6품 이상·서반 4품 이상은 品布 각 백저포 1필을, 동반 7품 이하·서반 6품 이상·京中巫女(상·중·하·등)·경중 및 開城富居人으로 하여금 소정의 면주·저·마포를 바치게 값을 지불하는 것이 무역하는 것과 같았다.

이와 같은 세폐·방물의 공납과 별무·공무의 買上 대가는 소위 折錢의 형식을 적용시켰던 것이니, 그 公平率은 조선 초기에 포·저화를 사용했을 때에는 정포 1필=상포 2필=저화 30장=米 4升이었고,[46] 후기에는 상평통보를 사용하되 동전은 100=1냥(10냥=1관문)이었고, 은전 2냥=錢文 2냥이었다. 이 절전에서 정부매상이나 봉납의 대가로서 전을 지급받을 때에 그 가격이 일반 시가에 비하여 어떠했으며, 또 매상(별무·공무)과 공납의 가격률이 어떠했는지는 상세히 알 수 없다. 그러나 일반 시가에 비하여 저렴하였고 공납이 매상보다 더욱 저렴하였을 것임은 상상하기 어렵지 않다.

6) 육의전의 상업적 특권

조선 초기 이래로 상업상의 감독기관으로서 호조 산하에 경시서, 뒤의 평시서를 두어 시전의 검사, 도량형의 감독, 물가의 평균조절 등에 관한 사무를 맡게 한 것은 농본주의에 입각한 상업업악 정책의 좋은 표현이라 하겠다. 그 뒤 점차로 상인은 자본을 축적해 갔지만 국가재정이 궁핍해졌으므로 자연히 정부는 상인의 부에 의지하게 되고 상인은 정부의 권력을 이용하게 되니 양자 사이에는 일종의 代償 관계가 성립하게 되었던 것이다.

그 결과 정부는 상업보호라는 혁명적인 조치를 취하지 않을 수 없게 되었으니, 그 하나가 바로 육의전 길드에 의한 특허적 전매 형태였던 것이다. 그

---

46) 《經國大典》 권 2, 戶曹 國幣.

러나 그 특권이 강대하면 할수록 그 의무 또한 가중되었다. 육의전의 상품독점은 한편으로는 궁실, 정부관리들의 부정 부패의 기회를 제공하였으며, 동시에 신흥 기업자의 진출을 막았던 까닭으로 상공업은 한층 더 위축 침체하게 되는 현상이 빚어졌다. 그러나 당시의 위정자들은 상업을 공정한 생업이 아니라는 관념 아래 장려할 수 없는 것으로 천시하였다. 따라서 정부의 특수재정인 귀중물품 조달의 필요상 어느 정도 보호 육성할 정책적 가치가 있다고 보면서도 그 감독은 엄격히 하지 않을 수 없는 자기 모순에 빠지게 되었던 것이며, 이 특허를 이용하여 관리들의 부정 부패가 일어나게 된 것이다.

정부의 상업 보호책에는 첫째 정부의 자금 대여가 있고[47] 둘째로는 외부의 압력에서 시전을 보호하는 것 등이 있었으나[48] 이보다도 정부의 상전 보호책으로 가장 대표적인 것은 두말할 것도 없이 금난전이며 이것이 곧 육의전 최대의 특전이었다. 그 특전이 서구 길드의 특전과 유사한 것인지 아닌지는 앞으로의 연구 과제로 삼아야 할 것이다.

본래 난전이라 함은 전안에 등록되어 있지 아니한 자나 판매를 허가 받은 상품 이외의 상품을 판매하는 것을 말하는 것이다. 이들을 평시서로 하여금 금지하게 하였던 것은 기술한 바이거니와, 난전을 자행하는 자는 시민의 고발로써 적발 징계하되 그 압수한 물품이 소정의 벌금에 미달할 때는 杖刑까지도 가하였다. 그 밖에 궁가소속자를 위한 난전이 심한 경우에도 법으로 엄중히 다스리고 그 물건은 몰수하라고 하였고 사대부가에서도 난전을 자행하

47) 순조 9년 12월 慶安宮 內帑錢 50,000냥과 내사전 20,000냥을 都下 十廛 十貢에 대여하여 불경기를 구제한 일이라든지, 순조 31년 11월 당시 帽子廛의 자금사정이 좋지 않았던 까닭으로 關西錢 15,000냥을 10년 기한으로 대여한 일이라든지, 헌종 6년 11월 저포전·진사전·상전·입전 등이 화재로 소실됨에 따라 앞의 각 전에 恤典을 급여한 일 등의 예가 있다.

48) 순조 33년 3월에 호위영군관 김선헌이 米廛에서 군량 9석을 판매하지 않았다는 구실로 무뢰배를 끌어모아 시전을 불사르고 가산을 파손하였을 때(《純祖實錄》 권 33, 순조 33년 3월 임오), 무인 洪眞吉·姜春得 등이 시전을 불태웠을 때에 각각 그 죄의 경중에 따라 처벌할 일 등이 있다. 또 헌종 원년 5월에는 사헌부 지평 조효준이 저포전에 대하여 법에 따라 처분하지 않고 자의로 백저포 판매를 금하여 시전의 동요를 야기시킴에 따라 그 직을 파면한 일(《日省錄》 헌종 을미년 5월 26일)같은 것은 그 대표적인 예이다.

여 禁吏를 구타하고 전인을 구류시켜 속전을 도로 뺏는 일이 있으면 그 가장을 적발하여 의법 처단한다는 규정들이 있었다.

이와 같이 난전의 금지는 조선 상업정책의 일부로서 관서로 하여금 이를 금지케 한 것이다. 그러나 한편으로 관부의 어용상인이자 최대의 국역부담자인 육의전으로 하여금 난전 금지에 관해 일종의 경찰권을 부여하여 관서와 협력케 하였던 것이니, 이것은 곧 육의전의 자위적인 행동인 동시에 관부의 육의전에 대한 보호를 단적으로 말하는 것이다.

이 금난전이 시작된 연대는 육의전 내지 유분각전의 성립 연대와 밀접한 관련이 있는 것으로 보이나 육의전이 어느 때부터 이 금난전의 경찰권을 갖게 되었는지는 확실하지 않다. 그 특권의 부여가 반드시 국역 부담의 代償조건인 이상, 육의전에 대한 국역 부담의 시기와 거의 일치한다고 볼 수밖에 없다.

그러나 육의전과 같이 관허의 특권이 있는 것 이외에 이것을 모방 또는 악용하여 폭력배들이 난전금지를 사사로이 자행하는 현상도 있어 적지 않은 악폐를 남겼다. 예컨대 정조 15년 蔡濟恭의 상소에 의하면 폭력배들이 세민(細民)의 채소, 옹기 파는 것까지 고발하고, 혹은 사람들이 물품을 시장으로 반입하는 것을 도중에서 협박하여 염가로 강제 구매하는 등의 일도 있었다고 한다. 또《증보문헌비고》에 의하면 농민의 간단한 물물교환이나 심지어 병중에 있는 부모의 치료약을 구하려고 면포 등을 가지고 나와도 난전이라는 명목으로 처벌을 당할 정도로 피해가 막심하였다.

그러나 이와 같은 폭력배 중에는 관부나 세가의 공사노비도 있었고,[49] 군병인 경우도 많았다. 따라서 이처럼 권력을 가진 자에게 대해서는 그 단속이 지극히 곤란했던 것이다.

그 예를 들면 선조 때에 훈련도감이 세워지자 그 군병으로서 서울시내에 거주하는 자가 市業에 종사할 경우에는 그것을 묵인하였으며 나아가 그들에게는 일반 상인이 부담하는 市役을 전적으로 면제하였던 것이다.[50] 그러나 인조 이후 시전에 대한 국역이 규정되면서 이 국역을 분담하는 유분각전, 특

49)《英祖實錄》권 3, 영조 12년 12월 병인.
50)《增補文獻備考》권 163, 市糴考.

히 육의전에 대하여도 제약이 없을 수 없었다. 이리하여 효종 때에는 군병으로서 상업을 경영하는 자에게는 市牌라는 認證을 급여하고, 그 대신 5분의 1의 시역에 응하는 의무를 부과하였다.[51] 그러나 그들의 작폐는 그치지 않고 오히려 結黨設肆의 경향까지 생겼다. 숙종 원년에는 훈련도감 군인과 精抄軍 등의 난전의 폐단을 금한 바 있고, 숙종 49년에는 효종 때에 제정한 시패법을 폐지하기까지 이르렀다.[52] 그러나 이와 같은 군병의 난전작폐는 실로 군사 재정의 무질서에서 온 것으로 영조 23년 11월 좌의정 趙顯命의 上箚文을 보면, 군병의 난전을 금하지 않으면 廛民이 감당할 수 없고, 군병의 난전을 금하면 군병이 자생할 길이 없다는 모순에 빠져 심지어 호위영의 폐지 논의까지 나올 정도였다. 그러나 난전을 혁파한다는 것은 용이하지 않았을 뿐만 아니라, 한편으로 영부사 金在魯 같은 사람은 호위군의 난전을 금지하지 말 것을 上啓한 일조차 있었다.[53] 이리하여 이 문제는 좀체로 해결을 보지 못하고 정조 5년 정월에도 각 군문에 난전을 엄칙케 하는 상교가 내려지기도 하였다.[54]

이러한 가운데 금난전의 특권이 공납으로 허용된 민간인은 두말할 것도 없이 육의전분이었다. 그러나 때로는 육의전 이외의 상전에도 이를 일시 허용하고 또는 하려고 한 일도 있었다.[55]

여기에서 부언할 것은 금난전의 특권을 가진 육의전으로서도 그 특권은 서울 이외의 지방에서는 허용되지 않았으며, 난전금지에 의하여 압수된 물품은 관부의 소유로 하였는데, 경종 4년에 이르러 호조우윤 조영익의 상계로

51) 위와 같음.
52) 위와 같음.
53) 《英祖實錄》 권 80, 영조 29년 7월.
54) 《正祖實錄》 권 11, 정조 5년 정월 을유·무자.
55) 정조 15년 채제공의 상소에 따라 평시서로 하여금 30년 이전에 설치한 老鋪를 조사·보고케 하여 이들에게만 특권을 부여하려 하였으나 조사 결과 동년 2월까지 오직 3전밖에 나타나지 않았으므로 마침내 연한의 久近으로써 규정치 말고 육의전 외에는 일체 금난전을 허용하지 않기로 한 일도 있었으며, 순조 7년에는 육의전 이외의 鉢里廛·樺皮廛·清蜜廛·鞋廛 등에도 그 특권을 준 일이 있었으나 그들이 이것을 이용하여 물가를 조종하고 도시경제의 폐단을 초래하였으므로 뒤에 다시 그 특권을 취소한 사실도 있었다(《日省錄》 순조 7년 2월 25일·7월 29일).

인해 난전의 액수가 적으면 징치하지 말고 설령 많다 할지라도 관부에 속하게 하는 것은 의미가 없다는 논의가 일어나, 마침내 난전행위에 대하여만 처벌을 하고 그 물품을 관부에 속하게 하는 일은 금지하였다.

〈劉元東〉

2. 지방상업

1) 상무사 우사

조선 농촌의 상업경제는 주로 시장을 무대로 전개되었다. 즉 '시장을 중심으로 한 지방경제가 곧 조선 경제조직의 본질'이라는 것은 이미 지적된 바 있다.[1] 재래 우리 사회에 있어서 경제 생활의 토대는 역시 농업생산에 있었으며 그 잉여물로 자기가 필요한 물품과 교환하였다. 그렇기 때문에 비록 후기의 사실이지만 시장 또는 장이 전국에 약 1,000개소나 되며《만기요람》에 의하면 순조 때에 경기 102개소, 경상도 276개소, 충청도 157개소, 강원도 68개소, 황해도 82개소, 전라도 214개소, 평안도 134개소, 함경도 28개소였다고 한다. 보부상은 이 시장을 중심으로 행상하면서 생산자와 소비자간에 교환경제를 매개하는 전문적인 시장상인이었다. 보부상은 대개 1일 왕복의 노정을 표준으로 형성되어 있는 시장망을 돌아다니면서 각지 물화를 유통시켰다. 그러므로 동일한 경제지역 내에서 생산된 물화는 보부상에 의하여 그곳 시장망에서 유통될 수 있었던 것이다. 원래 조선시대의 향시(지방시장)는 '1개월 6장'으로, 한 지방에서 매월 6회씩 열리는 것이 보통이다.《만기요람》재용편 향시조에 의하면, 1·6일, 2·7일, 3·8일, 4·9일, 5·10일의 순서로 개시되었다 한다. 예컨대 1·6일이라 하면 초 1일에 개시한 곳은 항상 초 6일, 11일, 16일, 21일, 26일에 각각 개시하였음을 의미하는 것이다. 본절에서 주로 논급하려 하는 충청남도 苧産八邑의 개시일을 예시하면 제1경로

1) 四方博,《朝鮮における近代資本主義の成立過程》(京城大法文學會, 1933), 138쪽.

는 한산읍내 시장(1일장)을 기점으로 하여 서천(2일장), 비인(3일장), 남포(4일장)의 순서로, 제2경로는 은산(1일장)에서 홍산(2일장), 정산(3일장)이나 또는 부여(3일장)를 거쳐, 임천(4일장)의 순서로 각각 행상할 수 있었던 것이다.[2] 이와 같이 일정한 시장 그룹을 형성하는 보부상이 동일구역 내를 순회행상하였다.

보부상은 褓商과 負商을 통칭한 명칭으로, 때로는 보상만을 말할 때도 보부상이라 하고 부상만을 역시 보부상이라고 통칭하기도 하나 그것은 명백히 구별되어야 할 것이다.

우선 상품에 관하여 보면 물론 시대에 따라 변화가 있었겠지만 보상은 주로 정치하고 비교적 고가인 잡화, 즉 '吳服, 毛物, 骨物, 혁대, 紐, 刀子, 銃, 櫛, 冠具'[3] 또는 '주단, 포목, 유기, 烟竹, 금·은·동제품(주로 장신구), 관구, 笠子, 宕巾, 網巾, 竹梳, 필묵'[4] 등 잡화들이었다고 한다. 뒤에 상술할 〈商務社章程〉(광무 3년 6월)이라는 사료에 의하여 보더라도 右社(보상)의 판매물종에는 布·帛·錦·紙物·綾·紬物·苧·金·銀·銅·貂·㺚·棉花·皮革 등이 보인다. 이에 비하여 부상은 비교적 조잡한 일용품인 목기·연초·토기·어염·도자기·방망이·홍두깨·草席·바가지·草鞋 등을 취급하였다 하며, 역시 〈상무사장정〉 左社(負商)의 판매물종에는 어염·藿·生水鐵·토기·木物·南草(담배)·麯·竹物·蘆席·淸蜜·靑麻 등으로 되어 있다. 이와 같이 부상의 상품은 농업 생산을 주로 하는 사회에서 유치한 가내수공업품을 주로 하는 데 비하여 보상의 상품은 기술상으로 발달된 세공품이 위주이며 주로 사치품이 많았다.

다음으로 상행위 방법을 보면 보상은 상품을 보자기에 싸서 들고 다니거나 질빵에 걸머지고 다니며 시장 또는 촌가의 마루에서 보자기를 끌러 펴고 판매하였으므로, 속칭 봇짐장사라고도 하였다. 이에 반하여 부상은 상품을 지게에 얹어 등에 걸머지고 다니면서 판매하였으므로 일명 등짐장사라고도 하였다. 그러나 그들 중의 대부상·대보상들은 수운과 陸駄로 다량의 상품을

2) 《增補文獻備考》 권 165, 市糴考 3.
3) 四方博, 앞의 글.
4) 柳子厚, 《朝鮮褓負商考》(正音社, 1948), 20쪽.

일시에 운반하여 판매하기도 하였다.

이 보상과 부상이 각각 견고한 조직을 가진 상인조합이며 행상조합이란 것은 경제사가들에 의하여 규정된 바 있고[5] 육의전과 더불어 조선상업사에서 독특한 위치를 차지하고 있는 것으로서 유명하다. 필자는 1955년 3월 충남 지방을 답사한 결과 부여·정산(청양)·홍산·임천·한산·비인·남포·서천 등 苧(모시)를 생산하는 이른바 '苧産八邑'을 순회하는 보부상단이 아직도 재래의 전통적 조직을 견지하고 있음을 발견하였다. 이리하여 이 충남의 보상단(정확히 말하면 충남우도 저산 8구 商務社 右社)의 실태를 중심으로 하여 보부상의 문제들을 해명하고자 한다.

조사 당시 동사의 접장이었던 부여군 부여면 왕진리 거주 白萬基씨 소장의 문서 및 물품을 검토한 결과 거기에는 중앙에서 구하기 어려운 귀중한 문헌이 보관되고 있으며 역대로 내려오는《靑衿錄》과 印匱, 團旗 등을 한꺼번에 2중 3중으로 포장하여 신주처럼 목상에 올려놓고 매월 1일, 15일에 제사 지내고 있었다. 백만기씨 소장의 傳掌記의 관계문헌 및 물품은 다음과 같다.

A. 목록류 문건

청금록(역원명단)	21책
판하상리국절목	2책
혜상공국관문 등 서책	2책
완의	1책
상무사장정(홍산우지사)	1책
상무협회규칙	1책
제국실업회상무과세칙	1책
한성부완문	1책
절목	1책
완문	1책
상고계립의	3책
상무장정부칙	2책
상규단취지서	1책
전장기(인계목록)	1책

5) 朝鮮總督府,《朝鮮人の商業—調査資料 第11輯—》(1925).

B. 규약류 문건

충남상업회사장정	1책
충남상업주식합자회사규칙	1책

C. 기물

봉도기	1건
좌사봉표	1건
은홍비병남장무원구인	1개
은홍산공사원인	1개
유래구문기홍보	1건
은홍영위지인	1개
은홍산공사원구인	1개
홍산재무원구인	1개

(1) 조　직

가. 보부상 조직의 기원

우리 역사상 부상의 기원은 아마도 고대사회에서부터 비롯된 것으로 생각된다. 그것은 당시의 물품 운반수단으로 소와 말이 있었지만 주로 사람의 머리나 등에 의해 운반함으로써 수요와 공급이 충당되었었던 까닭이다. 그리하여 그들이 '同濟相救'하는 미풍도 생겼으니 그에 관한 다음과 같은 전설도 보인다. "태조가 고려 말 함경도 만호로 있을 때 여진족과의 전투에서 화살에 머리를 맞은 채 적에게 쫓기고 있었다. 그 때 마침 황해도 토산군에 거주하던 백달원이란 자가 죽립을 쓰고 지게를 짊어지고 지나가다가 태조의 위기를 보고 태조를 지게에 담아 싣고 위기를 구하였기 때문에, 태조 즉위 후에 백달원의 은혜를 갚기 위하여 그의 소원에 따라 소자본인 8도의 행상인을 구제할 목적으로 각 주군에 任房을 설치케 하고 침식·질병의 치료·장례 등을 자유롭게 행할 수 있도록 하였다"는 설과 또는 "태조가 함경도의 행상들을 이용하여 신왕조를 건설하였기 때문에 8도에 하명하여 상민을 우대하기 위하여 상민 단체를 조직케 하였다"는 설, 그리고 "태조가 즉위 이후 안변에서 석왕사를 증축할 때 백달원이 동지 80명을 인솔하여 쌀·자재를 운반하고 삼척군에 있는 5백나한을 이안한 공로로 지금의 개성군 발가산에

임방을 설치하여 옥도장을 하사하였다"고 하는 설 등이 있다.[6] 이와는 달리 상류계급과 무뢰한의 탐욕에 대하여 그들 자신을 보호하기 위하여 국초에 부상조합을 조직하였다는 주장인 프랑스인 Chaillé-long-bey에 의해 저술된 《La Corée ou Choson》에도 보인다.

이와 같이 부상단은 적어도 조선 초부터 발생하여 그들의 支杖과 支機[지게]를 무기와 輜重으로 이용하면서 동심결속한 것을 알 수 있으며, 그 뒤에도 정부에서는 국가대사나 국난위기 때 그들 행상단을 수시로 사역하였다.

이에 대하여 보상이 언제부터 조직을 갖게 되었는지는 속단하기 어려우나, 그것이 전국적인 조직을 갖게 된 것은 고종 13년(1879) 8월에 발포된 〈漢城府完文〉에서이다. 그에 의하면 언제부터 존재하였는지 추측하기 곤란하지만 그 전부터 지역적으로 각기 정해진 기율과 수령인 접장의 소임이 있어 군료를 통솔하였고, 또 산재한 조직을 전국적인 상단으로 조직하여 소규모 자본의 행상을 규합하기에 이르렀던 것이다. 보상단은 그 '同濟相救'와 '以疏爲親以遠爲近'을 위하여 '吏無賴劇掠之類'와 '吏校輩侵掠之弊'를 금단함으로써 상권확립을 기도하였던 것이니, 한성부에서 8도의 都接長을 차출하면 圖書를 지급함으로써 보상의 신분을 보장하였던 것이다.

보상과 부상은 각각 별개의 행상조합 조직으로 성장하였으나 1883년에 惠商公局을 설치하여 보상과 부상을 완전 합동케 하여 군국아문에 부속시켰다.[7] 고종 22년에는 다시 商理局으로 개칭하는 동시에 부상을 左社, 보상을 右社로 구별하고 다만 역원은 상리국에 통합 단일화시켰다.[8]

이와 같이 정부에 의한 보호 및 관리가 시작된 것은 곧 보상 및 부상이 강대한 조직체로 화하고 있음을 말해준다. 1887년 경에 우리 나라에 체류하였던 Chaillé-long-bey의 글에서도 그러한 사실을 볼 수 있다. 당시의 상인 자신들이 전매권 획득과 상권의 방어를 위하여 단결을 강화하였을 뿐 아니라 정부에서도 그 완강한 조직력을 이용하기 위하여 적극적인 보호를 아끼지 않았던 것이다. 그래서 전국적으로 관권을 배경으로 실권을 행사할 수 있

---

6) 柳子厚, 앞의 책.
7) 《惠商公局關文謄書冊》.
8) 《判下商理局序文》.

도록 정부의 승인을 받은 조직체로 변화된 것이다.

나. 우사의 조직

가) 중점과 공사

대략 이상과 같은 연혁을 밟아 온 보부상 조직에서 가장 주목해야 할 것은 그 임원 선거를 민주적인 투표에 의하여 호선하는 것이며 그 선거 등의 안건 심의를 위하여 정기적인 총회를 열어왔다는 것이다.

우선 충남의 저산 8읍 보상의 경우를 예시하기로 한다. 필자가 목격한 바 부여 읍내에 거주하는 전 접장인 오장환씨의 담화를 종합하면 다음과 같다.

> 보상회의 총회는 中點 또는 公事라고 한다. 매년 舊 3월 13일[9] 부터 수일간으로서 매년 舊 3월 10일의 부상회의 총회일보다 3일 늦으며, 총회일에는 날씨에 상관없이 의무적으로 모든 회원이 참석하여야만 한다. 총회 회의장은 일정치 않고 접장이 매년 정한다. 총회에서는 임원 선출이 가장 중요한 안건이다.
>
> 역원 선거의 요령은 첫째, 8읍을 양분하여 격년제로 역원에 입후보하게 된다. 예를 들면 부여·정산·홍산·임천을 한 구로 하고 한산·서천·비인·남포를 한 구로 하여, 매년 교대로 선출하되 금년에 부여에서 접장에 당선되면 내후년에는 부여를 제외한 3읍 중에서 각각 1명씩 후보를 내어 그 3명 중에서 총회에서 직접 또는 간접으로 선거한다.
>
> 둘째, 투표장을 설치하여 입후보자의 명단을 회람하고 자기 의중에 있는 사람의 이름 아래 권점함을 상례로 하였다. 그러나 근래는 기명투표의 방식을 취하고 있다.
>
> 셋째, 접장 이하의 역원은 각 시장별로 선거하여 총회에 보고한다.
>
> 총회가 끝나면 그 다음날은 下差(연회 및 사무인계일)로 정해져 있다.

나) 임원과 소임

이상에서 본 중점·공사 등으로 불린 총회에서 접장 이하의 임원은 선거제로 선출되는 것인데 역시 충남 저산 8읍이 보상을 실례로 하여 그 임원의 종류와 소임을 보기로 한다.

구전에 의하면 보상의 성인 회원의 회를 '僚中'이라 한다. 이 요중의 임원으로는 다음과 같은 것이 있다.

---

9) 3월 13일은 조선 초 負商의 시초라고 전하는 白兎山(達元)과 관련 있는 일이라고 한다.

① 接長 : 社의 대표로서 상업에 관련이 있을 뿐 아니라 글을 알아 감당할 만한 사람[10]으로서 나이와 덕을 겸비하여 公員 등을 거친 자라야만 한다. 실제 여러 사무를 담당하여 총회의 소집 책임과 사회를 맡으며 총회 다음날의 연회비의 조달 등을 관장하는 중직이다. 정원은 1인, 임기는 1년으로 접장은 특히 당해 사의 동료 중에 사고가 발생했거나 외부로부터의 침략을 당하였을 때는 당해 도의 도접장에 보고할 의무가 있다.

② 領位 : 사의 고문으로서 최고 명예직이다. 접장 등의 首役을 치른 자로서 최고 연령자를 순서에 따라 1인을 추대하며 임기는 종신이다(근래에는 3년을 임기로 하였다).

③ 班首 : 영위가 관계 각 읍을 망라하는 사의 고문임에 대해서 반수는 각 읍 대표의 고문이다. 각 읍 단위로 총회를 열어 거기에서 당선된 자를 다시 8읍 전체 총회에서 선거하되 8읍을 2분하여 양 4읍에서 해마다 교대한다. 접장을 거친 반수를 實鑑班首라 하고 접장을 거치지 않은 반수를 南向班首라 한다. 임기는 1년, 정원 1인.

④ 副班首 : 연로연고자로서 실감을 갖지 못하는 자이며, 임기는 1년, 정원 1인.

⑤ 副任 : 각 장에서 약간 명, 이 직에 당선되면 접장에 피선될 자격을 얻는다.

⑥ 本房 : 각 장에서 약간 명, 자격은 부임과 같으며 공히 접장을 보좌한다.

⑦ 閑散都公員 : 각 장에서 1인씩.

그 밖에 《청금록》에 의하면 上公員·공원·문서공원·유사·집사·明事掌·서기·서사 등의 임원이 있으나, 그 기능·임기·정원은 시대에 따라 같지 않았다.

僚中의 산하 단체로 童蒙의 모임인 동몽청이 있어 요중의 지배 아래 움직이고 대외적인 실력 행사는 이 동몽청이 담당하였는데, 정부도 이들의 폭력을 이용하였을 것이라고 한다. 그 임원에는 다음과 같은 것이 있다.

① 大房 : 요중의 영위급에 해당하며 成床(결혼) 후에는 본방이 될 수 있는 자격이 있다. 정원 1인, 임기 1년.

② 裨房 : 각 장에서 약간 명을 선출한다. 요중의 반수에 해당한다.

③ 使屬 : 전달의 임무를 맡는다.

이상은 충남 저산 8읍을 단위로 한 저산 8읍 상무사 우사의 임원이며, 이 위에는 도내 각 사를 망라 통할하는 도접장과 도반수가 있다. 즉 고종 20년(1883) 보상·부사의 합동체인 혜상공국의 《關文騰書冊》에 의하면 중앙에는

10) 《漢城府完文(節目)》.

정부의 고관 6명으로써 公局堂上, 각 도의 前官者 8명으로써 監務官을 두어 상업과는 직접 관련 없는 자들로 하여금 그 정치적 기능을 관장케 하고 그 밑에 각 도마다 도접장과 도반수를 중앙에서 임명하였다. 그 뒤 고종 22년에 개칭된 상리국의 節目에는 통령 1인·도반수 1인·도접장 1인·공사장 1인·명사장 1인·도공원 1인·서기공원 4인·본방공원 2인·집사 10인·사령 5인·직방 2인의 본국 임원을 가지며, 그 절목 끝의 〈京都座目〉에는 우통령 1인·좌통령 1인·도반수 1인·도접장 1인·공사장 1인·명사장 2인·도공원 1인·본방공원 2인·서기 4인·도집사 10인으로 되어 있다. 그 좌목의 前代組織表에는 통령 1인·도반수 1인·도접장 1인·공사장 1인·도공원 1인·명사장 2인·본방공원 2인·서기공원 4인·도집사 1인·집사 9인으로 되어 있다. 여러 도의 도접장과 도반수는 중앙에서 임명하고 기타 중앙의 각 임원도 여러 도의 접장 중에서 골라 임명하였던 것이다. 그리고 각 도 도반수·도접장 및 지방 각 임원의 職印은 상리국 본국에서 조각해 줌으로써 문서 위조를 막고 통제하였다.

이리하여 중앙에서 임명된 도접장은 소관 도내의 행상을 통섭하여 紀律科條를 엄격히 세우고 강목을 세웠다. 보상회원에 대하여는 각각 信標라는 일종의 신분증을 급여하였는데 이 신표에는 업종과 성명(○○商 姓名○○○), 사는 곳, 소속한 任所 등을 기록하여 1장은 대조로 남겨두고 의심날 때는 수시로 살펴 奸僞를 예방하였다. 만약에 營邑을 마음대로 넘나드는 자가 있으면 도접장에게 보고하여야 하며 그는 다시 한성부에 보고하여 처결을 기다렸다.

도접장은 소관 도내의 보상회원의 명단을 작성하여 항상 인원을 파악하였다. 도접장이 각 읍 임소에 행렬할 때는 그 곳 소임이 재화를 제공하였다. 도접장의 별칭은 上任이라고 하였다.

(2) 기　능

가. 요원의 의무와 권리

보상회는 '同濟相救 以疎爲親 以遠爲近'하며 '爲上愛黨'하고 '病救死葬'함으로써 '商利資生'하고자 하였던 행상조합인 까닭에, 특히 회원 각자 자신을 단속하고 그들의 上任과 동료에 대한 예의 범절의 돈독을 존중하여 이를 배반하는 요중에 대하여는 응분의 벌칙을 적용하였다.

死亡相助에 관한 내용은 商賈稧 시행사목에 의하면 다음과 같다.

- 접장 부의 上布 2필 / 壯紙 3속 } 代 20냥
- 공원 부의 中布 2필 / 장지 2속 } 代 8냥
- 유사 부의 中・下布 2필 / 백지 3속 } 代 5냥
- 집사 부의 중・하포 2필 / 백지 3속 } 代 5냥
- 한산인 부의……………………………3냥 2전
- 동몽소임 부의…………………………4냥

이것은 요중 역원들의 사망시에 부담하였던 부의이지만 물론 일반요원의 경우에도 기술한 바에 의하였고, 大房을 지내지 않은 소임에 관하여는 閑散人의 예에 따라 3냥 2전으로 하였다. 이러한 상호부조의 미덕은 비단 그 단체원만이 아니라 社外의 일반인에게도 미쳐서 노상의 질병환자가 있으면 약을 써서 치료하였으며, 市店 간에서 사망한 객사자의 장례를 치르게 하였다.

그들의 본업인 상업상의 규율을 보면 손해 본 요중에게는 자본의 융통까지도 해주며 그 대신 상업도덕을 어기지 않도록 하기 위하여 폭리와 사기행위를 단속하였다. 또한 총회 및 기타 연회에 이유없이 불참할 때에는 벌전 1냥을 거두었는데, 이는 경제적으로 또 사회 신분적으로 미약한 존재였기 때문에 그들의 생업을 위하여는 다른 어떤 단체보다도 그 조직을 강화할 필요가 있었던 때문일 것이다.

이와 같은 의무와 아울러 요중의 권리도 있었다. 그러나 이는 요원의 특별한 권리라기보다도 상인으로서의 최소한도의 자유를 보장한 것이었다. 또한 요원 이외의 불량배 등이 행상을 가장하고 그들의 상업신의를 손상할 때에 경찰권을 가져 조사 단속할 수 있었으며, 외부인에 의한 여러 폐단을 엄히 경계하고 그들 상인의 안전한 생업 유지를 위하여 강력한 조치를 취하였다. 그리고 동료가 아니면 시장에 섞여 들어갈 수 없게 함으로써 뒷날의 폐단을 방지하였으니 일종의 전매특권의 행사인 것이다.

대내적으로는 부상요원이 보상의 상품으로써 행상하려 할 때, 또는 그와 반대의 경우에도 이를 허락하지 않았다. 또한 上任者가 필요 이상으로 재화를 거두어 낭비하거나 요원을 괴롭혔을 때는 道의 두목과 여러 임소의 접장을 엄중 처단케 하였던 일도 있었다. 이 밖에 시전의 수세권을 부여함으로써 시장 및 시전의 세금징수를 대행하였다.

이상과 같이 보상은 자기들이 안전하게 생업에 종사할 수 있는 권리로서 소관 지역 내의 상품독점권과 경찰권, 그리고 세금징수권을 갖기도 하였다.

나. 재정 및 객주와의 관계

다음에는 이 보상단의 운영을 위한 재정 관계를 보면, 첫째 관부로부터 시장세금 징수의 특권을 받고, 둘째 요원들에게 급여한 신표 1장의 대가로 3냥을 받았으며, 셋째 총회 때의 연회비와 祠祭 때의 경비를 각 시장에서 임시로 조달하였으며, 넷째 각종 禁律 위반자에게서 징수한 벌금 등으로써 요중 운영의 재원을 충당하였다고 하겠다.

저산 8읍은 문자 그대로 한산을 중심으로 저포생산이 유명하였기 때문에 그 매매액수는 고액에 달하였다. 이 8읍의 저포세로써 정부는 '綏慶園香炭之需'와 '補弊之資'에 충당하였는데 그 세액은 상당한 금액에 달하였다. 저산 8읍의 보상이 위탁받은 금액을 보면 1년에 3,550냥을 납부하되 6월 30일과 10월 30일, 즉 춘추 2기로 나누어 분납하고 1차에 1,775냥씩을 납부하였다. 따라서 요중에게는 그 이상의 세금을 매년 징수해야만 했다. 상무국 절목에는 요원으로 가입하면 신표를 급여하되 1장에 3냥씩을 받아서 그 중 1냥을 본국에 상납하고 남은 2냥 중 5전은 도반수에게, 4전은 接長 紙價로, 1전은 소임 지가로 충당하며, 나머지 1냥은 한성부에 駄價로 납입하였다고 되어 있다. 또 요원이 이유 없이 연회에 불참하면 罰錢 1냥씩을 받았음은 위에서 살펴 본 바와 같다.

이상은 요중 수입의 대략이지만 지출 종목으로서는 총회 및 그 연회비·역원 및 요원 사망시의 부의금·사제 비용·요중의 경비 및 잡비 등을 들 수 있을 것이다. 또한 영업에 실패하고 자금이 부족한 요원에 대하여 요중에서 자금을 대여하는 경우도 있었다.

지방상업과 불가분의 관계를 맺고 있는 것이 객주인데 이 객주는 경향 각지의 물화집산지에서 물화의 도매와 위탁판매업·창고업, 그리고 화물수송업을 겸하며, 또한 고객의 편리를 도모하는 금융업 등을 겸하고 있는 상업기관이었다. 이러한 객주와 보부상과는 특히 원활한 상품교류를 위하여 밀접히 연결되었다. 上任事 객주는 상업상으로는 보부상의 主人으로서 신분상으로는 상임(도접장)이 될 수도 있을 만큼 관계가 밀접하였으나, 객주가 보부상의 이익을 침탈하는 경우도 없지 않았던 듯하다.

정주하는 大商인 객주는 시장을 순력하는 소상인인 보부상의 행동 여하에 따라 그들의 판로 개척과 영업의 흥패가 좌우되었다. 보부상과 객주를 중심으로 그 거래 관계를 도시해 보면 대략 다음과 같다.

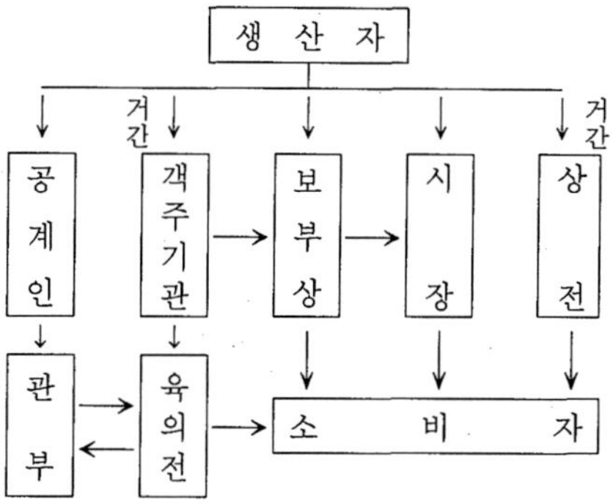

위 표에서 보는 바와 같이 육의전을 제외한 5상인들은 생산자로부터 상품을 구입하였다. 육의전은 상품을 주로 객주로부터, 또 고급 중국산 상품의 경우에는 관부로부터 구입하여 소비자에게 판매하였다. 한편 서울의 상전과 객주 등에는 거간이 있어 상품매매의 중매역할을 하였다.

이상에서 조선 말기의 지방행상단인 보상조합의 발생과 기능 등에 관하여 충청우도(남도) 저산 8구의 상무사 우사를 중심으로 고찰하였다. 이 충남의 보상이 보부상 전반과 질적으로 큰 차이가 없다고 할 수 있는가, 또한 조선 말부터의 전통을 간직한 현재의 유제가 본질적으로 조선초기의 것과 큰 차이가 없다고 할 수 있는가는 앞으로의 과제로 삼기로 하겠다.

보부상은 사실상 상인조합으로서의 조직이 완비된 점, 그 단결력이 굳은

점, 요원의 의무와 권리에 대한 법규가 엄격한 점, 그리고 상호부조의 미풍을 유지한 점 등은 다른 사회에서는 그 유례를 볼 수 없을 만큼 철저하였다. 그러나 그들은 상업자본의 축적을 보지 못하고 항상 경제적으로 무력한 존재로서 때로는 정치적 세력에 이용되거나 폭력적인 집단세력으로 등장하기도 하였다. 그 원인을 재고하건대 반드시 관리의 주구·약탈로만 결론지을 것이 아니라 오히려 조선 말기의 허약한 정치경제의 전반적 추세에 따른 불가피한 귀결이었다고 보아야 할 것이다.

그러나 일제강점기에 있어서 이 상단의 애국사상과 완강한 조직력을 두려워한 일제는 이를 탄압·폐지시키려 하였으나, 그들은 생명과 재산을 바쳐가며 이에 항쟁하면서 계승하려고 애써 왔다. 이러한 사실은 현재 충청우도 저산 8구의 상무사 우사에 전래하는 口碑로써 짐작할 수 있는 것이다. 그리하여 다른 지방에서는 거의 다 소멸되었는데도 불구하고 희귀하게도 이 곳 충남에서 유독 강대한 조직으로 그 전통을 계승해오고 있는 것이다.

2) 상무사 좌사

1955년 3월 부여지방을 답사한 결과 충청우도 저산 8구 상무사 우사(보상)에 관한 사료를 얻어 이미 발표한 바 있고, 곧이어 다시 부여군 홍산면 교원리에 거주하는 당시의 접장이었던 이성직씨를 찾아 그가 보관하였던 문헌을 조사한 결과 앞에서 살핀 우사(보상)와 별개의 상단인 좌사, 즉 부상의 조직이 보상의 그것보다 훨씬 오랜 전통과 역사를 가지고 현존하고 있는 사실을 발견하였다.

부상단도 지역적으로 보상과 동일한 지역을 중심으로 활동하였다. 즉 충남의 부여·정산·홍산·임천·한산·비인·남포 등 저포(모시) 생산지를 중심으로 소위 '저산 8읍'이라 칭하고, 그 8읍을 순차적으로 市日을 따라 돌며 한 개의 경제블럭을 형성하고 있는 행상단이었던 것이다. 그들의 명칭은 정확히 말하면 '忠淸右道 苧産八區 商務社左社'라 한다.

상무사 좌사 측 부상단에서 역대로 보존하고 있는 문헌을 중심으로 부상에 관한 여러 문제를 해명코자 한다.

조사 당시의 접장인 이성직씨가 소장하고 있는 문헌 역시 보상의 그것과 마찬가지로 특설 단상에 신주처럼 모셔놓고 매월 초하루와 15일에 제사지내고 있었다. 부상 접장의 보관문헌 및 자료를 보면 다음과 같다.

A. 목록류 문건

1. 임홍청금록	1책
2. 청금록 권 2	1책
3. 서부청금록 권 3	1책
4. 요중명부	1책
5. 서부좌지사공문서전장기	1책

B. 규약류 문건

1. 판하상리국절목	1책
2. 혜상공국서	1책
3. 비변사완문	1책
4. 완문	1책
5. 완문 권 1	1책
6. 선생안 권 2	1책
7. 서부좌사선생안	1책
8. 상규단취지서	1책
9. 책판하절목 권 1	1책
10. 절목 권 2	1책
11. 절목 권 3	1책
12. 절목 권 4	1책
13. 절목 권 5	1책
14. 상무장정부칙	1책
15. 상무금규칙	1책
16. 대한상무조합규칙	1책

C. 기 물

1. 支杖	1주
2. 竹皮幅(패랭이)	1개

(1) 부상의 연혁과 의의

부상의 연혁에 관하여는 이설이 있어 일정치 않으나 〈惠商公局序〉와 〈完

文〉에 의하여 살펴보면 아래와 같다. 〈혜상공국서〉에는 부상의 창설 연대가 상세하지 않으나 다만 고사에 기자조선 시대의 부상에 관한 기사가 실려 있으니, 부상을 시켜 버드나무를 심게 하였다는 것이다.

다음 신라시대에는 부상을 때때로 동원하여 돌을 운반하고 다듬어 무너진 성곽을 보수하였던 것이다. 고려시대에는 공양왕 때에 寧丁浦에 소금을 운반하였다는 사실이 《骨亭澹翁日記》에 보이므로 부상배가 전국 방방곡곡을 순력하면서 행상하고 있었음을 알 수 있다.

조선시대에 들어와서는 부상단의 단체활동을 좀더 구체적으로 볼 수 있다. 그러나 부상단의 합법적 단체권을 가진 소위 '負商廳'의 창설에 대해서는 역시 이설이 적지 않다. 대체로 이성계의 조선 건국과 밀접한 관련성을 가진 것으로 보이며, 조선 건국에 공을 세운 대가로 소위 '부상청'이 창설된 것이라 하겠다.

부상청의 창설은 부상배들의 충성의 대가였고, 이후 국가의 보호 아래 육성 신장되었던 것이다. 부상청의 최초의 五道都班首는 兎山 白達元이니, 그는 고려 말기 전국의 부상 중의 한 사람으로 이성계의 건국창업에 직·간접으로 충성을 다한 자이다.

이들 부상조합원은 정부의 보호를 받는 동시에 국가대사시나 국난위기 때에 수시로 사역되었다. 특히 주목되는 것은 국왕이 선조의 능을 참배할 때 수행 행렬에 봉사하였고 심지어 정부관청의 고관들까지 그들을 자유롭게 호출하여 특별 봉사(주로 탐정 봉사)를 시켰던 것이다. Daniel L. Gifford의 저서 《Every day Life in Korea》에 보이듯이, 그들 부상들은 빈객인 장관의 특별 호송을 위하여 징발되어 봉사하였던 것이다. 이와 같이 부상조합의 특징은 그들의 행상과 함께 진실로 봉건적 관념에서 정부에 대한 봉사로부터 이루어졌던 것을 알 수 있는 것이다.

완문에 의하면 임란 3대첩의 하나인 행주산성의 대첩도 부상의 멸사봉공의 충성심에 의한 것임을 알 수 있다. 또한 병자호란 당시에도 인조가 남한산성에 거둥할 때 쌀을 짊어지고 성곽을 지키는 등 오랑캐의 방어에 헌신하였던 것이다.

이와 같이 부상들이 결사적으로 군량을 보급하여 충성을 다한 공훈을 가

상히 여겨 전란 후에 부상들을 불러 벼슬을 주려 하였으나 모두 사양하고 단지 다섯 가지 물건, 즉 어·염·목기·토기·무쇠그릇 등의 전매권을 요구했던 것이다. 이에 정부는 그들의 소원대로 다섯 가지 물건의 전매권을 부여하였다.

부상청의 소속관계를 보면 고종 20년에 중앙에 혜상공국을 설치하고 부상과 보상단을 합쳐 군국아문에 부속시켰다. 다시 고종 22년에는 혜상공국을 상리국으로 개칭하는 동시에 부상을 좌단, 보상을 우단으로 개칭하였고, 고종 31년에 부상과 보상을 농상아문의 관할 아래 소속시켰다. 광무 초년에는 황국중앙총상회에 소속시키고 황국협회에 이속시켰다. 광무 3년에 상무사로 개편하고 李圭恒이 통솔하는 진흥회사에 속하게 하였는데 이 때 부상을 좌사로 보상을 우사로 개칭하였다. 지금도 저산 8읍의 부상을 상무사 좌사라 하고, 저산 8읍의 보상을 상무사 우사라고 하여 그 당시의 명칭이 그대로 존속되고 있음을 알 수 있다.

부상과 보상은 광무 7년에 공제소로 이관되었으며 그 사무소는 寺洞(지금의 인사동)에 있었다. 그 후 다시 상민회로 옮기고 광무 8년에 진명회에 이속시켰으나 부진하므로, 같은 해 12월에 발족된 공진회에 이속시켰다.

그 후 1910년에 일제는 애국적인 상인단체인 부상 및 보상조합의 말살을 꾀하였으므로, 부상단과 보상단이 거의 소멸되었다. 지금 남아 있는 것은 그 전통적인 조직과 친목을 계속 유지하고 있는 충청남도의 부여·한산을 일원으로 하는 소위 저산 8읍의 부상·보상뿐이라고 해도 과언이 아니다.

(2) 부상의 협동정신

부상의 협동정신은 재래 우리 나라의 어느 집단 사회보다도 강력하였다.

원래 부상이란 대체로 천민 출신으로서 등에 무거운 물건을 짊어지고 농촌과 文武之場을 순회하면서 물품을 공급함으로써 그들의 생업을 유지하던 자들이었으므로 사회의 천시를 면할 수 없었다. 그렇기 때문에 그들 상호간의 친목과 단결력이 절실히 요청되었던 것이다.

부상 상호간의 협동 정신을 요약하면 병이 들면 구원하고 班首와 接長을 아버지와 같이 대접하며, 公員과 執事는 자식과 같이 지켜 주고 윗사람을 섬기고 黨을 사랑하며 병이 나면 구해주고 죽으면 장례를 지내주는 것을 신조로 삼았다.

그들은 상행위를 목적으로 하는 상인단체이지만 충의의 정신만은 항상 몸에 지니고 있어 정부에서도 이들의 충의정신과 협동정신을 가상히 여겨, 관리로 하여금 임의로 부상을 침어하지 못하게 하는 동시에 그들에게 어·염·무쇠그릇·토기·목기 등 5종의 상품을 판매할 수 있는 전매특권을 부여하고 안전하게 상업을 영위할 수 있도록 하였다.

만약에 부상배들이 이 기강을 문란시키고 본래의 정신인 협동정신과 충의의 정신을 망각하는 일이 있으면 용서하지 아니하였다. 뿐만 아니라 그들 상호간의 의리와 협동에 관해서 강력한 규정이 마련되어 있었다. 〈절목〉이나 또 〈林鴻靑衿錄〉에 의하면 부상회원 상호간의 疾病喪葬과 상호구호에 있어서는 형제지의와 예로써 다 하여야 한다고 하였다.

이들 부상조합은 그들 중에서 선출된 수령에 의하여 지배되며 회원들은 일정한 신호로써 서로 알리고, 필요한 때에는 동료의 조력을 요구할 권리를 가진다. 또한 회원이 사망하였을 때에는 조합이 부담하여 매장하였는데 이러한 목적을 위해서 약간의 기금을 비축하여 두었다고 한다. 부상회원들은 매년 50냥을 소속 본부에 납입하여 그 자본을 증식하여 경조사 비용으로 사용했으며, 그 금전에 대해서는 비록 두목이라 할지라도 횡령·유용해서는 안되었다. 만약에 이를 유용 또는 횡령했을 때에는 관가에 제소하여 징벌하였다.

이상 부상단의 협동정신의 성격을 요약한다면 상업을 목적으로 한 이익공동체적인 상인단체이지만 그들의 내부 조직을 통해 행동 규제를 살펴보면, 혈연공동체적이며 정신공동체적인 성격을 현저히 나타내고 있다. 뿐만 아니라 그들의 애국사상의 실천은 실로 타의 모법이 되었던 것이다. 특히 그들 상호간의 이익을 초월한 혈연공동체적인 誼稧를 극진히 하고 있었다.

(3) 부상의 조직과 기능

부상은 외부로부터의 멸시와 탐욕에 대하여 자신들을 보호하기 위하여 국초 이래로 조합을 구성하게 되었지만, 초기의 내부조직에 관해서는 잘 알 수 없다. 1879년 9월에 발표된 〈한성부완문〉에 의해서도 부상의 조직이 언제부터 존재하였는지는 추측하기 곤란하다. 그러나 이전부터 지역적으로 두령인 접장이 엄격한 기율 아래 군료를 통솔해 왔던 것을 다시 전국적인 조직으로 강화하여 부상들을 규합하기에 이르렀던 것이다.

부상단이 조직을 필요로 한 것은 보상의 그것과 같이 同濟相救와 經濟的再生, 그리고 吏校輩가 侵掠하는 폐단을 방지하기 위해서였다. 부상의 임원은 중앙임원과 지방임원으로 나눌 수 있으니 〈판하절목〉에 의하면 중앙임원으로는 팔도임방도존위 1인 · 팔도임방부존위 1인 · 팔도임방삼존위 1인 · 팔도임방도접장 1인 그리고 공원 8명 · 본방공원 7명 · 집사 8명 · 팔도도반수 8명 도합 35명이 있었다. 이들은 모두 유급 임원으로 한성부 중부동에 기와집 41칸을 도임방을 갖고 武衛所로부터 2,326냥을 받아 기금을 마련하였다. 그리고 도임방의 경비조로 춘추 2기로 나누어 각 600냥씩을 역시 무위소로부터 받아 각 도반수에게 나누어주었다.

중앙임방의 임원은 때에 따라 그 수와 명칭이 동일하지 않았으니, 〈혜상공국관문등서책〉에는 감무관 8명 · 도접장 8명 · 도반수 8명 도합 24명으로 되어 있고, 1885년에 발족한 〈상리국절목〉에는 통령 1인 · 도반수 1인 · 도접장 1인 · 공사장 1인 · 명사장 1인 · 도공원 1인 · 서기공원 4인 · 본방공원 2인 · 집사 10인 · 사명 5인 · 방직 2인 도합 29인으로 되어 있다. 그리고 한성부의 임원은 〈상리국절목〉 京都座目에 좌통령 1인 · 우통령 1인 · 도반수 1인 · 도접장 1인 · 공사장 1인 · 명사장 2인 · 도공원 1인 · 본방공원 2인 · 서기 4인 · 도접사 10인 도합 24인으로 되어 있다.

지방임원도 중앙임원과 마찬가지로 그 명칭과 수가 때와 곳에 따라 동일하지 않았으니 〈절목〉에는 반수 1인 · 부반수 1인 · 공원 2~3인 · 별공원 2~4인 · 도집사 3~5인 · 서기 2~4인으로 도합 11~18명 내외로 되어 있고, 〈林鴻靑衿錄〉에는 영위 1인 · 구임 1인 · 창설접장 1인 · 본방공원 1인 · 도공원 1인 · 별공원 1인 · 도집사 1인 · 서기 1인 도합 13인으로 되어 있다.

특히 〈절목〉에는 접장의 자격을 규정하고 있는데 이는 접장이 負商員을 통솔하는 실질적인 총책임자인 까닭이다. 반수 · 접장의 임기는 1년으로 되어 있으나 임기 전이라도 근무 성적이 불량하면 총회에서 개선할 수 있었다.

임원은 요중에서 연령과 덕망을 겸비한 자라야 하며 영위는 부상단의 고문으로서 임기는 종신직이었다. 반수는 성질상 두 종류가 있었으니 實鑑班首(이미 接長을 지낸 자)와 南向班首(접장을 지내지 않은 자)가 그것이다.

이상으로서 충청우도 저산 8읍 상무사 좌사, 즉 부상에 관한 그 연혁과 조직 그리고 협동정신의 내용에 대하여 논급함으로써 보상의 그것과 더불어 조선시대의 보부상의 성격을 대략 살펴볼 수 있었다.

3) 객주와 여각

(1) 객주의 기원

객주는 여각과 구별되나 지방에 따라서 구별하지 않는 곳도 있다. 굳이 구별한다면 자본의 다과에 따라 많은 것이 여각, 적은 것이 객주일 것이다. 그러나 객주의 업무는 매매의 중개·여객업·은행업 등을 겸하고 있는 것으로 보아 본질적으로는 같은 성질의 것이다. 객주란 객상 주인의 뜻으로 지방에서 모여드는 객상을 위하여 居中周旋·물품매매를 성립시키는 여러 업무를 영위하였다. 즉 위탁판매·대부·예금·手形의 발행과 때로는 숙박업을 겸하는 자도 있었다.

객주의 기원은 상세하지 않으나 신라통일기로 추정하는 설도 있다. 그 근거로는 신라통일기에는 이미 항해술이 발달하여 당이나 일본은 물론 아라비아와 서역제국과도 내왕하였고 고려시대에는 국제무역이 점차 증가하여 전라도 해안과 제주도에는 일본과 송의 객선 왕래가 잦았으며, 대식국 貢使 및 商賈가 늘어나 상업의 번영을 보게 되면서, 자연 주막·여인숙 또는 주인제도가 발생하게 된 것이라 한다. 생각건대 시초에는 주인이 여객에게 매매의 상대방을 구해 주고 이에 대한 보수로 수수료를 받은 것이 점차 습관화되어 인습적으로 화물매매의 매개를 본업으로 삼고 그 보수도 당연한 권리로서 청구할 수 있게 된 것으로 추측된다.

(2) 객주의 종류

객주의 종류로는 灣商客主·褓負商客主·旅閣 등을 들 수 있다. 만상객주는 중국 상품의 위탁매매를 위한 것으로 만상의 '만'은 義州灣을 지칭한다. 조선시대의 중국의 상품은 의주만 상인을 거쳐 조선에 수입되며, 의주만 상인의 객주를 만상객주라 칭하였다. 이 만상객주는 근래까지 존속하였으나 교통의 발달과 더불어 자신들의 독점적 상행위를 유지할 수 없게 됨으로써 그 명칭도 사라졌다.

보부상객주는 주로 三南地方 보부상의 객주로서 보부상의 행상활동이 왕성해짐에 따라 자연적으로 그 취급 화물과 상품의 생산지역에 따라 나뉘어 독점적으로 활동하였다.

여각은 해안 각 포에 존재하며 곡물·어염·해구류 등의 위탁판매 또는 매입을 업으로 삼고 대개 큰 창고를 보유하고 있었다. 여각은 여관업도 겸하였던 것으로 그들은 관헌과 권력가의 세력을 이용하여 자기의 거래지방에서 오는 華客을 거의 강제적으로 숙박케 하여 규정된 수수료를 받았는데 특히 마포일대의 여객이 심하였다. 해안의 여각은 원래 각 포에 내박하는 船客主가 발전·변모한 형태로서 풍부한 자금을 보유하고, 널리 상품을 취급 거래하는 대상급에 속하였다.

(3) 객주의 업무

객주의 주된 업무로는 委託販賣와 預金·貸付金業·어음의 발행과 인수 등을 들 수 있다. 먼저 위탁판매를 살펴보겠다. 객주에서 주관하는 물화의 매매는 거간 즉 중매인을 통하여 행하였다. 거간에는 객주에 전속된 '내거간'과 자기집에서 다니는 '외거간'이 있었다. 이들 거간이 물화를 매매하면 거간수수료로서 곡물은 1석에 2전 내지 4전, 기타 잡화물은 매매액의 100분의 1을 買主에게서 징수하며, 객주는 또한 내외 2종의 口錢을 받았다. 內口는 매주에게서 곡물 1석에 10전 내지 20전, 특히 어염에는 그 1할을 징수하였다. 外口는 매주로부터 받은 거간수수료 중에서 그 반액을 징수하였다. 또 객주는 일단 자기에게 위탁한 물건을 다른 곳으로 이송할 때에는 過口란 명칭으로 징수하였다.

객주의 예금에는 첫째 華客이 위탁한 물품을 매각하여 그 금액을 객주에게 예금한 데 대한 이식이니, 이 이식율은 개성에서는 월 1分 2厘 5毛였다고 한다.

그리고 객주의 금전대부에는 첫째 물품의 판매위탁에 대한 假渡金, 둘째로 물품의 위탁판매를 조건으로 하여 그 매상을 위한 前渡金, 셋째로 토지를 담보로 한 대부금 등이 있었다.

어음은 요즘의 수표와 같은 것으로 객주가 발행한 경우는 첫째 延取引일 경우 그 대금의 지불기일에 이를 때까지 발행하는 것, 둘째 타인의 청에 의하여 연취인대금의 결제를 위한 신용대부, 셋째 토지·가옥 등과 같은 담보가 있을 때 금전을 대부해 주는 방법의 하나로서 어음을 발행하는 것 등이 있었다. 어음의 인수라는 것은 매매 양 당사자 중 買主가 현금이 없이 그 대금을 어음으로 지불하면, 賣主는 현금이 필요할 때 그것을 객주에게 인수시켜 돈을 갖는 것을 말하는 것이다. 즉 현재의 수표할인과 유사한 행위로서 금융의 원활을 도모하였던 것이다. 이것을 先給·先出給 또는 先下라고 불렀다.

〈劉元東〉

3. 화폐의 유통

1) 배 경

우리나라 화폐사 발전과정에서 볼 때, 국가가 정책적으로 체제와 품질을 일정하게 규격화한 화폐를 만들어 사용하려 했던 것은 고려 성종 15년(999)에 鐵錢을 주조 유통시켰던 사실에서 비롯된다. 그 당시에는 唐錢·宋錢 등 중국화폐가 유입되어 극히 제한된 일부 유통계에서 사용되었을 뿐, 대체로 布·米 등 물품화폐와 稱量金銀貨가 일반유통계를 지배하고 있었다. 따라서 고려정부가 철전을 주조 유통시키려 했다는 사실은, 한국화폐사상 자연경제적 유통질서를 극복하고 명목화폐제의 도입·실시를 위해 취한 최초의 시도라 할 것이다. 그 이후 고려정부는 계속해서 '海東通寶' 등 각종의 동전과 '銀甁'을 법화로 주조 유통시켰고, 말엽에는 元의 지폐(寶鈔)와 明錢 등이 유입, 통용되는 상황에서 楮貨의 人造유통을 시도하기도 하였다. 그러나 고려정부가 명목화폐의 통용 목적으로 거듭 유통 보급시키려 했던 철전·동전·은병 및 저화들 중 어느 한 가지 화폐도 지속적으로 통용되지 못하였다. 조선 초기에도 자연발생적인 포·미 등 물품화폐와 칭량은화가 의연히 공·사 유통계를 지배하였다. 조선정부는 저화를 법화로 유통 보급시키기 위한 화폐정책을 추진하는 과정에, 즉 태종 8년(1408)에 화폐정책 외적인 대명정책적 고려에서 고려시대 이래 중요한 통화기능을 담당해 온 칭량은화의 통용을 금지시켰다. 이로써 조선 초기에는 포·미 등 물품화폐가 공·사 유통계를 지배하게 되었다.

조선정부는 개국 초기의 혼란 내지 국내·외적 불안을 점차 극복하면서, 중앙집권적 지배체제를 확립하기 위해 정치·경제·사회·문화 등 여러 부문에 걸쳐서 제도정비를 시도하였다. 이처럼 제반 문물제도를 정비 확립해 나가는 과정에서, 그 당시의 지배적 유통질서인 포·미 등 물품화폐에 의한 유통체제를 극복하고 명목화폐제도를 수용하기 위해 저화와 동전의 유통 보급을 추진하였다. 또한 이러한 명목화폐제도의 도입시도가 좌절되면, 미봉책 내지는 반동으로 당시의 유통계를 지배하던 물품화폐인 布貨를 法貨化하려 하거나, 실용가치를 전제로 한 箭幣를 법화로 주조 유통시키려 하기도 하였다.

이상과 같이 10세기 말부터 거듭 시도해 왔던 것처럼, 조선정부가 자연경제 체제하의 물품화폐에 의한 유통 질서를 극복하고, 명목화폐제도를 수용하기 위해 저화나 동전은 물론 포화와 箭幣 등을 법화로 유통 보급시키게 된 배경으로는 대개 다음과 같은 몇 가지 사실을 들 수 있을 것이다.

첫째, 역사적 배경을 들 수 있을 것이다. 앞에서도 언급했듯이 고려정부는 10세기 말 이후 철전·동전·은병·저화를 법화로 유통 보급시키려 하는 등 물품화폐 유통체제를 극복하고 명목화폐제도를 도입 실시하기 위한 화폐정책을 거듭 추진하였다. 고려시대의 화폐유통에 관한 역사적 사실은 조선정부가 저화·동전·포화·전폐 등을 법화로 유통 보급시키기 위해 화폐정책을 추진하게 된 배경이 되었다. 사실상 한국화폐사 발전 과정에서 볼 때, 10세기 말 이후의 고려시대나 왜란 이전의 조선 전기는 명목화폐제도의 도입시도기였다는 점에서 본질적으로는 성격을 같이하는 시기라 할 수 있다. 고려시대의 화폐유통에 관한 역사적 사실이 조선 초기 화폐정책의 역사적 배경이 되었듯이, 고려시대와 조선 초기의 화폐유통에 관한 역사적 사실은 왜란 이후, 즉 17세기 초부터 조선정부가 동전을 법화로 채택, 유통 보급시키기 이해 화폐유통 정책을 적극 추진하게 된 역사적 배경이 되었던 것이다.[1)]

둘째, 조선정부는 중앙집권적 지배체제를 정비 확립하는 데 필요한 재정을 조달하며 개국 초기의 민중생활을 안정시키기 위한 경제정책의 일환으로서 저화를 법화로 유통 보급시키려 했던 것으로 보인다. 그리하여 그 당시 정부는 저화를 유통 보급시킴으로써 "국용을 넉넉하게 하고 民食을 풍족케 할 수 있다"[2)]고 생각하였다. 이처럼 저화는 "나라를 넉넉하게 하고 백성을 넉넉하게 하는 좋은 법이다"[3)]라고 생각했기 때문에, 새 왕조의 경제기반 확립을 필요로 하는 개국 초기의 경제정책의 일환으로서 저화를 법화로 유통 보급시키기 위해 화폐정책을 추진하게 되었던 것 같다. 사실상 저화나 銅錢을 만들어 사용하는 것은 농업에 경제기반을 둔 조선사회에 있어서 가장 적은 비용으로 가장 짧은 기일 내에 가장 많은 이득을 취할 수 있는 재정조달의 방법이기도 하였다. 또한 저화나 동전 등이 유통 보급됨으로써 화폐경제가 발전하면 제반 사회생산력이 증진되고 유통경제가 활성화되는 것으로 판단하였던 것이다. 이와 같은 화폐유통에 대한 가치인식을 기반으로 하여 조선 전기에는 저화나 동전과 같은 명목화폐를 법화로 유통 보급시키기 위해 화폐정책이 추진되었던 것이다.

셋째, 중앙집권적 조선정부는 중요한 利權(經濟權)인 화폐의 주조 발행에 대한 일체의 지배권을 국가 또는 국왕이 장악하기 위해 저화나 동전을 법화로 유통 보급시키려 하거나, 布貨 등 물품화폐의 法貨化를 시도하게 되었던 것이다. 조선정부는 전통적으로 국가통치권의 중앙집중화를 속성으로 하였기 때문에 "利權은 위(국가 또는 국왕)에 있다"거나, "利權이 백성에게 있는 것은

1) 元裕漢, 〈貨幣流通政策〉(《韓國史論》 11－朝鮮前期의 商工業－, 국사편찬위원회, 1982).
2) 《太宗實錄》 권 6, 태종 3년 8월 을해.
3) 《太宗實錄》 권 4, 태종 2년 9월 갑진.

옳지 않다"[4]고 했듯이, 국내의 경제권을 국가에 귀속시키고 백성에게로 돌아갈 수 없도록 하였다. 그런데 조선 초기의 일반 유통계에서는 백성이 생산하고, 또는 그들에 의해 지배되는 포·미 등 물품화폐가 통용되고 있는 형편이었다. 그리하여 조선정부는 '利權在上'이란 전통적 정치이념을 강조하면서 백성에 의해 지배되는 포·미 등 물품화폐의 유통체제를 극복하고, 국가가 그 지배권을 장악할 수 있는 저화·동전 등을 법화로 사용하는 화폐제도의 실시를 적극 추진하게 되었다. 이와 같은 '이권재상론'은 조선 초기와 같이 명목화폐제도의 도입 시도기에 강조되었을 뿐만 아니라 17세기 말부터 '常平通寶'가 법화로 채택되는 과정이나, 그것이 계속 유통되어 화폐경제가 확대 보급되는 과정에서도 종종 화폐주조 관리체계의 중앙집권화를 위한 논리적 근거로 제시되었다.

넷째, 일찍부터 화폐경제가 발달한 중국으로부터의 직·간접적인 영향은 조선 초기에 저화·동전 등의 통용을 시도하게 된 하나의 동기가 되었다. 역사적으로 볼 때, 우리 민족문화가 일찍부터 중국의 문물제도를 주체적으로 수용 발전시켜 왔다는 사실은 주지하는 바이다. 한국 화폐사 발전도 화폐경제가 일찍부터 발달한 중국으로부터의 직·간접적인 영향을 받으며 발전하였다는 점에서 예외일 수는 없다. 그리하여 선사시대나 고대사회에서도 그러했다고 하지만, 비교적 연대가 확실한 자료를 찾아볼 수 있는 고려시대와 조선 초기에 철전·동전·저화·은화 등 각종 화폐를 유통 보급시키고자 한 그 중요한 동기가 일찍부터 화폐경제가 발달한 중국으로부터의 영향에 있다는 사실을 찾아볼 수 있다. 고려 성종 15년(999)에 철전통용을 시도한 사실에서 엿볼 수 있듯이, 중국의 제반 문물제도를 주체적으로 수용하여 중앙집권적 지배체제를 정비하고 있던 조선 초기에도 중국으로부터의 영향을 받아 저화와 동전을 법화로 유통시키고자 하였다. 왜란 이후는 물론, 1890년대에 근대적 은본위제도를 수용하기까지도 중국으로부터의 직·간접적인 영향은 지속되었던 것이다.[5]

---

4) 《太宗實錄》 권 6, 태종 3년 9월 을해·을유.

5) 李鍾英, 〈朝鮮初 貨幣制의 變遷〉(《人文科學》 7, 延世大, 1962).
元裕漢, 《朝鮮後期 貨幣史研究》(韓國研究院, 1975).

다섯째, 조선정부가 초기에 포·미 등 물품화폐가 가지는 한계를 느끼고 명목화폐를 필요로 하는 사회 경제적 요청에 따라 저화나 동전을 법화로 유통 보급시키려 했다는 사실을 지적해야 할 것 같다. 조선정부는 개국 초기부터 말엽인 상공업은 본업인 농업을 해치는 것으로 보았기 때문에 농업을 적극 장려하는 반면 상공업 발전은 일정한 범위 내에서 억제하였다. 이처럼 상공업과 농업과의 관계를 대립 상충관계로 인식했기 때문에, 중농억말정책을 적극 추진하여 수공업생산과 상품·교환경제 발전은 활성화 될 수 없었다. 그러나 원론적으로 볼 때 상공업과 농업의 관계는 대립 상충관계이기 보다는 상호 보완관계이기 때문에, 정부당국의 적극적인 중농억말정책하에서도 상공업, 특히 상업은 정부의 심각한 우려를 자아낼 만큼 발전되었던 것으로 보인다. 즉 한성을 비롯한 도시상업, 지방상업, 선박을 이용하여 연해에서 활동하는 水商, 국경지대의 潛貿易 등이 전개되었다. 또한 상업에 종사하는 자가 증가하여 농업인구의 축소 내지 농업생산의 위축을 가져오게 된다는 점에서 정부의 우려가 컸다는 것이다. 또한 한갓 추론에 지나지 않을지 모르겠으나, 조선 초기 이래로 일관되게 중농억말정책이 적극적으로 추진되었다는 것은 그 동안 상공업이 지속적으로 성장 발전되고 있었다는 사실을 입증하는 것으로도 볼 수 있다. 그리하여 조선 초기의 일반유통계에서는 실용가치가 없는 품질 나쁜 포, 즉 麤布가 교환매개로 사용되었으리만큼 수공업을 비롯한 제반 사회생산과 상품·교환경제는 성장 발전되었던 것으로 보인다. 그러나 조선 초기의 제반 사회생산과 상품·교환경제가 지속적으로 발전되었다고는 하지만 그 발전수준이 실용가치를 중요시하는 일반 민중의 화폐가치관을, 실용가치가 적은 저화나 동전의 명목가치를 존중하는 화폐가치관으로 전환시킬 수 있는 단계까지는 이르지 못했던 것 같다. 이와 같은 점은 일반 민중이 저화나 동전 등은 추워도 입을 수 없고 주려도 먹을 수 없는 것으로 생각했기 때문에 조선 초기에 저화와 동전이 법화로 계속 유통 보급될 수 없었다[6]고 한 사실을 통해 알 수 있다.

6) 宮元兎一, 〈朝鮮初期の銅錢について〉(《朝鮮學報》 2, 1951).
田壽炳, 〈朝鮮太宗代의 貨幣政策－楮貨流通을 中心으로〉(《韓國史硏究》 40, 1983).
元裕漢, 위의 글.
———, 〈官僚學者 金藎國의 貨幣經濟論〉(《朝鮮時代史硏究》, 1989).

여섯째, 지극히 당연한 사실이지만 저화나 동전 등 명목화폐는 포·미 등 물품화폐와 비교해 볼 때, 교환매개·가치척도·운반수단·지불수단·저장수단·분할수단 등 화폐로서의 제반 기능이 우수한 것이다. 이 점이 조선정부가 초기에 포·미 등 물품화폐 유통체제를 극복하고 저화나 동전을 법화로 유통 보급시키게 된 기본적 동기가 되었을 것이다.

2) 저화·동전 유통정책

(1) 화폐 유통정책의 추진 경위

앞에서 조선정부가 금·은 칭량화폐의 통용이 금지된 왕조 초기에 포·미 등 물품화폐 유통체제를 극복하고 저화나 동전 등을 법화로 유통 보급시키게 된 배경을 몇 가지 측면에서 살펴보았다. 그러면 조선정부는 앞에서 살펴본 몇 가지 사실들을 배경으로 과연 화폐 유통정책을 어떻게 추진하였는가. 다음에서는 정부당국이 저화나 동전 등을 법화로 유통 보급시키기 위해 시도한 화폐 유통정책의 추진 경위를 대강 살펴보고자 한다.

태조 3년(1394) 7월에 호조판서 李敏道는 錢幣(鑄貨)制의 실시를 건의했으나, 채택 실시되지 못하고 말았다. 그 당시 조선정부가 전폐제를 채용하지 않았던 것은, 고려시대에 철전이나 동전 등 각종 주화를 법화로 유통시키기 위해 거듭 시도한 화폐 유통정책이 실패했다는 역사적 사실에 대한 반성과, 흉작 등 전폐제를 실시하기에 부적합한 사회 경제적 여건이 중요한 원인이 되었을 것으로 짐작된다. 그로부터 7년이 지난 태종 원년(1401) 4월에 좌의정 河崙의 건의에 따라 저화제를 실시할 것과 그 업무를 관장할 관청으로 司贍署를 설치하기로 결정하였다. 조선정부가 저화를 법화로 통용하기 위해 저화제의 채용을 결정하게 된 것은, 공양왕 3년(1391)에 추진한 저화 유통정책이 통용 직전에 여말 선초 국내외 정세의 혼란으로 좌절되었기 때문에 저화와 통용을 계속 추진해 보겠다는 정책적 의욕에 기인했던 것으로 짐작된다. 사실 저화 유통정책은 고려 말에 추진되었던 것이지만, 조선을 개창한 이성계 일파의 주도하에 이루어진 것이었다고 볼 때, 조선 초기의 저화제 채용은 고려 말에 시도하다가 좌절되었던 저화 유통정책의 계승 내지 부활의 의미를 가지는 것으로도 볼 수 있을 것이다. 저화제의 채용이 결정된 후에, 그에 반대하여 楮紙보다 내구성이 강한 淸淡色 正五升布로 '朝鮮布貨'를 만들어 법화로 사용할 것을 주장한 고위관료도 있었다. 그러나 태종의 강한 정책적 의욕으로 포·미 등 물품화폐 유통체제를 극복하고 저화를 법화로 유통 보급시키기 위한 화폐정책이 추진되었다.7)

조선 초기에 만들어 사용한 저화는 전해지는 것이 없어서 그 규격과 체재가 어떤 것이었는지 알 수 없다. 다만 기록에 따르면 저화는 두 가지 종류가 있었는데, 楮注紙로 만든 것은 길이가 1척 6촌이며 폭이 1척 4촌이고, 楮常紙로 만든 것은 길이가 1척 1촌이며 폭이 1척 이상이었다는 것이다. 그리고 조선정부는 저화 1매의 통용가치를 5승포 1필 또는 米 2斗로 비정하여 발행하는 한편 저화의 유통 보급방법으로서 중앙에는 태종 2년(1402) 5월 1일까지, 지방에는 5월 15일까지 5승포의 통용을 일체 금지하기로 하였다. 정부당국은 계속하여 여러 가지 방법으로 저화의 유통 보급을 시도했으나 일반 유통계에서 명목화폐인 저화의 통용은 거부되고, 국가의 통용금지 조치에도 불구하고 물품화폐인 포화가 중요한 통화기능을 담당 수행하였다. 이로써 통용을 금지했던 5승포를 저화와 병용하도록 하였다. 저화만을 법화로 사용하겠다는 정책방침을 완화하고 포화를 병용케 하자, 저화는 국가가 부여한 법적 통용력과 경제적 신용을 상실하고 마침내는 쓸모 없는 물건이 되었다. 이에 조선정부는 태종 3년(1403) 9월 저화를 印造 발행하던 사섬서를 폐지하는 동시에 1년 9개월만에 楮貨制의 실시를 중단시킴으로써, 화폐제도는 종래의 물품화폐 유통체제로 복귀하게 되었다.8)

그러나 태종은 10년(1410) 7월에 의정부의 건의를 받아들여 7년 전에 저화제도의 실시를 중단시켰던 것은 자신의 잘못이었다고 말하고, 사섬서로

7) 李鍾英, 앞의 글.
元裕漢, 앞의 글(1982).
權仁赫, 〈朝鮮初期 貨幣流通硏究－特히 太宗代 楮貨를 中心으로－〉(《歷史敎育》 32, 1982).

8) 李鍾英, 위의 글.
宮原兎一, 〈朝鮮初期の楮貨制について〉(《東洋史論叢》 3, 1954).

하여금 다시 저화통용에 관한 업무를 담당 수행케 하였다. 이로써 종래 印造하여 退藏해 두었던 저화, 즉 '建文年間所造楮貨'에 '永樂'이란 연호만 찍어서 그 해 9월부터 발행하였다. 그 당시 저화의 통용가치는 1枚에 米 1斗, 30枚에 木棉 1필로 비정하였다. 그리고 뒤이어 저화 유통정책의 일환으로서 5승포의 사용을 일체 금지하는 동시에 규정을 위반한 자는 중죄로 다스리는 등 종래보다 강경하고 적극적인 여러 가지 저화 유통방법을 쓰게 되었다.

그러나 이러한 정부당국의 저화 유통정책에도 불구하고 저화에 대한 일반민중의 공신력은 약화되어 저화통용을 꺼려한 나머지 장시에서는 상품의 매매를 기피하는 경향까지 나타나 유통계를 침체시키는 결과를 가져왔다. 그리하여 정부당국은 다시 엄벌주의 내지 강경 일변도적인 저화 유통방법, 즉 포화통용을 엄금하고 저화만을 법화로 사용케 하는 방침을 완화하기 시작하였다. 태종 11년(1411) 6월에 한성부로 하여금 斗升 이하의 미곡매매는 雜物을 물품화폐로 사용하는 것을 허용하는 한편, 태종 15년(1415) 정월에는 收贖을 제외한 기타 매매거래에 포화사용을 허용함으로써 마침내 楮貨全用令을 폐기된 셈이 되었다.

이처럼 포화가 사실상 法貨로서의 공적 지위를 다시 회복하는 것을 계기로 하여, 조선정부는 태종 15년(1415) 4월에 布帛稅인 着稅를 징수하기로 결정하였다. 착세는 布帛에 부과되는 일종의 물품세로서 포백이 화폐로 통용될 수 있으려면 국가의 검열·着印을 받아야만 했는데, 착인할 때에 포백의 소유자는 布價의 30분의 1에 상당하는 저화를 납입하는 것을 말한다. 물품화폐인 布貨의 통용이 합법화되어 그것이 법화로서 기능하게 됨에 따라 저화의 유통가치는 폭락하게 되었다.

그런데 조선정부가 태종 15년(1415) 포백세인 착세의 징수를 시도하는 과정에서 법화로 동전을 주조 유통시키는 문제가 제기되었다. 즉 태종 15년 5월 知申事 柳思訥이 신설된 착세를 징수하는 데 저화 1매 미만의 적은 액수를 처리하기 불편하다는 이유로, 동전의 주조 유통을 제의한 사실이 그것이었다. 동전을 주조 유통하면 착세의 징수에 편리할 뿐만 아니라, 일반 상품의 소액거래에도 편리할 것이라는 주장이었다. 이로써 동전을 법화로 주조 유통하는 문제가 활발히 논의되어, 그 해 6월에 호조의 건의에 따라 唐의 '開元通寶'의 체재와 품질을 본 딴 '朝鮮通寶'의 주조 유통문제가 결정되었다.

그러나 '조선통보'의 주조사업이 착수되려던 시기에 사간원이 楮貨制의 보완목적으로 추진된 동전 주조 유통을 반대하는 상소를 올렸고, 이것이 계기가 되어 동전 주조 유통계획은 중단되었다. 동전을 저화와 함께 법화로 주조 유통하려던 계획이 중단된 중요한 원인은, 일반 민중이 동전만 사용하게 되어 저화는 유통계에서 자취를 감추게 된다는 데 있었다. 사실상 동전이 주조 유통되기도 전에 일반 유통계에서는 저화의 유통가치가 폭락되어 저화로는 미곡을 매입할 수 없게 되었다는 것이다. 어쨌든 조선정부는 일부 고급관료들의 반대를 무릅쓰고 태종의 주장에 따라 추진한 동전 주조 유통계획이 중단되자, 저화제 실시를 일층 강화하는 방향으로 화폐정책을 추진하게 되었다. 그러나 일반 유통계는 물품화폐인 포화가 지배하고 저화의 유통가치는 폭락하여 '賤物'처럼 취급되었다. 이에 정부당국은 흉년을 이유로 하여 楮貨專用을 잠시 중지하고 포화·잡물을 매개로 하여 이루어지는 매매거래를 허용함으로써 사실상 저화는 통용이 중지된 셈이었다. 한편 세종 4년(1422) 말에 제기된 바 있는 동전 주조 유통론을 이듬해 9월에 받아들여서 동전을 법화로 주조 유통하는 문제를 결정하게 되었다.

조선정부는 의정부와 6조의 합동회의에서 동전을 주조 발행하여 법화인 楮貨와 병용하기로 결정하였다. 당 '개원통보'의 체제와 품질을 본따서 10錢을 1兩으로 하고, 錢文은 '조선통보'라 하여 銅 1斤을 바치는 자에게는 동전 160文을 지급케 하였다. 그리고 동전의 주조발행은 사섬서에서 관장하고 동전을 불법적으로 주조하는 자는 처벌하기로 하였다. 이로써 개국 초부터 거듭 논의 시도된 바 있는 동전을 법화로 주조 유통시키는 문제는 세종대에 이르러 마침내 실현된 셈이다.

이후 조선정부는 중앙에서는 물론 경기도·경상좌우도 및 전라도의 각 지방에 鑄錢所를 설치하고 동전, 즉 '조선통보'를 주조케 하였다. 그러나 국가가 화폐 유통정책을 추진하는 데 필요한 수량의 동전을 주조하는 데는 적지 않은 어려움이 있었던 것 같다. 그 중요한 원인은 우선 거의 日本銅의 수입에 의존하는 화폐 원료의 공급이 어려웠고, 처음 시도하는 동전주조사업이었기 때문에 주조시설이 미비하고 기술자 동원이 어려우며, 기술이 미숙하다는 데 있었던 것으로 짐작된다.

한편 정부당국은 세종 7년(1425) 정월까지 주조된 동전 12,537貫을 길일을 택해 통용하기로 하고, 또한 濟用監을 비롯한 중앙 각 관청과 각도 및 留後司에 각각 일정량의 동전을 頒給하였다. 그리고 동전 유통 보급에 관한 업무를 철저히 독려하고 감독하기 위해, 그 해 2월에 '不用銅錢者糾察條件'을 공포하는 동시에 동전을 유통 보급하기 시작하였다. 그 당시 결정된 동전과 저화와의 比價는 1대 2였던 것이나, 동전과 미·포 등 물품화폐와의 비율은 확실히 알 수 없다. 동전을 저화와 함께 법화로 통용케 했으나 저화는 일반 유통계에서 전혀 통용되지 못하고, 행정권이 직접 작용될 수 있는 조세의 납부수단으로 일부 사용되었을 뿐이다. 그리하여 세종 7년(1425) 4월에는 호조의 건의에 따라 저화의 통용을 중지하고, 저화 1매를 동전 1문으로 환수케 했던 것인데, 그 당시 저화 1매의 가치가 米 1승으로 比價된 셈이다.

이후 국가의 화폐 유통정책은 저화 못지 않게 동전을 법화로 유통 보급시키기 위해 적극 추진되었다. 그러나 정부 당국의 강한 정책적 의욕과는 달리, 동전 역시 저화의 경우와 같이 마찬가지로 유통계를 지배하는 법화로서의 기능을 발휘할 수 없었다. 그 중요한 원인은 정부 당국의 적극적인 화폐 유통정책에도 불구하고, 일반 민중은 실용가치가 작은 동전보다는 실용가치가 전제된 포화를 즐겨 사용하기 때문이었다. 동전을 법화로 주조 유통시킨 초기에는 동전을 사용하지 않는 자에 대한 처벌이 두려워서 포화를 사용하는 사람들이 적었으나, 국가의 동전 유통방침이 완화됨에 따라 포화의 통용은 점차 활발해졌던 것으로 보인다. 그리하여 정부 당국자들이 "포화는 만년을 지나도 폐단이 없다"고 말했을 정도로 포화의 통용 즉 물품화폐인 포화의 통화기능은 활발해졌으며, 상대적으로 법화로서의 동전의 기능은 위축되었던 것이다.

이처럼 저화제의 실패를 보완하기 위해 시도한 동전 유통정책이 성과를 거둘 수 없게 되자, 저화제를 다시 채용하는 문제가 제기 논의되었고, 세종

27년(1445) 12월 마침내 저화제 채용이 결정되기에 이르렀다. 저화제의 실패를 보완하기 위해 동전을 유통 보급한 목적이 그러했듯이, 동전 유통정책의 실패를 보완해서 다시 저화제를 채용한 것은, 조선정부가 왕조 초기부터 일관되게 시도한 포・미 등 물품화폐 유통체제를 극복하고 명목화폐제도를 실시하려는 데 목적이 있었다. 저화제를 다시 채용한 정부 당국은 국가의 수입 지출을 화폐화하는 등, 여러 가지 방법으로 저화를 법화로 유통 보급시키려 하였다.

그러나 이같이 적극적인 저화 유통정책의 시행에도 불구하고 저화의 법화로서의 기능은 점점 약화되는 반면 물품화폐인 포화의 유통은 실질적으로 유통계를 지배하게 되었다. 그리하여 《經國大典》의 '戶典'이 頒行된 세조 6년(1460)에 이르러서는 물품화폐인 포화의 품질과 체재를 규격화하여 저화와 함께 법화로서 결정하였다. 이처럼 포화를 저화와 함께 법전에 법화로 규정했다는 사실은, 곧 물품화폐 유통체제를 극복하고 명목화폐제를 실시하려는 화폐정책의 실패를, 보다 본질적인 면에서 본다면 명목화폐제도를 수용하는 데 있어서 그 당시 조선사회의 한계를 의미한다고 보아야 할 것이다. 일반 민중이 저화나 동전은 입거나 먹을 수 없는 것으로 생각하던 그 당시의 사회 경제적 여건 속에서 실용가치가 있는 포화의 통용이 합법화됨에 따라 저화의 통화기능이 위축되고 포화가 유통계를 지배하게 되는 것은 지극히 당연한 일일 것이다. 그리하여 성종 23년(1492) 11월에 종래 저화로 수납하던 各司의 徵贖을 모두 포화로 거둬들이게 되자, 지방에서는 저화가 무엇인지도 모르는 실정이었다고 한다. 그리고 중종 7년(1512) 경에는 "저화는 《경국대전》에 기록되어 있을 뿐 근래에는 專廢되고 사용되지 않는다"[9]고 한 것을 보면, 그 당시에 저화가 전혀 통용되지 않았던 사실을 알 수 있다.그 이후 대략 1670년대 말에 '常平通寶'가 유일한 국가의 법화로 채택 유통되기까지 저화는 유통계에서 사라지고 포화가 역시 물품화폐인 미 및 칭량은화와 함께 공・사 유통계를 지배하였다.[10]

9) 《中宗實錄》 권 15, 중종 7년 정월 병인.
10) 李鍾英과 宮原兎一의 앞의 글 참조.

(2) 화폐의 유통 보급방법

앞에서 조선정부가 건국 초기에 포·미 등 물품화폐 유통체제를 극복하고 저화나 동전을 법화로 유통 보급시키기 위해 시도한 화폐 유통정책의 추진 경위를 대강 살펴보았다.

그러면 그 당시 조선정부는 어떠한 방법으로 저화나 동전을 공·사 유통계에 유통 보급시키려 하였는가. 다음에서는 정부당국이 시도했던 화폐의 유통 보급방법으로서 어떠한 것이 채택 실시되었는지를 대강 살펴보고자 한다. 저화의 유통 보급방법과 동전의 그것과는 부분적인 차이가 있지만, 대체로 공통되는 것이라 생각되기 때문에 저화나 동전의 유통 보급방법을 구분해서 논급하지는 않겠다.

첫째, 조선정부는 저화나 동전 등 명목화폐를 법화로 유통 보급시키기 위한 조치로서, 먼저 일반 민중이 보다 쉽고 편리하게 사용할 수 있도록 저화와 동전을 중앙과 각 지방으로 반급하였다. 정부당국이 저화나 동전에 법적 통용력과 경제적 신용을 부여하여 중앙과 각 지방으로 반급하는 데는 여러 가지 방법이 있었다. 즉 중앙 및 지방관청에서 저화와 동전을 일반 민중에게 포·미 등과 교환해 주고, 관리녹봉의 일부를 화폐로 지불하며 煙戶米를 화폐로 환산해서 지급하였다. 또한 화폐로써 정부당국이 수용한 민간재산을 보상하고, 국가에서 필요로 하는 물품을 구매하며, 각종 보상에 화폐를 사용하기도 하였다. 이상과 같이 저화나 동전을 중앙과 각 지방으로 반급하기 위해 여러 가지 방법이 모색 시도되었으나 적절한 시기에 적당한 수량의 화폐가 반급되지 못했기 때문에 그것은 저화와 동전을 법화로 유통 보급시키는데 저해적 요인이 되었다.[11]

둘째, 조선정부는 포·미 등 물품화폐와는 달리 저화나 동전이 실용가치가 전제되어 있지 않은 일종의 명목화폐라는 점에서, 마땅히 법적 통용력과 경제적 신용을 부여하여 그것이 계속 통용될 수 있는 법화로서의 유통가치를

---

11) 李鍾英, 위의 글.
田壽炳, 앞의 글.
元裕漢, 앞의 글(1982).

보장해야만 하였다. 화폐의 유통 보급을 위한 이와 같은 조치로 저화나 동전의 통용 초기에는 가장 적정하다고 생각되는 화폐 유통가치를 포·미 등 물품화폐에 비정하였고, 또한 화폐 유통가치가 하락하게 될 경우는 여러 가지 방법으로 화폐의 兌換力 내지 공신력을 강화하여 화폐 유통가치를 유지 보장시키려 하였다. 즉 정부당국은 화폐의 태환력 내지 공신력을 강화시킴으로써 그 유통가치를 유지 보장하기 위해 정부가 소유한 미·두·포·잡물 등을 시가에 따라 화폐로 환산하여 일반 민중에게 방출하는 한편, 일반 유통계에 화폐유통량이 부족할 때 민간소유 잡물을 화폐로 구매하였다. 또한 같은 목적에서 화폐의 품질악화를 막기 위해 파손된 화폐를 새 것으로 교환해 주고 화폐의 위조행위를 엄벌했으며, 국가가 규정한 화폐 유통가치대로 상품거래를 하지 않고 화폐 유통가치를 자의로 변경 조절하는 자를 엄벌하기도 하였다. 정부당국이 화폐 유통가치를 유지 보장하기 위해 취한 조치들은 조선후기에는 물론 고려시대의 화폐정책 추진과정에서도 시도되었던 것이다. 이상의 조치들 가운데 특히 정부 소유 각종 물자를 방출하는 것은 방출물자의 수량이 한계가 있었기 때문에 일시적인 방편에 지나지 않았다. 그리하여 법화인 저화나 동전을 유통 보급시키기 위해 정부 소유의 각종 물자를 방출하고 화폐의 태환력 내지 공신력을 강화하여 그 유통가치를 유지 보장하려는 조치도 기대한 성과를 거둘 수 없었다.

셋째, 조선정부는 각종 세납의 화폐화를 통해서 저화나 동전을 법화로 유통 보급시키려 하였다. 그리하여 정부당국은 巫女業稅, 匠人稅, 行商稅, 座商稅, 京中家基稅, 魚稅, 船舶稅, 科田·功臣田·寺社田稅, 奴婢身貢, 時方雜貢, 地方官廳歲貢 및 納贖 등을 저화나 동전으로 징수하고자 하였다. 화폐를 유통 보급하기 위해 각종 세납을 화폐화하는 조치는, 국가의 공권력을 배경으로 하여 추진되는 것이기 때문에 합리적이고 점진적으로 시행할 수 있다면 비교적 빠른 성과를 기대할 수 있는 화폐의 유통 보급방법이 될 것이다. 그러나 이와 같은 화폐의 유통 보급방법은 일반 민중이 국가에 세납할 저화나 동전을 마련할 수 있는 여건이 갖춰진 연후에 성과를 기대할 수 있는 것이다. 그렇지 못할 경우에는 일반 민중은 세납의 부담도 무거운 데다가 세납할 화폐를 마련하기 위한 어려움까지 겹쳐서 정부당국을 원망하게 되는 등, 여러 가지 사회경제적 모순과 폐단을 불러일으키게 된다. 이와 같은 현상은 동전을 법화로 유통 보급시키기 위해 화폐정책이 적극 추진된 조선 후기에도 흔히 일어나고 있었다.

넷째, 조선정부가 포·미 등 물품화폐 유통체제를 극복하고 저화와 동전을 법화로 유통 보급시키려는 데 화폐정책의 목적이 있었던 만큼, 저화나 동전의 유통 보급방법으로서 포와 미, 특히 포화의 통용을 금지하려 했던 것은 지극히 자연스러운 일이라 할 것이다. 정부당국이 엄벌로써 포화의 통용을 금지해 보았으나, 성과를 거두지 못하게 되자 포 생산 자체를 금지하고자 하였다. 그러나 저화나 동전의 유통 보급방법으로서 포 생산의 금지를 시도해 보았지만 역시 실패하자, 시중의 포를 매입하여 여러 조각으로 잘라서 민중에게 나눠줌으로써 물품화폐인 포화는 영구히 통용하지 않는 동시에 저화를 법화로 사용하겠다는 정부당국의 정책적 의지를 민중에게 인식시키려 하였다. 그러나 이러한 조치는 재정손실을 가져올 뿐만 아니라, 사회 경제발전에 따른 자연발생적 포화 유통형상을 정책적으로 억제하기는 힘든 일이었기 때문에 일시의 정책적 의지의 발로에 그쳤던 것이다. 조선 후기에도 동전을 법화로 유통 보급시키기 위해 화폐정책을 적극 추진하는 과정에서, 동전유통 보급방법으로 일반 유통계에서 유통되고 있는 포화의 통용금지가 시도된 일이 있었다.

다섯째, 조선정부는 소극적이긴 했으나 저화나 동전을 시중의 상업거래에 교환매개로 사용케 함으로써 일반 민중의 화폐가치 인식을 증진시키는 등, 보다 본질적이고 기초적 화폐의 유통 보급방법을 채택 시도하였다. 한 예를 들어보면, 모든 상점에서는 매매거래에 교환매개로서 저화와 포화를 각각 절반씩 사용할 것이며, 판매자가 저화를 소지하고 있지 않았거나 매입자가 저화를 받으려 하지 않을 경우에는 거래된 물건을 관청에서 몰수한다는 것이었다. 이와 같은 화폐유통 보급방법은 조선 후기는 물론, 고려시대에도 동전 등을 법화로 유통시키기 위해 화폐정책을 추진하는 과정에서 채택 시행된 일이 있다. 조선 후기에는 상거래를 통해 동전을 유통 보급시키겠다는 정책적 의지가 더욱 커져서 기존의 상업시설을 이용하려는 데 그치지 않고, 상설점포를 신설하여 상거래를 활성화시키자는 주장이 제기되기에 이르렀다.

여섯째, 조선정부는 저화나 동전을 법화로 유통 보급시키기 위해 布貨의 통용을 엄벌했듯이, 국가의 화폐유통을 보급규정에 따라 화폐를 사용하지 않는 자를 엄벌하였다. 화폐의 사용을 기피하는 자에 대해 '直行囚禁'한다던가, 또는 '廣示警衆'한다는 기록을 보면 정부당국이 얼마나 형벌 위주의 화폐 유통정책을 쓰고 있었는지 알 수 있을 것이다. 또한 화폐의 유통가치를 유지 보장하기 위해 일반 민중이 국가가 규정한 화폐 유통가치대로 상품거래를 하지 않고 자의로 화폐 유통가치를 변경 조절하는 자를 엄벌에 처하기로 하였다.

이처럼 정부당국은 조선 초기에 저화나 동전을 법화로 유통 보급시키기 위해 화폐정책을 추진하는 과정에서, 그 당시 제반 사회생산력이나 상품·교환경제의 발전수준을 감안하여 국가의 화폐정책에 대한 민중의 신뢰를 두텁게 하고 민중의 화폐가치 인식을 증진시키는 데 힘쓰기보다는, 대체로 금지나 처벌을 중심으로 하는 행정주도 내지 형벌 위주의 화폐유통방법을 채택 실시하였던 것이다. 이상의 사실은 새 왕조 초기에 중앙집권적 지배체제를 적극 추진하고 있던 정부당국의 강력한 정치의욕이 그 당시의 화폐정책 운용에 반영된 것으로 이해되어야 할 것 같다.[12]

3) 포화의 법화화 시책

대체로 인류가 직조기술을 터득하게 되면서부터 각종의 직물, 즉 의료는 중요한 교환수단의 하나가 되었다. 인류역사 발전과정에 보이는 이와 같은 일반적 현상은 한국 역사 발전과정에서도 예외는 아니었다. 그리하여 직물, 특히 마포를 비롯한 포화는 역사상 가장 오랫동안 중요한 교환수단으로 사용되어 왔기 때문에, 한국 화폐사 발전과정에서 중요한 위치를 차지하게 되는 것이다.

국가가 정책적으로 철전·동전·은화·저화 등을 법화로 유통 보급시키려 했던 고려시대에는 마포를 비롯한 각종 직물이 곡물과 함께 중요한 물품화

12) 위와 같음.

폐로서 일반 유통계를 지배하였다. 앞에서도 지적했듯이, 고려시대의 일반유통계를 지배한 포·미 등 물품화폐 유통의 관행은 조선시대로 계승되었다. 그리하여 조선정부는 왕조 초기부터 고려시대에 그러했던 것처럼 포·미 등 물품화폐 유통체제를 극복하고 저화나 동전을 법화로 유통 보급시키기 위한 화폐정책을 적극 추진하였다. 정부당국은 이상과 같은 화폐정책을 추진하는 과정에서, 적극적으로는 布貨의 통용을 금지하려 했고, 그것이 불가능하다고 생각될 때는 물품화폐인 포화를 저화나 동전 등 명목화폐와 병용하거나, 마·면포 등 포화를 법화로 규정하기까지에 이르렀다. 그러면 조선정부는 왕조 초기에 그 당시의 일반 유통계를 미와 함께 지배하고 있던 포화를 어떻게 법화로 규정하여 유통 보급시키고자 하였는가. 다음에서는 조선정부가 개국 초기에 일시 방편적 조치로 포화를 저화나 동전과 병용하려던 단계를 넘어서 포화를 법화로 규정해 유통 보급시키려 했던 역사적 사실을 대강 살펴보기로 한다.

조선 초기에 포화를 법화로 통용하자는 논의가 처음 있었던 것은 저화의 통용문제가 결정된 태종 원년(1401)이었다. 사실상 그 당시 법화로 만들어 사용하자고 했던 布幣는 엄격히 말해서 뒷날 법화화한 正布나 常布와는 규격 내지 체재가 다른 것이었다. 중국의 지폐법인 鈔法을 본 따서 내구성이 저화보다 강한 담청색의 正5升布를 3척·2척·1척의 길이로 잘라, 문양을 넣고 만들어서 저화 대신 법화로 사용하자는 것이었다. '朝鮮布貨'라고 한 포폐는 본질적인 면에서 볼 때 저화보다는 뒷날 법화로 사용된 포화에 가까운 것이라 하겠다.[13] 어쨌든 조선 초기에 저화와 함께 법화로 통용될 것이 논의되었던 포폐는 태종이 저화의 통용을 적극 주장하였기 때문에 한갖 논의에 그치고 말았다.

조선정부는 태종 원년부터 저화를 법화로 유통 보급시키기 위한 화폐정책을 추진했으나 동 3년에 중단되었고, 그로부터 7년 후인 동 10년에 저화 유통정책을 다시 채택 실시하기 시작하였다. 정부당국은 저화 유통정책을 추진하는 과정에서 물품화폐인 포화의 통용을 억제하는 동시에 여러 가지 방법

13) 《太宗實錄》 권 1, 태종 원년 4월 정축.

으로 저화의 유통 보급을 적극 시도하였다.

그러나 저화의 유통은 부진하고 실질적으로는 포화가 일반 유통계를 지배하게 되자, 일시의 방편적 조치로서 화폐물품인 포화를 저화와 병용시키는 일을 되풀이하게 되었다. 조선정부는 태종 15년(1415)에 이르러 마침내 楮貨全用令을 폐기하고 포화의 통용을 허용함으로써 포화는 더욱 통용이 활발해졌다. 이같이 포화가 공적 지위를 회복해 가는 것을 계기로 하여, 정부당국은 태종 15년 4월에 布帛稅, 즉 着稅의 징수를 결정하게 되었다. 착세의 징수는 저화를 유통 보급시키려는 데 동기가 있었던 것이지만, 결과적으로는 포화의 법화로서의 위치를 강화해준 셈이었다.[14]

이후 조선정부는 세종 5년(1423) 9월에 저화 유통의 부진을 보완할 목적에서, 동전 즉 '朝鮮通寶'의 주조유통을 결정하였다. 그리하여 동전을 저화와 함께 법화로 병용하다가 동전을 전용하도록 하였다. 그런데 동전의 유통이 저화 유통처럼 부진하게 되자 세종 27년(1445) 12월에는 다시 저화를 법화로 유통하기로 결정하였다.

이처럼 조선정부가 포화·미곡 등 물품화폐 유통체제를 극복하고 저화나 동전을 법화로 유통 보급시키기 위해 화폐정책을 추진하였으나, 저화와 동전의 유통은 부진하고 일반 유통계는 포화가 미곡과 함께 지배하게 되었다. 이로써 《경국대전》 호전이 반행된 세조 6년(1460) 8월에는 포화를 國幣, 즉 법화로 규정하기에 이르렀다. 그 당시 국폐를 3등으로 나누었는데, 상등은 5승포, 중등은 3승포, 하등은 저화였다. 그리고 정부당국은 20분의 1에 해당하는 經印稅를 납부한 포화에 한하여 '朝鮮通幣'라는 도장을 찍어 주어, 그러한 포화만이 법화로서 통용될 수 있게 하였다.[15] 포화에 도장을 찍어주고 경인세를 징수하게 된 동기가 확실치는 않으나, 화폐의 기본적 구성요건인 체재와 품질을 일정하게 규격화하여 포화의 공신력을 강화하는 한편 세수 증대에도 동기가 있었을 것으로 짐작된다. 그러나 포화의 經印제도도 세조 10년(1464) 8월에 그로 말미암아 범법자가 속출하고 간사한 무리가 발호하

14) 《太宗實錄》 권 29, 태종 15년 4월 병자.
15) 《世祖實錄》 권 21, 세조 6년 8월 을묘.

게 된다는 이유로 폐지하였다.[16] 포화의 경인제도 폐지 이유 중에는, 포화는 실용가치가 전제된 물품화폐이기 때문에 그것의 통용을 돕기 위한 경인제도의 실시와 같은 조치가 절실하지 않았다는 이유도 있었을 것으로 짐작된다.

앞에서 대간 살펴본 바 세조 6년(1460)에 발행된《경국대전》호전 국폐조에서 포화를 법화로 규정한 내용은 그로부터 14년 후인 성종 5년(1474)에 공포 시행된《경국대전》국폐조에 다음과 같이 요약 정리되고 있다.

> 국가의 화폐는 포화와 저화를 통용한다. 正布 1필은 常布 2필에 준하고 상포 1필은 저화 20장에 준하며 저화 1장은 米 1升에 준한다. 모든 徵贖에는 모두 저화를 사용하고 값을 주고 살 때는 포화와 저화를 반반씩 사용한다.

조선정부가 성종 5년에 이처럼 포화를 주로 하고 저화를 종으로 하는 화폐제도를 공포 시행하였지만, 그 이전부터 저화는 거의 통용되지 않고 포화만이 미곡과 함께 유통계를 지배하고 있는 실정이었다. 그 이후 포화는 실용가치가 전제된 자생적 물품화폐이기 때문에 17세기말부터 '常平通寶'가 유일한 법화로서 유통 보급되기 이전까지는 국가의 정책적 뒷받침 없이도 일반 유통계에서 지속적으로 화폐기능을 담당 수행할 수 있었다.

이상과 같이 조선정부가 왕조 초기에 포·미 등 물품화폐 유통체제를 극복하고 저화나 동전을 법화로 유통 보급시키기 위해 화폐정책을 추진하는 과정에서 원칙적으로 통용금지 대상이었던 포화를 법화로 규정 통용케 하였다는 사실은, 화폐정책의 한계 내지 그 당시 사회경제발전의 한계를 의미하는 것으로 볼 수 있다. 다시 말해서 정부당국이 법화로 적극 보급시키려던 저화의 유통이 사실상 중단되고, 법화로 규정된 포화가 국가의 정책적 뒷받침 없이도 지속적으로 통용될 수 있었다는 사실은 화폐정책의 실패 또는 조선사회의 명목화폐 수용력이 한계를 의미하는 것으로 볼 수 있다는 것이다.

---

16)《世祖實錄》권 34, 세조 10년 8월 기해.

4) 전폐의 주조 유통 시도

조선정부는 앞에서 살펴보았던 것처럼 포·미 등 물품화폐 유통체제를 극복하고 저화나 동전을 법화로 유통 보급시키기 위해 추진한 화폐정책이 실패하자, 그 보완책으로 포화를 법화로 규정하여 저화와 병용하는 화폐정책을 실시하였다. 그러나 이와 같은 화폐정책 역시 그 한계 내지 조선사회의 명목화폐 수용력의 한계로 사실상 실패하고 말았다. 이로써 일반 유통계는 포화 및 미곡을 비롯한 각종 물품화폐가 지배하는 시기, 즉 저화나 동전의 유통시도 이전의 물품화폐 유통체제로 복귀하였다. 정부당국은 이같이 물품화폐가 지배하는 상품·교환경제의 현실 내지 역사적 상황에 대응하기 위한 화폐제도 개혁방안으로서 箭幣의 주조유통을 시도하였다.

조선정부는 세조 10년(1464) 8월 정부 당국자들이 모여 국가의 화폐정책을 논의하는 자리에서 전폐를 법화로 주조 유통할 것을 결정하였다. 이 회의에서는 포화·저화 및 전폐의 통용문제가 제기 논의되었는데, 전폐의 주조 유통은 대다수 당국자들의 반대가 있었음에도 세조의 적극적인 주장으로 결정되었다. 즉 세조는 역대 왕조의 화폐사용이 한결같지 않았다는 점과 전폐는 비록 옛사람이 사용하지는 않았던 것이라 해도 軍國에 유익하다면 사용하는 것이 옳다고 하였다.[17] 세조가 전폐를 주조 유통하게 되면 군국에 유익하다고 한 것이 원활한 화폐통용에 의한 경제적 이익과 군사적 기여를 의미한다는 점을 쉽게 짐작할 수 있을 것이다. 우선 전폐 주조 유통을 바로 저화의 통용이 극히 부진하고 또한 포화가 법화로 사용되기 위해서는 반드시 거쳐야만 되었던 經印제도가 폐지되는 시기에 결정했다는 사실을 통해서, 전폐의 주조 유통을 결정한 동기가 화폐제도를 개혁하려는 정책적 고려에 있음을 알 수 있다. 또한 전폐는 평상시에 법화로 사용하고 유사시에는 화살촉, 즉 무기로 사용한다고 한 데서 전폐 주조 유통을 결정하게 된 동기가 군사적 목적에 있었다는 점도 쉽게 짐작할 수 있다. 사실상 세조 초기에 여진

17) 위와 같음.

족이 국경지대를 자주 침범해서 국방에 대한 국왕의 관심이 컸고, 그 당시 정부당국은 水牛角이나 箭竹 등 활 만드는 재료를 확보하는 데 힘썼던 것이다.

이처럼 세조 10년(1464) 8월에 주로 정부당국이 화폐정책 및 군사 정책적 배려에서 전폐의 주조 유통을 결정하고, 그 해 11월에 전폐의 주조를 지시하였다. 그 당시 주조를 지시한 전폐는 '八方通貨'또는 '柳葉箭'이라고 했던 것인데, 기록에 의하면 그 체재와 품질 및 주조 계획량을 대개 다음과 같은 것이었다. 연간 주조량은 10만 개, 전폐의 형태는 버드나뭇잎 모양, 鏃의 길이는 1치 8푼, 莖의 길이는 1치 7푼, 箭幣文은 '八方通貨', 교환비율은 전폐 1개에 저화 3장, 소재는 鐵이었다는 것이다.[18] 전폐는 주조명령을 내린 뒤 11월 말 경에 주조되었을 것으로 짐작된다. 그러나 전폐의 주조발행에 관한 보다 구체적인 기록이 없을 뿐만 아니라, 실물이 전해지는 것이 없기 때문에 전폐의 주조유통에 대한 전후의 사실을 보다 자세하게 파악할 수 없다.

그러나 조선정부가 전폐의 주조유통을 시도한 사실을 통해서 대개 다음과 같은 몇 가지 사실을 지적할 수 있을 것 같다. 먼저 전폐를 법화로 주조 유통하게 된 동기가 저화나 동전에 비해 실용가치가 더 큰 화폐를 만들어 쓰려는 데 있었다는 사실을 알 수 있다. 전폐를 유사시에는 화살촉으로 사용한다는 사실을 통해 알 수 있듯이, 전폐의 주조유통을 결정하게 되었던 동기에는 화폐정책 내지 경제정책 외적인 군사 정책적 배려가 강하게 작용되었다는 점이 바로 그것이다. 전폐를 주조 유통하려 했던 사실을 화폐가치관이나 화폐정책의 측면에서 볼 때, 저화나 동전의 통용을 시도했던 시기의 그것에 비해 일보 후퇴한 것을 의미하는 것으로 볼 수 있다. 그리하여 전폐의 주조유통시도는 실용가치 중심의 물품화폐 유통체제를 액면가치 중심의 명목화폐 유통체제로 전환시키려는 진보적인 것이었기보다는, 그것을 전환시키려다 실패한 데 대한 반동 내지 전·후자를 절충하려는 화폐정책적 배려에 중요한 동기가 있다 할 것이다. 그러나 전폐의 주조유통을 시도한 15세기 중엽의 조선사회는 저화나 동전 등을 법화로 통용하는 명목화폐제도를 보수적 반동

---

18) 《世祖實錄》 권 34, 세조 10년 11월 임술.
元裕漢, 앞의 글(1982).

없이 수용할 수 있으리 만큼 충분히 발전되어 있지도 못했지만, 또한 실용가치 중심의 전폐나 포·미 등 물품화폐가 저항 없이 지속적으로 통용될 수 있을 정도로 사회경제발전이 미숙한 단계에 머물러 있지도 않았다. 그리하여 세조조에 있었던 전폐의 주조 유통 시도는 그 중요한 동기가 화폐정책 외적인 정책적 고려에 치중되어 있었기 때문에 전폐의 주조유통을 결정 지시하는 데 그쳤을 뿐 실현되는 단계에는 이르지 못하고 말았다.

5) 화폐 유통정책의 실패 원인

화폐사 발전과정에서 볼 때 명목화폐제의 도입시도기(10세기 말~16세기 말)의 후반기(14세기 말~16세기 말)에 해당하는 조선 초기의 화폐 유통정책 시행과정을 대강 살펴보았다. 그러면 조선정부가 칭량금은화의 통용이 금지되어 있던 조선 초기에 포·미 등 물품화폐 유통체제를 극복하고 저화나 동전을 법화로 유통 보급시키기 위해 의욕적으로 추진한 화폐 유통정책이 시행착오를 거듭하다가 결국 실패하게 된 원인은 어디 있는 것인가. 다음에서 조선 초기 화폐 유통정책의 실패 원인 몇 가지를 간략히 살펴보기로 한다.

첫째, 조선 초기의 제반 사회생산력과 상품·교환경제발전은 미숙한 단계에 있었기 때문에 거의 실용성이 없는 저화나 동전 등 명목화폐를 수용하는 데는 한계가 있었던 것으로 짐작된다. 그 당시 사회생산력과 상품·교환경제발전이 위축된 것은 조선정부가 중농억말정책을 적극 추진하고, 쇄국정책으로 대외무역이 억제되었으며 한·수해로 흉년이 자주 들었다는 사실들이 주요 원인이 되었던 것 같다. 그리하여 일반 민중의 화폐가치 인식은 저화나 동전은 추워도 입을 수 없고 주려도 먹을 수 없는 것으로 보는 수준이었다는 기록이 보인다.

둘째, 조선 초기 화폐 유통정책이 실패한 또 다른 중요한 원인은 자연스러운 화폐경제 내지 상품·교환경제 발전과정에 필요한 칭량금은화 통용을 금지하고 그 원료생산도 통제하였다는 사실이다. 조선정부는 금은이 국내에서 생산되지 않는다는 이유로 明에 대한 금은 歲貢을 면제받았기 때문에 국내외의 상업거래에 칭량금은화 통용을 금지하고 금은광의 개발을 통제하게 되었던 것이다. 이와는 달리 고려시대에도 그러했지만 왜란 이후 칭량은화의 통용을 허용한 사실은 조선 후기 상품·화폐경제의 발전에 크게 기여했던 것이다.

셋째, 조선정부는 저화나 화폐원료의 부족과 기술인력 동원의 어려움으로 적당한 시기에 필요로 하는 수량의 화폐를 만들 수 없게 되었고, 이것은 조선 초기 화폐 유통정책 실패의 한 원인이 되었다. 특히 동전원료의 주종을 이루는 동은 조선정부의 일관된 광업개발 소극화정책으로 말미암아 국내 생산이 부진하여 거의 일본동의 수입에 의존해야 했기 때문에, 원료의 공급난은 더욱 심각했던 것이다. 동전 주조기술의 미숙성과 함께 동전 주조기술 인력의 동원난 역시 화폐의 주조 내지 화폐 유통적책 추진과정에 적지 않은 저해요인이 되었던 것 같다. 17세기 말에 동전, 즉 '常平通寶'가 법화로서 유통기반을 이룩할 수 있었던 것도 그 당시에 비교적 다량의 일본동을 수입하여 화폐원료로 충당할 수 있었기 때문이었다.

넷째, 조선 초기의 화폐 유통정책이 실패하게 된 직접적이고 중요한 원인은 화폐 유통정책 자체의 모순성과 그 운용이 불합리하였다는 점에 있다. 그 당시 화폐 유통정책의 모순성과 운용의 불합리성으로서는 대개 다음의 몇 가지 사실을 지적할 수 있을 것이다. 우선 민중으로 하여금 국가의 화폐 유통정책을 신뢰하게 하고, 화폐는 사용에 편리하다는 인식을 가지게 하는 데 소홀하였다. 자연발생적인 상인 내지 상업조직을 통해 화폐를 유통 보급시키기보다는, 징세의 화폐화를 과도하게 추진해 급진적으로 화폐를 유통 보급시키고자 하였다. 그리고 국가가 화폐 유통정책을 시행한 보다 중요한 목표가, 제반사회생산력과 상품·교환경제를 증진시키는 것보다는 중앙집권적 지배체제의 정비과정에 소요되는 재정을 조달하려는 데 있었던 것이다. 뿐만 아니라 화폐 유통정책을 운용함에 있어서 그 당시 사회경제적 현실에 알맞도록 순리적이고 점진적으로 화폐를 유통 보급하려는 방향이 아니라 '금지' 또는 '엄벌' 위주의 방법으로 화폐를 유통 보급시키려 하였다.

요컨대 대체로 이상에 열거한 몇 가지 사실로써 그 성격이 특징지워지는 조선 초기의 화폐 유통정책은 정책담당자들의 비현실적으로 높은 기대치와 그 당시 사회의 화폐수용력과의 격차를 합리적이고도 점진적으로 극복하지 못한 채 마침내 실패하고 말았다. 그러나 조선 초기에 포·미 등 물품화폐 유통체제를 극복하고 저화와 동전을 법화로 유통 보급시키려 했다는 역사적 사실은 조선 후기에 동전을 유통 보급시키기 위해 화폐 유통정책을 입안하고 운용하는 과정에서 생생한 역사적 선례로서 참고 활용되었다. 또한 고려시대에 통용하던 화폐가 조선 초기의 일부지역에서 잠정적으로 통용된 일이 있듯이, 조선 초기에 주조된 동전이 조선 후기에 그대로 통용되기도 하였던 것이다.

그리고 조선 초기의 화폐 유통정책이 실패를 거듭했다고는 하지만, 저화나 동전의 통용을 시도했을 때마다 제반 사회생산력과 상품·교환경제 발전을 자극하게 되고, 일반 민중의 화폐가치 인식은 높아졌을 것으로 짐작된다. 이상 조선 초기의 화폐 유통정책이 그 후기에 미친 영향은 조선 후기 사회의 명목화폐 수용력을 증진시켜 마침내 17세기말부터 동전, 즉 '상평통보'가 국가의 유일한 법화로서 확대 보급되는 데 기여하게 되었다.

〈元裕漢〉

4. 무　역

1) 대외무역의 역사적 배경

조선 초기의 대외무역 활동과 그 성격 내지 역사적 의의를 이해하기 위해서는, 먼저 그 당시 대외무역의 역사적 배경을 살펴보아야 할 것이다.

고려와 조선이 교체된 14세기 후반에는 동아시아 지역에 급격한 정세변화가 일어났다. 중국 대륙에서 원과 명이 교체되고 인접한 安南에서 黎氏王朝가, 그리고 일본에서는 足利幕府가 성립되었다. 이처럼 동아시아 지역에서 여러 나라들은 정치적 변혁을 통해 새로운 정치이념을 기반으로 국가를 이룩하는 동시에 그에 상응하는 새로운 국제질서의 확립을 모색하였다. 이와 때를 같이 하여 조선정부도 사대교린을 특징으로 하는 새 국가의 대외정책을 채택 추진하게 되었다.

일반적으로 통일민족국가를 지향하는 한국사의 이상은 통일신라 및 고려시대를 거쳐 조선시대에 이르러 실현되었다고 본다. 이에 조선정부의 제반 국가정책 목표는 궁극적으로 완성단계의 민족통일국가에 적합한 문물제도를 정비 확립하는 데 있었다고 보아야 할 것이다. 즉 성리학을 이념으로 하는 중앙집권적 지배체제, 중농억말적 경제제도, 사회신분 계급질서 및 성리학적 敎學체계를 정비·확립하는 동시에, 대외적으로는 사대교린정책을 추진하게 되었다. 조선정부가 개국 초부터 사대교린정책을 추진했던 것은 민족통일국가에 알맞은 제반 문물제도를 정비 확립하기 위해서는, 국내정세의 안정은 물론 명·여진·일본·유구 등과의 관계 안정이 필요하다고 생각하였기 때문이었다. 특히 주변 민족들과의 부단한 항쟁으로 점철된 고려시대의 대외관계에 대한 역사적 반성은 대외관계의 평온 내지 안정을 위해 사대교린정책을 추진하게 된 중요한 동기가 되었던 것으로 보인다.

조선정부가 개국 초부터 명에 대한 사대외교와 여진·일본 등에 대한 교린 외교를 펴는 등 사대교린정책을 수행하는 과정에서 외교적 의례로서 문화교류와 함께 경제적 교류가 이루어졌다. 즉 대명 사대외교에서 조선의 조공에 대한 명의 賞賜, 또는 대여진·일본 등과의 교린외교에서는 그들의 진상에 대한 조선의 回賜와 같은 형태의 관무역과 사행에 의한 사무역 등이 이루어지고 있었던 것이다. 이로써 조선정부가 개국 초부터 추진한 사대교린정책은 조선 초기의 대외무역활동과 그 성격 내지 역사적 의의를 규정하는 기본적 요인이 되었다는 사실을 알 수 있다. 다음에서는 조선정부의 사대교린정책 수행과정에서 명·여진·일본·유구 등과의 사이에 이루어지는 무역거래의 실태를 살펴보기로 한다.

2) 명과의 무역

태조 이성계는 사대의 예로써 명과의 외교관계를 안정시키려 했으나, 폐쇄적이고 소극적인 명의 외교정책이 원인이 되어 양국관계는 순조롭지 못하였다. 그러나 태종대 이후에는 조선에 대한 명의 외교정책 변화로 조선정부의 명에 대한 사대외교는 비교적 순조롭게 진전되어, 정치적으로는 별다른 변동없이 2백 년간 지속될 수 있었다. 그러나 조선과 명 사이에 경제·문화적 교류가 본궤도에 올라 원활해진 것은 세종 11년(1429) 명에 대한 금은 세공이 면제된 것을 전후한 시기부터였다. 조선에 과중한 부담이 되었던 금은 세공을 우·마·포 등으로 대납하기로 결정을 본 이후부터 성종조까지 조선정부의 명에 대한 사대교린관계는 여진문제를 제외하고는 대체로 평온을 유지할 수 있었다.

조선정부가 왕조 초기부터 명에 대해 사대외교를 수행하는 과정에서 매년 몇 차례의 정기 및 임시 사행을 보내고, 명에서는 수시로 특별한 목적으로 사절을 보내왔다. 명은 처음부터 '三年一貢'을 규정하였으나 조선정부는 도리어 실리를 취해서 사행을 더욱 자주 보내게 되었다. 즉 조선정부는 왕조 초기부터 正朝使·聖節使·千秋使를, 얼마 후에는 冬至使를 더하여 매년 네 차례의 정기사행과, 謝恩使·奏請使·陳奏使·進賀使·陳慰使·進香使·辨誣使·參覈使 등의 임시사행을 명에 보냈다. 대체로 명에 보내는 사행은 正使·副使·書狀官·從事官·通事·醫員·寫字官·畵員 등 40여 명으로 규정되어 있다.

비록 조선정부가 명에 대한 외교관계에서 명분상 사대를 표방하였으나, 실제로는 명으로부터 내정과 외교면에서 아무런 간섭을 받지 않았다. 그러나 조선정부의 사대외교 관계에서 조선과 명과의 사이가 전혀 대등한 관계는 아니었기 때문에 각종의 정기 및 임시사행을 통해 사대외교의 예로써 조공을 명에 보냈고, 명은 조공에 대한 답례로 賞賜나 賜與를 하였다. 이처럼 조선과 명 사이에는 조공과 상사 등의 형태로 양국 사이에 이른바 관무역이 행해지는 동시에 사행의 사무역이 이루어졌다. 이로써 조선정부는 선진문물을 수입하고 정권의 국제적 승인을 얻어 국내통일에 활용하는 동시에 관무역과 사무역을 통해 경제적 이득을 취할 수 있었다. 한편 명은 명목상의 종주국으로서 그 전래의 자존심을 충족시키는 동시에 역시 조선과의 관무역과 사무역을 통해 경제적 욕망을 채울 수 있었던 것이다.

조선정부는 태종대부터 금은 세공이 면제된 세종 12년(1430) 2월 이전까지 정조·성절 및 천추사 등 정기사행을 통해 다음과 같은 물품을 명에 조공으로 보냈다. 즉 金銀器皿·螺鈿梳函·白綿紬·各色苧布·龍文簾席·各色細花席·豹皮·獺皮·黃毛筆·白綿紙·人蔘·種馬 등을 보냈다. 이상 정기사행에 따르는 조공품 이외에도 수시로 파견되는 사은·진하·주청사 등 각종 임시사행에게도 의례적 예물로서 여러 가지 물품을 명에 보냈다. 조선정부가 왕조 초기에 이상과 같이 정기 및 임시 사행을 통해 각종 물품을 조공으로 보내면, 명은 조공에 대한 답례물로서 賞賜 또는 賜與라는 명목으로 각종 綵段·자기·약재·예복·서적·악기·보석·弓材牛角·문방구 등을 조선에 보내왔다.

이상 조선정부가 명에 보낸 조공품 중, 금은 세공은 그 당시 국내 금은 생산량으로 볼 때 과중한 부담이었다. 즉 매년 금 150냥과 은 700냥을 명에 보내기로 되어 있는 금은 세공은 조선정부로서 감당키 어려운 부담이었다. 그리하여 조선정부는 금은 세공을 면제받기 위한 외교적 절충을 시도하여, 마침내 세종 11년(1429) 금은 세공을 우·마·포 등으로 대납하게 되었다. 이로써 세종 12년(1430) 2월 이후부터 명에 보내는 조공품 중에는 금·은이 포함되지 않는 반면, 白苧布 4필·麻布 254필·滿花席 23장·滿花方席 30장·黃花席 40장·彩花席 25장·人蔘 40觔이 증가되고 馬 84필·紬 100필 등이 새로 공물 품목에 들어가게 되었다.[1] 국내에서는 금·은이 생산되지 않는다는 이유로 금은 세공을 면제받았기 때문에, 그 이후 조선정부는 금·은생산을 통제하는 동시에 민간인의 금은 사용은 물론 대외유출도 엄금하였다. 그리고 금은 세공의 면제로 금·은의 중국유출이 금지되는 반면 중국으로부터 소량의 금·은이 국내에 유입되었던 것으로 보인다.[2]

세종 11년(1429)에 명에 대한 금은 세공이 면제된 이후 조선과 명 사이에 조공과 상사 등의 형태로 행해진 관무역이 별다른 잡음 없이 지속되는 한편, 양국의 행사에 의한 사무역도 이루어졌다. 조선의 사행은 북경의 東平館에서, 또한 명의 사행은 서울 남대문안 太平館에서 각기 유숙하게 되었는데,

1) 姜聖祚, 〈初期 朝·明의 公貿易考〉(《關東大學論文集》 9, 1981).
2) 劉元東, 〈商業〉(《한국사》 10, 국사편찬위원회, 1974), 313쪽.

양국의 사행은 각기 동평관과 태평관을 중심으로 하여 사무역을 활발히 전개하였다. 조선정부는 태평관을 중심으로 행해지는 명의 사행과 민간인과의 무역거래를 처음에는 허용하려 하지 않았던 것으로 보인다. 그러나 명의 사행이 가져온 다량의 값비싼 물품을 모두 관청에서 구입하기에는 부담이 컸기 때문에 민간인의 사무역을 허락하게 되었던 것 같다. 그 한 예로서 세종 24년(1442) 1월에 명의 사행이 가지고 온 물품을 모두 팔아주기 위해 한성·개성의 부상들로 하여금 貿入케 했고, 그러고도 매진되지 않자 평안·함경도를 제외한 6도 인민에게 정포와 마포를 가지고 와서 貿入할 것을 허용했다는 것이다. 대체로 명의 비단류와 조선의 11승 이하의 苧布·麻布·豹皮·人蔘·丹木·白礬·胡椒 등이 태평관을 중심으로 이루어지는 사무역에서 거래되었다.[3] 이상 관무역과 사무역 이외에도 조선 상인과 명의 상인들 사이에서는 양국이 법으로 금하는 潛貿易이 이루어졌다.[4]

흔히 조선 초기 명과의 관무역 및 사무역을 통해 명나라보다는 조선측에서 더 많은 이득을 취할 수 있었던 것으로 알고 있다. 그러나 조선과 명의 무역에서 경제적 득실을 논할 때, 다음의 사실을 간과할 수 없을 것 같다. 대체로 조선의 수출품 중에는 금·은·우·마 등과 같은 생산재 내지 자본재가 다량 포함되어 있는 반면, 조선의 수입품은 비단·약재·문방구 등 소비품이나 사치품이 주종을 이루고 있다. 그리하여 조선정부는 명으로 보낸 물품에 비해 더 많은 품질 좋은 물품을 명으로부터 수입하여 일시 경제적 이득을 취하는 것처럼 생각될지 모르지만, 보다 긴 안목으로 볼 때 조선이 명과의 무역에서 반드시 더 큰 경제적 이득을 취하는 것으로 평가하기는 여러울 것 같다. 조선에서 수입한 명의 물품은 국내의 소비·사치풍조를 조장하는 동시에, 금·은·우·마 등 생산재 내지 자본재의 대량 국외유출은 궁극적으로 사회생산력과 상품·교환경제의 발전을 위축시켰을 것으로 짐작되기 때문이다. 이러한 견해에 대한 논거는 조선 후기 실학자들이 淸에 금·은을 주고 비단·털벙거지·약재·완구류 등 소비·사치품을 수입해 오는 대청무

3) 劉元東, 위의 글, 314쪽.
4) 朴南勳, 〈朝鮮初期 對明貿易의 實際〉(《關東史學》 1, 1982).
延正悅, 〈朝鮮初期 貿易現況과 그 法規에 관한 硏究〉(《法史學硏究》 4, 1977).

역을 국내의 소비·사치풍조를 조장하고 해당 수입품의 국내 생산력을 위축시키게 되는 등 국가의 크나큰 경제적 손실을 가져오기 때문에 비단을 직접 수입할 것이 아니라 그 직조기술을 도입해 와야 한다고 주장한 사실에서 찾아볼 수도 있을 것이다.[5] 또한 조선 초기에 국내에서 금·은이 생산되지 않는다는 이유로 금은 세공을 면제받으면서, 조선정부가 금은광 개발을 통제하고 금은의 사용을 엄금했던 사실은, 금은 생산의 위축은 물론 사회생산력 내지 상품·교환경제발전을 저해한 중요한 원인이 되었다.[6] 이와 같은 사실로써 조선과 명과의 무역이 국내 사회경제발전에 끼친 부정적 영향이 얼마나 큰 것이었는지 짐작할 수 있을 것이다.

3) 여진과의 무역

조선정부가 교린정책으로 대응한 여진은 제반 사회생산력의 미숙으로 주요 생활 필수품을 조선과 명으로부터의 수입에 의존해야만 하였다. 그리하여 여진은 의식주 생활의 안정을 얻지 못하면 종종 북방 변경에 침입하여 소요를 일으켰다. 이에 조선정부는 침략해 오는 여진을 방어, 소탕 내지 정벌하는 한편 회유무마책을 썼다. 회유무마책으로서는 여진의 귀화를 권장했으며, 조선의 명예관직을 받은 여진인은 일정한 규정에 따라 1년 또는 수년에 몇 차례씩 서울에 와서 進上과 回賜·賞賜 형태의 관무역을 할 수 있었다. 이상 조선과 여진 사이의 진상과 회사·상사는 앞에서 살펴본 바 명과 조선 사이의 朝貢과 賞賜·賞與와 본질적으로 성격을 같이 하는 관무역이라 할 것이다.

조선과 여진 사이에서는 관무역뿐만 아니라, 여진인이 유숙하는 동대문 안 北平館을 중심으로 일반 상인이 참여하는 사무역도 이루어졌다. 북평관의 사

---

5) 元裕漢, 〈星湖 李翼의 商業制限論〉(《人文科學》 59, 延世大, 1988).
——, 〈朝鮮後期 實學者의 鑛業論硏究－茶山丁若鏞의 鑛業國營論을 中心으로－〉(《韓國近代社會經濟史硏究》, 1985).

6) 金柄夏, 〈李朝前期의 貨幣流通－楮貨流通을 中心으로－〉(《慶熙史學》 2, 1970).
元裕漢, 위의 글(1985).

무역은 사무역에서 어떤 종류의 물품이 교역되었는지는 자세히 알 수 없다. 그러나 금·은·보석·12승포·마포 등의 교역을 허락하지 않았다는 기록을 통해 볼 때, 그 이외의 물품의 거래는 묵인되었던 것으로 보인다. 이상 북평관의 사무역은 진상과 회사·상사 형태인 관무역의 부속적 활동이었지만, 관무역 이상의 교역성과가 있었을 것으로 짐작된다.[7)]

그리고 여진은 관무역과 사무역을 통해서는 그들의 경제적 욕망을 충족시킬 수 없었기 때문에 국경교역을 위해 貿易所의 설치를 요구하였다. 그리하여 조선정부는 태종 5년(1450) 5월 공식적으로 鏡城·慶興 두 곳에 무역소를 설치하게 되었다. 두 곳에 무역소를 설치 운용하게 된 동기는 여진인들로 하여금 그들의 생활 필수품인 염·철을 자유롭게 살 수 있게 함으로써 변방의 소요를 예방하려는 데 있었던 것 같다.[8)]

이처럼 조선 초기에 조선과 여진 사이에 관무역·사무역 및 무역소 교역이 이루어졌고, 이와 같은 무역을 통해 쌍방간에 여러 가지 토산물들이 교환되었다. 즉 조선은 馬·土豹·土豹皮·熊皮·鹿皮·海靑·鷹·魚膠 등 주로 천연산물을 여진으로부터 수입하고, 여진에게는 금·은·보석·저포·마포·면포·鍮鐵農具·식기·紙物·米豆·鹽醬 등 가공품과 식료품을 수출하였다. 이상 조선과 여진간의 거래 품목의 내역으로 미루어 보아서, 대체로 목축과 수렵에 의해 획득한 조잡한 모피류 등 천연산물을 조선에 수출하고 의료·식료 등 생활 필수품과 철제농기구 등을 수입해 간 여진 쪽에서 경제적 이득을 취하게 되었을 것은 쉽게 짐작할 수 있다.[9)]

4) 일본과의 무역

조선정부가 여진에게 그랬던 것처럼 교린정책으로 대응한 일본은 조선과 명으로부터 침탈행위나 평화적 교역을 통해 그들의 경제적 욕망을 충족시키려 하였다. 그리하여 조선 초기의 일본에 대한 교린정책은 여진에 대해서 그

7) 李仁榮, 〈鮮初女眞貿易考〉(《震檀學報》 8, 1937).
8) 李仁榮, 위의 글.
9) 李相佰, 《韓國史－近世前期篇－》(震檀學會, 1962), 134~141쪽.

러했듯이, 왜구침탈을 무력으로 응징하는 한편 회유책으로서 관무역이나 사무역 등 여러 가지 방법으로 그들의 경제적 욕망을 충족시켜 주는 양면적 성격을 띠게 되었다.

태조는 즉위 이전에도 왜구를 토벌하는 데 힘썼지만, 그 이후에도 海防을 엄히 하는 한편 일본막부에 사람을 보내 왜구의 금압과 동시에 무역거래를 촉구하였다. 이에 일본도 回禮使를 보내는 등 조선에 대해 성의를 보이기 시작함으로써 양국의 교통은 점차 활발해졌다. 일본 서해안의 대호족들은 조선에 사절을 보내 왜구금압을 약속하고 俘虜를 쇄환하는 대신 그들이 필요로 하는 물품을 얻어갔고, 그 뒤에는 대호족을 비롯해 서부 각 지방의 소토호들까지 매년 使船을 보내 무역거래를 시도하였다. 그 중에서도 조선과 가장 밀접한 관계를 가진 것은 대마도 宗氏였다. 대마도는 지리적 위치로 보아 조선과 일본간의 중개 역할을 맡게되는 특수한 사정도 있지만, 원래 토지가 협소하고 척박하여 식량을 밖에서 구하지 않고서는 생활을 유지할 수 없는 형편이었다. 그리하여 대마도는 이미 고려 말부터 朝貢과 동시에 미곡을 回賜받는 관계에 있었다. 또한 조선정부도 대마도가 왜구의 소굴이라 하여 가장 우대했고, 대마도는 통상의 이익을 독점하려 하였다. 대마도와의 관계뿐만 아니라 일본의 중앙정권인 足利幕府와의 관계도 호전되어 막부의 사절과 조선의 報聘使·回禮使·通信使 등 사절의 왕래가 빈번하게 되었다. 한편 이들 일본인에게는 여진의 경우처럼 회유무마책을 써서 受職倭人이라 하여 관직을 주어 우대했고, 귀화한 向化倭人에게는 토지와 집을 주어 국내 거주를 허락하였다. 또한 조선과의 무역에 종사하는 興利倭人에게는 국내에 체재하고 있는 동안과 귀환하는 데 필요한 식량을 지급하였다.

이상 조선정부의 회유무마책은 본래 왜구 방지를 위한 것이었음에도 왜구가 庇仁·海州 연안을 침탈하는 등 창궐하자 왜구 소굴인 대마도를 정벌하였다. 조선정부가 세종 원년(1419)에 대마도를 정벌하는 강경책을 쓰게된 것은 왜구의 창궐이 그 소굴인 대마도 도주의 사주에 의한 것이라고 생각했기 때문이었다. 그 뒤 세종은 다시 회유무마책을 써서 일본과의 관계를 개선하여 나갔다. 그러나 한편으로는 교역을 통제하고 海防도 공고히 하는 등 和戰 양면책을 썼다. 이같은 정책이 점차 효과를 거두어 세종대 이후로는 왜구의 침략회수가 격감되고, 그 지역도 남해안을 넘어서지 못하게 되었다.

조선정부가 일본인의 교역을 통제하기 위해 사용하던 방법은 그들의 교역 활동지역을 제한하는 것이었다. 일찍이 태종대부터 조선정부가 지정한 일정한 포구에만 興利倭船의 출입을 허락하고 그 곳에 倭館을 두어 교역과 접대 장소로 삼게 하였다. 그 이유는 교역의 특수권익을 허용 받은 일본인의 수가 늘어감에 따라 이들을 접대하는 일이 번거롭고 재정소모가 심했기 때문이었다. 그리하여 태종 초에 이미 지정했던 동래의 富山浦·熊川의 乃而浦, 그리고 세종 8년(1426)에 추가로 지정한 울산의 鹽浦 등 3포에만 일본인의 왕래를 허락하고, 교역과 고기잡이가 끝나면 곧 돌아가도록 하였다. 또한 조선정부는 세종 25년(1443)에 대마도주와 癸亥約條를 맺고 일본 歲遣船의 수와 歲賜米의 양을 제한하였다. 즉 진상무역선인 세견선의 수를 제한하여 대마도주 종씨의 세견선은 50척, 기타는 대개 1내지 3~4척으로 하였고, 대마도주에게 사급하는 세사미도 미·두를 합해 2백석으로 제한했던 것이다. 이상과 같은 일본과의 외교 내지 무역거래는 대체로 왜란 직전까지 계속되었다.

이상에서 교린을 표방한 조선 초기의 일본과의 관계는 왜구를 방지하기 위해 회유 무마하는 것이 주요 목적이고, 일본은 경제적 욕구를 충족하는 것을 목적으로 하는 양국관계의 진전과정을 대강 살펴보았다. 이같은 양국관계의 진전과정에서 주로 일본인의 요구에 의해 이루어지는 무역거래로서는 우선 일본의 진상과 조선의 回賜 형태로 행해지는 官貿易이 있다. 또한 浦口와 星州 花園縣 및 서울의 倭館·東平館·西平館 등의 장소에서 사무역이 활발하게 이루어졌다. 그리고 국가가 불법적 무역거래라 하여 금지하였던 潛貿易이 성행하였던 것으로 보인다.[10)]

대체로 조선 초기의 일본 진상품 중에는 銀·銅·鉛·硫黃·刀劒·蘇木·丹木·白礬·甘草·砂糖·胡椒·水牛角·象牙 등이 있고, 진상에 대한 조선정부의 回賜品은 綿布·米를 비롯해 苧布·麻布·人蔘·花文席·豹皮·書籍 등이었으며, 서적 중에서도 대장경에 대한 일본측의 욕구는 컸던 것으로 보인다. 이상 진상과 회사 형태로 이루어지는 공식적인 관무역 이외에도, 사무역이나 잠무역을 통해서 관무역보다 훨씬 더 많은 수량의 물품이 조선상인

10) 李鉉淙, 《朝鮮前期對日交涉史硏究》(韓國硏究院, 1964), 126~216쪽.

과 일본상인 사이에 거래되었던 것으로 짐작된다.[11)]

흔히 조선 초기 일본과의 교린외교를 수행하는 과정에서 양국간에 이루어지는 관무역·사무역 등 여러 가지 형태의 무역거래에서 주로 일본측이 경제적 이득을 취하고 조선은 손실을 감수하게 되었던 것으로 알려져 있다. 사실 조선정부가 일본에 수출할 면포·마포·저포 및 미곡 등 생활 필수품을 대량 조달하는 과정에서 애로가 적지 않았고, 또한 일부 수입품이 사치품에 속했다고 하는 등 조선과 일본간의 무역거래가 가지는 문제점이 없었던 것은 아니다. 그러나 은·동·연·유황·수우각 등 일본에서 수입하는 상당부분의 물품은 동전·유기·무기 및 각종 공산품의 중요한 원료로 사용되었음은 물론, 그 중 특히 은은 칭량은화로 국내에서 사용되고 중국과의 무역결제 수단으로 사용되기도 하였다. 이처럼 주로 소비재를 수출하고 생산재 내지 자본재를 수입하는 조선의 일본과의 무역거래는 국내의 사회생산력과 상품·교환경제 발전을 증진시키는 등 거시적이고 본질적인 면에서 볼 때, 조선측이 얻은 경제적 이득 역시 작게 평가할 수 없을 것 같다.[12)]

5) 유구·남만과의 무역

조선 초기에는 앞에서 살펴본 바 명·여진·일본 이외에도 琉球·南蠻과도 무역거래가 있었다.

대체로 한국 역사상 조선정부가 교린외교로 대응한 유구와 교섭을 가지기 시작한 것은 고려 말엽부터였던 것으로 보인다. 그 당시 유구의 中山王 察度는 외국의 승인을 받는 동시에 무역을 통해 경제적 이득을 얻기 위해 명 및 고려와의 교섭을 시도했던 것이다. 그리하여 창왕 원년(1389) 고려에 사신을 보내는 한편 토산물을 공납하면서 '奉表稱臣'하였고, 이에 고려정부는 유구에 報聘使를 파견한 일이 있었다. 조선시대에 들어와서도 태조 원년(1392)에 유

11) 李鉉淙, 위의 책.
12) 李鉉淙, 위의 책.
宮原兎一, 〈朝鮮初期の銅錢について〉(《朝鮮學報》 2, 1951).
韓相權, 〈16世紀 對中國私貿易의 展開〉(《金哲埈博士華甲紀念史學論叢》, 1983).
元裕漢, 〈朝鮮後期 銅錢原料의 供給形態〉(《人文科學》 32, 연세대 1974).

구의 中山王은 계속 사신을 보내 공물을 바치고 칭신의 예를 다하였다. 즉 태조 6년(1397) 유구는 사신을 보내 왜구로부터 매입한 조선인을 송환하고, 정종 2년(1400)과 단종 원년(1453)에는 사신을 보내 예물을 헌납하였다. 또한 세조대에 세 차례에 걸쳐 대장경을 요구한 일이 있고, 성종 2년(1471)에는 일본인을 대한 것처럼 公認 歲遣船으로 왕래하게 했으며, 그리고 조선의 관직을 받은 자도 있었다.[13]

한편 유구는 토지가 협소하고 척박하여 해외무역을 생계로 삼는 곳이었기 때문에 그들의 토산물과 安南[베트남]·暹羅[샴] 등의 남방산물을 중계하여 한때 각국 상선의 기항지가 되었다. 그리하여 조선과 유구의 교통은 비교적 빈번하여 자주 漂民을 송환해 왔으며, 또한 조선 상인이나 표민이 유구에 기항하는 자가 많았다. 이들 조선 상인들은 유구인과 함께 말락카 등 남양무역에도 종사한 사람들이었다. 그리고 유구에는 조선에 오는 해로를 잘 아는 사람이 적어서 그 곳에 거주하는 일본인 승려나 상인이 사신이 되어 조선에 온 일이 있었던 것으로 보인다. 유구의 사신들이 조선에 바친 공납물은 蘇木·胡椒·香料·砂糖·錫·水牛角 등 남방 산물이었다.[14]

남만은 섬라와 爪哇[자바] 등을 말하는데, 섬라는 일찍이 공양왕 3년(1391)에 奈大 등 8명을 고려에 보내 토산물을 바친 일이 있다. 조선시대에 들어와서는 태조 2년(1393)에 張思道를 사절로 보내와서 그에게 禮賓卿의 직을 주었으며,[15] 그 6년(1397)에도 사신을 보내 공물을 바쳤다.[16] 그들이 조선에 바친 공납물은 대개 蘇木·束香·刀·甲·銅器 및 土人 등이었다. 또한 조선초기 조와와의 관계를 보면 태종 6년(1406)에 陳彦祥을 사신으로 보내 왔으므로 조선정부는 그에게 書雲副正의 직을 주어 보냈다. 그 뒤에도 조와는 여러 차례 사신을 보내어 火鷄·孔雀·鸚鵡·鸚哥·沈香·龍腦·胡椒·蘇木·香 등과 여러 종류의 蕃布를 공납하였다.[17] 그러나 조선정부가 교린외교로

---

13) 劉元東, 앞의 글.
14) 李鉉淙, 〈南洋諸國人의 來往貿易에 對하여〉(《史學研究》 18, 1964).
李相佰, 앞의 책, 142~143쪽.
15) 《太祖實錄》 권 3, 태조 2년 6월 갑인.
16) 《太祖實錄》 권 6, 태조 6년 8월 정유.
17) 李鉉淙, 앞의 글.

대응한 유구와 남만이 진상한 공물에 대한 回賜物로 어떠한 것을 주었는지 구체적으로는 알 수 없다. 다만 조선정부는 유구와 남만의 사절을 후대하여 관직을 주었을 뿐만 아니라 타고 온 선박을 수선해주고 衣服·笠靴·正布·綿布·黑馬布·白苧布·虎皮 및 書籍 등을 회사했던 것으로 보인다.[18] 유구와 조선 사이에서는 이상과 같은 진상과 회사 형태의 관무역뿐만 아니고, 비록 명·여진·일본의 경우보다는 소규모일지라도 사무역이나 잠무역 거래도 있었을 것으로 짐작된다.

이상 조선 초기의 유구 및 남만과의 무역은 명·여진·일본 등과의 그것과는 동기와 성격을 달리했던 것으로 보인다. 조선과 이상 3국과는 국제적 이해관계가 엉켜있는 인접국들이었기 때문에, 3국과의 무역은 사대교린외교의 수행과정에 따른 무역으로서 무역외적인, 다시 말하면 외교적 요인이 무역거래의 중요한 동기가 되고, 그 성격을 규정하는 경향이 적지 않았다 할 것이다. 그러나 유구와 남만은 조선과 멀리 떨어져 있어서 상호 이해가 상충되는 점이 별로 없기 때문에 외교거래보다는 무역거래에 더 큰 비중을 두어, 외교는 무역거래를 활성화시키기 위한 방편으로 이용된 면이 더 크다고 할 것이다. 그리고 유구·남만측의 진상품목과 조선의 회사품목을 비교할 때, 조선은 대체로 사치성 물품을 받고 생활 필수품을 주었기 때문에 조선측이 경제적 손실을 입게 되었던 것으로 보인다. 다만 유구·남만의 진상품 중에는 조선 초기 국내에서 수요가 큰 錫이나 水牛角 등 각종 금속 수공업이나 무기제조의 원료가 포함되어 있다는 점은 간과할 수 없을 것 같다.

6) 대외무역의 성격

이상에서 조선 초기에 명·여진·일본·유구 등에 대해 사대교린의 외교를 수행하는 과정에서 이루어지는 각 나라와의 무역실태를 대강 살펴보았다. 이와 같은 고찰을 통해 조선 초기 대외무역의 성격 내지 역사적 의의로 대개 다음 몇 가지 사실을 지적할 수 있을 것 같다.

---

18) 李鉉淙, 위의 글.

일반적으로 한국의 근대적 국제무역이 1876년 개항 이후에 시작된 것으로 보고 있다면, 조선 초기의 대외무역은 당연히 폐쇄적이고 소극적이 성격을 특징으로 하는 중세적 무역으로 이해되어야 할 것이다. 그리하여 조선 초기의 대외무역은 당시 봉건정부가 쇄국정책을 고집하고 중농억말정책을 실시하여 사회생산력과 상품·교환 경제발전이 둔화된 상황에서 추진한 것이었기 때문에 고려시대에 대외무역에 비해 주목할 만한 발전은 없었던 것으로 보인다.

조선 초기에 봉건정부가 새 왕조의 중앙집권적 지배체제를 정비 확립하는데 필요한 국제관계의 안정을 위해 사대교린외교를 수행하는 과정에서 하나의 외교적 의례로서 대외무역을 추진하였다. 그러므로 조선 초기에 명·여진·일본·유구 등과의 사이에 이루어진 대외무역의 동기 내지 성격은 기본적으로 무역외적인, 즉 사대교린을 지향하는 외교적 요인에 의해 규정지어졌다 할 것이다. 이와 같은 경향은 조선과 명 사이에 조공과 賞賜의 형태로, 또한 조선과 여진·일본과의 사이에 回賜와 進上형태로 이루어지는 관무역의 경우에 더욱 두드러지게 나타나고 있었다. 그러나 사행에 의해 이루어지는 사무역과 양국 상인들 사이에 은밀히 이루어지는 잠무역에서는 경제적 이득 추구에 몰두하는 등 무역거래의 동기 내지 성격이 거의 외교외적인 경제적인 면에 치중되어 있었던 것으로 보인다.

조선 초기의 대외무역의 동기 내지 성격이 경제외적인 외교적인 면에 치중되어 있었거나, 외교외적인 경제적인 면에 치중되어 있었던 간에 상호무역거래의 결과에 대한 경제적 득실을 따져 보게 된다. 이런 점에서 볼 때, 앞에서 논급한 바 있듯이 주로 생산재 내지 자본재를 수출하고 소비·사치품 중심의 물품을 수입하는 명과의 무역거래에서 조선은 경제적 손실을 감수해야만 했던 것으로 보인다. 또한 조선은 주로 생활 필수품이나 생산기구 등을 수출하고 모피류 등 조잡한 천연산물을 수입하는 여진과의 무역거래에서도 경제적 손실을 입게 되었던 것 같다. 그리고 대체로 생활필수품 등 소비·사치품을 수출하라고 각종 생산재 내지 자본재를 수입하는 일본과의 무역거래에서는 조선측에서 경제적 이득을 취할 수 있었다. 이 밖에 유구와 남만과의 교역은 거래가 빈번하지도 않고 규모도 작았기 때문에 조선측은 그들을 후히 대접한다는 입장에서 수동적으로 무역에 임했던 것으로 생각된다.

요컨대 조선 초기 대외무역의 경제적 득실을 확실하게 따져 말할 수는 없을 것이다. 그러나 조선 초기의 대외무역, 즉 명·여진·일본·유구 등과의 무역거래는 봉건정부가 개국 초에 표방한 사대교린외교를 적극 추진하여 주변국들과의 관계를 개선하는 데 적지 않은 도움을 주었고, 또한 선진외래문물을 수용하여 완성단계의 민족통일국가체제에 상응하는 집권적 조선왕조의 통치기반을 확립하는 데 기여했다 할 것이다.

〈元裕漢〉

Ⅲ. 각 부문별 수공업과 생산업

1. 야철수공업과 철광업
2. 방직업
3. 제지업
4. 조선업
5. 염　업
6. 수산업

III. 각 부문별 수공업과 생산업

1. 야철수공업과 철광업

1) 신도 건설공사와 무기제조 공역

(1) 한양의 신도 건설공사

조선은 통치기반을 공고히 하고 외침에 대비하기 위하여 국초부터 신도 건설과 무기생산에 주력하였다. 한양의 신도 건설공사를 위해 '太廟造成都監', '京城修築都監', '新都宮闕造成都監', '都城造築都監', '離宮造成都監', '開川都監', '行廊造成都監', '京城修補都監', '都城修築都監'등의 여러 權設衙門을 태조대부터 세종대에 걸쳐 설치하고 신도 건설업무를 관장토록 하였다. '태묘조성도감'은 태조가 신왕조를 개창한 후 한양으로의 천도논의가 분분한 가운데 왕조개창의 권위를 갖추기 위하여 우선 개경에 종묘를 세우려고 설치한 것이다.[1] 태조 3년(1394) 8월에 한양이 신도로 결정되자 신도의 궁궐을 조성하기 위하여 '신도궁궐조성도감'을 설치하였다.[2] 승도들을 모집하여 宗廟役事를 시작하였고,[3] 도감이 설치된 지 1년만에 태묘와 궁궐이 완성되었다.[4] 이어 도성을 축조하기 위해 동왕 4년(1395) 윤 9월에 '도성조축도감'을 설치하고,[5] 경상·전라·강원·서북면 안주 이남의 民丁 118,070명을 징발하여 도성을 축조하였으며,[6] 동왕 5년(1396) 8월에는 다시 경상·전라·강원도의 築城役夫

---

1) 《太祖實錄》 권 1, 태조 원년 10월 정사.
2) 《太祖實錄》 권 6, 태조 3년 9월 무술.
3) 《太祖實錄》 권 6, 태조 3년 12월 기사.
4) 《太祖實錄》 권 8, 태조 4년 9월 경신.
5) 《太祖實錄》 권 8, 태조 4년 윤 9월 갑술.
6) 《太祖實錄》 권 10, 태조 5년 1월 무진.

79,400명을 징발하였다.[7]

그러나 태조 4년 이후부터 계속된 축성작업으로 민력이 고갈되자 京都의 營繕役을 쉬게 하자는 논의가 일어났다. 이에 태조는 동왕 5년 윤 5월에 '신도 궁궐조성도감'을 혁파하고 그 사무를 繕工監에 귀속시킨 뒤 京外工匠들을 방환하였다.[8]

그러나 태조 7년(1398)에 일어난 왕자의 난과 정종의 즉위 및 개경으로의 환도 등 일련의 정치적 변화는 한양신도건설을 한동안 중단케 하였다. 태종이 즉위한 뒤에 한양으로의 천도논의는 다시 일어났지만 毋岳으로 천도하자는 신하들과의 의견대립으로 태종 5년(1405) 경에야 천도가 가능하였다. 그런데 태종은 태조가 지은 경복궁은 왕자의 난 등 많은 재난이 발생한 궁궐이라고 하여 새로운 궁궐을 지으려고 하였다. 그러나 국가재정의 낭비, 백성들의 괴로움을 이유로 신하들이 강력하게 반대하자 새로운 궁궐을 축조하려고 설치하였던 '이궁조성도감'을 '궁궐수축도감'으로 바꾸고 경복궁을 수습하여 천도하였다.[9] 이후에 신하들의 반대상소가 뜸해지자 도감의 명칭을 다시 '이궁조성도감'으로 바꾸고 창덕궁을 건조케 하여 동왕 5년 10월에 완성을 보게 되었다.[10] 도성 축조를 위해서는 동왕 13년(1413) 8월에 '경성수축도감'이 설치되었고,[11] 다시 동년 11월에 '경성수보도감'이 재설치되었며,[12] 동왕 16년(1416)에 다시 '도성수보도감'이 설치되었다.[13] 도성수축공사는 세종대에 와서 활발해졌다. 세종 3년(1421)에 '도성수축도감'을 설치하여 도성 중에 붕괴된 곳을 보수하고, 토성으로 축조된 곳은 석성으로 교체하였다. 都城役에는 각 도의 봉족 및 잡색군 중에서 役軍 322,400명과 工匠 2,211명이 징발되었고,[14] 도성수축공사가 끝나자 다시 '城門都監'을 설치하였다.[15]

---

7) 《太祖實錄》 권 10, 태조 5년 8월 신묘.
8) 《太祖實錄》 권 10, 태조 5년 7월 병인·병자 및 권 13, 태조 7년 윤 5월 병술.
9) 《太宗實錄》 권 8, 태종 4년 9월 신해.
10) 《太祖實錄》 권 10, 태조 5년 10월 신사.
11) 《太宗實錄》 권 26, 태종 13년 8월 정미.
12) 《太宗實錄》 권 26, 태종 13년 11월 신묘.
13) 《太宗實錄》 권 32, 태종 16년 10월 신미.
14) 《世宗實錄》 권 13, 세종 3년 10월 무오 및 권 14. 세종 3년 12월 기해.

시가지의 건설공사는 市廛行廊工事가 주였는데 태종 12년(1412) 2월에 '개천도감'을 '市廛行廊都監'으로 개칭하고 役徒 2,035명을 동원하여 시전행랑을 건축하였다.[16] 이 공사는 동년 3월에 끝나 거기에 동원된 각 도의 목공 200여 명을 모두 방환하였다.[17] 동왕 12년 7월에는 다시 시전행랑의 조성공사를 위하여 목공 200여 명이 각 도에서 징발되었고,[18] 동년 10월에 행랑조성이 일시 중단되었다가 이듬해 2월에 다시 재개되었다. 여기에는 役丁 2,141명이 동원되었고,[19] 그 중 장인은 200명이었다.[20] 동년 5월에 행랑조성공사가 끝나기까지 총 2,641명의 역군이 동원되었다.[21] 이와 같이 신도건설에 동원된 인력은 工曹의 官匠도 있지만 주로 기술있는 승려나 지방 농민들로 이루어져 있었다. 따라서 작업의 숙련도에 차이가 있었고 공역 중 미숙한 공장은 방환되기도 하였다.[22] 그러나 신도 건설공사가 어느 정도 마무리되는 태종 15년(1415)에 이르러 정부는 신도 건설에 동원된 공장들을 중앙관서의 관장으로 끌어들이기 위해 公役이 끝난 목수 중 솜씨가 뛰어난 100명을 선공감에서 木手籍을 작성, 등재하였다.[23] 그리하여 이들은 이후 선공감의 관장으로 복무하게 되었다.

(2) 군기감과 계수관·영·진의 무기제조 공역

한편 정부는 개국 초부터 명·일본·여진과의 불화와 외침에 대비하기 위하여 무기생산에도 주력하였다. 중앙에서는 軍器監이 무기생산을 관장하였고 貢鐵로써 무기를 생산하고 있었다.[24] 태조 7년에 '궁궐조성도감'을 혁파하고

---

15) 《世宗實錄》 권 15, 세종 4년 2월 신해.
16) 《太宗實錄》 권 23, 태종 12년 2월 경오.
17) 《太宗實錄》 권 23, 태종 12년 3월 무신.
18) 《太宗實錄》 권 24, 태종 12년 7월 경인.
19) 《太宗實錄》 권 25, 태종 13년 2월 을묘.
20) 《太宗實錄》 권 25, 태종 13년 4월 계축.
21) 《太宗實錄》 권 23, 태종 12년 5월 갑오.
22) 《太祖實錄》 권 13, 태조 7년 5월 기유.
23) 《太宗實錄》 권 29, 태종 15년 4월 정축.
24) 《太祖實錄》 권 1, 태조 1년 7월 정미 및 권 6, 태조 3년 8월 갑인.
《太宗實錄》 권 13, 태종 7년 1월 갑술 및 권 13, 태종 7년 4월 임진.

그 사무를 선공감으로 이관시켰다.[25] 동년에 離宮造成役과 여타 漢城府·軍資監·豊儲倉 등의 조성공사가 끝나자 군기감을 확충하자는 논의가 일어났다. 곧 "군기감은 병기를 관장하여 제조하는 양이 매우 많으니 선공감과 각사에 소속된 장인 및 여러 곳의 閑役匠人을 모두 군기감에 소속시켜 군기를 제조하도록 하자"는 내용이었다.[26] 이 결과 군기감은 중앙관서 중에서 가장 많은 工匠을 보유하게 되었으며[27] 군기감에서 제조한 무기류는 활·창·가지창·세모진 창·갑옷·투구·화약 등과 軍 보조장비인 軍旗·북·꽹과리·징 등이었다.[28]

각 지방의 무기생산은 지방제도가 점차 정비되면서 界首官과 營·鎭에서 담당하였고 '月課軍器法'이 적용되었다. 각 도의 계수관은 태조 2년(1394)에 확정되었다. 경상도의 鷄林·안동·상주·진주·김해·경산, 전라도의 완산·나주·광주, 양광도의 광주·충주·청주·공주·수원, 교주강릉도의 원주·회양·춘천·강릉·삼척, 서해도의 황주·경기좌도의 한양·철운, 경기우도의 연안·부평 등 25개 읍이었으며,[29] 태종 13년(1413)에 평안도의 평양·안주, 영길도의 영흥·길주가 추가되어 모두 29개 읍이었다.[30] 영과 진은 계수관보다 늦게 설정되었다. 고려 말 이래 도를 단위로 都節制使의 영이 설치되어 있었지만, 태조 6년(1397) 5월 兵馬都節制使를 혁파하고 '鎭'을 설치, 僉節制使를 배치하였다. 경상도의 合浦·江州·寧海·東萊, 전라도의 木浦·兆陽·沃溝·興德, 충청도의 蓴城·藍浦·伊山, 豊海道의 豊州·瓮津, 강원도의 三陟·杆城 등 15개 진이다.[31] 그러나 태종 17년을 기점으로 보면 진의 설치는 더욱 늘어 경상도의 蔚山鎭·泗川鎭·迎日鎭, 전라도의 茂長鎭·

25) 《太祖實錄》 권 13, 태조 7년 윤 5월 병술.
26) 《太宗實錄》 권 13, 태종 7년 1월 갑술.
27) 《經國大典》에서 京工匠 숫자를 살펴보면 總 工匠數 2,795명 중에서 軍器寺 소속 공장수가 제일 많은 644명이다. 이는 전체 경공장수의 23%이며 尙衣院工匠數인 597명보다도 47명이 많은 숫자이다. 또 군기감에는 많은 수의 軍器監別軍(《太宗實錄》 권 26, 태종 13년 7월 정유)과 1만 명 이상의 助役奴婢가 소속되어 있었다(《太宗實錄》 권 33, 태종 17년 윤 5월 신유).
28) 鄭道傳, 《朝鮮經國典》 工典.
29) 《太祖實錄》 권 4, 태조 2년 11월 계축.
30) 《太宗實錄》 권 26, 태종 13년 10월 신유.
31) 《太祖實錄》 권 11, 태조 6년 5월 임신.

扶安鎭, 풍해도의 長淵鎭 등 6개가 추가되었다.[32] 서북면과 동북면의 진에 관한 기록은 찾기 어렵다.[33] '營'은 이듬해인 정종 즉위년(1398) 9월에 다시 각 道에 설치된 것으로 짐작되는데, 정부는 각 도에 절제사 '영'을 개설하였다.[34] 그러나 이 때 영이 개설된 지명과 숫자는 사료상에 나타나 있지 않다. 다만 태종 8년(1408)의 기록에 의하면 경상도의 계림·창원, 전라도의 나주, 충청도의 홍주, 황해도의 해주, 강원도의 강릉 등 6곳에 도절제사 '영'이 확립되고,[35] 동왕 9년 10월에는 11도에 도절제사를 파견하였음을 볼 때 전국 11개 지역에 모두 영이 설치되었을 것이다.[36]

'월과군기법'은 중앙의 군기감과 지방의 각 계수관, 영·진에도 동시에 적용된 듯하다.[37] 지방의 경우는 고려 말 이래 동서북면과 각 도로 하여금 철물을 많이 생산하여 군기제조량을 늘리도록 강요하였던 것인데 그간의 성과가 크지 못하자, 태조 원년 9월에 이르러 비로소 '月課制'를 적용하게 되었다. 월과제 아래 철물생산과 군기제조작업이 실시되면서 도절제사나 都巡問使는 각기 도내의 철물생산량과 군기제조의 월별 실적을 每 季月마다 都評議使司에 보고하여야 했다.[38] 이후 '월과제'하의 군기제조작업은 정종 즉위년 9월에 절제사 '영'이 설치되고 受料人員으로 軍官伴黨 15명, 從人 15명, 留營軍官 50명, 從人 50명 및 軍器打造工匠 37명 등 167명을 배정하면서 본격화된 것으로 보인다.[39] 계수관·영·진의 月課軍器는 군기감의 감독을 받았으며 중앙에서 파견한 軍器點考察訪이나 敬差官에게 점고를 받았다.[40] 군기타조

32) 吳宗祿, 〈朝鮮初期의 邊鎭防衛와 兵馬僉使·萬戶〉(《歷史學報》 123, 1989).
33) 이 때의 鎭의 설치는 倭敵의 浸透路를 봉쇄하기 위하여 주로 남방 연안지역의 거점을 중심으로 설치된 것이었고 동서북면의 경우에는 세종조에 翼軍體制가 확립되면서 활발히 이루어졌다(吳宗祿, 위의 글, 95~103쪽).
34) 《太祖實錄》 권 15, 태조 7년 9월 무술.
35) 《太宗實錄》 권 16, 태종 8년 7월 계해·기미.
36) 《太宗實錄》 권 13, 태종 9년 10월 을축 및 권 26, 태종 13년 10월 신유.
37) 《太祖實錄》 권 15, 태조 7년 9월 정해.
鄭道傳, 《朝鮮經國典》 工典.
38) 《太祖實錄》 권 2, 태조 원년 9월 기해.
39) 《太祖實錄》 권 15, 태조 7년 9월 무술.
40) 《太宗實錄》 권 27, 태종 14년 8월 정미 및 권 31, 태종 16년 2월 갑자·4월 갑술.

공장들은 주로 그 지역의 농민들로서 야장의 경우 밤낮으로 부역하였으므로, 태종 15년에 이르러 공역일이 과중하여 처자를 부양하기 어렵다는 불만이 비등하자 정부는 마침내 4월부터 7월 사이에 歸農토록 조치하였다.[41] 이후 공역에 동원되는 일수는 차츰 줄어들어 문종 원년(1451)에 이르면 각 진의 공역일수가 春節의 경우 정월에서 2월까지 두 달, 秋節에는 8월에서 11월까지 네 달로 총 6개월로 단축되었고, 이 때 各 道都會所의 공역일수도 진과 같이 줄어들었다.[42] 이것은 공장들로 하여금 사적생산의 여유를 갖게 하여 야철수공업을 가능케 하였다.

2) 철물수취제와 철광업 실태

(1) 염철법과 철장제

한양의 신도 건설공사와 군기감의 무기제조공역에 소요된 철물은 각 도의 농민들로부터 수렴되는 貢鐵이었으며 계수관·영·진의 무기제조용 철물은 각 도의 鐵場에서 조달하였다. 이처럼 이원화된 철물수취제도 가운데 전자는 斂鐵法, 후자는 鐵場制라 불렀다. 이 두 제도는 이성계가 집권한 공양왕 3년(1391)에 성립하여 조선 초기의 철물수취제도로 실시되었다.

고려 말의 정부는 염철법에 의해서만 철물을 수취해 왔다. 고려왕조는 민간인에 의한 철광의 民採를 금하지 않았고 사적인 철물생산이 이루어지고 있었다. 따라서 고려정부는 농민들로부터 일정액의 공철을 부과 수취하는 염철법을 적용한 것이다. 그러나 이러한 고려의 철물수취체제는 이성계의 집권과 더불어 착수하게 되는 신도건설과 무기생산에 필요한 많은 철물을 조달하기에는 충분치 못한 제도였다. 그 이유는 정부가 염철법에 의해 수취하는 공철량이 전국의 야철수공업자들이 생산한 철물의 일부에 지나지 않기 때문이었다.

그러므로 공양왕 3년(1391) 7월에 정부는 당시 소금산지에 적용하고 있던

---

41) 《太宗實錄》 권 29, 태종 15년 4월 정해.
42) 《文宗實錄》 권 6, 문종 7년 9월 무술.

榷鹽法을 鐵産地에도 원용하려 하였다.[43] 곧 정부가 민간의 철 생산지를 모두 흡수하고 그곳에 冶官과 鐵戶를 두어 철을 채취하는 동시에 생산한 대부분의 철을 국용에 충당하고 그 여분만을 민간에 판매할 계획이었다. 이 계획안은 일단 실행하기로 결정되었으나 곧이어 중지되고 말았다. 그 이유가 무엇인지는 밝혀져 있지 않으나 같은 해에 정부가 염철법과 철장제를 함께 실시한 점을 미루어 볼 때 전국의 철산지를 모두 官營하에 둘 경우 소요되는 자금과 인력을 감당할 수 없었기 때문일 것으로 여겨진다. 당시 정국에 개발된 鐵鑛이 얼마나 있었는지는 자세히 알 수 없지만《世宗實錄地理志》에 67개 읍으로 나타난 사실만을 미루어 보아도 그 많은 철산지를 정부가 모두 야관과 철호를 두어 운영하기란 사실상 어려웠을 것이다. 따라서 정부는 이때 철의 생산량이 풍부한 곳만 골라 철장제를 적용하고 나머지 철광들은 민간의 私採를 허용하여 염철법을 준용하였던 것이다.

민간의 사적 철물생산을 기반으로 적용되었던 염철법은 정부가 전국 각 읍의 邑勢에 따라 貢鐵量을 分定하면 수령이 관내 농민들의 경작면적에 따라 공철을 부과 징수하여 선공감과 군기감에 납부하는 형태였다.[44] 따라서 철의 사적 생산이 가능한 농민들은 자체 생산물을 공납할 수 있겠지만 그것이 불가능한 대부분의 농민들은 철물을 구입하여 상납해야 하였다.

한편 鐵場은 각 계수관이나 영·진에 무기제조용 철물을 조달하기 위하여 개설되었지만 공양왕 3년(1391)에 설치된 철장이 몇 개소나 되었는지는 살필 수 없다. 다만《高麗史》地理志의 同年條에 정부가 砥平縣에 鐵場을 설치하고 監務를 두어 겸관토록 했다는 기록이 있다.[45] 감무는 철장을 관리하기 위하여 별도로 설치한 것이 아니라 그 읍의 수령으로서 철장을 겸관토록 한 것이다. 이 지평현의 철장은 태종 13년(1413)에 이르러 철 생산량이 격감되자 혁파하고 감무도 현감으로 바꾸었다고 한다.[46]《고려사》에 나타난 기록만으

43)《高麗史》권 79, 志 33, 食貨 2, 鹽法 공양왕 3년 7월.
高承濟, 〈李朝鹽業史硏究〉(《近世韓國産業史硏究》, 1959).
申芝鉉, 〈鹽業〉(《한국사》10, 국사편찬위원회, 1981).

44)《太宗實錄》권 13, 태종 7년 6월 계미.

45)《高麗史》권 56, 志 10, 地理 1.

46)《世宗實錄地理志》, 廣州牧 砥平縣.

로는 동년에 지평현에만 철장이 설치된 듯하다. 그러나 태조 3년(1394)에 편찬된 《朝鮮經國典》에 의하면 당시 정부가 '철산지마다 鐵場官을 두고 丁夫를 모집하여 채취하였다'[47]라 하고 또 태종 원년(1401) 7월에 정부가 동·서 양계에도 다른 도와 같이 철장을 설치하여 채취토록 결정한[48] 사실들로 미루어 볼 때, 공양왕 3년부터 동서 양계를 제외한 지역에만 철장을 개설했다가 태종 원년부터는 동·서북면의 철산지에도 철장을 설치하게 되었음을 알 수 있다.

이처럼 전국의 주요 철산지에 철장제가 적용되었지만 황해도의 해주·文化·松禾 등 3개 읍의 경우는 예외였다. 3읍에는 고려 때 鐵所에서 복무하던 鐵干(鐵所干)들이 남아 있어, 口分田을 耕食하고 일체의 잡역이 면제된 채 뒤에 서술할 철장의 吹鍊軍들과 마찬가지로 鐵鑛役에 상시로 종사하고 있었기 때문에 이곳에는 철장을 개설하지 않았던 것으로 생각된다.[49]

당시 각 도 철장의 채굴·제련작업과 각 계수관 및 영·진의 무기제조 작업을 총관한 것은 당해 도의 都節制使나 都巡問使였다. 공양왕 원년(1389) 정부에서 각 도에 도절제사를, 동·서북면에는 도순문사를 각각 전임관으로 파견하여 군무를 총괄케 함으로써[50] 결국 무기제조와 거기에 소요되는 철물생산도 이들이 관장하게 된 것이다. 태조 원년(1392) 9월에 정부가 철물생산이나 무기제조작업에 모두 월과제를 적용하였기 때문에 각 도의 도절제사나 동·서북면의 도순문사들은 춘하추동의 매 季月마다 월별실적을 도평의사사에 보고하게 되었다.[51]

도절제사 또는 도순문사의 총관 하에 월과제를 바탕으로 철물생산이 이루어지고 있었지만 각 철장의 실질적인 관리자는 '鐵場官'들이었다. 전술한 지평현 철장처럼 감무가 겸관한 경우도 있었으나 국초부터 철장관리만을 점담토록 하기 위하여 정부는 별도로 철장관을 임명 파견하였다. 철장관은 정부가 파견한 정식 관원이자 엄연한 하나의 지방관이었다. 따라서 각 읍의 수령

47) 鄭道傳, 《朝鮮經國典》, 金銀珠玉銅鐵.
48) 《太宗實錄》 권 2, 태종 원년 7월 경술.
49) 《世宗實錄》 권 50, 세종 12년 12월 정묘.
50) 閔賢九, 〈近世朝鮮前期 軍事制度의 成立〉(《韓國軍制史－朝鮮前期篇－》, 陸軍本部, 1968).
　　───, 《朝鮮初期의 軍事制度와 政治》(韓國硏究院, 1983), 178~181쪽.
51) 《太祖實錄》 권 2, 태조 원년 9월 기해.

이나 水陸軍官·萬戶·千戶·儒臣敎授·驛丞·鹽場官과 더불어 각 도의 도관찰사가 考課表를 작성하여 정부에 보고하였고[52] 관직의 이동이나 출척도 지방의 교수관이나 역승·염장관들과 같이 守令例에 의거 도관찰사가 부임 일수와 勤慢 여부를 尙瑞司에 보고, 처리하였다.[53]

철장관이 상주하여 관리하던 철장에서 월과제 하의 채굴제련작업에 동원된 농민을 '吹鍊軍'이라 불렀다. 철장의 취련군은 각 계수관·영·진의 무기 제조용 철물을 조달하는 임무를 지고 있었는데 이는 군역과 유사한 국역이었다. 따라서 태종 4년(1404)에 정부가 군역이나 국역을 지고 있던 자들에 대한 봉족지급수를 배정할 때에도 취련군에게는 鎭屬軍·鐵所干과 함께 田 1~2결 이하의 貧戶일 경우에 전 2~3결 이하의 봉족 1호를 정급하였던 것이다.[54] 여기에서 취련군이나 철소간은 모두가 국용의 철물생산에 복무하던 本邑의 농민들이었고 구분전을 耕食하던 철소간과 마찬가지로 취련군도 상당수는 전 1~2결 이하의 빈호들이었을 것이다. 그리고 취련군도 철소간과 같이 일체의 잡역이 면제된 채, 오직 철장역에만 상시 복무함으로써 여타의 잡물세공은 면제되었다.[55]

그런데 공양왕 3년(1391) 이래 철장제가 폐지되는 태종 7년(1407)까지의 시기에 전국의 철장 수가 얼마이며 또 각 철장에 종사한 취련군 수가 어느 정도였던 가에 관해서는 자세히 알 수 없다. 이 무렵의 철장 수는 후술할 鐵場都會數와 큰 차이가 없을 것이므로 20여 개소 가량 되었을 것으로 생각된다. 취련군 수에 관해서도 확실한 연대는 밝혀져 있지 않지만 내용상 태종 7년 이전의 철장취련군제에 대한 것임을 짐작케 하는 기록이 있다. 그것은 세조 7년(1462)에 軍籍從事官 尹孝孫이 "전라도 平昌縣의 軍案을 점검했을 때 다른 읍의 군안에서는 찾아볼 수 없었던 철장 취련군 200여 명이 모두 다른 역을 지지않고 오직 吹鍊役만 지고 있어 이를 모두 혁파하고 군액에 충당하였다"는 기사이다.[56] 이는 곧 조선 초기에 役制가 완비되지 못하여 황해도의 철소

52) 《太祖實錄》 권 8, 태조 4년 11월 신사.
53) 《定宗實錄》 권 5, 정종 2년 7월 을축.
54) 《太宗實錄》 권 7, 태종 4년 5월 계축.
55) 《成宗實錄》 권 195, 성종 17년 9월 신미.
56) 위와 같음.

간제가 세종 12년(1430)까지 남아 있었듯이[57] 창평현의 철장 취련군제도 세조 7년(1462)까지 남아 있었던 것이라 하겠다. 어떻든 창평현의 철장 취련군제를 미루어 볼 때 전국의 각 철장에도 대체로 200여 명 가량의 현지 농민들이 취련역에 투입된 것으로 여겨진다.

(2) 철장도회제의 성립

정부는 공양왕 3년(1391)이래 태종 7년(1407)에 이르기까지 16년간 염철법과 철장제를 통해서 철물을 수취하여 왔다. 태종 5년(1405)의 천도로 신도 건설공사가 어느 정도 마무리되었고 무기제조사업도 상당히 진척되었다. 그러나 16년간 실시된 염철법과 철장제는 시행과정에서 많은 문제점이 드러났다. 철장제와 염철법이 지닌 폐단으로 농민들의 피역 저항이 심화되고 있었기 때문에 정부는 새로운 철물수취제도를 모색하지 않을 수 없었다. 철물수취제도가 지닌 폐단의 심각성은 염철법이나 철장제가 다를 바 없지만 철장제는 일부의 취련군에 국한된 문제였던 데 반해 염철법은 농민 대다수가 부담한 공철제였기 때문에 자연히 농민들의 불만도 철장제보다 염철법에서 더 뚜렷이 표출되었다.

태종 7년(1407) 6월에 右司諫大夫 吳陞 등이 올린 訴狀에는 염철법에 대한 농민들의 불만이 구체적으로 반영되고 있었다. 첫째, 농민들이 공철을 납부하기 위해 布帛과 穀粟으로 철물을 구입하고 있지만 구입하기가 용이하지 않다는 것이었다. 둘째는 농민들의 공철부담량이 과중한 데다가 부과기준이 일정치 않다는 것이며, 셋째는 본읍에서 징수할 때 수령이 손수 監考하지 않고 품관·향리들로 하여금 감고케 함으로써 더욱 폐단이 크다는 것이다. 곧 농민들은 枰目을 알지 못하므로 품관·향리들이 갖가지 방법으로 기만할 뿐만 아니라 조금이라도 마음에 맞지 않으면 매질을 가했기 때문에 농민들은 받아주기만 바랄 뿐 감히 항의할 생각을 못한다는 것이었다. 오승 등은 이러한 염철법의 폐단을 지적한 뒤에 그것에 대한 개선책으로 두 가지 방안을 제시하고 있다. 하나는 염철법을 혁파하고 각 도의 철산지에 철장을 더 개

---

57) 《世宗實錄》 권 50, 세종 12년 12월 정묘.

설하되 '募民吹鍊'케 하라는 것이고, 다른 하나는 염철법을 계속 실시할 경우 공철의 부과량을 줄일 뿐 아니라 수취절차도 상세히 규정해야 한다는 것이다.58)

정부는 이러한 오승 등의 건의안을 각 도에 移文하여 시행상의 편부를 추고한 뒤 다시 의논키로 결정하였다. 그 결과에 대해서는 사료상에 나타나 있지 않지만 이 때 정부는 염철법을 혁파하고 철장을 加設하여 '募民吹鍊'할 것을 요구한 제1안을 수락했던 것 같다. 그것은 정부가 제2안을 받아들인다면 공철량을 삭감해야 하는 재정상의 불이익을 감수해야 하는 데다 수취절차를 개선한다 해도 공철을 사서 바치는 한 염철법이 지닌 폐단을 제거할 수 없다는 사실 때문이었다. 그리고 철장제도 정부로서는 철장관을 별도로 파견해야 하고 수많은 취련군들에게 다른 종류의 공물과 잡역을 면제하고 봉족을 지급해야 하는 등59) 재정과 인력의 소모가 컸다. 취련군인 부역농민들의 입장에서도 상시로 철장역에 동원됨으로써 작업의 고됨은 물론 농사 피해도 심각하였다. 이러한 이유로 정부는 태종 7년(1407)에 염철법과 철장제를 모두 혁파하고 철장을 증설, 봄·가을 농한기에 농민들을 철장에 동원하여 선공감과 군기감의 공철을 채납토록 하는 이른바 '鐵場都會制'를 채택하였다.60)

정부가 염철법을 폐지하고 전국의 철장을 흡수하여 철장도회제를 적용함으로써 선공감과 군기감의 공철은 가감 없이 채납될 수 있었지만 철장제가 혁파됨에 따라 각 계수관·영·진의 무기제조용 철물공급은 중지되게 마련이었다. 그러나 이 무렵에 각 도의 각 포 수군들이 沙鐵吹鍊役에 투입되기 시작하였으며, 분명하지는 않지만 이 사실은 각 계수관·영·진의 월과제 아래 무기생산에 필요한 철물을 조달하기 위한 조치라고 여겨진다. 각 포의 수군을 사철취련역에 투입하기 시작한 것은 철장도회제가 성립된 태종 7년(1407)이며 처음에는 경상도와 전라도에만 실시되었으나,61) 충청62)·황해63)·강원

58) 《太宗實錄》 권 13, 태종 7년 6월 계미.
59) 《世宗實錄》 권 50, 세종 12년 12월 정묘.
60) 柳承宙, 〈朝鮮前期의 軍需鐵鑛業硏究〉(《韓國史論》 7, 국사편찬위원회, 1982), 316~320쪽.
61) 《太宗實錄》 권 14, 태종 7년 7월 무인 및 권 16, 태종 8년 12월 정유.

도[64]에도 확대 실시되고 있었다.

이 때 각 포 수군들의 사철취련역도 철장도회와 함께 당해 도의 관찰사가 총관하였다. 관찰사는 미리 관원을 철산지에 파견하여 수일 동안 試取한 후에 수군들이 매일 의무적으로 채취해야 할 정액인 '日課量'을 결정한 뒤 수군을 사철취련역에 투입하였고 대개 3월부터 8월까지 6개월간 작업하게 하였다. 각 포 수군들이 매년 채취한 철은 관찰사가 장악하여 도내 각 관청의 수요에 응하도록 되어 있지만 대부분은 병마절도사나 수군절도사의 요청으로 병선이나 箭鏃類 등 무기제조용으로 공급되었으며 관찰사는 철의 생산량과 소비량을 일일이 호조에 보고하였다.

이처럼 태종 7년(1407) 6월에 우사간대부 오승 등의 상소가 있을 무렵부터, 관찰사의 총관 하에 각 포 수군들의 사철취련역이 실시되었고 그들이 채취한 철은 병마절도사나 수군절제사의 요구에 따라 무기제조용으로 공급되었다. 이러한 사실은 곧 도내의 각 계수관·영·진 등의 무기제조장에 필요한 철물이 조달된 것임을 입증한다.[65] 그리고 예외적인 사례지만 세종 연간에 정부가 각 도로 하여금 철물사용이 불가피한 경우 철장도회에서 채취토록 허용한 것이나,[66] 전라도 茂朱縣의 철자도회가 매년 914근을 전주에 납부한 사실들도 모두 철장제가 혁파된 뒤에 각 포 수군의 사철 생산이 여의치 못한 데서 연유한 것이라 하겠다.[67]

그런데 태종 7년에 철장제가 철장도회제로 바뀐 지 불과 8년만인 동왕 15년(1415)에는 각 계수관과 영·진 등의 월과제 무기생산도 감축되고 있었다. 정부는 동년 3월에 이르러 각 도의 군정들로 하여금 앞으로 개인의 휴대무기를 각각 구비하도록 지시하는 한편, 종래 각 계수관·영·진에 부가된 月課軍器의 수량을 삭감하였다.[68] 이어 다음달에는 月課匠人들의 상시 근무제

62) 《世祖實錄》 권 27, 세조 8년 2월 을미.
63) 《端宗實錄》 권 3, 단종 즉위년 윤 9월 신미.
64) 《世宗實錄》 권 28, 세종 7년 4월 을축.
65) 《世祖實錄》 권 20, 세조 6년 4월 갑인.
66) 《世宗實錄》 권 50, 세종 12년 12월 정묘.
67) 《世宗實錄地理志》 권 151, 全羅道 茂朱縣.
68) 《太宗實錄》 권 29, 태종 15년 3월 병오.

를 폐지하고 농번기인 3월부터 7월까지 귀농토록 조처하였다.[69] 태종 7년에 철장제가 철장도회제로 바뀌고 동왕 15년에 각 계수관·영·진 등의 월과제 생산이 7개월로 단축되었다는 사실은 농민들의 노동조건을 크게 개선시킨 셈이다. 이러한 조처는 물론 철장제가 혁파된 뒤 철물조달이 원활하지 못한 데도 원인이 있었겠지만 그 보다는 다음과 같은 두 가지 이유가 직접적인 원인이었던 것 같다. 첫째는 공양왕 3년(1391) 이래 태종 15년(1415)까지 무려 24년간에 걸쳐 매일 무기를 생산해 왔으므로 각 계수관·영·진의 官需用의 무기나 각 군정들의 휴대용 무기가 충분히 갖추어지게 되었고 동시에 외침에 대한 위기의식이 사라진 객관적 여건 하에 놓이게 되었다는 사실이다. 둘째는 각 계수관·영·진에서 월과군기를 생산하던 공장들도 역시 철장제 하의 취련군과 마찬가지로 농업을 생업으로 하는 농민들이었기 때문에 이제는 더 이상 농번기의 귀농을 막을 수 없었다는 점이다.

한편 철장도회제 하에 운영된 처장의 관리실태는《經國大典》工典 鐵場條에 비교적 자세히 수록되어 있다. "각 읍의 철산지에 冶場을 설치하고 場籍을 만들어 공조와 본도·본읍에 비치하고 농한기마다 취련, 상납케 한다. 관찰사는 각 場의 부근 제읍에 부과된 공철량의 다소에 따라 인부수를 量定하고 본읍 및 제읍 중 有職廉謹者 1인을 택하여 監冶官을 삼아 오로지 鑛役을 감독케 하고 수령이 이를 고찰한다"고 하였다.

철장은 冶場이라고도 하고 炒鐵所[70]라고도 하였다. 철장은 물론 철산지를 보유한 해당 읍에 설치되기 마련이지만 광석을 운반하기보다는 연료재를 조달하기에 더 많은 노동력이 필요했기 때문에 대개 柴木이 풍부한 곳에 설치되었다.[71] 정부는 철장이 설치된 읍을 '都會'로 삼고 본읍과 철장이 없는 인근 각 읍의 농민에게 부과된 공철을 도회의 철장에서 공동 채납토록 조치하였다. 이 때 철장이 소재한 읍을 '철장도회' 또는 '철장도회소'라 불렀고 이러한 공철의 생산 형태를 필자는 편의상 '鐵場都會制'라고 지칭하였다.

---

69)《太宗實錄》권 29, 태종 15년간 4월 정해.
70)《世宗實錄》권 86, 세종 21년 9월 무진.
그런데《世宗實錄》권 48, 12년 5월 갑인조에 보면 당시 '炒鐵所'가 流配所로도 指定되고 있었다.
71)《世宗實錄》권 50, 세종 12년 12월 정묘.

그 한 사례로서 경상도 寧海府의 경우를 볼 수 있다. 일찍이 영해부에는 銅鑛이 개발되어 정부가 본 부의 공물을 탕감하고 貢銅만 채납토록 규정하였는데, 문종 원년(1451)에 이르러 본 부의 농민들이 그 곳이 석광인 데다 貢銅量도 과중하다는 이유를 들어 종전의 공물을 다시 부과하고 銅場都會制를 적용해 줄 것을 요구한 바 있다. 곧 철장제와 같은 銅場制를 혁파하고 철장도회제와 같은 銅場都會制를 적용해 줄 것을 요구한 것이다. 이에 정부가 영해부에 인근한 영덕·청송·진보·청하·홍해 등 5개 읍민을 寧海銅場都會에 부역토록 결정함으로써 기존의 盈德鐵場都會도 폐쇄되었다. 따라서 정부는 盈德鐵場에 부과하였던 본 읍의 인근 4개읍의 공철을 경상도 내의 철장도회들인 경주·안동·울산·합천·용궁·산음 등 각 읍의 철장에 분정하게 되었던 것이다.[72] 그러나 단종 2년(1454)에 완성된《世宗實錄地理志》에는 영덕현의 사철산지에 철장이 다시 개설되어 매년 1,724斤의 正鐵을 공납한 것으로 나타난다. 따라서 문종~단종 연간에 영해동광이 폐쇄되어 寧海府民도 다른 5개 읍민과 같이 영덕철장도회에 부역했을 것으로 생각된다.

이처럼 철장도회는 置廢가 반복되었고 또한 공철량의 변동도 심했기 때문에, 전국에 몇 개소나 철장도회가 설치되어 있었고 또 전국의 철장도회에서 매년 선공감과 군기감에 납부한 공철량이 얼마나 되었는지를 구체적으로 밝힐 자료가 없다. 다만《世宗實錄地理志》에서 개략적인 윤곽을 살필 수 있을 뿐이다.《세종실록지리지》에 게재된 전국의 철광수는 다음 〈표 1〉에서 볼 수 있듯이 67개 읍에 달하고 있으며 이들 각 철광은 官採든 民採든 당시에 철물생산이 이루어지고 있던 곳임에 틀림없다.

그러나 각 도나 각 읍에서 工曹에 조사 보고한 서식이 일정하지 않아서 경기·충청·경상·전라·함길도는 모두 土産條에 기재하였고, 황해·강원·평안도는 모두 土貢條에 기재하는 등 토산물인지 토공품인지가 구분되지 않았다. 동시에 토산조에 기재한 도에서는 경기도와 같이 철광을 기재한 경우도 있지만 모두가 石鐵鑛·沙鐵鑛 등 철광석의 종류를 밝힌 반면, 토공조에 기재한 도에서는 正鐵 또는 鐵이라고만 기재하여 鐵種을 밝히고 있었다. 그

72)《文宗實錄》권 8, 문종 원년 6월 계미.

리고 철장이 명시된 곳이 있는가 하면 공철의 歲納邑임을 밝힌 곳이 있고 대부분의 경우는 철장이나 歲貢의 有無를 전혀 명시하지 않고 있다. 세공여부를 밝히지 않고 그것이 토산조에 실려 있다고 해서 세공하지 않은 곳이라 단정하기 어려우며, 또한 그것이 토공조에 기재되었다고 하여 반드시 貢鐵을 세납한 곳으로 여길 수도 없는 것이다.

따라서 《세종실록지리지》의 기사만으로는 당시 전국에 몇 개소의 철장도회가 개설되었는지를 파악하기가 어렵다. 그러나 우선 동 지리지에서 鐵場都會가 설치되었던 곳으로 여겨지는 읍들을 살펴보면, 토산조나 토공조를 막론하고 鐵場 또는 鐵冶·水鐵場으로 표시된 忠州·慶州·蔚山·安東·盈德·陜川·龍宮·務安(鐵場 2개소)·茂朱·昌平·和順·同福·順安·价川·雲山 등 16개 읍 17개 철장과, 공철의 歲納邑으로 기재되어 있는 醴泉·山陰·載寧·牛峰·殷栗·長淵 등 6개 읍이 있었다. 이 6개 읍에는 철장이 명시되어 있지 않지만, 산음의 경우 세종 7년(1425)에 완성된 《慶尙道地理志》에 철장이 기재되어 있고 전술한 문종 원년 6월의 기록에도 철장도회라고 한 것으로 미루어 보아 모두가 철장도회였음을 확인할 수 있다. 따라서 《세종실록지리지》에만 의존할 때 손쉽게 찾아볼 수 있는 전국의 철장도회는 22개읍 23개소인 셈이다.

그러나 철장이나 공철의 납세여부를 명시하지 않은 읍들 중에도 상당수가 철장도회였음을 입증하는 사료들이 있다. 우선 충청도의 경우 세종 10년(1428) 현재 5개소의 철장도회가 있었는데[73] 다음해에 세종이 "철생산의 이로움도 크고 무기도 많이 제조하면 좋겠지만 지금은 국방상의 문제가 없으니 농민들을 괴롭히는 일은 중지함이 옳다"라고 하고 그 중 1개소를 폐쇄시켰다.[74] 그렇다면 역시 〈표 1〉에서 볼 수 있듯이 철장은 4개소라야 하는 데도 2개소만 남아 있는 것은 작성시의 착오일 것이며, 아마도 철의 품질이 '下品'이라고 명시되지 않은 淸風·懷仁에 철장도회가 있었을 것으로 추측된다. 그리고 황해도의 경우에도 전술한 海州·文化·松禾 등 3읍은 繕工監納正鐵 5,520斤을 鐵所干들로부터 수납해오다가 세종 12년에 철소간제를

73) 《世宗實錄》 권 39, 세종 10년 정월 신해.
74) 《世宗實錄》 권 45, 세종 11년 7월 기유.

〈표 1〉 《世宗實錄地理志》 중의 各 邑 產鐵 상황표

도·읍명	토공 및 토산	철산지·철장소재지명 및 貢鐵量
〈경기도〉		
永 平 縣	土產 : 水鐵	產縣北金洞山 鍊沙成鐵
〈충청도〉		
忠 州 牧	土產	鐵場在州南末訖金(中品)
淸 風 郡	土產 : 沙鐵	產縣西三十里許㫒吾之
懷 仁 縣	土產 : 石鐵	產縣南老聖山
恩 津 縣	土產 : 沙鐵	產縣南七里鵲旨·熊田·吐串等處皆品下
懷 德 縣	土產 : 石鐵	產縣北二十里稷洞(下品)
石 城 縣	土產 : 沙鐵	產縣南三山里(下品)
瑞 山 郡	土產	鐵場在郡西都飛山南
〈경상도〉		
慶 州 府	土產 : 沙鐵	產府東感恩浦(有鐵場歲貢正鐵 6,533斤)
密陽都護府	土產 : 石鐵	產府東松谷山
蔚 山 郡	土產	鐵場在郡北達川里, 產白銅鐵·水鐵·生鐵(歲貢山鐵 12,500斤)
彦 陽 縣	土產 : 沙鐵	產縣西石南洞
安東大都護府	土產 : 沙鐵	產臨河縣北沙等羅里·本谷里等處(有鐵場歲貢正鐵 9,950斤)
醴 泉 郡	土產 : 沙鐵	產多仁縣東大谷灘(鍊正鐵以貢)
盈 德 縣	土產 : 沙鐵	產縣南烏浦項及南驛浦河等處(有鐵場歲貢正鐵 1,724斤)
尙 州 牧	土產 : 沙鐵	產州北松羅灘
陜 川 郡	土產 : 沙鐵	產冶爐縣南心妙里(有鐵場歲貢正鐵 9,500斤)
龍 宮 縣	土產 : 沙鐵	產縣南無訖灘·鵲灘·修正灘·明柳(有鐵場歲貢正鐵 8,878斤)
金海都護府	土產 : 沙鐵	產府東甘勿村
昌原都護府	土產 : 沙鐵	產府南岳山里夫乙無山
山 陰 縣	土產 : 沙鐵	產縣北馬淵洞山(歲貢正鐵 7,794斤)
三 嘉 縣	土產 : 沙鐵	產三岐縣北毛台亦里檻頂山
〈전라도〉		
咸 平 縣	土產 : 沙鐵	
務 安 縣	土產	鐵場二, 一在縣東南柴口洞 一在縣南炭洞(品皆上)(鍊鐵 1,586斤 納于軍器監)
茂 朱 縣	土產	鐵場在縣東十里蓬村(鐵場 2,200斤 納于繕工監 914斤 納于全州)
昌 平 郡	土產	鐵場在縣南深谷里洞

和 順 縣	土産	鐵場在縣北水冷川里(品中)
同 福 縣	土産	鐵場在縣西靈神寺洞(品中)
〈황해도〉		
遂 安 郡	土貢：正鐵	
新 恩 縣	土貢：正鐵	石鐵産縣南二十五里草田里(下品)
海 州 牧	土産：正鐵	産州北五十五里青山里(下品)
載 寧 郡	土貢	石鐵産郡東五里大棗毛老(鍊正鐵以貢又貢生鐵)
		石鐵産郡北十五里泥洞
牛 峯 縣	土貢	石鐵産縣西十里仇時山及十三里觀音岾(鍊正鐵以貢)
文 化 縣	土貢：正鐵	
松 禾 縣	土貢：正鐵	
殷 栗 縣	土貢	石鐵産縣北十九里金山里(中品)(鍊正鐵以貢)
長 淵 縣	土貢	石鐵産縣西道道里剛(下品)(鍊正鐵以貢)
〈강원도〉		
江陵大都護府	土貢：正鐵	
襄陽都護府	土貢：正鐵	石鐵産府西十里鐵掘山
旌 善 郡	土貢：正鐵	石鐵産郡南五十里許能箭山東
原 州 牧	土貢：正鐵	
寧 越 郡	土貢：正鐵	
橫 城 郡	土貢：正鐵	
洪 川 郡	土貢：正鐵	
淮陽都護府	土貢：正鐵	
金 城 縣	土貢：正鐵	石鐵産岐城東四十五里釜嵓也音浦小川
金 化 縣	土貢：正鐵	石鐵産縣東二十里方洞川
平 康 縣	土貢：正鐵	
伊 川 縣	土貢：正鐵	
三陟都護府	土貢：正鐵	沙鐵産府東六里浦汀
蔚 珍 縣	土貢：鐵	
春川都護府	土貢：鐵	
狼 川 縣	土貢：鐵	
楊 口 縣	土貢：正鐵	
麟 蹄 縣	土貢：正鐵	
杆 城 郡	土貢：正鐵	
高 城 郡	土貢：正鐵	
通 川 郡	土貢：正鐵	
歙 谷 縣	土貢：正鐵	
〈평안도〉		
順 安 縣	土貢	鐵冶在縣北公田里
价 川 郡	土貢	鐵場在郡東卯結山腰(品好, 又産水鐵)
雲 山 郡	土貢	水鐵場在郡東和斤岩

〈함길도〉		
北靑都護府	土産 : 石鐵	産府東六十里多甫和西山
文　川　郡	土産 : 沙鐵	産郡西十五里豆衣山(下品)
吉　州　牧	土産 : 沙鐵	産州東南四十里多信浦項海汀
端　川　郡	土産 : 石鐵	産郡西六十里龍林峴西大山
鏡　城　郡	土産 : 沙鐵	産處二, 一在郡東五村里 一在郡南朱乙溫里
산철지 계 67개 읍		

혁파하여 군역에 충당하고 柴木이 풍부한 곳을 택해서 철소를 설치하였다. 그런데도 역시 철장이나 공철세납을 명시하지 않고 있는데, 이 3읍 중에서 해주는 '하품'으로 밝혀져 있어 철장도회가 그 후 폐쇄되었을지 모르지만, 문화나 송화는 설치되어 있었던 것으로 여겨진다. 그리고 함경도의 경우도 동 지리지가 완성된 단종 2년 현재 洪原·利城·端川·吉州·鏡城 등 6개 읍에 철장이 있었음에도 불구하고[75] 지리지에는 오히려 홍원과 이성읍을 빼고 '하품'인 文川邑을 등재했을 뿐 아니라 철장을 기재하지도 않고 있다. 역시 함경도에도 이 때 상기한 6개 읍에 철장도회가 개설된 것임은 재언할 필요가 없다.

이와 같은 추론이 확실하다면 전국의 철장도회는 32개 읍, 33개소가 되는 셈이다. 그러나 충청도의 청풍·회인은 불확실하고 황해도의 문화·송화도 뒤에 철장을 폐쇄했을지도 모르기 때문에 가장 확실한 곳은 충청도의 충주·서산과 경상도의 경주·울산·안동·예천·영덕·합천·용궁·산음, 전라도의 무안(2개소)·무주·평창·화순·동복, 황해도의 재령·우봉·은률·장연, 평안도의 순안·개천·운산, 함길도의 홍원·북청·이성·단천·길주·경성 등 28개 읍, 29개 철장도회였다고 하겠다.

이 밖에도 동 지리지에는 철광을 보유한 39개 읍(함길도의 홍원·이성은 포함되지 않음)은 어떤 연유에서 철장을 명기하지 않았는지 또는 철장을 설치하지 않았는지 일일이 상고할 수 없다. 그러나 그 중 영평·청풍·회인·밀양·언양·상주·김해·창원·삼가·함평 등 경기·충청·경상·전라도의 10개 읍은 토산조에 실려 있지만 황해도의 수안·문화·송화 등 3개 읍과

75) 《端宗實錄》 권 12, 단종 2년 8월 기축.

강원도의 22개 읍은 모두 토공조에 실려 있다. 물론 각 도나 각 읍에서 토산조와 토공조를 혼용하여 보고한 것이긴 하지만 그 것과는 관계없이 동 지리지에는 토공관계를 위주로 조사 수록한 점으로 미루어 볼 때 철을 생산하는 각 읍에서는 철장도회가 있던 없던 간에 어떤 형태로든지 일정량의 철물을 세납한 것이라 하겠다. 따라서 철장도회가 설치되지 않았을 '하품'의 철광이나 그 밖의 내륙에 위치한 각 읍의 철산지에는 당시에 성장하고 있었던 야철수공업자들이 納稅自營하던 민영광산이 있었던 듯하며, 반대로 해안지역에 위치한, 특히 사철산지에는 태종 7년부터 실시된 각 浦 수군들의 취련역이 이루어졌을 것으로 여겨진다.76)

어떻든 정부가 태종 7년에 철장도회제를 채택한 이후 세종 연간에 철장의 치폐가 잦았던 것과 같이 각 읍에 부과된 공철도 때로는 다른 읍에 移定되기도 하였고 때로는 선공감과 군기감에 납부되지 않고 다른 도에서 전용하기도 하였다. 다른 읍으로 移定되는 경우는 두 가지이다. 첫째는 당해 읍에서 공철보다 정부가 더 필요로 하는 철물이 채굴될 경우였다. 황해도 瑞興은 세종 6년(1424) 정월에 정부가 濟用監의 造粉 및 黃丹 所需用 鉛鐵 250근을 세납토록 하면서 본 읍이 군기감에 공납하던 正鐵 584근을 본 도의 각 읍에 이정하였다.77) 역시 본 도의 平山府도 정부가 세종 24년(1442) 9월부터 연철 3,000근을 常貢으로 정하면서 정철 1,727근을 감제하였으며,78) 전술한 경상도 영해부는 정부가 문종 원년 6월에 동장도회를 개설하면서 영덕철장도회에 부과된 공철을 도 내의 다른 철장도회에 분정하였다.79) 둘째는 도 내의 철장도회에서 멀리 떨어진 읍의 공철을 다른 읍에 이정하는 경우이다. 세종 16년(1434) 충청도 竹山縣이 경기도에 편속됨으로써 전라도 礪山郡은 동왕 18년에 충청도에 편입되어 죽산현에 부과되었던 공철 280근 8량 4전을 부담하게 되었는데, 동왕 26년에 다시 전라도에 귀속되면서는 공철을 채납할 여건이 되지 않아 정부는 전라도 관찰사로 하여금 여산군 공철을 도 내 철장이 있

76) 《世宗實錄》 권 28, 세종 7년 4월 을축.
《世祖實錄》 권 20, 세조 6년 4월 갑인.
77) 《世宗實錄》 권 23, 세종 6년 정월 신사.
78) 《世宗實錄》 권 97, 세종 24년 9월 을해.
79) 《文宗實錄》 권 8, 문종 원년 6월 계미.

는 제읍에 이정토록 하였다.[80]

다음으로 다른 도의 공철을 전용하는 사례는 대개 국방상의 문제가 자주 발생하던 동·서북면에서 찾아볼 수 있다. 세종 17년(1435)에 정부는 평안도가 국방상의 문제로 철광을 채취할 수 없게 되자 축성에 소요되는 철물을 다른 도에 분정하였다.[81] 동왕 23년(1435)에도 함경도의 축성용 철물 조달이 어렵게 되자 충청도의 繕工監 貢鐵을 5년간 咸興府에 轉輸토록 하였고,[82] 세조 6년(1461)에도 강원도 각 읍·포의 정철 1,000근을 함경도 安邊으로 船輸하였던 것이다.[83] 이처럼 선공감과 군기감에 세납되던 각 읍의 공철이 때로는 이정되기도 하고 때로는 다른 읍에 전용되기도 하였지만, 그렇다고 하여 그 도에 부과된 공철량이 가감이 있지 않았고, 선공감과 군기감에 바치는 공철의 정량에도 변동이 없었다.

이처럼 선공감과 군기감에 납부하는 공철량이 매년 일정하였음에도 불구하고 그 액수를 정확히 명기한 자료가 없으므로 부득이 몇몇 사료와《세종실록지리지》의 기록으로 추산할 수밖에 없다. 정부는 각 도마다 선공감과 군기감의 공철을 대체로 반분하여 부과하였지만 각 도에서는 관내의 각 읍에 兩監의 공철을 함께 부과하지 않고 선공감 공철만을, 또는 군기감 공철만을 각각 부과하고 있었다.

충청도는 5개 읍에 철장도회가 개설되어 있었던 세종 10년(1428) 현재 선공감·군기감에 세납하는 공철량이 모두 20,885근이었고 황해도는 동왕 12년 현재 선공감 정철 5,520근, 군기감 정철 5,163근 4량으로 모두 10,683근 4량이었다. 전라도와 경상도의 공철량은《세종실록지리지》에만 나타나 있는데 전라도는 철장도회읍 5군데 중 무안은 2개소의 철장에서 1,586근을 군기감에 세납하였고 무주는 2,200근을 선공감에, 914근을 전주감영에 각각 납부하였으며 창평·화순·동복 등 3개소의 철장도회에는 공철량이 기재되어 있지 않다. 경상도 예천을 제외한 각 철장도회마다 공철량이 명시되어 있어, 경주

80)《端宗實錄》권 4, 단종 즉위년 12월 경술.
81)《世宗實錄》권 68, 세종 17년 4월 갑인.
82)《世宗實錄》권 92, 세종 23년 5월 계축.
83)《世祖實錄》권 20, 세조 6년 4월 갑인.

의 6,533근, 안동 9,950근, 영덕 1,724근, 합천 9,500근, 용궁 8,878근, 산음 7,794근과 울산 12,500근 등 도합 56,879근이 세납되었다.

이상의 충청도와 황해도 및 경상도는 약간의 시기상 차이는 있지만 대체로 공철의 총량이 드러나 있고 전라도도 절반 가까이 밝혀진 셈이지만 그 외 다른 도의 공철량은 상고할 수 없다. 우선 상기한 4개 도에 명시된 兩監의 공철량을 간추려 보면 충청도 20,885근, 황해도 10,683근 4량, 경상도 56,879근, 전라도 무안·무주 3,786근(全羅監營納 914근 不計) 등 모두 92,233근 4량이다. 이 밖에 평안·함경·강원도 및 전라도의 3개 철장도회 등에서 생산된 공철을 모두 합친다면 이보다 훨씬 많은 액수에 달했을 것이다.

각 도의 각 철장도회는 앞서 지적했듯이 당해 도의 관찰사가 총관한 셈이지만 개개의 철장도회는 都會邑의 수령인 '都會官'의 관장 하에 운영되었고 철장의 채굴 제련작업은 '監冶官'이 지시, 감독하였다. 감야관은 관찰사가 본읍이나 인근 제읍에서 '有職廉謹'한 자를 선임토록 되어 있었다. '有職'의 성격이 어떤 것인지는 알 수 없으나 감야관의 철장역을 도회관으로 하여금 고찰토록 규정한 사실로 보아 그 지방의 '품관'들일 것으로 여겨진다. 그리고 감야관의 임무가 철광의 채취작업을 감독하는 일이므로 반드시 鑛役에 대해서도 일정한 경험이나 지식을 갖춘 자였을 것이다.[84] 그러나 이들은 관료들에게 하찮은 존재로 여겨졌고 흔히 "監冶官은 모두가 무식한 무리들이다"[85] 라고 괄시를 받았다. 이처럼 철장도회의 감야관은 철장제 하의 철장관들과는 달리 정부가 파견한 정식 관헌이 아니었고 철장역이 있을 때에만 관찰사가 선정하여 임시적인 소임을 맡았던 자들에 불과하였다.

이들 감야관의 감독 하에 철장역에 동원된 인부들은 본읍과 인근의 제읍에서 징발한 농민들이었다. 부역농민의 동원절차는 전술하였듯이 관찰사가 철장 소재읍과 주변 읍에 부과된 공철량에 따라 각 읍에 인부수를 산정하면 각 읍 수령들이 당해 분정된 인원수를 抄送하였다. 이들 부역농민을 흔히 人夫라 불렀고 때로는 炒鍊軍·爐冶匠[86]·吹鍊軍人[87]·吹鍊人[88]이라고

84) 《太宗實錄》 권 32, 태종 16년 8월 무오.
85) 《成宗實錄》 권 203, 성종 18년 5월 무오.
86) 《世宗實錄》 권 39, 세종 10년 정월 신해.
87) 《成宗實錄》 권 191, 성종 17년 5월 병오.

도 불렀다.

鐵場都會의 공철생산은《經國大典》에도 "농한기마다 吹鍊 상납케 한다"[89]고 하였듯이 매년 춘추의 농한기에 실시되었고 이를 흔히 '春秋兩等', '春等·秋等'으로 표시하였다. 그러나 春秋兩等의 각 작업기간이 정확히 언제 시작되어 언제 끝나는지는 밝혀져 있지 않고 '或二十日 或三十日'이라고 한 것을 보아 춘추 각 20~30일간이었던 것 같다.[90] 춘추 각 20~30일, 곧 연간 40~60일간의 작업 일수는 세종 14년(1432)에 규정된 요역 일수에 비하면 두 배가 되는 기간이었다. 동년의 요역규정에는 봄철에 농민을 사역시키지 못하도록 하였고 가을에만 사역케 하되 추수가 끝난 10월부터 20일간으로 한정하였으며, 단 풍년에는 10일간을 연장할 수 있고 흉년에는 10일을 감하도록 하였다. 이처럼 농민에게 유리한 요역 일수가 규정되자 동년 4월에 경상감사가 鐵場役도 동일하게 실시할 것을 요청하였지만 실현되지 못하였다.[91] 그리고 후술하겠지만 철장도회의 부역농민들은 작업기간에 먹을 식량을 자신이 준비해야 하였다. 춘추 각 20~30일간 먹을 양곡을 자신이 마련하여 직접 지고 다녀야 했기 때문에 '賫粮往返', '裏糧往來'하는 문제가 철장도회제의 절실한 폐단으로 지적되고 있었다.

조선 전기에 개발된 철광은 山野의 암석 중에서 채굴하는 石鐵鑛山 보다 江河의 沙土 중에서 채취하는 사철광산이 더 많았다. 〈표 1〉에 명시된 곳만 헤아려 보아도 사철광산이 21개 읍인데 비하여 석철광산은 15개 읍 정도였다. 사철광산은 우선 채굴이 용이하기 때문에 전술한 각 포 수군들도 투입되었고 철장도회의 대부분이 사철광산에 개설되었던 것으로 보인다.[92] 이리하

88)《成宗實錄》권 195, 성종 17년 9월 신미.
89)《經國大典》권 6, 工典, 鐵場.
90)《世宗實錄》권 17, 세종 4년 8월 을유 및 권 23, 세종 6년 정월 정해, 그리고 권 39, 세조 10년 정월 신해 및 권 56, 세종 14년 4월 을사.
91)《世宗實錄》권 56, 세종 14년 4월 을사.
92) 한 두 事例를 들어본다면 黃海道는《世宗實錄地理志》에 載寧·牛峰·殷栗 등 鐵場所在地가모두 '石鐵'産地인데도,《世宗實錄》권 50, 세종 12년 12월 정묘조에 "請依他道例 置鐵場於柴木處 其軍器繕工監貢鐵及道內不得已所用鐵物 悉令鐵場炒鐵沙鐵"이라 하였고, 忠淸道의 경우는《世宗實錄地理志》에 명시되지 않

여 철장도회의 부역농민은 石鑛에도 투입되었지만 대부분은 강이나 하천의 沙鐵鑛山에서 사철을 채취하는 작업에 종사하였다. 당시 철장도회의 부역농민들에게도 각 포 수군들과 다름없이 '일과제'를 적용했는지는 상고할 수 없으나 세종 26년(1444)에 전함경도관찰사 金宗瑞가 철장도회인 鏡城의 사철광산에서 "한 사람이 하루에 6두 가량 淘沙한다"고[93] 한 것을 보면 사철광산의 철장도회에도 일과제가 적용되었을 것이라 여겨진다. 한 사람이 하루에 얼마만큼 채굴할 수 있는가는 곧 일과량을 책정하는 기준이며 동시에 철장에 부과된 공철량을 채납하는 데 필요한 인부수를 책정하는 근거자료였기 때문이다.[94]

석철광산이든 사철광산이든 간에 각 철장도회에서 매년 선공감과 군기감에 채납하던 공철은 대부분이 正鐵이었고 울산과 재령·운산 등 읍에서 生鐵, 곧 水鐵을 공납하고 있었다. 조선시대 철의 종류는 크게 生鐵과 熟鐵로 구분되었다. 생철은 곧 수철인 '무쇠'였고 숙철은 '시우쇠'로서 정철도 시우쇠에 속했다.[95] 생철은 주로 釜鼎이나 농기구를 제조하는 데 사용되었고 정철은 槍劍이나 箭鏃 등 무기류나 堅精을 요하는 각종 도구를 제작하는 데 사용되었다. 따라서 공철 중에서도 생철은 정철과 함께 주고 선공감에, 그리고 군기감에는 정철만이 납부된 것으로 여겨진다.

당시의 각 철장도회에 춘추로 동원된 부역농민의 수는 얼마나 되었고 또 그들의 철장역은 어떤 형태로 이루어지고 있었는지가 궁금하지만 이를 상고할 만한 자료는 없다. 그러나 전술한 철장제 하의 吹鍊軍은 鐵場所在邑의 농민들이었고 철장에 상주하여 월과제 생산에 종사하였는데 그 수가 200여 명에 달하였다. 하지만 철장도회제 하의 부역농민들은 철장소재읍은 물론 주변의 5~6개 읍민이 동원되었고[96] 春等이나 秋等의 작업일수가 불과 20~30일밖에 되지 않았던 사실로 미루어 그때 그때의 부역농민수는 종래 철장에 상

았지만 《文宗實錄》 권 5, 문종 즉위년 12월 기해조에 "軍器監所納沙鐵"이라 하고, 《世祖實錄》 권 2, 세조 원년 8월 기유조에도 〈沙鐵採鍊〉이라 하였으며, 咸鏡道는 《世宗實錄地理志》에 5個所 중 3個所가 沙鐵産地였다.

93) 《世宗實錄》 권 105, 세조 26년 7월 신유.
94) 《世宗實錄》 권 28, 세종 7년 4월 을축.
95) 李圭景, 《五洲衍文長箋散稿》 권 60, 鍊鐵辨證說.
96) 《文宗實錄》 권 8, 문종 원년 6월 계미.

시 근무하던 취련군 수보다 훨씬 많았던 것으로 짐작된다.

그리고 철장제나 철장도회를 막론하고 柴木이 풍부한 지역에 철장을 개설하면 거기에는 風廂(풀무)과 冶爐(용광로)를 갖춘 제련장과 취련군이나 부역농민들이 거처할 幕舍 등 부대시설이 갖추어지게 마련이다. 여기에서 취련군이나 부역농민들은 광석을 채취 운반하거나 땔감을 조달하거나 생철과 정철을 제련하는 일에 종사하였다. 그런데 이처럼 각기 다른 형태의 채광·운반·벌목·제련작업이 단계적으로 진행된 것인지 아니면 각각 분리되어 동시적으로 이루어진 것인지는 알 수 없다. 하지만 부역농민에게는 공철생산량에 맞추어 할당된 개개인 몫의 日課制 採鑛作業이 선행되었을 것이며 제련작업의 기술적인 부문은 冶匠들이 담당하였을 것이다. 그러나 그것이 어떤 형태로 진행되었든지 간에 철장도회제가 춘추 각 20~30일간의 짧은 기간에 많은 노동력을 동원하여 일과제 생산을 강요한 점을 고려하면 결국 부역의 강제가 얼마나 심했던가는 짐작할 수 있다.

3) 민간야철수공업의 성장과 철물수취제도의 개선

(1) 대납제의 적용

태종 7년(1407)에 정부는 염철법과 철장제에 대한 농민들의 불만을 해소하기 위하여 철장도회제를 적용하게 된 것이지만, 철장도회제의 성립은 한편으로 농민층에 의한 사적 철물생산을 자극하게 되었다. 철장의 취련군으로 얽매여 있었던 농민들은 철장제가 혁파됨으로써 점차 여가를 틈타 철광의 私採를 도모할 수 있게 된 것이다. 당시 정부는 민간의 철광채취를 금하지 않았으므로 '鐵匠'곧 '正鐵匠'들에 의한 철광의 사사로운 채취가 이루어졌다. '철장'은 철제품을 제조하는 장인이 아니라 철제품의 원료철만을 생산하던 일종의 철광업자였다. 조선 초기에 정부는 이들 철장들에 의한 철광개발을 장려하기 위하여 철장세를 부과하지 않았다.[97] 태종 5년(1405)의 천도 후 동왕 7년에 철장도회

97) 《成宗實錄》 권 27, 성종 4년 2월 임신조를 보면 鐵物을 製鍊하여 器具를 제작

제가 성립되어 철장들에 의한 철광채취가 활기를 떨 무렵에는, 신도 건설공사나 군기감의 무기제조 등으로 각종의 '都監'과 선공감 및 군기감에 얽매였던 서울의 각 工匠들에게도 사적 생산의 겨를이 생기게 되었다. 따라서 서울의 공장들에 의한 원료철의 수요가 증가하자 철물 상인들은 직접 철산지의 철장들로부터 철물을 구매하게 되었는데, 이들은 선박을 이용하여 멀리 충청도 등지에서 구입하기도 하지만[98] 대개는 철산지가 많고 서울에서 가까운 황해도를 중심으로 활동하였다. 황해도는 전술한 鐵所干 등 많은 철장들이 철물생산에 종사하고 있어서 철물상인들은 각종 상품을 싣고 이 곳으로 몰려들었다.[99] 그렇다고 해서 철장들이 생산한 원료철의 판로가 서울의 공장들에게만 국한된 것은 아니었고 태종 6년(1406)부터는 鏡城·慶源貿易所를 통한 여진과의 水鐵貿易도 공인되었으며[100] 일본으로도 정철을 수출하고 있었다.[101]

어떻든 태종 7년 이후 철장들에 의한 철광채취가 활기를 띠고 서울의 공장들이 사적 생산에 종사하게 되자 동왕 10년(1410) 경에는 정부가 이들을 다른 공장들과 함께 당시의 京工匠案으로 보이는 과세대장에 올리고 매월 楮貨 1장씩을 匠稅로 부과하였다. 그러나 경공장들이 영업을 중단하고 납세를 거부하였기 때문에 한때 징세를 중지하기도 하였지만[102] 계속 실시되었고, 동왕 12년(1412) '行廊造成都監'을 설치하여 착수한 鐘樓 일대의 행랑공사가 끝난[103] 동왕 14년(1414)에는 오히려 저화 4장씩으로 증세하였다.[104] 하지만 일률적인 과세는 중소규모 공장들의 저항을 받았기 때문에 이듬해에는 각 공장들의 수익액에 따른 分等收稅法을 적용하여 상등공장에게는 매월 저

하는 鑄鐵匠과는 달리 正鐵을 제련하기만 하였던 鐵匠에게는 課稅하지 않았던 것이다.

98) 《太宗實錄》 권 28, 태종 14년 윤 9월 계묘.
99) 《端宗實錄》 권 3, 단종 즉위년 윤 9월 신미.
100) 《太宗實錄》 권 11, 태종 6년 5월 기해.
101) 《世宗實錄》 권 61, 세종 15년 윤 3월 갑인.
102) 《太宗實錄》 권 21, 태종 11년 정월 갑자·계유.
103) 衫山信三, 〈麗末鮮初代の造營工事とその監董者について〉(《朝鮮學報》 2, 1951).
申榮勳, 〈太祖廟漢陽城建設監役官考〉(《鄕土서울》 43, 1985).
元永煥, 〈漢陽遷都와 首都建設考－太宗代를 中心으로－〉(《鄕土서울》 45, 1988).
104) 《太宗實錄》 권 28, 태종 14년 12월 신미.

화 3장, 중등에게는 2장, 하등에게는 1장씩을 각각 부과하였다.[105]

태종 5년의 천도와 동왕 7년의 철장제 혁파로 서울의 신도 건설에 종사해 온 공장들도 점차 公役에서 벗어나 사적 생산에 종사하게 되고, 각 철장에 상시 부역하던 취련군들도 철장으로서의 부업을 갖게 되었다. 한편 앞에서 서술한 각 계수관·영·진의 무기제조장에 상시로 얽매였던 '月課匠人'들, 곧 야장들에게도 정부가 동왕 15년(1415) 3월부터 7월까지 귀농토록 조처한데 이어 이듬해에는 다시 大司憲 金汝知의 상소로 군기감과 함께 계수관·영·진의 月課軍器役을 모두 정지시켰다.[106] 월과장인들에 대한 이러한 조처는 조선 전기 야철수공업의 성장에 또 하나의 중요한 계기가 되었던 셈이다.

당시 각 계수관과 영·진의 월과장인들은 兵船·火砲·弓矢·槍劍·衣甲 등 각종 무기의 제작과정을 통하여 철물을 다루어 온 장인들이었다.[107] 이처럼 다양한 무기제조기술을 닦았던 월과장인들이 公役에서 벗어나 사적 생산을 도모하게 됨에 따라 태종 15년 이후에는 점차 각종의 철물제조업이 발달하기 시작하였다. 그런데 이 시기에는 각종의 철물제조업 가운데에서도 역시 '철장'들의 철광채취업을 통하여 널리 생산되던 정철과 수철을 소재로 한 제품생산이 주종을 이루고 있었다. 곧 당시의 철물제조업은 일반농민들의 수요에 응하여 정철로써 刀鎌類를 주조하던 '鑄鐵匠'과 수철로써 釜鼎類를 주조하던 '水鐵匠'들에 의한 야철수공업이 발달한 것이다. 하지만 당시 지방의 鐵匠이나 鑄鐵匠·水鐵匠들은 그 곳 수령들의 새로운 착취대상이 되었다. 수령들은 이들로부터 현품을 착취하기도 하지만 수령이 직접 철물제조장을 설치하고 장인들을 모취하여 제품을 생산 판매하기도 하였다. 태종 18년(1418)에 사헌부가 啓請한 내용을 보면 "判晉州牧使 柳琰이 3개소에 冶爐를 설치하고 선물용 칼(刀子)을 생산했을 뿐 아니라 낫(鎌)을 제조 판매해왔다"는 것이다.[108]

---

105) 《太宗實錄》 권 29, 태종 15년 4월 기사.
106) 《太宗實錄》 권 31, 태종 16년 5월 갑인·무오.
107) 《太宗實錄》 권 14, 태종 7년 7월 무인 및 권 16, 태종 8년 12월 정유.
《世祖實錄》 권 27, 세조 8년 2월 을미.
108) 《太宗實錄》 권 35, 태종 18년 3월 신미.

그러나 이처럼 특수한 예를 제외하면 대부분의 철물제조업자들은 독립된 자영수공업장을 가지고 있었고 그 중에서도 수철장들은 10여 명 이상의 인부를 거느리고 있었다. 각 지방의 주철장이나 수철장들에 의한 철물제조업이 성장하게 되자 정부는 이들도 과세대상으로 지목하여 外工匠案에 등록하였던 것 같고 그 중 생산규모가 비교적 컸던 수철장들로부터 장세를 부과하기 시작하였다. 세종 7년(1425)에는 각 도 각 읍의 수철장들을 고용인 수에 따라 20명 이상을 大爐冶, 15명 이상을 中爐冶, 14명 이하를 小爐冶로 등급을 나누고 稅鐵이나 稅米·錢을 부과하였다.[109] 그리고 이 시기를 전후하여 지방의 철물제조업 분야에는 鍮器製造業도 성장하고 있었다. 세종 5년(1423)에 정부가 銅錢을 주조할 무렵 銅鑛에 종사한 장인들 중 많은 수가 鍮鐵匠으로 전화된 듯하다. 유철장에게도 匠稅를 부과하였다.[110] 이처럼 각 도 각 읍의 철장과 수철장·주철장·유철장 등은 각기 크고 작은 작업장을 갖추었고, 철장을 제외한 각 장인들은 호조에 정액의 장세를 납부하면서 각기 광산을 채굴하거나 제품을 생산하는 등 독립된 자영수공업자로 성장하고 있었다.

태종 15년을 전후하여 철장·수철장·주철장들에 의한 철광채취업과 철물제조업이 성장할 무렵 철장도회제에 대한 농민들의 불만도 고조되고 있었다. 당시 농민들의 철장도회제에 대한 불만의 요인은 일일이 상고할 수 없지만 우선 다음과 같은 두 가지 사실을 지적할 수 있다. 첫째는 정부가 농민들에게 계속 鐵場役을 강요해야 할만큼 관청의 철물수요가 긴박한 상황에 놓여 있지 않았던 것이다. 그간 정부가 강력히 추진해 왔던 신도 건설공사는 세종 4년(1422)에 이미 도성의 석축공사마저 끝난 상태였고[111] 무기제조업도 태종 16년(1416)에 경·외의 月課軍器를 중지할 단계에 이르렀기 때문에 세종 또한 동왕 11년(1429)에 말했듯이 '國家無虞'한 형편이었다.[112] 둘째는 철장도회제 자체가 지닌 갖가지 폐단이었다. 철장도회제하에서는 철

109) 《世宗實錄》 권 29, 세종 7년 9월 무술.
110) 《經國大典》 권 2, 戶典 雜稅.
111) 《世宗實錄》 권 15, 세종 4년 2월 경술.
112) 《世宗實錄》 권 45, 세종 11년 7월 기유.

장소재지 읍의 경우에도 철장에서 멀리 떨어져 사는 농민들이 있기 마련이지만 인근 여러 읍의 경우에는 수십 리 또는 백여 리가 넘는 곳을 왕래해야 하였다. 더구나 작업기간의 식량을 직접 지고 다녀야 하는 고통은 물론 빈농들에게는 식량을 마련하기도 어려웠던 것이다.[113] 거기에다 鐵鑛役 자체도 고역이었으며 특히 공철량을 충당하기 위해서 工期를 지연시킴으로써 생업에 대한 피해도 적지 않았다.[114]

이처럼 정부의 무절제한 착취와 철장도회제가 지닌 운영상의 갖가지 결함으로 말미암아 세종대에는 철장역에 대한 농민들의 불만이 고조되었다. 농민들의 철장역에 대한 이런 불만은 관찰사들에 의해 정부에 반영되고는 있었지만 철장도회제의 폐지를 주장하는 데까지는 미치지 못하고 春等이나 秋等 또는 춘추 양등의 철장역을 일시 중단토록 요구하는 정도였다. 그러나 철장역을 일시 중단할 것을 요청하는 관찰사들의 상소는 빈번해졌고 철장역이 중지되는 횟수도 늘어났다.

세종 즉위년(1418)에는 '旱荒'을 이유로 경상도의 그 해 공철이 감면되었고[115] 동왕 원년 10월에는 '東征'으로 이듬해의 각 도 공철을 감면하였으며[116] 동왕 4년에는 '都城役'이 끝남으로써 쓰고 남는 철물로 그 해의 공철을 代充토록 결정하였다.[117] 다시 동왕 6년에는 '年儉'을 이유로 충청도의 春等貢鐵을 반감하였고[118] 동왕 9년과 10년에는 '久旱失農'을 충청도의 양년 秋等貢鐵을 감면하였으며,[119] 이어 동왕 11년에는 충청도의 철장도회 1개소를 폐쇄하였다.[120] 동왕 14년 4월에는 '新都元備'를 이유로 경상도의 추등공철이 감면되었고[121] 동왕 21년에는 '歲歉'으로 충청도의 그 해 秋等과 이듬해의 春等貢鐵이 감면되었다.[122]

---

113) 《世宗實錄》 권 39, 세종 10년 정월 신해.
114) 《世宗實錄》 권 56, 세종 14년 4월 을사.
115) 《世宗實錄》 권 1, 세종 즉위년 8월 신사.
116) 《世宗實錄》 권 5, 세종 원년 12월 병신.
117) 《世宗實錄》 권 15, 세종 4년 2월 경술.
118) 《世宗實錄》 권 23, 세종 6년 정월 정해.
119) 《世宗實錄》 권 39, 세종 10년 정월 신해.
120) 《世宗實錄》 권 45, 세종 11년 7월 기유.
121) 《世宗實錄》 권 56, 세종 14년 4월 을사.
122) 《世宗實錄》 권 86, 세종 21년 9월 무진.

이처럼 세종대에는 충청도와 경상도 각 관찰사들이 상소를 올려 都城役이 끝났다든지 新都가 완비되었다가 때로는 旱荒·年儉·久旱·歲歉 등을 이유로 鐵場役의 중지를 요구함으로써 그때그때 철장역이 중지되었다. 그런데 관찰사들이 철장역 중지를 요구한 이유가 '新都完備'든 '久旱失農'이든 간에 그것은 대체로 관찰사들이 농민들의 요구를 정부가 받아들일 수 있도록 하기 위한 명분에 지나지 않았다. 정부는 관찰사들이 제시한 명분에 의지하여 농민들의 피역저항을 무마시켜 온 것이다. 이 때문에 문종은 동왕 2년(1452)에 承旨들에게 지시하기를 "요즘 정부가 철물을 사용할 곳이 많아 철장역이 고된 줄 알면서도 해마다 농민들에게 철장역을 지게 하여 매우 괴로웠다. 호조로 하여금 서울과 지방관아의 鐵物實數와 매년의 所納·所用數를 헤아려 조정하고 수년 또는 1, 2년간 철장역을 중지토록 하되 불가능하면 농민에게 피해가 큰 春等을 폐지토록 하라"고[123] 하였다. 그러나 단종 이후에도 춘추 양등의 철장도회역이 계속되어 관찰사들에 의한 철장역 중지를 요구하는 상소가 끊이지 않았다. 그리하여 단종 2년(1454)에는 '連歲失農'을 이유로 함경도의 그 해 秋等과 이듬해 춘추 양등의 공철을 모두 감면하였고,[124] 세조 원년(1456)에는 '久旱'을 이유로 함경도를 제외한 각 도의 秋等貢納이 감면되었다.[125] 동왕 6년에는 단양 등 10개 읍만 '失農'을 이유로 그해의 춘등공철을 감면하였다.[126]

이처럼 세종 즉위년(1417) 이래 세조 6년(1461)에 이르기까지 44년간 사료상에 나타난 貢鐵減免件數만도 11건이 넘었다. 각 도 단위로 감면되기도 하고 각 도의 공철이 모두 감면되기도 하였으며, 춘등이나 추등공철, 또는 춘추 양등의 공철이 감면되기도 하였다. 이렇게 정부가 각 도 관찰사들의 공철 감면 요청을 받고 농민의 피역저항을 무마하기 위하여 철장역을 자주 중지시키기는 하였지만 그것으로 철장도회제가 지닌 폐단이 없어진 것은 아니었다. 결국 철장도회제를 완전히 혁파해버리거나 아니면 농민들의 이해가 충분히 반영된 새로운 수취제도를 모색해야만 하였다. 그런데 세종·세조 연간에

123) 《文宗實錄》 권 12, 문종 2년 2월 정축.
124) 《端宗實錄》 권 12, 단종 2년 8월 기축.
125) 《世祖實錄》 권 2, 세조 원년 8월 기유.
126) 《世祖實錄》 권 20, 세조 6년 4월 정미.

철장역을 지속시킬 수 없을 만큼 농민들의 피역저항이 심화된 이면에는 철장도회제가 지닌 폐단만이 아니라 철장도회제를 폐지해도 고철을 수취할 수 있을 만큼 철물장인들에 의한 사적 철물생산이 이루어지고 있었다는 사실이다. 태종 연간에 철장역에서 벗어난 취련군이나 사적 생산의 기회를 얻은 각계수관·영·진의 월과장인 중 무과세의 철장이나 納稅自營의 水鐵匠·鑄鐵匠으로 성장한 장인들은 이제 公役日을 제외하고는 야철수공업에 종사할 수 있었다. 한편 일반농민들 중에서도 다소 부유한 농민들은 야철수공업자나 철물상인들로부터 자기 몫의 공철을 손쉽게 사서 바칠 수가 있었다. 야철수공업의 성장과 부민층의 공철 매납요구는 철물의 사회적 수요를 증대시킴과 도시에 수령이나 부상들의 대납행위를 조장하였다.

일찍이 수령들은 직접 '冶爐'를 관내에 설치하고 제품을 생산 판매할 뿐 아니라[127] 官鐵을 도용하거나[128] 농민들로부터 철물을 수탈하고 있었으며[129] 마침내는 철장도회의 공철마저 대납하는 자들까지 나타나고 있었다. 이는 세종 21년(1439)에는 철장도회인 산음·합천의 所納鐵器를 僧 惠會가 正鐵로 대납하기를 자원하자 세종이 이를 허락했다고 하여 사헌부와 사간원에서 번갈아 논박한 사실이 있었다.[130] 그리고 문종 즉위년(1450)에는 철장도회관인 충주목사 林孝忠과 판관 林繼中이 군기감 所納貢鐵을 鄉吏·日守로 하여금 '除役代納'케 하였고[131] 단종 2년(1454)에는 역시 철장도회관인 龍宮縣監 李遇陽이 공철을 관비로 대납하고 농민들로부터 鐵價를 수취하여 파면당한 사실도 있었다.[132]

이러한 수령들의 대납행위가 그들 자신의 사리사욕을 채우기 위한 것이긴 하지만 한편으로는 철장도회에 부역하는 일부 부민들의 이해도 일정하게나마 반영한 것이었다. 이 때문에 정부는 세조 7년(1462)에 '刊經都監'을 설치하고[133] '전세' '공물'에 대한 대납제를 실시하면서 철장도회의 공철도 미곡으로

127) 《太宗實錄》 권 35, 태종 18년 3월 신미.
128) 《太宗實錄》 권 30, 태종 15년 7월 계묘.
129) 《世宗實錄》 권 32, 세종 8년 6월 무진.
130) 《世宗實錄》 권 85, 세종 21년 4월 기해.
131) 《文宗實錄》 권 5, 문종 즉위년 12월 기해.
132) 《端宗實錄》 권 11, 단종 2년 7월 신미.
133) 《世祖實錄》 권 24, 세조 7년 6월 을유.

대납할 수 있게 하였다. 그런데 대납제는 대납인으로 하여금 공철가의 배에 상당한 미곡을 부역농민들로부터 수취토록 한 것이기 때문에 모든 부역농민들에게 강요할 수는 없는 제도였다. 따라서 정부는 '從民情願'의 원칙 하에 공철의 현물납부를 허용하였고 대납을 원하는 자에 한해서만 미곡으로 대납케 하였다.[134]

전세·공물의 대납권은 '刊經都監'이 조종하고 있었다. '간경도감'은 '納分制'를 적용하여 대납인으로 하여금 대납가의 1/3을 都監에 미리 납입토록 한 뒤 대납을 허가하였고 대납인이 공물을 모두 납부한 후에 '納貢文牒'을 발급하였다. 이 때 공철의 대납은 각 읍 단위로 이루어졌으며 각 읍은 공철의 대납미를 수렴하여 官庫에 쌓아 두었다가 대납인이 오면 '납공문첩'을 확인한 후 대납미를 지불하였다. 이 때 정부가 상정한 공철(正鐵)의 대납미가는 풍년에는 공철 1량에 價米 3승, 흉년에는 2승으로 책정하였다. 그러나 다른 공물가에 비하여 다소 높게 책정된 편이었으므로 세조 10년(1465) 12월에[135] 대납미가를 풍년에는 공철 1량에 1승 5합, 흉년에는 1승으로 감가 책정하여 이듬해부터 실시하기로 하였다. 그런데 공철의 대납미가가 반감되었던 세조 10년(1464)에는 각 도 각 읍의 공철량도 반감되었다.[136] 공철량이 이 때에 이르러 반감된 이유를 상고할 수는 없다. 다만 정부의 대납제 실시는 사실상 부역농민들에게 공철의 부담을 두 배로 늘린 셈이기 때문에 공철을 대신 반감했던 것이 아닌가 싶다. 그리고 공철량의 감액된 총량이 얼마였는지도 사료상에 밝혀져 있지 않다. 다만 경상도의 경우를 살펴볼 때 앞의 〈표 1〉과 다음의 〈표 2〉에서 단종 2년(1454)의 《世宗實錄地理志》에 명시된 공철량이 56,879근인데 비하여 예종 원년(1469)의 《慶尙道續撰地理志》에는 21,132근인 점으로 미루어 보아 다른 도의 경우도 이와 비슷했을 것이라 여겨진다.

어쨌든 세조 7년에는 정부가 부역농민들의 이해를 일정하게나마 반영하여 철장도회제를 혁파하고 '從民情願'의 원칙 하에 현물을 바치거나 미곡을 대납토록 허용하였다. 그러나 결국은 官·商이 결탁하여 부역농민들에게 대

134) 《睿宗實錄》 권 3, 예종 원년 정월 임오.
135) 《世祖實錄》 권 34, 세조 10년 12월 별술.
136) 田川孝三, 《李朝貢納制の硏究》(東洋文庫, 1964), 303쪽.

〈표 2〉 《慶尙道續撰地理志》의 慶尙道 各 官 貢鐵額

각 읍 명	세 공 정철량	비 고	각 읍 명	세 공 정철량	비 고
〈경주도〉			河 陽 縣	339근	
慶 州 府	920근	府東史等伊川産沙鐵	比 安 縣	339근	
密陽都護府	570근		新 寧 縣	290근	
大邱都護府	409근		〈상주도〉		
淸 道 縣	409근		尙 州 牧	50근	*550斤인 듯함
梁 山 郡	409근		星 州 牧	500근	
興 海 郡	409근		善 山 府	479근	
蔚 山 郡	479근	郡北達川山産水鐵	陜 川 郡	500근	冶爐縣心妙里産沙鐵
迎 日 縣	409근		金 山 郡	409근	
長 鬐 縣	360근		龍 宮 縣	360근	
機 張 縣	290근		聞 慶 縣	339근	
東 萊 縣	360근		知 禮 縣	360근	
彦 陽 縣	409근	沙鐵産縣西石南山	開 寧 縣	339근	
慶 山 縣	339근		〈진주도〉		
玄 風 縣	339근		晋 州 牧	550근	
昌 寧 縣	353근		金海都護府	479근	沙鐵産府東甘勿也
靈 山 縣	339근		昌原都護府	479근	府南吹無山産沙鐵
淸 河 縣	339근		咸 陽 郡	479근	
〈안동도〉			昆 陽 縣	409근	
寧海都護府	430근		宜 寧 郡	339근	
醴 泉 郡	360근		三 嘉 郡	360근	縣西黃山産沙鐵
永 川 郡	360근		河 東 縣	339근	
豊 基 郡	360근		南 海 縣	290근	
義 城 縣	290근		泗 川 縣	360근	
盈 德 縣	339근		居 昌 郡	409근	
眞 寶 縣	290근		安 陰 縣	36?근	*360斤인 듯
軍 威 縣	339근		固 城 縣	339근	
義 興 縣	209근		鎭 海 縣	209근	
仁 同 縣	339근		漆 原 縣	339근	
歲貢正鐵 합 계	20,632근(*安陰縣을 360근으로, 尙州牧을 550근으로 가산하면 21,132근)				

납을 강요하였고 갖가지 형태로 농민들을 착취하였다.137) 세조대의 대납제

137) 《世祖實錄》 권 37, 세조 11년 11월 기미.

실시로 야기된 갖가지 폐단은 당시의 한 史官에 의하여 다음과 같이 기록되고 있다.

> 이 때 豪家巨室 중에도 대납행위를 좋아한 자들이 많아 富商大賈와 승도들은 勢家나 僧 信眉·學悅·學祖에게 청탁하기 위해 다투어 붙좇았다. 그러나 代納法이 농민의 情願에 따르도록 되어 있기 때문에 대납하는 무리들은 반드시 먼저 세가에 요청하여 그 읍의 수령에게 부탁하도록 하는 한편 많은 뇌물을 갖다 바쳤다. 수령은 세가의 위세도 두렵고 또 사리를 탐내어 대납을 강요하였고 농민들은 감히 그 명령을 어기지 못하였다. 이미 대납케 되면 수령은 吏卒들을 풀어 徵納하였고 공세의 경우에는 농민들로부터 倍徵한 뒤 다시 민간에 貸米하고 가을에 綿布로 갚도록 약속했는데 빈민들은 이를 다투어 받았다. 기한이 되면 무리들을 이끌고 곧바로 민가에 들어가 토색하였고 만일 제때에 갚지 못하면 의복이나 잡물을 겁탈하였으며 값의 고하를 임의로 결정하였다. 그러나 상인들은 督徵한다 해도 승도들처럼 비행을 저지를 수가 없기 때문에 老商大賈들은 항상 승도들을 먼저 뇌물로 유인하여 그들로 하여금 비행을 조장토록 하였다. 승도들이 농민에게 독징할 때는 언제나 '大君을 대신하여 왔다'고 하거나 '信眉·學悅·學祖의 제자'라고 하였고 조금이라도 뜻대로 안되면 사정없이 매질을 가했으므로 농민들은 감히 쳐다보지도 못하고 손을 내저으며 서로 경계하기를 '욕심대로 가져가게 내버려 두라'고들 하였다. 이로 말미암아 그들은 갖고 싶은 대로 다 갖고, 하고 싶은 대로 다했다. 이런 일이 해마다 계속됨으로써 농촌은 고통스럽고 농민은 살 수가 없는 데도 위에서는 그것이 농민들의 情願에 따른 것으로만 여겼을 뿐 그 피해가 이 지경에 이른 것은 알지 못하였다(《睿宗實錄》 권 3, 예종 원년 정월 임오).

권력층과 결탁한 부상대고나 승려들은 수령들을 협박하고 회유하여 농민들의 의사를 무시한 채 대납을 강요하였으며 심지어 대납미로서의 고리대적 착취도 감행하였다. 이처럼 官·商간의 결탁으로 빚어졌던 대납의 폐단은 貢鐵과 더불어 다른 모든 貢物에도 발생하여 세조 12년(1467)에 大司憲 梁誠之는 당시의 대납공물 중 가장 농민들에게 피해가 컸던 물품으로 紙芚·油蜜·白楮·正鐵·竹木·貢布·貢炭·燒木·吐木·不等方木·豹皮·船隻 등을 들고 있었으며 靑草는 어디서나 채취할 수 있었는데도 농민들이 현물납부를 두려워할 정도였고 田稅마저도 대납인이 있다고 하였다.[138] 이상과 같이 세조 7년(1462) 이후 동왕 13년(1468)에 이르기까지 6~7년간 전세·공물

138) 《世祖實錄》 권 40, 세조 12년 11월 경오.

에 대한 대납제의 폐단으로 대다수 농민들의 저항을 받게 되자 예종은 즉위년 10월에 承政院과 六曹에 傳旨하기를 "앞으로 대납하는 자는 공신·종실을 막론하고 극형에 처하고 家産을 몰수하며 비록 公事로 인한 범법자라도 마땅히 논죄할 것이다"라고 하였다. 이 예종의 전지는 都承旨 權瑊의 건의로 "비록 公事로 인한 범법자라도 마땅히 論罪한다"는 내용을 "공사간 모두 금한다"로 수정하였고139) 이듬해 정월에 戶曹의 건의에 따라 3월부터 시행키로 결정하였다.140)

(2) 철장도회제의 폐지와 각읍채납제의 채택

예종 원년(1469) 3월부터 전세·공물의 대납제가 혁파됨으로써 공철의 대납제도 동시에 혁파되었다. 공철의 경우 대납제를 혁파한다면 결국 斂鐵法이나 鐵場都會制를 적용할 수밖에 없는 일이었다. 그러나 염철법과 철장도회제는 당시 농민들의 빈부격차가 심화됨에 따라 각기 나름대로의 이해가 상반된 수취제도였다. 염철법을 적용하고 대납제를 혁파한다면 농민들이 공철을 사서 바칠 수밖에 없으므로 각 읍의 부유한 농민들은 반대하지 않겠지만 빈농들은 원치 않을 것이며 반대로 철장도회제를 택한다면 빈농들은 대납가에 시달리기보다는 고통스럽지만 철장역을 원할 것이었다. 이 때문에 성종은 농민들의 의사를 직접 타진해 보기 위하여 즉위 초에 入直軍士들에게 염철법과 철장도회제의 편부를 물었던 것이다. 이 때 염철법을 원했던 입직군사는 300명인데 비하여 철장도회제를 원한 입직군사는 1,300명에 달하였다. 이에 성종은 원년(1470) 3월에 戶曹로 하여금 철장도회를 다시 설립하도록 지시하였다.141)

이리하여 다시금 철장도회제가 복구되었지만 그 자체가 지닌 모순과 폐단이 갈수록 심화되었기 때문에 성종 17년(1486)에는 또 다시 철장도회제를 혁파하고 염철법을 복구하려는 움직임이 일어나고 있었다. 이 때 염철법을 주장하게 된 배경과 그 주체는 뚜렷하게 밝혀져 있지 않다. 그렇지만 우선

139) 《睿宗實錄》 권 1, 예종 즉위년 10월 임인.
140) 《睿宗實錄》 권 3, 예종 원년 정월 임오.
141) 《成宗實錄》 권 4, 성종 원년 3월 무술.

상정할 수 있는 것은 중소부농층의 입장이다. 성종 원년의 入直軍士중 빈농들을 대변한 1,300여 명의 요구로 철장도회제가 채택됨으로써 중소부농층을 대변한 300여 명의 염철법 주장은 배제되었었다. 따라서 이들 중소부농층의 불만과 요구가 수령들의 이해와 맞물려 염철법을 제안하는 계기가 되었을 것이다. 그러나 반드시 중소부농층의 요구만에 기인한 것은 아니었다. 당시 부역농민의 대다수를 차지했던 빈농층도 중소부농층과 함께 철장도회제의 모순과 폐단이 가중되는 상황에서 수취제도의 개선을 요구했을 것이기 때문이다. 그것은 大司諫 李德崇 등이 지적한 부역농민들의 처지에서도 짐작할 수 있다. 그는 "국가가 각 道에 冶場을 설치하고 각 읍민을 사역하여 吹鍊하고 있지만 농민들이 식량을 지고 왕래하는 데만도 열흘이나 달포가 걸리는데 기한을 조금만 어겨도 매질을 가했으며, 그들은 다투어 價物을 긁어모아 자진해서 방납하였다. 監冶官은 모두가 무식한 자들로서 貢鐵을 방납할 때면 財利를 착취하는데, 손톱 만한 것도 쪼개고 나누어 糧價이니 炭價이니 人力價이니 하는 갖가지 명목을 붙여 착취하므로, 결국 농민들은 경제적인 파탄과 육체적인 고통으로 인해 원성이 자자하다"[142]는 것이었다. 곧 철장도회제 자체가 지닌 제도상의 결함뿐 아니라 세월이 갈수록 수령이나 감야관들에 의한 부역농민의 착취가 극심해지고 있었으므로 앞서 철장도회제를 원했던 대다수 농민들도 이제는 염철법을 선택하지 않을 수 없었을 것이다.

이 때문에 성종은 동왕 17년(1486)에 철장도회제를 혁파하고 염철법을 복구하는 문제를 각 도 관찰사에게 문의하였다. 이 때 호조에서는 철장도회제를 혁파하고 염철법을 적용할 경우 국내의 철물생산이 중단되고, 동시에 농민들은 철을 생산하지 못하므로 자연히 농기구를 바치게 될 것이니 관·민의 철물이 탕갈할 것이라고 하여 이를 거부하였다. 따라서 동년 2월에 성종은 각 도 관찰사들에게 下書하여 민의를 수렴토록 하고 정부는 이를 상론하여 보고토록 지시했던 것이다.[143]

이에 동왕 17년 5월에 戶曹判書 李德良·參判 金升卿·參議 林壽昌 등이

142) 《成宗實錄》 권 203, 성종 18년 5월 무오.
143) 《成宗實錄》 권 188, 성종 17년 2월 정유.

전년에 반포한 《經國大典》(乙巳大典) 鐵場條의 규정의 준수해야 한다고 주장하였다. 그리고 다만 그 규정 중 '관찰사가 공철량의 다소에 따라 인근 각 읍의 인부수를 分定한다'고만 하고 정수가 없기 때문에 수령들이 많은 인부를 뽑아 보냄으로써 '贏糧往來'하는 폐단이 생겼다고 하면서 "정부가 유능한 朝官을 현지에 파견하고 京匠으로 하여금 吹鍊토록 하되 正鐵 몇 근을 취련하는 데 인부가 얼마나 필요한지를 시험한 뒤 본 읍과 부근 읍민을 뽑아 취련군을 삼고 잡역을 면제하여 취련역을 전담케 함으로써 부역농민들이 식량을 지고 왕래하는 괴로움도 없애고 국용의 철물도 풍부하게 할 수 있다"[144]고 제안하였다. 이는 곧 수령들에 의한 농민의 과다한 징발과 식량을 지고 왕래하는 폐단을 막고 철광채굴을 지속시키려는 의도에서 강구된 것이었다. 그러나 이는 인근의 읍민들까지 취련군에 충당한다거나 잡역만을 면제하고 철장역에 항상 복무토록 할 생각이었으므로 개국 초의 철장제와 다를 것이 없었다.

그런데 동년 9월에 나주목사 尹孝孫이 제시한 방안은 앞선 방안들보다 훨씬 더 현실적이고 합리적이었다. 곧 "철장소재읍에 거주하는 주민들 가운데는 男女父子가 대대로 吹鍊業에 종사하면서도 각기 신역을 지고 있다. 이러한 철장 소재읍의 양민과 公賤들에게 한결같이 신역과 신공을 면제하고 적정인원을 吹鍊軍으로 삼되 이를 법령으로 제정한다면 다른 읍의 농민이 식량을 지고 왕래하는 폐단도 없어질 것이므로 공사간에 편할 것이다"[145]라고 하였다. 이는 당시 철산지에서 전업적으로 철광업에 종사하던 양·천민들, 곧 '鐵匠'들을 취련군으로 삼고 신역이나 신공을 면제하고 공철생산을 전담토록 하자는 주장이었다. 성종은 이 윤효손의 건의안을 대신과 호조 당상관들의 연석회의에 올렸다. 韓明澮·尹壕·洪應 등은 《경국대전》에 명시된 철장도회제를 준수해야 한다고 주장하였는데, 특히 홍응은 취련군을 두면 '保人'을 두어야 하고 철장 소재읍에 閑丁이 없으면 다른 읍민으로 충당해야 하는 폐단이 생긴다고 반대하였다. 이에 心懷·尹弼商·李克培·盧思愼과 호조판서 이덕량·참판 김승경·참의 韓堰은 윤효손의 건의안을 시행토록 주장하였다. 이

144) 《成宗實錄》 군 191, 성종 17년 5월 병오.
145) 《成宗實錄》 권 195, 성종 17년 9월 신미.

처럼 윤효손의 건의안을 찬성한 대신들이 많았고 특히 주무관서인 호조의 당상관들이 모두 이를 지지하였다. 그러나 《경국대전》 상의 규정을 지키고, 취련군제를 비판한 대신들의 명분도 뚜렷했기 때문에 결국 성종은 결말을 짓지 못한 채 윤효손의 건의안을 承政院에 유치하도록 지시하였다.

윤효손의 건의안이 철장도회제를 고수하고 취련군제를 거부하는 대신들에 의하여 승정원에 유치되자 이듬해인 동왕 18년(1487) 5월에는 大司諫 李德崇 등이 다시 민의를 수렴하여 전술한 바의 철장도회제 자체의 결함과 감야관들의 착취 행위를 지적한 뒤 "철장도회제를 혁파하고 각 읍으로 하여금 공철을 채납토록 할 것"을 주장하였다.[146] 이 '各邑採納制'에 대해 성종은 領敦寧 이상의 대신들로 하여금 논의토록 하였는데, 앞서 철장도회제를 지지하였던 한명회·윤호·홍응 등은 물론 윤효손의 건의안에 찬성했던 심회·윤필상·이극배·노사신마저도 이덕숭 등의 疏議가 《경국대전》의 규정과 어긋난다는 이유로 거부하였다. 이덕숭 등의 소의가 거부되자 正言 朴喜孫은 "철장도회가 비록 《경국대전》에 기재되어 있지만 농민들이 식량을 가져가 부역할 뿐 아니라 원거리를 왕래해야 하는 등 폐단이 막심하므로 蠶室例에 의거 이를 혁파하고 군현으로 하여금 각자 준비하여 바치도록 허락하라"고 하면서 '각읍채납제'를 주장하였다. 그러나 성종은 철장도회제가 일찍이 대신들의 의논을 거쳤을 뿐 아니라 농민들의 청원에 따라 실시한 것이기 때문에 변경할 수 없다고 결론지었다.[147]

이리하여 성종 17년(1486) 2월부터 만 1년 3개월간 끌어왔던 철장도회의 치폐논의는 대신들의 주장대로 《경국대전》 철장조에 규정한 철장도회제를 그대로 준수하기로 결정된 셈이다. 그러나 이후의 사료에서는 철장도회에 관한 기록을 찾아볼 수 없다. 철장도회에 관한 기사가 사료상에 나타나지 않는 것은 곧 철장도회제가 물의를 일으키지 않고 준수되었기 때문이라고 여길 수도 있겠으나 사실은 동왕 18년 5월 경에 이미 철장도회제가 혁파되었음을 시사해 주고 있다. 그것은 대신들이 비록 철장도회제를 고수하려 했지만 호조와 사간원 및 각 도의 감사나 수령들이 반대하였고 특히 철장역을 지고

146) 《成宗實錄》 권 191, 성종 17년 5월 병오.
147) 《成宗實錄》 권 203, 성종 18년 5월 신유.

있는 부역농민들이 이를 모두 싫어하였기 때문이었다. 그런데 철장도회제가 혁파된 기록을 사료에서 찾아볼 수 없는 것과 마찬가지로 철장도회제가 혁파된 이후 정부가 어떤 형태의 공철수취제도를 채택하였는지에 관한 자료도 보이지 않는다. 하지만 이에 대해서는 성종 17년 2월 이후에 제기되었던 갖가지의 개선방안 중에서 찾아야 할 것 같다.

철장도회의 치폐문제가 거론되는 동안에 철장도회제나 염철법이 모두 농민들의 실정에 맞지 않는 제도로서 재인식되었고 이에 대한 개선안으로 제기된 호조와 나주목사 윤효손의 철장제와 유사한 '吹鍊軍制'도 保人制의 폐단으로 시행될 수 없었다. 이처럼 철장도회제나 염철법 및 취련군제가 모두 나름대로 제도상의 결함을 지니고 있었기 때문에, 다시금 민의를 수렴한 사간원에서 각 읍으로 하여금 공철을 채납토록 하는, '各邑採納制'를 건의한 것이다. 사간원이 제안한 이 '각읍채납제'도 대신들이 《경국대전》의 규정에 어긋난다는 이유로 반대하여 거부되었다. 그러나 이 때 대신들의 반대는 그 제도가 가진 공철수취제도로서의 결함때문이 아니므로 철장도회제를 혁파하는 한 정부는 '각읍채납제'를 채택할 수밖에 없었다. 그리고 정부는 이 무렵에 '任土作貢'을 원칙으로 한 공물수취제도를 정비하기 위한《東國輿地勝覽》을 편찬하기 위하여 각 읍의 토산물을 재조사하고 있었다. 따라서 '각읍채납제'도 이를 토대로 하여 적용되었을 것이다.

당시 '각읍채납제'가 적용되었던 사례로는 충청도 태안과 경상도 고성을 들 수 있다. 성종 21년(1490)에 侍講官 趙之瑞가 농민들로부터 철을 사취한 泰安郡守 宋傑의 죄상을 열거한 가운데 '郡有鐵場'이라고 하였지만[148] 태안군은 단종 2년(1454)의《世宗實錄地理志》에 철장이 명시된 곳도 아닐 뿐 아니라 철산지도 없던 곳이었다. 다만 중종 25년(1530)에 증보한《東國輿地勝覽》의 토산조에 '鐵出多修山串'이라 하여《동국여지승람》편찬 무렵에 철장이 개설되었던 듯하다.[149] 고성읍의 경우도《세종실록지리지》에는 철장은 물론 철산지도 명시되지 않은 곳이었다. 다만 예종 원년(1469)에 완성된《慶尙道續撰地理志》의 공철조에 철산지는 명기되지 않은 채 당해 읍의 歲貢

148)《成宗實錄》권 236, 성종 21년 정월 정사.
149) 위와 같음.

正鐵 할당량 339근이 기재되어 있었다. 그러나 《동국여지승람》에는 철산지가 명시되지 않고 있다. 이에 대해서는 다시 언급하겠지만, 성종 18년 경에는 '任土作貢'의 원칙하에 철광을 보유한 읍에만 부과하는 '각읍채납제'가 적용되어 매년 춘추의 농한기에 본읍민이 철장에 부역하였다.[150] 이 때 '각읍채납제'가 적용된 읍이 전국에 몇 개소나 되었는지는 상고할 수 없다. 《신증동국여지승람》에 명기된 철산지가 정부의 토산물 조사시에 각 邑에서 보고한 곳이라고 할 때, 정부가 '任土作貢'의 원칙을 준수하였다면 중종 25년(1530) 현재의 '각읍채납제'의 적용 읍은 다음 〈표 3〉에 나타난 83개소에 가까웠을 것이다.

〈표 3〉 《新增東國輿地勝覽》 중의 각 도 각 읍 철산지 일람표

도·읍명	토산	산 지 명	도·읍명	토산	산 지 명
〈경기도〉			〈전라도〉		
永 平 縣	水鐵	縣北倉洞	錦 山 郡	鐵	橫川
〈충청도〉			珍 山 郡	鐵	郡西月外里
忠 州 牧	鐵	周連里	光 山 縣	鐵	無等山長佛洞
淸 風 郡	水鐵	郡東平登山	咸 平 縣	水鐵	水鐵出縣西海際里
堤 川 縣	鐵	縣北未古介			兩班橋海岸, 鐵出
沃 川 郡	水鐵	安邑縣枝內洞			縣西沙乃浦瓮岩浦
大 川 縣	鐵	山方川	務 安 縣	鐵	縣東鐵所里
懷 仁 縣	水鐵	老城山	昌 平 縣	鐵	無等山
報 恩 縣	水鐵	熊峴及車衣峴	茂 耒 縣	鐵	大德山
公 州 牧	水鐵	馬峴	光 陽 縣	鐵	縣東十一里木谷
全 義 縣	鐵	縣東西房里	同 福 縣	鐵	無等山下
定 山 縣	鐵	縣南五里水牀里	和 順 縣	鐵	冷川
		(有鐵冶)	〈강원도〉		
恩 津 縣	鐵	縣南鵲旨熊田吐串	三陟都護府	鐵	府西稷岾
		等地	襄陽都護府	鐵	西禪寺東峯下
懷 德 縣	石鐵	縣北稷洞	旌 善 郡	石鐵	熊前山
尼 山 縣	鐵	縣南泉洞	寧 越 郡	石鐵	郡北加乙峴
石 城 縣	鐵	縣南三山里	橫 城 縣	鐵	縣西金掘伊
洪 州 牧	鐵	生天浦	洪 川 縣	石鐵	縣東末訖洞
瑞 山 郡	鐵	郡南馬山里	金 城 縣	石鐵	岐城里也浦坪
泰 安 郡	鐵	多修山串	金 化 縣	石鐵	方洞川
海 美 縣	鐵	生天浦	安 峽 縣	石鐵	縣東奴隱洞

150) 《中宗實錄》 권 98, 중종 37년 윤 5월 을묘.

〈황해도〉		
黃 州 牧	鐵	鐵和縣
平山都護府	鐵	
瑞興都護府	鐵	食岾
鳳 山 郡	鐵	白邊
安 岳 郡	鐵	郡北慈光洞
載 寧 郡	石鐵	大棗毛老山
遂 安 郡	鐵	見造山
新 溪 縣	鐵	縣東杻田里
牛 峯 縣	鐵	觀音山
長 連 縣	石鐵	小金山
海 州 牧	鐵	鐵出沙串
	石鐵	石鐵出黃谷里
豊川都護府	鐵	府東六十餘里殷栗縣境金山
松 禾 縣	鐵	殷栗縣境金伊山
殷 栗 縣	石鐵	金山浦
長 淵 縣	鐵	冬羅串吉串兩處
〈경상도〉		
慶 州 府	沙鐵	府東八助浦
蔚 山 郡	水鐵	達川山
梁 山 郡	鐵	火者浦
永 川 郡	鐵	郡東乾川
彦 陽 縣	鐵	石南山
安東大都護府	鐵	
醴 泉 郡	鐵	多仁縣東大谷灘
山 陰 縣	鐵	尺旨山
丹 城 縣	鐵	尺旨山
金海都護府	鐵	府東甘勿也村
昌原都護府	鐵	佛母山
盈 德 縣	鐵	無芚山
禮 安 縣	鐵	縣東上里
龍 宮 縣	鐵	修正灘
尙 州 牧	鐵	松羅灘
陜 川 郡	鐵	冶爐縣深妙里
三 嘉 縣	鐵	黃山
〈함경도〉		
永興大都護府	鐵	山倉洞
文 川 郡	鐵	頭里山
北靑都護府	鐵	聖代山
端 川 郡	鐵	吐羅山
利 城 縣	鐵	羅下洞
鏡城都護府	沙鐵	
吉 城 縣	鐵	鐵出多信浦
	沙鐵	《新增》沙鐵出西齋洞
會寧都護府		府東六十里闊洞
鐘城都護府	鐵	府東海汀
慶興都護府	鐵	鹿屯島海汀穿串
富寧都護府	鐵	多曷洞
〈평안도〉		
价 川 郡	水鐵	
	石鐵	皆出巾之山
총철산지 ; 83개읍		

이처럼 鐵場都會制를 혁파하고 '各邑採納制'를 적용한 성종 18년(1487) 무렵부터 《大典續錄》을 완성한 동왕 23년(1492) 간에 정부는 '각읍채납제'를 채택한 사실 외에도 철물 수취제도 전반에 걸쳐 과감한 시책을 단행하고 있었다. 첫째는 각 도의 무기제조에 필요한 철물의 수취를 규정한 것이었다. 태종 7년에 철장도회제가 성립되면서 각 계수관·영·진의 月課軍器에 필요한 철물에 철장도회에서 일부 분납되었지만 주로 각 포 수군의 사철채취에 의존하였는데, 이 때 각 도별로 철물 수취규정이 확정되었다. 곧 충청·경상·

전라 · 황해 · 평안 · 영안도는 각각 그 도에서 채취토록 하고, 강원도는 水軍으로 하여금 채취토록 하였으며, 경기도는 각 포의 月課鹽으로 철을 구입해서 사용토록 하였다. 그리고 각 도에서는 철물의 출납량을 會計하여 연말에 啓聞토록 하였다.151) 이에 따라 충청도 등과 같이 철물채취를 그 도에 일임한 경우에는 결국 철물이 필요할 때마다 도 내의 군사들이나 군역 의무자들을 사역하여 조달하였다. 더욱이 경기도와 같이 각 포의 月課鹽으로 구입토록 한 경우는 철장이나 수철장들에 의한 철광업 성장을 촉진시키는 계기로 작용하였다.

둘째는 성종 16년(1485)의 《經國大典》(乙巳大典)에서도 과세대상에서 제외하였던 철장들에게 정부가 장세를 부과하기 시작했다는 사실이다. 성종은 동왕 2년에 《經國大典》(辛卯大典)을 반포한 뒤 동왕 4년(1473)에 院相들로 하여금 철장들에 대한 장세의 징수문제를 논의토록 하였다. 원상들은 철장이 주철장 · 유철장과 같이 철제품을 생산판매하는 자들이 아니고 원료철을 생산하는 자들이기 때문에 《경국대전》(신묘대전)에도 수세규정을 두지 않았다고 주장하였고, 이에 따라 성종도 철장을 과세대상에서 제외키로 하였다.152) 그러나 정부는 성종 23년(1492)의 《大典續錄》에서 歸厚署에 필요한 철물을 조달하기 위하여 황해도 각 읍의 철장들에게 大冶 50근 · 中冶 40근 · 小冶 25근씩을 분등 과세토록 하였다.153) 철장들에게도 수철장들과 같이 分等收稅法이 적용되었다는 사실은, 그간 세종대의 잦은 공철 감면조처나 세조대의 대납제 실시로 인하여 철장이 크게 성장하고 또 그들 상호간에 생산규모의 차등이 표면화되었음을 보여준다. 하지만 공철량으로써 본다면 철장의 경우에, 인부 수 20명 이상의 大爐冶 100근, 15명 이상의 中爐冶 90근, 14명 이상의 小爐冶 80근씩 분등 부과한 데 비하면 거의 절반에도 미치지 못하고 있었다. 그러나 당시 지방의 철물생산업계에서 철장들의 철광채굴업은 수철장보다는 못하지만 주철장이나 유철장보다는 생산규모가 훨씬 컸던 것으로 여겨진다.154)

---

151) 《大典續錄》 戶典 支供.
152) 주 97) 참조.
153) 《大典續錄》 戶典 支供.
154) 《經國大典》 戶典 雜稅.

이상과 같이 성종 18년~23년간에 걸쳐 정부가 단행한 일련의 철물 수취 체제 정비 과정에서 공철도 '任土作貢'을 원칙으로 한 '各邑採納制'가 적용되었던 것이다. 각읍채납제는 이후 조선 전기 내내 계속 유지되었다. 그러나 각읍채납제 자체도 철산지를 보유한 각 읍의 수령이 농민들에게 공철을 분정하고 현물을 채납케 하는 제도였기 때문에 그 나름대로의 폐단을 지니고 있었다. 첫째는, 흉년을 맞는 등 농민들의 철광채취가 불가능할 때에도 정액의 공철을 바쳐야 했던 점이다. 이 때문에 중종 8년(1513)에 侍講官 韓效元은 "함경도는 철물이 희귀한 데다 요즘은 흉년을 만나 취련하지 못했기 때문에 농민들이 농기구나 문짝에 붙은 철물까지 관아에 바치는 등 고통이 막심하다. 만약 각 읍이 수년간 조달할 수 있는 철물을 저장하고 있다면 이를 감면해 주는 것이 옳겠다"[155]고 하여 철장도회제하에서와 같이 공철감명을 정부에 요청하지 않을 수 없었던 것이다. 둘째는 공철을 부과했을 때는 철이 생산되었다가 뒤에 광맥이 단절되는 읍이 있었다. 한 사례로서 전술한 고성의 경우에는 중종 37년(1542)에 호조가 "任弼亨의 啓文에 '고성은 綠礬과 철물이 옛날에는 산출되었으나 요즘에는 나지 않아 민폐가 크다'고 하였다. 그러나 이미 貢案에 올려져 있어 가볍게 고칠 수 없다"[156]고 하고 공안을 수정하지 않았다.

위와 같이 '任土作貢'을 원칙으로 한 각읍채납제도 불가피한 사정으로 농민들이 철광을 채취하지 못하거나 당해 읍의 철산지가 광맥의 단절로 폐쇄되어 공철의 현물납부를 실현할 수 없게 되는 등 여건이 날이 나빠졌다. 이리하여 16세기 후반에는 각읍채납제도 점차 무너져 갔고 철장·수철장 등 철물 수공업자의 성장을 기반으로 한 대납제가 보편화되었으며,[157] 정부도 철물이 필요하면 鐵商들로부터 米·布로써 구입, 사용하였던 것이다.[158]

〈柳承宙〉

155) 《中宗實錄》 권 18, 중종 8년 8월 계묘.
156) 《中宗實錄》 권 98, 중종 37년 윤5월 을묘.
157) 《火器都監儀軌》 광해군 7년 7월 26일조.
158) 《明宗實錄》 권 18, 명종 10년 5월 을묘 및 권 21, 명종 11년 12월 병오.

2. 방직업

1) 방직업역사의 개관

고려 말 목면 종사가 우리나라에 도입되기 이전까지 우리나라에서 생산되는 의료는 주로 견직물과 마직물이었고 그 외에 모직물과 면직물도 약간 생산되었지만 그 양은 그리 많지 않았다. 이와 같이 견직업·마직업은 오랜 세월에 걸쳐 직조수공업에서 중요한 자리를 차지하였었다. 그러나 선초에는 면업이 급속히 발전 성장하여 오랜 전통의 마직업의 위치를 대신하게 되었고, 견직업과 함께 조선 전기 방직업에서 양대 산맥을 이루게 되었다.

우리 민족의 직물생산과 사용은 매우 선구적이었다. 《三國志》·《後漢書》·《晋書》 등에 의하면 기원 직후에 이미 三韓과 濊 등 한반도 전역에서 種麻와 양잠하는 법을 알았고 麻布와 緜布·縑布와 같은 견직물도 생산하였음을 알 수 있다.[1] 또한 부여에서도 이미 繒·繡·錦·罽를 착용했다고 함으로써 일찍이 고급견직물은 물론 罽와 같은 모직물까지 사용했음을 알 수 있다.

삼국시대에 해당되는 국내외 문헌 중에 보이는 자료도 우리의 화려했던 직물문화를 잘 설명하고 있다. 《翰苑》에는 고구려에서 紫色 바탕에 纈紋이 있는 錦과 五色錦·雲布錦 등의 각종 錦類와 白疊布를 직조하였다고[2] 기록되어 있다. 여기의 錦은 여러 색의 견사를 사용하여 이중조직으로 무늬를 짠 견직물의 일종으로 고도의 직조기술을 필요로 하였으며 白疊布는 草綿을 원료로 한 치밀한 綿織物이다.[3] 뿐만 아니라 고구려에서는 306년 吳織·穴織

1) 《三國志》 魏書 東夷傳 弁辰·濊貊·夫餘.
《後漢書》 東夷傳 韓.
《晋書》 四夷傳 辰韓.

2) 《翰苑》 蕃夷部 高麗.

3) 고려 말의 목면 전래 이전에 이미 삼국시대부터 백첩포라는 草綿의 면직물이 있었다. 백첩포에 관하여는 이 책의 2-3)-(1)면의 전래 항목에서 상세히 설명하겠다.

을 일본에 보내어 방직기술을 전파하였으니[4] 당시 고구려의 직조수공업은 상당한 수준에 있었음이 분명하다. 일본에 직조기술을 전파한 나라는 고구려 뿐만 아니었다. 백제 역시 織工 安定那가 일본으로 건너가 韓錦을 제직하여[5] 일본 錦部의 始祖가 된 것은 잘 알려진 이야기이다.

신라도 직조수공업의 수준이 매우 높아 진덕왕 4년(650)에 五言太平頌을 지어 무늬로 짠 錦을 당에 보냈으며, 성덕왕 22년(723)과 혜공왕 9년(773)에는 朝霞紬·魚牙紬를 경문왕 9년(869)에는 大花魚牙錦·小花魚牙錦·朝霞錦을 당나라에 수출하였다.[6] 그 밖에도 당시 일본이나 중국 등과의 교역에서 40升白氎布·30升苧衫段·金總布·氈·氍毹·毾㲪의 직물을 보냈으니[7] 삼국시대는 견직물 이외에 면직물이나 마직물·모직물까지도 수출할 정도의 수준 높은 직조술을 보유하였다고 생각한다.

'興德王 服飾禁制'에 의하면 귀족은 罽·錦·綾·羅·紬·絹과 같은 다양한 모직물이나 견직물들을 사용하였고,[8] 이러한 직물은 錦典·綺典·毛典·麻典·朝霞房 등의 官司에 母를 두어 생산하였으니[9] 이미 전문 장인에 의한 전업적 수공업이 이루어졌다고 생각된다. 한편 일반서민들은 絹·綿紬·絁 등의 평직으로 짠 견직물이나 마직물만을 사용하도록 허락되었는데,[10] 견·면주·시는 귀족의 것에 비하면 소박하지만 그래도 일반서민까지 견직물을 의료로 사용할 정도로 그 생산이 충분하였음을 짐작할 수 있으며 조선시대와 비교하여 당시의 풍요로운 의생활을 엿볼 수 있다.

또한 마직물은 신라의 가장 보편적인 직물로서 8월 한가위에는 연중행사

---

4) 《日本書紀》 권 10, 應神 37년 2월 무오.
《日本書紀》에서는 吳王이 吳織 등을 일본에 보낸 것으로 말하지만 그 당시 중국에서는 吳가 없으며 吳는 '구레'로 음독되어 고구려(句麗)를 뜻하는 것으로 생각된다.
5) 《日本書紀》 권 14, 雄略 7년 8월.
6) 《三國史記》 권 5, 신라본기 5, 진덕왕 4년 6월과 신라본기 8, 성덕왕 22년 4월 및 신라본기 9, 혜공왕 9년 4월 및 권 11, 경문왕 9년 7월.
7) 《三國遺事》 권 3, 塔像 4, 四佛山 掘佛寺 萬佛山.
《日本書紀》 권 19, 欽明 15년 12월.
《三國史記》 권 11, 신라본기 11, 경문왕 9년 7월.
8) 《三國史記》 권 33, 雜志 2, 色服.
9) 《三國史記》 권 39, 雜志 8, 職官 中.
10) 《三國史記》 권 33, 雜志 2, 色服.

로 한달에 걸쳐 길쌈(績麻)대회를 할 정도로 직조기술의 발전을 도모하였다.[11] 그리하여 28升에 이르기까지 섬세한 麻布類가 생산되었고 평민도 15升布를 입었다.[12] 한편 경문왕 9년에는 30升苧衫段도 생산하였는데 매우 섬세한 모시의 일종으로 생각된다.[13] 현존하는 삼국시대의 유물은 불국사 석가탑 舍利具 중에 수 편의 絹·羅·綾 조각이 국립중앙박물관에 보관되어 있으며, 일본 正倉院에 소장된 紫色氈과 花氈, 山水八卦背八面鏡의 뚜껑에 붙여진 寶相花紋高麗錦, 叡福寺에 소장된 獅咬連珠圓文刺繡佛幡 등이 남아 있는 墨書에 의해 신라의 것으로 확인되었다.

고려시대에는 삼국의 발달된 제직과 염색기술의 바탕 위에 송·요·금·원 등과의 활발한 직물교역, 거란·여진 귀화인들의 기술수용 등으로 더욱 발달된 직물생산이 가능하였다. 당시 직물생산방식은 중앙과 지방에 전문제직 기관을 두어 工匠 체제하에서 전문장인에 의해 생산되거나 농촌의 가내수공업이나 사원수공업에 의해 이루어졌다. 견직업과 마직업이 중심이 되었으며 모직물·면직물 생산은 극히 부분적으로 이루어졌다.

관영수공업은 御衣를 만들어 공급하는 尙衣局, 특별한 직물을 생산하는 掖庭局, 그 밖에 일반직물을 생산하는 雜織署, 직물의 염색을 담당하는 都染署 등을 중앙에 두어 직물생산을 담당하였는데, 그들 관청에는 정6품의 奉御로부터 정9품의 丞에 이르는 관리들이 행정적으로 지휘하고 그 밑에 아전들을 배치하여 실무관리 및 장인을 감독하였다. 각 부서에는 錦匠·繡匠·綾匠·羅匠·罽匠 등이 있어 錦·繡·綾·羅의 견직물류와 罽와 같은 모직물을 각각 분업 생산하였다.

공장들에게는 일종의 녹봉과 같은 別賜가 지급되었는데 작업의 종류에 따라서 차별을 두었으며 직물공과 무기공류는 가장 높은 대우를 받았다. 직물공 중에서도 금장·교장이 능장·나장보다 높은 별사를 받은 것으로 보아

---

11) 《三國史記》 권 1, 新羅本紀 1, 유리이사금 9년 7월.

12) 《三國史記》 권 33, 雜志 2, 色服.

13) 《三國史記》 권 11, 新羅本紀 11, 경문왕 9년 7월.
文武王條에 의하면 絹布의 길이는 7步 너비는 2尺을 한 필로 삼았다고 한다. 당시는 魏尺을 사용하던 때이므로 조선의 직물 폭과는 달리 1尺은 24.12㎝였다. 그러므로 2尺은 48.24㎝ 정도로 생각되며 麻布도 동일한 직물폭이었다면 당시의 28升은 현재의 19升, 15升은 10升 정도로 생각된다.

錦·罽를 짜는 데 더 많은 노력과 기술이 필요하였음을 알 수 있다.[14] 이들 장인은 조선시대에 가서는 綾羅匠·紡織匠으로 단순화되었는데, 이로 미루어 보아 錦·罽와 같이 삼국시대부터 내려오던 고대직물은 고려 이후 점차 쇠퇴되어 갔음을 짐작할 수 있다. 고려 초기에는 중앙제직기관 이외에도 각도에 직조수공업장이 있었으며 이곳에도 다수의 장인이 소속되어 錦·綺나 그 밖의 직물들과 피혁제품을 생산하였고 이들은 농업에 종사하는 것보다 더 높은 이윤을 취하였다.[15] 그러나 이러한 수공업장은 고려 말에 이르면 직물 생산 장소로서 기능을 잃고 甲坊만 남아 綾·羅를 저장하는 창고 역할만 할 뿐이었다.[16] 또한 지방수공업장 중에는 천민들로 구성된 絲所·紬所가 있어 비단실이나 면주를 생산하여 중앙관사에서 필요한 실과 직물을 공납하였다.

민간수공업은 농민이나 사원에 소속된 전문장인들에 의해 이루어졌다. 농민들은 당시 사회에서 화폐대용이 되었던 5升布를 가내수공업으로 생산하였으며 지방에 따라서는 수준 높은 특산물을 생산하여 稅貢하였다.[17] 또한 사원에서도 女僧·僧妻·奴婢 등이 직물을 생산하여 자체 사용이나 왕실에 헌납 또는 조공품용으로 충당하거나 때로는 상품으로 판매하기도 하였다.[18]

고려는 송·요·금·원 등과 활발한 교역을 하였는데 교역품 중에서 직물은 중요한 품목이었다. 고려에서 수출한 직물의 종류는 錦·綾·羅·紗·絹·紬·苧布·麻布·罽 등이다. 그런데 송과의 직물교류에서 알 수 있는 점은 고려 중기 이전까지는 고려의 직물기술이 송과 대등한 수준에 도달해 있었다는 점이다.[19]

---

14) 趙孝淑, 《韓國絹織物研究》(세종대 박사학위논문, 1992), 12~14쪽.

15) 《高麗史》 권 79, 志 33, 食貨 2, 農桑 현종 3년 3월.

16) 《高麗史》 권 107, 列傳 20, 權呾.

17) 예를 들면 함경도 지방에서는 주로 麻布를 공납하였고, 안동·청주에서는 眞絲와 雪錦子를, 안동·성주·경주·진주 등지에서는 綾·羅·紬·黃麻布, 해양에서는 白紵布를 특산물로 공납하였다. 《東文選》에 의하면 경주와 안동에는 뽕나무가 우거졌으며 羅·綃·綾·縑·縛·縠·錦·綺·繡·纈 등의 다양한 견직물이 제직되었다고 한다.

18) 趙孝淑, 앞의 책, 15쪽.

19) 예를 들면 문종대에 고려에서 수출한 직물은 羅·綾·罽·紗·布類이고 宋에서 보내온 것은 羅·綾·綃·錦類이다(《高麗史》 권 9, 世家 9, 문종 25·34년). 수량을 비교해 보면 고려에서는 色羅 100필·生羅 300필을 보냈으며 경우에

그러나 몽고의 침입 이후 모든 경제가 침체됨에 따라 사치품인 견직물 생산은 점차 쇠퇴하였으며 원과의 교역에서는 송에 비하여 고급 견직물의 수출이 줄고 白苧布가 주종을 이루게 되었다. 몇 차례에 걸쳐 紫羅를 예물로 보내기도 하였으나[20] 그 수량은 몇십 필 정도였으며 반면에 많은 苧麻布가 수출되었고 특히 紋苧布·白苧布는 원 간섭기 동안 원에서 요청한 대표적인 직물이었다. 원의 유명한 노래 '漁樵記'에서도 불려질 만큼[21] 고려 저포는 몽고인의 선망의 대상이었다. 공무역 이외에도 고려 말기 민간교역의 상황을 말해주는《老乞大》에 의하면 고려에서 毛絁布·黃布를 중국 북경에 팔고 각종 비단류를 구입하였다.[22] 그러므로 고려 말기에 들어서 견직업은 쇠퇴하였고 마직업은 상품으로 거래될 수 있을 만큼 민간수공업으로 정착되었음을 알 수 있다.

현존하는 고려시대 직물관계 유물은 불상의 내부에 腹藏되었던 錦·織金·羅·綾·紬·段·麻布·苧布의 조각들이 300여 점 있으며 탑 속에 납입되었던 錦·絹·羅가 10여 점, 寫經을 쌌던 錦經帙 1점, 공민왕 유물로 전해지는 綾·段 5점, 그 밖에 佛畵의 바탕천으로 사용되었던 수십 점의 絹·紬가 있다.[23]

이상에서 살펴보았듯이 우리나라는 일찍부터 직조술이 발달하여 다양하고도 섬세한 각종 직물을 제직하였다. 그러나 고려 후기 100여 년간 몽고의 간

따라서는 금박찍은 羅, 매화무늬 羅도 보냈는데 이는 송에서 보낸 色羅 100필의 4배분량이며 綾도 고려에서 300필을 보냈음에 반하여 송에서는 200필을 보냈을 뿐이다. 그 밖에 罽·幞頭紗·布類는 고려에서만 보냈고 錦·紗·綃는 송에서만 보냈다. 이러한 관계는 명으로부터 다량의 고급필단류를 수입한 반면 소량의 錦紬만을 수출하였던 조선시대 견직물 교역과 비교해 볼 때 고려 중기의 발달했던 견직물 제직수준을 짐작케 한다.

20) 《高麗史》 권 25, 世家 25, 원종 3·5년 및 권 31, 世家 31, 충렬왕 20·22년.

21) 閔泳珪, 〈청양 장곡사 고려철불 복장유물〉(《人文科學》 15·16 延世大, 1966), 241쪽.

22) 《朴通事·老乞大諺解》(영인본, 아세아문화사, 1973), 23~25쪽.

23) 국립중앙박물관 소장, 長谷寺 鐵造藥師佛腹藏織物.
온양민속박물관 소장, 1302년 阿彌陀佛腹藏織物.
동국대박물관 소장, 文殊寺 金銅如來坐像腹藏織物.
일본 佐賀縣立博物館 소장, 錦經帙.
安東 太師廟祠堂 소장, 공민왕 유물.
국립중앙박물관 소장, 鳳棲里塔 織物.

섭기를 거치면서 방직업 특히 견직업은 쇠퇴하였다. 조선 초기 역대 왕들은 쇠퇴 일로의 방직업을 복구하고자 적극적으로 잠업과 면업의 권장정책을 펼쳐 많은 발전을 보았다. 그러나 직물생산 방식은 조선 초기 중앙관서의 관장제 수공업에 의한 견직물생산을 제외하고는 여전히 농촌의 민간수공업으로 전개되어 영세 경영형태를 벗어나지 못하였다. 더구나 후반기로 내려가면서 조선정부는 중앙집권체제를 유지하기 위하여 직물생산의 모순을 해결하기보다는 貢物로서 징포정책만을 계속하여 외국에 비하여 직물발전의 기회를 점차 잃게 되었던 것이다.

먼저 견직업을 살펴보면 다양한 종류의 견직물을 제직할 수 있었던 전 시대의 수준에 비하여 퇴보하였다고 생각된다. 그래도 조선 전기에는 정부의 권장속에서 관장제 수공업 중심으로 비교적 활발하였으나 조선 후기에 가서는 관장제 수공업은 붕괴되고 농가부업으로 이루어졌던 명주만이 대표적인 견직물로 남게되었으며 그 이전에 생산되었던 고급견직물은 점차 쇠퇴되었다.

조선의 견직업은 크게 3단계로 나누어 볼 수 있다. 1단계는 태조부터 성종까지로 관의 주도 아래 권잠정책이 행하여졌으며 관장제 수공업에 의한 견직물 생산에 관심과 노력이 기울여졌다. 당시 민간수공업은 주로 공물을 바치기 위한 蠶絲·綿紬를 생산할 뿐이었다. 2단계는 연산군 때부터 임진왜란 이전까지로 잠업이 정착하고 국가경제가 안정됨에 따라 민간에 의한 양잠이 활발하였고 상품으로서 견직물 생산이 싹트기 시작하였다. 특히 연산군에 의한 견직물 생산 및 장려는 직조 기술의 발달과 저변확산에 기여하였다. 중종대에는 점차 관장제 견직업이 쇠퇴되고 私匠에 의한 紗·羅·綾·段의 생산도 가능해졌으며 이러한 견직물은 상품의 가치를 갖게 되는 등 조선 견직물이 가장 발달했던 시기를 맞이한다. 그러나 임란을 겪으면서 극도로 어려워진 경제로 사치성 직물인 견직업은 다시 침체국면에 접어들었으니 이때부터 3단계로 볼 수 있다. 영조를 비롯한 역대 왕들은 강력한 사치금지 정책을 펼쳐 고급견직물 생산을 금지하였으며 그나마 관부에서 생산되던 고급견직물도 계속되는 紋織物의 사용금지로 점차 쇠퇴하였다. 그 결과 조선 후기에는 영세한 농촌수공업에 의한 명주와 같은 단순한 견직물만이 남게 되었으며 고급견직물은 대부분 중국으로부터의 수입에 의존하게 되었다. 이토록 견직물이 쇠퇴한 원인을 정리하면, 첫째 유교적 관념체계의 심화로 장인을 천대하였고 또한 계속되는 사치금령으로 평민들의 견직물 사용이 불가능하여 직물생산 의욕이 저하되었기 때문이다. 둘째 중국으로부터 수입된 고급 견직물에 압도되어 경쟁력이 약한 우리의 것은 점차 쇠퇴하였다. 셋째 실용적이고 손쉬운 면업의 발달로 많은 민간수공업의 노동력이 면업에 충당되었다.

조선의 면업은 견직업과는 달리 농촌의 민간수공업에 의해 이루어졌으며 조선시대 가장 대표적인 衣料産業이었다. 조선 면업을 크게 세 단계로 구분하면, 1단계는 고려 말 문익점에 의한 면종자 도입부터 15·16세기까지인데 빠른 속도로 정착·성장·발전하였으며 대외교역에서 대표적인 수출품이 되었다. 그러나 조선정부는 면업을 경제정책 수단으로 연결시키지 못하였고 단지 국가세입의 보충수단으로만 인식하였기 때문에, 과중한 조세에 시달리는 농민은 면포의 질적 향상을 위하여 노력하지 않고 양적 증가만을 꾀하게 된 결과 면포는 점차 추포화되었다. 2단계는 임진왜란 이후 17·18세기까지로, 면포는 租稅辨納 수단으로서 중요한 의미를 지녔을 뿐만 아니라 지방의 場市가 발달함에 따라 점차 보편적인 '농민의료상품'의 성격을 띠게 되었고,[24] 이로써 기존의 면작이나 면포 생산방식은 조금씩 개량되어 면업은 성숙기를 맞이하였다. 17세기 중엽에 이르러 면작은 평안도·황해도 지방까지 보급되어 결국 함경도를 제외한 전 지역에서 면작이 이루어졌다. 19세기 초 전국 장시에서의 거래 물종을 보면 쌀을 거래하고 있는 군현 수가 253곳이었는데 비해 면포가 거래되고 있는 곳은 258곳으로 더 많았으며, 명주와 저포·마포를 거래하고 있는 곳은 각각 73곳, 175곳으로 이에 훨씬 못 미치고 있어[25] 당시 면포의 상품성을 말해주고 있다. 3단계는 19세기 후반 이후로서, 기계에 의해 생산되는 값싼 면포가 유입되고 그 동안 발전·성숙되었던 재래면업이 외국상품에 밀려 쇠퇴기를 맞이하게 되었다.

마직업은 古來로부터 조선 초기까지 기간적인 의료산업이었다. 태종 원년(1401) 貢賦詳定都監이 貢賦之數를 올린 바에 의하면 正5升布田과 苧布田은

---

24) 방기중, 〈17·18세기 前半 金納租稅의 성장과 전개〉(《東方學志》 45, 1984), 194쪽.

25) 權泰檍, 《韓國近代錦業史硏究》(一潮閣, 1992), 35쪽.

면포에 비하여 절대적으로 넓어[26] 당시 麻織物 생산의 보편성을 잘 설명하고 있다. 〈표 1〉의 《세종실록지리지》 土宜條에서도 목면(목화 포함)은 경상·전라·충청도의 51곳에서 생산되었던 것에 반하여 麻는 8도 전역에 걸쳐 217곳에서 생산되었다. 각 도에서 전세로 바치는 布貨 중에서도 綿紬·綿布의 징수는 충청·경상도에 국한되어 있으나 마포는 가장 넓은 지역에 걸쳐 있어, 조선 초 마와 마포생산의 비중을 짐작할 수 있다. 그러나 세종 이후 빠른 속도로 성장한 면업은 마포의 자리를 점차 침식하였고 마침내 세종 27년에는 모든 거래에서 면포를 가치척도의 기준으로 삼게 되어[27] 마포는 그 동안 물품화폐로 사용되었던 正布의 위치를 잃게 되었다. 그리하여 전국적으로 재배되었던 마포는 면의 재배가 어려운 북쪽지방으로 밀려났으니 예종 원년(1469)에 지방별로 공물을 배정함에 있어서도 하3도에는 면포, 서북도에는 면주를 납부케 하고 함경·강원도에는 常布를 납부하도록 하는 논의가 이루어졌던 바와 같이 마포는 보편적인 의료로서의 지위를 빼앗기게 되었다.[28] 조선 후기에는 함경도의 北布, 경상도 일부의 嶺布, 안동의 安東布, 강원도의 江布 등이 보편적인 의료로서가 아닌 지방의 특산물로 정착되어 생산되었다.

苧布는 옛부터 의료는 물론 중요한 수출품으로서 고급 직물의 위치를 차지하였음에도 불구하고 조선시대에는 보편적인 의료로 생산되지 못하였다. 그 이유는, 첫째 원료생산지의 제한성 때문에 널리 재배되지 못하였다. 《세종실록지리지》에 의하면 저포의 산지는 충청도·전라도 해안지역에 집중되었으며 그 중에서도 林川의 모시가 유명하였다. 이러한 전통은 계승되어 조선 후기에도 재배지역이 더 이상 확대되지 않고 林川·庇仁·舒川·藍浦·定山·扶餘 등지를 소위 '苧布七處'로 일컬어 섬세한 모시제품 및 麻苧絞織品의 특산지로 남게되었다.[29] 둘째 저포 역시 농촌수공업으로 발전되어 왔던 과정에서 많은 노력과 섬세한 직조기술이 필요했기 때문에 바쁜 농가부업으로 기반을 상실하게 되었다. 그러므로 조선방직업에서 마직업은 전시대에 비

26) 《太宗實錄》 권 1, 태종 원년 5월 신묘.
27) 《世宗實錄》 권 110, 세종 27년 10월 임자.
28) 高承濟, 《韓國社會經濟史論》(一志社, 1990), 88쪽.
29) 徐有榘, 《林園十六志》 展功志.

하여 점차 생산규모가 축소되었고 한정된 지방의 특산물로서 정착되었던 것이다.

2) 양잠의 보급과 견직물 생산실태

(1) 잠업진흥정책

잠업은 인간생활에 있어서 의식의 근원이 되기 때문에 유사 이래로 농업과 함께 매우 중요한 산업이었다. 우리나라에서도 이미 三韓과 濊 등 한반도 전역에서 밭에 뽕나무를 재배하였고 綿布·縑布 등의 견직물을 생산하였으며, 삼국시대와 고려시대에도 일본에 기술을 전파하고 송을 비롯한 인접국과 교역하는 등 견직물 제직이 활발하였고, 이에 따른 양잠이 꾸준히 실시되었음은 당연하였다.

그러나 고려 말 오랜 기간에 걸친 몽고의 침략으로 국토가 황폐되고 국내의 정치·사회가 불안하자 자연히 잠업은 침체되었다. 이러한 상황에서 신흥사대부를 주축으로 강력한 중앙집권적 국가를 구축한 조선왕조는 다시 잠업을 다른 산업과 같이 관 중심으로 발달시키기 위해 진력하였다. 잠업은 다른 어떤 산업보다도 많은 경험과 기술축적 및 뽕나무 栽植 기간을 요하는 특수산업이므로 단시일에 효과가 나타나지 않기 때문에 국가에서 장기적인 계획을 세워 추진해 나갔다.[30] 먼저 잠업에 기본이 되는 뽕나무의 재배 및 확산에 역점을 두었으며 다음으로 전국 각 지역에 蠶室都會를 설치하여 양잠기술을 지도·보급하기도 하며 직접 양잠을 하고 繭絲를 생산하여 국가의 수요에 충당하였다. 그 밖에도 先蠶祭와 親蠶禮를 宗廟·社稷의 다음가는 中祀로 구분하여 역대 왕들이 정기적으로 의식을 거행하여 백성과 신하들에게 모범을 보이고 양잠의 풍요를 기원하였으며, 백성들에게 양잠기술을 습득하게 하고자 수 차례에 걸쳐 잠서를 간행하였다. 이처럼 건국 초기부터 강력한 권잠정책으로 뽕나무의 재배면적이 늘고 양잠기술이 보급되었으며 16세기

---

30) 朴慶龍, 〈朝鮮前期의 蠶業硏究〉(《國史館論叢》 12, 국사편찬위원회, 1990), 96쪽.

무렵에는 민가의 부업으로 자리잡게 되었다.

그러면 조선 전기 역대왕들의 구체적인 권잠정책을 살펴보기로 하자. 태조는 원년(1392)에 농상은 의식의 근본이니 농상을 권장하여 백성을 잘 살게 하자[31]고 하였으며 정종 2년(1399)에는 조선 개국 후 최초로 先蠶祭를 지내어 양잠을 장려하였다.[32] 先蠶儀式은 고려시대부터 시작되었다고 하는데 뽕잎이 나기 시작하는 3월에 거행하며, 先蠶祭를 먼저 지내고 그 후에 親蠶禮를 행하였다.

태종은 전대의 六典에 있는 種桑之法이 지켜지지 않자 10년(1410) 種植之法을 제정하여 이 법을 지키지 않는 자에게 벌금을 부과하는 등 전대의 정책을 강화하였다.[33] 동왕 16년(1416)에는 양잠을 국가적인 산업으로 육성하기 위해 加平의 속현인 朝宗과, 楊根의 속현인 迷原 두 곳에 처음으로 蠶室都會를 설치하여[34] 효과를 보자, 이로부터 6개월이 지난 17년(1417) 정월에 경기도 가평을 위시하여 충청도 淸風, 경상도 義城, 황해도 遂安, 전라도 泰仁 등 5개소에 蠶室都會를 각각 설치하고 감독관을 파견하였다.[35] 蠶室이 설치되었던 첫 해에 朝宗에는 李迹이, 迷原에는 李士欽이 감독관으로 파견되어 첫해의 수확물로 각각 生繭 98石 10斗·繰絲 22斤·種連 200張·熟繭 24석·繰絲 102근·種連 140장을 진상하였다.[36] 또한 잠업기술의 개량 및 보급을 위하여 14년(1414)에 李行·郭存中에 명해 원 세조 때 편찬된《農桑輯要》를 이두로 번역하도록 하였다.[37]《농상집요》에는 뽕나무를 재배하는 방법, 누에 기르는 방법, 고치를 삶아 실을 뽑는 방법 등이 폭넓게 기록되어 있어 매우 유용하였다. 그 후《농상집요》를 좀더 쉽게 적용하고 보급하기 위하여 그 내용의 일부를 취사선택하여 이두로 번역한《養蠶經驗輯要》·《養蠶方》[38]을 간행하였다. 그리하여 세종대에《양잠방》의 방법에 따라 누에를 기른 결과 고

---

31)《太祖實錄》권 2, 태조 원년 9월 임인.
32)《定宗實錄》권 3, 정종 2년 3월 기사.
33)《太宗實錄》권 20, 태종 10년 11월 무자.
34)《太宗實錄》권 31, 태종 16년 2월 정해.
35)《太宗實錄》권 33, 태종 17년 1월 무술.
36)《太宗實錄》권 31, 태종 16년 5월 정사.
37)《太宗實錄》권 28, 태종 14년 12월 을해.
38)《太宗實錄》권 33, 태종 17년 5월 을유.

치의 생산량이 두 배나 되었다고 한다.

세종대에는 이미 잠실도회가 설치된 5도 이외에 강원도·평안도·함길도에도 설치됨으로써 면업과 같이 북방지역의 양잠을 장려하였다. 그러므로 세종 14년에 편찬된 《세종실록지리지》에는 桑 생산자가 전국에 이르렀고(〈표 1〉), 특히 서북지방의 도시인 시흥·봉산·안악·곡산·수안·신은·재령·장연·풍천 등지의 풍속조에 '양잠과 뽕나무재배에 힘쓴다' '주민들이 양잠을 생업으로 한다' '누에치기와 뽕나무재배를 숭상한다'는 기록이 있어 서북지방에 양잠이 성행되고 있었음을 말해주고 있다. 당시에 궁중에는 물론 서울지역에도 잠실을 설치하여 蠶種을 보급하였는데, 세종 5년(1423) 경복궁과 창덕궁 두 잠실에 각각 蠶種 21낭을 주어 기르도록 하였으며[39] 동왕 8년(1426)에는 樂天亭蠶室이 설치되었다.[40] 그 밖에도 세종은 누에고치를 많이 생산한 각 도의 잠실 책임자인 監考를 현직에 채용하기로 하며[41] 잠실에서 사역하는 寺社의 노비들에게 身貢을 면제시키고[42] 蠶種을 宗親 및 2품 이상에게 하사하는 등[43] 적극적인 권잠정책을 펼쳤다.

세조 역시 양잠을 적극적으로 장려하였다. 그러나 무엇보다도 세조대의 권잠정책을 집약시킨 것으로는 동왕 5년(1459)에 '養蠶條件'을 제정하여 널리 반포한 것이다.[44] 이것은 그 동안의 관 중심의 권잠정책을 민간에게 확대시킴으로써 양잠이 농가에까지 확산될 수 있는 계기를 마련하였다. 예를 들면 민호를 대호·중호·소호·잔호·잔잔호의 5등급으로 세분하여 대호는 300그루, 중호는 200그루, 소호 및 잔호는 100그루, 잔잔호는 50그루의 뽕나무를 의무적으로 심도록 하며 묘목을 잘 가꾸지 못하면 문책하였다. 즉 이 때까지의 植桑政策이 잠실운영을 위한 公桑에 중점을 두었던 것에 반하여 세조대에는 公桑 이외에 민가용의 뽕나무 재배를 강력히 추진하였던 것이다. 또한 동왕 7년(1461)에는 함길도 관찰사에게 명하여 북도의 여러 지역에 오디를

39) 《世宗實錄》 권 19, 세종 5년 2월 정해.
40) 《世宗實錄》 권 28, 세종 8년 4월 계미.
41) 《世宗實錄》 권 29, 세종 7년 7월 기사 및 권 36, 세종 9년 5월 갑인.
42) 《世宗實錄》 권 43, 세종 11년 3월.
43) 《世宗實錄》 권 51, 세종 13년 2월.
44) 《世祖實錄》 권 16, 세조 5년 6월 무인.

보내어 심게 하고 뽕나무를 가꾸도록 장려하는 등 세종대에 이어서 북방지역의 양잠도 적극 강화하였다.45) 그 밖에도 민간의 양잠기술의 보급과 개선에 큰 몫을 하였으니 이제까지 이두로 쓰여진 양잠관계 서적을 한글로 풀이한《諺解蠶書》를 간행하여46) 한문을 모르는 일반 농민들에게 큰 도움을 주고 양잠이 전국적으로 확산되도록 하였다.

성종대에는 세조가 권잠정책을 널리 펼친 영향으로 민가에 양잠열이 나타나던 시기였다. 성종 재위 중에 편찬된《慵齋叢話》에 의하면 "서울의 한강 남쪽 圓壇洞에 신잠실을 새로이 설치함으로써 기존의 衍禧宮을 서잠실로, 樂天亭·峨嵯山을 동잠실이라고 하여, 서울에 3곳의 잠실도회를 두어 잠사를 생산하여 官司에 바치도록 하였다. 이에 옛날 서울에는 큰집의 서너 집만 누에를 쳤는데 이 당시에는 여염집 부인과 작은 상점에서조차 양잠을 할 정도로 널리 보급되었다"47)고 한다. 동잠실의 아차산 잠실은 현재 서울 송파구 잠실동으로, 원단동의 신잠실은 서울 서초구 잠원동으로 각각 추정되며, 현재의 잠실동·잠원동의 이름도 이러한 유래에 따른 것이다.48)

관 주도의 잠실이 서울뿐만 아니라 지방에서도 각 도 단위에서 각 읍 단위로 늘어남에 따라 양잠은 전국적으로 확대되었지만, 그 과정에서 잠실 관리자에 대한 직무능력을 잠사 생산량에 따라 평가하는 등 잠실제도에 여러 가지 운영상의 허점이 들어 났고 이에 따른 폐해가 나타나게 되었다. 예를 들면 지방의 잠실에서 그 해에 공납할 잠사량이 부족할 경우에 잠실 관리자들은 책임량을 채우기 위해 민가로부터 금품을 거두어 잠사를 사서 바치거나, 잠실에서 사용하는 기구와 소모품을 민가에서 차용하고 민간인을 역에 동원시키며, 잠실 주변에 公桑이 부족하면 민가의 뽕잎을 채취하는 등의 여러 가지 민폐를 끼쳤던 것이다. 따라서 이미 민간에 양잠이 널리 보급되어 더 이상 여러 곳에 관영잠실을 설치할 필요가 없다고 생각한 성종은 종래 각 읍마다 설치되었던 잠실을 줄이고 큰 도에는 뽕나무가 잘 자라는 곳에 2개소, 작은 도에는 1개소만 남겨둠으로써49) 관 주도의 잠실을 축소시키고 공

45)《世祖實錄》권 23, 세조 7년 3월 신유.
46)《世祖實錄》권 23, 세조 7년 3월 을사.
47) 成 俔,《慵齋叢話》권 10, 諸詞.
48) 朴慶龍, 앞의 글, 107~108쪽.

물의 수량도 줄여 민폐를 없애도록 하였다. 그 후 각 도의 1~2개소에 설치된 잠실의 운영마저도 폐해가 계속 늘어남에 따라 몇 차례의 정지를 거쳐[50] 서울과 지방의 모든 잠실을 폐지하였다. 이러한 상태는 중종 4년(1509) 잠실을 다시 설치하도록 명하면서 '잠실의 폐단을 제거·개혁하여 이를 다시 세운다'고[51] 할 때까지 계속되었다.

그러나 성종이 잠실을 파하는 등의 잠업 억제정책만을 쓴 것은 아니었다. 민폐를 줄이려고 관 주도의 잠실은 축소하였으나 여러 차례의 권잠정책으로 민간 중심의 양잠을 장려하였다. 먼저 동왕 3년(1472) '桑木培養節目'을 제정하여[52] 사회문제까지 되었던 뽕나무의 부족을 없애고자 桑木增殖을 적극적으로 추진하였으며 동왕 8년(1477)에는 '親蠶應行節目'을 제정함[53]으로써 양잠의 풍요를 기원하는 親蠶禮를 국가적인 행사로 성대하게 치르도록 하여 양잠에 대한 관심을 고조시켰다. 그 밖에도 姜希孟이 농가에 있어서 사계절의 작물재배법을 저술한 《四時纂要抄》를 편찬하여 蠶桑에 관한 지식을 전하기도 하였다.

앞에서 살핀 바와 같이 15세기 잠업은 역대 왕들이 잠실도회를 설치하여 이를 중심으로 전국에 양잠기술을 전파하고 누에 종자의 보급과 뽕나무 재배를 확산한 점에서 긍정적인 기능을 수행하였다. 그러나 잠실이 관 주도로 경직되게 운영되었고 후에는 궁중에 잠사를 제공하는 데에만 주력하였기 때문에 양잠업의 민간보급이라는 긍정적인 역할을 수행함에도 불구하고 폐단이 나타나게 되어 폐지되었던 것이다.

이러한 상황에서 왕위에 오른 중종은 그 동안 폐지되었던 잠실을 다시 설치하고 '農桑敎書'를 반포하였으며 농서를 편찬하는 등 강한 권잠의지를 표명하였다. 중종 원년(1505)에 서울의 동·서잠실을 다시 설치하였고, 4년(1509)에 그 밖의 잠실을 복구하였다.[54] 중종은 잠실을 복원했을 뿐만 아니라 잠실

49) 《成宗實錄》 권 8, 성종 원년 12월 정묘.
50) 《成宗實錄》 권 181, 성종 16년 7월 을유 및 권 131, 성종 12년 7월 을유.
51) 《中宗實錄》 권 7, 중종 4년 2월 임오.
52) 《成宗實錄》 권 15, 성종 3년 2월 무인.
53) 《成宗實錄》 권 77, 성종 8년 윤 2월 계해.
54) 《中宗實錄》 권 1, 중종 원년 9월 신사 및 권 7, 중종 4년 2월 임오.

에 근무하는 관원에 대한 특혜를 베풀기도 하였고 동왕 5년부터 관료들에 의해 잠실의 폐단이 지적되어 잠실을 폐지하자는 수 차례의 啓에도 불구하고 잠실을 유지하기 위하여 많은 노력을 기울였다. 그러나 5년부터 12년까지 계속되는 '잠실폐지론'에 어쩔 수 없이 12년(1517) 8월 신잠실을 폐지하게 되었다.[55]

중종은 잠실 폐단의 여론에 밀려 신잠실을 폐지하였으나 그의 권잠정책은 계속되었다. 동왕 12년(1517)과 13년(1518)에는 '농상교서'를 발표하여[56] 농업에 힘쓰면서 잠업을 발달시켜 농민의 경제력을 향상시키고자 하였다.

'농상교서'는 잠실의 監考나 지방의 관리자를 대상으로 한 것이 아니고 직접 생산에 종사하는 일반 농민층을 대상으로 가르침을 편 것으로서, 양잠의 전 과정에 관해 구체적으로 서술하여 농가의 생산증대를 꾀하고자 한 점에서 민간 중심의 권잠정책을 확립하였다. 그 밖에도 동왕 13년(1518)에는 세조 때에 편찬한《諺解蠶書》를 수정·보완하여 金安國에게 이를 발간하도록 하여[57] 농민들이 쉽게 양잠기술을 배울 수 있도록 하였다. 이러한 중종의 권잠정책은 그 당시 조성되었던 사회적 분위기에 힘입어 잠업을 농가의 부업으로 정착하게 하였다.

잠업의 발달과 밀접한 16세기 사회현상으로 먼저 市廛과 場市의 발달을 들 수 있다. 장시의 발달은 지방 유통경제의 변화를 가져왔는데, 특히 직물류는 중요한 유통품목으로 양잠은 단순히 중앙에 공납하는 목적을 떠나서 농가에 이익을 줄 수 있는 부업으로 등장하였다. 더구나 당시 농촌은 농업기술이 발달하여 농업생산력이 높아졌기 때문에 양잠에 노동력을 투입할 수 있는 여건이 마련되었던 것이다. 다음으로는 연산군 이후 만연된 의복의 사치풍조이다. 이러한 의복사치는 중종대에 와서도 만연하여[58] 견직물 수요를 증대시켰고, 이러한 의복의 원료를 조달하기 위하여 잠업이 성행하였음은 당연하다고 하겠다.

---

55) 《中宗實錄》 권 29, 중종 12년 8월 임술.
56) 《中宗實錄》 권 27, 중종 12년 2월 임신 및 권 32, 중종 13년 3월 병오.
57) 《中宗實錄》 권 32, 중종 13년 4월 기사.
58) 이의명, 〈15·16세기 양잠의 발달과 권잠정책〉(《육사논문집》 19, 1985), 235~236쪽.

(2) 견직물의 제직실태 및 종류

전술한 바와 같이 조선은 건국 초기부터 적극적인 권잠정책으로 농촌에 뽕나무를 의무적으로 심고 각 도에 잠실도회를 두어 운영하며 양잠관련 기술서적을 편찬하는 등 양잠을 확산하여 견직물 원료의 증산에 노력하였다. 이러한 노력은 궁극적으로 훌륭하고 다양한 종류의 견직물을 제직하는 데 그 목적이 있었다.

조선 전기의 견직물 생산방식은 관부나 궁중의 수요와 깊은 관계를 갖고 官工匠 중심으로 발전한 관장제 수공업과, 독립 수공업자나 농촌 수공업자들을 포함한 민간 수공업으로 양분된다. 그러나 조선사회의 엄격한 신분제도는 민간인에게 견직물 사용을 제한하였으며 상업활동도 관청의 통제하에 이루어졌기 때문에 15세기의 견직물 생산은 주로 관장제 수공업에 의지하여 발전하게 되었다. 그 후 16세기 연산군시대부터 각종 분야에서 서서히 관장제 수공업이 무너지고 민간수공업으로 바뀌기 시작한 것과 흐름을 같이하여, 직조분야에서도 국가의 통제를 받는 京工匠 소속의 綾羅匠·紡織匠 등은 관장을 기피하고 사장의 독립수공업자로 전환하였고, 이러한 분위기 속에서 농가에서도 부업으로 양잠을 하고 면주를 짜는 농촌수공업자가 확산되는 등 민간수공업의 강세를 나타내었다.

관장제수공업은 궁중이나 양반들의 수요를 충족시키기 위한 것으로 공조 소속의 尙衣院과 호조 소속의 內資寺·內贍寺·濟用監 등의 관사에 직조시설을 설치하고 관련 장인을 두어 관원의 감독하에 우수한 제품을 생산하였다. 직조와 관련된 관사 중에 가장 대표적인 곳은 尙衣院이었다. 조선시대 상의원은 왕을 비롯한 왕족의 의복과 궁중에서 소용되는 물품을 제조·공급하던 관사로서, 고려의 尙衣局 체계를 이어받았다. 조선시대에는 태조 2년(1393) 상의원에 관한 사료가 처음으로 보이며, 그 후 몇 차례의 변화를 거쳐 성종 2년(1471)에 《經國大典》이 완성되면서 비로소 그 체제가 정비되었다. 이러한 체제는 조선 말기까지 큰 변화 없이 계속되다가 고종 32년(1895) 관제개편으로 宮內府 소속의 尙衣司로 개칭되었고, 그 후에 다시 尙方司로 바뀌었다.

《경국대전》에 의하면 상의원에 소속된 공장은 597명으로 조선 초기 30개 관사 중 軍器寺의 644명 다음으로 규모가 큰 관사였다. 건국 당시 상의원의 공장 종류와 수가 얼마나 되었는지는 알 수 없으나, 세종 21년(1439)에 공조에서 올린 내용에 의하면 기존의 401명의 장인에 66명을 증가시켜 467명의 장인이 있었으며[59] 세조 6년(1460)에 장인의 수가 801명까지로 확대되었으며 그 중에 綾羅匠도 126명으로 증원되었다고 한다.[60] 그러나 《경국대전》에서는 597명으로 축소되었고[61] 성종 23년(1492)에 편찬된 《大典續錄》에서는 다시 75명이 증가되었다.[62] 연산군 때 소속관원을 18명이나 늘렸다는 기록[63]으로 미루어 보아, 관원이 관리해야 되는 장인의 수도 이에 상응하여 많이 증가하였다고 짐작된다. 이러한 사실들은 조선 초기 관장제 수공업의 강화를 말해주고 있다.

《경국대전》에 기록된 상의원 소속 597명의 공장 중 직물생산과 직접적으로 관련이 있는 장인만을 분류하면 모두 264명으로 큰 비중을 차지한다. 이들 장인의 종류 및 작업분야는 다음과 같다. 合絲匠 10명과 練絲匠 75명은 실을 정련하고 合絲하는 등 제사관련 작업을 하며, 紅染匠 10명·青染匠 10명은 염색작업을 하였으며, 綾羅匠 105명과 紡織匠 20명은 綾·羅·段·紬 등의 직물을 제작하였고, 이 때 10명의 筬匠이 직기의 바디를 만들고 수리하였다. 그 밖에 裁金匠 2명, 絲金匠 4명, 金箔匠 4명 등은 金線緞 제직에 필요한 金絲와 金箔을 만들었고, 擣砧匠 14명은 제직된 직물을 다듬이질하여 정리하는 과정에 종사하였다.[64] 그러므로 이들 11종의 장인을 통하여 綾·羅와 金線段 등의 고급 직물이 제직되었으며 직물생산에 있어서 분업관계가 상당한 정도로 진행되었음을 알 수 있다. 더욱이 《대전속록》에 "상의원의 능라장이 짠 제품의 질이 중등 이하일 경우에는 織匠의 근무일수 25일을 삭감하며, 引紋匠은 20일, 緯奉足은 각각 15일씩의 근무일수를 삭제한

59) 《世宗實錄》 권 84, 세종 21년 정월 22일.
60) 《世祖實錄》 권 21, 세조 6년 8월 갑진.
61) 《經國大典》 권 6, 工典 工匠.
62) 《大典續錄》 工典 工匠.
63) 《燕山君日記》 권 58, 연산군 11년 5월 경술·6월 경진·11월 갑진.
64) 《經國大典》 권 6, 工典 工匠.

다"[65]는 기록으로 보아 능라를 짤 때에 능라장 내부에서도 최소한 씨실놓기·무늬놓기·천짜기로 세분되었음을 확인할 수 있다.

상의원에 속한 공장들은 다른 장인에 비하여 비교적 좋은 대우를 받았다. 관부에서는 관공장에게 소정의 직을 지급하였는데 상의원에는 종7품의 工製 4명, 종8품의 工造 1명, 종9품의 工作 3명으로 다른 관사에 비하여 상대적으로 높은 직급이 많았다. 또한 대부분의 공장은 2번으로 나뉘어 仕滿 900일에 加階되고 종6품에 그치게 되어 있으나 능라장은 紙匠과 함께 3번으로 나뉘어 6개월씩 복무하기로 되어 있으며 사만 600일에 가계되었다.[66] 이와 같이 다른 장인에 비하여 능라장에 대한 우대는 당시에 능라생산을 중요하게 생각하였으며 제직 기술상의 어려움을 인정하였기 때문이라고 하겠다.

상의원 이외에 직조와 관련된 관사로는 호조 소속의 內資寺·內贍寺·濟用監이 있다. 내섬시·내자시에는 각각 방직장 30명·잠장 2명씩 있으며 濟用監에는 방직장 30명·홍염장 10명·청염장 20명·도침장 6명 등이 있어 직물생산을 담당하였다.[67] 태종 17년 내자시에서는 잠실에서 공납한 실로사와 릉 각각 3필과 지방의 眞絲로 짠 段子 1필을 바쳤다고[68] 한 데서 잠실에서 공납한 繭絲를 사용하여 내자시에서 사·능·단의 고급 견직물을 제직하였음을 알 수 있다. 그러나 세종조에는 내자시·내섬시에서는 능·나를 짤 수 없게 하고 그 능라장을 상의원에 이속시킴으로써 능라의 직조는 상의원에서만 전담케 하여[69] 내자시·내섬시의 활동을 축소하였다. 또한 문종대에는 방직장이 20승의 세마포와 면포를 짰다고[70] 하는데, 이로써 견직물 이외에 섬세한 면·마직물도 여기에서 제직되었음을 알 수 있다.

또한 조선 전기에는 상의원·내자시·내섬시·제용감 등의 관사 이외에도 대량의 직물공급이 필요한 경우에는 별도의 직물생산기구를 설치 운영하기

65) 《大典續錄》 工典 雜令.
66) 《經國大典》 권 1, 吏典 雜職.
67) 《經國大典》 권 6, 工典 工匠.
68) 《太宗實錄》 권 34, 태종 17년 8월 을사.
69) 《世宗實錄》 권 18, 세종 4년 10월 을미.
70) 《文宗實錄》 권 3, 즉위년 8월 신묘.

도 했다. 예를 들면 태종 16년(1416)에 관복용의 직물을 짜기 위하여 '段子織造'이라는 기구를 설치하였는데[71] 태종 원년(1401)에 이미 '織造色'이 있었으나 16년 뒤에 이를 설치한 것은 특별히 段子의 생산을 활성화하기 위한 것으로 생각된다. 세종 12년(1430)에는 직물의 질과 규격을 통일하기 위하여 직조에 종사하는 織造婢를 모아다가 '織造司'를 설치하자는 논의도 있었다.[72] 그 밖에 연산군 10년(1504)에는 '通織'을 설치하고 監織官을 두어 織造匠·引紋匠·執經匠·執緯匠·染匠 등의 전문 장인들로 하여금 고급 紋織物을 직조하게 하는 등, 관 중심으로 궁중 수요의 견직물을 자체 생산하고자 노력하였다.[73]

그러면 이들 중앙관사의 직조와 관련된 장인들은 어떠한 종류의 견직물을 어느 정도의 수준까지 제직하였을까. 사·나·능·단은 본국산이 아니므로 사용을 금지하고 본국산인 면주를 사용하라는 규제는 조선 건국 초부터 말기에 이르기까지 끊임없이 거론되었다. 그러나 이는 중국산 직물을 선호하는 풍토에서 그 폐해를 근원적으로 단절하고 근검 절약하여 사치를 금하자는 목적을 과장되게 강조한 문장으로 볼 수 있으며, 면조와 같은 손쉬운 평직물만을 제직하였다고 할 수는 없다. 비록 생산량이 많지는 않지만 사·나·능·단·금선과 같은 고급 견직물이 경공장에 의해 생산되었기 때문이다.

첫째 상의원에 소속된 능라장이 105명이나 있는 점으로 보아 능과 나가 제직되었음은 주지의 사실이다. 능은 紬에 비하여 지질이 치밀하고 탄력성이 좋은 紋織物로 綾織(Twill weaves)으로 짜여져 직물표면에 사선을 나타내게 된다. 無紋織보다는 주로 구름·꽃·칠보 등의 무늬를 넣어 짰다. 나는 2~4올의 인접한 경사를 교차시켜 고추모양의 구멍이 뚫린 透孔織物로 경사·위사가 성글게 搦組織으로 짜여 반투명한 효과가 있다. 대부분 능과 같이 구름·꽃·칠보 등의 무늬를 넣은 有紋羅로 짰다. 세종 6년(1424)에 일본 국왕에게 보낸 회사품 중에 大紅羅袈裟·紫羅掛子·藍羅長衫과 같이 羅로 만든 의복을 선물로 보냈으며,[74] 연산군 9년(1503)에는 상의원에 명하여

71) 《太宗實錄》 권 31, 태종 16년 5월 을해.
72) 《世宗實錄》 권 49, 세종 12년 9월 11일.
73) 《燕山君日記》 권 53, 연산군 10년 5월 을유.
74) 《世宗實錄》 권 23, 세종 6년 2월 계축.

有紋鴉靑羅와 白羅 4필씩을 품질 좋게 짜서 들이게 한 점, 다음해에 다홍색·자색·아청색의 나를 제직하기 위하여 상의원으로 하여금 실을 염색하도록 한 점[75] 등은 조선 전기에 나가 제직되었던 실례이다.

조선 전기에 제직된 견직물 중 육안으로 나와 비슷하게 반투명하지만 좀더 얇고 단순하게 제직된 옷감인 紗가 있다. 일반적으로 가늘고 꼬임이 강한 경위사를 매우 성글게 평직으로 짜거나, 위사를 튼튼히 고정하기 위하여 인접한 2올의 경사를 교차시켜 方型의 구멍이 생기도록 짜기도 하였는데, 후자도 육안으로는 성근 평직과 같아서 전자와 구별이 어렵다. 사의 생산 예로는 태종 16년 내자시에서 제직하였던 기록이 있으며, 〈표 2〉에서와 같이 연산군 10년(1504) 상의원에 명하여 각종 無紋紗를 7필씩 짜게 하였던 점을 들 수 있다.[76]

둘째 段이 제직되었다. 전술한 바와 같이 태종 16년에는 특별히 '단자직조색'을 설치하여 관복용 段子를 제직하였음을 알 수 있고, 같은 시기에 내자시에서는 잠실에서 공물로 바친 繭絲를 사용하여 사·능·단을 짜서 바쳤다는 기록에서 조선 초기 단의 제직 사실을 확인할 수 있다. 더구나 연산군 10년에는 상의원의 능라장을 綾段匠이라고 하여[77] 나 대신 단의 제직을 강화하였던 것이다. 이처럼 단의 생산을 강화한 이유는 고려시대에는 의복용으로 능라가 유행하였던 것에 반하여 조선시대에는 나 대신 단이 더 유행되었기 때문으로 생각된다.[78]

단은 繻子직물로서 일반적으로 經繻子織을 바탕으로 하고 무늬는 緯繻子織으로 제직된다. 능보다 조직점이 흩어져 있어 표면이 매끄럽고 광택이 나는 고급 견직물이다. 《訓蒙字會》에 의하면 단은 비단을 뜻하며 속칭 紵絲로 불리워졌다.[79] 〈표 2〉에서와 같이 저사는 이미 연산군대에 상의원에서 제직이 가능하였으나 좀더 좋은 품질을 생산하기 위해 연산군 8년(1502)에도 북경에 가는 사행 중에 능라장을 보내어 大紅과 草綠 등 여러 색깔의 저사 제

75) 《燕山君日記》 권 48, 연산군 9년 1월 정해 및 권 55, 연산군 10년 8월 경진.
76) 《燕山君日記》 권 53, 연산군 10년 5월 기미.
77) 《燕山君日記》 권 53, 연산군 10년 5월 을사.
78) 趙孝淑, 앞의 책, 35~52쪽.
79) 崔世珍, 《訓蒙字會》 布帛.

직법을 배워 4~5척씩의 저사를 견본으로 짜 오도록 하였다.[80] 연산군은 여기에 그치지 않고 계속적으로 紋紵絲를 제직하기 위하여 각별한 노력을 하였다. 동왕 10년(1504) 5월에 전교하기를 "저사 등의 물품을 우리나라에서도 중국 것과 같이 짤 수 있는가. 무늬 만들기가 어렵기 때문에 누구나 못한다고 하는데 지금 관에서 직기와 공역하는 사람을 능라장에게 주고, 조정관원들로 私織하여 관청에 들인다면 저사 생산은 널리 퍼질 것이다"라 하였고, 다음날 "저사 직조 해당 관원에게 능단장과 畵員을 거느리고 五色線을 가지고 들라"고 하여 능단장과 화원으로 하여금 직물의 무늬에 관하여 논의케 하였으며 다음날에는 중국 사・나・능・단의 束腰紙에 기록된 감직관과 장인의 성명을 내리며 이르기를 "따로 局을 설치하고 감독하여 관장하되 저사를 짤 때마다 이 見樣에 의하여 하라"고 명하였다. 그리하여 20일에는 "사・나・능・단은 우리나라 소산이 아니어서 재상들도 입기 어려웠는데 특별히 한 관청을 설치하고 織造하여 온 나라가 같이 쓰게 하였다. 그러므로 제직된 저사에 속요지를 달아 그 관청의 監織官・織造匠・引紋匠・執經匠・執緯匠・染匠의 성명을 쓰고 년・월・일을 적도록 하며 그 관청이름은 通織이라고 한다"[81]라고 하였으니, 명나라로부터 저사의 기술을 습득한 후 2년에 걸친 연산군의 노력 끝에 조선에서도 문저사 제직이 가능하였던 것이다. 그리하여 4년 후인 중종 3년(1508)에는 知事 宋軼이 아뢰기를 "이제 상의원에서는 능・단을 잘 짜고 있으므로 국용의 무역도 정지하면 통사들도 반드시 사사로이 무역하지 못 할 것입니다"[82]라고 한 점으로 미루어 상의원에서 국용의 능・단을 훌륭히 제직할 수 있을 정도의 수준까지 향상되었던 것이다.

당시 단(저사)에는 일반적으로 무늬를 많이 넣었다. 예를 들면 연산군시대에는 白七寶細花紋段・四樣花紋紵絲・雲紋有靑色紵絲와 같이 꽃・칠보・구름무늬를 넣어 저사와 단을 상납하였으며 이러한 무늬는 전술한 상의원의 능단장에 속한 引紋匠이나 통직이라는 제직기관의 인문장들에 의해 이루어졌다. 중종 11년(1516)에 상의원에 전교하기를 "평소에 초록・유청・대홍색의

---

80) 《燕山君日記》 권 53, 연산군 8년 1월 을유.
81) 《燕山君日記》 권 53, 연산군 10년 5월 갑진・을사・병오・무신.
82) 《中宗實錄》 권 7, 중종 3년 11월 경자.

필단을 짤 때에 반드시 무슨 무늬를 짤 것인가를 아뢰어서 하느 법이니 이제 아청색의 사·나도 예대로 다시 아뢰도록 하라"[83]는 내용에서 알 수 있듯이 상의원에서 사·나·단의 직물에 각종 무늬까지 넣을 수 있었으며 무늬의 종류는 국가에 중대한 관심사였던 것이다.

그러나 이처럼 향상된 제직기술은 임진왜란을 겪으면서 한 차례 침체되었고 영조 이후 강화된 사치금제 때문에 더욱 침체의 늪을 벗어나지 못하였다. 예를 들면 현종은 상의원에서 錦의 직조를 금지하였고[84] 영조는 사치풍조를 개혁하기에 힘써 스스로 근검절약하여 모범을 보이도록 노력하였다. 즉 동왕 10년(1734)에는 상의원의 직조기를 철거해 버리고 冕服用 緞子를 짜는 기계도 창고에 봉해 두도록 하여[85] 고급 필단의 제직을 엄금하고 冕服에 사용되는 後綬用 직물도 이제까지의 有紋段 제직을 자제하고 단지 赤·靑·玄·纁·綠色의 無紋段을 제직하도록 하였다.[86] 이는 결과적으로 직조기술의 퇴보를 가져오게 하였다. 동왕 23년(1747)에도 호조판서 金始炯이 紋段을 금지한 뒤로 大妃殿과 宮中殿에서 착용하는 의복에 맞지 않는 물품이 많았기 때문에 尙方에서 직조하는 일을 부활시킬 것을 주장하였으나 윤허하지 않았다.[87] 또한 34년(1758)에는 법복과 예복 이외의 鄕織 紋段을 금지하며 공적인 직조기를 제외하고 사직기는 즉시 철거하라는 더욱 강력한 금지령을 내렸다.[88]

이처럼 사직은 물론 궁중 안에서부터 고급 필단의 제직을 억제하고 심지어는 國婚 때조차 면포를 사용하고 紬·段을 금하였으므로 연산군 때부터 향상되기 시작했던 고급직물의 제직기술은 다시 퇴보하였고 필요한 필단은 중국으로부터의 수입품에 더욱 의존하게 되었던 것이다. 이러한 침체 속에서도 비록 규모는 작으나 조선 말까지 궁중 수요의 직물 생산을 위하여 경복궁 내에 鄕織院을 두고《尙方定禮》·《國婚定禮》등에 적혀있는 妃嬪 및 왕

---

83)《中宗實錄》권 26, 중종 11년 11월 을묘.
84)《秋官志》제4편, 掌禁部 申章.
85)《英祖實錄》권 37, 영조 10년 2월 신해.
86)《英祖實錄》권 57, 영조 19년 4월 정유.
87)《英祖實錄》권 65, 영조 23년 2월 을사.
88)《秋官志》제4편, 掌禁部 申章.

실용 의복에 필요하였던 鄕織을 소량씩 생산함으로써 조선 전기 관장제 수공업을 중심으로 발달하였던 고급 필단류 생산기술은 겨우 명맥을 이어 나갔던 것이다.

셋째 織金織物을 제직하였다. 연산군 11년(1505) "迓祥服 제조인으로 公私賤을 막론하고 裁制人 20명, 縫造人 100명을 간택하여 置簿케 하고 織錦人의 예와 같이 근면·태만을 살펴서 그 급여를 주라"고 전교한 내용에서,[89] 당시 급여를 받고 錦을 짜는 織錦人이 있었음을 알 수 있다. 금은 여러 색상의 실을 경사 혹은 위사에 이중으로 걸어 다양한 색의 무늬를 표현한 일종의 이중문직물이다. 금은 삼국시대부터 제직했고 고려시대에도 錦匠을 두어 제직하였음은 앞 절에서 이미 설명하였다. 특히 고려 말에는 원의 영향으로 金銀絲를 이용한 직금직물이 유행하였으며 이를 織金錦 혹은 金線이라는 호칭을 일컬었다.[90]

〈표 2〉에서 볼 수 있듯이 연산군대 상의원에서 직조하여 바친 직물 중 四樣花紋紵絲滿金線·金線이 있는데 이것 역시 일종의 직금직물이었다. 여기에 사용된 金絲는 상의원의 裁金匠이나 絲金匠에 의해 만들어졌을 것이며 앞의 직금인에 의해 제직되었을 것이다. 더욱이 연산군 10년에는 "胸背金線은 공정이 세밀하여 만들기 어려우니 織工 및 針線婢로 하여금 많이 익히도록 하여 능한 자는 우대하여 상을 주고 능하지 못한 자는 벌을 주라"[91]고 하였듯이 흉배용 금선도 제직이 가능하였던 것이다. 이러한 금선의 제직에 관해서는 시대가 좀 내려가기는 하지만 인조 때에 편찬된《嘉禮都監儀軌》에서도 都監織造한 직금 혹은 금선을 嬪宮衣襨에 사용하였으니 조선 중기까지 직금직물의 생산기술이 이어졌다고 생각된다.

그 밖에도 조선 전기에는 중국사신에게 하사한 평직바탕에 능직이나 불규칙한 浮織으로 무늬를 넣은 交綺, 經絲에 絹絲를 걸고 緯絲에 綿絲를 사용하여 평직으로 제직한 絲綿交織衣, 꼬임이 많은 生絲를 성글게 평직으로 제직한 綃 등도 제직하였으나 사·나·능·단·금선보다도 문헌 기록이 많지 않

89)《燕山君日記》권 57, 연산군 11년 1월 무신.
90) 趙孝淑, 앞의 책, 123~124쪽.
91)《燕山君日記》권 56, 연산군 10년 11월 신묘.

은 것으로 미루어 관장제 수공업 영역에서는 그다지 일반화되지는 않았다고 생각된다.

현존하는 조선 전기 유물 중 다수의 의복이 雲紋·花紋의 사·나·능·단으로 이루어졌다. 이제까지는 일반적으로 무늬있는 고급견직물은 중국에서의 수입품으로만 생각하였으나 이상의 문헌에 나타난 기록으로 미루어 조선의 장인들에 의해 생산된 것이 많았으리라 생각된다. 특히 高陽의 丁應斗(1508~1572)墓 출토복식에 붙은 孔雀胸背나 楊平에 있는 洪係江(15세기 추정)墓 출토복식 중 蓮花童子紋이 織金된 스란치마, 果川 李彦雄(16세기 추정)墓 출토복식 중 葡萄童子紋이 직금된 스란치마 등[92]도 우리나라에서 제직된 금선의 일종으로 추정된다.

이상 조선 전기의 견직물은 사·나·능·단·금선의 고급직물들이 관부나 궁중의 수요를 충족시키기 위하여 관장제 수공업의 형태로 발전되었다. 반면에 농촌이나 독립수공업자에 의한 민간차원의 견직업은 관장제 수공업에 눌려 미약하였고 더구나 선초 면업의 대중적 확산은 민간의 견직업을 더욱 위축시켰다.

당시 민간수공업에서 견직물의 생산은 上供을 위한 조세용이 대부분이었으며 생산주체는 주로 농민이고 그 밖에 약간의 立役匠人들이었다. 농민들은 부업으로 농사일 틈틈이 영세한 환경에서 제직하였으며 중앙의 입역장인들은 번차의 실시로 관부에 동원되지 않은 기간에는 생계유지를 위하여 사적 제조를 하였다. 예를들면 상의원의 능라장들의 번차는 세 번으로 나누어 6개월씩 교대로 복무케 하여[93] 나머지 기간에는 사적 생산에 종사하게 함으로써 자기경영에 대하여 차등있게 공장세를 바치도록 하였던 것이다.[94] 그러나 엄격한 계급사회를 이루었던 조선시대에서 신분에 따른 직물의 사치금제는 민간인들의 견직물 생산이나 사용은 물론 상품으로서의 판매도 규제한 것이었다. 그러므로 민간수공업은 영세성을 벗어나지 못하였고 관장제 수공업장에서와 같이 생산과정에서의 분업은 이루어지지 않았으며 제직한 직물의 종

---

92) 단국대학교 부속 석주선기념 민속박물관 소장.
93) 《經國大典》 권 1, 吏典, 雜職 工曹.
94) 《太宗實錄》 권 29, 태종 15년 4월 을미.

류도 사·나·능·단과 같은 고급직물이라기보다는 평직으로 된 면주가 주종을 이루었다. 건국 초기부터 계속되는 권잠정책으로 전국 각 도에 잠실도회를 설치하였음에도 불구하고 양잠의 많은 부분은 관부나 궁중에서 쓰이는 蠶絲나 면주를 공급하는 데 급급하였으며 개인의 경제활동을 위한 견직물 생산은 극히 제한되었기 때문에 다양한 종류의 견직물 제직술은 발전하지 못하였던 것이다.

그래도 민간견직업은 16세기에 들어서면서 만연해진 사치풍조와 지방 장시의 발달 등 사회경제적 영향으로 15세기보다는 발전하였다. 연산군은 궁중의 사치를 충족시키기 위하여 견직물 생산에 노력하였다. 견직물의 품질관리를 철저히 감독하면서 이제까지의 사·나·능·단의 고급직물에 대한 금지와는 달리 모든 관직에 있는 관리들도 고급의 능·단 의복을 허락하였고 심지어는 권장까지 하였으며 비단의 직조기술을 모든 백성이 익혀 널리 전습케 하도록 노력하였다.[95] 비록 폭군으로 알려지기는 하였으나 이러한 연산군의 정책은 조선 전기 견직업의 기술적 발달을 가져왔고 저변확산에 기여하였다.

더욱이 16세기는 잠업이 농가에서도 성행하여 잠사의 생산량이 늘었고 면주로 상품화되어 시장에서 거래되었다. 농가에서 짠 면주는 그 지방의 장시를 통해서 거래되거나 경상들에 의해 구매되기도 하였다.[96] 이러한 과정에서 면포나 마포에 잠사를 사용하여 좀더 부드럽고 따뜻한 직물로 제직되기도 하였는데 잠사와 면사·마사·저사를 섞어 짠 絲綿交織, 絲麻交織·絲苧交織 등이 널리 생산 판매되었으며, 명종 11년(1556)에 이르면 사면교직은 구하기가 쉽기 때문에 사대부가에서 의복으로 널리 착용한 지가 이미 오래되었음을 알 수 있다.[97] 16세기 유물인 漆谷의 碧珍 李氏(?~1585)墓 출토복식[98] 중에 사면문직이 3점이나 발견되어 그 당시 교직의 유행을 뒷받침하고 있다.

또한 私織의 상품유통은 생산증대와 더불어 직조기술의 발전을 자극하였

95) 《燕山君日記》 권 53, 연산군 10년 5월 갑인 및 권 60, 연산군 11년 12월 신미.
96) 《瑣尾錄》 下, 권 7, 을해 9월 초4일.
97) 《明宗實錄》 권 22, 명종 11년 6월 병오.
98) 경북대학교 박물관소장.

다. 당시 민간수공업에서 평직으로 짠 면주 이외에 고급 필단까지도 제직할 수 있는 수준에 도달하였다. 예를 들면 중종 9년(1514)에는 중국 능·단의 품질이 좋지 않았기 때문에 자가에서 私織을 하는 사람들이 생겨났다.[99] 동왕 11년(1516) 5월에도 '중국의 白絲를 수입하여 각 색으로 물들여 능·단을 짜는 자가 사대부가에도 있으므로 이를 금지하자'는 논의가 있었고, 같은 해 10월에는 '부녀자들이 鄕織匹段을 입느라 傾家破産하는 지경에 이르렀으니, 부녀자들의 향직필단의 사용이나 사직과 능라장의 私賣를 법으로 세워 일체 금지해야 한다'고까지 하였는데, 결국 얼마 후에 사직금지 조치가 내려졌다.[100] 여기에서 우리는 당시의 두 가지 실정을 알 수 있다. 먼저 중종대에는 사장에 의해 능·단 등의 고급필단을 짤 수 있을 정도의 제직기술은 발달되었으나 아직 繭絲의 생산량이나 기술은 미흡하여 부분적으로 중국 백사를 수입하여 원료를 충당하였다는 점이다. 다음으로 견직물의 상품화가 촉진되면서 경공장으로 등록된 능라장까지도 관장을 기피하고 대부분 사장으로 활동하게 된 사실이다.

그러므로 다른 수공업 분야에서와 같이 견직업에서도 조선 초기에 지배적이었던 관장제 수공업은 16세기부터 약화되고 민간 수공업으로 발전되었던 것이다. 그러나 16세기 민간수공업으로의 발전은 잠시뿐이었으며, 임진왜란 이후 퇴보하였고 더욱이 영조의 사치금지 정책은 궁중에서조차 고급 필단생산을 억제하여 사장에 의한 고급필단 생산은 당연히 금지되었고 관장에 의한 고급 紋織物의 생산조차 그 전 시대에 비해 쇠퇴하였다. 이로써 조선후기에는 영세한 민간수공업에 의해 생산된 면주만이 우리의 전통직물로서 명맥을 어어 나갔다고 하겠다.

---

99) 《中宗實錄》 권 20, 중종 9년 2월 임술.

100) 《中宗實錄》 권 25, 중종 11년 5월 기유 및 권 26, 중종 11년 10월 무신·갑술·병자.

3) 면의 전래와 면업의 발전

(1) 면의 전래

綿은 B. C. 3000년 경에 인도의 신석기유적인 모헨죠다로(Mohenjodaro) 유적과 페루의 허카푸리에타(Huacaprieta) 유적 등에서 면사 및 면직물이 출토됨으로써 그 재배의 역사가 얼마나 유구한가를 알 수 있다. 그 후 B. C. 1,500년 경의 讚歌集인 리그베다(Rig Veda) 중에 면직물 제직에 관한 기록이 있고 B. C. 800년경에 편찬된 인도의 마뉴법전(Institutes of Manu)에도 면에 관한 기록이 산견되는 등 면직·면업은 인도를 중심으로 발전되어 중앙아시아·페르시아·동남아시아 등으로 확산 전파되었다.

중국에서 면업이 성립된 시기는 원나라 元貞 연가(1295~1296)으로 강남지방의 松江府를 중심으로 시작된 것으로 알려지고 있다.[101] 그러나 이것은 본격적인 면업의 발달을 말하는 것이며 부분적인 면화재배는 이보다 앞선 송대에 이루어졌다. 송대에는 方勻의 《泊宅編》을 비롯하여 면화재배와 면방직에 관한 서적이 편찬되었으며 원 초(1273)에 편찬된 《農桑輯要》에도 목면조항이 있어 1273년 이전부터 면이 재배되었음을 입증하고 있다.[102]

일본에서는 799년 桓武天皇 때에 인도인에 의해 면종자가 처음으로 전래되었다고 하지만 면의 재배는 1년만에 실패로 끝나 滅種되었으며, 그 후에도 몇 차례의 면재배가 시도되었으나 계속되지 못하였고 1598년 조선으로부터 면종자가 전래되어 비로소 일본의 면작·면직이 보급되었다.[103]

우리나라에 면이 도입된 시기는 14세기 말 고려 공민왕 12년(1363)으로, 원에 사절로 갔던 문익점이 전래하여 다음해 13년(1364) 봄에 晋州 江城에서

---

101) 高承濟, 앞의 책, 87쪽.

102) 민길자, 〈면직물의 제직연대에 관한 고찰〉(《문익점과 무명문화》, 국립민속박물관, 1991), 109쪽.
陳維稷, 《中國紡織科學技術史》(北京, 科學出版社, 1984), 151쪽.

103) 武部善人, 《日本木棉史の硏究》(吉川弘文館, 1985), 125~129쪽.

栽植에 성공함으로써 널리 전파되었다.104)

그런데 우리나라에도 중국에서와 같이 면이 도입되기 이전에 이미 면직물을 생산했다는 기록이 있는데, 면화 전래 이전인 삼국시대부터 고려시대에 이르기까지 수출직물 중의 하나인 白氎布가 있었다. 우리나라의 백첩포에 관한 최고의 기록은 《翰苑》으로 고구려에서 紫色纈紋綿·五色綿·雲綿과 함께 백첩포도 제직하였다105)고 기록되어 있다. 《三國史記》에도 통일신라 경문왕 9년(869)에 入唐使節에게 大花魚牙錦 14필·小花魚牙錦 14필·朝霞錦 20필과 함께 40升 백첩포 40필을 사은품으로 보냈으며106) 원대의 《冊府元龜》에도 고려 왕건이 사신을 보내어 綿·罽·白苧와 함께 백첩을 조공하였다107)고 기록되어 있다. 또한 《高麗史》에도 혜종 2년(945) 후진에 보낸 사은품 중에 罽錦을 비롯한 각종의 직물류 이외에 백첩포가 있는데, 1차로 200필을 보내고 다음에 다시 100필을 보냈다고 한다.108)

그러면 우리나라에서 제직된 백첩포와 면포는 어떠한 관계가 있는가. 예로부터 아시아 지역에서 재배되었던 면의 품종은 크게 분류하여 1년생의 草綿과 다년생의 木綿이 있다. 초면(Gossypium Plant, 學名 *Gossypium Herbaceum*)은 60~90㎝정도의 작은 초목으로서, 씨에 붙은 種子毛로 면포를 짠다. 일반적으로 널리 알려진 면화는 초면을 일컫는다. 목면(Bombox tree, *Bombox Malabaricum*)은 키가 2~2.5m의 다년생 수목으로 열매는 타원형인데 柳絮와 같은 황갈색의 짧은 種子毛로 직물을 짠다.109) 이러한 사실은 이미 광해군 6년(1614) 에 저술된 李睟光의 《芝峯類說》에서도 지적되었다. 그는 면을 3종류로 분류하였는데, 첫째는 누에고치에서 나온 면이고, 둘째는 큰나무에서 나는 목면이며, 셋째는 원대 이후 중국에 널리 재배되었던 초면으로서, 문익점

104) 《太祖實錄》 권 14, 태조 7년 6월 정사.
《三憂堂實記》에 의하면 공민왕 12년(1363) 元의 사절로 간 문익점에 의해 전해 진 점은 《太祖實錄》과 같으나 3년간 강남지방에서 유배생활을 마치고 공민왕 16년(1367) 귀국할 때에 목면씨를 전래하였다고 한다.
105) 《翰苑》 東夷傳 蕃麗.
106) 《三國史記》 권 11, 新羅本紀 1, 경문왕 9년.
107) 《冊府元龜》 권 970, 外臣部 朝貢 5.
108) 《高麗史》 권 2, 世家 2, 혜종 2년.
109) 《동아원색대백과사전》(동아출판사, 1983).

이 우리나라에 전래한 목면이라는 것은 이른바 초면을 말한다[110]고 설명하였다.

백첩은 초면의 옛 명칭으로 'pambak dip pambak'의 한자음이며 따라서 백첩포는 초면의 면직물을 말한다.[111] 백첩포는 고대와 중세에 걸쳐 인도·페르시아·중앙아시아를 비롯한 중국 주변국 등지에서 생산되었다. 당대의 玄奘法師는 《大唐西域記》에서 북인도에는 백첩을 의복재료로 사용한다[112]고 하였으며, 신라의 慧超도 《往五天竺國傳》에 중국·축국에서는 왕과 벼슬을 가진 부유한 사람들은 첩포로 만든 옷을 입는다[113]고 하여 인도의 백첩포 사용에 관하여 기록하고 있다. 또한 《梁書》·《新唐書》 西域傳에는 '高昌國에 草가 있는데 백첩이라고 부르며 백성들은 花를 뽑아 布를 제직하였다'고 하여, 지금의 위구르 자치지구인 투르판지역에서 초면으로부터 백첩포를 생산했던 사실을 기술하였던 것이다. 이러한 서역지방의 면직물은 4세기 경에 중국으로 전래되어 중국에서도 백첩포가 사용되었으며 그 유물이 동한·위진남북조·당에 이르기까지 중국의 여러 지역에서 출토되었다.[114]

그러나 중국 남쪽지방에서 널리 재배되었던 의료로서 역사가 오래된 또 다른 면직물류가 있다. 斑布·吉貝布·桐華布·白緤이라는 명칭으로 불리는 것으로서 백첩포와는 달리 다년생의 木棉樹로부터 부드러운 種子毛를 채취하여 직물을 짠 것이다. 이것은 초면의 면화보다 섬유의 길이가 짧아 직물로서의 가치가 초면보다 부족하기 때문에 원대 초면재배가 확산되면서부터 점차 사라져갔다.[115] 〈표 3〉은 면업 성립 이전 중국에서 생산되어 온 면의 종류이다.

이상의 설명에서 우리 옛 문헌에 기록된 백첩포는 초면을 원료로 한 것이

---

110) 李睟光, 《芝峯類說》.
111) 陳維稷, 앞의 책, 146쪽.
민길자, 앞의 글, 109~111쪽.
무함마드 깐수, 《新羅·西域交流史》(단국대 출판부, 1992), 47쪽.
112) 玄 奘, 《大唐西域記》(水谷眞成 譯, 東京, 平凡社, 1979).
민길자, 앞의 글, 105쪽.
113) 慧 超, 《往五天竺國傳》(李錫浩 譯, 을유문고, 1970), 46쪽.
114) 陳維稷, 앞의 책, 146쪽.
무함마드 깐수, 앞의 책, 47쪽.
115) 陳維稷, 앞의 책, 147~150쪽.

며 문익점에 의해 전래된 초면으로 직조한 무명과 동일한 것임을 알 수 있다. 그러므로 우리는 이미 문익점에 의한 면종자 도입 이전부터 초면의 면포를 직조하였던 것이다. 육당 최남선이 신라시대에 벌써 면종자가 들어왔다고 지적한 것[116]은 아마도 이러한 사실을 뒷받침하는 것이 아니었을까 한다. 그러나 문헌에 백첩포를 직조하였다고는 하여도 초면의 종자가 생산되었다는 사실은 아직까지 찾아 볼 수 없었다. 따라서 면화 혹은 면사와 같은 원료를 수입하여 직조하였을 가능성과 혹은 극히 일부에서 초면이 재배되었을 가능성도 생각해 볼 수 있다.

(2) 면업의 발달

조선시대의 면업은 대체로 세 단계로 구분할 수 있다. 1단계는 조선 전기에 해당하는 15~16세기의 성장·발전기간이며, 2단계는 임진왜란 이후 17~18세기의 정체·성숙기로 볼 수 있고, 3단계는 19세기의 쇠퇴기이다.

면업이 도입되어 성장·발전하는 1단계는 다시 다음의 3기로 나눌 수 있다. 제1기는 도입기로 문익점에 의해 면종자가 도입된 시기부터 고려 말까지의 27년 동안으로 설정할 수 있다. 고려 말기 면종자의 유입은 직물사에 큰 전환점이 되었다. 우리나라의 방직업은 견직업과 마직업으로 양분되어 오랜 역사를 이어왔다. 그런데 견직물은 대부분이 상류층에 국한되어 사용되었으며 고려 이전에 제직되었다는 㲲·백첩포도 외국에 보내는 공물로 소량이 직조되었을 뿐 일반 서민들과는 거리가 먼 것이었기 때문에 서민들은 추운 겨울에도 麻·苧·葛 등의 靭皮 섬유에 의지하였다. 그러한 서민생활에서 따뜻한 솜과 무명의 원료가 되는 면종자의 도입은 의생활의 일대 혁명이라 아니할 수 없다.

문익점에 의해 유입된 면종자는 그의 장인 鄭天益과의 협력으로 재배에 성공하였고 胡僧 弘願의 도움으로 綿布의 직조술을 익혀 婢女로 하여금 1필을 짜도록 함으로써 우리나라에서 무명이 태동하게 되었음은 잘 알려진 사실이다.

116) 崔南善, 《國民朝鮮歷史》(六堂 崔南善全集 권 1), 303쪽.

이렇게 시작된 면업은 그 지방을 중심으로 싹트기 시작하였으나 당시는 정치·사회적 혼란기로서 국가로부터 어떠한 권장정책의 시행도 없었으므로 면포의 생산은 극히 소규모로 이루어졌던 시작단계를 벗어나지 못하였다.[117] 우왕 13년(1387) 2월에 명과의 교역에서 고려의 말을 수출하는 대가로 綿布와 段子를 받았는데[118] 이 때는 면종자가 도입된 지 20여 년이 경과하였으나, 면포는 아직 수출품목이 아니었고 비단과 같이 명으로부터 수입해야 했다. 더욱이 공양왕 3년(1391)에 中郎將 房士良이 올린 시무 11조 가운데 제2조[119]에 의하면 목면은 아직 紬·苧·麻처럼 우리 토산물로서 독자적인 위치를 차지하지 못하였음을 알 수 있다.

제2기는 정착기로 태조 원년(1392)부터 태종 18년(1418)까지의 27년간이며 면포가 대중의 보편적 의료로 정착되는 시기이다. 국가에서도 면포의 중요성을 절감하여 면업을 장려하면서 목면종자의 도입자인 문익점의 공덕을 높이 평가하여 파격적으로 우대하였다. 즉 문익점이 죽은 이듬해인 태조 7년(1399)에 그의 공로를 높이 평가하여 參知議政府事藝文官提學同知春秋館事江城君으로 贈職하였다.[120] 또한 2년 후 태종 원년(1401)에는 그의 아들 中庸에게 정3품인 司憲監察을 수여하였으며,[121] 동왕 10년(1410) 司諫院이 올린 시무 8조 중에 위로는 卿士에서 아래로 서민에 이르기까지 上衣下裳의 의료로 쓰이는 무명을 보급한 문익점의 공로를 다시금 높게 평가하여 사당을 세우고 祭田을 지급하자[122]는 건의가 나오기까지 하였다. 이와 같이 문익점의 공로에 대한 뒤늦은 표창은 그 당시 비로소 목면이 널리 재배되어 국민 생활에 편리를 도모하고 국가에 많은 이익을 주었기 때문임을 쉽게 추측할 수 있으며, 아울러 면업을 장려하려는 국가정책을 반영한다고 하겠다. 태

117) 高承濟, 앞의 책(1990), 87쪽.
고려 말기를 면업의 준비단계로 보는 데는 일치되지만, 고승제는 시작단계의 하한선을 태종 원년(1301) 이전으로 설정하였으나 본 글에서는 좀 더 세분하여 고려 말까지로 하였다.

118) 《高麗史》 권 133, 列傳 49, 신우 13년 2월.

119) 《高麗史節要》 권 35, 공양왕 3년 3월.

120) 《太祖實錄》 권 14, 태조 7년 6월 정사.

121) 《太宗實錄》 권 1, 태종 원년 윤 3월 경인.

122) 《太宗實錄》 권 19, 태종 11년 4월 갑진.

종대의 적극적인 목면 권장정책을 보여주는 또 하나의 예로서 태종 9년(1409)에 경상도 敬差官 韓雍이 올린 조목을 들 수 있다. 그는 綿布田에 대하여 쌀로 납세하는 것을 면제해 줄 것을 주청하였으며, 태종은 그와 같은 특혜조치를 허락하였다.[123] 이와 같은 국가의 권면정책이 촉진제 역할을 하여 면화재배는 서서히 정착되어 갔고 태종 10년 司諫院이 올린 바와 같이 위로는 卿士에서 아래로 서인에 이르기까지 上衣下裳의 의료로 보급되었던 것이다.

그러나 아직 면포의 생산은 충분하지 못하였고 외국과의 교역에서도 면포는 대표적인 수출품목이 되지 못하였다. 태종 원년 貢賦詳定都監의 啓에 의하면 收5升布田이 82,513결, 收苧布田이 1,265결인데 비하여 收綿田은 37결밖에 안되어 당시의 면재배 상황을 단적으로 보여준다.[124] 따라서 태조·정종·태종 3대에 걸쳐 대외교역의 수출품목 구성에서 명·일본에 綿紬와 苧麻布가 주로 수출되었고, 여진과의 교역에서도 말의 수입대가로 紬·苧·麻·綿을 지불하였으나 綿의 수량은 매우 적었다.[125] 게다가 태종대에는 명과의 교역에서 말 수출의 대가로 여전히 많은 양의 면포가 수입되었다.[126]

제3기는 발전기로 세종 이후 임진왜란 이전까지이다. 이 기간동안 면업은 장족의 발전을 보게 되어 염업·광업과 함께 조선시대의 3대 기간산업의 하나가 되었다. 면업은 급속한 속도로 성장하여 남쪽지방에서는 물론 북방지역까지 확산되었으며 대외교역에 있어서 대표적인 수출품목으로 자리를 굳혔고 화폐의 대용으로까지 될 정도로 중요한 산업이었다.

세종 7년(1425)에 편찬된 《慶尙道地理志》에 의하면 경상도의 109개 군현 중에 88곳에서 전세로서 면포를 납부하였고, 83곳에서 목화를 납부하였을 정도로 15세기 초기에는 경상도 대부분의 지역에서 목화·면포가 생산되었다. 그 후 7년 뒤에 편찬된 《세종실록지리지》에 '土宜 木棉'(목화 포함)이라고 기

---

123) 《太宗實錄》 권 18, 태종 9년 12월 임자.

124) 權泰檍, 앞의 책, 35쪽.

125) 《太祖實錄》 권 4, 태조 2년 12월 정해와 권 10, 태조 5년 10월 임인 및 권 11, 태조 6년 1월 정유.
《太宗實錄》 권 10, 태종 5년 10월 임인 및 권 11, 태종 6년 1월 정유.

126) 《太宗實錄》 권 2, 태종 원년 10월 무오와 권 3, 태종 2년 5월 계미, 그리고 권 20, 태종 10년 10월 임인 및 권 34, 태종 17년 8월 병술.

록되어 있는 면의 산지명은 경상도 이외에 충청도·전라도까지 포괄하고 있어 면이 경상도 뿐만 아니라 남한 전역에서 재배되었음을 알 수 있다. 오히려 이때에는 〈표 1〉과 같이 면화 始培地인 경상도에서는 66개 지역의 府·牧·郡·縣 중 13지역이, 충청도에서는 55지역 중 5지역이 목면을 土宜로 기록한 데 반하여, 전라도는 총 55지역의 府·牧·郡·縣 중 13지역이나 설정되어 기후·지리조건이 더 적합한 호남지역에서 본격적으로 면화재배가 이루어졌음을 알 수 있다.

계속되는 면업의 확산으로 삼남지방 일대에서 면포는 기존의 전통 의료인 마포의 자리를 빼앗고 보편적인 의료로 정착되었다. 예종 원년(1469) 6월에 공조판서인 梁誠之는 공물을 지역별로 배정함에 있어서 각 지방의 토산에 따라 하3도에서는 면포, 평안·황해도에서는 綿紬, 함길·강원도에서는 常布, 충청도의 임천·한산에서는 生苧를 납부하게 하자[127]고 具申하였다. 경상·전라·충청도 등지에서 면포를 대표적인 貢租 대상물자로 책정하게 되었다는 사실이야말로 예종 원년 무렵에 이르러 면포가 남한 일대에 있어서 보편적이고 대표적인 의료로 정착되었음을 알리는 지표로 볼 수 있는 것이다.[128]

이에 따라 오랜 전통을 이어온 삼남지방의 마직업은 15세기 무렵 면업의 급속한 발전으로 면화 재배가 어려운 북부지방으로 옮아가게 되었다. 16세기에 저술된 《동국여지승람》에서 볼 수 있듯이 당시에 평안도에서는 42개 군현 가운데 39개 군현들이, 함경도에서는 22개 군현 모두에서, 그리고 황해도에서는 24개 군현들 가운데 14개 군현에서 마포가 생산되었다는 사실은 이를 잘 설명하여 준다(〈표 1〉).

더욱이 세종대부터는 삼남지방에서 토착화에 성공한 면화의 재배를 기후 풍토가 잘 맞지 않는 서북지방에까지 전파시키고자 노력하였다. 이 때 북방지역은 심각한 흉년을 맞아 이 지역 주민들이 집단적으로 경상도와 전라도로 이동을 하게 되었다. 이들의 집단 이동을 방지하고 안집시키기 위하여 세종은 농업을 권장하였고 특히 田作이 가능한 목면산업을 부업으로 권장

127) 《睿宗實錄》 권 6, 예종 원년 6월 신사.
128) 高承濟, 앞의 책, 88쪽.

하였다.[129] 그 예로 세종 17년(1435) 함길도는 기후가 남방과 달라 旱田을 경작하고 있었으므로 하3도에서 면 종자를 거두어 함길도에 면화를 키우도록 하였고 다음 해 역시 함길도 감사에게 목면 종자를 보내어 재배법을 시달하고 먼저 관가에서 시범을 보여 일반 농민에게 알리도록 지시하는 등 북방 지역의 목면 재배를 시도하였다.[130] 그러나 기후가 한랭한 북방지역에서 면업을 확산시킨다는 것은 결코 쉽지 않은 일이었다. 이에 동왕 28년(1446)에는 평안·함길도 관찰사에게 재차 목면경작을 장려하고 평안·함길도 내에 거주하고 있는 하삼도인으로 하여금 목면을 경작하게 하였으며 차츰 원주민들에게도 면업을 보급시키도록 하는 등[131] 국가의 계속적인 관심과 노력을 기울였다.

이러한 노력은 성종대에도 계속되었는데, 동왕 6년(1475) 서북도에 목면 재배의 어려움을 극복하기 위하여 永安·平安·黃海 三道에 목면 종자를 分送하여 백성들로 하여금 힘써 경작토록 함으로써[132] 북방지역의 목면 보급을 위해 일관된 국가 정책을 폈던 것이다. 중종 25년(1530)《신증동국여지승람》에 면의 특산지로 경기도·경상도·강원도·평안도가 기록되어 면 재배가 평안도까지 확대된 것은 그러한 노력의 결과라고 하겠다. 더욱이 선조 28년 임진왜란을 겪고 있던 때에 황해·평안·함경도 巡察使에게 '군량에 보충할 물자를 징수하는 농수산물 중 면포와 미곡의 징수 비율을 책정하여 보고하라'는 牒文을 보낸 데에서 면포가 이제 서북지역에서도 징수의 대상이 될 정도로 보급되었던 사실을 알 수 있다.[133]

이와 같이 면업이 조선 전기에 빠르게 성장·발전될 수 있었던 이유는 다음과 같이 설명할 수 있다. 첫째, 면포가 조선시대 의생활에서 가장 보편적인 직물로 사용되었다. 면포는 견직물처럼 아름답지는 못하나 실용적이었다. 苧麻 직물이 하복재료로서, 견직물은 동복재료로 적합한 데 반하여, 면직물은 사계절 통용할 수 있는 의료였다. 그 외에도 흡습성이나 보온성이

129) 高承濟, 위의 책, 89쪽.
130)《世宗實錄》권 68, 세종 17년 9월 경진 및 권 71, 세종 18년 1월 임신.
131)《世宗實錄》권 113, 세종 28년 8월 임인.
132)《成宗實錄》권 54, 성종 6년 4월 기사.
133) 柳成龍,《軍門謄錄》선조 28년 11월 15일.

뛰어나 내의·버선·침구까지도 주로 면직물이 사용되었으니 면포의 국내수요는 실로 막대하였다. 둘째, 면포는 조선 전기 대외무역에 있어서 수입에 대한 지불수단의 주종을 이루는 수출품이었기 때문에 대외적으로 수요가 급증하였다.

먼저 조선 전기 면포 사용의 실례로서 태종 10년에 문익점의 공덕을 기리면서 "위로는 경사에서 아래로는 서인에 이르기까지 上衣下裳의 의료로 면포의 보급 공덕을 높이 기리어…"라고 한 것을 들 수 있거니와 당시 의생활의 변화를 실감하게 한다. 그러나 태종대까지 목면이 상류층의 의료로 쓰인 기록은 찾아볼 수 없지만 여진의 사신들에게 몇 차례에 걸쳐 약간의 목면의를 주었다는 기록을 살필 수 있다. 태종 16년(1416)에는 席子의 緣을 두를 때 잠실의 공력이 매우 어려우니 이제부터 목면으로 대신하고, 各殿의 자리에 두르는 緣도 紫紬를 쓰지 말고 鴨頭綠 7승 목면을 사용하며, 동왕 18년(1418)에는 예조에서 혼인하는 사람의 衾枕을 토산인 紬와 綿布로 하라는 事宜를 올리기도 하였다.[134] 이에 상류층에서는 의복보다 침구와 같은 생활용품으로부터 목면을 사용하지 않았을까 생각되며, 서민들의 경우 이미 목면을 의료로 사용하기 시작하였을 것으로 생각된다. 세종조에 들어서면서 면포는 상류층 의복으로 등장하기 시작하였다. 세종 27년(1445)에는 6명의 승지에게 鴨頭綠綿布와 紅紬를 1필씩 하사하여 중국 體樣의 의복을 만들어 입도록 하였고,[135] 다음해에는 集賢殿으로 하여금 服色詳定條件을 의논하게 하였는데, 제1조에 工·商·賤隷·鄕吏는 8승 이하의 木綿·綿紬·苧布를 쓰도록 명시한 점[136]으로 미루어 보아 일반 서민들에게 목면이 일반화되었을 뿐만 아니라, 이미 8승 이상의 고운 목면도 많이 통용되었기 때문에 이와 같은 규정이 설정되었을 것으로 여겨진다. 또한 단종대에 명황제의 칙시를 가지고 온 중국사신들과 그 당시 최상의 권위를 가졌던 수양대군에게도 면포로 만든 각종 袍類를 하사하였다고 한 데서[137] 면포는 관리나 왕족의

134) 《太宗實錄》 권 31, 태종 16년 5월 임진 및 태종 18년 5월 임자.
135) 《世宗實錄》 권 107, 세종 27년 3월 병자.
136) 《世宗實錄》 권 112, 세종 28년 5월 임진.
137) 《端宗實錄》 권 8, 단종 즉위년 10월 신유·임진·계사 및 단종 3년 4월 정유.

의료로 자리를 차지하기 시작하였음을 알 수 있다. 그러므로 15세기 중반에 이르러서 면포는 왕족으로부터 천예에 이르기까지 이미 보편적인 의료로서 자리잡았다고 하겠다.

현존하는 임진왜란 이전의 복식유물 중에 무명이 있는데 주로 안감이나 내의류에 사용되었다. 16세기 碧珍 李氏墓 출토복식의 경우에는 무명 액주음포, 絲綿紋織袍도 수 점이 있다.[138] 특히 이 시기에 목화 솜을 넣은 누비옷이 나타난 것은 전 시대와 구분할 수 있는 중요한 특징이라고 할 수 있다. 흥미로운 점은 임진왜란을 분기점으로 유물이 다시 분류된다는 것이다. 임진왜란 이전에 사망한 사람의 출토품에서는 무명옷이 견직 옷에 비하여 적게 나타나며, 대부분 겉옷보다는 속옷에, 겹옷인 경우에는 안감에 무명이 사용되었다. 그러나 임란 이후 매장인의 출토품에는 겉옷인 袍類도 거의가 무명이었다. 예를 들면 임란 중에 전사한 金德齡 장군(1567~1596) 출토복식[139]이나 金涵(1568~1598) 출토복식[140] 등은 무명이 대부분인데, 이는 임란으로 인한 경제적 어려움으로 실용적인 무명옷이 더욱 확산된 때문이라고 생각된다. 15~16세기 출토유물을 통해서 본 당시의 무명 너비는 가장 좁은 것이 31㎝, 넓은 것은 39.5㎝이며 33~35㎝가 일반적이었다. 밀도는 8승 무명이 많았고, 가장 고운 것은 鄭休復 出土服飾[141] 중 14승 무명으로 된 솜직령포이다.

다음으로 면포가 대외교역에 있어서 지불수단의 주종을 이루는 수출품목으로 사용되었기 때문에 면포의 수요가 급증하였던 실례를 좀 더 구체적으로 살피고자 한다. 먼저 여진과의 교역에 있어서는 여진인이 조선에 가져온 물품 중 중요한 것은 馬匹을 위시하여 土豹·海靑·鹿皮 등이며, 조선에서 그들에게 회사한 물품은 金·銀·紙物·苧布·麻布·綿布 등인데 무엇보다도 중요한 것은 면포였다. 태조 2년(1393)에 여진의 사신에게 면포의를 사여

---

138) 단국대학교 부속 석주선기념 민속박물관 소장.
현존하는 임란 전 유물은 관의 보공품으로 넣어졌던 출토복식이므로 여기에 넣어진 의류는 본인이 입었던 의복 중 좋은 견직물 옷이었을 가능성이 많아 실제로 입었던 무명옷은 더 많았을 것으로 생각된다.

139) 소재지 : 광주직할시 동구 충효동 1023번지.

140) 단국대학교 부속 석주선기념 민속박물관 소장.

141) 위와 같음.

한 것을 시발점으로 하여 동왕 5년(1397)에는 면포 20필을 사여했고 바로 다음해에도 10명의 사신들에게 사여한 직물 품목에 綵紬絹 綵苧布와 함께 綿布도 있어 비록 그 양은 적지만 면포는 건국 초기부터 저포·마포와 함께 외국에 보내졌던 중요 수출품목 중의 하나였다.[142] 태종대 역시 5년(1405)에 土物을 바친 수십 명의 여진사절에게 면포 120필·백저포 30필을 사여하였고, 두 달 후 여진의 두목 만호·백호에게도 면포와 목면의를 하사하였다.[143] 그러나 이 때까지는 아직 면포교역이 태조 때와 비슷하여 본격적인 수출품이라기 보다는 토산물을 교환하는 정도의 수준이었다.

그러나 세종대부터는 여진과의 목면교역이 본 궤도에 접어들어 명실공히 수출품목으로 자리잡게 되었다. 세종 8년(1426)에 호조에서 야인들이 말을 바친 답례로 내려주는 물품은, 큰 말에 대하여 상등은 면포 45필 중등은 40필 하등은 35필이며, 중질 말은 상등의 경우 30필 중등은 25필 하등은 20필, 작은 말은 상등이 15필 중등이 10필 하등은 6필을 지급한다고 정하였다.[144] 그러므로 여진으로부터 수입한 말에 대한 지불은 모두 면포에 의존하였고, 이에 따라 수출품으로서 면포의 수요는 매우 컸다고 하겠다.

이와 같은 실정은 일본과의 교역에서 더욱 두드러지게 나타났다. 당시 일본은 조선과 서로 원해서 교역이 이루어졌다기보다는 왜인들이 綿布·綿紬·苧布·곡물·서적 등의 생활필수품을 얻으려는 데서 일방적으로 전개되었다. 그 중에서도 왜인이 가장 선호하였던 것은 면포로서, 일본은 硫黃·蘇木·金銀·胡菽 등을 바치고 막대한 양의 면포를 요구하였다. 조선 초기 태조·정종·태종의 3대에 걸친 대일무역은 남양에서 생산되는 물자를 수입한 데 대하여 면주와 저마포를 주로 수출하였으나, 세종대에 이르러서는 조선면업의 성장과 더불어 수출품목에 변화가 있었다. 즉 세종 즉위년(1418)에 유구·일본 등에서 硫黃·蘇木 등을 납부한 데 대하여, 回奉으로 면포 1,539필을 사여한 것을 시발점으로 하여 원년에는 412필을, 2년에는 2,280필을, 3년

---

142) 《太祖實錄》 권 4, 태조 2년 12월 정해와 권 10, 태조 5년 10월 임인 및 권 11, 태조 6년 1월 정유.
《太宗實錄》 권 10, 태종 5년 10월 임인 및 권 11, 태종 6년 1월 정유.

143) 《太宗實錄》 권 9, 태종 5년 2월 기축·4월 임오.

144) 《世宗實錄》 권 31, 세종 8년 정월 임인.

에는 5,430필을, 5년에는 2,640필을 보냈다.145) 이는 태종 10년(1410)에 토산물을 바친 왜인에게 흑마포를 사여한 경우와는 큰 차이가 있다. 또한 세종 연간 면포가 일본과의 교역에서 얼마나 중요한 역할을 하였는가는 다음과 같은 사례에서 다시 한번 입증된다고 하겠다. 세종 20년(1438)에 일본인들이 가지고 온 銅鐵을 수송하기 위하여 민간의 노동력과 우마를 동원하는 폐해를 제거하려고 대일교역이 이루어지는 浦所에 면포를 직송하는 제도를 세웠으며146) 동왕 32년(1450) 1월에는 일본사신이 가지고 온 丹木과 銅鐵의 대가로 1만 필의 면포를 浦所에 직송하였다.147)

그러나 조선 초 면업의 생산능력은 여진·명·일본 등으로부터 필요한 물자를 수입한 것에 대한 모든 지불을 충당할 만큼 넉넉한 것은 아니었다. 이미 세종 21년(1439)에 일본의 면포요구를 무제한으로 충족시킬 수 없다는 뜻을 일본에 통고한 바가 있었다.148) 즉 면포의 대일수출을 억제하고 국내 수요의 충족을 우선하는 정책을 결정한 것이었다. 그러나 이와 같은 정책은 얼마 안되어 그 원형을 찾아볼 수 없을 정도로 퇴색되고 말았다. 전술한 바와 같이 세종 32년에도 일본에 보낼 1만여 필의 면포를 항구에 직송하였으며, 문종·단종·세조에 이르기까지 1회에 수천 필씩의 면포수출이 이루어졌다. 성종대에 와서는 면포수출이 더욱 증가하여 1회에 만여 필 이상의 경우가 많아졌다. 즉 성종 7년(1476) 11월 戶曹啓에 의하면 성종 6년 1년간에 서울과 경상도에서 지급한 면포는 27,000필이었고 7년에는 37,421필이었으며 17년경에는 倭人回奉이 연 500,000필 이상에 달하였으니149) 그 규모는 고려 때에 비하여 엄청나게 증가된 것이었다.

중종대에도 대일무역 통제를 여러 차례 단행하였으나 끊임없이 國王使가 도래하여 면포교역을 간청하였고 그들은 공무역만 하는 것이 아니라 사무역과 밀무역도 서슴지 않았다. 그리하여 중종 18년(1523)에는 10만 필의 면포가

145) 金 新, 《韓國貿易史》(도서출판 石井, 1991), 187쪽.
146) 李鉉淙, 〈對日貿易〉(《韓國史論》 11, 국사편찬위원회, 1982), 334쪽.
147) 《世宗實錄》 권 127, 세종 32년 윤정월 경신.
148) 高承濟, 앞의 책, 92쪽.
149) 김병하, 〈이조전기의 직물생산과 대일수출〉(《경희대학교 논문집》 6, 1969), 715쪽.

일본에 수출되었으며, 중종 20년(1525)에는 85,000필이, 23년에는 81,500필이, 37년(1542)에는 60,000필이, 38년(1543)에는 45,000필이 공무역 대가로 지급되었는데[150] 이것은 면포가 대량 수출되는 대표적인 사례만을 든 것이고 그 이외에도 수천 필씩의 공무역 사례나 사무역에서 지급되었던 면포까지 합하면 훨씬 많았음이 틀림없다. 그리하여 37년 4월의 日本國王使安心東堂이 취득한 면포는 쌓아서 산과 같았고 왜선 3~4척을 가지고는 수송이 어려워 대마도선까지 동원되었으며, 일반적으로 이 무렵 일본인들이 공무역에 의하여 1년간 받은 면포만도 선박으로 60~70척이나 된다[151]고 한 사실에서 당시 면포 수출상황을 잘 알 수 있다.

16세기에 이르러서는 세종대에 면포의 공무역이 시작될 때에 비하여 그 수량이 수십 배에 달하였다. 그러므로 국가에서는 세종대 이후부터 기하급수적으로 늘어나는 면포 수요량을 충당하기 위하여 더욱 적극적으로 면업을 장려하였고 면업은 계속 성장 발전하였다. 그러나 면포의 양적인 성장·발전의 뒷면에는 국가의 지나친 징포정책으로 말미암아 민간의 직포기술이 열악해짐으로써 綿布·麻布가 추포화되는 문제점을 나타냈다. 다시 말하여 조선 중기에 이르러 면포 생산은 양적성장과 더불어 질적 퇴보를 초래하였던 것이다.

조선 전기의 면포 생산방식은 견직물이 관 주도에 의한 관장제 수공업 중심으로 발전해 왔던 것과는 달리 농촌의 민간수공업으로 중요한 자리를 차지하게 되었다. 앞에서 분류한 2기, 즉 정착기까지 면포의 생산은 국가의 장려 속에서 농촌수공업자들에 의해 농민의 자체 수요와 토산으로서 공물을 충당하기 위하여 시작되었다. 그러나 3기, 즉 발전기부터는 자급자족 및 조세의 납부를 위해서만 생산되었던 것은 아니었다. 극히 소량이지만 점차 상품생산과도 연관되어 진행되었다. 세종대에 접어들어 국가에 노동력을 제공해야만 하는 군역 또는 직역 부담자가 번상입역을 포기하고 다른 사람에게 일정한 대가를 지불하고 대신 입역하게 하는 대역풍조가 만연하게 되었다.

150) 김병하, 위의 글, 718~719쪽.
151) 위와 같음.

세종 21년(1439) 11월 安純의 상서에 따르면 이 시기에 경외의 都府外·其人·補充軍·皁隷·選上奴子·船軍에 이르기까지 대역이 일반화되고 1개월간의 대역가가 면포 3필, 1년에 30필에 이르러 役丁이 토지와 牛馬를 팔고 파산하는 사태가 일어났다[152]고 한다. 즉 그들 중 면포를 자체 생산하여 충당한 경우도 있겠으나 대다수는 면포를 생산할 수 없었고 면포를 사들이거나 그 밖의 방법으로 생산자들에게서 구하여 납부하지 않으면 안되었다. 이러한 사정은 면포생산자를 자체 수요의 목적을 떠나 상품생산자로 촉진시키는 요인이 되었다.

더욱이 15세기 후반기에는 면포가 단순한 상품이라기보다는 화폐로서 중요한 역할을 하였다. 楮貨와 鑄貨는 정부의 노력에도 불구하고 화폐로서의 기능을 잃고 현물화폐제로 되돌아가 면포는 상품교환에 쓰이는 유통수단이 되었다. 그리하여 세종 27년에는 모든 매매에 있어 반드시 면포로서 定價를 삼도록 하였고[153] 동왕 29년에는 노비의 신공을 면포로 받았으며[154] 《經國大典》에 규정된 종래에 저화로 받던 수철장·주철장의 匠稅도 저화에서 면포와 쌀로 바뀌게 되었다.

그러나 농촌수공업으로 발전한 면업이 이처럼 조선 전기의 대표적 기간산업의 위치까지 올라갔음에도 불구하고 민간수공업으로서 경영주체인 농촌경제를 호전시키는 역할을 다하지는 못하였다. 왜냐하면 조선정부가 면포를 조세의 징수 수단으로만 이용하게 되고 생산에 종사하는 농민들이 시장에서 매매하는 행위를 규제함으로써 면화재배 농민들이 시장에서 매매할 수 있는 수량이 격감되는 사태가 거듭되었기 때문이었다. 다시 말하면 조선 면업은 경제정책 수단으로서 촉진된 것이 아니라 국가세입의 보충수단으로서, 즉 재정정책의 수단으로 촉진되었던 것이다.[155] 그리하여 임란 이후 더욱 과중한 조세에 시달린 농민들은 상품의 질적 향상을 위하여 노력하려는 의지보다는 조세납입을 위한 양적충당에 급급하였던 것이다. 이에 租貢으로

152) 《世宗實錄》 권 87, 세종 21년 11월 11일.
153) 《世宗實錄》 권 110, 세종 27년 10월 11일.
154) 《世宗實錄》 권 115, 세종 29년 정월 10일.
155) 高承濟, 앞의 책, 89~90쪽.

서의 면포는 계속되는 麤布제직 금지에도 불구하고 열악화의 길을 밟아 정5승포조차도 추포화되는 등 면포 기술이 낙후되었고 면업의 발전을 저해하는 요인이 되었다. 결국 18세기에 이르러 면포가 상품생산을 위한 농민들의 농촌부업으로 정착되고, 상품으로서의 가치를 높이기 위해 면포생산의 질적 향상에 많은 관심이 대두될 때까지 임란 이후의 면업은 정체상태에 있었던 것이다.

〈표 1〉 조선 전기 직물 및 원료 생산 실태

지역구분	생산품목 / 참고문헌	모 시	삼 베	목 면	목 화	뽕나무	비단실
경기도	세종실록지리지	—	36	—	—	36	—
	동국여지승람	—	9	2	—	36	9
충청도	세종실록지리지	11	8	2	3	21	—
	동국여지승람	13	6	—	—	22	1
경상도	세종실록지리지	3	31	13	2	25	0
	동국여지승람	4	9	1	3	3	1
전라도	세종실록지리지	22	50	0	31	41	—
	동국여지승람	18	2	—	—	33	—
황해도	세종실록지리지	2	11	—	—	17	—
	동국여지승람	1	14	—	—	2	15
강원도	세종실록지리지	2	24	—	—	24	—
	동국여지승람	3	7	—	3	6	—
평안도	세종실록지리지	—	42	—	—	42	—
	동국여지승람	—	39	3	—	7	40
함길도	세종실록지리지	—	15	—	—	8	—
	동국여지승람	—	22	—	—	1	14

〈표 2〉 연산군 시대에 제직된 견직물의 종류

출처	견직물 명칭	연도
권 36	鴉青色紵紗 5匹, 白色紵紗 3匹, 黃柳青色 紵紗 5匹	6년 2월 정미
권 39	鴨頭綠色紵紗 2匹, 藍色紵紗 4匹, 茶褐色紵紗 2匹	6년 10월 무자

권 46	唐織 無紋草綠紵紗 1匹, 鄕織 花紋草綠紵紗 1匹	8년 10월 갑인
권 48	鴉靑色段 · 白色段 各 4匹	9년 1월 정해
권 53	各色 無紋紗 各 7匹	10년 5월 기미
권 55	七寶細花花紋藍匹段 滿金線	10년 8월 신유
권 55	紵紗 多紅色 2匹, 紫色 1匹, 鴉靑色 1匹, 茶褐色 1匹, 紗 紫色 3匹, 黃色 2匹, 多紅色 2匹, 羅 多紅色 2匹, 紫色 3匹, 鴉靑色 1匹…染色	10년 8월 경진
권 56	紵紗 綃 雜色 各 5匹	10년 11월 임인
권 57	四樣花紋紵紗 滿金線 30尺	11년 2월 임술

(《燕山君日記》)

〈표 3〉 고대 중국에서 생산되었던 綿種(元代 이전)

분류 / 명칭	古 貝	古 終	木 棉	吉 貝	桐 華	木 棉	白 疊
株 形	木狀	藤狀	樹狀	小桑과 같음	木狀	樹狀	草狀
株 高			7·8尺			高丈	
纖維의 形 態	거위털과 같고 가늘기가 絲綿과 같음	거위털과 같음	茸의 흰색 솜털과 같음	거위털과 같음	백색으로 비단실과 같음	백색으로 누에고치의 綿과 같음	백색으로 가는 실과 같음
織物名	五色斑布	斑布	吉貝布	布	桐華布	毛布(白緤)	白疊布
產 地	南州	桂州	閩廣	廣州/海南	永昌	永昌	高昌
引 用 資 料	三國 〈南州異物志〉	南北朝 《南越志》	宋 《泊宅編》	宋 《諸蕃志》	晋 《蜀都賦》	晋 《吳錄》	唐 《梁書》

(陳有稷, 앞의 책, 150쪽)

〈趙孝淑〉

3. 제지업

1) 제지업의 발달

제지기술이 최초로 발명된 것은 중국 후한의 蔡倫에 의해서이다. 이 제지기술이 우리나라에 전래된 이래로 삼국시대와 고려시대에 이르러 더욱 발전하였다. 삼국 및 고려 시대에 제지기술이 발달되었다는 것은, 고구려의 승려 曇徵이 일본에 종이와 먹의 제조법을 전하였다는 사실과 신라의 白硾紙가 중국에서 천하 제일이라고 인정받았던 사실 및 중국 송나라 사람들이 고려 종이를 최상으로 여기고 있었다는 점에서 이를 충분히 짐작하고도 남음이 있다. 특히 고려 문종 이후부터는 많은 종이가 중국으로 수출되었다. 그 후, 元에서도 고려 종이를 불경지로 쓰려고 구했고, 어떤 때는 10만 장이라는 막대한 양의 종이를 구입해 갈 정도로[1] 고려의 제지 기술이 발달하였던 것이다.

고려에서는 각 관청과 왕실에 소용되는 종이를 조달할 목적으로 서경 각 관, 주・부・군・현, 향・소・부곡 및 각 역에 紙位田 혹은 紙田을 지급하였고, 詹事府에 供紙戶를 지급하였다. 또한 왕실이나 중앙 관청에 종이를 공납하는 紙所가 있었으며, 일반 백성들도 皮紙 등 각종 종이를 공납하고 있었다. 그리고 고려에서는 종이의 제조 원료가 되는 닥나무의 충분한 확보를 위해 그 재배를 국가적 차원에서 장려하였다. 즉 성종과 인종 때에는 전답 조성이 불가능한 곳에 닥나무를 심어 재배하도록 장려하였다.

이같이 오랜 전통을 지닌 종이는 조선시대에 이르러 각 관청의 사무용, 저화 발행, 서적 간행, 부의용, 군수용 등 정부의 대소 일용품은 물론이고, 사대교린용 및 민수용으로 특히 중요시되었고 그 사용 범위 또한 광범위하였다. 조선 초기 정치제도의 완성기라 할 수 있는 성종 때에 완간된 《經國大典》

1) 全相運, 《韓國科學技術史》(正音社, 1983), 192쪽.

〈표 1〉 京工匠數 및 그 비율

순위	匠人名	인원수	비율(%)
①	沙器匠	386	13.8
②	冶 匠	192	6.9
③	矢 人	171	6.1
④	鍊 匠	170	6.1
⑤	紡織匠	110	3.9
⑥	弓 人	108	3.9
⑦	綾羅匠	105	3.8
⑧	瓮 匠	104	3.7
⑨	紙 匠	85	3.0
⋮	⋮	⋮	⋮
⑫⑨	기 타	1,364	48.8
합계		2,795	100

(《經國大典》 권 6, 工典 京工匠)

〈표 2〉 外工匠數 및 그 비율

순위	匠人名	인원수	비율(%)
①	紙 匠	705	18.7
②	冶 匠	493	13.1
③	席 匠	408	10.8
④	矢 人	377	10.0
⑤	木 匠	356	9.5
⑥	漆 匠	311	8.3
⑦	皮 匠	297	7.9
⑧	弓 人	284	7.5
⑨	油具匠	182	4.8
⋮	⋮	⋮	⋮
㉗	기 타	351	9.4
합계		3,764	100

(《經國大典》 권 6, 工典 外工匠)

工典 工匠條에 의하면, 京工匠은 총 2,795명으로 30개 관청에 129종의 일을 담당하고 있는데 그 중 紙匠의 수가 제9위인 85명이고, 外工匠은 8도를 합쳐 27종 3,764명으로 그 중 지장이 최대 다수인 705명을 차지하고 있다.

위 도표를 토대로 서울과 지방의 공장수를 모두 합하면 총 6,559명이다. 그 중 지장이 총 790명으로 모든 공장 중 최다수를 점하고 있다. 이들 지장은 서울의 경우 조지서 81명·교서관 4명, 지방은 경상도 265명·전라도 237명·충청도 131명·황해도 39명·강원도 33명 순으로, 서울의 2개 관청 및 지방의 5개도에 배속되어 국가에 필요한 종이를 생산 공급하였다.

이상에서 조선 초기의 제반 수공업 중 제지업이 차지하는 비중이 가장 높다는 점과 아울러 국가에서 제지업을 특히 중요시하고 국가의 중요 산업으로 인식하고 있었다는 사실을 여실히 알 수 있다. 실제로 조선 초기의 수공업 중 제지업은 가장 발달된 부문의 하나로, 종이의 품질이 우수할 뿐 아니라 생산된 분량도 막대하며 또한 그 종류도 매우 다양한 것이 특징이라 할 수 있다. 게다가 제지 원료가 되는 닥나무의 재배, 새로운 품종의 도입, 외국 제지 기술의 도입·전수 등에 관한 국가의 지속적이고도 정책적인 관심과 장려책에 힘입은 결과, 제지업은 조선 전 시기에 걸쳐 주요 산업으로서의 명실상부한 지위를 계속 누리게 되었다. 그리고 제지업은 관장을 중심으로 영위되는 관영 제지업과 사장을 중심으로 운영되는 민영 제지업의 두 형태로 분류된다. 여타 일반 수공업이 그렇듯이, 조선 초기의 제지업도 관청과 왕실을 중심으로 영위되는 관영 제지업이 주류를 이루고 있었다.

조선 초기 종이의 주요 수요처를 알아보자. 종이는 사대교린용으로 많이 사용되었다. 조선의 전통적인 외교정책은 중국에 대한 사대, 일본·여진에 대한 교린정책이 중심을 이루어 왔다.

조선 초기에 명과의 관계는 외교적 마찰이 해소된 15세기 초부터 정상화되었고, 이어서 양국 사신의 왕래도 빈번해졌다. 사신의 왕래에는 조공과 회사가 뒤따랐다. 사신의 빈번한 왕래는 조공과 회사의 횟수와 그 수량을 증가시켰다. 따라서 조선은 각종 직물류·인삼·모피·돗자리 등 막대한 양의 조공품을 바쳤으며, 그 중에서 종이의 진헌도 상당한 양에 달했다.

종이는 주로 명에 대한 각종 사행시 연례 방물의 한 품목으로서 진헌하는 경우, 명 황제 및 그 사신들의 특별한 요청에 의해 바치는 경우, 조선에 온 사신들에게 人情 예물로서 증여하는 경우 등으로 대별된다. 명과의 관계에서 다량의 종이가 소요된 대표적인 몇 가지 예만을 들어보면 다음과 같다. 태종 6년(1406)에 명 황제의 요청에 따라 순백지 8,000장을 진헌하였으며, 동왕 8년에는 진헌사 李文和로 하여금 순백후지 6,000장을 바치게 하였다. 세종 원년(1419)에 명 사신 黃儼이 황제의 명에 의해 불경 인쇄용 종이 2만 장을 요구하였으며, 같은 해에 조선은 순백후지 18,000장과 순백차후지 7,000장을 중국에 진헌하였다. 동왕 2년에는 厚紙 35,000장을 진헌하였다. 이 밖에도 막대한 양의 종이가 각종 사행시의 방물 및 명측이 특별한 요청에 의해 소용되었다. 그리고 명 사신이 조선에 체재할 때, 이들 사신에게 인정 예물로서 각종 종이를 자주 증여하였을 뿐만 아니라 또한 그들의 요구에 의해 사여하는 경우도 빈번하였다. 또한 조선의 사신들이 명에 왕래할 때, 사행로 연변의 요동·廣寧·山海關 등에 주재하는 관원들도 종종 종이를 요청하였으므로 이에 응하여 지급하기도 하였다. 명과의 교류에 사용된 종이는 주로 表箋紙·咨文紙·白紙·厚紙·擣錬紙·油紙·油厚紙·白奏

紙·常紙·黃藁紙·冊紙·印經紙·靑薄紙 등이었다.

그리고 조선은 압록강, 두만강 연변에 거주하는 여진 여러 부족과의 교류도 활발히 전개하였다. 이들 여진족들은 말·모피·약재 등의 토산물을 조선에 바치고 그들의 부족한 생필품 및 종이·농구류 등을 회사품으로 받아 가거나 무역하여 갔다. 그들이 조선의 산물 중 가장 귀하게 여겼던 것은 종이를 비롯한 면포·백저포·쌀 등이었다. 특히 그들은 종이가 토산이 아니라는 이유로 자주 이를 요청하였으며, 또한 喪葬용 종이도 빈번히 요구하였다. 이에 조선은 그들 여러 부족을 회유하거나 귀순시키기 위해서 또는 각 부족의 추장 수, 부족의 성쇠, 위치 등에 관한 각종 정보를 수집하기 위해서, 특정 여진인들에게 종종 종이를 사여하기도 했다. 그러나 厚紙는 군수용으로 사용될 염려가 있었기 때문에 이의 지급은 금지시켰다.

또한 일본, 대마도, 유구와의 교류도 활발하였다. 조선은 이들 사신들로부터 토산품을 진상받고 쌀·직물류와 더불어 종이 등을 지급하였으며, 이들 지역에 통신사·회례사·報聘使 등의 사신을 파견할 때에도 역시 각종 물품과 더불어 종종 종이를 함께 보냈다. 이들과의 교류에 사용된 종이는 白紙·油紙·楮注紙 등이 주류를 이루고 있었다.

종이는 특히 서적 인쇄에 대량으로 사용되었다. 崇儒政策을 표방하고 건국한 조선은 유교 정치의 이념을 널리 구현시키기 위한 방편으로 대대적인 편찬 사업을 전개하였다. 즉 4서 5경·《性理大典》·《小學》 등과 같은 경서류와 《孝行錄》·《三綱行實圖》 등과 같은 윤리서, 《資治通鑑》·《史記》 등의 역사서, 《元六典》·《續六典》 등과 같은 각종 법전류의 편찬·간행 사업이 바로 그것이다. 조선 초기의 편찬 사업 중 비교적 규모가 큰 몇 가지 사례만을 열거하면 다음과 같다. 세종 7년(1425)에 《성리대전》과 4서 5경을 印刊하기 위해 충청·전라·경상 3도로 하여금 13,000貼의 종이를 상납케 하였다. 동왕 15년(1433)에는 《자치통감》의 印刊을 위해 조지서, 전라도, 충청도, 경상도, 강원도로 하여금 총 30만 권의 종이를 상납케 하였다. 조선 초기에는 이상에서 열거한 사례 이외에도 수많은 서적을 印刊하였는데, 이러한 편찬 사업에는 막대한 양의 종이가 소요되었다.

이 밖에도 조선 초기에 특기할 만한 것으로는 불경의 간행을 들 수 있다.

조선은 표면적으로는 억불정책을 표방하였지만, 실제 왕실 내부 즉 세종·세조와 같은 好佛 군주를 비롯하여 대군·왕자·비빈·종실 부녀자 및 민간인들 사이에는 여전히 불교가 숭신되고 있었다. 또한 명의 숭불 경향과 일본·유구 등의 숭불에 기인한 끊임없는 대장경 요청 등 조선을 둘러싼 대외적인 환경도 조선 초기의 불교정책에 일정한 영향을 미치고 있었다. 왕실의 숭불현상과 더불어 중국측의 불경지 요구 및 일본·대마도·유구의 계속적인 불경 요청 등 대외적 요인이 함께 작용하여, 조선 초기에는 많은 양의 불경을 印刊하게 되었으며 또한 이와 같은 여건은 막대한 불경 인쇄용 종이의 생산을 촉진시켰다. 세조 3년(1457)에 대장경 50건 인쇄에 소용되는 종이 406,200권을 각 도에서 제조하여 해인사로 수송하도록 한 것이 그 대표적인 예라 할 수 있다. 이 밖에도 조선 초기에는 수십 차례의 불경 인간 사업이 있었음을 볼 때, 여기에도 막대한 양의 종이가 소용되었음을 충분히 짐작하고도 남음이 있다. 불경이나 서책의 인쇄는 주로 주자소·전교서·간경도감·사찰 등에서 담당하였으며, 또한 정음청에서도 종종 서적 간행이 이루어졌다.

오늘날의 지폐의 일종인 저화가 조선시대에 처음 사용된 것은 태종 원년(1401)이다. 저화에 소용되는 종이는 처음에는 각 도에서 제조, 상납하였다. 그러자 종이의 두께가 같지 않은 등 많은 폐단이 발생했기 때문에, 태종 15년(1415)에는 조지소를 설치하여 전적으로 저화용 종이를 생산하게 하였다. 여기서 생산된 종이는 사섬시로 옮겨져 저화로 인쇄되었다. 저화의 발행량을 살펴 보면, 성종 20년(1489)에 사섬시에 소장되어 있던 저화 중 신저화가 101,078장, 구저화가 3,722,903장이었다고 한다. 그러나 이 숫자는 사섬시에 보관되어 있는 것만을 표시할 뿐, 실제 시중에 통용되고 있는 저화는 포함되어 있지 않은 것이다. 따라서 그 당시 실제 전국적으로 통용되고 있었던 저화까지 합친다면 상당한 분량이 될 것이다.[2] 이와 같은 수량의 저화를 제조하는 데도 많은 양의 종이가 소용되었을 것이다.

紙甲·神機箭·樂線紙 등의 군수용으로도 종이가 다양하게 이용되었다. 종이를 이용해서 만든 갑옷의 일종인 紙甲의 제조에는 休紙·表紙를 비롯하여

2) 李光麟, 〈李朝初期의 製紙業〉(《歷史學報》 10, 1958), 30쪽.

각종 과거 시험에 사용했던 落幅紙와 擣錬紙·厚紙 등이 사용되었다. 그리고 신기전 제조에도 종이가 사용되었다. 신기전에 사용되는 發火筒은 종이를 말아서 원형의 통을 만들고 그 통 속에 화약을 넣은 뒤 통의 양끝을 종이로 막아 그 위를 끈으로 묶은 것으로 종이 폭탄의 일종이다. 이 때 사용되는 종이는 주로 표지이다. 藥線이란 銃筒의 藥筒 속에 있는 화약에 불을 붙여 폭발시키는 역할을 하는 것으로, 약통에 뚫려있는 藥線穴에 끼워서 약통 속의 화약과 연결한 것이다. 이 때 약선을 만드는 데 사용되는 종이가 약선지이다.[3] 군기시 방화 소용에 白厚紙가 사용되고 있는 점으로 보아,[4] 藥線紙도 백후지 등과 같은 厚紙類가 사용된 것 같다. 세종 때 각 도에서 매년 군기감에 상납하는 休紙의 元定과 加定의 수는 각각 1,750권 및 1,020근이었는데, 당시 이 곳에 남아 있는 것이 1,095권 및 14,180근이었다고 한다.[5] 아마 이 휴지는 紙甲 제조용이었다고 생각된다. 이로써 조선 초기 군수용 종이 수요의 일단을 살펴 볼 수가 있다. 그리고 厚紙類는 군수물 제조용으로 매우 중요시되었기 때문에 국가 간의 사무역을 엄격히 금지시켰으며, 이를 위반할 때에는 杖 100, 徒 3년이라는 중형에 처하였던 것이다. [6]

또한 喪葬시 부의용으로도 많은 종이가 소용되었다. 국가에서는 왕족과 문무 백관 및 그 부모나 처자가 사망했을 때, 신분과 지위의 고하에 따라 쌀·콩·油芚과 더불어 종이를 차등있게 지급하였다. 이들에게 지급된 종이의 수량은 《조선왕조실록》 도처에 산재되어 있는 기사들에 의하면 1회에 대략 70권에서 200권 사이가 보통이었다. 또한 《경국대전》에서는 3품 이하의 奉使人 및 재임시 사망한 자에게 쌀·콩 공히 10석과 종이 70권을 지급하도록 규정하였다.[7] 성종 21년(1490) 4월의 傳旨에 의하면, 內官의 부모 및 양부모의 사망시에 종이를 비롯한 쌀·콩·관곽 등 賻儀物의 지급량을 상세히 규정하고 있다. 그 중 종이의 지급에 관한 규정만을 살펴본다면, 大殿

3) 蔡連錫, 〈朝鮮初期(1400~1467) 火器의 硏究〉(《韓國史論》 7, 국사편찬위원회, 1983), 193~196쪽.
4) 《成宗實錄》 권 181, 성종 16년 7월 갑인.
5) 《世宗實錄》 권 29, 세종 7년 8월 무자.
6) 《經國大典》 권 5, 刑典, 禁制.
7) 《世宗實錄》 권 83, 세종 20년 10월 갑술.

의 경우 長番 당상관 70권·당하관 60권, 出入番 당상관 40권·당하관에게는 종이만 50권을 지급하도록 하고 세자궁은 당상관 60권·당하관 50권, 출입번에게는 40권을 지급하도록 규정하였다. 文昭殿·廷恩殿·양대비전·중궁의 내관으로서 당상관에게는 60권을 그 당하관 및 昭敬殿·慈壽宮·昌壽宮의 내관에게는 50권을 지급하도록 하였다. 또한 내관으로서 재임시 사망한 자에게도 수량은 기록되어 있지 않지만 부의용 종이를 지급하게 하였다. 심지어 改葬 혹은 遷葬할 때에도 종이를 지급하는 경우가 있었다. 그리고 사신의 임무 수행 중 사망한 경우 또는 일본이나 여진족의 부모 처자상에도 예에 따라 부의용 종이를 종종 지급하였다. 이외에도 부채·병풍·창호지·우산·각종 문서·삿갓·비옷·등심지·돗자리·노끈 등 민수용으로도 막대한 양의 종이가 소용되었다.

이상과 같이 국가 및 민간 수요의 막대한 종이를 생산하기 위하여, 조선은 국초부터 그 원료가 되는 닥나무의 재배·배양에 지대한 관심을 가지고 정책적으로 장려하였다. 즉 태조 4년(1395)에는 감사 및 수령의 득실을 고찰하는 조목으로서 興學撫民·恤刑治兵 등과 더불어 種桑麻·藝莞楮라 하여, 이들의 책임하에 백성들에게 뽕나무·삼·왕골과 더불어 닥나무의 재배를 적극 권장하였다. 그러나 닥나무 재배에 관한 국가의 이러한 장려책은 별다른 효과를 거두지 못한 것 같다. 즉 관청의 수탈로 닥나무의 재배가 민간에게 이익을 주기보다는 오히려 폐해만 초래하였기 때문에, 이를 심지 않을 뿐만 아니라 혹 심어 놓은 것마저 베어버려 닥나무 밭을 소유하고 있는 자가 백에 한 둘도 되지 않는다고 할 정도였다. 그 결과 국가는 종이의 원료인 닥을 확보하기 위한 적극적 방편으로, 태종 때에는 각 도로 하여금 대호는 200條, 중호는 100條, 소호는 50條씩 닥나무를 심게 하고, 감사 差人으로 하여금 그 재배 상태 등을 고찰케 하였다. 이 때 법을 준수하지 않는 자는 벌금으로 저화를 징수하고 그 수령을 처벌하도록 강제하였다.[8)]

민간인뿐만 아니라 또한 관청에서도 닥나무 밭을 소유하고 있었음은, 태종 15년(1415) 李澄玉의 陳言에 '官種楮田'의 소출로 저화를 만들고자 한

8) 《太宗實錄》 권 20, 태종 10년 10월 임술.

〈표 3〉 전국의 닥나무 생산지

도	土宜(닥나무)읍	읍수	土貢(종이)읍수	합계
충청도	忠州, 丹陽, 清風, 陰城, 堤川, 懷仁, 報恩, 公州, 定山, 恩津, 連山, 海美, 青陽	13	35	38
경상도	寧海, 河陽, 星州, 陜川	4	48	48
전라도	珍山, 錦山, 益山, 古阜, 沃溝, 扶安, 井邑, 泰仁, 高山, 羅州, 海珍, 靈岩, 靈光, 康津, 咸平, 南平, 南原, 淳昌, 龍潭, 求禮, 任實, 長水, 鎭安, 谷城, 光陽, 長興, 潭陽, 順天, 茂珍, 寶城, 樂安, 綾城, 和順, 同福, 玉果	35	2	36
경기도	廣州	1	0	1
황해도	遂安, 白川, 兎山, 松禾	4	5	9
강원도	江陵, 襄陽, 平昌, 原州, 寧越, 横城, 洪川, 金城, 金化, 三陟, 平海, 蔚珍, 春川, 杆城, 高城, 通川, 歙谷	17	0	17
평안도	平壤, 中和, 祥原, 三登, 江東, 順安, 甑山, 咸從, 三和, 龍岡, 安州, 成川, 肅川, 慈山, 順川, 价川, 德川, 永柔, 孟山, 殷山, 陽德, 義州, 定州, 龍川, 鐵山, 隨川, 宣川, 嘉山, 定寧, 寧邊, 博川, 泰川,	32	0	32
함길도		0	0	0

* 《世宗實錄地理志》 각 도 각 읍 土宜, 土貢條에 의함.
* 합계는 土宜·土貢條에 중복된 경우 1邑으로 계산함.

주장에서 알 수 있다. 중앙의 닥나무 밭은 상림원에서 관장하고 있었으며 藏義洞에 위치하고 있었다. 즉 상림원이 장의동에 닥나무를 심고, 그 소출로써 조지서에서 진헌표전지를 제조하였던 것이다. 그러나 장의동 닥나무 밭의 소출만으로는 국가 수용이 부족하자, 훼철된 절터나 국유지로서 버려진 빈 터에 닥나무를 심어 그 부족분을 보충케 하였다.[9] 한편 지방 각 관청도 닥나무 밭을 소유하여 자체 수용은 물론 국가에 대한 공납·진상용 등 제반 종이를 생산하였다. 이는 지방 각 읍의 닥나무 밭에 대해 대장을 작성하여 공조·본 도·본 읍에 각각 1부씩 비치하고 이를 기르게 한 《경국대전》의

9) 《世宗實錄》 권 42, 세종 10년 12월 병술.

규정을 통해서도 잘 알 수 있다. 이처럼 조선시대에는 닥나무 재배를 국가의 주요 정책으로 혹은 지방 수령의 주요 책무로 삼아 적극 장려함으로써, 사대교린용·서적 인쇄·저화 제조용·군수 및 민수용 등의 막대한 수용의 종이를 충당시키기 위해 노력하였다.

조선 초기 닥나무의 재배 생산지는 세종 14년(1432)에 편찬된 《세종실록지리지》의 각 도 土宜條와 土貢條에서 살필 수 있는데, 그 산지 및 종이를 공납하는 읍을 간추려 보면 앞의 〈표 3〉과 같다.

이 도표에 의하면, 각 도의 닥나무 산지 수는 경기도 1읍, 충청도 13읍, 경상도 4읍, 전라도 35읍, 황해도 4읍, 강원도 17읍, 평안도 32읍이다. 그런데 경상도의 경우 닥나무 산지는 4읍인데 비해 종이를 공납하는 읍은 무려 48읍으로 기재되어 있고, 반면에 전라도의 경우 닥나무 산지는 35읍인 데 비해 종이를 공납하는 읍은 전주와 남원 2읍만 기록되어 있어 이해하기가 곤란하다. 그러나 경상도의 경우 "嶠南楮竹之鄕"[10] 또는 "兩南 지방을 지나가면 도처에 楮田이 경작되어 닥나무가 재배되고 있다"[11]는 등과 같은 각종 사료를 통해서 볼 때, 영해·하양 등 土宜 4읍은 닥나무 생산이 가장 풍부한 대표적인 읍임을 나타낼 뿐이며 나머지 종이를 공납하는 읍도 역시 닥나무 산지라는 것을 미루어 짐작할 수 있다. 이와 같이 생각한다면, 경상도의 닥나무 산지는 48읍이 된다. 조선 후기 정조 때 편찬된 《楮竹田事實》 충청도 관계 기록에 의하면, 닥나무 밭을 소유하고 있는 읍은 공주·한산 등 44읍이다. 《세종실록지리지》 충청도의 닥나무 생산 읍과 종이 공납 읍을 합하면 총 48읍인데, 이 중 중복된 읍을 1읍으로 계산하여 10읍을 제외하면 38읍으로 《저죽전사실》의 닥나무 밭 소유 읍인 44읍과 대략 일치한다. 그리고 전라도 전주의 경우, 土貢條에는 종이가 기록되어 있으나 土宜條에는 닥나무가 기록되어 있지 않다. 그러나 《저죽전사실》에 의하면 전주의 상관면·소양면·구이동면이 닥나무 산지로 기록되어 있는 점으로 보아[12] 전주 역시 닥나무 산지였음을 알 수 있다.

---

10) 《楮竹田事實》(정조 18년) 갑인 5월 초 5일.
11) 《楮竹田事實》(정조 17년) 계축 12월 17일.
12) 《楮竹田事實》(정조 18년) 갑인 11월 27일.

이상과 같은 분석을 토대로 한다면,《세종실록지리지》의 토의조는 기록의 오류라기보다는 종이를 공납하는 읍이 곧 닥나무 토산 읍이라는 혼효된 동일의식 속에서 기록된 것이 아닌가 한다. 다만 닥나무 산지로 기재된 읍은 그 재배가 보다 성행했던 읍이라 할 수 있다. 따라서 조선 초기의 닥나무 생산읍은 앞의 〈표 3〉에서 보는 것과 같이 경기도 1읍, 충청도 38읍, 경상도 48읍, 전라도 36읍, 황해도 9읍, 강원도 17읍, 평안도 32읍이라고 추측된다.

이상과 같이 닥나무 산지가 전국적으로 광범위하게 산재되어 있었으나, 국가의 수요에 비해 그 생산은 부족한 편이었다. 그 이유는 국가의 수탈, 과중한 공납, 紙役의 부담 등으로 그 재배를 꺼리는 경우가 많았기 때문이다. 따라서 국가는 그 재배 및 생산을 늘리기 위해 이를 수령 7事 중의 1조로 삼아 고과의 대상으로 삼았으며, 또한 조정에서는 닥나무 밭에 대한 면세의 논의가 일어나기도 하였다. 그러나 이러한 노력에도 불구하고 국가의 수요를 충족시킬 만큼의 닥이 생산되지 않자, 그 부족을 대체하기 위해 삼·뽕나무·버드나무·대잎·솔잎·부들·짚 등을 닥과 혼합하여 각종 종이를 만들어 사용하였다.

그리고 원료의 부족을 타개하고 또한 종이의 품질을 향상시키기 위해, 국가에서는 일본산 닥나무(倭楮)를 보급하여 그 재배를 장려하였다. 즉 세종 12년(1430)에는 대마도에 사람을 파견하여 일본 닥나무를 구해 오게 하였다. 일본 닥나무는 그 뿌리를 가져오는 수도 있었으나 이 경우 말라 죽기 쉽기 때문에, 주로 종자를 구해 와서 심는 것이 보통이었다. 세종 때에는 바다 기운이 잇닿은 강화도, 충청도 태안, 전라도 진도, 경상도의 하동·남해·동래 등지에 닥나무 종자를 나누어주고 심게 하였으며, 매년 여름과 가을에 그 생육 상태를 중앙에 보고하도록 하였다.[13)]

그러나 일본 닥나무에 대한 국가의 지대한 관심과 적극적인 재배 장려책도 역시 큰 효과가 없었다. 즉 이전에 국가에서 종자를 나누어주고 재배하도록 한 지역의 일본 닥나무가 거의 멸종의 처지에 있거나 혹은 재배 상태가 좋지 못하였는데, 그 이유로 연변 수령의 무관심을 들었다. 따라서 세종 29

13) 《世宗實錄》 권 84, 세종 21년 정월 임진 및 권 65, 세종 16년 8월 정미.

년(1447)에는 다시 그 종자를 전라도·경산도 등 연변의 수령들에게 보내어 각 관의 바닷가에 위치하고 있는 園圃에 심게 하고, 파종에서 생장에 이르기까지의 상태를 일일이 기록하여 보고하도록 하였다. 단종 즉위년(1452)에는 연변 수령으로 하여금 閑曠地를 택하여 일본 닥나무를 재배하게 하되 牧官·대도호부는 1결 50부, 도호부·知官은 1결, 縣官은 50부씩 심어 재배케 하고, 관찰사가 그 재배 상태 및 수령의 관심 여부 등을 조사하여 성적이 나쁜 수령은 출척케 하는 등 보다 강경한 대응책을 강구하였다. 세조 때에도 역시 전라도 영광 巨頭山 기슭의 일본 닥나무 생산지에 대해 그 주수를 관찰사가 직접 조사하여 보고하게 하고, 또한 看守人을 두어 보호하게 하는 등[14] 일본 닥나무에 대한 국가의 관심은 각별한 것이었다.

이같이 수 차례에 걸친 조정의 논의와 국왕의 장려책 및 처벌 규정 등에도 불구하고 일본 닥나무가 널리 재배되지 못한 이유는, 풍토의 부적합성에 기인한다기보다는 오히려 관청의 수탈, 국가의 과중한 공납, 방납의 폐단에 따른 민간의 재배 기피 현상에 있다고 하겠다. 세조 때 승려 信云이 전라도 영광 時兒島에 일본 닥나무가 자라고 있다는 사실을 관찰사에게 보고하자, 영광 郡事는 군민을 번거롭게 하고 소요시켰다는 이유로 그를 섬에 가두고 大杖을 가하여 죽음의 지경에 이르게 했다는[15] 사실에서도 닥나무 재배 기피현상을 충분히 짐작하고도 남음이 있다.

국초에는 국가에 필요한 종이를 각 도에서 매년 상납하는 공물로써 충당하였다. 그러나 점차 국가 기관이 정비·확충되고 문화가 발달되며 외교 관계도 원활해지게 됨에 따라, 종이의 수요도 점증하여 양질의 종이를 일정한 장소에서 대량으로 생산해야 할 필요성이 커지게 되었다. 이와 같은 필요에 부응하여 서울에 설치된 관영 제지업장이 곧 조지소이다.

먼저 조지소의 설치 경위부터 살펴보자. 조지소가 최초로 설치된 것은 태종 15년(1415)으로, 그 직접적인 계기가 된 것은 태종 때 발행된 저화용 종이를 생산하기 위한 것이었다. 즉 저화용 종이는 원래 각 도에 分定하여 제조·상납하게 하였는데, 그 품질의 好惡·厚薄 등이 같지 않아 백성들이 두

14) 《世祖實錄》 권 29, 세조 8년 12월 임인.
15) 《世祖實錄》 권 25, 세조 7년 8월 정해.

꺼운 종이의 저화만을 선호하는 등의 폐단이 생기자, 서울의 일정한 장소에서 균일한 품질의 종이를 제조할 목적에서 조지소를 설치하였다. 저화의 원료는 민폐를 없애기 위하여 官楮田에서 생산되는 닥과 각 도에서 상납하는 休紙를 이용하였다. 그러나 저화 통용정책이 실패로 돌아가자, 조지소는 이제 저화용 종이의 생산보다는 사대교린용 表箋·咨文紙와 기타 국용의 각종 종이를 생산하는 기구로 기능이 전환되었다. 그 중에서도 사대 교린용 표전·자문지를 제조하는 것이 가장 주요한 임무였다.

세종 때에는 국왕의 好佛에 기인한 刊經과 다량의 서적을 빈번히 간행함으로 인하여 조지소의 기능은 점차 확대되어, 표전·자문지 이외에도 佛經紙와 竹葉紙·松葉紙·蒿節紙·蒲節紙·麻骨紙·純倭紙·薏苡紙 등과 같은 冊紙를 제조하기에 이르렀다. 그리고 조지소의 제지 기술도 점차 향상되어, 이의 신설 당시만 해도 전라도 남원·전주에서 생산되는 종이의 품질에 미치지 못했지만, 세종 때 이르러서는 그 품질이 지극히 양호해져 이제 이들 지역의 종이를 사용하지 않을 정도가 되었다.[16] 즉 이전에는 전주·남원에서 생산된 표전·자문지와 奏啓紙를 歲貢으로 상납케 하여 국가의 수요에 충당하였으나, 이제 조지소에서 지극히 양호한 품질의 종이를 생산케 됨으로 이들 두 지역이 공납에 따른 폐단을 비로소 줄일 수 있게 되었다는 것이다.[17] 따라서 세종 때에 조지소는 명실상부하게 국가에서 최고 품질의 종이를 제조하는 곳으로 성장·발전하게 되었다. 조지소의 기술 향상과 중요성이 증대되면서, 표전·자문지는 오로지 이곳에서 생산되는 것만을 사용하게 되었다. 그러자 도련하는 데 막대한 工役이 소모되는 등 그 폐단이 커지게 되자, 문종 때에는 다시 그 일부를 하 3도에 分定시켜 세공으로 상납케 하는 것을 恒式으로 삼았다.[18]

이같이 조지서의 기능이 확대되고 운영 업무가 방대해짐에 따라, 세종 13년(1431)에는 提擧 1인을 加設하고 提調 1인을 설치하였다. 이어서 역시 동왕 13년에 사무가 번잡하다는 이유로 別坐 1인을 가설하고 주자소 預差書員 4

16) 《世宗實錄》 권 49, 세종 12년 9월 기유.
17) 《世宗實錄地理志》 권 148, 京都 漢城府 造紙所.
18) 《文宗實錄》 권 3, 문종 즉위년 9월 신축 및 권 5, 문종 즉위년 12월 갑술.

인을 가설하여 조지소에서 근무하게 하였다. 문종 2년(1452)의 冗官汰去 때 別坐 4인 중 1인이 감원되었다. 세조 12년(1466)의 관계 개혁 때, 조지소를 조지서로 개칭하고 종6품의 司紙 1인을 배정하였다. 이처럼 수 차례에 걸친 관리수의 증감 결과, 성종 때 완간된《경국대전》에 조지서는 경관직 6품 아문으로서 提調 2인, 종6품의 司紙 1인·別提 4인, 잡직으로서 工造 4인·工作 2인을 두고, 공장으로서 木匠 2인·簾匠 8인·紙匠 81인 및 기타 잡역부로서 差備奴 90인·根隨奴 5인을 예속시켰다.

특별한 기술과 경험 및 자격을 요하는 관직은 임기에 구애받지 않고 오랫동안 재임케 하는 '久任制'가 있었는데, 이 제도는 주로 기술계의 직위를 전문화시킴으로써 행정의 능률을 향상시키기 위한 것이 주된 목적이었다. 세조 때 조지소의 別坐 1인을 '久任官'으로 정하여 제지 기술과 능률의 향상을 도모하기도 하였다.

조지서 紙匠들도 타 장인들과 마찬가지로 잡직으로서 체아직을 받고 있었다. 사섬시·조지서·교서관 3관청을 합쳐서 工造 4명·工作 2명의 체아직이 배정되어 있었는데, 이 중 조지서 장인 체아직으로서의 공조 4명과 3관청이 협의해서 번갈아 授職하는 이른바 '和會遞兒授職'으로서의 공작 2명이 있었다. 일반 장인 출신의 잡직 요원들은 2番으로 나누어 입사하고 입사한 지 900일이 되면 加階하도록 되어 있었으나, 다만 尙衣院 綾羅匠과 조지서의 紙匠만은 3번으로 분번하여 입사일 600일에 加階하도록 우대받고 있었다. 기타 조지서에 배치되어 있는 90명의 差備奴는 紙匠의 조역을 담당하고 있었는데, 이들은 京奴로써 충당하며 부족할 때에는 選上奴로써 보충하였다.

지장은 조지서(81명)·교서관(4명)에 소속되어 있는 85명의 京工匠과 경상도(265명)·전라도(237명)·충청도(131명)·황해도(39명)·강원도(33명) 순으로 5도에 걸쳐 총 705명의 外工匠으로 구성되어 있다. 외공장으로서 비교적 많은 지장을 보유하고 있었던 읍은 전라도의 전주(23명)·남원(23명)과 경상도의 밀양(17명) 등이다. 기타 읍은 10명 이하의 지장을 보유하고 있었다. 이들 지장은 입역의 대가로 紙匠田을 지급받아 생계를 유지하였다. 그러나 세종 27년(1445)에 紙匠位田이 혁파되자, 당번 때에는 입역이 대가로 朔料月俸을 지급 받았고, 비번 때에는 자신의 작업장에서 종이를 제조하여 생계를 유지하였다.

조선 초기 지장의 신분은 대부분 공청이었으며, 이들은 60세가 되면 면역되었다. 기타 양인을 비롯하여 入番人吏・日守・관노비・군인・승려 등도 종종 地役에 동원되어 사역되었다. 그리고 '徒年定役'이라 하여 徒罪를 범한 자를 조지서 擣砧役에 배정하여 사역시켰는데, 세종을 전후하여 이것이 입법화되고 세조・성종대에 이르기까지 계속 관행화되고 있었던 듯하다.

2) 제지방법

먼저 제지의 원료가 되는 닥나무의 재배 방법에 대해 알아보자. 숙종 때 洪萬選이 편찬한 《山林經濟》, 정조 때 徐有榘가 편찬한 《林園十六志》 및 1905년에 金一濟가 편찬한 《農政新篇》 등의 사료를 참고하여, 닥나무 재배법에 관해 종합적으로 살펴보면 다음과 같다.

닥나무는 산골짜기에 심는 것이 좋고 비옥한 토지를 좋아하나, 척박한 곳・쓸모 없는 빈터・모래땅 등에도 부지런히 갈고 거름을 주면 잘 자란다. 그늘지고 습기 찬 땅은 싫어하나, 한랭한 곳일지라도 양지바른 산자락이면 잘 자란다. 씨앗은 가을에 종자가 잘 익었을 때 수확하여, 물에 일어 불순물을 제거하고 건조시켜 보관한다. 가을에 땅을 갈아 두었다가 2월에 다시 보습으로 갈아 삼 종자와 함께 흩어 뿌린 후 흙을 덮는다. 가을과 겨울 동안에는 삼을 베지 않고 그대로 둠으로써 닥나무가 冬死하는 것을 방지한다. 그 다음해 정월에 지면 가까이에서 닥나무를 베어내고 그루터기에 불을 질러 태운다. 태우지 않을 경우는 잘 자라지 않는다.

이식하는 경우에는, 땅에 비스듬히 눕혀 심고 흙을 두껍게 덮은 후 그 위에 돌로 눌러 놓으면 잘 자란다. 점점 자라면 그 가지를 구부려 또한 흙으로 묻고 돌로 눌러 놓으면, 그 곳에서 새 뿌리가 돋아난다. 뿌리가 돋아난 지 오랜 후에 뿌리 근처의 땅을 갈아엎으면 뿌리가 노출되어 그 곳에서 순이 돋아난다. 이 때 짚으로 덮고 그 위에 소변을 주면 극히 무성하게 자라는데,

2월 중에 나쁜 줄기를 제거해 준다. 또 다른 방법은 흙을 잘게 부수고 거름을 주었다가 이른봄에 다시 거름을 주고 쇠스랑으로 잘 긁는다. 춘분 전후에 닥나무 뿌리를 캐내어 1척씩 끊어 흙 속에 묻되, 그 머리 부분이 땅 위 5뼘 정도 나오도록 한 후 흙을 밟고 거름(糞水)을 준다. 그 위에 수초나 짚으로 덮어두면 하지 이전에 발아하여 줄기가 자란다. 그러면 덮어 둔 것을 제거하고 거름을 주어 배양시킨다.

12월 동지 이전에 닥나무를 뿌리 위 5촌 정도 남기고 베는데, 벤 주둥이는 반드시 남향하게 한다. 그렇지 않으면 다음해에 새 싹이 잘 돋지 않는다. 베는 시기는 12월이 가장 좋으며 4월이 그 다음으로 좋다. 만약 이 때 베지 않으면 나무가 말라죽는 경우가 많다. 베어 낸 후에는 나무 방망이로 그루터기 부분을 두드려 주면 더욱 무성해진다.

다음으로 제지에 적합한 환경적 요건에 대해 알아보자. 태종 때 조지소를 서울의 장의동 탕춘대에 설치한 이유로, 풍부한 물을 확보할 수 있는 긴 개울과 평평한 바위를 들고 있다.[19] 숙종 39년(1713) 2월에 조정에서는 조지서를 탕춘대에서 문수산성 아래로 옮기자는 논의가 일어났다. 그러나 동년 4월에 이 문제가 재론되자, 좌의정 李頤命은 제지는 어느 곳에서나 할 수 있는 것이 아니라는 환경적 요인을 들어 移設을 반대하였다. 이상에서 제지는 여러 요소의 자연적 환경이 결합되었을 때 비로소 가능하다고 볼 수 있다.

제지에 필요한 환경적 요인을 살펴보면, 첫째 제지의 공정에는 맑고 풍부한 수자원을 필요로 한다. 따라서 사시사철 맑고 풍부한 물이 흐르는 산간계곡의 개울 주변은, 닥나무의 재배나 자생에 적합하며 또한 제지 작업에 있어서 천혜의 장소라 할 수 있다. 《林下筆記》에 의하면, 호남지방의 닥나무 품질이 천하 제일인 원인은 물의 성질(水性)에 있다고 하였다. 즉 호남지방에서 생산되는 닥의 품질에 대해 논하기를, 전주는 순박하고 매끄러우며, 순창은 순일하고 나약하며, 남평은 곧고 밝지 않으며, 남원은 색깔의 희기가 마치 응고된 기름 같아 이들 지역에서 생산되는 닥이 천하에서 가장 진귀한 품종이라 하였다. 이어서 그 원인은 물의 성질에 있다고 하였다.[20] 여기에서 水

19) 《漢京識略》 闕外各司, 造紙署.
20) 李裕元, 《林下筆記》 권 32, 旬 1 篇 2, 楮産.

性이 좋다는 것은 물이 맑고 깨끗하며 알맞게 차가운 것을 뜻한다. 계곡에 흐르는 물은 주변의 울창한 삼림으로 인해 여름에도 항상 맑고 적당하게 차가우므로, 제지에 적합한 성질을 지니고 있다고 할 수 있다.

둘째, 제지 작업에는 닥의 섬유질을 분해하기 위해 그것을 나무 방망이로 두드려 찧는 공정이 있다. 이 때 넓고 평평한 바위가 필요한데, 계곡의 개울 주변에는 넓고 평평한 자연석이 도처에 산재해 있어 이같은 여건을 만족시키고 있다.

셋째, 제조한 종이를 건조시키는 방법으로는 햇볕을 이용하는 자연건조법과 화력을 이용하는 방법이 있다. 후자의 경우 다량의 땔나무가 필요한데 산간 계곡은 이것을 쉽게 조달할 수 있는 자연적 여건을 지니고 있다. 따라서 조선시대의 제지업은 이러한 환경적 요인을 두루 갖추고, 또한 닥나무 재배 및 자생에 적합한 자연환경을 지닌 산록 혹은 산간지대에서 주로 행해졌다. 전라도 左峽 즉 중동부 산록 내지는 산간지대가 옛부터 '楮鄕'이라고[21] 불려진 것도 이상과 같은 맥락에서의 표현이라 생각할 수 있다.

조선시대 종이의 제조 방법은 원료에 따라 약간씩의 차이는 있지만, 중국·일본의 그것과 거의 비슷하며 손으로 걸러 제조하는 手灑法의 단계에 머물러 있었다. 그리고 조선 초기의 제지법은 커다란 기술의 발전 없이 후기로 전승된 듯하다. 그 제조공정의 일단을 살펴 볼 수 있는 것으로는, 임진왜란 이전에 조지서의 屋舍가 去荊房·熟正間·紙筒間·擣砧間 등 10여 칸이 있었다는[22] 사실과 순조 27년(1827)에 통도사 승려들이 수군절도사에게 보낸 호소문에 熟正·打楮·浮取·乾取·擇塵·擣砧 등의 기록을 들 수 있다. 이를 종합해 보면, 제지공정은 去荊(닥의 불필요한 부분이나 표피 등을 제거하여 白楮로 만드는 과정)·熟正(白楮를 잿물과 섞어 가마솥에 넣고 삶는 과정)·打楮(삶은 후 나무 방망이로 두드려 섬유질을 분해하는 과정)·浮取(분해된 섬유질을 큰 통 속에 물과 함께 넣고 휘저어 발로 종이를 뜨는 과정)·乾取(종이를 말리는 과정)·擇鹿(종이의 티끌·오물을 제거하는 과정)·擣砧(종이를 다듬잇돌에 올려놓고 방망이로 두드려 단단하고 윤택이 나게 만드는 과정) 등의 순서로 이루어졌음을 생각할

21) 《楮竹田事實》(정조 20년) 병진 6월 초 7일.
22) 《承政院日記》 권 15, 인조 4년 8월 4일.

수 있다.

좀더 상세히 설명하면, 먼저 닥나무를 큰 가마솥에 넣고 쪄서 껍질을 벗긴 다음 표피를 제거한다. 이것을 며칠 동안 물에 담갔다가 햇볕에 표백시킨다는데 이를 白楮라 한다. 이 백저를 물에 다시 담가서 완전히 부드럽게 만든다. 백저 10관에 물 7말, 석회나 木灰 약 1말 2근의 비율로 큰 가마솥에 넣고 잘 휘저어 3 내지 4시간 가량 끓인다. 껍질이 부드러워지면 들어내어 찬물로 깨끗이 세척한다. 그 이유는 백저에 붙어 있는 석회나 목회 또는 불순물을 제거하기 위한 것이다. 이렇게 하여 만든 원료를 다시 햇볕에 바래서 표백시키는데 겨울에는 2일, 여름에는 하루 정도 걸린다. 그 후 평평한 바위 위에 올려놓고 나무 방망이로 두드려 섬유질을 분해시킨다. 이는 섬유질이 한 데 얽혀 있어 종이를 뜨기 위해서는 이를 분리시킬 필요가 있기 때문이다. 나무로 만든 통 속에 분해된 원료와 물, 그리고 점착제를 함께 넣고 잘 휘저어 섬유소가 엉키게 한다. 이 때 접착제로는 닥풀(黃蜀葵) 뿌리에서 추출한 액체나 홰나무(槐木)·느릅나무(楡木)의 껍질 또는 뿌리에서 뽑아 낸 점액을 사용한다. 통속의 원료를 보통 대나무로 만든 발(簾)로 걸러 한 장씩 떠낸다. 떠낸 종이는 판(紙床)에 한 장씩 옮겨 포개어 놓고 수분을 빼기 위해 1일 작업량 단위로 쌓아 놓고, 다음날까지 그 위를 돌로 눌러 압착한다. 그런 후 종이를 한 장씩 떼어내 건조판에 붙여서 햇볕에 말린다. 마지막으로 말린 종이는 다듬잇돌 등 평평한 곳에 올려놓고 방망이로 두드려 종이의 표면을 윤택하고 단단하게 만드는 擣砧의 과정을 거치면 완제품이 되는 것이다.[23)]

함경도에서는 귀리·밀·보리 등의 짚을 원료로 하여 종이를 만들었는데 그 방법은 다음과 같다. 먼저 짚을 가마솥에 넣고 석회를 체로 쳐서 뿌려 잘 섞는다. 그리고 약간의 잿물(灰汁)을 넣고 2, 3일 밤낮을 삶아 잿물이 점차 줄어들면, 또 다시 아래위로 잘 섞고 푹 삶아 낸 후 광주리에 담아 맑은 물이 나올 때까지 잿물을 씻어낸다. 물을 제거하고, 이것을 방망이로 3~4일간 두드려 가루와 같이 가늘고 부드럽게 만든다. 짚가루 3말에 미리 찧

23) 全相運, 앞의 책, 293~294쪽.
金錫禧, 〈李朝 後期 手工業研究〉(문교부 보고서, 1973) 참조.

어 놓은 故紙 1근 5량을 통 속에 함께 넣고 닥풀(楮膠)을 첨가하여 종이를 떠낸다. 또 다른 방법은 짚을 잘게 썰어 잿물과 섞어 6일간 삶아 낸 후 맷돌로 갈아 가루와 같이 만든다. 여기에 닥을 섞어 종이를 만드는데, 닥 1근에 짚 2근을 섞어 만든다.[24] 이렇게 하여 제조된 종이는 麥藁黃紙 또는 黃藁紙라 불려지며, 쉽게 찢어지고 잘 망가지는 등 품질이 별로 좋지 않았다고 한다.

조선시대에 생산된 종이는 거의 닥나무 껍질을 원료로 하고 있었다. 이 밖에 짚, 대나무 잎, 뽕나무·소나무·버드나무의 잎이나 껍질, 삼대, 부들, 율무(薏苡) 와 각종 초목이 종이의 원료로 사용되었으며, 이들은 주로 닥나무 껍질과 일정한 비율로 혼합되어 그 제조에 이용되었다. 雜草紙 제조에는 풀 또는 나무껍질 1근에 닥 3량을 섞어 만든다.[25] 그리고 각종 짚, 대나무 껍질, 삼대 등으로 종이를 제조할 때에는, 이들 원료 5분마다 닥 1분의 비율로 섞어 제조하기도 하였으나,[26] 그 제조 방법은 전술한 제지법과 대동소이하다. 조선의 제지업 중 특이할 만한 것은 중종 때 개발된 水苔紙의 제조법이다. 그 제조법은 물속의 이끼를 채취하여 며칠간 햇볕에 말려 색깔이 희게 되면 잘게 부수어, 이끼 6분에 닥 2분을 혼합하여 만든다. 이 때 이끼가 어리면 닥을 비율보다 더 많이 넣고, 완전히 자란 것이면 더 적게 넣어 제조한다. 종이의 색깔은 미청색으로 중국의 靑花牋과 비슷하며 지질이 견고하고 윤택이 난다고 한다. 또한 이끼는 재배할 필요가 없이 자연산을 그대로 채취하여 쓰기 때문에 노력이 적게 드는 한편, 그 이익됨이 넓은 장점을 가지고 있다고 하였다.[27] 기타 못쓰게 된 돗자리·베·地衣 등도 종이의 원료로 사용되었다. 그러나 이들을 원료로 하여 제조한 종이는, 닥을 원료로 하여 제조한 것에 비해 품질이 떨어진다고 한다.

종이의 제조공정에서 용해와 표백에 사용되는 잿물(猛灰)은 처음에는 나무를 태워서 만든 木灰가 주로 사용되었다. 조지서의 종이 제조에 사용되는 목

24) 徐有榘, 《林園十六志》 怡雲志 4, 文房雅製 紙.
25) 《端宗實錄》 권 11, 단종 2년 6월 임인.
26) 《世宗實錄》 권 65, 세종 16년 7월 임진.
27) 金正國, 《思齋集》 4, 摭言.

회는 서울의 각 戶와 성 밑 10리 이내에 거주하는 주민들로 하여금 공납케 하거나, 이들을 차역시켜 생산·조달하였다.[28] 그러나 세종 때에는 서울의 각 호가 공납하는 灰는 반 이상이 현물 대신 쌀로 납부하고 있었으므로, 삼각산 근처에 있는 것으로써 사용할 것을 건의하기도 하였다. 《세종실록지리지》 경기도와 황해도의 厥貢條에 蠣灰·藜灰·黃灰 등의 기록이 있는 것으로 보아, 이들도 종이의 제조에 사용되고 있었음을 알 수 있다. 실제로 세조 3년(1457) 경부터는 값싸게 구입할 수 있는 여회를 사용하도록 국가에서 권장하고 있는 것으로 보아, 이 때부터 제조에 노력이 많이 드는 목회보다 값싼 여회가 보다 많이 사용되어진 것 같다. 실제로 용해나 표백에는 목회에 비해 생석회의 일종인 여회가 더 좋았다.[29]

그리고 조선은 종이의 품질을 개량하거나 혹은 국가의 수요에 미치지 못하는 닥을 다른 초목으로 대체하기 위해, 외국의 제지법 전래에 커다란 관심을 가지고 실제 이를 추진시켰다. 즉 태종 12년(1412)에 중국종이(華紙)를 만드는 기술자인 遼人 申得財를 불러 종이를 제조하여 바치게 하고, 지장으로 하여금 그 기술을 전수 받아 습득케 하였다. 또한 조선에 온 중국 사신에게 제지법을 물어 배우기도 하였다. 세조 10년(1464)에 朴元亨이 중국 사신에게 제지법을 묻자, 중국에서는 黃紙를 사용하고 있는데 어린 대나무 잎과 뽕나무 껍질을 섞어서 만들며, 조칙에 사용되는 白紙는 순전히 뽕나무 껍질만 사용한다고 대답하였다. 이에 국왕은 조지소에 명하여 이 방법에 의해 시험삼아 종이를 제조하게 하였다.

중국의 제지법을 전습하기 위한 보다 적극적인 방법으로, 사행길에 지장을 동행시켜 중국의 제지법을 직접 견문하고 배워 오게 하였다. 그 대표적인 예가 성종 6년(1475) 謝恩使 파견에 紙匠 朴非曾이 동행하여 중국의 麻紙, 奏本紙, 冊紙 제조법을 보고 배워서 돌아 왔다. 그 중 마지와 책지 제조법에 대해 알아 보자. 마지는 生麻를 잘게 썰어 물에 담갔다가 석회를 섞어 삶아 낸 후 포대에 담는다. 그리고 잘 휘저어 석회를 깨끗이 제거한 후, 맷돌로 잘게 갈아 대바구니에 담아 깨끗이 씻는다. 이것을 맑은 물과 함께 나무 통 속에

28) 《成宗實錄》 권 38, 성종 4년 12월 갑신.
29) 李光麟, 앞의 글, 8쪽.

넣어 종이를 만든다. 요동 지방의 책지는 생마와 뽕나무 껍질로 만드는데 먼저 *眞木灰*와 *水石灰*를 섞어 삶은 후 햇볕에 말리고, 나무 방망이로 두드려 표피와 석회를 제거한다. 이어 이것을 잘게 썰어 대광주리에 담아 깨끗이 씻은 다음 잘게 부순다. 다시 이것을 깨끗이 씻어 내고 *滑條水*를 섞어 종이를 만든다. 이 책지 제조법이 바로 거란인 신득재가 만들어 바친 책지 제조법이 아닌가 한다. 또한 조선은 일본의 제지법을 배우고자 노력했다. 세조 10년(1464)에 일본 종이가 단단하고 질기다는 이유로 통신사를 파견하여 그 제조법을 배워 와 전습토록 하였다.

외국 기술의 전수뿐만 아니라, 중국에서도 우리나라의 제지법을 배워가고자 하는 노력이 있었다. 세종 7년(1425)에 중국 황제는 조선에 사신을 파견하여 조선의 제지법을 알아 오게 하였다. 따라서 중국 사신의 요청에 따라, 세조는 전라도 감사로 하여금 전주의 지장에게 역마를 지급하여 급히 서울로 올려 보내라는 傳旨를 내렸다.[30] 이것은 아마 전주의 지장을 중국에 파견하여 조선의 종이 제조법을 전수하고자 했던 것이 아닌가 생각한다. 실제로 중국 황제가 조선에서 진헌한 표문지를 보고 그 질기고 단단함을 크게 칭찬하였던 사실에서,[31] 조선 종이의 품질이 중국에까지 널리 인정받고 있었던 것으로 생각된다. 이상에서 조선 · 중국 · 일본 동양 3국의 제지법은 그다지 큰 차이가 없이 대동소이하며, 다만 조선 · 일본은 닥을 주원료로 하였고, 중국의 경우는 삼 · 뽕나무 · 죽순 등을 주원료로 사용하는 차이가 있었다.

3) 종이의 종류와 공납

조선 초기에 사용된 종이의 명칭은 대단히 많다. 그것은 제조 국가 및 시대 · 원료 · 용도 · 색깔 · 품질의 고하 · 제조공정 등에 따라 다양하게 명명되었으며, 또한 이들 명칭이 복합되어 나타난 경우도 많았다.

---

30) 《世宗實錄》 권 27, 세종 7년 2월 을묘.
31) 《文宗實錄》 권 4, 문종 즉위년 10월 기묘.

먼저 제조국가 또는 시대에 따른 명칭으로는 고려지, 조선지, 華紙(중국종이), 왜지·純倭紙(일본종이) 등이 있다. 제지원료에 따른 명칭으로 보이는 것은 楮紙(닥), 藁紙·藁精紙·蒿節紙(짚), 蒲節紙(부들), 麰節紙(보리 짚), 柳木紙(버드나무), 柳葉紙(버드나무 잎), 麻骨紙(삼대), 桑木紙(뽕나무), 竹葉紙(대 잎), 松葉紙(솔 잎), 水苔紙(이끼), 薏苡紙(율무), 蘆花紙(갈대), 眼紙(안자초), 雜草紙·草紙(풀), 蔆花紙(마름) 등이 있다.

종이의 용도에 따른 명칭으로는 表紙·表箋紙·常表紙·咨文紙·進獻紙·書契紙·奏紙·奏本紙·常奏紙·啓本紙·副本紙·副本單字紙·批判紙·狀紙·書狀紙·楮注紙 등 사대교린과 국가의 각종 문서에 사용되는 종이가 있다. 그리고 저화를 만드는 데 쓰이는 楮貨紙, 과거 시험용의 名紙 혹은 試紙, 이미 과거 시험에 사용된 落幅紙, 제사 및 각종 의식에 쓰이는 祝文紙, 갑옷 제조에 사용되는 甲衣紙, 관리들이 전임할 때 예물로 바치는 堂參紙, 불경 인쇄용 經紙, 초상시 사용하는 賻紙, 비 올 때 쓰기 위해 두꺼운 油紙를 이어 붙인 油芚紙, 神機箭 등 각종 銃筒의 放火에 사용되는 大小藥線紙·火藥紙, 폐지나 고문서 등을 재생시킨 還紙, 군적을 기록한 軍籍紙, 병풍 제조에 사용되는 屛風紙, 새해를 축하하는 뜻으로 궐내에서 그림을 그려 나누어주었는데, 이 때 사용되는 歲畵紙, 방목 또는 방문에 사용되는 榜紙, 겉봉투에 사용되는 皮封紙 등이 있다.

복합된 명칭이지만 품질의 고하를 나타내는 것으로는 상품 표지·중품 표지·하품 표지·상품 白厚紙·중품 白厚紙·상품 擣鍊紙 등이 있다. 제조 공정에 따른 명칭으로는 다듬잇돌에 넣고 방망이로 두드려 반드럽게 만든 擣鍊紙가 있다. 색깔을 나타내고 있는 것으로는 白紙·純白紙·紅紙·白厚紙·紅厚紙·白奏紙·白色常奏紙·青薄紙·黃色薄紙·白蔆花紙·白注紙·黃藁紙·染色紙 등이 있으며, 또한 서리와 같이 희다는 뜻의 霜花紙가 있다. 그리고 고문서 등과 같이 더 이상 사용할 수 없는 休紙, 기름을 먹인 油紙, 면죄의 대가로 납부하는 贖紙, 楮紙이나 비단과 같이 단단하고 두꺼우며 윤택이 난다 하여 붙여진 繭紙, 두꺼운 종이인 厚紙, 밀·백랍 등을 올려 방습용 또는 장식용으로 사용하는 蠟紙 등이 있다. 이외에도 常紙·常用紙·金鸞紙·綵紙·燈心紙 등이 있다.

고려 이래 조선에 이르기까지 우리나라에서 생산된 종이의 특질을 중국·일본산 종이의 그것과 비교하여 살펴보자. 우리나라에서 생산된 종이의 품질이 매우 우수하였다는 사실은, 중국 송나라 사람들이 고려종이를 천하 제일이라고 칭찬한 데서도 충분히 유추할 수 있다. 《五洲衍文長箋散稿》 紙品辨證說에 의하면, 우리나라에는 옛부터 繭紙라고 부르는 종이가 있는데 그 명성이 천하에 떨쳤다고 한다. 그 이유는 닥을 원료로 사용함으로써 종이의 '단단하고 두꺼우며 반드럽고 윤택함'이 마치 비단과 같기 때문이라 하였다. 이어서 조선산 종이는 '단단하고 두꺼우며 반드럽고 윤택함'을 특질로 하고 있는데 비해, 중국산 종이는 '부드럽고 얇으며 또한 곱고 깨끗함'을 특성으로 하고 있다고 하였다. 조선의 종이가 이러한 특질을 가지는 특징은 닥을 원료로 사용하기 때문이다. 그리고 중국과 기타 외국산 종이의 품질은 우리나라 종이에 미치지 못하며, 단지 일본 종이가 우리나라의 것과 비슷한데 이 또한 닥을 원료로 사용하기 때문이라 하였다.

그러나 이와 같은 특질은 관점에 따라 단점으로 비춰지기도 했다. 《林下筆記》에 의하면, "우리나라 종이는 무겁고 털이 일어나 일본 종이의 가볍고 윤택하며 정치함만 못하다"고 하였다. 보다 구체적으로 표현한다면, 우리나라 종이는 그림 그리기에도 좋지 못하고, 방망이로 두드려 다듬지 않으면 거친 털 때문에 글씨 쓰기에도 적합하지 못하다는 것이다. 도련을 하면 단단하고 반드러워져 붓이 잘 미끄러지고 먹이 잘 흡수되지 않는다는 것이다.[32]

이상에서 조선 종이는 '단단하고 두꺼우며 반드럽고 윤택함'을, 중국 종이는 '부드럽고 얇으며 또한 곱고 깨끗함'을, 일본 종이는 '가볍고 윤택하며 정치함'을 그 특질로 하고 있음을 살펴보았다. 실제로 문종 즉위년(1450)에 중국 황제가 조선의 표문지를 보고 그 단단하고 질김을 칭찬하였던 사실에서도 조선 종이의 특질이 잘 나타나 있다고 하겠다.

조선에서 특산되는 종이의 종류와 그 생산지를 대략 살펴보면, 조지서의 자문지, 강원도 평강의 雪花紙, 전라도 전주와 남원의 扇子紙·簡壯紙·注油紙·油芚紙 등이 있으며 그리고 苔紙와 竹淸紙도 이름이 나 있었다. 실로 이들은 천하의 희귀한 명품으로 널리 알려졌으며,[33] 또한 전라도 순창에서 생

32) 徐有榘, 《林園十六志》 怡雲志 4, 文房雅製 紙.

산되는 종이도 진귀한 것으로 귀중하게 여겨졌다고 한다.[34]

종이는 그 용도 및 국가의 정책적 목적에 따라 각기 달리 사용되었다. 태조 7년(1398)에는 表箋을 제외한 書狀에는 표지를 사용하지 못하게 하였다. 태종 원년(1401)에는 공사 업무에 厚紙를 사용하지 못하도록 금령을 내렸으나 잘 지켜지지 않았던 모양이다. 따라서 동왕 7년(1407)에는 궁중용 및 국용을 제외하고 啓聞에는 白奏紙, 呈狀에는 常奏紙, 關牒과 公私 書狀에는 常奏紙와 狀紙를 사용하도록 보다 상세히 규정하였다. 이어서 동왕 14년(1414)에는 官敎旨는 관례대로 厚紙를 사용할 수 있으나, 각 도에서 올라오는 謄狀은 厚紙 대신 常紙를 사용하게 하였다. 그리고 사치를 금하기 위한 방편으로, 각종 의식에서 국왕이 참고하는 笏記에 紅綾衣 대신 綾花紙를 사용하게 하였다.

세종 2년(1420)에는 외방에 출장가는 사신에 대한 公禮狀은 厚紙의 사용을 금하였고, 동왕 7년(1425)에는 진상 冊紙는 특별한 경우를 제외하고는 綾段을 사용치 말고 白綾花紙를 사용하게 하였다. 세종 3년(1457)에 啓本紙는 민폐를 줄이기 위해 雜草紙를 사용하게 하였다. 그리고 名紙는 擣鍊白奏紙를, 堂參紙와 名銜紙는 白色常奏紙를 사용케 하고, 중앙 각 관청에 납부하는 表紙·擣鍊紙·擣鍊白奏紙는 국용으로 책정된 것을 제외하고는 白奏紙로 대용하게 하였다. 예종 원년(1469)에는 啓本紙를 비롯한 국가의 각종 문서는 모두 잡초지를 사용하게 하였는데, 이는 민폐를 제거하고 부족한 닥을 절약하기 위함이었다. 세종 25년(1443)에는 각종 啓聞과 謄狀에는 모두 백주지를 사용하고 표지를 사용할 수 없도록 六典에 규정되어 있음에도 불구하고, 이를 준수하지 않고 표지나 도련지를 사용하고 있다고 하여 그 위반자를 처벌하게 하였다. 이같이 각종 종이의 용도에 대해 법규정으로 강제하거나 심지어 이를 준수하지 않고 위반한 자를 처벌하게 한 것은, 과중한 地役에 다른 민폐를 줄이고 사치를 금하며 또한 부족한 닥을 절감하기 위한 국가의 정책적 목적에서 취해진 조처라 생각할 수 있다. 대체로 조선 초기에 정부에서는 원료와 노력이 비교적 많이 소모되는 厚紙와 表紙의 사용을 금지하고, 민폐를 주릴

33) 위와 같음.

34) 丁若鏞,《牧民心書》律己 6條 淸心.

수 있는 잡초지·奏紙·狀紙 등의 사용을 권장하였다.

조선 초기에 지장들은 그들의 제조 활동에 국가로부터 많은 통제를 받고 있었다. 그들이 제조한 종이는 주로 사대교린용 문서나 조공품 및 관청과 왕실의 각종 수요에 충당되었기 때문이다. 양질의 종이를 생산하기 위해서는 지장의 부단한 정성과 노력이 필요하였다. 그러나 이들 제품의 생산은 그들의 영리와는 무관한 것이었기 때문에, 제지작업에 대한 세심한 배려나 애착·정성 등이 부족했던 것이다. 이와 같은 요인은 종종 지장의 태만과 종이의 조악성을 야기시켰다.

국가는 지속적이고도 안정적으로 양질의 종이를 공급받기 위해서, 지장에 대한 통제와 조악품을 만든 자에 대한 처벌을 가하지 않을 수 없었다. 게다가 지장을 올바로 감독하지 못한 관리들까지 처벌하였다. 더 나아가 조잡품을 만든 지장에 대한 처벌은 물론이고, 종이의 규격까지 법전으로 성문화시키기에 이르렀다. 즉 성종 때 편찬된《大典續錄》에서 楮注紙는 長 1척 6촌·廣 1척 4촌 이상, 楮常紙는 長 1척 1촌·廣 1척 이상의 규격화된 제품만을 公私에 사용하도록 하였으며, 지나치게 얇거나 흠이 있는 불량품의 사용을 금지시키고 있다. 또한《大典後續錄》에서는 자문지 제조에 태만하여 조악품을 제조한 장인에 대한 처벌을 처음에는 杖 80대, 1회씩 증가할 때마다 10대씩을 가산하며 100대에 이르면 그친다고 규정하였다. 이러한 제품에 대한 규격화는 조선 후기에 이르면 더욱 세분화되어 종이의 길이와 너비는 물론 무게까지 법전으로 규정하기에 이르렀다. 이상과 같이 종이의 長短·廣狹·중량 등을 법전으로 규정하고 조악품을 만든 지장에 대한 처벌을 점차 강화시켜 나간 것은, 지장의 근무 태만과 관리의 감독 소홀을 방지하여 양질의 종이를 안정적이고 지속적으로 공급받고 또한 공납에 따른 폐단을 제거하기 위한 것이 주목적이었다.

종이의 수량을 계산하는 단위로서는 長·卷·束·軸·貼·塊 등이 있다. 20張이 1卷이며 卷·束·軸·貼은 동의어이다. 그리고 1塊는 100卷, 즉 2,000張이다.

조선 시대의 공물 제도는 고려의 유제를 답습한 것으로, 태조 원년(1392) 10월에 貢賦詳定都監을 설치하고 공물을 상세히 정하도록 하였다. 즉 태조는

〈표 4〉 전국의 종이 공납 읍

도	土貢(종이)읍	읍수	土宜(닥나무) 읍수	비 고
충청도	忠州, 丹陽, 淸風, 陰城, 延豊, 堤川, 淸州, 天安, 沃川, 文義, 木川, 竹山, 稷山, 牙山, 永同, 報恩, 公州, 韓山, 舒川, 庇仁, 鴻山, 恩津, 連山, 懷德, 扶餘, 尼山, 洪州, 泰安, 沔川, 唐津, 禮山, 靑陽, 保寧, 結城, 大興	35	13	
경상도	慶州, 密陽, 梁山, 蔚山, 淸道, 大丘, 慶山, 東萊, 昌寧, 彦陽, 機張, 靈山, 玄風, 淸河, 安東, 寧海, 順興, 醴泉, 榮川, 永川, 靑松, 義城, 盈德, 禮安, 河陽, 基川, 新寧, 尙州, 星州, 善山, 陜川, 草溪, 高靈, 聞慶, 知禮, 晋州, 金海, 咸安, 咸陽, 固城, 居昌, 河東, 珍城, 漆原, 安陰, 三嘉, 宜寧, 鎭海	48	4	
전라도	全州, 南原	2	35	
경기도		0	1	厥貢 : 蘆花紙
황해도	谷山, 新恩, 長淵, 平山, 牛峯	5	4	
강원도		0	17	厥貢 : 紙·休紙
평안도		0	32	
함길도		0	0	

(《世宗實錄地理志》 土貢·土宜條에 의함)

고려의 제도적인 폐단을 제거하고 토지의 산물에 따라 등급과 차례를 정하여 국가 재정의 기초로 삼았던 것이다.

조선 초기에 종이를 공납하는 도와 읍, 그리고 그 종이의 종류 등에 대해서는 《세종실록지리지》 각 도의 厥貢條와 각 읍의 土貢條에 잘 나타나 있다. 이를 정리하면 위의 〈표 4〉와 같다.

위 표를 참고하면, 전국의 종이를 공납하는 도와 읍은 충청도 35읍, 경상도 48읍, 전라도 2읍, 황해도 5읍, 그리고 강원도·경기도 등 6도에 걸쳐 총 90읍임을 알 수 있다. 여기에서 특히 주목되는 것은 전라도의 경우이다. 전라도는 35곳의 닥나무 생산 읍을 소유하고 있으면서도, 종이를 공납하는 읍은 전주·남원 2읍뿐이다. 조선 8도 중에서 가장 많은 닥나무와 가장 품질이 좋은 종이를 생산하고 있는 전라도에서, 단지 전주·남원 2읍만이 도 전체의 종이를 공납했겠는가 하는 의문이 생긴다. 그것은 아마 전라도의 경우 닥나무 생산 읍이 곧 종이를 공납하는 읍이라는 혼효된 동일 의식 속에서 이같이 기록한 것이 아닌가 생각한다. 《세종실록지리지》에 전주와 남원만이 종이를 공납하는 읍으로 기재되어 있는 것은, 단순히 종이를 공납하는 읍임을 명시하기 위한 의도에서라기보다는 이들 읍이 공납하는 종이의 종류와 그 품질의 우수성을 나타내기 위한 것이 주된 목적이었다고 생각된다. 다른 지방 각 읍의 土貢條에는 단순히 '紙'라고만 기록되어 있는 데 비해, 전라도 전주의 土貢條에는 表箋紙·奏本紙·副本紙·咨文紙·書契紙 등 공납하는 종이의 명칭과 도내에서 전주와 남원 두 읍의 종이 품질이 우수하다고 기록되어 있고, 역시 남원의 토공조에도 표전지라는 종이의 명칭만 기재되어 있는 것으로 보아도 이러한 추측이 가능하리라 생각된다. 따라서 전라도의 경우 닥나무 생산읍 35읍에 전주를 포함한 36읍이 실제로 종이를 공납한 읍이라고 생각할 수 있다.

전국에서 공납한 종이의 종류를 각 도별로 보면, 전라도의 表箋紙·咨文紙·副本單字紙·奏本紙·皮封紙·書契紙·祝文紙·表紙·擣錬紙·中幅紙·常表紙·甲衣紙·眼紙·歲畫紙·白奏紙·火藥紙·狀紙·常奏紙·油芚紙·油芚, 경상도의 進獻表紙·國用表紙·擣錬紙·眼紙·白奏紙·常奏紙·狀紙·油芚, 경기도의 蘆花紙 등이다. 그리고 충청·강원·황해도는 공납하는 종이의 세부 명칭은 생략하고 단순히 '各色紙' 혹은 '紙'라고만 기록하고 있으며, 기타 油芚·休紙 등이 기록되어 있을 뿐이다.

공물은 국가가 개별적 民戶를 대상으로 부과한 것이 아니고 지방 각 읍을 단위로 分定하는 것이 상례였다. 국가로부터 공물을 분정 받은 각 읍은 그것을 읍 자체에서 조달하기도 하고, 혹은 民戶에 직접 분정하여 징수하기도 했다. 조선은 국초부터 종이의 원료가 되는 닥을 공물로서 각 읍에 분정 징수하였다. 따라서 지방 각 읍은 국초부터 관청에서 닥나무 밭을 개설하여 공물인 닥의 납부에 충당하였다. 《經國大典》 戶典 徭賦條에는 지방 각 읍에서 닥나무를 배양하여 그 소출을 공납하도록 규정하였다. 따라서 각 읍은 닥나무 밭을 개설하여 그 곳에서 생산된 닥의 표피를 제거한 白楮로써 공납하고 있었는데 주로 최상품의 것만을 바쳐야 했다. 상납된 백저는 중앙의 조지서에서 表箋紙·咨文紙를 비롯한 각종 종이를 제조하는 데 사용하였다.

이와 더불어 각 읍 또는 각 도는 완제품의 종이를 중앙에 공납해야 했다. 이것 역시 民戶에게 직접 부담시키지 않고, 각 읍이 官楮田 소출의 닥을 원료로 하여 자체적으로 종이를 생산·공납하는 것이 원칙이었다. 이를 官備貢物이라 하는데, 그 품목으로서는 종이를 비롯하여 옻칠·꿀·버섯·밤 등이 있었다.[35] 그러나 각 읍의 자체 조달 원칙은 철저히 준수되지 않고 민호에게 부담시키는 것이 다반사였다. 매년 정례적으로 중앙에 상납하는 것을 상공이라 하였는데, 그 대표적인 예로서 문종 즉위년(1450) 이전에 각 도에서 1년에 진상하는 冊紙는 경상도 6,500권, 전라도 4,500권, 충청·강원도 각 2,000권 등이 있었다.

이 외에도 정부의 필요에 따라 수시로 상납케 하는 별공이 있었다. 중국에 대한 조공품으로서의 進獻紙와 각종 서적 인쇄용 冊紙 등을 비롯한 각종 종이들이 별공으로 수시로 분정·징수되었다. 그 대표적인 예를 열거하면 다음과 같다. 태종 8년(1408) 정월에 각 도로 하여금 진헌지 1만 장을 상납할 것을 명하였고, 세종 16년(1434) 7월에는《資治通鑑》인쇄용 종이로 조지소에 5만권, 경상도에 10만 5천 권, 전라도에 7만 8천 권, 충청·강원도에 각각 3만 3천 5백 권씩, 도합 30여만 권을 배정하여 상납하게 하였다. 그리고 세조 3년(1457) 6월에 대장경 50건의 인쇄에 소용되는 종이 40만 6천 2백 권을 충청도에 51,126권, 전라·경상도에 각각 99,004권, 강원도에 45,126권, 황해도에 51,126권씩 배정하고, 그 제조한 종이를 해인사로 수송하게 하였다. 이같이 각 도에 분정·상납하게 하는 별공으로서도 막대한 양의 종이가 공납되었다. 불시의 필요에 따라 수시로 책정되는 별공은 주로 긴급을 요하였고 또한 그 폐단이 적지 않았기 때문에, 관청에서 그 대가를 지급하여 민폐를 방지하였다.[36] 실제로 관청에서 종이를 제조할 때 사용되는 닥을 민간에서 구입할 때에는, 쌀·콩 등 대가를 지급하라는 중앙 정부의 빈번한 지시와 더불어 이를 위반할 때에는 관리를 처벌한다는 강경한 조처를 취하기

---

35)《文宗實錄》권 4, 문종 즉위년 10월 경자.
36)《端宗實錄》권 9, 단종 원년 11월 병진.

도 하였다.

중앙정부로부터 일정량의 종이를 분정 받은 지방 각 읍은 이를 민호에게 분정하여 징수하거나, 혹은 도회소를 설정하고 이곳에서 지장·농민 등을 사역시켜 제조하였다. 즉 각 읍에서 직접 종이를 조달할 경우, 도회소를 설정하고 官楮田 소출의 닥이나 매입한 닥을 원료로 하여 이곳에 지장·농민·군인·入番人吏·日守·관노비[37] 혹은 승려 등을 동원시켜 제조하였다. 농민의 경우 1년에 일정 기간 동안 국가의 각종 役에 종사해야 했다. 각 읍은 입역 기간 동안 이들을 사역시켜 종이를 제조하게 하기도 했던 것이다. 그리고 正朝에는 지방의 향리들도 궐문에 숙배하고 예조에 종이를 상납하는 것이 상례였다.[38] 기타 家舍·전답·노비에 관한 소송이나 전세·공물 수납 때에 수수료로서 종이를 바쳤음은 물론이고, 노비공으로서 종이를 납부하는 경우도 종종 있었다.

종이를 상납하는 경우, 각 읍의 향리 중 유식하고 부유한 자를 선임하여 그 수송과 중앙 관청에의 납입을 담당시켰는데, 이를 담당하는 향리를 貢吏라고 하였다. 공리가 종이를 상납하기 위해 상경할 때에는 반드시 종이의 명칭·수량·납부 관청·상납 기일·공리의 성명 등이 기재되어 있는 陳省을 수령으로부터 받아 공물에 첨가하여 중앙 각 관청에 납부하였다. 상경 후 이들은 주로 당해 읍의 경재소에 머물면서 이 일을 담당했다. 공물의 수송시에는 수운에 의한 경우도 있고, 육운시에는 역마를 이용하여 수송하였다. 그러나 각 역의 사정이 여의치 않을 경우, 농민을 동원하여 운반함으로써 여러 가지 폐단을 자아내기도 하였다. 상경한 공리는 납부할 종이의 卷端에 납부 연월일을 쓰고 해당 관청에 납부하였는데, 이 때 감찰이 제품을 검사하여 하자가 없을 경우 印信을 찍어 수납하였다.[39] 정해진 기일 내에 공물을 상납하지 못한 수령은 처벌을 받았다. 공물 납입이 끝나면 공리는 관청으로부터 납입 완료 증명서인 准納帖을 받는데, 이로써 공물 납입이 완료되는 것이다.

그러나 제품에 하자가 있다던가 혹은 정해진 규격에 맞지 않으면 수납하

37) 《文宗實錄》 권 4, 문종 즉위년 10월 경진.
38) 《成宗實錄》 권 183, 성종 16년 9월 기미.
39) 《成宗實錄》 권 284, 성종 24년 11월 을사.

지 않았다. 게다가 공물 납입시 관원의 심사는 거의 형식적인 것에 불과하고 실제 업무는 소속 下吏 또는 관노에게 맡겨져 있었기 때문에, 이들의 자의에 의한 斥退가 성행하였다. 이러한 이유 등으로 정해진 기일 내에 공물의 납부가 어렵게 되면, 그 틈을 타서 관인·중앙 각 관청의 吏奴·승려·상인 등이 민호를 대신하여 종이를 상납하고 그 대가를 받아내는 代納 또는 防納이 성행하였다. 강원도 평강 등 읍은 장흥고에 종이를 공납하는 읍이었다. 그러나 이들 지역에서는 닥나무가 생산되지 않기 때문에, 色吏가 백성들에게 그 대가를 받아 상경하여서 종이를 구입·상납하는 대납이 연례적으로 이루어지고 있었다고 한다.[40] 세조 때의 대사헌 梁誠之는 공물의 대납 중에서 백성들에게 가장 큰 폐해가 되었던 것으로 紙芚·白楮·油密·正鐵 등을 들었다. 그리고 문종 즉위년(1450) 司諫院 右司諫大夫 崔恒 등의 상소에 의하면, 원래 종이는 수령이 관청에서 직접 조달하였으나, 지금은 승려들이 모두 방납하여 백성들이 큰 손실을 입고 있었다고 하였다. 이로써 볼 때, 조선 초기에는 백저·종이·지둔 등의 방납 또는 대납이 보편화되었으며 그에 따른 폐단 또한 막심하였음을 알 수 있다. 국가에서는 방납 또는 대납의 폐단을 제거하기 위해 종종 이를 금지하기도 하였으나, 권력의 비호를 받고 있는 계층의 이와 같은 행위는 근절되지 않고 대동법이 시행될 때까지 계속되었다.

〈河宗睦〉

4. 조선업

1) 전통적인 조선기술

(1) 한선의 전통

3면이 바다로 에워싸이고 내륙에도 하천이 많은 반도를 생활터전으로 한

40) 《端宗實錄》 권 5, 단종 원년 정월 기묘.

우리나라는 예로부터 배를 잘 만들어 꾸준히 해상활동을 전개하며 살아 왔다. 그러나 간혹 아예 바다를 잊어버린 민족으로 오해되고, 그 배들도 아주 형편없는 것처럼 곡해되는 수가 있지만 알고 보면 결코 그렇지 않다. 우리 선민들의 평화적인 해사활동과 군사적인 수군활동을 활발히 전개해 온 전통은 연면하고, 그 배의 역사도 유구하다. 그런 가운데 한국의 배들은 다른 지역의 것, 가령 중국이나 일본의 배와는 명확히 구별되는 독특한 체질을 지니게 되었는데, 이러한 한국의 독특한 전통적인 재래식 배가 바로 韓船이다.

한선의 구조적 특성[1)]은 두껍고 평탄한 底板을 밑에 깔고 있는 平底船으로서 양현에 외판은 클링커 이음(clinker joint)방식[2)]으로 붙여 올라가되 아래 판자의 윗면을 ㄴ자형으로 모를 따내고 거기에 윗 판자를 겹 붙이도록 되어 있으며, 선수재는 예리하지 못하고 평면을 이루고, 선체 내에 격벽을 두지 않고 加龍 또는 加龍木이라는 막대기로 배가 찌부러지려는 횡강도를 유지하는 등이었다.

이런 한선의 구조법은 1984년 전남 莞島郡 藥山面 漁頭里 앞 바다에서 발굴 인양된 이른바 莞島船에 아주 잘 나타나 있는데, 그 배는 고려 문종 연간(1047~1082) 전남 海南郡 山二面 珍山里 일대의 도요에서 산출된 초기의 고려청자 3만여 점을 가득히 싣고 남해안을 항해하던 중에 침몰된 것으로 고증이 되어 있고,[3)] 배의 구조는 한선구조의 연원적 형태라는 것이 밝혀지고 있다.[4)]

1) 金在瑾, 《우리 배의 歷史》(서울大出版部, 1989), 64쪽.
2) 외판의 고착방법에는 판자를 서로 맞대어 결착하는 카벨(carvel)이음방식과 판자를 서로 겹쳐 붙이는 클링커 이음방식의 구별이 있다.
3) 文化財管理局, 《莞島海底遺物》(1985) 61·109·130쪽.
4) 金在瑾, 〈莞島海底發掘船의 船體構造에 대하여〉(《學術院論文集-人文·社會科學篇-》 25, 1986), 281쪽.

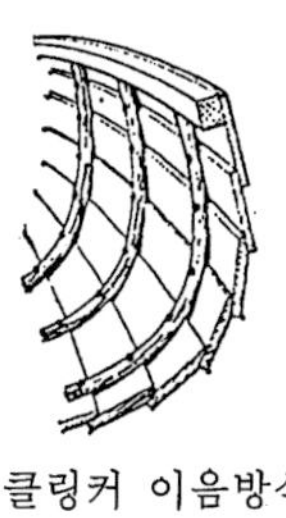
클링커 이음방식

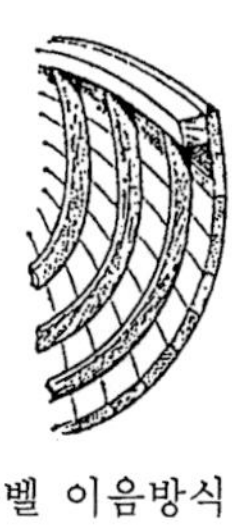
카벨 이음방식

〈그림 1〉 莞島船의 중앙단면

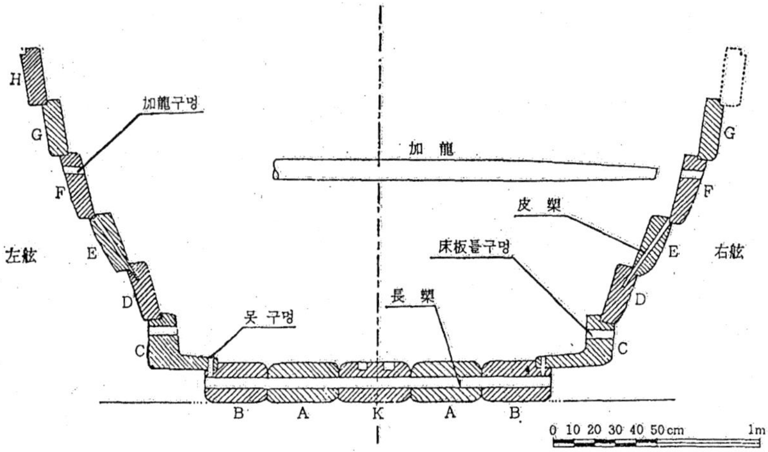

그 배의 중앙단면은 〈그림 1〉과 같다. 여기에는 두껍고 평탄한 저판, 턱을 따서 붙여 올라간 외판, 가룡목의 존재 등 한선구조의 기본요소가 모두 구비되어 있어 11세기에 한선구조법이 이미 보급되어 있었음을 알 수 있다.

좀 더 큰배에서는 한선구조법이 더 빨리 정착한 것으로 보인다. 고려 靖宗(1035~1046)대에 1천 석을 실어 나를 수 있는 哨馬船을 연안 각 漕倉에 배정하였는데,[5] 그 초마선은 조선 초기까지도 조운선으로 그대로 사용된 한 선구조의 배였다.

고려는 원종 15년(1274)과 충렬왕 7년(1281) 두 차례 元과 연합하여 일본을 원정했다. 고려는 그 때마다 원나라 세조의 요청으로 도해작전을 위해 각도에서 배목수와 잡역부를 징집해 扶安의 邊山과 長興의 天冠山 등에서 대대적으로 조선작업을 했다.[6] 그 때 건조한 배는 大船 300척, 中型輕快船 300척, 汲水小船 300척 등 모두 900척에 달했다.[7]

이 배들을 만드는 데 중국의 조선법에 따르면 비용도 많이 들거니와 소정 기일에도 미치지 못할 것을 우려하여 원의 양해를 얻어 고려의 조선법에 따라 배를 건조하였는데, 불과 4, 5개월만에 그 막대한 척수를 완공할 수 있

5) 《高麗史》 권 79, 志 33, 食貨 3, 漕運.
6) 《高麗史》 권 27, 世家 27, 원종 15년 정월·2월.
7) 《元史》 권 208, 列傳 95, 外夷 1, 日本.

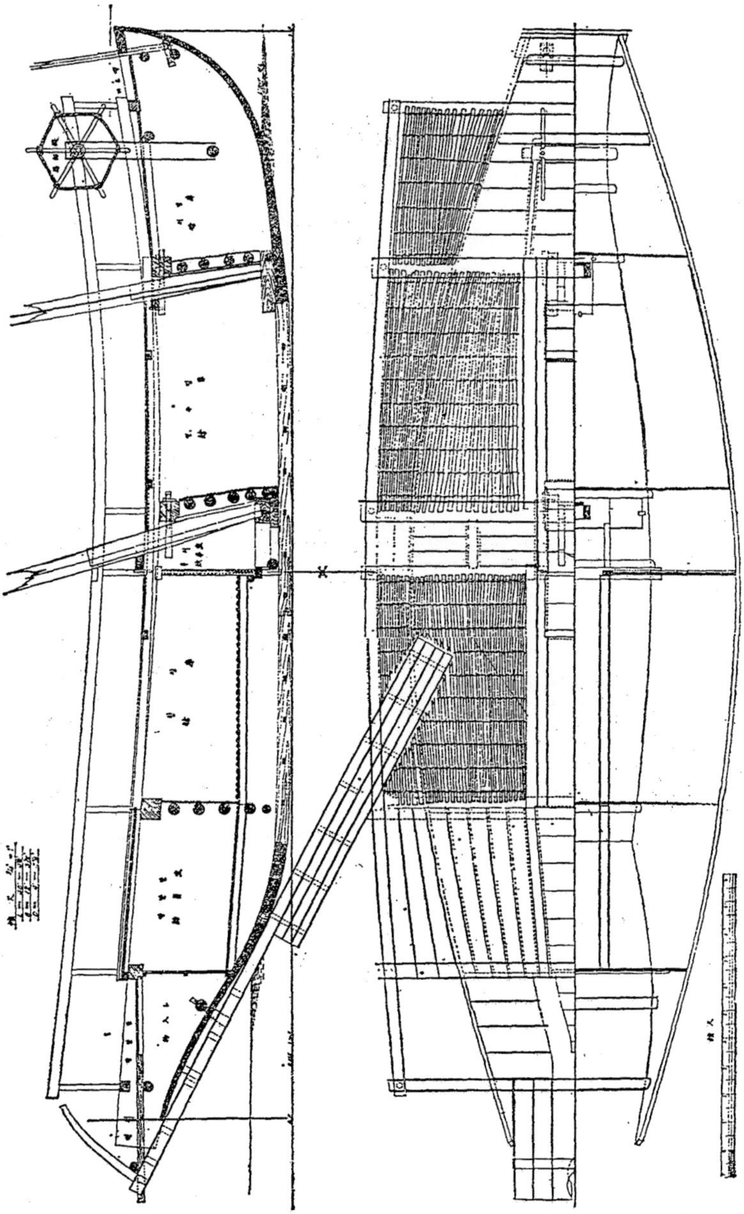

〈그림 2〉 재래식 한국어선의 일반배치도(全南 珍島郡 鳥島面 觀梅島里 石首魚延船網漁船)

〈그림 3〉 재래식 한국어선의 중앙단면도(全南 珍島郡 鳥島面 觀梅島里 石首旋網漁船)

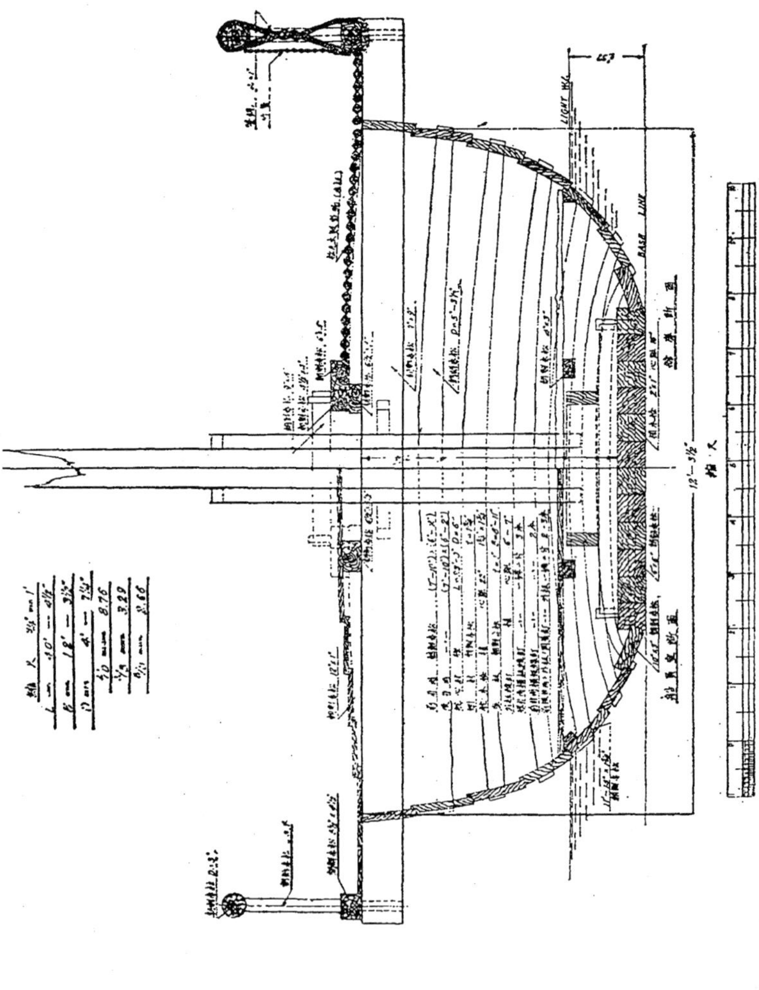

었다.[8] 이 '고려의 조선법'이란 그전부터 전래되어 내려오는 한선구조에 의한 조선법이었던 것이다.[9]

이상과 같이 한국 역사상 고유한 한선구조법은 고려시대 이후 조선시대에 계승 발전되고 금세기 전반기까지도 전래되어 내려왔다. 그런데 우리들이 알고 있는 우리나라 전통적인 배는 너무 빈약해서 한선이라면 매우 보잘 것 없는 배로 생각되기 쉽다. 그러나 전 세기까지의 한선은 결코 그렇게 빈약한 것이 아니고 당대 중국의 전통적인 정크선이나 일본의 和船(또는 大和型船)에 비하여 결코 손색이 없는 당당한 배들이었다.

(2) 한선의 구조

조선 초기의 조선기술은 고려로부터 이어받은 것이었다. 그리고 그 기본적인 틀은 조선 전기간은 물론이고 그 후에도 변함이 없었던 것이므로 조선의 조선기술은 얼마 전까지 쓰여진 현대 한선의 구조를 가지고 충분히 알아 볼 수 있다.

〈그림 2〉는 1920년대까지 한국 연안에서 쓰여진 재래식 어선의 일반배치도이고, 〈그림 3〉은 그 중앙단면도인데, 이제부터 이들을 가지고 한선구조를 설명하기로 한다.

〈그림 4〉 底板의 조립방식

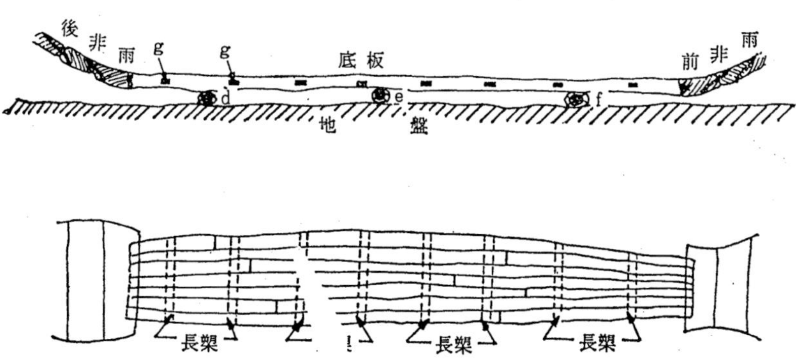

8) 《高麗史》 권 105, 列傳 18, 金方慶.
9) 金在瑾, 앞의 책, 88쪽.

가. 저 판

底板은 한선구조에서 선체의 기반을 이루는 가장 중요한 부재이다. 배를 건조할 때에도 저판을 제일 먼저 놓고 그 위 4변에 좌·우현 외판, 선수재, 선미재 등을 고착하여 선체의 껍질인 船殼을 꾸미게 되고, 배의 치수를 나타낼 때에도 저판의 길이와 너비 등 치수를 가장 자세하게 제일 먼저 쓰는 경우가 많다. 더욱이 각 부재의 두께에 있어서도 저판이 가장 두껍게 되어 있다.

저판의 구조방식은 〈그림 4〉에 나타나 있는 바와 같이 긴 각재를 여러 줄 평탄하게 놓고 배가 부른 긴 사각형으로 꾸민다. 각재의 고착은 일정한 간격으로 '長槊'이라 이르는 긴 구형단면의 참나무 못을 끼워 맞춤으로써 이루어진다.

이와 같이 저판이 평탄하고 튼튼하게 구조되므로 한선은 예외없이 平底船型을 이루게 되고, 그런 한선의 선형은 외국의 평저선과 비교해도 아주 독특하다. 이같은 독특한 평저선형은 한국의 서해안과 남해안의 경우 본래 간만의 차가 심해서 물이 빠졌을 때에 배가 좌정하지 않을 수 없고, 한편 동해안에서는 풍랑을 피할 만한 항구가 없으므로 배는 뭍에 끌어올려 두지 않을 수 없는 지리적 조건 때문에 생겨난 것이다.

나. 외 판

한선에서 외판은 杉板 또는 舷板이라 하고, 때로는 단지 杉이라고도 한다. 그러나 이것은 근래에 배의 외판재로 애용되는 삼나무(杉, cedar)와는 아무런 관계가 없는 말이다. 한선의 외판재로는 언제나 陸松이 주로 사용되고 삼나무가 쓰인 일은 예전에는 없었다.

한선 외판의 모양과 고착방법은 〈그림 3〉과 〈그림 4〉에 잘 나타나 있다. 〈그림 3〉에서 보면, 저판에 이어 不者里가 고착되고, 그 위로 외판재를 이어올려 동두틈에 이르러 그친다. 현대선박에서라면 부자리는 龍骨 바로 옆에 붙어있는 龍骨翼板(garboard strake), 동두틈은 갑판에 붙어있는 舷側厚板(sheer strake)에 해당하는 최하와 최상층의 외판재이다.

〈그림 5〉는 외판 고착의 세부를 나타내는 그림이다. 상하 외판재의 고착은

〈그림 5〉 外板의 고착방법과 木釘(皮槊)

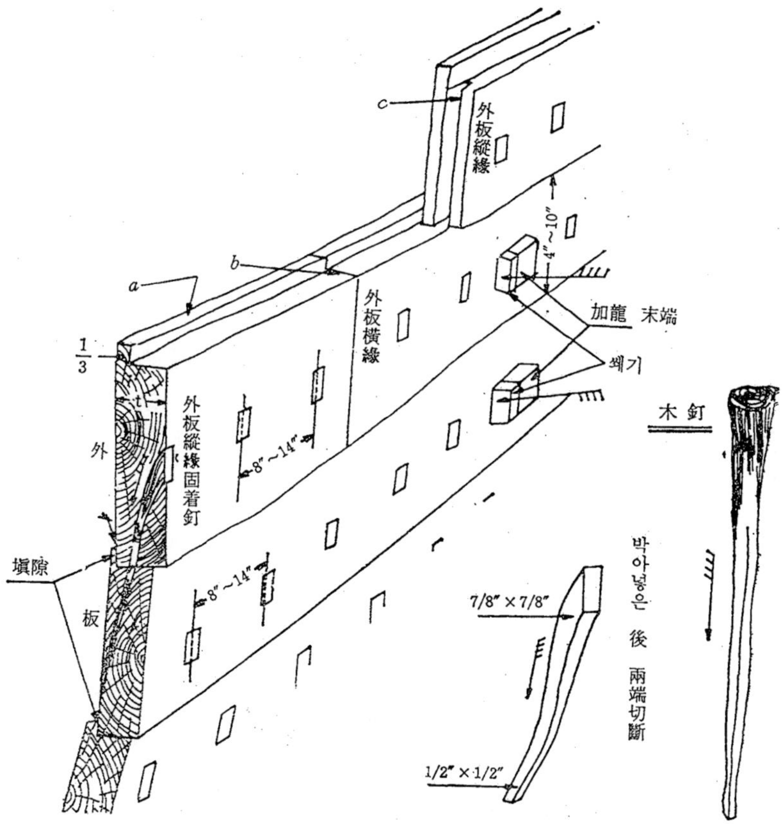

밑에 오는 판자의 윗면을 'ㄴ'자형이 되도록 턱을 깎아내고서 그 위에 윗판을 놓고, 참나무를 깎아서 만든 나무못을 윗판자에서 아랫판자로 비스듬히 내려 꽂아서 고정시킨다. 이와 같은 외판의 고착방식은 턱붙이 클링커 이음(rabbetted clinker joint)이라 할 수 있는 것으로서 한선구조에서만 나타나는 아주 독특한 외판 고착방식인데, 앞에서 서술한 莞島船의 외판도 그런 방식으로 고착되어 있다.

외판고착에 쓰이는 나무못은 皮槊 또는 피쇠라고도 하며 박달나무나 전나무(槇)같은 참나무로 만들었다. 그 모양새는 〈그림 5〉에 잘 나타나 있듯이 길고 홀쭉한 나무토막을 끝이 뾰족한 사각단면을 이루도록 깎아 만든다. 그것을 아래위의 판자를 비스듬히 관통하도록 빡빡하게 박아서 판자두께에 맞추어 양끝을 절단한다. 그러므로 한선 선체의 판자 안팎에는 〈그림 5〉에도 나타나 있는 바와 같은 못 구멍의 자국이 나란히 나게 마련이다.

다. 선수재

현대식 목선은 船首部에 긴 각형 단면의 方形船首材를 가지고 있고, 거기에 양현 외판재의 끝이 고착되어 수선이 예리한 각도를 이루는 이른바 포인테드 스템(pointed stem)을 이룬다. 그러나 한선의 선수부는 〈그림 2〉에 나타나 있듯이 곡면 또는 평면으로 되어 있다. 따라서 그 수선면은 예리하지 못하고 'ㄷ'자형으로 이른바 브란테드 스템(blunted stem)을 이룬다.

곡면 또는 평면을 이루는 한선의 선수부재를 '비우', 또는 선수부를 뜻하는 이물을 붙여서 '이물비우'라 하고, 한자로는 鼻羽·飛荷·比牙·非雨 등으로 쓴다.

선미부재도 역시 '비우', 또는 선미부를 뜻하는 高㓖을 붙여서 '고물비우'

〈그림 6〉 船首材의 고착

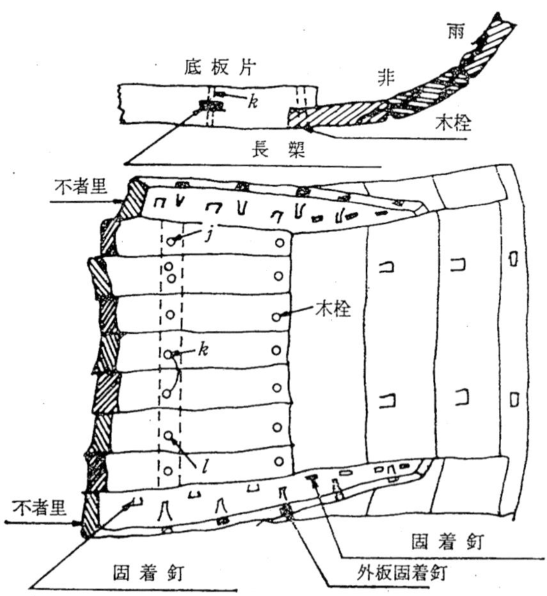

라고 한다.

선수재인 이물비우를 구조하는 데는 판자를 가로 방향으로 붙이는 방법과 세로 방향으로 붙이는 두 가지 방법이 있는데 〈그림 6〉은 전자의 경우이다.

한선은, 선수부 형상이 예리하지 못하고 비우라는 평면으로 막혀 있기 때문에 선체의 저항과 속력면에서 좀 불리하다. 그러나 구조의 간략화에 따른 강도상의 이점 등이 없지도 않다.

라. 선미재

한선 선체의 후부를 이루는 고물비우의 형상은 예외 없이 모두 뒤로 경사되어 있는 평면인 이른바 트란삼 스탄(transom stern)이다.

〈그림 7〉은 근래의 한선에서 흔히 보는 선미부분의 구조이다. 船尾材는 가로로 넓은 평면을 이루고, 밑은 저판에, 그리고 좌우양현은 선미 후방으로 뻗어나온 외판에 고정되어 있다.

〈그림 7〉 선미 구조

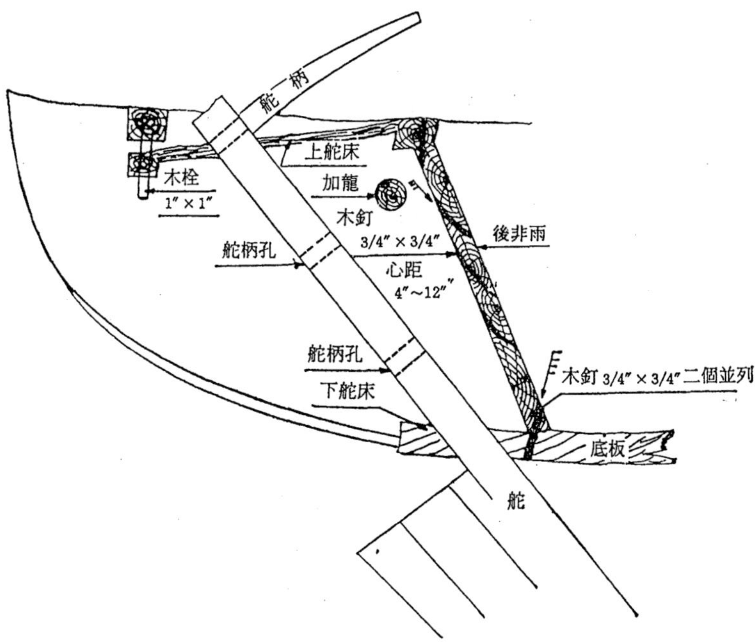

〈그림 8〉 駕木과 加龍木

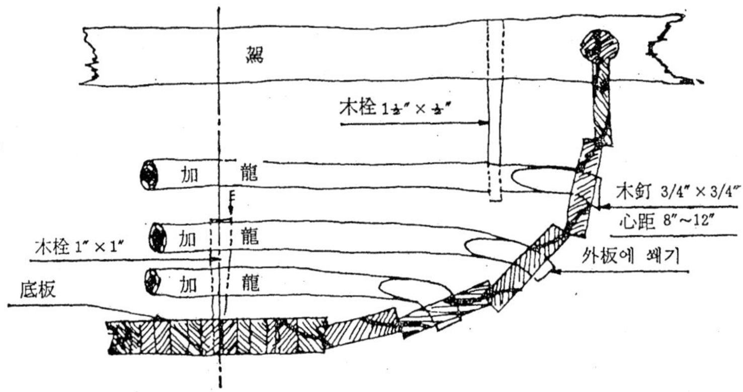

마. 가목과 가룡목

저판·외판·선수재·선미재 등을 서로 고착하여 배의 껍질인 船殼이 만들어지고 나면 거기에 필요한 만큼 駕木과 加龍木이 설치되어야 한다.

가목은 멍에라고도 이르는 배의 横梁인데, 〈그림 8〉에서 보는 것처럼 최상층 외판인 동두틈을 꿰뚫어 선현 밖으로 나간다. 가룡목은 가목 밑으로 각층 외판마다 양현의 외판재를 연결하고 있는 부재인데 이것은 한선 고유의 횡강력재이다.

한선구조에서는 동양선의 상례로서 늑골이 없고 또 판자로 된 격벽도 없으므로 가목과 가룡목이 梁·肋骨·隔壁을 대신하여 선체를 옆에서 압박하는 横强度를 받치고, 아울러 선체를 구분하여 구획을 만드는 역할도 한다.

2) 조선 전기의 조선업

(1) 민간조선업

조선시대의 선박은 그 규모나 수에 있어서 관선이 압도적으로 많고 우세하였다. 그러므로 조선 부문에 있어서도 관부가 주관하는 관선의 건조가 그 중심이 되었다. 그래도 조선 전기부터 私船이 수운과 해운에서 차지하는 비중도 적지 않았다. 조선 초기부터 정부에서 조운을 주관하고, 그것을 위한 漕船을 보유하였지만, 한편으로는 조운에 사선을 고용하기도 하였다.

사선조운의 실례 몇 가지를 들어보면, 태종 3년(1403)에는 경상도 세곡의 陸運 여부가 논의되었는데, 이 때 경상도의 세곡은 전라도 연안을 통하는 해운을 피하고, 忠州 金遷까지 육운하여 그 곳에서 조운선과 사선으로 경창에 운반하자는 의견이 있었으며,[10] 태종 12년(1412)에도 전라도의 1년 세곡 7만 석 중 2만 석을 사선으로 운반하자는 의견이 나오기도 하였고,[11] 태종 15년(1415)에는 사선을 조운에 사용하는 편이 낫다고 하여 사선으로 쌀을 나르고 군선으로 호송키로 한 일이 있었다.[12] 그 후 조운 문제 자체에 변화가 많았지만, 조운에 있어서의 私船賃用은 조선 후기에도 계속되었으며, 조운 뿐만 아니라 경우에 따라서는 사선을 전투용으로 이용하기도 하였다.[13]

조운에서의 사선 임용은 조선시대 사선업이 그만큼 발달하고 있었음을 말해준다. 조운 이외에도 사선 경영은 많았다. 조선 초기에 露梁津·三田渡·楊花渡 등에 설치하였던 官營津船이 느리고 무겁다 하여, 도강인들이 그것을 이용하지 않고 대신 운임이 더 비싸지만 경쾌한 私津船을 이용하였다는 기록이나,[14] 왜구로 인한 피해를 막기 위하여 사선이 바다로 나갈 때는 3, 4척 혹은 6, 7척을 한 떼로 하여 소재 관아가 발급하는 文引을 소지토록 한 기록[15] 등은 사선의 활발한 활동상을 말해주고 있다.

사선들이 어떻게 건조되었는가를 상세히 전해주는 기록은 거의 없으며, 다만 연안의 목재 산지에서 선주들에 의하여 건조되었으리라 추측될 뿐이다. 세종 8년(1426)에는 병조에서 사선 건조에 대한 금령이 없으므로 소나무를 도벌해서 선박을 건조하는 경우가 있다 하고, 해변의 소나무는 그 소재 지방관과 각 포구의 萬戶와 千戶가 이를 관할하며, 사선을 건조하는 자가 있으면

10) 《太宗實錄》 권 5, 태종 3년 6월 신해.
11) 《太宗實錄》 권 24, 태종 12년 11월 갑신.
12) 《太宗實錄》 권 29, 태종 15년 6월 임오.
13) 《中宗實錄》 권 48, 중종 18년 6월 을축.
14) 《世宗實錄》 권 102, 세종 25년 10월 경인.
15) 《世宗實錄》 권 38, 세종 7년 6월 신유.

치죄하고 선박을 몰수하라고 지시한 일이 있었다.

선박 건조의 장소는 해안이나 강안으로서 솔밭이 무성하게 우거진 곳이었는데, 그런 곳은 정부에서 모두 금벌구역으로 정하여 관선 제조를 위한 재목을 확보하고 있었으므로, 사선 건조는 원칙상 관선 건조장 이외의 지역일 수 밖에 없었다.

(2) 관부의 조선관리[16]

신라와 고려시대에는 관부의 조선기관으로서 船府署와 戰艦都監 등이 있었으며, 조선시대에도 건국 당초부터 조선기관이 설치되었다. 왕조가 성립되던 태조 원년(1392) 7월에 문무백관의 제도를 제정할 때 '전함의 營修를 관장하고 轉輸 등의 일을 감독'하기 위한 기관으로 司水監을 설치하였으며, 이에 배속된 관리는 정2품의 判事 2명, 종3품의 監 2명, 종4품의 少監 1명, 종5품의 丞 1명과 兼丞 1명, 종6품의 注簿 3명과 兼注簿 1명, 종7품의 直長 2명, 正8품의 錄事 2명 등이었다.[17] 이와 같은 司水監은 선박관리뿐만이 아니라, 직접 선박을 건조하기도 하였는데, 태조 6년(1397)에 "龍山江에 행차하여 司水色이 새로 만든 병선을 보았다"[18] 하였음이 그를 말해주고 있다.

그 후 司水監은 태종 3년(1403)의 관제개편으로 司宰監에 병합되었다가[19] 세종 14년(1432)에는 병선 건조의 중요성이 강조되어, '전적으로 전함을 관장하고, 松木을 배양하며 船隻의 修造 등 일에 관여'하는 司水色을 부활하고, 관원으로 都提調 1명과 提調 2명, 別監 2명, 錄事 2명을 두었고,[20] 다시 세종 18년(1436)에는 修城典船色으로 개편되어, 축성 분야를 관장하는 별감 4명을 더 두게 되었다가,[21] 다시 세조 11년(1466)에는 典艦司로 그 명칭이

16) 姜萬吉, 《朝鮮時代商工業史硏究》(한길사, 1984), 175쪽.
17) 《太祖實錄》 권 1, 태조 원년 7월 정미.
18) 《太祖實錄》 권 12, 태조 6년 8월 정해.
19) 《太宗實錄》 권 5, 태종 3년 6월 을해.
20) 《世宗實錄》 권 58, 세종 14년 12월 을사.
21) 《世宗實錄》 권 72, 세종 18년 5월 갑오.

바뀌었다.[22] 《經國大典》에는 '京外의 舟艦을 관장'하는 기관으로서 都提調와 提調 각 1명, 提檢·別坐·別提 등 5명을 두었으며,[23] 성종 원년(1470)에는 경기 좌우도의 水站判官을 통솔할 기관이 없어서 漕船의 간수와 조운 업무가 철저히 이행되지 않는다는 이유로 이후부터는 내륙 하천에서 사용하는 조운선인 站船도 전함사에 소속시키고, 수참판관의 포폄도 호조와 典艦司提調가 협의하여 이행케 하는 한편 전라·충청도의 漕船도 종래 三道敬差官이 관장하던 것을 역시 전함사에 소속시켰다.[24]

이와 같이 전함사는 그 기구면에서의 변화는 빈번하였지만, 조선 전기 선박관리기관으로서만 아니라 직접 조선소로서의 기능을 다했으며 조선 기술상의 문제도 모두 여기에서 취급하였다. 앞에서 든 바와 같이 태조 6년 이미 왕이 司水監에서 새로 만든 병선을 관람하였다는 기록이 있는가 하면, 세종 16년(1434)에는 司水色에서 만든 전함과 琉球 선장이 만든 전함의 효능을 비교한 기록이 있으며,[25] 문종 원년(1451)에는 중국의 조선술에 관한 보고서를 修城典船色에 보냈다.[26] 또한 세조 7년(1461)에는 申叔舟가 한 척의 배를 가지고 병선과 조선으로 겸용할 수 있는 兵漕船의 개발을 건의하였는데, 이 때도 그 구조를 전선색에서 연구하게 하였고,[27] 이에 따라 전선색에서는 전투와 조운에 모두 쓸 수 있는 새로운 배를 고안하여 모든 포구의 군선을 그런 구조에 따라 개조하도록 결정하였으며,[28] 앞에서 말한 바와 같이 성종 원년에는 경기와 전라·충청도의 조선을 직접 관리하게 되었고, 이 때문에 조운을 관리하는 수운판관 2명과 해운판관 1명을 직원으로 소속시키고 있다.[29]

典艦司는 원래 內司와 外司가 있어서, 내사는 서울의 중부 澄淸坊에 있고 外司는 西江에 있었는데, 내사는 선박 관리 혹은 조선관리 사무소를 관장하

22) 《新增東國輿地勝覽》 권 2, 京都 下, 典艦司.
23) 《經國大典》 권 1, 吏典, 京官職 典艦司.
24) 《成宗實錄》 권 6, 성종 원년 6월 을축.
25) 《世宗實錄》 권 65, 세종 16년 9월 정유.
26) 《文宗實錄》 권 6, 문종 원년 3월 임인.
27) 《世祖實錄》 권 26, 세조 7년 10월 무진.
28) 《世祖實錄》 권 26, 세조 7년 11월 갑오.
29) 《成宗實錄》 권 6, 성종 원년 6월 을축.

고, 외사는 그것이 바로 조선소였으리라 생각된다. 조선시대의 서강은 황해·전라·충청 등 각 도의 조운선이 집결하는 곳으로서 廣興倉·豊儲倉 등이 있었다.30)

조선 전기 각종 군선과 조운선 등 관선의 건조는 이상과 같이 전함사에 의하여 관장되었다. 그러나 약간의 예외가 없었던 것은 아니다. 예를 들면, 태종 원년(1401)에 林整을 三道都體察使에 임명하여 漕船을 건조케 하였는데, 그는 다음해에 경상도에서 111척, 전라도에서 80척, 충청도에서 60척을 건조한 바 있다.31)

그러나 조선 후기에 접어들면서 전함사의 선박관리 및 조선기능은 점점 약화되어 갔고, 마침내는 전함사 자체가 폐지되기에 이르렀다. 우선 영조 때에 편찬된《續大典》에서는 수운판관이 없어지고, 정조대에 편찬된《大典通編》에서는 해운판관이 없어지며, 마침내는 전함사 자체가 공조에 흡수되어버린 것이다.

조선 후기에 이르러 전함사가 조선관리기관 혹은 조선장으로서의 기능을 잃어가게 되자 조선관리 업무는 주로 비변사와 공조, 宣惠廳으로 돌아갔고 조선장으로서의 기능은 주로 삼남지방의 水營이 점차로 대신하게 되었다. 조선 전기에 있어서도 선박건조가 전함사에서만 이루어진 것이 아니고, 연해지방의 船材 산지가 곧 조선장 구실을 했지만, 조선 후기에는 삼남지방의 수영, 특히 선재가 풍부한 전라도의 좌·우수영과 산하 읍·진이 사선의 건조뿐만 아니라 일종의 관선 청부 제조장화되어 갔던 것이다.

3) 조선 초기의 선박

(1) 조운선

세곡을 운반하는 조운선은 우리나라에서 가장 역사와 전통이 오래 된 선

30)《新增東國輿地勝覽》권 2, 京都 下, 典艦司.
31)《太宗實錄》권 3, 태종 2년 5월 병술.

박으로서 가히 韓船의 뿌리라 할 수 있다. 더욱이 해로를 통한 조운으로 보면 우리나라는 중국보다는 300여 년이나 앞서는 역사를 가지고 있다. 그런 만큼 조운선의 역사는 고려시대로 거슬러 올라간다.

가. 고려시대의 초마선

한국에서 조운의 제도가 처음으로 확립된 것은 고려 초기이다. 농민으로부터 조세로 거두어들인 곡물을 선박을 이용하여 도성으로 운반하는 조운에는 내륙하천 상류의 일정한 자리에 세곡을 모아 江船을 이용하여 하류로 운반하는 강운(또는 站運)과 연해안의 적당한 포구에 곡물을 모아 바닷길을 따라 운송하는 해운의 두 가지 방법이 있었다. 그러므로 漕運에는 곡식을 모아놓는 漕倉과 곡물을 운송하는 배가 반드시 필요했다. 조창에는 내륙조창과 연해조창이 있고, 조운에 종사하는 배도 강선과 해선이 구별이 있었다. 이들 배를 모두 漕船 또는 漕運船이라 하는 경우도 있지만 江船을 站船, 海船을 漕船이라 구별하는 것이 보통이다.

고려는 건국 초부터 한강 상류인 충주에 德興倉, 原州에 興元倉을 두고, 남도 해안지방에는 牙州(牙山)에 河陽倉, 富城(瑞山)에 永豊倉, 保安(扶安)에 安興倉, 臨陂에 鎭成倉, 羅州에 海陵倉, 靈光에 芙蓉倉, 靈巖에 長興倉, 昇州에 海龍倉, 泗州(泗川)에 通陽倉, 合浦(昌原)에 石頭倉 등 12조창을 두고, 따로 황해도 長淵縣에도 安瀾倉을 두고, 漕運判官을 배치하여 조운의 업무를 담당토록 했다. 그리고 정종(1035~1046)대에는 내륙 조창에는 200석씩 실어나를 수 있는 江船인 平底船을 배당하고, 石頭·安興 등 10개 연안 조창에는 1천석을 실을 수 있는 哨馬船 6척씩을 배당했다.[32)]

조운은 원래 중국에서 기원한 제도이다. 기원전 3세기 말엽 진시황 때에 이미 조운이 존재했다는 설이 있으며, 7세기 초엽 수나라 양제 때에 중국 내륙을 남북으로 통하는 대운하가 개통되어 남방의 곡물이 북부지방으로 운송되는 길이 열리고, 당나라 寶應 2년(763)에 비로소 조운의 제도가 확립되었으며 송이 천하를 통일하고 나서 11세기 조운이 크게 일어났다. 그러나 13세기 중엽 원나라 개국 때까지 중국의 조운은 황하와 운하를 이용한 내륙

32) 《高麗史》 권 79, 志 33, 食貨 2, 漕運.

조운이었다.

중국에서 연안 해로를 통하는 조운이 시작된 것은 원대에 들어와서이다. 원은 건국 이후 大都(北京)에 도읍을 정하고 방대한 관료조직을 가지게 됨으로써 남부중국 곡창의 곡물을 대량으로 운반해와야 했다. 원은 운하를 통한 고식적인 운곡에 만족치 않고 지원 19년(1282) 연안해로를 통한 조운을 시도하여 성공하고 그 후 명 초에 이르기까지 대대적으로 강남의 곡물을 바다를 통하여 수도로 운반해 왔다.[33]

이상과 같이 중국의 조운은 당나라 중엽에 비로소 제도화되고, 13세기까지 수백 년 동안 오로지 내륙조운에만 의존하고, 원대에 이르러 비로소 해운에 의한 조운이 개시되었다. 그런데 고려는 조운의 제도 자체에 있어서는 중국보다 2백 년이 뒤지지만 해로를 통한 조운은 중국보다 오히려 3백여 년이 앞서고 있다.

고려의 조운선인 초마선은 앞에서 서술한 바와 같이 1천 석의 곡물을 싣고 바다길을 내왕할 수 있는 크기의 조운선이다. 조운선의 적재용량은 후세에 이르기까지도 대체로 1천 석을 한도로 했다. 곡물은 매우 무거운 화물이므로 그 이상 크면 구조부재 접합부의 이완 등이 일어나서 문제되기 때문인데, 고려가 그만큼 큰 조운선을 구사하였다는 것은 놀라운 일이다.

초마선은 과연 어떤 선형과 구조를 갖춘 배인가. 초마선이라는 이름의 배는《朝鮮王朝實錄》에도 몇 군데 나타나는데, 예를 들면《太宗實錄》에 경상도의 세공은 오직 초마선 10척으로 운반된다고 하였다.[34] 이것은 매우 중요한 사실이다. 그것은 초마선이 한선구조로 된 韓船임을 시사하기 때문이다. 즉 초마선은 대체로 다음에 기술할 조선 초기의 조선과 동일한 배라 할 수 있다.

나. 조선시대의 조선

조선 전기에 있어서의 조운의 제도는 고려시대의 방식을 그대로 답습한 것이고, 그 대략은 〈표 1〉에 나타나 있다.

---

33)《造船史話－中國科技史話叢書－》(1979), 65쪽.

34)《太宗實錄》권 26, 태종 13년 11월 무슬.

〈표 1〉 조선 전기의 조창과 조운선

구분		조창명	수세구역	조선수
直納		京倉(서울)	京畿諸邑과 江原道一部	
站運	左水站	可興倉(忠州)	慶尙道・忠淸道諸邑	51隻
		興原倉(原州)	江原道諸邑	
		昭陽江倉(春川)	江原道諸邑	
	右水站	金谷浦倉(白川)	黃海道諸邑	20隻
		助邑浦倉(江陰)	黃海道諸邑	
海運		貢稅串倉(牙山)	忠淸道諸邑	60隻
		德成倉(龍安)	全羅道諸邑	63隻
		法聖倉(靈光)	全羅道諸邑	39隻
		榮山倉(羅州)	全羅道諸邑	53隻

조선이 정작 조운제도를 정비하고 漕船도 대대적으로 건조하기 시작한 것은 태종이 즉위하고 나서부터이다. 고려 말기에는 왜구로 인하여 조운이 불통되므로 세곡은 陸轉에 의할 수밖에 없었고 태조와 정종대에도 별다른 진전을 보지 못하다가 태종대에 비로소 조운을 부활시킬 수 있었던 것이다. 그 후 세조대에는 군용과 조운을 겸용할 수 있는 兵漕船이 개발되고, 그것이 곧 猛船으로 발전되어 조운에 크게 도움이 되었던 것이다.

조선 후기에 조운의 사정은 크게 달라졌다. 우선 전운해야 할 물량이 격증했다. 종래의 조곡 외에 각 지방이 공납하던 특산물 대신에 미곡을 바치도록 하는 大同法의 실시가 확대되면서 대동미의 수송이 점차로 늘어난 것이다. 또 조운의 관할 관사가 이원화되었다. 종래의 조곡과 조창・조선은 종전대로 호조가 그대로 관할하고, 모든 대동미와 그 운송은 宣惠廳의 소관으로 된 것이다.

여기에 특기할 것은 시대가 내려올수록 조운해야 할 물량은 계속 증가하였는데도 불구하고 각 조창에 부속되어 있는 조선과 참선의 척수는 늘지 않고 오히려 줄고 있었다는 점이다. 이것은 조선 전기에는 조운을 오로지 조창 전속의 조선만이 전담하는 것으로 하여 조선의 척수를 책정한 데 대하여, 조선 후기에는 조운에 종사하는 선척의 종류가 다양해졌기 때문이다.

이상과 같은 사정으로 한국의 조운선도 시대에 따라 이름이 다르고 관할이 달랐던 때도 있으나 운곡선으로서의 체질과 배의 크기 등은 연면하게 이어져 별로 변함이 없었다.

〈그림 9〉는 규장각 장서인 《各船圖本》에 나타나 있는 조선의 그림인데, 거기에 적혀 있는 기본 치수는 底板의 길이 57척, 底板의 너비 13척, 선체의 깊이 11척 등이다.

조선은 군선과 비교하면 길이가 짧고 깊이는 깊다. 그리고 군선처럼 노가 달려 있지 않다. 구조상으로 선수부의 경우 군선은 목재를 세로로 꾸민 縱材인 데 대하여, 조선은 판자를 가로 쓴 横板으로 되어 있다. 〈그림 9〉에서 가목과 가룡목이 설치된 곳은 4개소뿐으로 선체가 5개 구획으로 되어 있다.

조선의 적재량은 조선 초기에는 6백석으로 규제되어 있다가 시대가 내려오면서 점차 8백 석, 1천 석으로 늘어났다. 그러나 그 때마다 선체의 크기가 변한 것이 아니라 동일한 선체를 가지고 적재량만 조절하는 경우가 많았다.

〈그림 9〉 漕船《各船圖本》

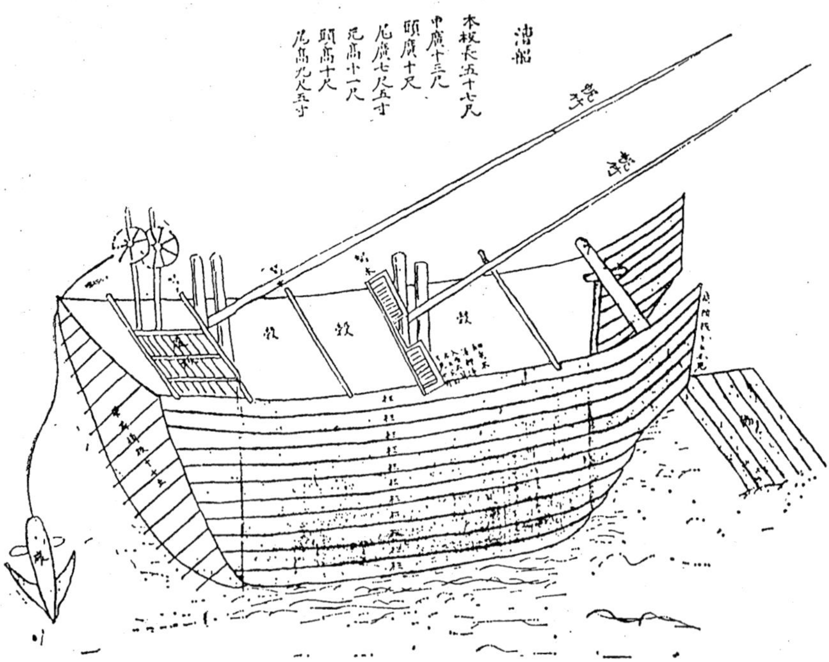

(2) 《세종실록지리지》의 군선

《世宗實錄地理志》는 전국 각 도의 각 포에 배치하고 있는 군선과 수군의 수를 소상히 기록하고 있는데, 그 군선의 종류는 大船·中大船·中船·兵船·快船·孟船·中猛船·別船·無軍船·船·追倭別孟船·追倭別船·倭別船 등 13종이고, 그 총 척수는 829척에 달하며, 수군은 총 50,177명이다. 이들을 정리하면 〈표 2〉와 같다.

선종별 합계 척수는 병선이 474척으로서 전체의 57%를 차지하고 있다. 그러나 이것은 특정한 군선이 아니고 경상좌도와 우도에서 보는 것처럼 모든 종류의 군선을 한데 묶어서 지칭한 것이다. 그 다음으로 척수가 많은 것은 중선, 무군선, 선, 별선, 쾌선의 순이다. 맹선과 중맹선은 합해서 36척이고, 대선과 중대선은 각각 8척과 17척뿐이며, 추왜별맹선·추왜별선·왜별선은 모두 더하여 9척에 불과하다.

〈표 2〉 《世宗實錄地理志》의 軍船

도별 선종	경기		충청	경상		전라		황해	강원	평안	함길	계
	좌도	우도		좌도	우도	좌도	우도					
大 船						8						8
中大船	11		6									17
中 船						71	32					103
兵 船	4		92	146	139			41		11	41	474
快 船	10	20	4									34
孟 船	1	3				14						18
中猛船			18									18
別 船			4			14	26					44
無軍船	24	23	10									57
기 타		1	8						17	30		56
계	50	47	142	146	139	107	58	41	17	41	41	829
비 고		기타 1척은 倭別船	기타 8척은 追倭別孟船 6, 追倭別船 2						기타는 船 17척	기타는 船 30척		

(단위 : 척)

도별 배치 상황을 보면, 경상도가 전체척수의 34%인 285척으로 가장 많고 다음으로 전라도·충청도·경기의 순이며, 황해·평안·강원·함길 등 4개도의 선척은 모두 합해 보아야 15.6%인 129척에 불과하다.

병선 다음으로 척수가 많은 중선 103척은 오로지 전라도 각 포에만 골고루 빠짐없이 배치되어 있다. 대선 8척은 전라도의 수군사령부인 水軍處置使營에만 있고, 中大船은 충청도 수군사령부인 都安撫處置使營과 경기의 左道水軍僉節制使 관하 각 포에만 배당되어 있다. 중선·중대선·대선은 그와 같은 배치 상황과 그 말뜻으로 보아서 동일한 계열의 군선이라 할 수 있다.

쾌선은 경기의 각 포와 충청도의 수군사령부인 도안무처치사영에만 배치되어 있는데, 이것은 수도권의 방위와 관련이 있는 것이라고 할 수 있다.

무군선은 그 대부분이 경기의 각 포에 빠짐없이 배치되어 있고, 충청도의 도안무처치사영과 그 左右道都萬戶營에도 있다. 이것은 쾌선과 함께 수도의 방위와 관련이 있는 것으로 보인다. 별선은 전라도의 각 포와 충청도의 2개 포구에만 두어져 있다.

이 밖에 맹선·중맹선·기타 별선(追倭別孟船·追倭別船·倭別船)은 경기와 충청도, 전라도의 일부에 배치되어 있고, 강원도와 평안도에서 볼 수 있는 '船'은 일반 배를 군용으로 충당하고 있는 것으로 보여진다.

이상과 같이《世宗實錄地理志》의 군선은 大船·中大船·中船類, 快船, 猛船類, 無軍船과 別船, 기타 등으로 구분할 수 있는데, 이들을 좀더 자세히 알아보기로 한다.

가. 대선·중대선·중선

大船·中大船·中船은 같은 계통의 배로서 크기만 다르다. 이들은 당시 수군에서 가장 널리 사용된 기간 선종이다. 여기서 대선은 물론 가장 큰 군선이지만, 중대선과 중선은 오히려 각각 中船, 小船이라 했으면 알기 쉬웠을 것이다. 그런데 大船·中船·小船이라 하지 않고 大船·中大船·中船이라는 부자연스러운 호칭이 생겨난 데에는 다음과 같은 이유가 있었다.

왜구는 본래 아주 작은 배를 타고 내습해 왔다. 10인 이하의 배가 많고, 그 대신 많은 척수가 떼지어 밀려드는 속성을 지니고 있었다. 그러므로 왜구를 토벌하는 군선도 그다지 클 필요가 없었다. 30명 정도가 탑승할 수 있는 배면 족했다. 그런 크기의 군선을 당초 중선이라 했다. 지휘관이 타는 특별히 큰 대선과 정찰활동이나 하는 아주 작은 소선들과 비교하면 중간정도의 크기였기 때문이다.

이와 같은 사정은 〈표 2〉에서 보면 전라도의 경우에 잘 나타나 있다. 전라 좌·우도의 것을 합하여 중선이 103척으로 가장 많고, 대선은 本營에 8척만 배치되어 있다.

그런데 수군의 제도가 점차로 정돈되는데 따라서 대선보다는 작고 중선보다는 큰배가 지역에 따라 필요하게 되어 생겨난 것이 中大船이다. 그런 배는 〈표 2〉에서 보면 대선이 없는 경기와 충청도에 상당수 나타나 있다.

이런 관점에서 〈표 2〉에 나타나 있는 군선의 편제를 보면, 수도 주변의 경기에는 중대선과 쾌선을 주로 배치하고, 충청도에서는 兵船(이것은 中船 아니면 그에 준하는 군선이다)과 약간의 중대선을 섞어놓고, 海防의 최전선인 전라도에는 중선을 주로 하고 약간의 대선을 배치하는 등 지역의 특성을 잘 조화시킨 군선의 편제를 나타내고 있다.

이들 대선·중대선·중선들이 모두 각종 화기를 갖춘 무장군선인 것은 두말할 필요가 없다. 그러나 이들은 고려 말기로부터 전래된 平船으로서, 上粧은 별로 없고, 기껏 병사들이 발붙이고 전투에 임할 수 있도록 갑판을 설치해 놓고, 기동성을 부여하기 위한 노를 달아놓은 것이었다.

그 크기를 탑승인원으로 볼 때 중선은 30명 정도가 타는 배이고,[35] 중대선과 대선의 정원은 각각 50~60명과 80명 정도로 추측된다. 이들 대선·중대선·중선은 우여곡절을 겪은 끝에 세조대에 大猛船·中猛船·小猛船으로 계승된다.

나. 쾌 선

快船은 중선보다 몸집이 작지만 속력이 빠른 쾌속선이다. 그 척수는 경기에 30척, 충청도에 4척 등으로 별로 많지 않다. 그 정원은 10명 안팎이다.

이 배는 고려 말기에는 그다지 사용되지 않았다. 그런데 왜구도 거의 진압

35) 金在瑾, 《朝鮮王朝軍船硏究》(一潮閣, 1977), 32쪽.

된 태종 무렵에 그 효능이 높이 평가되면서 海防의 전 체제를 소형 경쾌선을 주축으로 전환시키려 한 일이 있었다. 그러나 그 성과에는 역시 한계가 있어서 수도에 가까운 데에만 배치되었다.

다. 무군선·별선

無軍船은 유사시에 대비하여 포구에 그대로 놓아둔 예비선이다. 〈표 2〉에서 보면 수도에 가까운 경기 각 포에 47척, 충청도에 10척이 배치되어 있다. 이들 중 충청 水營에 속하는 6척만이 中大船이고 나머지는 모두 中船이다. 무군선은 본래 세종 원년(1419) 대마도를 정벌하고 난 직후에 임시로 둔 空船이었다. 그러나 그 후 왜구가 점차로 줄어드는 데 따라 점점 척수가 많아졌다. 그로부터 반세기 후 세조대에 猛船을 제도화할 때에는 《經國大典》에 나타나 있듯이 총 737척의 군선 중에서 그 3분의 1에 해당하는 249척이 無軍船化하였다. 그렇게 예비선을 두는 것은 군비축소의 뜻을 강하게 지니고 있었다.

別船은 中船과 동일하지만 무장이 약간 떨어지고, 따라서 배치된 군사의 수도 약간 적은 배이다. 중선의 정원이 30명인 데 대하여 별선의 정원은 25명 정도이다. 그와 같은 차이는 화기의 사정에서 유래한 것이다.

고려 말기에 崔茂宣이 화약 제조에 성공한 이래로 각종 화기가 계속적으로 개발되어 화약의 용도는 늘어났다. 그러나 당대의 원시적인 제조법을 가지고는 화약의 생산량이 한도가 있어 화기의 수량도 제약을 받지 않을 수 없었다. 별선은 그런 견지에서 선체는 중선과 동일하나 화기를 덜 장비한 군선이다.

라. 기타 선

〈표 2〉에 나타나 있는 13종의 군선 중에서 孟船·中猛船·船·倭別船·追倭別船·追倭別孟船 등은 각각 척수가 별로 많지 않은 특수군선이다. 다만 강원도에 11척, 평안도에 30척이 배치되어 있는 '船'은 여느 민간선을 그대로 군용으로 사용한 것으로 보여진다.

中猛船은 《경국대전》에 나타나는 중맹선과는 다르다. 여기에서의 중맹선은 속력을 더 낼 수 있도록 개량된 배이다. 그렇다고 선형과 구조가 유별난 것은 아니고, 그저 노의 수를 더 증가한 정도인 것으로 보인다. 또 孟船은 중맹선과 유사한 배이다.

倭別船은 경기우도 본영에 1척이 배치되어 있을 뿐인데, 이것은 일본배를 견본으로 둔 것이라 생각된다.

충청 水營에 배치되어 있는 追倭別孟船 6척과 동 左道都萬戶營에 배치되어 있는 追倭別船 2척은 모두 왜구를 따라잡기 위한 쾌속선 따위이다.

4) 조선기술의 발달

(1) 중국식 조선법의 시도

조선은 왜구를 해상에서 무찌르는 고려 말기의 전략을 그대로 답습하여 태조·태종 등 역대 임금이 수군과 군선의 정비·강화에 부심하여 세종대에는 막강한 수군의 세력과 군선의 척수를 보유하기에 이르렀다. 당대 수군의 선척은 앞의 〈표 2〉에서 보는 바와 같이 大船·中大船·中船·兵船·快船 등 13종 829척에 달했다.

그런데 이들 군선은 왜구가 한창 극성하던 고려의 공민왕과 우왕대에 수군활동을 재개하며 건조하기 시작하여 조선조에 들어서 그 초기에 이르기까지 불과 수십 년 동안에 급작스럽게 건조·보강된 것으로서 선박구조의 규격이 없고 선형도 통일되지 않는 등 결함이 많았다.

그러므로 태종·세종대에 왜구의 진압이 일단락되자 군선의 각종 결함이 지적되면서 그 개량이 적극적으로 모색되기에 이르렀다. 예를 들면 세종 12년(1430)의 기록에 다음과 같은 구절이 있다. “중국 강남, 유구[沖繩], 일본 등 여러 나라의 배는 모두 鐵釘을 쓰고 여러 날 걸려 건조되므로 堅緻하고 경쾌하여 여러 달 바다에 떠 있어도 물이 새지 않고 큰바람을 만날지라도 깨지지 않아 20~30년을 쓸 수 있다. 그런데 우리나라의 병선은 나무못을 쓰고, 또한 급속히 건조되므로 튼튼하고 경쾌할 수가 없어 8~9년도 못 가서 벌써 파손이 되고 헐어져 보수를 일삼게 되므로 선재인 소나무가 견뎌내기 어려워 그 폐단이 크다. 그러므로 이제부터 다른 나라의 조선 예에 따라 서

둘지 말고 철정으로 꾸며 배가 견치하고 빠를 수 있도록 하자"는 것이다.[36]

또 같은 무렵에 다음과 같은 기록도 있다. 즉 "각 포의 군선은 모두 마르지 않은 송판으로 나무못을 써서 만들어 풍랑을 만나면 이은 자리가 쉽게 해이되므로 틈새가 많이 생기고 물이 새어 습해지므로 빨리 썩어버려 7~8년을 견디지 못하고 또 새로 배를 만들게 되니 연변의 소나무가 거의 다 떨어져서 장차 계속되기가 어려운 바, 중국선은 역시 소나무를 써서 조선을 하는데 가히 20~30년을 쓰고 있은 즉, 청컨대 중국선의 船制에 따라 철정을 쓰고 판자에 석회를 바르고 또 괴목을 쓰고 판자를 겹으로 붙여 배를 만들어 시험을 하자"는 내용이다.[37]

여기에서 지적된 한선의 결함은 마르지 않은 소나무 재료를 가지고 나무못을 써서 서둘러 건조하므로 배의 속력이 나지 않고 접합 고착한 부분이 취약하여 배의 수명이 짧다는 것으로 요약이 된다.

그런 논란이 있은 지 4년이 지난 세종 16년(1434)에는 또 다음과 같은 기록이 나타난다. 즉 "의정부와 6조가 모두 전함이 빠르고 느린 데 대하여 왕에게 상주하기를 세종 13년 경강에서 만든 冬字 甲船이 중간 정도로 빠른데 하체에는 철장과 목정을 절반씩, 그리고 상장에는 모두 철정을 써서 철이 1,800근 들었습니다. 우의정 崔閏德이 아뢰기를 채택할 만합니다. 금년 가을 경강에서 司水色이 만든 往字 甲船이 가장 빠른데 하체에는 철정과 목정을 절반씩, 그리고 상장에는 모두 철정을 써서 철이 모두 1,900근 1량이 들었습니다. 의정부와 6조가 모두 아뢰기를 채택할 만합니다. 금년 봄 유구의 선장이 만든 月字 甲船이 제일 빠르지 못한데 상장과 하체에 모두 철정을 써서 철이 3,352근 1량이 들었습니다. 왕이 병조에 명하기를 금후 각 도 각 포의 전선은 冬字와 往字 시험선을 본받아 만들도록 하고, 유구의 선장이 만든 月字船이 비록 그 상장이 전함에는 맞지 않아도 그 하체가 견실하여 그 공법을 취할 만한 즉 그것 역시 본받도록 각 도에 이첩하라고 했다"[38]는 것이다.

---

36) 《世宗實錄》 권 48, 세종 12년 5월 무오.
37) 《世宗實錄》 권 48, 세종 12년 5월 계해.
38) 《世宗實錄》 권 65, 세종 16년 9월 정유.

이 기록은 세종 12년부터 거론되어 온 船制 개혁의 의도가 그 후 여러 나라의 배를 시험적으로 만들어 시험해 본 결과 결국 세종 16년에 이르러 중국의 조선법을 채택하게 된 경위를 말한 것이다.

여기서 甲船(甲造船 또는 甲造法)이란 한국 사서에서 중국 강남의 尖底船을 두고 한 말이다. 그 조선법은 외판을 접붙인다(板疊造)는 데서 나온 이름이다. 이에 대하여 한국 재래의 韓船과 그 구조법은 외판을 외겹질로 單板을 쓴다 해서 單造船 또는 單造法이라 했다.

세종 16년 이상과 같이 신중한 연구와 시험 끝에 전국의 군선을 중국의 甲造法에 따라 건조키로 하였는데, 그것은 고려 이후로 전해져 내려온 한선 구조의 平底船을 버리고 중국 강남의 조선법에 따른 尖底型船을 채택하기로 한 일대 전환이었다. 그러나 이러한 시도는 오래 가지 못하고 전통적인 한선으로 복귀하게 되었다. 곧 문종 원년(1451)에 다음과 같은 기록이 보인다.

> 의정부가 병조에서 제공한 바에 따라 왕에게 아뢰기를 '지금 사람을 경기·충청·전라의 3도에 파견하여 군선을 甲造와 單造로 하는 이해 장단을 물었습니다. 그 甲造船은 과연 유능한 배 목수가 중국의 선제에 따라 정교하게 만들면 물 안의 벌레가 나무를 먹을 수 없으며 선체가 튼튼하고 깨지지 않아 정말 유익합니다. 그런데 지금 서투른 배 목수를 써서 법에 따르지 않고 배를 건조하므로 겨우 15년이 지나고 혹은 13~14년이 못되어 이미 썩기에 이르고 공로는 두 배가 들어서 도리어 單造의 이득에 미치지 못합니다. 그 單造船은 물자가 많이 들지 않고 또한 깨진다 하더라도 보수를 가하면 수십 년을 견디어 내며 또 그 上粧은 조운에도 쓸 수가 있어서 정말 무궁한 이득이 있습니다. 청컨대, 금후로는 제도의 군선을 甲造로 하지 말고 모두 單造로 하도록 정해 주십시오'라고 하니, 왕이 그대로 따랐다(《文宗實錄》 권 8, 문종 원년 6월 기묘).

이것은 세종 16년(1434)에 중국의 조선법에 따르기로 하였던 결정을 그 17년 후인 문종 원년(1451)에 다시 전통적인 조선법인 한선구조로 되돌아오게 번복한 사실을 말해준다. 그런데 여기에서는 중국의 선제를 포기한 이유를 두 가지 들고 있다. 그 하나는 유능한 배 목수를 얻기 어려워 제대로 배를 만들지 못한다는 것이고, 다른 하나는 單造船도 잘만 만들면 甲造船 못지 않게 오래 사용할 수 있다는 것이다.

그러나 그 첫 번째 이유는 그 전에도 甲造船은 사람들이 모두 싫어했다는 기록이 있는 것 등으로 미루어 단지 구실에 지나지 않는 것으로 보인다. 두 번째의 경우 "單造船도 修補만 잘 하면 수십 년을 쓸 수 있다"는 구절은 매우 중요한 몇 가지 사실을 시사하고 있다. 당초 태종·세종대에는 여러 방면으로 군선의 체질 개선을 도모하면서 군선의 點檢法을 마련하고, 배밑에 石灰를 도포하고 또 선저를 불로 그을려 충해를 방지하는 煙薰法을 엄히 하는 한편 일정한 기간 동안 배를 쓰고 나서 묵은 나무못을 일체 갈아버리는 改槊을 실시케 하는 등, 선체의 유지 보수의 개량 방법을 확립해 보고자 노력을 해왔던 것이다. 그러므로 그런 여러 가지 방법의 효과를 믿고 갑조선을 버리고 전통적인 단조선으로 복귀할 수 있었던 것이다.

(2) 개 삭

한선은 본래 나무못을 써서 건조하고, 일정한 기간 동안 배를 사용하고 난 후에 썩은 널판자와 낡은 나무못을 전면 새것으로 바꾸는 큰 수리를 몇 차례씩 거듭 시행하여 배의 수명을 연장하도록 했다. 그와 같은 개수작업은 못을 갈아치운다 해서 改槊이라 했다.[39]

〈그림 5〉에서 외판을 나무못으로 고착한 모양을 보면, 나무못을 뾰족하게 깎아서 위아래의 판자를 비스듬한 각도로 꿰뚫어 관통시키고 판자 안팎에서 남아도는 못의 위아래 부분을 판자 두께에 맞추어 절단했음을 알 수 있다. 개삭의 작업은 배 안에서 나무못 끝을 올려쳐서 못을 다 빼내고 배를 전부 해체한 다음에 썩어서 못쓰게 된 판자를 갈아치우고 종전보다 치수가 큰 새로운 나무못을 그 전 못 구멍에 박아 넣으면 된다. 개삭은 그렇게 낡은 나무못을 전부 갈아서 선체를 새로운 배처럼 탄탄하게 만드는 큰 보수 작업이다.

목선이라면 철못을 사용하였건 나무못을 사용하였건 으레 썩은 판자와 일부의 못을 갈아치우기 마련이다. 그러나 한선처럼 아예 전면적으로 나무못을 써서 배를 짓고 일전한 기간을 정하여 전면적으로 나무못을 바꾸는 개삭을 실시하는 예는 다른 데서는 찾아볼 수 없다.

사실 개삭작업은 한선의 큰 특징인데 그것은 조선 초기에 중국식 조선법

39) 金在瑾, 《韓國船舶史研究》(서울大出版部, 1984), 111쪽.

을 버리고 한국 전래의 조선법으로 복귀한 무렵부터 적극적으로 채택된 것으로 볼 수 있고, 그것이 얼마만큼 한선의 수명 연장에 이바지하였는지 모른다. 조선 후기의 경우이지만 《全羅右水營誌》에는 그런 예가 수없이 많다. 가령 金甲島의 戰船은 23차례나 개삭을 하여 71년째 쓰고 있고, 海南의 龜船은 12차례 개삭을 하여 36년째 사용하고 있다는 따위이다.[40]

그러한 개삭시공은 《경국대전》에서 완전히 법제화되기에 이른다. 그 兵典 兵船條에는 "여러 포구의 병선은…만든 지 8년에 수리를 하고 또 6년에 다시 수리를 하며 또 6년에 새로 만든다. 漕船도 동일하다"고 되어 있는데, 모든 군선과 조운선은 건조한 지 8년과 14년에 각각 수리를 하고, 또 6년이 지나서 새로 만들도록 하는 규정이다. 이것은 각종 관선을 20년간 사용하되 그 동안에 두 번 개삭을 실시하라는 뜻이다.

조선 후기에 오면 개삭의 규정은 여러 번 개정이 되고 개삭 기간은 지역과 선종에 따라 모두 전반적으로 짧아진다.

이상과 같이 한선은 조선 전기부터 개삭을 존중하는 나머지 鐵釘의 사용을 별로 고려하지 않았다. 한선에서 철정을 쓰게 되는 것은 숙종대 이후에 경상도 군선, 그리고 정조대 이후에 전라도 군선에서 뿐이다.[41]

이런 사실을 가지고 한국에서는 철정을 쓸 줄 몰라서 쓰지 못하는 것처럼 생각하고 한선의 기술적 낙후성을 말하는 이도 간혹 있다. 그러나 여기서 고려가 원종 15년(1274) 원나라와 연합하여 일본을 원정하고자 서둘러 조선을 할 적에 그 군선에 철정을 사용하는 남중국식으로 만들 수도 있었지만 시간과 비용을 절약하기 위하여 고려식 조선법에 따라 배를 만들었다는 사실[42]과 세종대에 철정을 써서 만드는 중국의 甲造法을 한때 전적으로 채택하였던 일을 상기한다면, 우리나라 사람들이 철정의 사용법을 몰라서 쓰지 않은 것이 아니라, 개삭이라는 아주 독특한 방법이 있기 때문에 철정을 돌보지 않은 것으로 이해할 수 있다.

---

40) 金在瑾, 앞의 책(1989), 118쪽.
41) 金在瑾, 앞의 책, 120쪽.
42) 《高麗史》 권 105, 列傳 18, 金方慶.

5) 새로운 선종의 개발

(1) 병조선

兵漕船은 세조(1455~1468)때에 군용과 조운에 겸용할 수 있도록 만들어진 배이다.[43] 그것은 당시 사용되고 있던 大船·中船·小船 등의 군선을 개량하여 만들고, 나중에는《經國大典》에 나타나는 大猛船·中猛船·小猛船으로 발전하는 것으로서, 하등 한선의 전통에서 벗어나는 배가 아니다. 그런데도 병조선은 지금껏 한국 조선사상 독특한 자리를 차지하는 아주 독특한 배인 것처럼 여겨지고 있다. 그 설명은 후에 미루고, 우선 兵漕船이 등장하는 배경과 경위부터 살펴보기로 한다.

조선 초기의 군선은 앞에서 보아온 바와 같이 大船·中大船·中船·快船 등 10여 종에 그 총 척수는 829척에 달했다. 이들은 왜구를 퇴치하는 데 나름대로 잘 활용되었다. 그러나 그처럼 방대한 수군의 세력은 세종 25년(1443) 대마도주와 평화조약이 체결되고, 왜구가 완전히 자취를 감추게 됨으로써 필요 없게 되었다. 그리하여 세종부터 세조에 이르는 수십 년 동안 군선 척수의 감소 및 船制의 개혁에 관하여 여러 가지 방도가 강구되었다.

세종대에는 이미 전술한 바와 같이 주로 군선의 체질개선을 위한 선제개혁이 추진되며, 한때 중국의 조선법에 입각한 甲造船을 채택해 보기도 했다. 그러나 그것은 얼마 안 가서 문종대에 포기되고 전통적인 한국 조선법으로 복귀되었다.

세조대에 이르러서는 군선보다도 조운선의 보충에 더 주력하였다. 세조 6년(1460) 7월에는 전라도에서 船匠 100명과 목수 200명을 징발하여 船材가 풍부한 변산과 완도에서 조운선 104척을 건조해 가지고 경기·충청·전라의 각 도에 할당하기도 하였으며, 다음해에는 轉運判官을 증원하고 또한 정부 당국자간에 漕船문제를 활발히 논의하기도 했다.

---

43) 金在瑾, 앞의 책(1977), 50쪽.
——, 앞의 책(1984), 111쪽.

그런 가운데 세조 10년(1464) 7월 좌의정인 申叔舟가 "諸浦의 병선이 모두 제멋대로 만들어져 쓸모가 없고, 또한 船軍이 부역에 동원되어 배를 지키는 자도 많지 않으니 차라리 軍用과 漕運에 겸용할 수 있는 배를 만들도록 하자"고 제의함으로써[44] 병조선의 개발은 시작되었다. 그러나 이런 움직임은 이 때 돌연 일어난 것이 아니고, 그 전 문종 원년(1451)에도 중국의 조선법을 버리고 전통적인 조선법으로 복귀하며 "單造船은…조운에도 쓸 수가 있어서 무궁한 이득이 있다"[45]고 역설된 바가 있는데, 이 때에 이미 병조선의 생각은 싹트고 있었던 것이다. 신숙주는 그것을 계기로 船艦을 관장하는 총책임자인 典船色의 都提調에 겸임으로 임명되어 그 후 몇 년 동안 병조선 개발에 부심했다.

그 결과 세조 11년(1465) 7월에는 그 일이 일단 마무리되어 경기관찰사로 하여금 병조선으로 개발된 80명이 탑승하는 대선 2척, 50명이 타는 중선 4척, 30명이 타는 소선 6척 등을 영솔하고 楊花渡에 모이도록 하여 그것을 시험하였다. 당시 상황에 대한 《世祖實錄》의 기록을 보면 다음과 같다.

> 왕이 中宮과 함께 喜雨亭에 행차하여 수전연습을 관람하였는데 孝寧大君 補, 臨瀛大君 璆, 永膺大君 琰, 領議政 申叔舟…및 承旨 등이 어가를 따랐다. 兵曹判書에 명하여 金礩을 左廂大將, 西原君 韓繼美를 右廂大將으로 삼고 경기의 병선을 나누어 가지고 서로 오르내리며 수전을 연습토록 하였는데 배의 빠름이 나는 것과 같고 북을 치며 서로 교전하고 고함소리는 천지를 울리며 승자는 개가를 부르며 돌아오니 王은 군용이 정제함을 기뻐하며 특히 申叔舟에게 御衣 한 벌을 하사했다(《世祖實錄》 권 36, 세조 11년 8월 정축).

이상과 같은 겸용선 개발의 경위는 후세의 기록들로 말미암아 적지 않은 오해를 불러 일으켰다. 즉 영조 46년(1770)에 편찬된 《東國文獻備考》의 兵考 舟師條에는 "세조 11년 비로소 兵漕船을 두었는데, 당시에 신숙주는 典艦司 提調가 되어 중국·일본·유구 등의 선체를 널리 보고 절충하여 배를 만들어 大·中·小로 나누어 사용하는 데 편리하도록 하고, 大船은 上粧을 설비

---

44) 《世祖實錄》 권 26, 세조 7년 10월 무진.
45) 《文宗實錄》 권 8, 문종 원년 6월 기묘.

하여 전공에 쓰고, 上粧을 철거하여 조운에 써서, 한 배를 두 가지 용도로 하여 그것을 兵漕船이라 했다"고 하였다. 그런데 이 글은 후에 편찬된《增補文獻備考》와《萬機要覽》에 그대로 전재되어 널리 알려지게 되었는데, 문제는 그 첫머리의 "兵漕船은 중국·일본·유구의 船體를 널리 보고 절충해서 대·중·소선을 만들었다"는 데에 있다. 이것은 兵漕船 뿐만 아니라 모든 한선이 마치 중국과 일본 등 외국의 배를 모방하여 만든 것처럼 오해를 불러일으키고 있다. 그러나 그것은 다음과 같은 사실들을《東國文獻備考》의 편자가 잘못 표현한 때문이다.

중국과 유구의 배에 대하여는 이미 앞에서 보아온 바와 같이 세종대에 한때 그 시험선을 만들어 시험해 보고 중국의 甲造法을 채택하였다가 문종대에 그것이 한국 현실에 적합치 못하므로 한국의 전통적인 單造船, 즉 한선 구조법에 따른 배로 복귀한 일이 있었다.

일본의 배에 대하여는 태종·세종·세조대에 기회가 있을 때마다 시험을 해 보았으나 쓸만하지 못하다는 결론이었다.[46]

이런 점을 가지고 전기한《동국문헌비고》의 편자가 중국·일본·유구의 배들을 널리 보았다고 표현한 데까지는 그런 대로 무방하다 하더라도 그 선체를 절충해서 대·중·소선을 만들었다고 한 것은 옳지 않은 표현으로서 병조선에 대한 오해를 일으키는 내용이다.

병조선은 결코 중국·일본·유구의 선체를 절충하여 만든 것이 아니고 순전히 한국의 전통적인 조선법에 따라 만든 배이다. 그것은 병조선이 다음에 기술하는 猛船과 거의 동일한 배라는 점으로도 이해가 될 수 있다.

(2) 맹 선

세조대 편찬되어 성종 초년에 반포된《경국대전》에 군선은 정원이 80명인 大猛船, 60명인 中猛船, 30명인 小猛船으로 구분되어 있다. 그 총척수는 737척이고, 각 도에 배치된 상황은 〈표 3〉과 같다.《경국대전》은 조선 전기에

46) 이 점에 대하여는 金在瑾, 앞의 책(1989), 57쪽에 자세히 해설되어 있고,《成宗實錄》권 37, 성종 4년 12월 임오조에도 日本船이 쓸만하지 못하다는 申叔舟의 견해가 제시되어 있다.

〈표 3〉 猛船의 배치 (《經國大典》)

선종 / 도별	大猛船	中猛船	小猛船	無 軍 大猛船	無 軍 中猛船	無 軍 小猛船	계
경 기	16	20	14			7	57
충 청	11	34	24			40	109
경 상	20	66	105			75	266
전 라	22	43	33			86	184
강 원			14			2	16
황 해	7	12	10			10	39
영 안		2	12			9	23
평 안	4	15	4	1	3	16	43
계	80	192	216	1	3	245	737

(단위 : 척)

에 있어서 영세불변의 법전으로 편찬된 만큼 그 兵典 諸道兵船條에 실려 있는 대맹선·중맹선·소맹선 등 이른바 猛船은 틀림없이 조선 전기의 대표적인 군선이다.

그러나 그들 맹선은 세조대에 군용과 조운에 겸용할 목적으로 신숙주가 주동이 되어 개발한 兵漕船에 바탕을 둔 배이다. 세조 11년(1465) 병조선의 시험을 일단 성공적으로 마무리한 이후에도《經國大典》반포를 준비하는 과정에서 신중한 검토를 거쳐 약간의 수정을 해 맹선이 된 것이다. 그런데 그 수정·보완이라는 것도 兵漕船 中船의 처음 수군정원이 50명이던 것을 中猛船에서는 60명으로 한 정도이다. 그러므로 대·중·소의 맹선은 병조선을 그대로 이름만 고친 것으로 볼 수 있다.

猛船의 제도는《世宗實錄地理志》의 군선들과 비교해 보면 그 뜻이 밝혀진다. 〈표 2〉와 〈표 3〉을 비교하면, 우선 그 선종이《세종실록지리지》에서는 대선·중대선·중선·쾌선 등 13종인데 대하여《경국대전》에서는 대맹선·중맹선·소맹선의 3종뿐이다. 이것은 조선 초기 왜구의 토벌에 사용된 잡다한 군선이 세 종류의 규격화된 군선으로 정리된 것을 뜻한다. 쾌선 이하의 각종 특수군선이 자취를 감추고 대선·중대선·중선 등 기간 선종만이 대맹선·중맹선·소맹선으로 된 것이다.

다음으로 군선의 척수를 보면, 〈표 2〉에서 총 척수가 829척이던 것이 〈표

3〉에서는 737척으로 감축되어 있다. 평상시에 수군을 배당하지 않고 있는 예비선인 無軍船의 척수를 보면, 〈표 2〉에서는 57척에 불과한데, 〈표 3〉에서는 249척에 이르고 있다. 이것은 무군선을 제외한 현역 선만으로 본다면, 《세종실록지리지》에서 772척이던 것이 《경국대전》에서 490척으로 줄어든 것을 뜻한다.

이상으로 알 수 있는 바와 같이 맹선의 제도는 종래의 잡다한 군선을 정리하여 대·중·소 세 종류의 군선으로 船制의 규격을 통일하고, 현역으로 취역하는 군선의 척수를 대폭적으로 감축하고, 그나마 군선을 조운에도 겸용할 수 있도록 한 것이다. 이는 곧 수군 군비의 축소와 군선의 평화적 이용을 도모한 것이다. 그것은 왜구가 거의 완전히 진압된 상황하의 평화적 체제라 할 수 있다.

대맹선·중맹선·소맹선은 그 전의 군선들과 어떤 관계가 있는가. 그것은 전술한 바와 같이 兵漕船의 대·중·소선이라 할 수 있지만 고려 말엽에서부터 조선 전기까지 주요 군간에 배 이름에 관계없이 일정한 연관성이 있다.

《세종실록지리지》의 대선·중대선·중선, 단종대의 대선·중선·소선, 세조대 병조선의 대선·중선·소선, 《경국대전》의 대맹선·중맹선·소맹선은 서로 무관한 배들이 아니고 밀접한 관계를 가지고 있다.

《세종실록지리지》 중의 대선·중대선·중선은 물론 전술한 바와 같이 여말선초에 왜구를 진압하는 데 주동역할을 한 무장선이다.

단종대의 기록에 나타나는 대선·중선·소선은 세종대에 한때 중국식 조선법인 甲造法에 따르기로 했다가 문종대에 도로 한국 고유의 조선법인 單造法으로 복귀한 후의 것이고, 그것은 《세종실록지리지》의 대선·중대선·중선과 크기와 체질이 동일한 배로 볼 수 있다.

신숙주가 개발한 兵漕船은 종래 지방마다 제멋대로 건조되어 통일이 결여되어 있던 군선의 선형을 통일하고 조운과 군용에 겸용할 수 있도록 하였다고는 하지만 선체 내부의 구획과 갑판 위의 구조를 수시로 변경할 수 있도록 하였을 뿐이고, 그 선체의 기본적인 체질은 종전의 것과 별로 다름이 없었다. 맹선이 실질적으로 병조선과 동일한 배라는 점은 바로 앞에서 자세히

〈표 4〉 선박 유실에 대한 배상

船　種 (端　宗　朝)	造船材條數	徵綿布匹數	船　種 (경 국 대 전)	徵綿布匹數
大　船	235	235	大 猛 船	230
中　船	211	211	中 猛 船	210
小　船	114	114	小 猛 船	110

설명한 대로이다.

이상과 같이 《세종실록지리지》의 대선 · 중대선 · 중선, 단종대의 대선 · 중선 · 소선, 兵漕船의 대 · 중 · 소선, 《경국대전》의 대맹선 · 중맹선 · 소맹선 등은 동일한 계통의 배이고, 그 체질과 크기가 각각 대체로 동일한 것인데, 이것은 다음과 같은 사실을 보면 더 명확해진다.

단종대에 대선 · 중선 · 소선을 잃어버렸을 때 그것을 배상시키는 기준은 그 배의 건조에 소요되는 목재의 條數를 각가 235조, 211조, 114조씩으로 보고, 목재 1조당 綿布 한 필씩 징수하는 것이었다.[47] 그런데 《경국대전》 兵典 兵船條에도 대맹선 · 중맹선 · 소맹선의 유실에 대하여 면포를 각각 230필, 210필, 110필씩 징수하도록 규제되어 있다.

이것을 정리하면 〈표 4〉에 나타나 있는 바와 같이 《경국대전》에서의 면포 징수의 필수는 단종조에 있어서의 기준 필수에서 단수를 제거한 것일 뿐 내용이 완전히 동일하다.

그러나 이들 군선 중에서 《세종실록지리지》와 단종조의 군선은 오로지 군용으로만 쓰게 되어 있는 데 대하여 병조선과 맹선은 아예 미리부터 군용과 조운에 겸용할 수 있도록 되어 있는 차이가 있다.

본래 한국의 군선과 비군용선간에는 추진방법에 있어서 큰 차이가 있다. 군선은 적과 만나서 전투를 전개할 때에 빠른 기동성이 요구되므로 櫓役을 하지 않을 수 없는 데 대하여 비군용선은 돛만으로 족했다.

그러므로 한국의 군선은 돛과 노를 모두 사용하는 帆櫓船일 수밖에 없다. 그런 군선의 모양을 보고 서양인들 중에는 서양의 갤리선(galley)과 같다고 하는 이들도 있다. 그러나 갤리선은 본래 고대 지중해에서 노만을 쓰던 배로서 나중에 돛도 부설하게 된 데 대하여 한국의 군선은 처음부터 돛과 노를

---

47) 《端宗實錄》 권 2, 단종 즉위년 7월 을미.

겸용한 범노선이다. 이와 같은 군선에 대하여 조선같은 비군용선은 순전한 범선이었다.

이런 점에서 兵漕船과 猛船은 군용으로 사용할 경우에는 필요한 만큼 노를 설치하고, 또한 格軍이 노를 젓고 병사가 전투를 전개하는 데 필요한 적절한 발판이 마련되어야 하고, 조운에 쓸 때에는 노와 발판을 제거해야 했다.

맹선의 크기는 그 탑승 인원과 〈표 4〉의 수치들을 가지고 추측하는 수밖에 없다. 다만 대맹선이 조운할 경우에는 그 적재량이 8백 석 정도였다. 그리고 그 모습은 대체로 〈그림 9〉와 같고, 그 底板의 길이는 57척 정도였을 것이다.

맹선은 성종 초부터 선조대에 이르기까지 군용보다도 조운에 더 잘 활용되었다. 그러나 중종 5년(1510) 삼포왜란이 일어난 이후부터 맹선은 군용으로 쓸모가 없다는 논란이 많았다. 사실 맹선은 몸집이 너무 무겁고 우둔해서 속력이 나지 않고 운용이 곤란한 등 군선으로서는 결함이 너무 많았다.

(3) 판옥선

板屋船은 명종 10년(1555) 을묘왜변이 일어난 바로 그 해에 새로 개발된 아주 혁신적인 군선이다.[48] 종래의 군선은 上粧이 별로 없는 平船이었는데 판옥선은 여느 선체 위 전면에 걸쳐 거대한 상장을 꾸며 놓은 배이다. 이 점에 대하여 《明宗實錄》에는 "옛날의 왜적은 모두 平船을 타고 왔으므로 우리나라도 平船을 가지고 승리를 거둘 수 있었는데 지금 왜적은 모두 屋船을 타고 오므로 부득이 板屋船을 쓰지 않을 수 없다"[49]라고 서술하고 있다.

〈그림 10〉은 규장각 장서인 《各船圖本》 중에 나타나 있는 '戰船'의 그림이지만, 그것은 바로 판옥선이다. 그 배의 선체는 노가 꽂혀 있는 자리를 경계로 하여 그 아랫부분과 그 윗부분, 그리고 갑판 위의 다락 등 세 부분으로 구분할 수 있다. 그 아랫부분은 배의 본체이고, 윗부분은 상장이라 이르는 상부구조이며, 다락은 將臺라 이르는 지휘소이다. 그 상장은 갑판 전면

48) 金在瑾, 앞의 책(1977), 62쪽.
49) 《明宗實錄》 권 32, 명종 21년 3월 갑진.

〈그림 10〉 板屋船

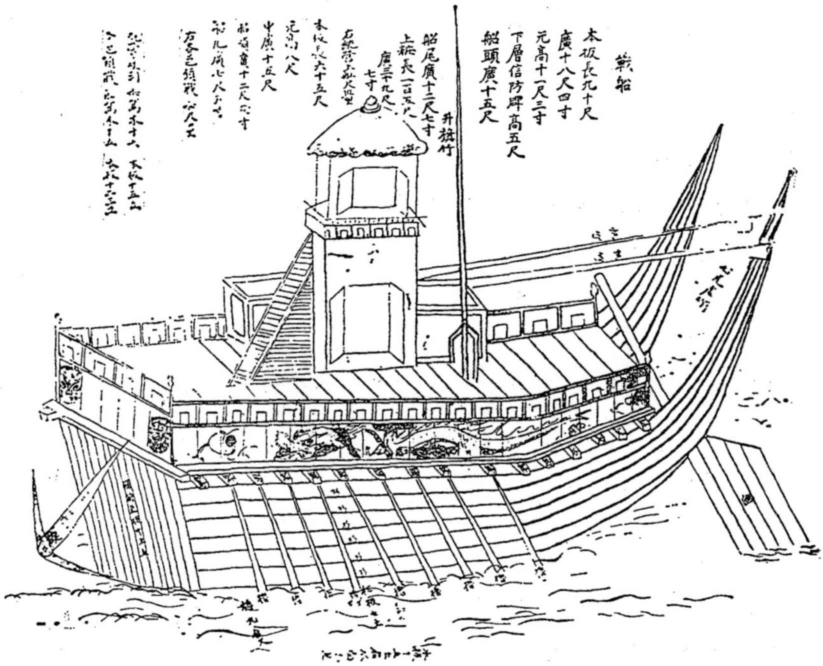

에 걸쳐 가설되어 있으므로 판옥선은 요즘으로 말하면 全通船樓船(complete superstructure vessel)이다.

〈그림 11〉 板屋船의 斷面

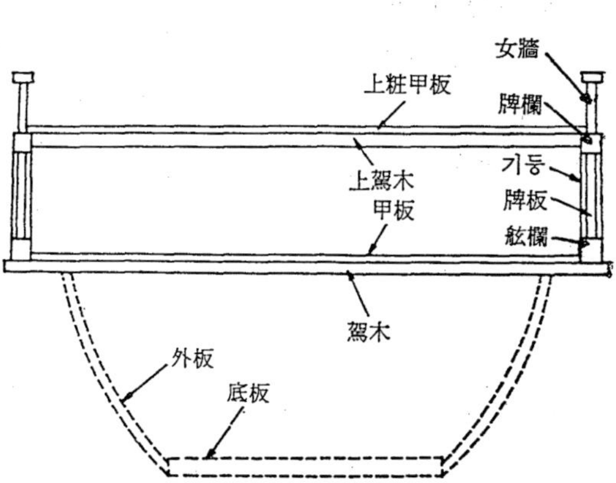

판옥선은 그 기본골격이 〈그림 11〉과 같이 되어 있다. 底板과 外板, 駕木과 加龍木(그림에서는 생략되어 있음) 등으로 된 선체 위에 舷欄(밑도리), 柱木(기둥), 牌欄(윗도리), 牌板(방패판), 上駕木 등으로 그림에서와 같이 상장이 꾸며져 있고 상하 갑판 사이에는 필요한 만큼 梁柱(그림에서는 생략되어 있음)가 세워져 있다. 이들 상장은 마치 건축물의 2층과 같은 공간을 이루고 그런 屋을 판자를 가지고 꾸몄다고 해서 판옥선이라는 당초의 이름도 생겼다가 나중에는 戰船으로 이름이 바뀌었다.

판옥선은 그렇게 갑판을 2중으로 함으로써 여러 가지 뛰어난 기능을 발휘했다. 우선 그 첫째는 전투원과 비전투원을 갈라놓고 비전투원인 格軍을 안전하게 보호한 점이다. 櫓軍들은 판옥 내에 자리잡고 적에게 노출됨이 없이 노역에만 전념하고, 전사들은 상갑판 위 높은 자리에서 전투에 임할 수 있었는데, 이것은 정말로 판옥선의 탁월한 기능이었다.

옛날 군선의 탑승원은 전투력을 가진 전사와 전투력이 없는 노역 기타 잡역을 담당하는 비전투원인 격군으로 대별되고 대개는 전사보다 격군이 더 많은 것이 보통이었다. 조선 후기의 경우이기는 하지만 판옥선인 전선의 정원은 총원 164~194명 중 노군이 100~120명, 砲手·火砲匠·射夫 등 전투원이 52~62명, 舵工 및 기타 10명이었다.

그러므로 猛船 같은 平船에서 전투원과 노군이 한 곳에 모여 전투에 임한다는 것은 큰 문제였다. 노군은 겁을 먹어 자기 힘을 다 내지 못하고, 전사들은 장소가 비좁아 전투능력을 다 발휘하기가 어려웠다. 그런데 판옥선은 갑판을 2층으로 하여 그들을 갈라놓음으로써 그런 문제를 쉽게 해결했다.

판옥선의 뛰어난 기능은 둘째로 전사들이 높은 자리에서 적을 내려다보며 전투에 임할 수 있는 점이고, 셋째로 적이 접근하여 배에 뛰어들기 어렵게 된 점이다. 이 두 가지 장점은 서로 밀접한 관계가 있다.

예로부터 한국 수군의 군비는 오로지 일본의 침략에 대비한 것이었다. 그런데 일본인들은 검술에 매우 능했다. 여말선초의 왜구도 몸에 지닌 무기라고는 오직 칼 한 자루뿐이었는 데도 그 기세는 강해서 육전으로는 막아내기가 여간 어렵지 않았다.

일본 수군의 전법도 무조건 적선에 뛰어들어가서 1대 1의 백병전을 벌여 적선을 점령해 버리는 수법이었다. 말하자면 일본인들이 구사하는 해전의 전술은 검술을 바탕으로 하는 접전(boarding tactics)이었다.

이에 대하여 우리 수군의 전술은 적선을 어느 정도의 거리에 떼어놓고 활로 적을 사살하고, 불화살을 쏘아 배를 태워버리던가 포탄을 사용하여 격침해 버리는 말하자면 弓術戰과 砲術戰이었다.

그런데 판옥선은 적의 장기인 접전을 막고, 한국의 장기인 포술전을 유리하게 전개할 수 있도록 되어 있는 배였다. 판옥선은 선체가 2층으로 되어 있어서 적이 아무리 접근해도 기어오르기가 매우 힘들게 되어 있다. 이 점에 관해서는 임진왜란에 관한 일본측 기록에 조선의 군선은 성벽처럼 높아서 난공불락이라는 내용이 여러 곳에 나타나 있다.

또한 판옥선은 포의 위치가 높아서 포격전에 매우 유리한 배였다. 당대의 화포는 그 사정거리가 고작 수백 보인 것들이어서 포의 자리가 높을수록 명중률이 크게 향상되는 터인데, 판옥선은 상장갑판 위에 포를 안치하므로 포의 자리가 충분히 높아서 접근해 오는 적선을 내려다보며 포격할 수 있었다. 임진왜란 각 해전에 있어서의 한국 수군의 압승은 분명히 판옥선과 함포의 위력 덕분이라 할 수 있다.

판옥선은 기동성이 매우 좋다는 특성도 지니고 있었다. 판옥선은 선체가 종래의 배에 비하여 크고 또한 노역을 하는 장소도 넓었기 때문에 노군의 수를 쉽게 증가시킬 수 있었다. 그리고 노 한 자루에 5명씩 붙어서 노를 저었는데 이것은 판옥선 아니고서는 불가능한 일이다. 그러므로 여느 배에 비하여 기동성이 좋은 것은 당연했다.

개발 당초에 있어서의 판옥선의 크기는 분명치 않다. 오직 임진왜란 때 판옥선의 정원은 125명 이상이었다는 사실이 알려져 있을 따름이다.

판옥선의 크기에 대하여는 임진왜란 후 광해군 7년(1615)에 統制使가 타는 가장 큰 것의 底板 길이를 70척, 다음 크기의 것을 55척, 가장 작은 배의 저판 길이를 47.5~50척으로 정한 바가 있는데, 이것은 임진왜란 당시의 판옥선 크기로 여겨지고 있다.

임진왜란을 얼마 앞두고 판옥선이 출현한 것은 여러 가지 면에서 그 의의가 매우 큰 것이었다.[50] 판옥선 탄생의 첫째 의의는 무엇보다도 한국 선박사상 가장 혁신적인 군선이 창출되었다는 데 있다. 그 출현의 계기부터가 猛船 따위의 平船을 가지고는 일본의 침입을 제압할 수 없기 때문에 생겨난 것이고, 선체 위에 전면에 걸쳐 板屋을 구축한 그 船制는 정말로 참

50) 金在瑾, 앞의 책(1989), 216쪽.

신한 것이었다.

판옥선의 출현은 당시 海防에 있어서 소선주의의 미몽을 깨트리고 전통적인 대선주의로 발전적으로 복귀한 의의를 지닌다. 또 판옥선은 그 선형·구조·기능 등이 완전히 독창적인 배이다. 중국의 군선은 《武經總要》와 《武備志》와 같은 병서에 많이 나타나 있지만, 거기에 판옥선과 동일한 것은 하나도 없다.

판옥선은 조선 후기에 전선으로 이름이 바뀌어 조선 말기까지 존속되지만, 그 船制는 조선 후기의 여러 가지 군선의 모형이 된다. 조선 후기에 전선과 더불어 해방의 주력을 담당하는 防船은 平船의 선체 위에 방패판을 설치하고 있는 중형군선으로서 판옥선이 간략화된 것이고, 龜船은 판옥선에서 평탄한 갑판을 제거하고 대신에 둥그런 蓋板을 복개한 것이다.

판옥선은 또한 한국 역사상 처음으로 등장한 전투선이라는 의의를 지닌다. 한국 군선에 있어서 여말선초의 군선과 판옥선은 특별한 의미를 지닌다. 여말선초의 군선은 그 선체구조가 특별한 것은 아니지만 화기를 장비하여 비로소 武裝船이 되었다는 의의를 가진다. 그리고 판옥선은 오로지 군선으로만 사용할 수 있는 최초의 전투함이다. 그 전의 함선들은 군선이라 해도 조운 등 여러 가지 용도에 사용될 수 있는 것들이었다.

판옥선 출현의 결실은 그 배가 개발된 지 37년 후에 발발한 임진왜란에서 크게 맺어졌다.

〈金在瑾〉

5. 염 업

1) 염업제도의 정비

조선을 건국한 태조는 1392년 7월 국호를 전조와 같이 고려라 하고 모든 의장과 법제는 전조의 고사에 따르겠다고 하는 원칙을 내세워 당면한 '便民'

의 시정방침을 선포하였다. 그러나 이것은 민심을 회유하기 위한 것이었고 실제에 있어서는 새로운 정치기반의 조성을 위하여 개혁과 재조직이 진행되어 갔다. 따라서 건국 초에 정치·경제·사회·문화·군사·외교 등 제반제도가 하나하나 재편성되어가는 가운데 고려 말에 문란했던 염업제도도 그 면모를 달리하게 되었다.

고려 후기 새롭게 실시된 소금의 증산정책과 유통질서의 확립 및 염무행정의 강화 등을 내용으로 한 충선왕 때의 榷鹽法은 이후 고려 말까지 시행되었으나 말기로 내려올수록 많은 폐해가 속출하게 되었다. 그 결과 소금의 산출량은 날로 줄어들고 소금 값은 치솟아 염업제도는 문란해지고 말았다. 물론 이러한 제도의 문란과 폐해를 시정하여 보려는 노력과 조처가 여러 차례 취해지기도 하였으나 끝내 수습되지 못한 채 정권은 교체되고 말았다.

조선의 태조는 즉위교서에서 안렴사를 통하여 鹽場官에게 지시하기를 각 도에 구운 소금은 백성들과 무역하여 국용에 충당케 할 것[1]을 밝히고, 또한 염세의 업무를 관장하는 義鹽倉의 관제를 정하여 발표하였다.[2] 이러한 사실은 조선 정부로 하여금 소금의 생산이 裕國便民하는 데, 또는 국가재정에 지대한 비중을 차지하고 있음을 단적으로 나타낸 것이라고 할 수 있다. 더욱이 鄭道傳의 《朝鮮經國典》에 의하면 "전하가 즉위하자 맨 먼저 윤음을 내려 전조의 문란한 염법을 개혁하였다. 연해의 주·군마다 염장을 설치하고, 관에서 소금을 굽고 백성들로 하여금 염장에 나아가 시가의 고저에 따라 소금을 받은 다음에 베나 쌀을 소금 값으로 내게 하였다. 이것은 국가가 백성과 더불어 이익을 함께 하는 것이지 국가가 이익을 독점하려는 것은 아니다. 염장의 소재와 그 소출량을 기록하여 회계에 참고가 되게 한다"[3]라고 하여 조선 건국 후 염업제도의 기본방침을 천명하였는데, 이는 고려에 이어 이른바 '각염법'과 같은 전매제의 실시를 밝힌 것이라고 할 수 있다. 그리고 즉위교서에서 騎船軍에 대한 구휼방법으로 부역을 면제해 주고 봉족을 더 정해서 윤번으로 배를 갈아타게 하는 외에 어염에서 생기는 이익은 스스로 취하도록

1) 《太祖實錄》 권 1, 태조 원년 7월 정미.
2) 위와 같음.
3) 鄭道傳, 《三峰集》 권 7, 朝鮮經國典 上, 賦典 鹽法.

허용하고 정부에서 전매하지 못하게 할 것[4]이라고 발표한 내용에서도 전매제도가 계속 시행되고 있음을 확인할 수 있다.

태조 3년(1394)에는 도평의사사에서 공·사의 염장을 모두 司宰監에 소속시킬 것을 주청한 바 있으나,[5] 10여 년 후인 태종 5년(1405) 3월에 예조는 6조의 직무분담과 소속을 정함에 있어서 소금에 관한 업무와 염장은 공조와 사재감에서 관장하는 것으로 상정하였다.[6] 태조 6년 10월에는 풍해·충청·경상·전라도에 감찰을 파견하여 연해지역 주·군의 鹽盆 및 제염지구를 답사하여 생산량의 많고 적은 것을 헤아려 세를 정하고 제염장의 장적을 작성케 하였다.[7] 그리고 해안에서 멀리 떨어진 여러 읍에는 염창을 설치하여 官鹽을 저장하였다가 백성들의 곡포와 무역하여 이를 軍資에 보충케 하였다.

이같이 태조는 고려의 각염법인 전매제를 계속 시행하면서 모든 연해지역에 염장을 새로 설치케 하였으며, 소금의 생산을 정부가 직접 관장하고 고려시대 염무역의 교환수단으로 포만을 사용하였던 것을 포와 아울러 米도 함께 쓸 수 있도록 확정함으로써 마침내 염세는 크게 경감되었던 것이다.

그런데 한편 태종 14년(1414) 9월에는 호조판서 朴信은 課鹽法 실시를 상주하였다.

> 소금은 오곡에 버금가는 중요한 민생물자이므로 옛날에는 課法이라 하여 조세부과 대상이 되어 왔습니다. 이제 연해 주군에 貢鹽干을 두고 私鹽稅를 징수하니 그 액수가 많다고 하지 않을 수 없습니다. 그러나 그 무역하는 것이 대부분 긴요하지도 않은 물건이므로 興利하는 사람에게 많이 돌아갑니다. 또한 각 도 감사가 혹은 옳지 않은 곳에 쓰기 때문에 국가의 보용이 없습니다. 원컨대 이제부터 각 도의 염세를 공조소납액과 그 도의 1년 경비를 제외하고 평민으로 하여금 잡곡을 논함이 없이 減價易換하여 군자에 보충한다면 민호는 義鹽을 즐겨 얻을 수 있고 1년에 거두는 곡식은 1만여 석을 내려가지 않을 것입니다. 각 도 공염간의 많고 적음이 고르지 않고 징수하는 세의 액수도 다르니 다시 참작하여 액수를 정하여서 그 役을 고르게 하십시오(《太宗實錄》 권 28, 태종 14년 9월 무인).

결국 왕의 윤허를 받은 이 건의서에서 주목할 만한 사실로서 다음과 같은

4) 《太祖實錄》 권 1, 태조 원년 7월 정미.
5) 《太祖實錄》 권 5, 태조 3년 1월 무오.
6) 《太宗實錄》 권 9, 태종 5년 3월 병신.
7) 《太祖實錄》 권 12, 태조 6년 10월 병술.

몇 가지 점을 지적할 수 있다.

첫째, 종래 정부의 염업정책으로는 국가재정의 보용에 기여한 바가 거의 없다는 점이다.

둘째, 소금의 유통과정에서 '興利之人'인 商人을 배제하고자 하는 뜻이 담겨 있어 판매 및 유통과정을 상인으로부터 정부가 직접 관장하려고 하는 뜻을 암시적으로 보이고 있다는 점이다.

셋째, 염무역의 교환대상물자로 포와 미 이외에 새로이 잡곡을 포함시키고 있어 염세에 대한 납부 대상물자를 확대시킴으로써 서민층으로 하여금 염세의 부담을 경감케 하려는 점이다.

넷째, 과법 또는 課鹽法이라고 하는 새로운 염법은 내용상 기본적으로 고려 후기의 각염법과 별다른 차이가 없다는 점이다.

그 후 세종대에 접어들면서 문화는 더욱 융성하고 북방개척이라던가 대왜관계 등으로 국비지출은 팽창하고, 국민의 생활수준이 향상됨에 따라 소금의 수요가 증가함으로써 종전의 염업으로서는 그 공급을 충족시키지 못하고 품귀현상이 일어나게 되었다.[8]

세종 19년(1437) 5월 호조에서 의정부에 보고한 내용에 "백성들의 말을 듣건대, 바다에 가까이 사는 백성도 오히려 소금을 먹기가 어렵다고 하는데 하물며 멀리 사는 백성들은 어떠하겠습니까. 백성들이 소금 바라기를 飢渴보다 더 심하게 여기어, 한번 鹽船이 가까운 곳에 왔다는 소식을 들으면 미와 포를 가지고 다투어 달려가서 구매하기를 남에게 미치지 못할까 염려합니다"[9] 라고 하여, 근해주민도 소금 구하기가 매우 어려웠음을 들고 있다.

세종 19년 4월에는 왕이 중신들을 불러 소금 굽는 일을 놓고 어떻게 하여야 백성에게 편리하고 국가에 유익하게 할 수 있는지 의논하였다.

> (왕이) '申槩…등을 불러 의논하여, 이 논의에서 중신들은 정부에서 煮鹽을 하면 반드시 사염을 금하고, 백성에게 官鹽을 널리 배포할 수 있으며 국가수익이 많아진다는 것과 자염은 鹽漢戶 이외에 船軍과 公賤으로 그 일을 돕게 할

8) 朴容淑, 〈朝鮮初期의 鹽業考〉(《文理科大學 論文集》 16, 釜山大, 1977), 364~365쪽.
9) 《世宗實錄》 권 77, 세종 19년 5월 경인.

것을 건의하니, 짐은 몇 가지 폐단을 염려하면서도 적당한 시기가 되면 실시할 것과 소금의 전매제에 비난이 없게 하라'고 일렀다. 신개 등은 '전매제는 예전부터 비난이 있었으며 공염을 하지 않는다면 모르나 공염을 실시한다면 사염은 마땅히 금할 것이며, 또 鹽漢의 이름을 鹽軍이라고 개칭하여 양민화하고 유공자에게 벼슬을 상주며, 또한 鹽竈를 지급하여 사생활을 편리하게 하면 스스로 권하여질 것입니다'라고 하였다(《世宗實錄》 권 77, 세조 19년 4월 기묘).

여기에서 염법 또는 염제확립의 기본방향을 살필 수 있는데 그것은 모든 사제염을 금지시키고 정부가 소금의 생산과 유통부문을 함께 관장함으로써 鹽利를 독점하려는 전매제도임을 알 수 있다. 동년 5월에는 소금의 전매제 실시에 필요한 다양한 정책내용을 호조에서 의정부에 보고하였다. 그 주요한 내용은 다음과 같이 정리할 수 있다.

① 명나라에서는 사염을 금하는 법을 세워 엄하게 시행하였으니 그 염법을 제시하고,

② 우리나라는 흉년과 군자의 보충을 대비하여 이용할 수 있는 것은 제염업밖에 없다는 것.

③ 우리나라의 연해 각 도에는 염리가 풍부하나 제염에 적당한 땅을 비워두고 또 버린 것이 많다는 것.

④ 청렴하고 근실한 수령을 선발하여 敬差官으로 임명하고 각 도에 분견하여 제염장을 답사하여 鹽所數, 제염적격지역, 제염설비와 기구, 제염에 필요한 인원수 및 연간생산량 등을 조사케 한다는 것.

⑤ 鹽價는 미곡과 포화를 불구하고 시가에 비해 여유있게 화매하고 미곡은 의창에 돌리고 포화는 국용으로 돌릴 것.

⑥ 鹽漢(干)은 모두 보충군으로 개칭하여 관직을 주고 무전자에게는 정부에서 한전을 지급하고 부역을 완전히 면제하여 그 후생을 증진시킬 것.

⑦ 사염은 부역이 없고 세도 가벼우니 이후로는 1盆마다 세액을 춘추로 각각 10석씩 징수할 것.[10]

이로써 호조는 이보다 좋은 계책이 없을 것이라고 보고하였다. 이에 의정부는 시행하기 어려운 조건이 있으나 추수하기를 기다려서 경차관을 각 도

10) 朴容淑, 앞의 글, 364~365쪽.
高承濟, 《近世韓國産業史硏究》(大東文化社, 1959), 133~135쪽.

에 보내어 의염에 적당한 곳이 옛것과 새로 정한 곳이 몇 곳이며, 소용되는 물건, 필요한 인원수, 力役의 난이, 연간 한 곳의 소금소출의 다과 등을 상세하게 조사한 후 다시 논의하여 시행할 것을 아뢰니, 왕이 이를 윤허하였다. 세종대에 이르면 국초의 염업제도는 문란하여지고 염귀현상이 일어나, 세종은 소금의 공급을 원활히 하고 국가재원의 확보를 위하여 조신들과 새로운 염법제정에 대한 논의를 계속하였다. 세종 26년 7월에는 왕이 首陽大君(世祖)을 시켜서 염법은 시행할 만하니 심의 보고하라고 이르니, 예조판서 김종서는 '각 도와 각 고을에 염분이 많이 있어서 소금 굽는 이익이 많지만 국가에서 이것을 이용하지 않으니 유감이다'라고 하였다.[11)]

염법에 대한 의논이 분분한 가운데 염리를 꾀하여 새 염법인 義鹽法의 시행을 주장하는 중신들이 많았는데, 그 중에서도 좌의정 신개와 예조판서 김종서는 수 차례에 걸쳐 소금의 전매제실시를 건의한 바 있었다. 세종 27년(1445) 8월에는 세자와 공조참판 權孟孫이 염법을 논하는 자리에서, 권맹손은 "관에서 소금을 굽고자 하는 것은 백성의 재물을 탈취하여 나라를 이롭게 하려는 것이 아니라 의창의 부족한 것을 보충하여 흉황에 대비하자는 것이다"라고 말하고 있다. 아울러서 "이 일을 위하여 관사를 따로 설치하고 제조를 임명하여 백성으로 하여금 관에서 소금을 전매하는 것이 아니라 백성과 더불어 이익을 같이 하는 것을 알게 하소서"라고 건의하였다.

마침내 義鹽色이라고 하는 특별관청이 설치되고 都提調 2인(좌·우의정), 提調 3인(좌참찬·호조판서), 別監 8인의 관원이 임명됨으로써 국내 소금의 통제와 전매제의 시행, 그리고 소금의 공급수용을 조절하면서 의창의 부족을 보충하고 흉황에 대비하려는 본래의 설치목적대로 일을 수행할 수 있게 되었다.[12)] 따라서 태종 6년 이후 사재감에서 맡고 있던 염장과 모든 염무 행정업무를 의염색에서 담당하게 된 것이다. 물론 한꺼번에 신법을 많이 만들면 백성에게 이롭지 않다는 좌승지 朴以昌 등 일부 관원들의 반대도 있었지만,[13)] 다른 중신들의 건의와 시험적으로 실시한다는 명분을 내세운 세종의

11) 《世宗實錄》 권 105, 세종 26년 7월 신유.
12) 《世宗實錄》 권 109, 세종 27년 7월 경자 및 8월 정사·갑진·병인.
13) 《世宗實錄》 권 109, 세종 27년 8월 갑진.

적극적인 추진으로 실시될 수 있었다.

세종 28년 1월 의염색의 상계에 의하면, 의염색에서는 강원도 삼척, 경기도 남양, 황해도 옹진, 경상도 동래, 충청도 태안, 전라도 흥양 등 각 도의 한 고을에 경차관이 각각 파견되어 자염을 시험한 결과 다음 〈표 1〉14)과 같은 실적을 올렸다. 그 후 다른 상계에서는 시험적으로 구운 소금이 3,400석, 화매포화가 700필이고, 곡식이 300석이나 되니 의창을 보충하는 좋은 계책으로 지난날 자염을 하지 않은 것은 실책이라고 하였다. 그리고 경차관이 찾아낸 염호가 많은데, 누락된 염호의 자손과 연해에 거주하는 각 관사의 奴子와 身役이 없는 사람을 찾아내어 널리 염분을 설치할 것을 건의하니 왕이 그대로 따랐다.15)

세종 28년(1446) 2월 의염색의 계에서 "지금의 염법은 백성이 가지고 있는 사제염이나 염분을 빼앗으려는 것이 아니고 또 常稅를 증가시키려는 것도 아니며 다만 제염에 알맞은 空地에 官鹽盆을 설치하여 후한 값으로 곡식과 바꾸어서 의창을 보충하고 賑恤하려는 데 있는 것"16)이라고 그 사명을 강조하고 있다. 그러나 의염법이 실시된 이후 각 도에 파견된 의염경차관 중에는 민간에서 자염하는 私鹽盆을 모두 수용하여 관영화하고 백성들의 사매매를 금지

〈표 1〉

産 地 名	江原道 三 陟	京畿道 南 陽	黃海道 翁 津	慶尙道 東 萊	忠淸道 泰 安	全羅道 興 陽
鹽 盆	鐵 盆	土 盆	土 盆	土 盆	鹽井및土盆	土 盆
鹽 盆 數	9	13	4	31	14	10
使役船軍員	60名	140	30	229	200	100
使役期間	40日	18	28	29	48	20
製 鹽 高	170石	644	359	616	1,023	681
和賣布穀數	麻布73疋 雜穀32石	麻布 248疋 雜穀 31石	麻布 67疋	麻布10疋	麻布 161疋 雜穀 148石	麻布178疋 雜穀100石
殘 鹽 高	20石	79石	5石	597石	395石	187石
		(耕牛使用料 34石 支拂 후의 殘額)	(耕牛使用料 6石 支拂 후의 殘額)			(耕牛使用料 16石 支拂 후의 殘額)

14) 《世宗實錄》 권 111, 세종 28년 1월 계미.
15) 《世宗實錄》 권 111, 세종 28년 1월 기축.
16) 《世宗實錄》 권 111, 세종 28년 2월 신축.

하여 정부에서 이익을 독점하게 됨으로써[17] 鹽干은 鹽場을 도망쳐 달아나고 이에 따라 염가가 폭등하게 되어 민간에서는 소금의 품귀현상마저 일어났다.

이와 같이 의염법의 실시와 의염색의 설치 이후 각 도에 경차관을 파견하여 18일에서 48일이라는 단기간의 시험적인 자염에서 〈표 1〉과 같은 상당한 실적을 올리게 되자, 보다 일찍이 실시하지 못한 것을 실책으로 아쉬워하면서, 국가의 관장으로 소금의 생산과 판매 및 유통과정이 완전히 독점되는 전매제를 더욱 적극적으로 추진하려고 하였다.

한편 세종 27년 8월 의염법이 실시된 후에도 조신들 사이에는 새 염법에 대한 비판과 반대가 있었는데, 집현전 직제학 李季甸은 10개항의 폐단을 들어 강력하게 반대상소를 올리면서 개선방법까지도 건의하였다. 우선 폐단내용을 요약하면 다음과 같다.

첫째, 관에서 燔鹽法을 세우면 생산량이 배가 되고 관에서 유통판매를 맡게 되면 백성들과 화매시 수령들이 제때에 팔기 위하여, 그리고 자연소모를 막기 위해서도 강제로 분배한다.

둘째, 공·사염간들이 중노동을 감수하는 것은 貢鹽을 바친 뒤의 餘鹽이 비교적 풍족하였고 그 여염을 직접 판매할 수 있어 의식이 넉넉했기 때문인데, 官鹽만 의존하게 되면 생계가 곤란하게 된다.

셋째, 담당관원들의 정액 이상의 수탈로 염간들이 유리되는 현상이 초래된다.

넷째, 관에 의한 독점판매로 염가가 앙등할 것이며, 비록 市准價보다 싸다 하여도 구입시 담당관원들의 농간으로 여러 날이 걸리는 경우에는 결과적으로 비싸게 되어 종전처럼 염간에게서 직접 구입하는 것보다 불편하다.

다섯째, 생산된 소금의 수송에 있어서 官船의 부족으로 私船이 주로 사용될 것이나 모두 기피하니 수송이 곤란하다.

이와 같이 국가권력에 의한 생산수단과 유통 판매권의 독점적 점유에 따르는 폐단 및 생산자에 대한 과중한 수탈, 수송의 어려움 등을 들어 의염색 신설에 따른 전매제에 반대하였다. 그리고 "전례와 같이 사재감에서 업무를 관장하되 염간의 장적을 조사하여 은루자의 사역기피를 없게 하고 감사 수

---

17) 《世宗實錄》 권 111, 세종 28년 2월 신유.

령의 일정한 常貢 외에 雜斂을 금하고 貢鹽에 1·2석을 더 정하면 폐단도 없고 국가에는 이익이 있을 것"이라고 종전과 같은 제도로 복귀할 것을 건의하였다.[18]

이와 같은 반대론과 사염의 관영화 및 사매금지, 그리고 담당관원들의 불합리한 업무처리와 부정으로 인한 염귀현상 등으로 세종은 28년(1446) 2월에 의염색의 기능을 일단 정지시키고,[19] 동년 5월에는 의염색을 혁파함으로써 일체의 업무는 다시 사재감으로 이관되었다. 그 결과 사제염과 사염의 화매에 대하여 국가의 통제는 약간 완화된 듯하나 기본적으로 염분은 모두 국가의 관영으로 관제염이 주류를 이루고 있고, 판매 및 유통에서도 거의 독점에 가까운 전매제이기 때문에 사염은 있다고 하더라도 소규모에 불과하였다.

세종 29년 9월에는 예조참의 李先齊가 "근일에 의염을 시행한 지 얼마 안 되어 불편하다고 혁파시켰는데, 의염색을 설치하는 규칙과 호조의 구황에 대비하는 법령을 밝히고 병선과 軍丁을 사용하여 자염하는 수목을 정하여, 의염색을 다시 설치할 것"을 건의하였다.[20] 이와 같이 조신 사이에는 염리를 꾀하여 부족한 의창을 채우고 흉년에 대비하면서 국가재용을 보충하자는 의견이나 상소가 계속 있었으나 의염색이 폐지된 이후에는 새로운 염법의 제안이나 염업제도상의 특별한 변혁은 없었다.

세조는 즉위 후 6년(1460)부터 12년(1466) 사이에 통일법전의 편찬을 모두 끝내고, 여러 차례의 개수를 거쳐서 성종 16년(1485) 1월 1일 전국적으로 반포 시행한《經國大典》에서 제일 먼저 완성된 戶典을 6년 7월부터 잠정적으로 실시하였다.[21] 태조 이후 역대 국왕에 의하여 운영된 염업제도와 정책은 조선왕조의 기본법전인《경국대전》호전의 魚鹽 규정으로 정리 집약되었다.

《경국대전》에 명시된 염업규정에는 "여러 도의 염분은 등급을 나누어 장

18)《世宗實錄》권 109, 세종 27년 8월 무진.
朴容淑, 앞의 글, 367쪽.
19)《世宗實錄》권 111, 세종 28년 2월 신유.
20)《世宗實錄》권 117, 세종 29년 9월 임자.
21) 朴秉濠, 〈經國大典의 編纂과 頒行〉(《한국사》9, 국사편찬위원회, 1973), 250~258쪽.

적을 만들어서 본조 본도 본읍에 보관한다. 장적에서 누락시킨 자는 장형 80에 처하고, 거기에서 얻은 이익은 관에 몰수한다. 염분이 멀리 떨어져 있는 읍들은 염창을 두어 稅鹽을 실어와 穀布로 바꾸어서 軍資에 보탠다. 경기·충청·황해도의 세염은 司宰監에 상납하는 것 외에는 軍資監 및 鹽倉에 나누어 실어 보낸다. 여러 도의 救荒鹽은 구황으로 쓴 것을 제외하고는 모두 곡물로 바꾼다. 매년 곡물로 바꾸어 軍資에 보탠 수는 관찰사가 기록을 갖추어 왕에게 보고한다"[22]라고 규정하고 있다. 이와 같은 염업제도는 조선 전기만이 아니라 조선 후기 영조 26년(1750) *均役法*의 실시까지 부분적인 개정과 보완이 있었으나 기본 요지는 그대로 적용되었던 것이다.

2) 소금의 판매와 유통과정

고려 후기의 전매제하에서는 백성들로 하여금 베를 바치고 소금을 받아가게 함으로써 소금의 배급이나 또는 염무역의 교환대상물로 布 한 가지만을 사용하였다. 그러나 조선 태조는 포와 함께 쌀도 市價에 준하여 소금 값으로 쓸 수 있도록 하였다.[23] 태종 9년(1409) 11월에는 사간원에서 "지금 국가에서 염장관을 설치하여 소금을 구어 무역하는데 포라는 물건은 굶주린 사람이 먹을 수 없으니 서울과 지방의 官鹽을 모두 쌀로 무역하여 군량을 보충할 것"[24]을 상언하여 소금의 교환대상물을 포가 아닌 쌀만으로 교환할 것을 건의하여 시행하게 되었다. 그러나 2년 후인 태종 11년 11월, 사간원에서 "국가에서 염장관을 설치하고 소금을 굽게 하여 백성의 布貨와 바꾸니 백성이 몹시 편하게 여겼는데 기축년(1409)부터 쌀로만 바꾸니 백성 가운데 가난한 자는 그 이익을 얻지 못하고, 깊고 먼 곳에 사는 자는 쌀을 운반하기가 곤란하니 전례에 의하여 紬·苧·正布·楮貨로 바꾸어 국용에 이바지하고 민생을 편하게 할 것"[25]을 상소한 바 소금 값은 쌀만이 아니라 포와 저화 중에서

---

22) 《經國大典》 권 2, 戶典, 魚鹽.
23) 鄭道傳, 《三峰集》 권 7, 朝鮮經國典 上, 賦典, 鹽法.
24) 《太宗實錄》 권 18, 태종 9년 11월 정해.
25) 《太宗實錄》 권 22, 태종 11년 11월 신사.

자원에 따르게 하였다. 특히 저화의 사용은 태종의 저화유통의 장려책이기도 하였으며, 또한 먼 곳의 거주자가 미곡을 운반하기에 고통이 크므로 취해진 조치이기도 하였다. 그리고 태종 14년 9월에는 백성들로 하여금 소금을 쉽게 얻을 수 있도록 잡곡으로도 가격을 감해서 바꾸게 한 적이 있었다.[26] 심지어는 태종·세종년간에 일시 저화 외에 동전을 유통시킨 기간이 있었는데 이때에는 동전도 소금을 구매하는 데 사용된 바가 있었다.[27]

이와 같이 국초로부터 백성들이 소금을 구득 화매하는 데 사용한 것으로 포와 미, 그리고 잡곡·저화·동전 등 다양하였으나 포와 미가 그 주류를 차지하였고 염가는 市價에 따라서 교환 매매가 이루어졌기 때문에 그 확실한 값은 알 수가 없었다. 세종 12년(1430) 2월에 시장의 시세를 살펴보면 綿布 1필은 소금 3석 9두, 正布 1필은 소금 1석 3두에 준하고, 綿布 1필은 正布 2필에 준하였다. 이렇게 보면 소금의 매매시세가 너무 헐하기 때문에, 앞으로는 면포 1필은 소금 2석 6두에 준하게 하고 이것으로 일정한 법식을 삼게 하였다.[28]

그러나 세종 28년(1446) 2월부터는 매달 초하루마다 市價의 예에 준하여 소금 한 말(斗)을 더하여 화매하기로 하였으니 전에는 소금 5두를 쌀 1두에 준하여 매매하게 하였는데 지금의 시가는 소금 2두가 쌀 1두에 상당하여 염가가 비싸기 때문에[29] 의염가를 개정한 것이다. 그리고 집현전 직제학 李季甸의 상소에 "의염색 설치 이전에는 민간에서 쌀 1두로 소금 3·4두 혹은 5·6두까지 바꾸었는데 의염색 설치 이후에는 쌀 1두로 소금은 겨우 1·2두를 교환하게 되었다"[30]고 한 것으로 보면 의염색이 설치된 후에 염가가 폭등하고 염귀현상까지 나타난 것을 알 수 있다.

조선은 국초로부터 고려 후기의 전매제를 그대로 시행하면서 전국적으로 많은 제염장을 새로 설치하고 소금을 굽게 해서 미곡 또는 포화와 교역하여 백성을 편하게 하면서도 종래의 사제염과 사매매를 인정하였기 때

26) 《太宗實錄》 권 28, 태종 14년 9월 무인.
27) 《世宗實錄》 권 111, 세종 28년 2월 병오.
28) 《世宗實錄》 권 47, 세종 12년 2월 을해.
29) 《世宗實錄》 권 111, 세종 28년 2월 병오.
30) 《世宗實錄》 권 112, 세종 28년 5월 경오.

문에 판매와 유통분야에 상인들의 활동은 별다른 제약 없이 활발하였던 것 같다. 그러나 조선정부는 염업제도를 정비해 가는 과정에서 소금의 유통과 판매권을 정부가 관장하려는 방향으로 전매제를 더욱 강화해 갔다. 이런 가운데 조선왕조는 다른 산업부문에서도 그러했듯이 판매 유통부문에 있어서 商人을 '興利之人'으로 규정하고 그들의 상업행위를 엄격하게 배제하고자 하였다.

세종 19년 5월 염법에 대한 논의에서 명나라 鹽制를 기준삼아 염법의 기본방침을 제시하였는데, 이에 의하면 貢鹽을 납부하고 남은 餘鹽을 처분하는데 있어서는 정부가 鹽引을 발급하여 매도키로 하고, 引稅를 소금 1석에 동전 20文으로 징수하자는 것이었다. 이는 명나라 염법의 食鹽折價制를 도입하자는 것이었다. 그러나 명나라 염법과의 차이는 벽지나 먼 지역에 대한 염공급을 원활히 하기 위하여 상인의 활동을 수용하고자 하는 원칙이 거의 배제되어 있다는 점이다. 이와 같이 조선의 염법에 있어서는 상인의 유통기능을 활용하지 못하고 소극적인 태도를 고수했기 때문에 벽원지인 평안도·강계 등지에 대한 소금의 공급은 원활하지 못했으며, 이것은 소금의 판매와 유통의 기능적 마비에 기인하는 것이라고 볼 수 있다.[31] 따라서 판매 유통분야에서의 상인의 활동 제약과 위축은 염업제도의 정비과정에서 전매제의 점진적인 확립으로 더욱 심화되어 갔다.

그리하여 세종 27년(1445) 8월 義鹽法의 실시와 더불어 義鹽色의 설치 이후는 전국의 소금에 대한 통제와 전매제의 시행으로[32] 소금의 공급·판매·유통분야는 국가에서 완전히 독점하게 되었고, 따라서 상인의 활동은 더욱 침체되었다.

이와 같이 소금의 판매와 유통과정에서 상인의 활동은 특기할 만한 것이 별로 없었다. 그러나 국가의 전매제 운영에서 수요자를 위한 공급수단은 육운과 수운의 두 운수방법에서 살펴볼 수 있으며, 이것은 소금의 유통을 어느 정도로 원활히 수행할 수 있었는가를 좌우한 것이라고도 볼 수 있다. 먼저

31) 《世宗實錄》 권 77, 세종 19년 5월 경인.
高承濟, 앞의 책, 134~136쪽.
32) 《世宗實錄》 권 109, 세종 27년 7월 경자 및 8월 정사·갑진·병인.

육운을 보면 제염지의 염장으로부터 내륙의 벽지, 오지 같은 먼 지역의 염창 소재지까지 육로로 운송하는 일인데 소금을 굽는 염간이 염세의 운반까지를 담당하고 있어,[33] 그들의 과중한 부담과 전국적으로 우마차가 부족한 때문에 그리 순조롭지는 못하였으리라고 짐작된다. 그리고 다량의 소금을 운반할 때에는 그 지역 연도의 주민들이 아무런 대가없이 강제로 동원되었던 것이다.

수운은 국초부터 실시한 조운제도로서 관청의 선박을 주로 사용하였다. 그러나 국가의 官船이 부족하였기 때문에 부득이 민간의 私船을 빌려쓰고 그 船價를 지불하였다.[34] 대개 각 도에서 수운으로 운송하는 일은 사선을 많이 이용하는데, 배의 운임을 지불해도 이 일을 피하려고 하였다. 그 이유는 배의 운임이 고기잡고 장사하는 이익만 같지 못하였고, 또한 소금을 수송하는 일은 미곡보다도 손실된 수량을 많이 물어 바치는 까닭에 운송에 어려움이 많았기 때문이다.[35]

이와 같이 전매제에서 소금의 공급유통은 상인의 활동이 배제된 채 관 주도로 이루어졌다. 육로를 통한 운반은 전국적으로 우마차의 부족과 염간의 과중한 鹽役부담으로 순조롭지 못하였으며, 수운은 관선이 부족한 상태에서 민간의 사선을 이용하려 하였으나 사선소유자의 기피현상으로 수송은 원활치 못하였다. 그 결과 京鄕 각지의 소금 품귀현상마저 일어나게 되었다.

3) 소금의 산지와 제염인

소금은 그 산지에 의하여 海鹽과 陸鹽으로 크게 구분할 수 있는데 육염의 생산이 없는 우리나라는 3면이 바다에 둘러싸여 있으므로 해수를 원료로 하는 소금은 무진장 생산할 수 있었다.

조선 초기 소금의 생산지는 전 해안에 산재하여 있었으며 연해의 郡·縣

---

33) 李讚熙, 〈朝鮮前期 鹽干에 대한 硏究〉(《素軒南都泳博士華甲紀念史學論叢》, 太學社, 1984), 354~355쪽.

34) 《太祖實錄》 권 15, 태조 7년 12월 신미.
《世祖實錄》 권 27, 세조 8년 2월 을미.

35) 《世宗實錄》 권 111, 세종 28년 2월 신유.
朴容淑, 앞의 글, 367쪽.

으로서 소금을 산출하지 않는 곳이 거의 없을 정도였는데, 《世宗實錄地理志》에서 조사한 바에 의하면 다음 〈표 2〉와 같다.

〈표 2〉의 각 도별 지명은 제염지의 관할 관청소재지로서 한 곳의 지명에 한·둘의 제염지로부터 10여 개의 염산지를 포함하고 있으므로 전국의 연해

〈표 2〉

조선초기	
도 명	관 청 소 재 지 명
경기도	안산 강화 인천 김포 교동 통진
충청도	직산 서천 남포 비인 태안 서산 해미
전라도	옥구 부안 나주 영암 영광 광양 순천 보성
경상도	흥해 기장 장기 영일 영해 진주 김해 창원 고성 거제 하동 칠원
강원도	강릉 평해 간성 고성 흡곡
황해도	해주 옹진 장연 강녕 연안 풍천 장련
평안도	증산 함종 삼화 용강 안주 숙천 영유 선천 용천 곽산 수천
함길도	함흥 북청 영흥 안변 길주 경원 단천 경성 회령 종성 온성 경흥 부령

〈표 3〉

조선초기[36]			고려후기[37]	
도 명	염분수	염소수	도 명	염분수
京畿道	1	88	楊廣道	126
忠淸道	147	35	慶尙道	174
慶尙道		39	全羅道	126
全羅道	143	58	平壤道	98
黃海道	246		江陵道	43
江原道	320		西海道	49
平安道	298	29		
咸吉道	207	15		
계	1,362	264		616

36) 〈표 3〉에서 조선 초기 각도의 염분수와 염소수는 《世宗實錄地理志》에서 조사한 것이며, 염분수에는 鹽區와 鹽井 수까지도 포함되어 있다.

37) 〈표 3〉은 《高麗史》 권 79, 志 33, 食貨 2, 鹽法 충선왕 원년 2월조에서 근거하여 작성한 것이다.

지역에서 소금이 생산되고 있다는 것을 추정할 수가 있다. 실제로 조선 초기 염산지에 대한 鹽盆 수와 鹽所 수의 각 도별 분포상황을 고려 후기(충선왕 때)와 비교하여 보면 〈표 3〉과 같다.

조선 초기에는 고려 후기의 염분수 616의 두 배가 넘는 1,362이며, 여기에 염소수까지도 염분에 포함시켜 계산하면 1,626으로 고려 후기보다는 꽤 많은 증가를 보이고 있다. 더욱이 〈표 3〉에 나타나 있듯이, 고려 후기 염분의 도별 분포상태를 보면 주로 하3도 지방에 치우쳐 있으나, 조선 초기에 이르면 황해도·강원도·평안도·함길도 등의 지역에도 널리 증설되었음을 확인할 수 있는 것이다.

이와 같이 모든 해안에 소금을 생산하는 제염장이 확대 설치된 것은 조선 전기의 염업이 고려 후기의 염업에 비하여 양적인 면에서 커다란 발전을 이룩한 것이며, 또한 조선 전기 염업정책의 적극화와 염법의 안정을 의미하는 것이라고 볼 수 있는 것이다.

조선 전기의 염업은 官鹽과 私鹽으로 구별되는데 관염의 제염을 담당하는 鹽干은 式干 또는 公干으로, 사염인은 私干으로 불렸다. 국초로부터 전국 연안에 확대 설치된 제염장에서는 제염을 身役으로 하는 鹽戶와 鹽干에 의하여 소금이 생산되었다.

제염작업에 종사하는 염호와 소금을 굽는 기능인을 통상 鹽干·鹽漢·鹽丁, 혹은 鹽夫라고 하였다. 국초로부터 이들이 제염을 전담하였으나 때에 따라서는 船軍이 동원되기도 하였다. 제염작업에서 소금을 굽는 일은 鹽漢戶와 鹽干이 전적으로 주관하였고, 船軍이나 公賤은 그 일을 조력하는 데 불과하였다.[38]

아무튼 염역에 징발되거나 동원된 인원은 각 군현이나 지역에 따라서 각각 다르지만 조선 초기 실록의 기사에 의하면 선군뿐만 아니라 연해 거주민·은루여정·각색군호·범죄도역인·각사 공노비·부근 각관노비 등 양인과 천인이 함께 제염사역에 충원되었던 것이다.

본래 제염에 종사하는 염간은 비록 양인 신분이었기는 하나 鹽役이 천역이었기 때문에 身良役賤으로서 천인과 다름없는 사회적 지위에 놓여 있었으

38) 《世宗實錄》 권 77, 세종 19년 4월 기묘.

며, 또한 염역이 워낙 苦役이었던 까닭에 염간이 되는 것을 기피하려는 경향이 나타나기도 하였다. 鹽籍에 등록을 두려워하였던 것은 일단 등록이 되면 職役과 身分이 세습되었으며 종신토록 염역을 면하지 못하였기 때문이다.39) 이들 염간은 관영의 각 염장에서 鹽場官(鹽官)의 관리 감독하에 제염작업에 종사하여 소금의 판매 수입으로 생활하면서 매년 춘추로 일정액의 鹽稅를 소속 염창에 납입할 의무가 있었으며 부역은 면제되었다.

하나의 염분에 대한 세납액은 세종 초까지 대체로 1년에 20석이었으나, 세종 말에는 10석으로, 성종조에서는 8석으로 감액되었다. 그러나 염세의 운반과 자연 耗損까지 부담하였기 때문에 염간의 세부담은 과중한 것이었고 다만 赴防에 동원되는 경우에 貢鹽이 면제되었다.40)

한편 사염도 국초로부터 허용되어 사사로이 제염업에 종사한 사람이 적지 않았으며, 또한 지방의 염장관이나 수령 등 관직자들이 그 직책을 이용하여 사염분을 설치하며 불법적인 사염행위를 자행하는 경우도 있었다. 세종 28년 1월 의염색의 시험운영시기에 각 도에 파견된 경차관들의 지나친 횡포로 염분을 국가에 수용당하고 사매매가 금지되는 등 어려운 시련을 겪기도 하였으나 소금의 생산을 게을리 하지 않았다.

그리고 私鹽人은 염간처럼 定役의 장적에 등록되어 신역으로서 鹽役을 담당하는 것도 아니고 또한 종신토록 자염하는 것도 아니었다. 사염인은 다만 1년에 4석의 소금을 세납할 뿐이며 부역도 부담치 않았고 사제염의 이익이 과대하였으므로, 그들은 서로 다투어 私鹽業에 종사하려 하였으며 결국 국내 소금의 수급에 私鹽이 차지하는 비중이 매우 커졌던 것이다.41)

4) 소금의 생산과정

조선 전기의 제염방법이나 제염기술에 대하여는 당시의 실태를 기술한

39) 《世宗實錄》 권 112, 세종 28년 4월 병인.
40) 李讚熙, 앞의 글.
41) 李讚熙, 위의 글.

문헌사료나 기록이 거의 없기 때문에 구체적으로 그 사실을 밝히기가 어렵다. 예로부터 소금은 '煎熬 제염방법', 곧 海水의 수분을 火力으로 징발시킴으로써 소금을 결정시켜 채취하였던 것이다. 이와 같은 전오제염법은 유치한 제염기술이기 때문에 많은 사람의 노역과 시간, 그리고 연료를 필요로 하였다.42)

그러나 이러한 원시적인 제염방법도 산업기술의 발달에 따라 제염장의 설비가 개선되고 燔煮기술도 향상되어, 조선 전기에는 이미 상당한 수준에 이르러 원시적인 '海水直煮術'에서 점차적으로 탈피해가고 있었던 듯하다.

조선시대 전오 제염방법은 대개 두 형식으로 구별된다. 하나는 鹽田에 해수를 끌어들여 여기에서 鹹水를 채취한 다음, 이 함수를 鹽釜에 넣고 끓임으로써 채염하는 '鹽田式製鹽法'이고, 다른 하나는 염전을 마련하지 않고, 鹽竈만을 축조하여 해수를 직접 염부에 넣고 전오하는 '海水直煮法'이다. 이러한 제염방법은 각 연안의 토질·기후·潮汐의 고저 등에 의하여 염전·염정제염장·염조·염부의 구조라던가 제염기구 및 조업의 방법 등이 달라지게 된다.

염전식제염 방식의 염전에는 有堤鹽田과 無堤鹽田의 두 가지가 있다. 먼저 유제염전에서 채함작업과 전오작업의 과정을 살펴보면, 염전의 주위에 제방을 쌓아 해수가 들어오는 것을 막고, 염전바닥을 평탄하게 하며 그 주변과 중앙의 몇 곳에 도랑을 만들어 해수의 유통을 편하게 한다. 염전바닥에는 모래나 흙을 깔고 여기에 해수를 흡수시켜 햇볕을 쬐어 마르게 한다. 그러면 수분은 증발되고 鹽分만 남아서 모래 또는 흙에 부착하게 되는데 이것을 긁어모아 鹽井으로 운반한다. 그런 다음에 해수를 넣어서 염분이 용해되면 농도 짙은 짠물을 채취하게 되는데, 이 유제염전은 거의 모두가 높은 潮水를 이용해서 해수를 자연스럽게 도입하는 방법을 사용하고 있다.

염정은 대개 염전안의 도랑 옆에 두거나 또는 염전 주위에 배치하였다. 염정의 내부는 진흙으로 벽을 바르고 필요에 따라서는 그 위에 나뭇가지와

42) 商工部 編,《鹽白書》(藝文社, 1964), 149~150쪽.
한국산업은행조사부 編,《韓國의 産業》3(1960), 69~75쪽.
專賣廳 編,《韓國專賣史》1(1980), 412~413쪽.

솔잎을 덮게 되는데 염전바닥보다는 2·3尺 정도 높게 설치한다. 그 형상은 원형이나 타원형의 것이 대부분이고 방형의 것도 약간은 있으며, 염전의 광협에 따라서 여기에 설치한 염정의 수효나 구조 등에 차이가 있다.

이렇게 하여 채취된 소금물은 鹽釜에 옮겨지고 염부에서 충분히 끓인 소금은 가마니 위에 얹어서 鹽汗을 빠지게 한다. 일단 염한이 다 빠지면 俵裝하는 자리로 옮겨져 그 곳에서 가마니나 섬에 담겨지고 마침내 반출하게 되는데 전라도 남부와 경상도 등 남해안의 염전 대부분이 유제염전에 속한다.

다음으로 무제염전에서 제염하는 작업과정을 보면 煎熬작업은 유제염전과 비슷하나 채함작업과정이 서로 다르다고 할 수 있다. 우선 무제염전은 제방이 없으며 염전의 형상은 대개 圓錐臺나 또는 楕圓錐臺 모양이다. 주변으로부터 중앙을 향하여 점차 높아지면서 경사를 이루며, 중앙의 정상부를 평탄하게 하여 제염하는 장소로 삼는데 이 곳에 鹽井을 설치하였다. 그 주위의 경사면은 염전의 지반이 되는데, 이 지반은 모두 점질토로 되어 있으며 따라서 살토도 역시 점질토이다. 매월 한 차례의 大潮時에 자연스럽게 해수가 이 염전 상부까지 차 올라와 살토를 침윤하지만, 小潮時에는 해수가 염전까지 들어오지 않으므로 이 기간에 살토를 긁어모았다가 펴놓는 일을 되풀이해서 건조시켜 염정에 운반하여 농후한 함수를 채취하고, 그 살토는 다음 大潮時 전에 다시 염전지반에 살포하여 다음 大潮時까지 한 차례의 작업을 끝마치게 되는 것이 보통이다. 무제염전에는 도랑이 없고 다만 염정 부근에 採鹹用 해수를 가두어 두는 웅덩이가 있을 뿐, 염전 경사의 완급이나 여러 염장의 구조 및 여러 염장에 부속된 염전의 면적, 염정수 등에 각각 차이가 있다.

이와 같은 무제염전식 제염법은 해조간만의 차가 심한 서해안의 평안·경기·충청도와 전라도 북부 지방에서 보편적으로 시행되고 있었다. 이 밖에도 해수간만의 차가 작은 강원도지방에서는 해면보다 높은 지면에 염전을 축조하는데, 점질토로써 지반 하층을 구축하고 그 위에 사질토를 상당한 두께로 펴서 지반을 만든다. 여기에다 도랑을 통하게 하고 다시 해변의 해수에 이르기까지 점질토로써 도랑을 만든 다음, 해수를 염정 등에 퍼올리는 데 사용하는 맛파로 해수를 퍼올려 염전의 도랑에 꽉 채운다. 그리고 염전지반과 그 위의 살사를 축이고 다시 건조시키는 작업을 되풀이해서 채함하게 되며, 염정은 염전도랑 옆에다 2·3척 높게 설치하는 것이 보통이다.

염전식 제염법에 비하여 원시적인 제염법이라고 할 수 있는 海水直煮法은 염전이나 다른 장치와 설비를 하지 않고 단지 제염장만이 있을 뿐이다. 제염장 안에는 염조를 축조하고, 해수를 떠다가 염부에 부어 다량의 연료와 오랜 시간을 들여서 전오제염하는데, 이는 고대의 원시적인 遺制라고 할 수 있다.

이와 같은 해수직자법에 의한 제염방법은 함경도 북부지역의 경흥·종성·경성·명천·성진 등 군의 일부 지방에서 이용되었다. 이는 이들 지방이 교통이 불편하고 소금의 공급유통이 원활하지 못한 데다 부근 해안에 염전을 축조할 수 있는 적당한 곳이 별로 없었기 때문인데, 이 곳에서는 그들의 수요량을 충당하기 위하여 이와 같은 제염방법을 사용하였던 것이다.[43]

세종 29년 9월 예조참의 李先齊가 "…가마솥으로 달이어서 하룻밤과 낮을 지내서 하얗게 나오는 것은 동해지역의 소금이고, 진흙으로 솥을 만들어 하루에 두 번이나 달이어 짜게 만든 것은 서남지역의 소금인데, 서남지역에서는 노역이 조금 헐하면서도 수익은 동해지역의 배나 된다"[44]고 지적한 데서, 함경도·강원도 등 동해안지역에서는 鐵釜를 사용하여 직자법으로 제염을 하였던 사실을 짐작할 수 있다.

세종 27년 8월 집현전 직제학 李季甸의 상서에 "…동해는 바닷물을 끓이므로 갈아엎어서 조수를 취하는 괴로움이 없지만…남해로부터 서해까지는 반드시 上弦·下弦의 조수가 물러갈 때를 기다려, 세 차례 소에 멍에를 메어 갈아서 조수를 취하니 그 괴로움이 밭 다루기보다 배나 됩니다"[45]라고 하여, 동해지역에서는 해수직자 제염법이 시행되었고, 남해안과 서해안지역에서는 염전에서 채함하는 염전식 제염방법으로 소금이 생산된다는 사실을 알 수 있다.

고대로부터 우리나라의 제염방법은 '해수직자법'에서 '무제염전식 제염법'으로, 무제염전식 제염법에서 진일보하여 '유제염전식 제염법'으로 발전해 온

43) 農商工部水産局 編, 《韓國水産誌》 1, (1908), 562~574쪽.
高承濟, 앞의 책, 154~167쪽.

44) 《世宗實錄》 권 117, 세종 29년 9월 임자.

45) 위와 같음.

듯하다. 특히 조선시대에 있어서는 지역적인 특수성 때문에 약간의 차이는 있어도 이 세 가지 제염방법이 다같이 활용되었던 것이다.

소금을 생산하는 데 있어서 또 하나의 중요한 문제는 바닷물을 煎熬 또는 燔煮하는 데 없어서는 안될 연료의 보급 조달이다. 이 연료는 제염작업이 시작되면서부터 완료될 때까지 계속하여 조달되어야 하였다. 세종 27년 8월 집현전 직제학 이계전의 상서에 "소금의 생산지에는 땔나무가 심히 부족하여 鹽干들이 秋鹽을 구으려면 여름부터, 春鹽을 구으려면 겨울부터 선박으로 나무가 있는 여러 섬에 가서 구하는데 만일 풍랑이 순조롭지 못하면 한번 왕복하기에 한 달이 넘고, 풍도를 만나면 배가 뒤집혀 돌아오지 못하는 자가 많다"[46]고 하여 위험을 무릅쓰고 멀리 여러 섬을 왕복하면서 연료인 땔나무를 구하고 있음을 볼 수 있다.

세종 9년 4월 강원도 감사의 계에 "…연해변의 禁松令이 엄중하기 때문에 먼 지방에서 나무를 해야하고 매년 세납하는 소금이 그 수량에 차지 않기 때문에 사람들이 고통을 당하고 있다"[47]고 하여 국가의 엄격한 금송정책으로 제염연료인 땔나무 채취가 어렵고, 심지어는 소금 생산량의 감소현상까지 발생하고 있음을 알 수 있다.

이와 같은 제염장에서의 연료문제는 국가적인 금송정책의 시행과 더불어 염업의 발전을 위축시키는 한 요인이 되기도 하였다.

5) 조선 전기 염업의 특징

이상에서 조선 전기의 염업에 대하여 염업제도의 정비과정, 염가와 판매 및 유통과정, 소금의 산지와 제염인, 그리고 소금의 생산과정 등에 관한 것을 살펴보았다. 여기에서 그 중요한 것을 요약 정리하면 다음과 같다.

첫째, 조선왕조는 태조의 즉위교서에 밝혔듯이, 고려 후기 염제인 전매제의 계속 시행을 원칙으로 하면서도 사제염과 사매매를 허용하고 있으며, 태

46) 위와 같음.
47) 《世宗實錄》 권36, 세종 9년 4월 임오.

종은 과염법으로 전매제를 더욱 강화하였다. 세종은 의염법과 의염색의 실시로 일시 소금의 생산과정과 유통과정을 정부가 독점하는 완전 전매제를 성립시킨 바 있으나, 곧 완화정책으로 전환되었고, 세조는《경국대전》의 규정으로 벌칙을 강화하면서 염업을 국가가 관장하였다.

둘째, 소금 값은 세종 28년 이후 每朔 市價例에 준하여 소금 1두를 더하여 화매키로 하였다.

셋째, 소금화매의 교환 대상물건은 시기에 따라 포·미·잡곡·저화·동전 등 다양하였으나 포와 미를 주로 하였다.

넷째, 소금의 판매와 유통과정에서 상인의 상업활동을 배제하고 정부가 유통과 판매권을 관장하였다.

다섯째, 소금의 생산은 전국의 연안에 제염장이 고르게 확대 설치되어 제염하였으나 연료문제가 큰 비중을 차지하였다.

여섯째, 제염작업은 염호와 염간이 주관하고 선군과 연해거주인 및 공천이 조력하였다.

일곱째, 제염방법은 지역적인 차이가 있으나 해수직자법과 무제염전식 제염법 및 유제염전식 제염법으로 제염하였다.

조선 전기의 염업이 고려에 비하여 크게 발전한 것은 정부에 의한 적극적인 염업정책의 추진으로 염업제도가 확립되고 특히《경국대전》의 반포시행으로 염제의 안정을 유지한 때문이라고 할 수 있다. 따라서 전기의 염업제도는 후기에 이르기까지 부분적인 보완을 거듭하면서 지속되었던 것이다.

〈申芝鉉〉

6. 수산업

1) 자연조건

(1) 일반적 특성

수산업과 관련시켜 한반도의 지리적 조건을 말할 때에는 예로부터 '三面環海'라는 말을 자주 사용하여 왔다. 그것은 우리나라가 아시아 대륙의 동북부에서 남쪽으로 돌출한 반도를 이루고 있어 수산업 개발에 유리한 지리적 조건을 지니고 있다는 뜻을 내포하고 있는 말이다.

한반도 주위에는 대소의 도서들이 많이 산재하여 있고 해안선의 굴곡이 심하여 면적에 비하여 해안선의 길이가 길다. 이는 어업이나 수산양식업의 개발에 적합한 천혜의 좋은 어장을 마련하여 주고 있다.

또한 본토와 도서의 주변은 수산동식물의 서식에 적합한 광대한 대륙붕에 둘러싸여 있다. 연해를 흐르는 조류도 난류와 한류가 있고 양 해류가 접촉하는 해역이 있다. 이러한 자연적 조건으로 말미암아 본토와 도서의 연해에는 서식하거나 회유하는 수산동식물의 종류가 많을 뿐만 아니라 그 양도 매우 풍부하다.

육지에는 연안어장에 그 유수가 주입되는 크고 작은 하천이 많아 수산동식물의 번식과 성장에 필요한 영양물과 해양의 비료라고 하는 營養鹽類를 대량으로 연안어장에 공급하고 있다.

이러한 여러 요인에 의하여 수산자원이 풍부한 어장이 연해 도처에 형성되어 있다. 우리나라 해역을 동해안·서해안 및 남해안으로 나누어 볼 때, 이 해역들은 자연지리적으로 구분되는 데 그치지 않고 각 해역마다 특색있는 자연적 조건을 지니고 있다. 이에 따라 각 해역에 특색있는 수산동식물이 분포하고 그 특색에 맞는 漁具漁法이 개발되었다. 그러므로 해역별 특성을 살펴볼 필요가 있다.

(2) 동해안의 자연적 조건

동해안 또는 동해구는 보통 두만강구로부터 부산항 동쪽의 蠅頭末 부근까지에 이르는 연해 해역을 말한다. 동해안은 융기해안의 특성을 지니고 있다. 태백산맥을 비롯한 대산맥이 동쪽으로 편재하여 우뚝 솟아 있으며 산맥의 급경사가 해안에까지 연장되어 있다. 이와 같이 단애절벽을 이루고 있는 지세로 말미암아 대륙붕이 좁고 연안수심이 깊어 대륙붕을 넘어서면 수심이 3,000m 이상되는 심해가 된다. 그리고 해안선의 굴곡이 작고 조석 간만의 차가 작다. 영흥만이나 영일만같은 곳을 제외하고는 해안선이 직선에 가까운 단조로운 형태를 지니고 있다. 해안선의 형태가 이러하므로 선박이 정박할 천연의 양항이 적다.

이상과 같은 조건은 수산업 발달에 불리한 조건들이다. 그러나 동해안 곳곳에는 명사십리로 대표되는 砂濱海岸이 발달되어 있어 후릿그물어업과 같은 地引網어업의 발달에 유리한 자연적 조건을 갖추고 있다.

동해안이 수산업 발달에 가장 유리한 조건을 제공하고 있는 것은 한류와 난류의 접촉이 가져오는 혜택이다. 즉 동해안에서는 북상하는 난류인 쓰시마해류와 남하하는 한류인 리만해류가 접촉한다. 대만의 동쪽을 따라 북상하는 쓰시마해류의 본류는 동해에서 일본의 동해에 인접한 연안을 따라 북상하나 그 분류는 한반도의 동해안을 따라 북상한다. 그 북상세력에는 消長의 변화가 있으나 여름에는 함경북도 연안 이북까지 올라가는 수도 있다.

한편 한류인 리만해류는 오호츠크해에서 동해로 들어와 연해주를 따라 흐르다가 함경북도 연안에 이르러 북한해류가 되어서 남쪽으로 흐른다. 이 해류의 소장도 불규칙적이나 겨울에는 강원도 남부까지 남하하는데 그 이남에서는 하층류가 되는 것으로 보이며 영일만 이남에서는 표층류로서는 존재하지 않는다.

이질적 양 해류의 존재로 말미암아 寒暖兩水性의 어족이 풍부하고 오래 머문다. 그리하여 동해안은 수산자원량에 있어서 3해안 중 수위를 차지하고 있다. 동해안에는 珪藻類의 플랑크톤이 많고 특히 한수성 수역에서는 플랑크톤의 鉛直순환이 왕성하여 영양분이 풍부하므로 어족은 이를 찾아 대량으로 索餌洄游한다. 또 한류성 어류는 대량으로 산란을 위한 산란회유를 한다. 이와 같이 어족자원이 풍부하고 그 체류기간도 길기 때문에 어족을 대상으로 하는 어업이 일찍 발달할 수 있었다.

우리나라 연해의 주요 수산물은 어류 75종, 패류 20종, 해조류 15종, 기타 동물 10종, 합계 약 120종에 달한다. 동해안에 많이 분포하여 많이 採捕되는 수산물은 멸치 · 명태 · 청어 · 대구 · 방어 · 고등어 · 꽁치 · 상어 · 도루묵 · 송어 · 빙어 · 오징어 · 가자미 · 넙치 · 고래 · 큰가리비 · 북방대합 · 왕게 · 대게 · 전복 · 해삼 · 미역 · 우뭇가사리 · 다시마 등이다.

(3) 서해안의 자연적 조건

서해안은 본토의 최남단인 해남각에서 압록강구에 이르는 해안을 말한다. 서해안은 동해안과 대조적인 특색을 지니고 있다. 서해안은 동해안과는 반대로 침강에 의하여 형성된 것으로서 굴곡이 심한 리아스식 해안(Rias coast)을 이루고 있어 깊은 灣入과 도서가 많다. 이에 따라 항만이 발달되어 있다. 해안선의 길이는 가장 길어 4,719㎞에 달한다.

수심은 얕아 황해 중심부의 가장 깊은 곳도 수심이 100m를 넘지 않을 정도로 전해역이 대륙붕이다. 황해는 수심이 얕고 또 외양의 영향을 받기 때문에 조석 간만의 차가 극히 심하다. 조차가 큰 데다가 해안이 遠淺하므로 간조시에는 흑회색의 간석지가 일망천리로 넓게 펼쳐진다.

조수의 간만에 따르는 해수의 왕복운동으로 발생하는 조류도 그 흐름이 빠르기로 유명하다.

서해안은 해저에 침전되어 있는 영양염류가 수면으로 떠오르고 서해안에 주입되는 여러 하천은 수산동물의 먹이가 되는 유기물을 공급하여 각종 수산동물의 분포에 유리한 조건을 지니고 있다. 그리고 황해는 여러 어족의 일대 산란장이자 그 성육장이기도 하다.

그러나 수심이 얕고 조류가 빠른 해수 오탁지대이므로 플랑크톤의 양이 동해안의 절반밖에 안된다고 한다. 그리고 산란기를 제외하고는 어족이 대개 분산적이고, 또 겨울에는 강한 서북풍으로 수온이 크게 저하되어 어족이 거의 자취를 감추고 만다. 이에 더하여 조류가 빨라 일부 망어업의 발달을 저해하고, 조차가 극히 커 어항이 그 기능을 충분히 발휘하기 어렵다.

그러나 이들 요인 중에는 어업발달의 저해요인으로서만 작용하지 않고 특정어업의 발달을 촉진하는 작용을 하는 것도 있다. 즉 큰 조차나 빠른 조류를 이용하는 漁箭어업이나 柱木網어업, 中船網어업 등은 그러한 자연적 조건이 갖추어져 있었기 때문에 일찍부터 발달할 수 있었다. 그리고 연안의 넓은 간석지는 패류를 비롯한 각종 수산물의 採捕 어장이 되어 있고 수산양식장으로 유용하게 이용될 수 있다.

과거부터 서해안에서 많이 어획되었던 수산물의 주요한 것은 조기·새우·준치·삼치·민어·전갱이·달강어·가오리·갈치·넙치·뱅어·반지·숭어·도미·소상어·대구·까나리·가리맛·바지락·젓새우·굴·김 등이다.

(4) 남해안의 자연적 조건

남해안은 䖝頭末에서 海南角에 이르는 해역으로서 동해안과 서해안의 중간성을 지니고 있다. 남해안은 서해안과 마찬가지로 침강해안이다. 남북으로 주향하는 산이 침강하여 산마루는 반도·岬, 또는 섬이 되고, 산골짜기는 만이 되었다. 그러므로 해안선의 굴곡이 서해안보다 더욱 심한 복잡한 리아스식 해안을 형성하고 있다. 그 굴곡이 가장 크기 때문에 직선거리는 가장 짧음에도 불구하고 도서를 포함하지 않은 해안선의 길이는 동해안보다 길어 2,246㎞에 달한다. 연해에는 2,000개가 넘는 도서가 산재하여 전형적인 다도해를 이루고 있다.

동해처럼 수심이 깊지 않은 반면 서해안처럼 원천하지 않고 간만의 차도 크지 않아, 수심과 간만의 차가 적당하다.

쓰시마난류의 영향으로 3해안 중에서 수온이 가장 높다. 그리하여 각종 수산 동식물이 가장 많이 분포한다. 어족은 동해안성을 띤 것과 서해안성을 띤 것이 공존한다. 기후가 온화하여 주년조업이 가능하다. 어족은 분산성을 지니고 있기 때문에 고등어와 같은 것을 제외하고는 일시 다획이 어려우나 연간 평균 어획량은 많다.

주요 수산물은 멸치·정어리·고등어·전갱이·삼치·도미·대구·갈치·갯장어·붕장어·적어·숭어·전복·소라·홍합·김·풀가사리·감태 등이다. 이 가운데 대구는 오늘날에는 어획량이 소량에 불과하다.

2) 어획물의 종류와 수산자원

(1) 어획물의 종류

조선 초기의 어획물 종류는 당시에 편찬된 몇 가지 지리서에 의하여 비교적 상세하게 파악할 수 있다. 조선시대 지리서 중에서 가장 오래된 것은 세종 7년(1425)에 편찬된《慶尙道地理志》이다. 이 책의 토산·공물조에는 각 지방의 어획물이 실려 있는데 이를 빈도수 순으로 열거하면 다음과 같다.

① 어류
銀口魚(은어), 沙魚(상어), 大口魚(대구), 靑魚(청어), 廣魚(넙치), 雙魚(상어류?), 洪魚(홍어), 方魚(방어), 都音魚(도미), 年魚(연어)
② 패류
生鰒(전복), 紅蛤(홍합), 黃蛤(모시조개), 乾蛤(마른 백합)
③ 기타 수산동물
文魚(문어), 紫蝦(곤쟁이)
④ 해조류
藿(미역), 海衣(김), 牛毛(우뭇가사리), 細毛(세모가사리), 海菜(미역?), 靑角(청각)
⑤ 기타
魚膠(부레풀), 魚皮(물고기 껍질), 占察皮(전자리상어 껍질), 鰓魚膽(잉어 쓸개), 烏魚骨(오징어 뼈)

이상과 같이 어획물의 종류는 많지 않다. 그러나 이것은 당시에 어획되고 있었던 어획물을 총망라한 것이라고 볼 수 없으며, 당시 많이 어획되고 그 중요성도 큰 것만을 기록하였다고 보아야 할 것이다.

어류는 각종 해산어와 함께 담수어인 은어가 여러 지방에서 어획되고 있었던 것으로 되어 있다. 당시까지만 하더라도 각 처의 하천에는 은어가 많았고 그것은 중요한 어획물의 하나였다.

기타로 분류하여 본 것 중에는 접착제로 쓴 부레풀, 장식품이나 공예용으로 쓰인 물고기 껍질, 약재로 쓰인 것들이 포함되어 있다. 여기에 보이는 오징어 뼈는 오늘날 많이 잡히고 있는 오징어가 아니고 타원형의 납작한 뼈가 몸 속에 들어 있는 뼈오징어 또는 참오징어(학명 : *Sepia esculenta*)로 보아야 한다. 석회질로 된 그 뼈는 약재로 썼다.

《경상도지리지》의 속편으로서 예종 원년(1469)에 편찬된 《慶尙道續撰地理志》에 보이는 여러 지방의 漁梁에서 잡혔던 어획물은 銀口魚·大口魚·青魚·鮒魚(붕어)·鯉魚(잉어)·黃魚(황어)·錢魚(전어)·洪魚·紅魚(홍어)·沙魚·古都魚(고등어)·白魚(뱅어)·蘇魚(밴댕이)·葦魚(웅어)·水魚(숭어)·石首魚(조기)·年魚·松魚(송어)·文魚 등 어류 17종과 두족류 1종이다. 여기에는 《경상도지리지》보다 훨씬 많은 어류가 실려 있다. 어명이 실린 빈도수를 볼 때 銀口魚, 즉 은어가 가장 높다. 은어가 즐겨 먹는 물고기를 대표하는 어류였던 것 같다.

《世宗實錄地理志》(이하 지리지)와 《新增東國輿地勝覽》(이하 여지승람)에는 많은 종류의 수산물이 실려있다. 전자는 세종 14년(1432)에 편찬된 것이고, 후자는 성종 12년(1481)에 편찬된 《輿地勝覽》을 수정·보완하고 중종 26년(1531)에 증보하여 완성한 것이다. 《지리지》에는 각 지방의 토산·공물·어량소조산 등에 수산물이 실려 있고 《여지승람》에는 토산조에 실려 있다. 이들은 편의상 몇 가지 부류로 나누어 열거하되 대략 명칭이 등장하는 빈도수 순으로 배열하면 다음과 같다.

① 어류

《지리지》: 沙魚, 銀口魚, 水魚, 大口魚, 民魚, 年魚, 洪魚, 石首魚, 古刀魚, 黃魚, 松魚, 眞魚, 廣魚, 加火魚, 鯉魚, 蘇魚, 首魚, 魴魚, 錢魚, 白魚, 刀魚, 准魚, 玉頭魚, 鱸魚, 亡魚, 瓜魚, 行魚, 舌大魚, 到美魚, 葦魚, 鰇魚, 紅魚, 芒魚, 黃水魚, 細尾魚, 節魚, 舫魚, 都音魚, 細鱗魚, 愁伊只魚, 銀魚, 餘項魚, 僧魚, 雄魚

《여지승람》: 銀口魚, 秀魚, 石首魚, 鯽魚, 洪魚, 青魚, 大口魚, 鱸魚, 黃魚, 訥魚, 廣魚, 鯊魚, 松魚, 魴魚, 餘項魚, 鰱魚, 葦魚, 麻魚, 古刀魚, 眞魚, 錦鱗魚, 白魚, 錢魚, 銀魚, 民魚, 蘇魚, 刀魚, 兵魚, 瓜魚, 黃石首魚, 鯉魚, 綿(鰇)魚, 赤魚, 占

察魚, 行魚, 玉頭魚, 鱖魚, 白條魚, 何首魚, 黃小魚, 無泰魚, 筆魚, 釘魚, 亡魚, 細魚, 細尾魚, 雙魚, 雙足魚, 寶開魚, 臨淵水魚

② 패류

《지리지》: 紅蛤, 石花, 生鮑, 土花, 生蛤, 牡蠣, 黃蛤, 海蛤, 小螺, 昆鮑

《여지승람》: 石花, 鰒, 紅蛤, 蛤, 土花, 竹蛤, 江瑤珠, 小螺, 黃蛤, 白蛤, 甘蛤, 螺, 鸚鵡螺, 回細蛤, 小蛤, 淡菜蛤, 輪花

③ 갑각류

《지리지》: 大蝦, 紅大蝦, 白蝦, 中蝦, 紫蝦, 蟹, 青蟹

《여지승람》: 蟹, 紫蝦, 大蝦, 細蝦, 蝦, 紫蟹, 白蝦, 中蝦, 青蟹, 大蟹

④ 기타 수산동물

《지리지》: 文魚, 落地, 烏賊魚, 烏魚, 海蔘, 八梢魚, 絡締

《여지승람》: 海蔘, 絡締, 烏賊魚, 文魚, 好獨魚, 海臁, 海獺

⑤ 해조류

《지리지》: 牛毛, 昆布, 海藻, 黃角, 細毛, 藿, 多絡亇, 粉藿, 常藿, 青角, 甘苔, 海衣, 海帶, 海角, 莓山伊, 加士里, 絲藿

《여지승람》: 藿, 海衣, 細毛, 黃角, 牛毛, 昆布, 甘苔, 塔土麻, 絲藿, 古里麻, 青角, 加士里, 烏海藻

⑥ 가공품 및 기타

《지리지》: 全鮑, 魚膠, 烏魚骨, 乾蛤, 鯉膽, 乾水魚, 乾鯉魚, 魚皮, 早藿, 龜甲, 鼈甲, 鮑甲, 魚醢, 玳瑁, 條鮑, 石決明, 引鮑, 乾紅蛤, 紫蝦醢, 魚油, 海獺皮, 蠣灰, 沙魚皮, 膃肭臍

이들은 당시에 많이 채포되고, 또 일반적으로 많이 소비되던 어획물이었던 것으로 보아야 하며, 당시의 어획물의 전부였다고는 볼 수 없을 것이다.

어떠한 수산동식물이 채포되고 있었는가를 구체적으로 알기 위해서는, 한자로 표기된 위의 여러 명칭들의 오늘날 이름을 밝혀야 하는데 일부는 오늘날의 무엇을 가리키는지 알기 힘든 것이 있다. 그리고 같은 것을 지방에 따라 상이한 한자로 표기한 것도 있어 혼동을 일으키기 쉽다. 이하에서 오늘날의 명칭을 밝힐 수 있는 것과 밝히기 어려운 것을 나누어 살펴보기로 한다.

먼저 어류에는 銀口魚=은어, 鮒魚·鯽魚=붕어, 鯉魚=잉어, 餘項魚=열목이, 錦鱗魚·鱖魚=쏘가리, 僧魚=중고기, 瓜魚=빙어, 黃魚=황어, 訥魚=누치, 白條魚=백조어, 年魚=연어, 松魚=송어, 水魚·秀魚=숭어, 葦魚=웅

어, 白魚=뱅어, 鱸魚=농어, 石首魚,=조기, 大口魚=대구, 青魚=청어, 古道魚·古刀魚=고등어, 到美魚·都音魚=도미, 廣魚=넙치, 魴魚·舫魚=방어, 眞魚=준치, 麻魚·亡魚=삼치, 民魚=민어, 刀魚=갈치, 兵魚=병어, 銀魚=도루묵, 占察魚=전자리상어, 洪魚=홍어, 細魚=싱어, 寶開魚=보구치, 臨淵水魚=이면수 등이 있다.

이 이외에 首魚는 숭어, 紅魚는 홍어, 准魚는 준치, 芒魚와 魟魚는 삼치가 아니면 망둥이로 생각된다. 그리고 黃小魚는 황강달이라고 생각되며, 黃石首魚나 黃水魚도 역시 황강달이라고 생각된다. 이는 참조기라고도 볼 수 있으나 참조기는 石首魚라고 하였던 것으로 보아 황강달이라고 보아야 할 것으로 생각된다. 舌大魚는 가자미目 참서대科의 참서대나 서대기로 보인다. 雄魚는 드렁허리로 보인다. 李圭景의 《五洲衍文長箋散稿》에서는 鱔魚(드렁 허리)의 속명을 雄魚라고 하였다. 加火魚는 火자를 '불'이라고 읽으면 가불어가 된다. 즉 가오리이다. 가오리는 사투리로 가부리라고 부른다. 赤魚는 몸 전체가 홍색인 눈볼대일 것이다. 釘魚는 학공치일 것 같다.

無泰魚는 명태로 보인다 黃泌秀의 《方藥合編》에서는 北魚에 대하여 "明川에서 산출되는데 곧 無泰魚이다"라고 '하였다. 行魚는 멸치로 보인다. 《韓國魚譜》의 저자 鄭文基는 과거 제주도의 古老로부터 멸치를 行魚라고 한다는 말을 들었다고 한다. 細鱗魚는 金敬俊의 《譯語類解》에서 구올무지라고 하였다. 구굴무치를 말하는 것인지도 모른다. 구굴무치는 담수나 기수에 사는 어류다. 만주에서는 열목이를 細鱗魚라고 한다.

이 외에 綿魚·鯀魚·節魚·愁伊只魚·何首魚·筆魚 등의 이름도 보이는데 이들이 어떠한 어류를 지칭한 것인지는 알 수 없다.

연체동물에 속하는 패류 중에서 오늘날의 이름을 알 수 있는 것이 있다. 즉 石花=굴, 牡蠣=굴 또는 굴 껍데기, 鰒·生鮑=생전복, 生蛤=생대합, 全鮑=마른 전복, 石決明=전복 껍데기, 黃蛤=모시조개, 白蛤=백합, 江瑤珠=꼬막, 小螺·螺=소라, 紅蛤·淡菜蛤=홍합, 竹蛤=큰 죽합, 鸚鵡螺=앵무 조개이다.

輪花는 許筠의 《惺所覆瓿藁》에서 "동해에 있는데 곧 石花의 큰 것이고 맛이 달다"고 하는 것으로 보아 굴의 일종으로 볼 수 있다. 土花는 벗굴(토굴)

을 지칭하기도 하고 가리맛조개를 지칭하기도 한다. 《신증동국여지승람》의 경기도 仁川都護府·南陽都護府·安山郡 등의 土産에는 토화가 석화와 함께 실려 있다. 이로 미루어 보아 여기에서 말하는 토화는 가리맛조개를 가리킬 것이다.

海蛤은 세종조에 편찬된 《鄕藥集成方》에 그 향명을 낡은 조개껍질이라고 하였다. 낡은 조개껍질을 약재로 쓴 것을 말한다. 그러면 그 조개껍질은 어떤 종류의 조개의 낡은 껍질인가 하는 것이 문제가 된다. 許浚의 《東醫寶鑑》에는 "文蛤·海蛤은 동해에서 난다. 크기가 巨勝과 같다. 紫文彩가 있고 무르익지 않은 것은 문합으로서 文彩가 없고 이미 무르익은 것은 해합인데, 두 蛤은 同類이다"라고 하였다. 이에 의하면 해합은 문합의 老成貝임을 알 수 있다. 그러면 문합은 무엇인가를 볼 필요가 있다. 《향약집성방》에는 문합의 향명을 '보라빛 나는 조개껍질'이라고 하였다. 약용으로 조개껍질을 사용하였기 때문에 여기에는 조개껍질로 되어 있으나, 그 조개의 이름은 보랏빛 나는 조개가 되는 셈이다. 오늘날의 한글 사전에는 이를 대합(백합)이라 하고 있다. 북한의 《조선말사전》에는 문합을 모시조개라 하였고 또 모시조개는 "대합조개의 한 가지로 껍질의 빛은 갈색이다"라고 하였다. 이는 백합류로 보아야 할 것 같다. 해합도 그러한 종류이다.

甘蛤은 蚶을 말한 것으로 생각된다. 감의 한자 뜻은 살조개 또는 강요주이다. 《동의보감》에서는 감을 살조개라고 하였다.

蛤·小蛤·回細蛤·昆鮑 등은 어떠한 패류인지 알 수 없다. 합은 백합으로 볼 수 있을 것 같기도 하다. 곤포는 전복의 일종일 것이다.

갑각류에 속하는 새우와 게를 보면 大蝦=대하, 中蝦=중하, 紫蝦=곤쟁이이다. 白蝦는 한글사전에 쌀새우라고 되어 있다. 徐有榘의 《蘭湖漁牧志》에서는 새우에 대하여 "젓갈로 만들어 전국에 널리 유통되는 새우는 모두 황해도의 糠鰕인데 속칭 細鰕라 하고 淡乾한 것은 米鰕, 빛깔이 흰 것은 白蝦라 한다"고 설명하고 있다. 糠鰕 또는 糠蝦는 젓새우를 말한다. 그러므로 빛깔이 흰젓새우를 白鰕라고 불렀다는 말이 된다. 오늘날 서해안에서 대량으로 잡아 새우젓을 담그는 것은 젓새우이다. 새우 중에서 紅大蝦라고 한 것은 대형 새우임에 틀림없으나 그 종류는 알 수 없다. 그리고 단순히

蝦라고 되어 있는 것도 그 종류를 알 수 없다. 細蝦는 젓새우를 가리킬 것이다.

게는 대부분 그 종류를 알 수 없다. 紫蟹는 憑虛閣 李氏(1759~1824)가 저술한 《閨閤叢書》에 농게라고 하였다. 그러나 그것은 몸의 일부가 자주빛을 지니는 꽃게를 말한 것일지도 모른다. 단순히 蟹라 한 것과 靑蟹는 오늘날의 어떠한 게를 말한 것인지 알 수 없다. 大蟹는 대게(영덕게)라고 해석할 수 있겠으나, 그것이 주산지인 동해안이 아닌 전라도에서 잡혔던 것으로 되어 있는 것으로 보아 속단하기 어렵다.

기타 수산동물로 분류한 것의 대부분은 연체동물 중의 두족류에 속하는 것이다. 文魚=문어, 落地·落締=낙지, 烏賊魚=오징어, 海蔘=해삼, 海獺=해달이다. 八梢魚는 《세종실록지리지》에 문어의 속칭이라고 하였다. 好獨魚는 꼴뚜기의 이명인 骨獨魚와 유사한 것으로 보아 꼴뚜기로 생각된다. 海臙은 연체동물인 군소로 추정된다.

해조류는 오늘날의 무엇을 가리키는지 알기 힘든 것이 많다. 藿=미역, 昆布=다시마, 海衣=김, 牛毛=우뭇가사리, 莓山伊=매생이, 加士里=가사리, 古里麻=고리매, 靑角=청각, 黃角=황각, 甘苔=감태, 細毛=참가사리인 것은 거의 확실하다

나머지 중 絲藿은 물미역(애기다시마)으로 추정되고 紛藿의 常藿은 褐藻類의 미역目 미역科에 속하는 해조류로 보이나 그 종류를 밝히기 어렵다. 海藻는 말科에 속하는 해조류로 보이지만 그 중의 어느 것인지 알 수 없다.

多絲亇(다사마)와 塔士麻는 모두 다시마로 보아야 하는데, 원래 다시마를 뜻하는 昆布가 있는데도 이들의 명칭이 또 보인다. 그리고 海帶도 보이는데 《향약집성방》과 《譯語類解》에 의하면 이것도 다시마라고 하였다. 《세종실록지리지》의 함경도의 토산을 보면 같은 지방의 토산에 이들 이름이 함께 올라 있는 것이 보인다. 예컨대 길주목의 토산을 보면 수산물로서 大口魚·年魚·松魚·黃魚·行魚·魴魚·愁伊只魚·全鮑와 함께 海帶·多絲亇 및 昆布가 기입되어 있다. 丁若鏞의 《經世遺表》에 의하면 곤포의 작은 것을 방언으로 多士麻라 한다고 하였다. 한반도에서 한해산인 다시마가 자생하였던 지방은 동해안 원산 이북의 함경남·북도였다. 그런데 《세종실록지리지》에는

제주도의 土貢에 곤포가 포함되어 있고 제주도 旌義縣과 大靜縣의 토공에 곤포가 들어 있다. 그리고 경상도의 東萊縣과 강원도 간성군의 토공에도 곤포가 들어 있다. 곤포가 과거에 간성에서 자생하는 것이 혹시 있었을지 모른다 하더라도 제주도에도 곤포가 있었다는 것은 믿기 어렵다. 그렇다면 여기에서 사용된 곤포라는 명칭은 다시마가 아님이 분명하다. 다시마과에 속하는 곰피를 곤포와 혼동한 일이 있었는지 모른다. 경상도 동래현의 토산에는 塔士麻도 들어 있다. 경상남도 지방에서는 곰피를 다시마라고 부르는 수가 있다. 다시마나 곰피 등의 명칭이 혼동되고 있었던 것으로 보인다. 海帶를 다시마라고 한 것도 앞으로 해명하여야 할 문제이다.

烏海藻는 경상도의 몇몇 지방에서 산출되었는데 《신증동국여지승람》 機張縣의 토산을 보면 烏海藻가 加乙浦에서 산출된다고 하였다. 역시 알 수 없는 해조류이다. 海手·海角도 분명하지 않다.

끝으로 가공품 및 기타로 분류하여 본 것 중에는 약재로 쓰인 것이 많다. 鯉膽=잉어쓸개, 烏魚骨=오징어 뼈, 龜甲=거북 등껍질, 鼈甲=자라 등껍질, 膃肭臍(올눌제)=해구신 등이 그 대표적인 것이다. 石決明=전복 껍질도 약재로 쓰였는데 《동의보감》에서는 이를 생포 껍질이라고 하고 있다. 鮑甲도 석결명과 같은 것으로 볼 수 있다.

蠣灰는 굴 껍질을 구워서 만든 灰인 牡蠣殼灰를 말한 것으로 보인다. 玳瑁(대모)는 瑇瑁(대모)라고도 쓰는데 등딱지를 玳瑁甲이라 하여 공예품이나 장식품에 귀중하게 쓴다. 《동의보감》에는 瑇瑁를 '야긔겁질'이라 하고 그 藥性으로서 百藥의 毒을 풀고 蟲毒을 물리친다고 하였다. 약재로도 쓰였던 것이다.

魚貝藻類를 말린 것들로는 乾鯉魚=마른 잉어, 乾水魚=마른 숭어, 乾紅蛤=마른 홍합, 全鮑=마른 전복, 早藿=일찍이 채취하여 말린 미역 등이 있다. 乾蛤이라는 것도 있는데 이는 백합을 말린 것인지, 아니면 다른 패류를 말린 것인지 판단하기 어렵다. 條鮑·引鮑·槌鮑 등은 전복의 가공품이다.

魚膠·魚鰾=부풀, 魚皮=물고기 껍질, 沙魚皮=상어 껍질 등은 공예용으로 쓰였을 것이다. 魚油는 물고기에서 채유한 기름이다. 간유도 포함되어 있었을 것이다.

魚醢(어해)=물고기 젓갈, 紫蝦醢=곤쟁이젓은 발효제품이다.

海獺(해달)과 海狗(물개)도 포함되고 있었다. 海獺皮, 즉 해달의 모피는 최고급품이므로 이를 이용하기 위하여 해달을 잡았다. 海狗는 膃肭獸(올눌수)라고도 하는데 海狗腎(해구신)을 膃訥臍라 한다. 이것은 귀중한 약재로서 예로부터 유명하였다.

이상에서 각종 어획물의 종류와 그 명칭을 살펴보았는데 오늘날의 명칭을 알 수 없는 것들이 있다. 뿐만 아니라 그 명칭이 밝혀지는 것도 수산동식물의 분류학이 발달되어 있지 않았던 당시에 붙여진 명칭인 만큼 그 정확한 種名은 알기 힘든 것이 많다. 예를 들면 到美魚가 도미인 것은 분명하지만 오늘날의 분류에서 농어목 중 도미과에 속하는 도미류만 하더라도, 청돔·새눈치·감성돔·황돔·참돔·붉돔·녹줄돔·실붉돔 등 여러 가지가 있다. 따라서 도미어라 하면 이 가운데 어느 것을 가리킨 것이었는지 정확히 지적하기 어렵다. 참돔만을 도미어로 보았는지 아니면 이와 유사한 것을 통틀어 도미어라고 하였는지도 알 수 없다. 다만 도미어라고 한 것이 주로 도미류를 대표하는 참돔을 가리킨 것이었다고 볼 수는 있을 것이다. 비단 어류뿐만 아니고 다른 부류의 어획물도 그 科名이나 屬名으로 볼 수 있는 명칭으로 되어 있는 것이 많아 혼동을 일으킬 때가 많다. 조선시대 초기의 어획물의 종류와 명칭을 고찰할 때에는 이러한 점들을 염두에 두지 않으면 안된다.

(2) 수산자원의 분포상태

조선시대 수산자원의 분포상태를 비교적 정확하게 파악하기는 어렵다. 그 이유는, 첫째 당시의 모든 有用 수산동식물을 산지별로 밝혀 놓은 자료가 없으며, 둘째는 내수면이나 육지에서 아주 가까운 연안수역에 분포하는 것 이외에는 당시 어획대상에서 제외되었기 때문에 문헌에 밝혀진 종류만으로는 보다 넓은 범위에 걸친 수산자원의 분포상태를 파악하기 어려운 데 있다. 분포상태가 파악된다 하더라도 종류별로 자원량이 얼마나 풍부하였는지는 밝힐 수 없다. 어획통계가 없기 때문이다.

이러한 난점이 있기는 하나 현재 이용 가능한 당시의 지방별 어획물 종류

〈표 1〉 조선 초기 어획물의 도별 분포

道別	地理書	魚 類	貝類	甲殼類	海藻類	기타 水産動物	加工品 및 기타
京畿道	地理志	民魚 眞魚 秀魚 石首魚 蘇魚 鱸魚 沙魚 加火魚 洪魚 白魚 銀口魚 刀魚 廣魚 舌大魚 亡魚 到美魚 葦魚 鯀魚	土花 石花 黃蛤 生蛤 牡蠣 小螺	白蝦 大蝦 中蝦 紫蝦 青蟹	黃角	落地 烏賊魚	魚醢 乾鯉魚 鯉魚膽 乾水魚 龜甲 鼈甲 蠣灰
	輿地勝覽	秀魚 石首魚 錦鱗魚 葦魚 銀口魚 訥魚 鯽魚 鱸魚 黃石首魚 洪魚 眞魚 蘇魚 白魚 民魚 兵魚 錢魚 綿(鯀)魚 黃魚 鯊魚 魟魚 廣魚	石花 土花 竹蛤 小螺 黃蛤	蟹 青蟹 白蝦 中蝦 紫蝦 大蝦		落綈 烏賊魚 好獨魚 海臙	魚鰾
忠清道	地理志	水魚 沙魚 民魚 洪魚 錢魚 青魚 加火魚 刀魚 石首魚 白魚 鯉魚 眞魚 廣魚 銀口魚 准魚 紅魚 蘇魚 芒魚 黃水魚 細尾魚 雄魚	石花 生蛤 生鮑	大蝦 紅大蝦 白蝦 中蝦	細毛 黃角 海衣	落地 烏賊魚 烏魚	魚膠 烏魚骨 乾鯉魚 乾水魚 鯉膽 龜甲 鼈甲
	輿地勝覽	石首魚 秀魚 鱸魚 鯽魚 白魚 葦魚 鯊魚 青魚 錢麻魚 洪魚 銀口魚 民魚 眞魚 訥魚 刀魚 蘇魚 廣魚 黃小魚 錦鱗魚 細尾魚 黃石首魚	石花 鰒 江瑤柱 土花 紅蛤 竹蛤	蟹 蝦 大蝦 紫蝦 中蝦	海衣 黃角 細毛 青角	烏賊魚 落綈 海蔘	魚鰾
慶尙道	地理志	銀口魚 沙魚 大口魚 廣魚 黃魚 洪魚 青魚 都音魚 魴魚 鯉魚	生鮑 紅蛤 牡蠣 石花		藿 牛毛 細毛 海衣 青角 早藿 甘苔 海毛 粉藿 海藻	文魚 海蔘	乾蛤 全鮑 魚膠 魚皮 烏魚骨 乾水魚 鯉膽 龜甲 鼈甲
	輿地勝覽	銀口魚 大口魚 青魚 洪魚 鯽魚 黃魚 鯊魚, 石首魚, 鱸魚, 秀魚, 廣魚 錢魚 魴魚 松魚 鯉魚 古刀魚 鰱魚 葦魚 眞魚 占察魚 白條魚 何首魚 鱖魚 蘇魚 白魚	鰒 紅蛤 石花 蛤 淡菜 黃蛤 江瑤柱 土花	蟹 紫蟹 紫蝦	藿 海衣 細毛 加士里 牛毛 絲藿 青角 烏海藻	海蕩 文魚 絡綈 烏賊魚 海獺	

全羅道	地理志	銀口魚 沙魚 石首魚 玉頭魚 水魚 青魚 節魚	紅蛤 石花 甘蛤 生蛤 生鮑 昆鮑	紅大蝦	粉藿 常藿 昆布 藿 甘苔 牛毛 加士里 海毛 海角 海衣 莓山伊 早藿 黃角	烏賊魚 落地	烏魚骨 全鮑 鯉膽 條鮑 魚膠 玳瑁 引鮑 乾水魚 乾紅蛤 槌鮑 石決明 龜甲 乾鯉 鼈甲
	輿地勝覽	秀魚 銀口魚 鯽魚 石首魚 眞魚 葦魚 刀魚 兵魚 鱸魚 鯊魚 古刀魚 行魚 玉頭魚 青魚 白魚 洪魚 廣魚 鯀魚 蘇魚 釘魚 民魚 黃魚 錢魚 寶開魚	石花 鰒 紅蛤 蛤 黃蛤 甘蛤 鸚鵡螺 螺 土花 竹蛤 江瑤柱 小蛤 貝	蟹 大蝦 蝦 紫蝦 白蝦 大蟹	海衣 藿 甘苔 黃角 牛毛 細毛 加士里 莓山	烏賊魚 絡締 海蔘	魚鰾 玳瑁 石決明
黃海道	地理志	青魚 水魚 沙魚 民魚 古道魚 首魚 石道魚 銀口魚	竹蛤 牡蠣	螺 紫螺 白蝦	青角 黃角 海藻 絲藿	絡締	魚油 魚膠 乾水魚 紫蝦醢 魚醢 龜甲 鯉魚膽 鼈甲
	輿地勝覽	秀魚 鯽魚 訥魚 青魚 銀口魚 白魚 錦鱗魚 石首魚 洪魚 葦魚 鯊魚 蘇魚 麻魚 鱸魚	竹蛤 小螺 鰒 石花 紅蛤 蛤 輪花 土花	蟹 紫蝦 白蝦 大蝦 海蔘		絡締	魚鰾
江原道	地理志	大口魚 水魚 沙魚 年魚	紅蛤		藿 常藿 昆布 海藻	文魚	全鮑 鮑甲 石決明 烏魚骨 海獺皮 魚油 魚皮 膃肭臍
	輿地勝覽	訥魚 餘項魚 錦鱗魚 古刀魚 黃魚 廣魚 松魚 大口魚 魴魚 鰱魚 銀口魚 銀魚 秀魚 赤魚 麻魚 何首魚 雙足魚 白魚 鱸魚	鰒 紅蛤 回細蛤	紫蟹	藿 海衣 細毛 牛毛	海蔘 文魚 海獺	
平安	地理志	民魚 沙魚 水魚 石首魚 准魚 廣魚 加火魚 蘇魚 洪魚 細鱗魚	石花 牡蠣	大蝦		烏賊魚	魚膠 沙魚皮 鼈甲

道	輿地勝覽	秀魚 洪魚 餘項魚 石首魚 銀口魚 鱸魚 鯊魚 民魚 眞魚 廣魚 蘇魚 錦鱗魚 訥魚 鯽魚 葦魚 麻魚 細魚 青魚 綿魚	石花 蛤 土花 竹蛤 小蛤	蝦 紫蝦 蟹 細蝦 大蝦 中蝦		絡締 烏賊魚	魚鰾
咸鏡道	地理志	年魚 大口魚 古道魚 松魚 魴魚 黃魚 瓜魚 行魚 沙魚 愁伊只魚 青魚 僧魚 餘項魚 銀魚	石花 紅蛤 海蛤 牡蠣 生鮑		多絲亇 藿 昆布 海帶 牛毛 細毛	八梢魚 (俗號 文魚) 文魚	全鮑
	輿地勝覽	松魚 鰱魚 魴魚 麻魚 黃魚 銀魚 大口魚 洪魚 秀魚 銀口魚 廣魚 瓜魚 餘項魚 無泰魚 鯽魚 錢魚 雙魚 白魚 臨淵水魚 筆魚	紅蛤 鰒 蛤 石花 江瑤柱 白蛤 輪花	蟹 紫蟹 紫蝦		文魚 海獺	

*1. 나열 순서는 대체로 빈도수에 의함.
2. 地理志는 《世宗實錄地理志》, 《輿地勝覽》은 《新增東國輿地勝覽》을 나타냄.

를 통하여 수산자원 분포상태의 윤곽은 파악할 수 있다. 그리고 당시의 水界에 있어서의 동물상과 식물상은 오늘날의 그것들과 큰 차이가 없었을 것임에 틀림없으므로 오늘날 이용할 수 있는 자료를 통하여 당시의 종류별 자원량도 추정할 수 있다.

여기에서는 《세종실록지리지》와 《신증동국여지승람》에 나타난 어획물을 도별로 정리하여 수산자원의 분포상태를 알아보기로 한다.

하천이나 湖沼 등의 내수면에 사는 담수어, 하구나 汽水域에 사는 어류, 바다에서 하천으로 올라오는 溯河性 어류 등이 많이 보이는 것이 두드러진 특징이다. 은어·붕어·잉어·열목이·쏘가리·누치·백조어·황어·중고기·빙어·숭어·웅어·뱅어·농어·연어·송어 등이 그러한 어류이다. 연어와 송어는 대표적 소하성 어류이다. 당시의 어업기술 수준이 아직 낮았기 때문에 내수면이나 하구 등에서 어로활동이 성행되었음을 반영하는 것이라고 볼 수 있다. 특히 은어(銀口魚)는 하천이 있는 곳에서는 어느 곳에서나 잡았던 것 같은데 모든 도에서 어획되었다.

조선 후기의 주요 어획물은 명태·조기·청어·대구·멸치·새우 등이었는데, 명태와 멸치를 제외하고는 조선 초기에도 많이 잡혔던 것 같다. 조기

(石首魚)는 서해안을 대표하는 어류이다. 이는 강원도와 함경도를 제외한 모든 도에서 어획되었다. 청어는 경기도와 강원도를 제외한 모든 도에서 어획되었는데, 동·남·서의 3해안에 걸쳐 분포하였던 것이다. 청어는 자원 변동이 심한 어류였는데 서해안을 중심으로 분포하는 서해계와 동해안을 중심으로 분포하는 동해계의 2계통군이 있었다. 대구는 경상도·강원도 및 함경도에서 어획되었다. 예로부터 경상도에서 가장 많이 어획되었으므로 남해안을 대표하는 어류라고 할 수 있다. 새우의 경우 젓새우나 곤쟁이는 서해안에서 많이 잡히는데 과거에도 그러하였다.

이 밖에 상어를 많이 잡았던 것으로 보인다. 어떤 종류의 상어인지는 모르나 모든 도에서 잡았다. 넙치도 황해도를 제외한 모든 도에서 잡혔다. 고등어는 세 연안 즉 경상도·전라도·황해도·강원도 및 함경도에서 잡혔다.

(3) 명태·멸치 자원에 대한 의문

가. 명 태

조선 후기에 함경도에서 많이 잡혔던 명태와 강원도에서 많이 잡혔던 멸치에 대하여서는 풀리지 않는 의문이 있다.

명태의 경우 《世宗實錄地理志》에는 明太라는 것이 보이지 않고 또 명태로 볼 수 있을 것 같은 魚名도 보이지 않는다. 명태는 함경남도를 중심으로 하여 함경북도와 강원도에서 대량으로 어획되어 방방곡곡에서 소비된 다획성 대중어였음에도 불구하고 그 명칭이 보이지 않는 것이다. 《世宗實錄》에는 세종 19년(1437)에 議政府에 낸 戶曹의 보고 가운데 "漁水梁은 함길·강원의 大口魚·鰱魚·魴魚, 경상의 大口魚·靑魚, 전라의 石首魚·靑魚, 충청의 靑魚·雜魚, 경기의 雜魚·蘇魚, 황해의 雜魚, 평안의 石首魚·雜魚가 산출량이 제일 많은 것이다"[1]라고 한 것이 있다. 이로써 당시에 대구·조기·청어 등이 많이 잡히고 있었음을 알 수 있다. 그런데 함경도와 강원도에서 명태가 많이 잡힌다고는 하지 않고 있다. 이들 지방에서는 대구·연어 및 방어가 많이 잡히는 것으로만 되어 있다. 漁水梁은 漁梁과 水梁을 말하는데 그러한 어구에 대구가 잡히고 있

---

1) 《世宗實錄》 권 77, 세종 19년 5월 경인.

었다면 명태도 잡혔을 것이 틀림없다. 그럼에도 불구하고 명태가 잡히지 않았다면 당시에는 명태자원이 없었는가 하는 의문이 생기지 않을 수 없다.

명태는 함경북도 羅津灣 大草島의 청동기시대 유적에서 그 뼈가 발견되고 있는 것[2]을 보면 선사시대부터 함경도연해에서 잡히고 있었음을 알 수 있다. 그럼에도 불구하고 세종 때에 그것이 잡히지 않았다는 것은 이상한 일이다. 명태를 대구와 동일시하여 대구와 명태가 잡히는 것을 대구가 잡힌다고 한 것으로 해석할 수 있을지도 모르나, 당시 어류 분류법이 아무리 발달하지 않았다고 하더라도 대구와 명태를 구별하지 못하였다고 볼 수는 없는 것이다.

그런데 《新增東國輿地勝覽》의 함경도 明川과 鏡城의 土産條에 돌연히 無泰魚라는 것이 기록되어 있다. 이 책이 증보된 것은 앞서 언급한 바와 같이 1531년이다. 이로부터 약 100년 전만 하더라도 보이지 않던 어명이 새로이 등장한 것이다. 이 無泰魚가 명태의 원명 또는 이명이냐 하는 것에 대하여서도 의문이 없는 것은 아니나, 그것이 명태임에 틀림없다 하더라도 그 이름이 왜 1531년의 기록에 처음으로 나타나는가 하는 것은 의문이다. 명태자원이 그 무렵까지 없다가 나타난 것인지, 아니면 명태를 그 무렵까지 잡지 않다가 비로소 잡았다는 것인지 풀기 어려운 수수께끼가 아닐 수 없다.

명태의 명칭이나 어획에 대하여서는 여러 가지 전설이 있다. 그 중에서 다음에 드는 것은 주목할 만한 것이다.

> 北魚란 주로 경기도 이남 지방에서 明太魚의 凍乾제품을 가리키는 명칭인데, 전설에 의하면 지금으로부터 약 6백년 전 고려시대에 강원도에서 불려진 명칭으로서 북방의 바다에서 群來하는 물고기라는 뜻이다. 당시 이 물고기는 강원도 연해에서 많이 어획되었으나 이름 없는 물고기는 먹어서는 안된다고 하는 미신 때문에 世人이 먹지 않았고 그 어업도 성하지 않았으나, 그 후 함경북도에서 어획되어 明太라는 명칭이 명명된 후부터 보건식품으로서 전국적으로 널리 이용되게 되었던 것이다.(鄭文基, 〈朝鮮北魚明太〉, 《朝鮮》 273, 朝鮮總督府, 1938, 47쪽).

이에 의하면 명태는 고려시대에도 잡히고 있었으나 이름이 없는 물고기는

---

2) 정백운・도유호, 〈라진 초도 원시 유적 발굴 보고〉(《유적발굴보고》 1955년 1집), 50쪽.

먹어서는 안된다는 미신 때문에 잡지 않다가 明太라는 이름이 붙여진 이후부터는 많이 잡았다는 것이다. 그런데 명태에 대하여 다음과 같이 또 다른 전승이 있다.

> 우리나라 元山島 所産인데 明川지방에서는 옛날에는 잡지 않았다. 명천사람 太가라는 사람이 처음으로 北魚를 釣獲하였다. 크고 살찌고 맛이 좋았으므로 明太라고 명명하였다. 겨울에 잡으면 冬太이고 봄에 잡으면 春太이다. 그 알은 明卵이라 한다. 대개 魚族 중에서 많은 것에 속한다(趙在三,《松南雜識》3, 漁獵類 14, 魚鳥類 北魚明太).

이는 明川의 太가라는 성을 지닌 사람이 처음으로 명태를 조획하였으므로 지명 중의 明자와 성의 太자를 따서 明太라고 명명하였다는 것과 그 이전에는 명태를 잡지 않았다는 것을 전하고 있다. 명태라는 이름의 유래에 관하여서는 위에서 본 것과 비슷한 전설이 몇 가지 있다. 명태라고 명명된 시기는 조선 개국 이후 250년 경이라고 한 것도 있고 지금으로부터 약 350년 전이라고 한 것도 있다. 대체로 인조대(1623~1649)에 명태라는 명칭이 생겼다는 것이다. 또 일설에는 태조 이성계의 재위시에 명천의 太某라는 어부가 延繩[주낙]으로 珍魚를 잡았으나 그 이름을 몰라 군수에게 물어 보았더니 군수가 즉각 지명과 어부의 성에서 각각 한 자를 따서 명태라고 명명하였다고 한다.

필자가 조사한 바로는《承政院日記》효종 3년(1652)의 기록에서 처음으로 명태라는 이름을 찾을 수 있었다. 즉 司饔院 관원이 강원도의 進上을 언급하는 가운데 大口魚卵에 明太卵을 첨가하여 막중한 진상을 더럽혔다는 내용의 구절이 보인다.[3] 이 때는 이미 명태라는 명칭이 생겼고 명태알이 흔할 정도로 명태가 많이 잡히고 있었음을 알 수 있다. 앞의 전설들 가운데 인조조 무렵에 명태라는 명칭이 붙었다고 한 것이 신빙성이 있는 것 같다.

광해군 3년(1611)에 저술된《惺所覆瓿藁》의 〈屠門大嚼〉에는 당시의 각종 중요 어류가 다루어져 있는데도 불구하고 명태만은 보이지 않는다. 이러한 것으로 미루어 보아 명태를 많이 잡기 시작한 시기도 명태라는 이름이 붙여진 이후였던 것으로 추정할 수 있을 것 같다. 그리고 조선 초기에 명태자원

3)《承政院日記》효종 3년 임진 10월 초 8일.

은 있었으나 이를 잡지 않았던 이유는 이름 없는 물고기를 먹으면 좋지 않다는 미신 때문이었는지도 모른다.

그러면《신증동국여지승람》에 보이는 無泰魚라는 것은 무엇인가 하는 의문이 남는다. 그것이 명태라면 1531년 경에는 무태어라고 명명되어 있었던 셈이고, 그 때부터는 명태가 이름 없는 생선이 아니었던 셈이 된다.

결론적으로 말하여 조선 초기에는 명태어업이 그다지 성행하지 않았던 것으로 생각된다.

나. 멸 치

명태에 이어 또 하나의 의문은 조선 후기 또는 말기에 대표적 다획성 어류의 하나로서의 위치를 확고히 굳히고 있었던 멸치가 조선 초기의 문헌에 잘 보이지 않는다는 것이다. 그런데《세종실록지리지》의 함경도 預原郡의 土産과《신증동국여지승람》의 제주목 旌義縣 및 大靜縣의 토산에 들어 있는 行魚를 멸치라고 보는 견해가 있다. 일제시대의 한 보고자에 따르면 행어의 정체를 밝히기 위하여 과거 대정현에 속하였던 摹瑟浦에서 조사를 하고 있을 때 60여 세의 한 노인이 나타나 '멸치를 행어라고 부른다'고 하였다 한다. 즉 당시부터 약 50년 전 그곳에 멸치가 많았는데 당시 서당 어른의 말에 의하면 멸치는 성질이 급한 어류이기 때문에 연안에 떼로 몰려와 우왕좌왕 하다가 뭍으로 뛰어올라 오곤 하는 습성이 있어 行魚라고 명명하였다는 것이다.4)

멸치는 우리나라 모든 연안에 분포하고 자원이 아주 풍부한 어류이다. 조선 말기의 멸치어업 실태를 보면 강원도를 중심으로 한 동해안에서 가장 성하였고 남해안에서도 상당히 성하였다. 행어가 멸치라면 그러한 지방의 토산에 행어가 올라 있지 않은 이유를 밝히기 어렵다. 멸치자원은 조선 초기에도 풍부하였을 것임은 틀림없다. 다른 지방에서는 멸치를 많이 잡기는 하였으나 그것이 볼품없는 천한 물고기라 하여 토산에 기입하지 않았는지도 모른다. 이것 역시 풀기 힘든 의문의 하나이다.

---

4) 鄭文基,《論文隨筆集》(韓國水産技術協會, 1968), 180쪽.

3) 어구어법

(1) 망어업

조선 초기에는 이미 동 시대 말기에 볼 수 있었던 각종의 漁具漁法이 개발되어 있었을 것이며, 어망을 사용하여 행하는 網漁業도 그 종류가 여러 가지였을 것이다. 《세종실록지리지》에는 서해안의 조기어업에 어망이 사용되었음을 전하는 기록이 보인다. 전라도 영광군의 토산조에 "石首魚는 군 서쪽의 波市坪에서 생산된다"라 하고, 이에 細註를 달아 "봄과 여름이 교착하는 시기에 諸處의 어선이 모두 이 곳에 모여 어망으로 이를 잡으며, 관에서 그 세금을 거두어 국용에 쓴다"고 하였다. 황해도 해주목의 토산조에는 "石首魚는 州의 남쪽 延平坪에서 생산된다"라 하고 위와 꼭 같은 세주를 달고 있다. 영광 앞 바다는 예로부터 조기가 많이 생산되었고 이 조기로 만든 영광굴비는 그 품질이 전국 최고로서 유명하다. 《신증동국여지승람》 영광군 산천조에는 波市田을 들면서 "군 북쪽 20리에 있는데 조기가 생산된다. 매년 봄에 경외의 상선이 사방에서 모여들어 그물을 던져 잡아 판매하는데 京市와 같이 떠들썩하다. 그 어선은 모두 세금을 낸다"라고 설명하였다. 조기 어기가 되면 어장에 많은 어선이 폭주하여 대성황을 이루었던 것이다. 波市坪이라는 것이 나오는 것으로 보아 그 유명한 조기파시가 열리고 있었음도 알 수 있다.

大延坪島와 小延坪島로 이루어진 延坪島도 그 연해가 유명한 조기어장이었으며 북상하는 조기의 대어군을 마지막으로 그 곳에서 잡았다.

이 유명한 조기어업에 사용된 어구가 어망이었던 것이다. 그 어망이 어떠한 종류였는지는 잘 알 수 없다. 그런데 한말에는 기다란 자루그물을 어선의 양쪽 舷에 달아 조수를 따라 내왕하는 조기를 잡던 中船網漁船이 中船網으로 잡거나, 물살이 센 연안에 커다란 지주들을 세우고 거기에 기다란 자루그물을 달아 썰물이 질 때에 외양으로 빠져나가는 조기를 잡는 柱木網 등이 주요한 것이었다. 이를 감안할 때 조선 초기에도 그러한 종류의 어망이 사용되었을 것으로 볼 수 있다. 주목망은 일제시대까지도 새끼를 꼬아 만든 것이 있었다고 하므로 당시에도 새끼로 만든 어망[藁索網]을 사용하는 주목망을 설치하여 조기를 잡기도 하였을 것이다. 서해안은 간만의 차가 크고 조류가 빨라 이러한 어망을 사용하기에 가장 적합한 자연적 조건을 지니고 있다.

그리고 닻배가 커다란 닻을 이용하여 刺網을 海底에 치는, 底刺網인 碇船網(또는 碇網)도 조선 말기 조기어업에 많이 사용되었던 것을 볼 때, 그러한 어망도 사용되었을 가능성이 있다.

《신증동국여지승람》 강원도 高城郡 풍속조를 보면 "삼을 심어서 길쌈하지 않고 노끈을 꼬아 그물을 만들어 捕魚하는 것으로 생업을 삼는다"고 하고 있다. 이는 당시 고성지방에서 망어업이 성행되었다는 것과 어망을 베실[麻絲]로 만들고 있었음을 전하는 귀중한 자료이다. 앞서 본 지리서들에 나타난 고성군의 토산 중에서 어획물을 보면 대구·방어·상어·고등어·도루묵·삼치·숭어·황어·연어·송어·문어·오징어 등과 몇 가지 해조류 및 패조류, 해삼 등으로 되어 있다. 대구·방어·삼치·상어·숭어 등은 망어업의 주요 대상어류였을 것이다. 동해안에는 段落이 없는 사빈이 발달되어 있어 일찍부터 地引網어업에 속하는 후릿그물[揮罹網]어업이 발달하였다. 고성군에서 사용하였던 베실로 만든 어망도 후릿그물이었을 것임에 거의 틀림없다.

이 후릿그물어업은 고성군뿐만 아니라 강원도의 여러 지역과 함경도의 일부 지역에서도 행하여졌을 것이다. 《신증동국여지승람》에 의하면 강원도 平海郡 산천조에 厚里浦라는 곳이 있다. 이는 후릿그물어업과 관계가 있는 지명으로 볼 수 있다. 조선 말기에 있어서 강원도에서는 멸치 지인망어업이 가장 중요한 어업이었다. 조선 초기에도 후릿그물로 멸치를 잡았을 가능성은 충분히 있으나, 당시의 강원도 토산 가운데 멸치로 볼 수 있는 어명이 보이지 않는 것은 의문이다.

후릿그물어업은 멸치를 잡고 있었던 제주도에서도 하고 있었을 것이다. 그리고 남해안의 여러 지방에서도 각종 어류를 대상으로 이 어업을 행하고 있었을 것이다. 후릿그물은 그 어구 구조가 간단하고 사용법도 어렵지 않으므로 어로기술 수준이 낮은 단계에서도 쉽게 보급될 수 있는 것이다.

앞에서 살핀 망어업 이외에도 다종다양한 어망을 사용한 망어업을 하고 있었을 것은 틀림없는 사실이나, 이를 증명할 확실한 자료가 없는 만큼 추정의 범위를 넘어설 수 없는 것은 논하지 않는다.

(2) 어량어업

조선 초기의 문헌에 漁具에 관한 자료는 희귀하다. 그러나 漁梁에 관한 기록은 비교적 많이 보인다. 漁梁은 魚梁이라고도 표기하였다. 이는 대나 기타 재료를 이용하여 만든 발을 설치한 정치어구이다. 하천에 설치하여 상류에서 내려오는 어류나 새우류 같은 것을 잡는 원시적인 것도 있고, 해면에 설치하여 여러 가지 수산동물을 잡는 것도 있다. 조선 초기에 중요하였던 것은 후자였다. 그 형태는 통일되어 있지는 않았으나 표준적이라고 할 수 있는 것을 보면, 조류를 가로막아 발을 방사형으로 좌우에 설치하고 좌우의 발이 한 곳에 모이는 곳에 원형 또는 사각형의 함정을 설치한 것이었다. 가장 많이 설치되는 곳은 간석지였다. 어류나 기타 수산동물이 밀물 때에 연안에 몰려왔다가 썰물 때에 외양으로 퇴거할 때에, 어량의 양쪽 날개에 차단되어 함정장치로 들어가게 되면 이를 사둘 같은 것으로 잡아내게 되어 있는 어구였다.

어량어업은 당시에 가장 중요한 어업이었다. 그러므로 어량이라는 말은 어업의 대명사처럼 쓰이기도 하였다. 그리고 어량은 어구 자체를 가리키는 이외에 어량을 설치하는 어량어장을 가리키기도 하였다.

《세종실록지리지》에는 전국의 어량 소재지와 그 수효 및 어획물 등이 밝혀져 있다. 이를 정리하면 다음과 같다.

① 경기도

水原都護府：魚梁 2, 하나는 雙阜에 있고 하나는 龍城西只頭에 있다. 主産은 蘇魚이다. 또 首魚, 民魚, 眞魚, 鱸魚, 白魚, 沙魚, 白蝦, 中蝦, 大蝦, 土花, 石花, 落地, 黃蛤도 생산된다.

南陽都護府：魚梁 2, 주산은 民魚와 蘇魚이다. 또 首魚, 沙魚, 眞魚, 加火魚, 大蝦, 中蝦, 紫蝦, 黃蛤, 生蛤, 土花, 石花, 落地도 생산된다.

安山郡 : 魚梁 5, 주산은 蘇魚이다. 또 民魚, 首魚, 石首魚, 鱸魚, 眞魚, 洪魚, 大蝦, 中蝦, 黃蛤, 土花, 石花, 落地도 생산된다.

富平都護府 : 魚梁 1, 眞魚, 民魚, 首魚, 加火魚, 土花, 青蟹가 생산된다.

江華都護府 : 魚梁 2, 洪魚, 水魚, 民魚, 白蝦, 生蛤, 土花, 石花가 생산된다.

仁川郡 : 魚梁 19, 주산은 眞魚이다. 또 烏賊魚, 鱸魚, 刀魚, 廣魚, 洪魚, 舌大魚, 蘇魚, 石首魚, 亡魚, 沙魚, 首魚, 民魚, 加火魚, 到美魚, 大蝦, 生蛤, 黃蛤, 落地, 小螺도 생산된다.

金浦縣 : 魚梁 1, 水魚, 民魚, 石花, 土花가 생산된다.

通津縣 : 魚梁 2, 주산은 水魚, 眞魚, 土花, 白蝦이다.

② 충청도

稷山縣 : 魚梁 1, 주산은 蘇魚이다.

牙山縣 : 魚梁 3, 주산은 民魚, 水魚, 眞魚, 亡魚, 黃水魚, 細尾魚, 大蝦, 中蝦이다.

舒川郡 : 魚梁 17, 주산은 洪魚, 沙魚, 水魚, 錢魚, 民魚, 烏魚, 紅大蝦, 刀魚, 加火魚이다.

藍浦縣 : 魚梁 3, 주산은 青魚, 沙魚, 水魚, 洪魚이다.

庇仁縣 : 魚梁 15, 주산은 青魚, 洪魚, 沙魚, 錢魚, 水魚, 加火魚, 烏賊魚이다.

洪州牧 : 魚梁 33, 주산은 青魚, 刀魚, 亡魚, 沙魚, 石首魚, 加火魚, 准魚, 廣魚이다.

泰安郡 : 魚梁 46, 주산은 青魚, 刀魚, 錢魚, 沙魚, 民魚, 石首魚, 亡魚이다.

瑞山郡 : 魚梁 10, 주산은 青魚, 石首魚, 沙魚, 大蝦이다.

唐津縣 : 魚梁 1, 주산은 水魚, 洪魚, 大蝦이다.

保寧縣 : 魚梁 5, 주산은 青魚, 加火魚, 水魚, 洪魚이다.

結城縣 : 魚梁 1, 주산은 准魚, 錢魚, 刀魚, 石首魚, 水魚, 沙魚, 烏賊魚, 加火魚, 民魚이다.

③ 경상도

慶州府 : 魚梁 1, 安康縣 東輸方洞에 있다. 年魚가 생산된다.

晋州牧 : 魚梁 2, 하나는 金陽村에 있고 하나는 江州浦에 있다.

河東縣 : 魚梁 3

漆原縣 : 魚梁 1, 龜山縣 餘音浦에 있다. 주산은 大口魚이다.

④ 전라도

扶安縣 : 魚梁 2, 猬島에 있다. 주산은 青魚이다.

靈光郡 : 魚梁 13, 모두 郡 서쪽의 馬城佛洞에 있다.

茂長縣 : 魚梁 34.

樂安郡 : 魚梁 1, 獐島에 있다.

⑤ 황해도

海州牧 : 魚梁 4, 주산은 靑魚이다.
瓮津縣 : 魚梁 26, 주산은 靑魚, 沙魚이다.
長淵縣 : 魚梁 2, 주산은 靑魚, 古道魚이다.
康翎縣 : 魚梁 84, 주산은 靑魚이다.
延安都護府 : 魚梁 2, 九十九曲의 水梁은 秋冬에는 蟹를 잡고, 班尼의 梁은 3월에서 5월까지는 網細蝦를, 5월에서 7월까지는 網白蝦를 잡는다.
豊川郡 : 魚梁 7, 주산은 靑魚이다.
殷栗郡 : 魚梁 1.
長連縣 : 魚梁 1, 주산은 水魚이다.

⑥ 함길도

文川郡 : 郡의 북쪽에 있는 箭灘에 魚梁이 있다.
安邊都護府 : 魚梁 1, 府의 남쪽 내에 있다.
端川郡 : 波獨川・泥亇耳川, 두 내에 모두 魚梁이 있다. 주산은 連魚이다.

이상과 같이 강원도와 평안도를 제외한 모든 도에 어량이 분포되어 있다. 가장 많은 도는 충청도로서 136개소이고, 그 다음에 황해도로서 127개소이다. 그 다음은 전라도 50, 경기도 34, 경상도 7, 함길도 수 개소의 순이다.

《新增東國輿地勝覽》에는 평안도에도 어량이 있었던 것으로 되어 있다. 즉 肅川都護府의 唐子浦, 龍川郡의 馬島, 郭山郡의 召浦에 어량이 있다고 되어 있다. 또 義州牧 山川條의 彌羅山의 설명에 "魚箭이 두 곳 있는데 하나는 龍川郡 獅子島 남쪽에, 하나는 동쪽 섬 북쪽에 있다"고 하였다.

이들 어량의 어획물을 볼 때 함경도에 있었던 것을 제외하고는 모두 해양에서 잡히는 것이다. 이로써 어량이 하천에 설치된 것이 아니고 해양에 설치된 것이었음을 알 수 있다. 앞에서 살핀 어량의 분포상태를 볼 때 그것이 서해안에 편재하고 있었음을 알 수 있을 것이다. 조차가 크고 조류의 유속이 빠른 데다가 광막한 간석지가 펼쳐져 있는 서해안의 자연적 조건이 어량어업의 발달에 가장 알맞기 때문이다. 그리고 연안에 接游하는 어류도 많았기 때문에 어량에는 다양한 어류가 어획되었던 것이다.

이에 반하여 동해안은 서해안과는 완전히 상반되는 자연적 조건을 지니고 있었기 때문에 어량어업은 보급 발달되기 어려웠다. 함경도에 있었던 어량은 연어나 송어와 같은 소하성 어류를 잡기 위하여 한천에 설치한 것이었다. 《신증동국여지승람》에 의하면 함경도 高原郡에 속하였던 德之灘의 경우 어량의 이익이 도에서 최고였다고 한다. 《세종실록지리지》에서도 德之川에 대하여 이는 '年魚를 잡는 곳인데 漁利가 도에서 으뜸'이라고 하였다. 母川回歸性이 있는 연어가 산란을 위하여 모천에 돌아올 때 이를 어량으로 어획하였던 것이다.

남해안에서는 서해안에는 따르지 못한다 하더라도 漁梁어업이 행하여지고 있었다. 龜山縣 餘音浦의 어량은 주산이 대구였던 것으로 보아 그것도 해양에 설치된 것임에 틀림없다. 《세종실록지리지》에는 기입되지 않은 어량이 많았다. 그러한 증거로서 《경상도속찬지리지》에는 경상도의 여러 지방에 어량이 있었던 것으로 되어 있다. 어량이 있는 것으로 되어 있는 지명과 그 설명 부분을 보면 다음과 같다.

慶州府 : 漁梁, 부의 동쪽 八助浦, 廣魚, 沙魚가 생산된다. 부의 북쪽 堀淵川 防箭, 黃魚·銀口魚가 생산된다. 任內의 安康縣 동쪽 兄山浦 漁梁, 年魚가 생산된다.
密陽都護府 : 南川 防箭, 銀口魚가 생산된다.
大丘都護府 : 漁梁, 부의 서쪽 琴湖津 防箭, 銀口魚가 생산된다.
淸道郡 : 漁梁, 군의 동쪽 赤岩里 防箭, 銀口魚가 생산된다.
梁山郡 : 漁梁, 군의 서쪽 仇邑浦 防箭, 銀口魚가 생산된다.
興海郡 : 漁梁, 군의 동쪽 豆毛赤海, 靑魚·廣魚가 생산된다. 군의 북쪽 包伊津, 大口魚가 생산된다.
蔚山郡 : 漁梁, 군의 동쪽 柳等浦 南水川과 군의 남쪽 加里冬白浦·松浦·林卽浦, 모두 靑魚·廣魚가 생산된다. 군의 서쪽 堀大川과 군의 남쪽 所等伊川 防箭, 모두 銀口魚가 생산된다.
迎日縣 : 漁梁, 현의 동쪽 林谷浦, 靑魚·大口魚·廣魚가 생산된다.
長鬐縣 : 漁梁, 현의 남쪽 梁浦과 현의 북쪽 松吉浦, 大口魚·廣魚·靑魚·松魚가 생산된다.
機張縣 : 漁梁, 현의 남쪽 伊乙浦, 靑魚·廣魚가 생산된다.
東萊縣 : 漁梁, 현의 남쪽 乃浦, 大口魚·靑魚가 생산된다.
昌寧縣 : 漁梁, 현의 서쪽 梨旨里浦 防簾, 鯉魚·鮒魚가 생산된다.
靈山縣 : 漁梁, 현의 남쪽 東步浦, 鮒魚·鯉魚가 생산된다.
淸河縣 : 漁梁, 현 내 介浦, 大口魚·廣魚·古都魚가 생산된다.
安東大都護府 : 漁梁, 南川·銀口魚가 생산된다.
寧海都護府 : 漁梁, 부의 북쪽 赤川, 年魚·黃魚·銀口魚가 생산된다.
醴泉郡 : 漁梁, 南川의 結箭, 銀口魚를 잡는다.
榮川郡 : 漁梁, 군의 남쪽 내[川] 結箭, 銀口魚를 잡는다.

永川郡 : 漁梁, 군의 서남쪽 兩水가 합류하는 곳의 結箭, 銀口魚를 잡는다.
盈德郡 : 漁梁, 買吐部曲과 남쪽 大川의 結箭, 銀口魚를 잡는다.
奉化縣 : 漁梁, 買吐部曲 南大川 結箭, 銀口魚를 잡는다.
禮安縣 : 兼宜仁縣 北川의 結箭, 銀口魚를 잡는다.
河陽縣 : 漁梁, 현의 남쪽 大川의 結箭, 銀口魚와 鮒魚를 잡는다.
陜川郡 : 漁梁, 군의 북쪽 禿土梁·屯德梁·方谷梁, 모두 銀口魚가 생산된다.
龍宮縣 : 漁梁, 현의 서쪽 省火川의 防箭, 銀口魚가 생산된다.
咸昌縣 : 漁梁, 현의 동쪽 加乙旂灘의 防箭, 銀口魚가 생산된다.
高靈縣 : 漁梁, 현 내 元堂灘·현의 남쪽 沙川灘의 防箭, 銀口魚가 생산된다.
晋州牧 : 漁梁, 주의 南江, 銀口魚, 黃魚, 鯉魚, 鮒魚가 생산된다.
金海都護府 : 漁梁, 부의 남쪽 浦, 鮒魚, 白魚, 蘇魚, 鯉魚, 葦魚, 水魚가 생산된다.
昆陽郡 : 漁梁, 군의 남쪽 金陽浦, 紅魚, 文魚, 錢魚가 생산된다.
宜寧縣 : 漁梁, 현의 동쪽 大川, 鮒魚, 銀口魚, 鯉魚가 생산된다.
三嘉縣 : 漁梁, 任內 三岐縣 남쪽 所乙川浦, 銀口魚가 생산된다.
居昌縣 : 漁梁, 현의 남쪽 浦, 銀口魚·大口魚·紅魚가 생산된다.
南海縣 : 漁梁, 현의 大浦·巴川浦·蘭甫浦의 防簾, 石首魚·洪魚·文魚가 생산된다.
泗川縣 : 漁梁, 현의 加隱亏勿川의 漁梁, 銀口魚가 생산된다.
山陰縣 : 漁梁, 현의 남쪽 長善灘, 銀口魚가 생산된다.
丹城縣 : 漁梁, 현의 동쪽 大川(이하 缺落).
固城縣 : 현의 동쪽 春元里 終海島, 大口魚가 생산된다. 愁月浦·陽知浦·현의 서쪽 馬所浦, 文魚·洪魚가 생산된다.
巨濟縣 : 漁梁, 현의 바다, 大口魚·靑魚·文魚·洪魚·錢魚가 생산된다.
鎭海縣 : 漁梁, 현의 남쪽 大海, 大口魚·錢魚·靑魚·洪魚가 생산된다.
漆原縣 : 漁梁, 현의 서쪽 내, 銀口魚, 鮒魚·鯉魚가 생산된다. 任內의 龜山縣 余浦, 錢魚·大口魚가 생산된다(이하 缺落).

이상과 같이 41곳에 漁梁이 있었던 것으로 되어 있다. 《慶尙道續撰地理志》의 끝 부분이 없어지지 않았더라면 어량이 설치되어 있었던 지방이 보다 많았을 것이다. 이들 어량이 있는 곳의 약 3분의 2의 지방에는 은어·잉어·붕어 등을 잡는 하천어량이 설치되어 있었다. 특히 은어를 여러 곳에서 많이 잡고 있었다. 이들 어량은 하천을 가로막아 발을 친 것으로서 그 규모가 작은 원시적인 것이었을 것이다.

防箭 또는 結箭이라는 것이 보이는데 이들은 하천에 발을 친 것을 말한다.

대구·청어·넙치 등의 해산어를 주로 많이 잡는 해양 어량도 10여 곳의 지방에 설치되어 있었다. 이들 중에는 漁梁과 구별되어야 할 防簾이 포함되어 있었을 것이다.

防簾은 오늘날에는 竹防簾이라고 한다. 현재도 삼천포나 남해도에는 옛 모습을 거의 그대로 지닌 죽방렴이 제법 많이 남아 있다. 방사형으로 벌어진 양쪽 날개('활가지'라 하는데, '활개'의 방언이다)가 있고 4각형이나 원형으로 된 함정부분(통, 또는 임통이라고 한다)이 있는 것은 어량과 같다. 그러나 날개나 임통은 보통 참나무 지주를 듬성듬성 세우고 여기에 다시 가로로 참나무를 묶어 格子형으로 만든 뒤에 대발을 둘러쳐서 만든다. 물살이 세게 흐르는 여울에 설치하는데 조선 말기 진해만 일대에 가장 많이 설치되어 대구와 청어를 주로 잡았다. 이와 같이 경상도에서 대구나 청어를 잡았던 곳을 漁梁이라고 하였지만 실제로는 어량과 구별되는 방렴이 많았다고 보아야 할 것이다.

漁梁 또는 魚梁이라는 명칭은 성종 때부터는 漁箭 또는 魚箭이라는 이름으로 바뀌었다. 《太祖實錄》에는 '魚梁水梁' 등의 이름이 보이고, 《太宗實錄》과 《世宗實錄》에는 '魚水梁' 또는 '漁水梁' 등의 명칭이 보인다. 《成宗實錄》에 의하면 성종 원년(1470)의 기록에 '魚箭'이라는 것이 보이는데[5] 그 이후부터는 실록에 모두 漁箭 또는 魚箭으로 기록되어 있고 어량수량 또는 어수량 등의 명칭은 보이지 않는다. 실록을 보면 세종 19년(1437)의 기록에도 漁箭이라는 것이 보이나[6] 이 때는 어전과 어량을 혼용하고 있다. 어량과 어전은 명칭은 다르나 내용은 같은 것이다. 《태종실록》에는 어량의 소유주는 箭主라 하고 어량의 세금을 箭稅라고 하고 있다.[7] 이는 梁과 箭이 동일물이라는 것을 입증한다.

水梁이라는 말이 한때 사용되고 있었는데 그것이 정확히 무엇을 말하는 것인지 알 수 없다. 《說文解字》에는 수량을 橋梁이라 하였다. 한글 사전에는 "물이 흐르다가 좁아진 곳"이라고 설명하고 있다. 그러나 여기에 쓰인 수량

5) 《成宗實錄》 권 3, 성종 원년 2월 임술.
6) 《世宗實錄》 권 77, 세종 19년 6월 임오.
7) 《太宗實錄》 권 26, 태종 13년 11월 정유.

은 어량과 동일한 것이 아니면 그와 유사한 것이었다고 볼 수밖에 없을 것 같다. 鄭道傳의 《朝鮮經國典》 山場水梁條를 보면 고려 때에는 山場水梁을 모두 호강이 점탈하여 公家에서 그 이익을 얻을 수가 없었다고 하였다. 이 때의 수량은 漁場을 말한다. 《태종실록》에는 각 처의 "魚梁箭主 水梁船主"라는 기록도 보인다. 이를 보면 어량 이외에 수량이 있었던 것으로 보이나 그 어장이 權門勢家의 私占 대상이 된 것이라면 정치어구를 설치하는 어장이라고 볼 수 있다. 그러한 것이라면 定置網어장을 생각할 수 있겠으나 '梁'자가 붙은 것으로 보아 어망이라고는 보기 어렵다. 하천에 설치한 어량을 수량이라 하지 않았나 하는 생각도 들지만, 하천어량도 보통 어량이라고 하였음을 상기하여 볼 때 그러한 가능성도 희박하다. 한때 어량을 수량이라고도 부르다가, 점차 어량과 수량이 다른 것으로 보고 두 가지 용어를 모두 사용했지만, 수량이라는 것이 따로 실체가 없는 것임을 깨닫게 되어 水梁이라는 말을 쓰지 않게 된 것으로 보인다.

漁梁을 漁箭이라고 개칭하게 된 이유는 분명하지 않다. 1775년에 金弘喆이 편찬한 《譯語類解補》에는 '魚梁'을 한글로 '어살'이라고 풀이하여 놓았다. 箭은 살이라는 뜻이다. 당시 어민들이 부르고 있었던 이름은 어량이나 어전이 아닌 '어살'이었을 것이다. 그러므로 어살을 한자로 어전이라고 표기하였을 것이다. 그러나 어량이 성종 때에 이르러 갑자기 어전으로 변한 이유는 알 수 없다.

(3) 조어업

신석기시대부터 개발되었던 釣漁業은 조선 초기에 가장 많이 보급되었던 어업이었을 것이다. 《新增東國輿地勝覽》 제주목의 풍속조에서는 그물[網罟]을 사용하지 않는다 하고, 세주를 달아 "산이 험하고 바다가 악하여 그물을 쓰지 않는다. 물고기는 낚고 짐승은 쏜다"고 하였다. 어망이나 사냥용 그물을 쓰지 않았고 물고기는 낚시로 낚아서 잡았다는 것이다. 이 말을 전적으로 믿어서는 안 될 것이나 이를 통하여 제주도와 같이 본토에서 멀리 떨어진 섬에서도 조어업을 많이 하고 있었음을 알 수 있다.

조어업의 주요한 것은 외줄낚시[一本釣] 어업과 주낙[延繩]어업이다. 어류

중에서도 어망이나 타어구로 잡기 힘든 것, 예컨대 참돔 같은 것은 주로 낚아서 잡았을 것이다. 회유성 어족인 고등어같은 것도 당시에는 오늘날 사용되고 있는 旋網이 개발되어 있지 않았으므로 낚아서 잡았을 것이다. 대부분의 어류는 釣漁業의 대상이 된다. 자력의 부족으로 망어업이나 어량어업 같은 것을 할 수 없는 영세어민들은 주로 조어업을 하였을 것이다. 전설에 의하면 명태는 처음에 주낙으로 낚아서 잡았다 하므로 당시 명태를 잡았다면 주낙을 주로 사용하였을 것이다.

(4) 기타 어업

기타 어업 중에서 가장 성하였을 것으로 생각되는 것은 창이나 작살로 찔러서 잡는 刺突漁業이다. 내수면 어업이나 해면어업 할 것 없이 자돌어업이 성하였을 것이다. 이 어업도 영세업자들이 쉽게 할 수 있는 어업이다. 산란기에 대어군을 이루어 하천에 올라오는 연어나 송어는 자돌어업의 좋은 어획대상이 되었을 것이다.

물개같은 해수는 번식기에 상륙할 때 몽둥이 같은 것으로 때려잡기도 하였겠지만 작살로 잡기도 하였을 것이다. 해달도 작살로 잡았을 것이다.

제주도에서는 멸치를 石防簾으로 잡고 있었다. 이는 해안에 돌담을 쌓아놓고 밀물 때에 들어온 멸치가 썰물 때에 돌담에 갇히게 하여 잡는 것이다. 石堤라고도 하고 돌살이라고도 하였다. 제주도에서는 현재 원담 또는 갯담이라고 한다. 조선 초기에 제주도에서 잡은 멸치는 이 석방렴을 이용하여 잡은 것도 있었을 것이다.

4) 수산양식업과 수산제조업

(1) 수산양식업

수산업을 업태별로 분류하면 어업, 수산양식업 및 수산제조업의 세 가지로 분류된다. 이 세 가지 중에서 시대를 거슬러 올라가면 갈수록 어업의 비중이 크고 나머지 두 가지의 비중은 작다. 이는 자금과 기술면의 제약이 원인이기도 하지만 그 필요성이 크지 않아 힘쓰지 않았기 때문에 발달되지 않았던 것이다. 수산자원이 풍부하여 어구만 개발하면 많이 잡을 수 있는 상황하에서 어류양식 같은 것은 발달하기 어렵다. 그러나 특정 수산물에 대한 수요가 많고 그 양식이 용이한 경우에는 양식업이 개발될 수도 있다.

태종대에 담수어 양식에 눈을 뜬 사람이 있어서 제언을 축조하여 養魚를 할 것을 왕에게 계청한 일이 있었다. 즉 原州牧使를 지낸 일이 있었던 禹希烈은 태종 9년(1409)에 적지를 택하여 한발에 대비하기 위한 제언을 축조하여 관개시설을 갖추는 동시에 灌漑池에서 양어를 하여 일거양득의 이익을 얻도록 할 것을 계청하였다. 그 방법은 中軍으로 하여금 司宰監과 더불어 못을 축조케 하여 양어를 함으로써 供上에 대비하고, 좌군으로 하여금 典農寺와 더불어 또 하나의 못을 축조케 하여 양어함으로써 제사에 쓰며, 우군으로 하여금 禮賓寺와 더불어 역시 그와 같이 하여 賓客접대용으로 쓰게 하자는 것이었다. 그리고 하나의 都監을 설치하여 제언 축조 및 수축, 양어 등의 일을 관장하게 하자고 하였다. 왕은 이 제의를 좇아 우희열을 提調로 삼았던 것으로 되어 있다.[8)]

그 뒤 이것이 실천에 옮겨지고 잉어나 붕어같은 어류를 많이 양식하였는지의 여부는 분명하지 않다. 조선 말기까지도 양어가 발달하지 않았던 것으로 보아 초기에도 역시 그러하였을 것으로 생각된다. 다만 관상용의 池中養魚는 더러 있었음이 《태종실록》에 보인다. 즉 태종 13년의 기록에 의하면 본궁 연못의 물고기가 모두 죽어서 떠올랐으므로 廣延樓로 옮기고, 解慍亭 앞 연못의 물고기는 慶會樓 밑 큰 못으로 옮기라고 명하였다는 것이다.[9)] 그리고 동년이 기록에는 慕華樓의 남쪽 연못에서 묵은 쌀을 먹여 양어를 한 것이 문제가 된 것이 보인다.[10)]

조선시대에 있어서 유일한 수산양식업이라고 할 수 있었던 것은 藻類養殖에 속하는 김 양식뿐이었다. 그 기원에 관하여서는 여러 가지 설이 있다. 늦

8) 《太宗實錄》 권 17, 태종 9년 3월 을축.
9) 《太宗實錄》 권 25, 태종 13년 4월 경신.
10) 《太宗實錄》 권 25, 태종 13년 6월 정묘.

어도 17세기 경까지 소급된다는 것이 신빙성 있는 자료에 의하여 밝혀지고 있다. 그러나 김 양식의 역사가 조선 초기까지 소급된다는 견해도 있다. 김을 일찍부터 식용으로 이용하고 있었음은《慶尙道地理志》의 여러 지방 토산조나 토공조에 海衣라는 이름으로 김이 올라 있는 것으로 알 수 있다. 그 뒤에 편찬된 지리서들에 의하면 해의의 산지가 여러 도에 걸쳐 있다. 그런데 전라도 光陽縣의 토산에도 해의가 들어 있어 그것이 양식김이었을 것으로 보인다. 광양만에는 자연산 김인 돌김[岩海苔]이 전혀 없는 것으로 미루어 볼 때 이 만에서는 한 말에 성행되고 있었던 一本簇(섶)에 의한 김 양식을 조선 초기부터 하였을 것이라고 보는 것이다.[11] 一本簇建 김 양식은 가지가 붙은 대나 다른 나무를 꽂아 김을 착생시키는 간단한 원시적 김 양식 방법이다. 그러한 양식법은 기술적으로는 일찍부터 개발될 수 있다. 김에 대한 수요가 많고 자연산 김만으로 그 수요를 충족시키기 어려울 때에는 어떠한 방법으로든지 인공적 양식을 시도할 것이다. 조선 초기에 김의 사회적 수요가 많았다면 그 때 이미 김 양식을 하였을 가능성이 있으나 아직도 단정적으로 확언하기는 어렵다.

(2) 수산제조업

조선시대의 수산제품의 제조는 수산물의 변질·부패를 방지하여 사용가치를 유지시키는 데 주목적을 둔 저차가공품의 제조에 불과하였다. 초기에 있어서도 역시 그러하였던 것은 말할 것도 없다. 당시의 수산제품은 앞서 소개한 지리서들에 나타나 있다. 本草學의 발달에 따라 약재로 사용하기 위하여 어류나 다른 수산동물이 특정 부위를 채취하여 말린 것들이 많았다.

공예용으로 사용하기 위하여 가공한 어류의 껍질이나 부레풀과 수산동물의 모피도 있었다.

식용 수산물 중 건제품으로 제조한 것도 있었다. 乾水魚·乾紅蛤·全鮑 등이 그것이다. 그러나 건제품은 이에 한정되는 것이 아니었다. 각종 어류를 위시하여 연체동물·갑각류·해조류 등도 채포 즉시 소비하지 않는 것은 말

---

11) 鄭文基, 〈朝鮮海苔〉(《朝鮮之水産》 144, 1939).

려서 저장하였을 것이다. 우리나라는 日照시간이 길고 공기가 건조하여 건조품 제조에 좋은 조건을 지니고 있기 때문이다.

전복의 가공품인 引鮑·槌鮑·條鮑 등은 제주도의 토공에 포함되어 있는 것이었다. 이 가운데 槌鮑는 槌鰒이라고도 하였는데, 말린 전복 살을 엷게 저며 두들겨서 편 것을 이어 종이처럼 길게 만든 것이다. 이를 長鰒이라고 하였다. 引鮑나 條鮑 같은 것도 이와 유사한 제품이었던 것으로 생각된다.

식용제품으로서 발효제품인 젓갈류도 당시에 많이 제조되었던 것 같다. 魚醢라고 한 것은 어떤 종류의 어류를 원료로 하여 제조한 젓갈인지는 밝혀져 있지 않으나 여러 가지 종류의 어류가 젓갈 재료로 사용되었을 것이다. 곤쟁이젓인 紫蝦醢는 기호식품이었던 것 같다. 곤쟁이를 많이 잡을 수 있었던 것은 이러한 제조법이 개발되어 있었기 때문이라고 볼 수 있다.

魚油는 어떠한 어류에서 채유한 것이었는지 밝혀져 있지 않으나 상어나 대구 등의 간유가 채유되어 등유용으로 사용되었을 것으로 추측된다.

《세종실록》의 吉禮序例에 보이는 新祭社稷儀를 비롯한 각종 의식에 쓰였던 음식 중에는 반드시 魚醢와 魚鱐가 포함되어 있다. 어류젓갈이나 어수, 즉 어포 등은 중요한 의식에 사용된 식품이었던 것이다.

세종 11년(1429) 명나라에서 궁중에 사용할 해물을 요구하여 각종 수산식품을 보냈는데, 그것은 眞魚 1,830미, 民魚 550미, 沙魚 90미, 芒魚 380미, 洪魚 200미, 蘆魚 100미, 年魚 500미, 大口魚 1,000미, 鯉魚 200미, 秀魚 440미, 文魚 200首, 石首魚 1,000미, 靑魚 500觔(斤과 같음), 蘇魚 500근, 鯽魚 500근, 鰒魚 700근, 古國魚 200근, 烏鰂魚 200근, 大蝦 200근, 黃魚鮓 6桶, 鯉魚鮓 1통, 土花鮓 9壜(담), 石花酢 3담, 生蛤酢 4담, 蘇魚鮓 3담, 白蝦鮓 7담, 紫蝦鮓 4담, 石首魚子酢 4담, 紅蛤酢 2담, 早海菜 500근, 海菜 1,000근, 絲海菜 300근, 海菜耳 300근, 昆布 400근, 海衣 100근, 甘苔 200근, 海花 200근, 黃角 300근 등이었다.[12)]

이와 같이 종류도 많고 수량도 많은데, 새로이 등장한 수산물의 명칭이 보인다. 烏鰂魚는 오징어, 石首魚子는 조기알이다. 여기에 보이는 海菜는 미역

12) 《世宗實錄》 권 45, 세종 11년 7월 계해.

이라고 생각된다. 그러므로 早海菜는 早藿, 絲海菜는 絲藿이고, 海菜耳는 藿耳, 즉 미역귀라고 생각된다. 海花는 무엇인지 알 수 없다.

어류나 해조류는 모든 건제품으로 보아야 한다. 발효제품이 여러 가지 있는 것이 주목된다. 黃魚鮓, 鯉魚鮓, 土花鮓, 石花酢, 生蛤酢, 蘇魚鮓, 白蝦鮓, 紫蝦鮓, 石首魚子酢, 紅蛤酢 등이 보인다. 어류·패류 및 새우의 발효제품이다. '鮓'자가 붙은 식품은 식해[食醢]가 아니면 젓갈이었다. '酢'자가 붙은 것도 있는데 이는 '초 초' 또는 '단 것 초'자이다. 당시 酢자는 鮓자와 동일한 뜻을 지닌 것으로 보았는지 의문이다. 酢는 鮓자를 잘못 쓴 것이 아닌가 생각되기도 한다.

이상에서 본 바와 같이 조선 초기의 식용 수산제품은 건제품과 발효제품이 가장 많이 제조되었다.

5) 어장의 소유형태

(1) 소유관계가 성립되는 어장

어장은 모든 水界가 어장이 되는 것은 아니다. 수계 중에서 첫째 유용 수산동식물이 서식하거나 來游하는 곳, 둘째 유용 수산동식물의 採捕 또는 양식이 기술적으로 가능한 곳, 셋째 수계 동식물의 채포 또는 양식이 경제적으로 수지가 맞는 곳이라야 어장이 될 수 있다. 이 세 가지 조건이 구비되어야 어장이 성립되지만 그 범위는 시공을 초월하여 고정불변인 것은 아니다. 어업이나 양식업의 기술수준이 높아짐에 따라 새로운 어장이 개척되어 어장의 범위는 외연적으로 확대된다. 어업의 역사는 어장의 외연적 확대의 역사라고 할 수 있다. 내수면어장에서 연안어장으로 이용범위를 넓혀간 뒤에 다시 근해어장과 원양어장으로 넓혀간 것이다.

조선 초기에 있어서 개발된 어장은 내수면어장과 연안어장에 국한되어 있었다. 어선이 규모가 작고 구조가 취약하였던 당시에는 어선의 행동반경이 좁을 수밖에 없었고, 내수면이나 연안수역에 수산자원이 풍부하였기 때문에 근해나 원양으로 진출할 필요가 없었기 때문이다.

그러므로 당시 어장 소유관계가 형성된 어장은 내수면어장이나 연안어장이었다. 그 중 어떠한 어장에서 소유관계가 형성되는가를 보기 위하여, 점유이용에 있어서 배타 독점성의 대소에 따라 어장을 분류하면 다음과 같다.

① 경제적 가치가 크고 위치 고정·배타 독점적 점유이용의 필요성이 큰 어장.
② 경제적 가치가 크고 위치 고정·배타 독점적 점유이용의 필요성이 작은 어장.
③ 경제적 가치가 작고 위치 고정·배타 독점적 점유이용의 필요성이 큰 어장.
④ 경제적 가치가 작고 위치 고정·배타 독점적 점유이용의 필요성이 작은 어장.

이들 중에서 ①은 대형 정치어업이나 대형 지인망어업 어장 등으로서 배타 독점적 이용의 필요성이 가장 크다. ③은 소형 정치어업 어장과 같은 것으로서 역시 배타 독점적 이용의 필요성은 크다. ②와 ③은 運用어구로서 장소를 이동하면서 조업하는 어장이므로 특정 수계를 독점하여 배타적으로 이용할 필요성이 크지 않다.

조선 초기에 어장소유 문제와 관계되는 어장은 ①과 ③에 속하는 연안어장이었다. 이러한 유형에 속하는 어장 중에서도 자원이 풍부하고 가치가 큰 수산물이 생산되는 어장은 토지와 마찬가지로 큰 경제적 가치를 지니고 있었으므로 제1차적 소유의 대상이 되었다.

(2) 어장제도의 개혁

조선 초기에 소유의 대상이 된 어장 중에서 가장 중요한 것은 연안어장에서 행하여지는 정치어업인 漁梁(漁箭)어장이었다. 토지제도가 문란해져 토지의 사점행위가 극에 달하였던 고려 말기에는 어량어장도 모두 權豪가 사점하고 말았다는 것이 《朝鮮經國典》에 밝혀져 있다는 것은 이미 언급한 바 있다.

조선의 건국은 고려 말의 사전혁파를 내용으로 하는 전제개혁이 주체적 추진력이 되어 수행되었다. 태조는 전제개혁의 일환으로서 어장제도 개혁도 단행하였다.

태조는 동왕 원년(1392) 7월에 문무 백관의 관제를 정함에 있어서 동반에 司宰監이라는 관청을 설치하여 어량과 산택에 관한 일을 관장하게 하였다. 그리고 동왕 3년에는 도평의사사가 공사의 魚鹽梁을 모두 사재감에 소속시키고 屯戌軍의 둔전·燔鹽을 회복시켜 軍資에 충당할 것을 계청하고 있다.[13] 이는 그대로 실행되었던 것으로 보인다.

태조 6년 5월에는 간관이 어장 사점의 폐단을 근절하는 방법에 대하여 다음과 같이 상소하였다.

> 山場과 水梁은 한 나라의 인민이 함께 이롭게 여기는 것인데 혹 권세 있는 자가 마음대로 차지하여 이익을 독점하고 있어 심히 公義가 아닙니다. 원하건대 지금부터는 주·부·군·현에 영을 내려 경내의 산장과 수량을 조사하여 만일 마음대로 독점하는 자가 있으면 그 성명을 일일이 憲司에 보고하고, 헌사는 啓聞하여 科罪함으로써 그 폐단을 통금하되, 수령이 권세에 아부하고 위엄을 두려워하여 숨기고 보고하지 않는 자가 있으면 죄를 같게 하소서(《太祖實錄》 권 11, 태조 6년 5월 정미).

왕은 이를 받아들여 그대로 시행하게 하였다. 같은 해 10월에는 각 도에 감찰을 분견하여 연해 주군을 답험하여 어량·수량의 소출 다소를 조사하고 세를 정하여서 成籍하게 하였다.[14] 다음해인 태조 7년(1398)에는 각 도의 敬差官이 어량의 籍을 만들어 수세하여 有備倉에 납입하게 하였고,[15] 또 삼사에 명하여 각 도의 경차관과 함께 漁梁船稅의 다소를 조사하게 하였다.[16] 군수품의 보급을 담당하는 유비창에 어세를 납입한 것은 그것이 군사비의 재원으로서 중요한 역할을 하였음을 의미한다. 《경국대전》 호전어염조에는 제도·제읍·제포의 어전 소출 어물은 薦新 및 진상의 常貢 외에는 곡물과 바꾸며, 매년 곡물과 바꾸어 군자에 보충하는 어물의 수는 관찰사가 기록하여 왕에게 상신한다고 되어 있다.

상술한 제반 조치 중에서 어량의 사전을 금하고 각 도의 어량을 실지 조

---

13) 《太祖實錄》 권 5, 태조 3년 정월 무오.
14) 《太祖實錄》 권 11, 태조 6년 10월.
15) 《太祖實錄》 권 13, 태조 7년 4월 기묘.
16) 《太祖實錄》 권 13, 태조 7년 4월 경진.

사하여 장부를 만들게 한 것 등은 태조에 의한 전제개혁에서의 양전과 같은 성격을 지니는 것이었다. 조선 건국 초의 전제개혁은 양전, 즉 토지조사를 기축으로 하여 전개되었던 것이며, 양전의 주요한 의의는 조세 수입원의 확대에 있었다. 또 부수적으로 田品等第의 審定 등 조세징수의 기술적·방법적 문제도 포함되어 있었던 것을 상기하여 보면, 어량에 대한 조사도 이와 동일한 목적에서 실시되었다고 할 수 있다. 당시 어장을 대표하는 어량의 籍을 만든 것은 토지대장인 양안의 작성과 비교할 수 있는 것으로서 과세대상을 파악하기 위한 것이었다.

태조 6년에 반포된 조선 최초의 법전이었던《經濟六典》에는 어량에 관한 규정이 설정되어 있었다.《경제육전》은 현재 전하지 않으나 태종 11년의 司宰監의 啓目에 동 규정의 일부가 보인다. 즉 "魚梁·水梁은 사재감에 전속시켜 수세하여 국가에서 쓴다"는 것이다.[17]

성종조에 완성된《경국대전》어염조에는 어전어장의 소유·이용 관계에 관한 명확한 규정이 설정되어 있다. 즉 "제 도의 어전·염분은 등급을 나누어 적을 만들어 본 조·본 도·본 읍에 비치한다"고 하고, 세주로 "누적한 자는 杖 80에, 이익을 관에서 몰수한다. 사점한 자도 같다. 어전은 빈민에게 주어 3년마다 교체한다"라고 되어 있다. 魚箭, 즉 어전어장을 염분과 함께 등급별로 대장을 만들어 호조, 소속 도 및 읍에 비치하기로 하고 籍에서 누락시킨 자나 사점한 자는 엄벌에 처하기로 하였던 것이다. 그리고 어전어장은 빈민에게 대여하여 3년간 사용수익권을 주고 이익의 균점을 위하여 대여연한을 3년으로 제한하였다. 어전어장을 모두 국유화하여 빈민 구제책으로 빈민에게 대여하여 어세를 징수하기로 결정하였던 것이다.

이로써 일단 어장제도 개혁은 끝나고 어장의 소유·이용관계도 제도화되었던 것이다. 비단 어전어장뿐만 아니라 定置網어업 어장같은 것도 이와 같은 규정의 적용을 받았을 것으로 추측되나 자세한 내용을 밝혀 주는 자료는 발견되지 않는다.

17)《太宗實錄》권 26, 태종 11년 11월 무술.

(3) 어장의 사점과 어장제도의 해이

어장제도의 개혁은 일시에 구악을 일소하지 못하였다. 그 한 증거로서 태종 11년(1411) 의정부가 사재감의 계목을 왕에게 아뢰는 가운데 "魚梁·水梁은 사재감에 전속시켜 수세하여 국가에서 쓴다는 것이《경제육전》에 실려 있으나 근래 考課의 廢弛로 말미암아 중외의 公家巨室이 각각 고기잡이하는 것을 사점하여 이의 수세시에는 다방으로 托故하여 즉시 납세하지 않사오니 지금부터는 魚梁箭主와 水梁船主가 비록 공가거실에 매여 있을지라도 소재관이 엄격하게 조사하여 그 세를 징수하여 국용에 충당하도록 하옵고 위반자는 엄중히 논죄하소서"라는 구절이 보인다. 이에 왕은 사재감의 계목대로 시행토록 하였다.[18] 그러나 권문세가는 국법을 어기고 어장을 사점하는 행위를 계속하였다.

태종 6년 11월 좌의정 河崙 등이 민폐 제거를 계청한 가운데 "수령이 백성을 모아 배를 만들어 선세를 징수하고 어량을 설치하여 漁利를 거둔다"고 한 것과 "豪强의 노예가 大川을 점거하여 어리를 독차지하고 백성들이 손대는 것을 금한다"는 것이 있다.[19] 세력 있는 자들은 내수면어장도 배타적으로 독점하고 있었던 것이다.

《세종실록》에 의하면 세종 7년(1425)에 호조에 내린 傳旨에 "私占魚梁은 이미 금령이 내려져 있는데도 불구하고 대소 인민이 종전과 같이 사점하여 梁主라 칭하고, 사람을 모집하여 어량을 설치하여 고기를 잡았을 때에는 그 이익을 독점하고 분배가 불균등하므로 폐단이 많다"고 한 것이 있다.[20] 여기에서 세종 때에도 불법행위가 근절되지 않고 계속되었음을 알 수 있다.

세조조에 이르러서는 고려시대에 그 선례를 볼 수 있었던 바와 같은 漁箭 하사의 사례까지 발견된다. 세조 13년(1467)에 왕이 호조에 명하여 어전 한 곳을 尹昭訓(소훈 尹氏)에게 하사한 것이 그것이다.[21] 이 밖에도 어전이 하사

18)《太宗實錄》권 26, 태종 11년 11월 무술.
19)《太宗實錄》권 12, 태종 6년 11월 기묘.
20)《世宗實錄》권 30, 세종 7년 11월 정유.
21)《世祖實錄》권 44, 세조 13년 11월 을해.

된 사례가 있었던 것 같다. 성종 때에 종친세가가 사점한 어전을 혁파할 것을 논한 가운데 "세조조에 特賜한 것과 仁粹大妃(德宗妃)가 受賜한 것은 이를 還收하기 어렵다"고 한 것이 보인다.[22]

성종대에 이르러서는 어전이 종실에 賜給된 일이 있었다.[23] 또한 성종 16년(1485)에는 어장제도의 문란으로 야기된 폐단을 들어 "大典內의 漁箭은 수세하여 군자에 보충하도록 되어 있는데, 근래에 혹은 別賜하고 혹은 빈민에게 주어 강자와 유력자가 빈민을 冒稱하고 은점하여 이익을 취하기 때문에 관창에 들어오는 것은 많지 않다"고 지적하고 있다.[24]

이상과 같이 조선 건국 초에 과감하게 실시하였던 어장제도 개혁은 권문세가의 불법행위로 소기의 성과를 거두기 어려웠고, 제도상의 규정을 어긴 어전 하사로 어전국유화의 원칙도 일찍부터 흔들리기 시작하였던 것이다.

6) 어업 경영형태

조선 초기의 어업경영에 관한 자료는 극히 희소하기 때문에 이를 상세히 밝히는 것은 불가능하다.

당시의 어업은 지방에 따라 전업적 어업자에 의하여 경영된 것도 볼 수 있겠지만 어업이 주로 농민에 의하여 경영되고 있었고, 그 경영규모가 일반적으로 영세한 데 특징이 있었다고 볼 수 있다. 조선사회에 있어서는 자급자족적 자연경제가 지배적이었다. 원래 자연경제에 있어서는 어업을 포함한 모든 미성숙한 여러 산업이 농업의 부수물로서 농업에 결합되어 있는 것이다. 조선봉건사회는 그 물질적 기초가 농업생산물이었던 만큼 농본주의에 입각한 동양적 농업질서의 재생산이 가장 중요하였으며, 어업은 농업의 陰影的 존재로서 농업의 부수산업 부문적 위치에 놓여 있었다. 그리하여 어업은 대부분이 영세농업의 생계 보충책으로서 농민에 의하여 경영되고 있었다. 영세

---

22) 《成宗實錄》 권 3, 성종 원년 2월 임술.
23) 《中宗實錄》 권 8, 중종 4년 5월 병신.
24) 《成宗實錄》 권 184, 성종 16년 10월 을유.

농민의 생활근거지가 어장에 근접하고 있는 입지적 조건이 구비되어 있는 경우에는 농한기의 유휴노동을 이용하여, 또는 농업의 여가를 이용하여, 혹은 가족 내의 분업에 의하여 어업을 겸하였던 것이다. 반농반어 형태의 농민적 어업이었던 것이다. 반농반어라 하더라도 그것은 반드시 主農從漁의 형태를 지니는 것은 아니었고 주어종농의 겸업구조를 지니는 것도 있었다. 특수한 지역이나 특수한 기술이 요구되는 어업에 있어서는 전업적 어업자가 적지 않게 있었을 것이나 그 지배적인 형태는 주농종어형태의 農漁兼營이었을 것이다.

이와 같이 어업이 농업의 부업 또는 농업의 다각경영의 일부와 같은 형태로 동일한 주체하에 포괄 통일되어 있는 경우, 어업은 농업경영에 지장을 초래하지 않는 종목에 국한된다. 즉 내수면, 내만 또는 아주 가까운 연안에서 할 수 있는 어업에 국한되는 것이다. 그리고 농업 경영이 일반적으로 가족노동에 기반을 둔 경영형태를 지니고 있었으므로 어업경영도 가족노동에 의한 영세경영의 형태를 지니지 않을 수 없었다.

농민이 어업을 경영하기 쉬웠던 것은 많은 자금과 숙련된 기술이 없어도 쉽게 참여할 수 있었기 때문이었다. 그 대표적인 것은 조어업이다. 간단한 조어업 어구와 소규모의 원시적 어선만 마련되면 어업경영이 가능한 것이다. 그러한 어업은 어장의 배타독점적 이용을 필요로 하지 않는 어장에서 할 수 있기 때문에 경영이 더욱 용이하였던 것이다.

비교적 규모가 큰 어업의 경영에 있어서는 문제가 달라진다. 그 일례로서 어전어업의 경영을 들 수 있다. 어전 중에서 遊漁的 성격을 띤 소규모의 것은 영세업자도 쉽게 경영할 수 있었을 것이다. 그러나 규모가 큰 것은 어전의 설치에 많은 자금과 노동력을 필요로 하기 때문에 영세한 농민이나 어민이 경영하기는 어려웠다. 어전은 빈민에게 대여한다고 《경국대전》에 규정되어 있었으나, 빈민은 위와 같은 이유로 대규모 어전어업을 자영할 수 없어 어리를 제대로 차지하지 못하였다.

성종 17년(1486) 3월 上黨府院君 韓明澮의 啓에는 "각 도 魚箭을 국가가 빈민에게 주었으나 힘이 미약하여 스스로 설치하지 못하니 인근의 豪民이 이를 설치하여 이익을 나눈다"[25]고 하였다. 또 《中宗實錄》에 의하면 "대체로 어전이라는 것은 公役이 심대하여 빈민이 할 수 있는 것이 못된다. 豪强者가 權門에 청탁하여 그 이익을 독점한다"[26]고 하였다. 이와 같이 대규모 어업은 자력이 있고 세력이 있는 자들이 경영할 수 있었기 때문에 《경국대전》의 입법취지는 좋았으나 그 입법정신이 충분히 살려지지 않았던 것이다.

세력가가 많은 인력을 동원하여 어업을 경영할 때에는 외견상 자본제적 어업경영의 형태를 띠고 있었다고 볼 수 있다. 그러나 동원된 노동자가 자유노동자로서 노동력을 상품으로 판매하고 경영주가 상품화된 노동력을 구사하여 어업을 경영한 것이 아니었기 때문에, 그것은 자본제적 어업경영과는 엄격히 구분되어야 한다. 세력가가 노동력을 동원할 때는 반강제적으로 동원하는 경우가 많았을 것이다. 이는 봉건사회의 신분적 주종관계를 통하여 이루어질 수도 있었다. 지주가 대규모어업을 경영할 경우에는 소작인의 노동력을 이용하기도 하였을 것이다.

조선 초기에는 船軍(해군)이 어량어업에 동원되는 일도 있었다. 《세종실록》에 의하면 세종 19년(1437) 6월의 충청도 都巡問使 安純의 계에 "船軍은 나라의 울타리인데 漁梁의 역사가 심히 고되므로 반드시 이를 정파하여 그 고통을 감소시켜야 한다"[27]고 한 구절이 있다. 이로 미루어 보아 세력가는 선군까지 동원하여 강제 노역을 시켜 어량어업을 경영하였던 것이다.

〈朴九秉〉

---

25) 《成宗實錄》 권 189, 성종 17년 3월 을해.
26) 《中宗實錄》 권 8, 중종 4년 5월 임인.
27) 《世宗實錄》 권 77, 세종 19년 6월 경신.

Ⅳ. 국가재정

1. 재정관계관서
2. 중앙재정
3. 지방재정
4. 조 세
5. 공 물
6. 진 상
7. 환 곡
8. 역

Ⅳ. 국가재정

1. 재정관계관서

조선시대에는 재정이 일원화되어 있지 않았고, 왕실재정과 국가재정이 확연히 구별되어 있지도 않았다. 그리하여 조선시대의 재정은 중앙의 경우 호조와 그 소속아문에서만 관장하는 것이 아니라 그 밖의 여러 관서에서도 관여하였고, 지방에서는 감영, 병영·수영과 군현, 역·院·津(渡) 등에서도 각기 재정에 관여하고 있었다.

조선 건국 초의 재정관계관서들은 여러 번 개편, 폐합 등을 겪다가 《經國大典》에 이르러 일단 정비되었다. 먼저 조선 건국 후 제정된 재정관계관서부터 《경국대전》에 정비된 재정관계관서에 이르기까지, 그 변천에 대하여 살펴보기로 한다.

태조 원년에 문무백관의 제를 정한 바에 의하면, 三司는 廩俸을 差授하고 국가재정의 支用을 맡아보게 하며, 호조는 토지·호구·재용 등의 일을 맡아보게 하였는데, 당시의 재정관계관서로는 奉常寺·司僕寺·司農寺·內府寺·禮賓寺·繕工監·司宰監·軍資監·軍器監·司水監·司膳署·司醞署·料物庫·義盈庫·長興庫·豊儲倉·廣興倉·濟用庫·解典庫·京市署·造物署·義鹽倉·都染署·典廐署 등이 설치되어 각각 사무를 관장하였다.[1)]

삼사는 고려시대 이래 국가의 전곡출납과 회계를 관장하던 관서로서 태조 원년에 고려 때의 기능을 답습하였고, 태종 원년에 司平府로 개편되었는데, 태종 5년의 관제개혁으로 사평부는 호조에 병합되었다.[2)] 삼사의 후신인 사평부가 호조에 병합되던 태종 5년에는 6조의 직무부담 및 소속을 심사 결정

1) 《太祖實錄》 권 1, 태조 원년 7월 정미.
2) 《太宗實錄》 권 9, 태종 6년 정월 임자.

하였는데, 호조는 호구·토전·전곡·공부·식화 등을 관장하게 하고, 호조 아래 版籍司·會計司·給田司 등 3개의 司를 두어 사무를 분담케 하였다. 그리고 호조의 소속관서로서 典農寺·內資寺·內贍寺·軍資監·豊儲倉·廣興倉·供正庫·濟用庫·京市署·義盈庫·長興倉·養賢庫·各道 倉庫·東西南北中의 5部 등이 배속되어 있었다.3)

조선 초기의 기본적 법전인 《經國大典》에 의하면 '호조는 戶口·貢賦·田粮·食貨에 관한 일을 맡는다' 하였고, 호조 아래 版籍司·會計司·經費司를 두었다. 그리고 판적사는 戶口·土田·租稅·賦役·貢獻·農桑의 장려, 풍흉의 조사 및 賑貸穀의 분급과 회수 등에 관한 사무를 맡고, 회계사는 서울과 지방에서의 儲積(미곡 등 물화를 축적 예비하여 두는 일)·歲計(세말에 1년 것을 통산한 회계)·解由(관원 임기 중 소관 물품·시설의 관리와 재정회계에 탈이 없이 책무를 완수했음을 증명하는 문서)·虧欠(재화의 손실이나 부족) 등에 관한 사무를 맡으며, 경비사는 태종 5년 당시의 給田司가 개편된 것으로 서울 각 관서의 支待用度 및 왜인의 粮料 등에 관한 사무를 맡는 것으로 규정되어 있다. 그리고 호조의 屬衙門으로는 內資寺·內贍寺·司䆃寺·司贍寺·軍資監·濟用監·司宰監·豊儲倉·廣興倉·典艦司·平市署·司醞署·義盈庫·長興庫·司圃署·養賢庫·5部 등이 배속되어 있었다.4)

---

3) 《太宗實錄》 권 9, 태종 5년 3월 병신.

4) 《經國大典》에서의 戶曹 屬衙門의 기능은 각각 아래와 같이 규정되어 있다.

- 內資寺 : 궐내에 공급하는 쌀·밀가루·술·장·기름·꿀·채소·果物과 궐내의 宴享과 織造 등에 관한 일을 맡음.
- 內贍寺 : 各宮·各殿에 대한 供上과 2품 이상에게 하사하는 술 및 倭人·野人에게 공급하는 음식물과 직조 등에 관한 일을 맡음.
- 司贍寺 : 楮貨의 제조 및 外居奴婢의 貢布 등에 관한 일을 맡음.
- 司䆃寺 : 御用창고의 米穀 및 궐내에 공급하는 장 등의 물품을 맡음.
- 軍資監 : 軍需물자의 저장에 관한 일을 맡음.
- 濟用監 : 進獻하는 布物과 人蔘, 下賜하는 衣服 및 沙·羅·綾·緞·布貨·綵色入染·織造 등의 일을 맡음.
- 司宰監 : 魚物·肉類·食鹽·燒木·炬火 등에 관한 일을 맡음.
- 豊儲倉 : 米豆·草芚·紙地 등의 물품을 맡음.
- 廣興倉 : 모든 官員의 祿俸을 맡음.
- 典艦司 : 서울과 지방의 舟艦을 맡음.
- 平市署 : 市廛을 단속하고 度量衡器(斗斛·丈尺)을 공평히 하고 물가의 騰落을 조절하는 일을 맡음.
- 司醞署 : 궐내에 술과 단술(酒醴)을 공급하는 일을 맡음.

이제 태종 5년에 제정된 호조 소속 재정관서와《경국대전》호조 속아문과를 비교해 보면 약간의 변동이 있었음을 알 수 있다. 즉 공정고는 사도시로, 사수감은 전함사로, 침장고는 사포서로, 경시서는 평시서로, 사섬서는 사섬시로 개편되고, 그 밖에 사온서는 예조 소속에서 호조 소속이 되었으며, 전농시는 봉상시에 병합되어 예조 소속으로 개편되고, 각 도 창고가《경국대전》에서는 속아문에서 제외되어 있다.

조선 초기의 국가재정을 호조와 그 속아문에서만 관장하는 것은 아니었다. 예컨대《경국대전》호전 徭賦條에서 "諸邑의 田稅米豆는 內資寺·內贍寺·禮賓寺·司䆃寺·豊儲倉·廣興倉·昭格署·養賢庫 등 각사에 선납하여 數를 채우고, 나머지 米豆는 軍資三監에 분납한다"라고 규정하고 있다. 위 전세수납관서 중에는 호조 소속 관서가 아닌 예조 소속의 예빈시와 소격서가 포함되어 있는 것을 볼 수 있다.

조선 초기의 貢物 수납관서로서는 어느 관서가 있었는지 자세하지 않으나 16세기 말 17세기 전반기에 편찬된 읍지에 의하면, 공물 수납관서는 호조와 속아문인 제용감·사재감·사섬시·내섬시·풍저창·광흥창·의영고·장흥고 등 이외에도 이조 속아문인 內需司를 비롯하여 예조와 그 속아문인 奉常寺·典醫監·惠民署·校書館·觀象監, 병조 속아문인 軍器寺·司僕寺, 공조와 그 속아문인 尙衣院·掌苑署 그리고 지방의 감영, 병·수영 등의 관여하고 있는 것을 알 수 있다.[5] 이와 같은 16·17세기 공물수납관서의 기능은 조선 초기 이래의 일로 추측할 수 있다. 그리고 進上에서 物膳진상은 司饔院에 상납되었는데,[6] 사옹원은 이조 소속관서로서 왕의 御膳 및 궐내 음식물의 공급 등을 맡는 관서였다. 祭享진상은 호조 소속 관서인 내자시·사포서·양현고 외

◦義盈庫 : 기름·꿀·黃蠟·素物(素饌의 재료)·胡椒(후추) 등의 물품을 맡음.
◦長興庫 : 席子(돗자리)·油芚(防水用 油紙)·紙地 등의 물품을 맡음.
◦司圃署 : 園圃(果園과 菜田)와 蔬菜에 관한 일을 맡음.
◦養賢庫 : 成均館 儒生에게 米豆 등의 물품을 공급하는 일을 맡음.
◦5部 : 각 부 소관내 坊里住民의 犯法사건 및 교량·도로·頒火(불씨를 나누어 줌)·禁火·里門의 警守·가옥대지의 측량·檢屍 등의 사무를 맡음.

5) 조선 후기에 편찬된《平壤志》·《昇平志》·《耽羅志》에서 각각 상납 각사를 분석한 내용을 재인용하였음(田川孝三,《李朝貢納制の硏究》, 東京, 東洋文庫, 1964, 42~47쪽).

6)《太宗實錄》권 9, 태종 5년 3월 병신.

에도 예조와 그 소속 관서인 典牲署·惠民署와 공조 소속관서인 장원서 등에 상납되었으며 藥材진상은 예조 소속관서인 전의감·혜민서 등에 상납되었다.

또한 요역은 개별 민호의 노동력을 징발하는 제도로서 공물의 생산이나 수송을 위한 공부의 역, 수납된 전세를 수송하는 전세의 역, 진상물의 생산이나 수송을 위한 진상의 역 그리고 기타 여러 요역이 있었다. 조선 초기 경기 민호에 부과된 물납요역의 사례에서, 그 所納되는 각사로는 司宰監·繕工監·司僕寺·瓦署·尙衣院·禮賓寺·氷庫·典牲暑·司畜署·造紙署·司圃署 등이 관여하고 있음을 볼 수 있다.[7] 위 각사 중에 사재감과 사포서는 호조 소속관서이지만 예빈시·빙고·전생서·사축서는 예조 소속관서이고 사복시는 병조 소속관서이며, 선공감·와서·상의원·조지서는 공조 소속관서이다.

이 밖에 京工匠은 공조와 상의원을 비롯하여 각사에 소속되어 그 곳에서 필요로 하는 수공업 제품을 생산하고 있었다. 이제 《경국대전》에서 경공장이 배속되어 있는 각사를 들면, 이조 소속관서인 사옹원·내수사, 호조 소속관서인 내섬시·사도시·사섬시·제용감·사온서·의영고·장흥고·사포서·양현고·도화서·귀후서, 예조 소속관서인 봉상시·내의원·교서관·예빈시·장악원·관상감·소격서, 병조 소속관서인 군기시·전설사, 공조와 그 소속관서인 상의원·선공감·장원서·조지서·와서 등이었다.

위에서 살펴본 바와 같이 조선 초기의 재정관계관서는 호조와 그 소속관서로 일원화되어 있지 않았다. 조선 초기의 재정관계관서는 호조와 그 소속관서 이외에 이조·예조·병조·공조 소속관서에서 다양하게 관장되고 있었음을 알 수 있다.

한편 조선시대에는 府中의 국가재정과 궁중의 왕실재정과의 구별도 확연한 것이 아니었다.

이제 재정관계관서 중에서 왕실재정의 供上기구에 대하여 살펴보고자 한다. 조선 초기의 왕실재정은 그것을 전담하는 기구가 따로 독립되어 운영된 것이 아니라, 공상을 위한 私藏庫와 專供기구 그리고 兼供기구 등에 의하여

7) 有井智德, 《高麗李朝史の硏究》(東京, 國書刊行會, 1985), 182~184쪽.

운영되었다.[8]

조선 건국 초의 사장고에는 고려 왕실의 사장고였던 內府寺·5庫 7宮·尙衣院·福興庫 등이 있었다. 이 관서들은 태종 때의 관제개혁에 따라, 그 일부가 국가기구에 이속·합속되었다. 그러나 고려 말 사장고의 핵심이었던 내부시는 내자시로, 德泉庫·義盈庫는 내섬시로 개편된 채 國用田제 시행 때까지 사장고로 존속하였다.

조선 초기의 專供기구는 국가기구 중에서 공상만을 전담하는 기구인데 왕조 초기에는 사선서·사온서·요물고·전구서·상림원·사옹방 등이 있었다. 그리고 조선 초기의 兼供기구는 국용일반과 공상을 함께 담당하는 기구로서 봉상시·내복시·사농시·예빈시·선공감·사재감·공조서·도염서·의영고·장흥고·제용고 등이 있었다.

조선 초기의 공상기구는 세종 5년에 왕실 私財 관리기구인 內需所의 설립과 세종 27년의 국용전제 시행으로 크게 그 성격이 변화하게 되었다. 즉 종래의 사장고는 모두 그 수조지가 국용전으로 흡수되어 사장고의 기능을 상실하게 되고, 이에 따라 내자시와 내섬시는 전공기구가 되었으며 또한 종전의 일부 전공기구 및 겸공기구들도 그 수조지가 혁파되어 그 기능이 약화되었다.

조선 초기의 왕실재정관서는 《경국대전》에 이르러 일단 정비되었으며, 사장고인 내수사(內需所에서 개편)와 상의원, 전공기구인 내자시·내섬시·사도시(사선서－공정고 개편)·사옹원(사옹방에서 개편)·사온서·사포서(沈藏庫에서 개편)·사축서(司畜所에서 개편), 그리고 겸공기구인 봉상시(사농시에서 개편)·사복시·예빈시·선공감·사재감·의영고·장흥고·제용감(제용고에서 개편) 등이 공상을 담당하는 기구로 그 기능을 담당하게 되었다. 그리하여 공상제는 국가재정에 포괄되어 그 일부로서 운영되었다.

〈李載龔〉

---

8) 宋洙漢, 《朝鮮前期王室財政硏究》(高麗大 博士學位論文, 1991).

2. 중앙재정

1) 세입·세출

조선의 국가재정은 그 수입면에 있어서 전세의 수입을 비롯하여 혹은 중앙 각사나 지방 관아에 나누어 준 토지로서 각각 수입원으로 삼기도 하고, 혹은 신분에 따라 역을 부담케 하여 노동력으로 충당하기도 하며, 혹은 공물·진상 수납에 의지하기도 하는 등 복잡한 양태를 보이고 있으며, 뒤에는 환곡이 재정의 일부로 편성되어 갔다. 그리고 국가재정과 왕실재정의 구별이 확연치 않고, 세입·세출이 오늘날의 재정제도와 같이 수립되어 있는 것도 아니었다.

세입예산표인 '貢案'은 고려시대 이래 제정된 제도로서, 조선 건국 초 태조 원년에 貢賦詳定都監에서 고려의 공안을 참작하여 공부 공안을 제정하였다. 공안은 국가의 세입표로서 전세를 비롯하여 각종 부역·공물·진상·어세·염세·선세·工匠稅·坐賈稅·公廊稅·行商路引稅·家基稅·神稅·奴婢身貢 등이 포함되어 있다.[1)]

공안에는 각관공안·각도공안·각사공안, 그리고 호조공안 등이 있었다. 각관공안은 주·현 등 지방 각관이 중앙 각사나 지방의 감영, 병·수영 등에 상납하기 위하여 비치한 공안이며, 각도공안은 각 도의 감영에서 관할 각관 공안을 통합한 것을 보관한 것이다. 각사공안은 중앙 각사가 징수할 공부의 종류와 물품명·액수 및 상납지방각관 등을 수록한 공안이다. 그리고 이것들을 통합 수록한 공안이 호조에 보관되었다.[2)]

---

1) 貢案을 貢賦에 대한 장기 세입예산표라고 보는 견해도 있다. 즉 貢案은 貢物과 進上의 貢賦가 주체를 이루고 있으며, 그 밖에 田稅條貢物, 경상도 동남부 각관의 倭料에 사용되는 田稅, 경기도의 生·穀草, 各司選上奴, 各司匠人, 掌樂院樂工, 其人貢, 巫覡稅가 부록되어 있으나, 田稅·徭役을 비롯한 많은 稅役이 貢案에 수록되어 있지 않으므로 貢案은 기본적으로 貢賦에 대한 세입징세부라고 주장되고 있다(金玉根, 《朝鮮王朝財政史硏究》, 一潮閣, 1984, 142쪽).

공안은 함부로 개정할 수 없게 하여 고정시켰다. 그러나 공안 중에는 공물·진상·전세포화·잡세와 같이 한 번 정하여 貢額이 고정된 것도 있지만, 전세와 같이 年分法에 따라 수세액이 결정되는 것도 있으며, 巫覡稅·奴婢身貢과 같이 3년마다 改錄되는 것도 있었다. 공안작성의 중요한 기준은 전결과 호구이며, 양전은 20년마다, 호적은 3년마다 고쳐 파악하게 되어 있었으나 규정대로 잘 시행되지는 못하였다.

國用經費는 공안·공액의 범위 내에서만 지출해야 했다. 공안에 비하여 경상비가 부족한 경우에는 임시 조처로서 引納과 別貢의 加定 혹은 量減, 移定 등의 방법이 취해졌다. 인납은 각사의 경비가 부족할 때 내년도의 공납을 미리 상납시키는 것으로, 인납은 자칫하면 공물을 배로 징수하거나 공안 외의 橫斂이 되는 경우가 많았다. 별공은 공안·공액 이외에 증액하여 징수하는 것으로 공안에 정한 것을 常貢이라 한 데 대하여 이 加定貢物을 별공이라 했다. 별공은 단지 원정공물에만 한정된 것이 아니라 전세에도 加定되어 징수되었다. 양감은 흉년이나 전란 등으로 민호의 부담능력이 소모되었을 때 왕의 특혜조처로서 취해졌다. 양감은 대개 일시적인 조처가 되었으며, 공물을 양감하는 경우에는 양감된 공물을 다른 지방에 移定하여 공안·공액을 유지하는 것이 상례였다.

태조 원년에 공안이 제정된 이래 태종 말·세종 초에 공안이 사정되었다. 그리고 세종 8년에 각사 경비는 式例를 정하도록 하였다. 이 식례는 供用造作式例인데 모든 각사에 행해지지도 않았을 뿐 아니라 供用하는 물품에 모두 적용되지도 못하였다. 그리고 태조 이래 세조 때까지의 공안과 국용경비를 대비해 보면 공안이 적어도 국용경비의 3배 이상으로 제정되어 있었다. 당시 각사에 수납된 물품 중 남아돌아 부패하기 쉽고 오래 저장할 수 없는 많은 물자들이 민간에게 방매되었다. 각사 중에는 원래 그 소관물자를 판매하는 직능까지 합하여 설립된 관서도 있었는데 전의감·혜민서의 약재, 와서의 기와, 귀후서의 관곽, 교서관의 서적, 사온서의 술 같은 것이 그것이다.

---

2) 金玉根, 위의 책, 129~134쪽.
田川孝三, 《李朝貢納制の研究》(東京, 東洋文庫, 1964), 275쪽.

태조 이래 방대한 공안에 의해 국가재정이 수납되었으나 경비 지출의 기준은 제정되어 있지 않았다. 세조 10년에 공안에 대한 개정을 단행하여 크게 삭감되었다. 그리고 세조 10년에 세출예산표라 할 '橫看'을 제정한 것은 조선시대 재정제도에 있어서 획기적인 제도 개혁이었다. 세조 10년에 經費式例가 제정되어 각 도 감영에서도 그 식례에 따라 행하게 되었다.

각사의 용도경비는 稅貢의 현물로 수납되어, 각사의 경비 중 현물로 직접 지출되는 것과 그것을 자재로 하여 소속 장인 등이 가공해서 供用하는 것으로 구분되었다. 그러므로 그 식례도 두 가지가 있어, 일반의 經費式例와 供用造作式例가 그것이다. 세종 때 114관서 중 43관서에 供用造作式이 查定된 바 있었으며 공용조작식례는 성종 4년에 이르러 완성되고, 그 횡간이 작성되어 국가경비 전반에 적용하게 되었다.[3]

고려 이래 조선 초에는 공안을 제정하여 그 세입을 거두어들이는 데 여러 규정이 있었으나 세출에는 일정한 방침이 없었다. 세조 때에 이르러서야 경비식례를 제정하여 경상비를 사정하고, 이것을 토대로 공안을 제정하였다. 세조 때 횡간의 제정으로 종전에 세입을 보아 세출을 정해왔던 것을 지양하여, 이제 세출을 계산하여 세입을 정하게 된 것이다. 그리하여《경국대전》호전에 "모든 경비는 횡간 및 공안에 따라 支用한다"라고 규정되었다.

세조 10년에 공안을 개정하여 공안이 삭감되었는데 성종 때에 이르러 공안이 다시 개정되어 또 삭감되었다. 세종 때의 공안을 1로 한다면, 세조 때의 공안은 2/3, 성종 때의 공안은 1/3로 줄어든 개혁이었다.[4] 이에 따라 새로 상정된 횡간과 공안은 모두 절약된 예산이어서 그대로 준수하기가 어려울 지경이었다. 그러므로 공안에 규정된 세입 이외에 引納, 別貢 등으로 징수되고 횡간에 규정된 이외 別例用으로 지출되기도 하였다. 그러나 조선시대의 재정제도에 있어서 세조 때 횡간에 의한 예산제도가 제정된 것은 획기적 제도 개혁이었으며, 횡간·공안의 제도는 구속력이 있는 기준으로서 운영되었다.

---

3) 田川孝三, 위의 책, 317쪽.
4) 《燕山君日記》 권 28, 연산군 3년 10월 무자.

2) 국가재정과 왕실재정

중앙의 세입재원은 부세를 비롯하여 漁鹽稅·鑛業稅·林業稅·工商稅·船稅 등이 그 중요한 것이며, 16세기부터는 환곡도 국가재원의 일부가 되었다. 그리고 중앙의 세출항목은 상공을 비롯하여 국용·녹봉·군자·의창·의료 등이 그 중요한 것이었다.[5)]

중앙재정의 세입 중 賦稅는 田稅·役·貢物이고, 그것은 세입의 가장 기본적인 재원이 되었다. 어염세·광업세·임업세는 어업·염업·광업·임업에서의 貢案으로서 생산구역을 관유로 하거나, 생산물을 공납 또는 전매하거나, 또는 개인에게 소유·처분을 허가하면서 거기에 과세하는 것을 원칙으로 하였다.

漁場은 여러 도의 어장에 등급을 매겨 대장을 만들어 세를 거두고, 관이 소유하는 어장은 常貢 이외의 것은 곡식으로 바꾸어 지방관의 경비로 쓰게 하는 한편, 3년 기한으로 빈민에게 어장을 개방하기도 하였다.[6)] 염업도 여러 도의 염분에 등급을 매겨 대장에 올려 세를 거두고, 내륙의 여러 고을에 소금을 수송해 놓고 매각하여 그 대가인 穀·布를 군자에 보충하였으며, 염 2두를 미 1두로 계산하였다.[7)]

광업은 정부에서 경영하는 것이 원칙이었으나 민간에게 주조하는 것을 허가하여 과세하였다.[8)] 임업은 산림을 국유로 하였는데,《경국대전》에서는 일부 관아에 산림을 나누어주었고, 산림은 일정한 '禁山'에 한하여 벌목방화를 금하였다.

---

5)《朝鮮經國典》賦典 摠序 歲出항목으로 上供(王室費)·祿俸·軍事費·外務費(후기 對淸)·交通運輸費·社會費(義倉·醫療)·敎育費·祭祀費(陵園·宗廟大祀·殿宮祭祀·祠堂祭祀) 등으로 분류하는 경우도 있다(金玉根, 앞의 책).

6)《經國大典》권 2, 戶典 魚鹽.

7) 위와 같음.

8)《經國大典》工典 鐵物條에 의하면 諸邑 鐵産處에는 冶場을 두고, 이를 대장에 올려 農閑期에는 인근 주민으로 하여금 吹鍊 上納케 하였다. 한편《經國大典》戶典 雜稅條에 의하면 공장인 야장 역시 등급을 매겨 대장에 올려 아래와 같은 稅率로 과세한다 하였다.

공상세는 농업의 진흥과 상공업의 억제책을 답습한 것으로, 《경국대전》에 의하면 工匠·坐賈·公廊 등은 모두 등급을 매겨 대장에 올려 과세하였다. 선세는 선박에 대한 과세로서 전술한 어세·염세와 함께 海稅라 하여 큰 이권으로 간주되었다.

중앙재정의 세출항목 중 上供은 왕실비용으로, 국가재정에서 차지하는 비중이 컸다.

국용은 상공·녹봉·군자·의창 등을 제외한 중앙의 제반 경비가 이에 해당된다.[9] 국용 중 여러 祭享은 상당한 비중을 차지하였으며,[10] 큰 흉년이나 수재·한재 등 뜻하지 아니한 천재가 발생하였을 때의 구황사업은 지방관의 주관으로 하는 수도 있었으나 중앙에서 賑恤使 등을 파견하는 일도 있었고, 세종 때 상설기관으로 救荒廳을 만들어 대처하기도 하였다.

녹봉제에는 祿·俸·料 등의 구분이 있어, 녹은 3개월마다 4孟朔에, 봉은 월 단위로, 料는 일당으로 각각 지급되었다. 녹봉의 종류로는 동반직의 일반적인 正職에 지급되는 科祿, 서반·동반 遞兒職을 받은 자에게 지급되는 遞兒祿, 雜職을 받은 자에게 지급되는 雜職遞兒祿, 그리고 散官祿 등이 있었다.[11] 녹봉제는 원칙적으로 京官祿을 위한 제도였으며 관찰사 등에게 녹이 지급되는 것은 그가 경관으로서 외관을 겸직하였기 때문이었다. 문무관원의 정직에 지급되는 과록의 내용은 《경국대전》 호전 녹과조에 정1품에서 종9품

	冶匠·鍮鐵匠(每 1冶)	鑄鐵匠(每 1冶)	水鐵匠		
			大冶	中冶	小冶
경기·전라·경상	春正布 1匹 秋米 10斗	春綿布 1匹 秋米 15斗	春綿布 1匹半 秋米 6石 8斗	春綿布 1匹 秋米 6石 2斗	春正布 1匹 秋米 4石 6斗
충청·강원·황해·함경·평안	春正布 1匹 秋米 10斗	春綿布 1匹 秋米 15斗	水鐵 100斤 秋 무	水鐵 90斤 秋 무	水鐵 80斤 秋 무

9) 《三峯集》 권 7, 朝鮮經國典 上, 賦典 國用.
10) 《增補文獻備考》 권 154, 財用考 1.
11) 李載龒, 《朝鮮初期社會構造硏究》(一潮閣, 1984), 182쪽.

〈표 1〉 《經國大典》 각 품의 科祿

科	品		中米 (石)	精米 (石)	田米 (石)	黃豆 (石)	小麥 (石)	紬布 (疋)	正布 (疋)	楮貨 (張)
제1과	정1품	춘	4	12	1	12	－	2	4	10
		하	3	12	－	－	5	1	4	－
		추	4	12	1	－	5	1	4	－
		동	3	12	－	11	－	2	3	－
제2과	종1품	춘	3	11	1	11	－	2	4	10
		하	3	11	－	－	4	1	4	－
		추	3	10	1	－	5	1	4	－
		동	3	11	－	10	－	1	3	－
제3과	정2품	춘	3	10	1	9	－	2	4	8
		하	3	10	－	－	4	1	3	－
		추	3	10	1	－	5	1	4	－
		동	3	10	－	9	－	1	3	－
제4과	종2품	춘	3	9	1	9	－	2	4	8
		하	3	10	－	－	4	1	3	－
		추	3	9	1	－	4	1	4	－
		동	3	9	－	8	－	1	3	－
제5과	정3품 (堂上官)	춘	3	8	1	8	－	1	4	8
		하	3	8	－	－	3	1	3	－
		추	3	8	1	－	4	1	3	－
		동	2	8	－	7	－	1	3	－
	정3품 (堂下官)	춘	3	7	1	8	－	1	4	8
		하	2	8	－	－	3	1	3	－
		추	3	7	1	－	4	1	3	－
		동	2	8	－	7	－	1	3	－
제6과	종3품	춘	3	7	1	7	－	1	4	6
		하	2	7	－	－	3	1	3	－
		추	3	6	1	－	4	1	3	－
		동	2	7	－	7	－	－	3	－
제7과	정4품	춘	2	6	1	7	－	1	3	6
		하	2	7	－	－	3	－	3	－
		추	2	6	－	－	3	1	3	－
		동	2	6	1	6	－	－	3	－
제8과	종4품	춘	2	6	1	6	－	1	3	6

		하	2	6	—	—	3	—	3	—
		추	2	5	1	—	3	1	3	—
		동	2	6	—	6	—	—	2	—
제9과	정5품	춘	2	5	1	6	—	1	3	4
		하	1	6	—	—	2	—	3	—
		추	2	5	1	—	3	—	3	—
		동	1	5	—	5	—	—	2	—
제10과	종5품	춘	2	5	1	5	—	1	3	4
		하	1	5	—	—	2	—	2	—
		추	2	5	1	—	3	—	3	—
		동	1	5	—	5	—	—	2	—
제11과	정6품	춘	2	4	1	5	—	1	3	4
		하	1	5	—	—	2	—	2	—
		추	1	5	1	—	2	—	3	—
		동	1	4	—	4	—	—	2	—
제12과	종6품	춘	2	4	1	4	—	1	3	4
		하	1	5	—	—	2	—	2	—
		추	1	4	1	—	2	—	2	—
		동	1	4	—	4	—	—	2	—
제13과	정7품	춘	1	3	1	3	—	—	2	2
		하	1	4	—	—	1	—	2	—
		추	1	4	1	—	2	—	2	—
		동	—	4	—	2	—	—	1	—
제14과	종7품	춘	1	3	1	2	—	—	2	2
		하	1	4	—	—	1	—	1	—
		추	1	3	1	—	2	—	2	—
		동	—	4	—	2	—	—	1	—
제15과	정8품	춘	1	3	1	2	—	—	1	2
		하	1	3	—	—	1	—	1	—
		추	—	3	—	—	1	—	1	—
		동	—	3	—	2	—	—	1	—
제16과	종8품	춘	1	2	1	2	—	—	1	2
		하	—	3	—	—	1	—	1	—
		추	1	2	—	—	1	—	1	—
		동	—	3	—	2	—	—	1	—

第17과	정9품	춘	–	2	1	2	–	–	1	1
		하	–	2	–	–	–	–	1	–
		추	–	2	–	–	1	–	1	–
		동	–	2	–	1	–	–	1	–
第18과	종9품	춘	–	2	1	1	–	–	1	1
		하	–	2	–	–	–	–	–	–
		추	–	2	–	–	1	–	1	–
		동	–	2	–	1	–	–	–	–

에 이르기까지 18과로 나누어 4孟朔인 1·4·7·10월에 頒陽額이 규정되어 있으니, 이것을 도표화하면 〈표 1〉과 같다.

頒祿의 절차는 告身을 통하여 동반과 서반이 각각 이조와 병조에서 祿牌를 받아 광흥창에서 지급받는 것이 원칙이었다. 녹봉의 재원은 건국 초에 廣興倉位田 5만 결이었으나, 그것으로는 재원이 부족하여 군자에서 전용하였다. 세종 27년에는 名司立田이 혁파되고 국용전제가 수립되어 통합된 국가재정체제로 운영되었다. 녹봉은 국가재정 중에 항상 큰 비중을 차지하고 있었다. 건국 초 이래 녹봉의 총액은 1년에 10만 석 내지 12만 석이었으나 세조·성종 때에는 14만 석으로 증가되었다. 중종·명종 때에 1년의 전세 수세액은 26만 석 내지 27만 석이었으니, 1년 14만 석이라는 녹봉 총액은 1년 전세 수세액의 반액을 초과하고 있어 녹봉이 국가재정에서 차지하는 비중이 컸음을 알 수 있다.[12)]

군자는 군량과 흉년 등에 대비하는 국가의 예비재원으로 중요시되었으며, 軍資監에서 이를 관장하였다. 당시 "나라에는 3년의 비축이 없으면 나라다운 나라가 아니다"라고 하여, 3년마다 1년분의 비축이 있어야 한다는 것이었다. 조선 건국 초에 군자감 수조지인 군자위전이 10만 결이었는데, 세종 27년에 국용전제가 시행되자 국가재정이 일원화되어 군자위전도 국용전으로 통합되었다. 조선 초기 군자곡의 확보 상황을 보면, 건국 초에 군자의 비축에 힘써 50만 석이었으나 세종 때에 20만 석, 문종 때 10만 석으로 감소되었다. 세조

12) 李載龒, 위의 책, 182~183쪽.

때에 다시 군자의 비축에 힘써 90만 석에 달한 바 있으나, 그 후 성종 때 50만 석을 비축하고 있었다.13)

의창은 본래 관에서 항상 비축하여 군현마다 매양 봄·여름 사이에 빈민에게 대여하여 추수 후에 이를 회수하는 것으로서, 관으로서도 묵은 곡식을 새 곡식으로 바꾸는 이점이 있었다. 이러한 제도는 이미 고구려에서 시작되었고, 고려 성종 때에 의창이 설치되었으며, 조선시대에 이르러서도 계승된 것이다. 농민 진휼에 쓰일 곡식은 주로 의창의 元穀이었지만 때로는 군자곡, 사창이나 상평창의 곡식도 이용되었다.14) 농민에게 진휼을 목적으로 대여하는 진대는 의창의 환곡이었다. 의창의 원곡은 여러 가지 방법으로 전입, 보충케 하였으나 항상 부족한 상태였다. 특히 부족한 의창의 원곡은 군자곡으로 보충되어, 군자곡은 이미 의창의 원곡과 구별하기 어려울 정도로 환곡으로서 농민에게 대여되고 있었다. 세종 5년까지 환곡으로서 분급된 군자곡의 총액은 무려 106만여 석에 달하였다.15) 그 뒤에 군자곡으로 의창에 加給된 것이 많아져 세종 30년에는 군자곡 125만 석이 각도 의창에 가급되었다.

한편 의창곡의 부족을 타개하기 위한 방안으로 社倉을 설치하게 되었다. 문종 때에 경상도에 사창을 설치하여 운영하였다. 이 사창제는 주자의 사창제를 본따 수령의 감독 아래 의창곡을 원곡으로 삼아 지방자치의 일환으로 운영된 것이다. 사창의 운영도 여러 폐단이 있어 성종 원년에 혁파되었으나 16세기에는 사람들에 의해 향약과 함께 사창을 운영하게 되었다. 그리고 조선 초기에 서울과 지방에 常平倉을 두고 물가조절을 한 바 있다. 그런데 상평창은 의창·사창과 함께 구휼의 3창으로 일컬을 정도로 구휼기관의 기능을 가지고 있었다. 태종 때 常平寶로 출발하였고, 세조 4년에 상평창이 시험적으로 운영되기 시작하여 《경국대전》에 제도화되기에 이르렀다.

의료비는, 조선왕조도 典醫監·內醫院·惠民署·活人署 등의 의료기관을 두어 궁중 및 민간의료에 관한 업무를 담당케 하였으므로, 그 경비가 이에

---

13) 李載龒, 〈朝鮮初期屯田考〉(《歷史學報》 29, 1965), 111쪽.
14) 宋贊植, 〈李朝時代 還上取耗補用考〉(《歷史學報》 27, 1965).
15) 《世宗實錄》 권 21, 세종 5년 9월 갑오.

해당된다. 의료시책에는 관원에게 지급되는 인건비와 물건비가 소요되는 것이나, 경비의 대부분은 약재비였다. 唐藥材는 수입으로 충당되었으나 그 규모가 얼마인지 알 수 없고, 鄕藥材는 공물과 진상으로 충당되었다.

조선시대에는 국가재정과 왕실재정의 구별이 확연치는 않았다. 이제 국가재정 중에서 왕실재정의 운영을 살펴보고자 한다. 왕실재정의 구조는 公재정과 私재정으로 구별되며, 공재정은 국가재정 내의 공상과 왕실收租地가 이에 속하며, 사재정은 왕실의 사유지 경영, 長利 운영, 노비 사역 등 사사로운 경제행위가 그것이다.

왕실의 공재정은 건국 초 주로 공상보다 5庫·3官 등 私藏庫로 운영되었으나, 세종 27년 국용전제의 시행으로 공상기구가 정비되면서 국가재정 내에서 운영되어 갔으며, 세조 10년에 橫看이 제정되어 왕실의 공재정체계가 확립되었다.[16] 공상에 의한 왕실재정은 전세의 일부가 이에 전용되고, 공납은 그 2/3가, 진상은 그 모두가 이에 속하였다. 그러므로 공상은 계수화할 수 없으나 공상에 의한 왕실재정은 국가재정의 막대한 부분을 차지했을 것으로 추정된다. 한편 왕실의 사재정은 사유지 경영, 장리 운영, 노비 사역 등으로 운영되었는데 왕권이 개입하여 많은 폐단을 자아냈다. 內需司의 장리, 노비 탈점 등은 그 두드러진 사례에 속한다.

조선 초기 왕실재정의 구조는 제도적 개정에 따라 달라졌다. 건국 초 이래 국용전제의 시행까지는 사장고를 통한 공상이 중심이었으나, 국용전제 시행 이후 공상제의 확립과 더불어 내수사를 통한 장리 운영과 노비 사역 등이 그 특징으로 손꼽힌다. 국용전제의 시행은 국가재정을 일원화하기 위한 시책으로 왕실재정이 사장고로부터 분리되는 계기가 되었다. 즉 왕실재정은 원리상 국가재정의 일부로서 운영되었다. 국용전제의 시행 후 《경국대전》에는 공상제가 확립되어 왕실재정이 제도적으로 운영되어 갔다. 한편 공상제가 제도적으로 확립되던 세조·성종 때부터 私재정 운영이 확대되어 갔다. 세조·성종 때에 공안이 크게 감축되어 갔으므로 왕실재정이 부족하게 되자, 부족한 왕실재정을 위해 왕실 사재정이 확대되었다. 당시 왕실 사재정은 주

---

16) 宋洙漢, 《朝鮮前期王室財政硏究》(高麗大 博士學位論文, 1991), 43~48쪽.

로 장리 운영과 노비사역이었다.

왕실재정의 지출에 대해서도 자세히 알 수 없다. 왕실 공재정 운영은 궁중의 소비 이외에도 왕실에서 分給, 特賜, 佛事 비용, 使役, 접대, 朝貢, 歲賜 등으로 소비되었다. 그리고 왕실 사재정은 왕자녀에의 분급, 신료·후궁 등에 대한 특사와 불사 비용 등으로 소비되었다.

공상제를 통한 왕실 공재정은, 왕실을 국가기구의 하나로 인식하여 국가재정의 일부로 왕실의 비용을 충당하는 제도로서 주로 공납과 진상의 수취로 운영되었는데, 국가재정 중에서 막대한 비중을 차지하였다.

〈李載龒〉

3. 지방재정

조선시대에는 지방공공기관으로 각 도의 감영과 그 아래 주·부·군·현의 지방행정조직 및 병영·수영을 비롯한 鎭管체제의 지방군사조직 그리고 驛·院·站·津·渡의 교통기관 등이 있었다.

각종 지방관아의 수입은 국가로부터 분급된 토지에 의한 수입을 최대의 재원으로 삼았다. 주·부·군·현에는 각각 지방관의 祿으로 '衙祿田', 손님의 支待를 위한 판공비 재원이라 할 '公須田', 부족한 지방관아의 경비를 보충하는 '官屯田' 등이 있었다. 그리고 주진·거진·제진 등의 군사조직관아에는 아록전과 공수전은 없고 관둔전만 분급하는 규정이 있었다. 행정관이 겸직한 군사지휘관은 아록전으로 공급하되 부족하면 관둔전의 소출을 사용하고, 행정관이 겸임하지 아니한 兵營과 水營 및 獨鎭인 僉使·萬戶鎭과 虞候·軍官·敎官 등의 비용은 군자에서 사용하도록 하였다.[1)]

교통기관인 역에는 公須田·官屯田·長田·副長田·急走田·馬田이 지급되었고, 站에는 衙祿田, 院에는 院主田, 渡에는 津夫田 등이 각각 지급되었

---

1) 《經國大典》 권 2, 戶典 外官供給條.
李載龒, 〈朝鮮初期屯田考〉(《歷史學報》 29, 1965), 108쪽.

다. 《경국대전》 호전 諸田 外官供給條에 보이는 諸田의 지급량은 〈표 1〉과 같다.

〈표 1〉 《經國大典》 諸田支給量

구 분		衙祿田			公須田			官屯田	기 타
		有判官	一般	末挈家	大路	中路	小路		
守令	府	90	50	25	25	20	15	20	—
	大都護府·牧	90	50	25	25	20	15	20	
	都護府	90	50	25	25	20	15	16	
	郡	—	40	20	25	20	15	16	
	縣	—	40	20	25	20	15	12	
教官(各邑)		(用軍資)				—			
鎭將	主鎭=兵水使(專任)	(用軍資)				—		20	—
	巨鎭=僉使(專任)	(無衙祿·公須田號 用軍資)				—		10	
	諸鎭=萬戶(專任)					—		5	
虞候(主鎭)		(用軍資)				—		—	
軍官(主·巨·諸鎭)		(用軍資)				—		—	
驛			—		黃海道 45 兩界 30 기타 20	 22 15	 8 5	12	(緊路)(기타) 長田 2.0 2.0 副長田 1.5 1.5 急走田 1.0 0.5 馬田 大馬 8.0 7.0 馬田 中馬 6.0 5.5 馬田 小馬 4.5 4.0
站(水站)		—	5	—		—		—	
院			—			—		—	院主田 大路 1.35 院主田 中路 0.90 院主田 小路 0.45
渡		—	—	—		—		—	津夫田 大渡 10.50 津夫田 中渡 7.00 津夫田 小渡 3.50
기 타		—	—	—		—		—	守陵軍田 2.00 水夫田 1.35 氷夫田 1.00 崇義殿祭田 12.00

衙祿田과 公須田이 각자 收稅地로서 민전수세지인 데 비하여 관둔전은 관유지로서 당해 관부에서 관노비와 人吏의 노동력으로 직접 경작하는 自耕無稅地이다. 조선 초기의 아록전은 약 2만 결로서 1년 수입이 약 4만 석이었고, 공수전은 4,590결로서 1년 수세액이 약 1만 석으로 추정된다.

조선 초기에 군현의 주요 수입원인 토지에 의한 수입은 아록전·공수전·관둔전에서의 수입이었다. 대읍의 경우 아록전 90결, 공수전 25결에서의 최고 수세액 米 153석과 관둔전 20결에서 얻는 최고 수확량 200석으로 치면 합계 353석으로 추정되고, 소읍의 경우 아록전 40결과 공수전 25결에서의 최고 수세액 미 86석과 관둔전 12결에서의 최고 수확량 120석으로 치면 합계 206석 정도로 추정된다.2)

한편 조선 건국 초에는 지방행정의 실무를 맡은 향리에게 人吏位田이 분급되고 있었다. 인리위전은 아록전·공수전·관둔전과는 다르지만 군현에서 행정실무를 담당하는 향리에게 지급되는 것이므로 지방재정과 관련이 있다. 이남 6도의 兵正·倉正·獄正·客舍正 등 향리에게 지급되는 인리위전은 稅位田과 口分田으로 구성되는 토지로서 세위전이 2결, 구분전이 3결, 합계 5결이 지급되고 있었다. 그러나 인리위전은 세종 27년에 각사 공해전과 함께 혁파되어 이 때로부터 공식적으로는 향리에 대한 응분의 보수가 폐지된 것이다. 향리에게 보수가 없어져 그 생활이 보장되지 않았기 때문에 그들은 관청의 권위를 빙자하여 농민을 위협하거나 경리의 부정으로 이득을 취하여 큰 폐단을 자아냈다는 것은 주지의 사실이다. 그리고 평안·함경도와 제주도에는 土官이라는 특수한 관직이 있었는데, 이 토관은 이남 6도의 향리에 비유할 수 있는 것으로 그 지방의 유력인에게 관직을 주고 행정이나 군사에 종사케 한 것이다. 토관에게는 地祿이라 하여 6결 이하의 田地가 지급되었는데 세종 말에 향리에게 준 인리위전이 혁파된 이후에도 土官의 지록은 그대로 존속되어 세조 때까지는 그 존재를 확인할 수 있다.

전세는 평안·함경도의 것은 도내의 군수용으로 비축되었고, 기타 여러 도의 것은 전량을 중앙으로 조운하였기 때문에 전세 수입 중 지방재정으로 나

2) 衙祿田·公須田은 1結의 稅額을 上上年의 20斗로 계산하였고, 官屯田은 1결 평균 수확고를 10石으로 추정하여 계산하였다.

누어주는 것이 없었다.

役에는 요역과 신역이 있었다. 요역은 전세미의 수송, 공물·진상·잡물의 조달, 토목공사, 支待, 영접 등에 관련된 요역으로 구분할 수 있고, 대체로 중앙재정을 위한 것이 대부분이나 지방재정을 위한 것도 있었다. 지방관아에서는 자체수요를 위해 관내 민호로부터 각종 잡물을 징수하고 노동력을 징발하였다. 예컨대 관둔전은 관노를 사역하거나 병작경영하게 되어 있었지만 때로는 관내의 농민이 差役되기도 했다. 군현에서의 生草·燒木의 조달, 닥나무(楮)·왕골(莞)·옻나무(漆) 등의 재배와 조달 등도 요역 종목에 속한다. 그리고 관찰사와 수령은 지방관부의 公廨·창고·객사·樓亭 등의 신축이나 수축의 工役을 위해 요역을 징발하였다. 여러 고을의 공해·창고·閭閻 등은 수령 교체시에 발급되는 解由書에 기재되는 사항이었으므로, 수령은 재임기간 동안 자신의 책임하에 수시로 보수하거나 신축하지 않을 수 없었다. 제언이나 川防을 신축·수축하는 일도 주로 지방관부에 의하여 임시로 부과되는 요역종목이었다. 이밖에도 목장의 신설·개수, 교량 설치, 도로 개설, 하천 준설 등이 있었다. 신역으로서의 직역부담자로는 지방관아에 향리·관노비·外工匠 등이 있고 조창에는 漕軍, 驛에는 驛吏·驛卒 등이 배속되어 公役 수행에 필요한 노무를 제공하였다.

공물 중 지방관아의 수입이 되는 지방공물은 鄕貢이라 하여 油·蜜·종이·꿩·닭·땔나무·풀 등이 그 주요한 것이었다. 잡세로는 염세·광업세·임업세·어세 등이 있었으며, 환곡의 耗穀을 지방관이 받아 사용하였고, 放軍收布가 널리 행해지면서 그 일부를 지방관이 사용하게 되었다.

지방재정의 지출면을 보면, 지방관에게는 원칙적으로 祿科가 없었다. 《경국대전》 호전 녹과조에 의하면, "각 도의 관찰사·都事·절도사, 양계의 虞候·評事는 祿이 있으나, 온 가족을 이끌고 간 관찰사와 절도사에게는 녹이 없다"라고 규정되어 있다. 조선 초기에 관찰사·도사·절도사는 모두 京官으로서 지방에 파견됨에 따라 이들에게는 京官祿이 주어졌다.[3]

앞서 지방재정에 있어서 아록전이 지방관의 녹을 위해 분급되고 공수전이 賓客의 支待를 위해 분급되었다고 하였으나, 그 용도에 있어서 공·사의 구

3) 《世宗實錄》 권 66, 세종 16년 10월 을묘.

별이 분명할 수 없었다. 그리고 정치기강이 해이해지면서 수령의 민호에 대한 수탈이 심해지고, 감사는 도내의 각읍에서 거두어들이며, 병사·수사·첨사·만호는 방군수포로서 수탈하고, 찰방은 역졸로부터 수탈하였던 것이다.

〈李載龒〉

4. 조 세

1) 전 세

고려 말 공양왕 3년에 과전법에서 公定된 조세규정은 세종 26년에 공법이라는 새로운 전세제도로 개혁되기까지 그대로 준행되었다. 과전법의 조세규정 가운데 중요한 것은 조와 세에 대한 규정을 비롯하여 손실답험법, 그리고 공·사전조의 公收규정 등이다. 공법이 시행되기까지 건국 초 반 세기 동안 유효했던 과전법의 조세규정을 요약하면 아래와 같다.[1]

① 公田·私田을 막론하고 수조자에게 바치는 租는 水田이면 매 1결에 糙米 30두, 旱田이면 매 1결에 잡곡 30두로 하며, 그 이상 거두는 것을 贓律로 적용하여 엄벌한다.

② 무릇 전지를 점유하는 자는 세를 국가에 바치되, 수전이면 매 1결에 白米 2두, 한전이면 매 1결에 黃豆 2두로 한다. 陵寢田·倉庫田·公廨田·功臣田 등은 예외로 하여 税가 없다. 舊京畿는 税를 料物庫에 바치고, 신경기와 외방은 税를 豊儲倉과 廣興倉에 분납한다.

③ 풍년·흉년에 따른 수확의 손실은 10등급으로 나누어 율로 삼아, 수확이 1分 감하면 租 1分을 감하고, 수확이 2分 감하면 租 2分을 감하여, 차례로 감하다가 수확이 8分 감하면 租의 전액을 면제한다.

④ 답험은 공전에서는 각 주·현의 수령이 심사·검사하여 감사에 보고하면, 감사가 임시로 관원을 보내어 재심하고, 다시 감사와 首領官(經歷·都事)이 친히 심사하며, 답험을 부실하게 하는 자는 처벌한다. 그리고 科田 등의 私田에서는 田主가 스스로 심사하여 율에 따라 租를 거둔다.

---

1) 《高麗史》 권 78, 志 32, 食貨 1, 공양왕 3년 5월 都評議使司上書.

⑤ 大軍을 일으켜 군량이 부족한 경우에는 公田·私田을 불문하고, 그 소용의 다소에 따라 임시로 일정한 수량을 국가에서 징수하여 쓰고, 사변이 끝나면 원상으로 돌아간다.

위 과전법의 조세규정에 의하면, 조와 세의 개념은 뒤에는 혼돈되어 같은 뜻으로 사용하게 되지만, 적어도 과전법 당시에는 엄연히 구별되어 있었다. 즉 경작자가 수조자에게 바치는 것은 조라 하고, 수조자가 국고에 바치는 것을 세라 하였다.

과전법에서는 공전·사전을 막론하고 매 1결당 30두의 조를 바치도록 하였으니, 1결의 수확고 300두(20石)에 대한 1/10의 수조율이 된다. 그리고 1/10 이상의 收斂을 엄벌한다고 하였으니, 이에 따라 공전에서는 소유자가 自耕하며 매 1결당 30두의 조를 국고에 내는 것이며, 사전에서는 전주가 전호로부터 사전의 조를 매 1결당 30두씩 받도록 公定한 것이다.

그리고 모든 분급수조지에서는 매 1결당 2두의 세를 국고에 바치되, 다만 능침전·창고전·궁사전·공해전·공신전 등만은 세를 면제하였다.

조와 세의 차이점을 들면, 첫째 조는 매 1결당 30두인데 비하여 세는 매 1결당 2두로서 세는 조의 1/15에 불과했다. 둘째, 세는 모든 전지에 적용되는 것이 아니어서 세가 없는 전지도 있으나, 조는 수조의 귀속을 달리하면서도 모든 전지에 적용되었다. 셋째, 조는 公과 私의 여러 곳에 귀속되었으나 세는 요물고·풍저창·광흥창 등 세 기관에 납입되었다.[2)]

과전법의 조세규정 중에서 세에 관한 규정은 태종 2년에 개정되었다. 태종 2년까지 無稅地로는 陵寢田·倉庫田·宮司田·公廨田·功臣田·寺社田 등이 있으며, 有稅地로는 科田·軍役田·外役田·津驛院館紙匠位田 등이 있었으나, 태종 2년의 개정에 따라 이때까지 무세지였던 공신전·사사전 등이 유세지가 되었다.[3)] 이와 같이 세의 부담과 세의 공전·사전과의 관련은 과전법의 공포 당시에는 명백한 것이 아니었던 것이나, 점차 세는 사전에 부과하는 경향이 명백하게 되었다.

이에 앞서 태조 2년에 손실답험법이 보완되었다. 이 보완조처는 과전법의

2) 旗田巍, 〈朝鮮初期の公田〉(《朝鮮史硏究會論文集》 3, 1967), 148쪽.
3) 《太宗實錄》 권 3, 태종 2년 2월 무오.

손실답험 규정을 그대로 두고, 다만 동일 地番(5結 단위 지번)의 경지 내에 作況이 상이한 부분이 있는 경우의 給損방식을 규정한 것으로, 공양왕 3년의 隨損給損制의 미비점을 보완한 것이다.[4] 그리고 다시 태종 때 손실답험법이 개정되었는데, 그 내용은 ① 委官은 다른 도의 品官 중에서 임명하여 답험하게 할 것, ② 損實은 1할 감수부터 적용하고, 1할 實收까지도 적용할 것, ③ 수령이 위관의 답험 결과를 조사할 것, ④ 조정에서 파견한 경차관이 답험을 불공정하게 한 경우는 처벌할 것 등이었다.[5]

손실답험법의 실제 운영에는 여러 가지 폐단이 있었다. 공전의 경우, 수령이 친히 손실답험을 심사하는 일은 도저히 불가능한 일이어서 향리나 品官 출신의 임시위원과 중앙에서 파견된 敬差官 등이 손실답험을 담당하였다. 그들 실무자는 손실을 가리는 자세가 방자하고 일을 부정하게 처리하기 일쑤여서 농민들은 하는 수 없이 그들을 후하게 접대하거나 뇌물을 바치지 않을 수 없었다. 한편 사전의 경우, 과전법에 의하여 전주 스스로 심사하고 검사하여 租를 거두도록 되어 있어, 전주의 답험이 너무 가혹하기 일쑤였다. 그리하여 사전의 전주에게는 1石(15斗)을 納租하는 데 반드시 23~24두를 바쳐야 하였으며,[6] 그 밖에도 숯·땔나무·재목과 기타 잡물을 바쳐야 했다.[7]

태종 17년에는 사전의 1/3을 하3도에 移給하게 되면서, 사전에서도 관에 의한 답험으로 개혁하게 되었다. 이에 태종 18년에는 전주의 반발 때문에 사전에서의 관의 답험을 일시 중단하게도 하였으나, 세종 원년(1419) 이후 사전에 대한 관의 답험이 항구화하게 되었다.[8] 그리하여 수조권을 통한 전주의 토지지배는 세종 원년을 기점으로 일대 변화를 보였다. 사전에서의 수조권 행사는 답험손실에 있었는데, 그 답험손실의 권한이 수조권자인 전주의 수중에서 국가관리로 귀속하게 되었던 것이다. 사전에서의 공적인 답험손실의 도입은 전주의 사적 수조권의 행사에 대한 과전법 규정을 부분적으로 부정하는 것이었다. 이러한 변화의 바탕에는 사전도 공전과 마찬가지로 국가의 공

---

4) 《龍飛御天歌》 제73장 註.
5) 위와 같음.
6) 《太宗實錄》 권 32, 태종 15년 8월 갑술.
7) 李景植, 《朝鮮前期土地制度硏究》(一潮閣, 1986), 133쪽.
8) 李景植, 위의 책, 211~217쪽.

적 관리하에 두어야 한다는 국가관리권의 성장이 자리하고 있었다. 또한 그것은 田地를 개별적으로 소유하고 있는 농민의 보편적인 토지소유권의 성장이 그 밑바탕이 되었던 것이다.

전술한 바와 같이, 답험손실의 방식은 각 군현의 수령이 각기 관내의 작황을 답험하여 그 내용을 관찰사를 경유하여 중앙에 보고하며, 중앙에서는 해마다 경차관을 파견하여 조사하도록 하였다. 그런데 경차관의 파견은 여러 가지 폐단을 수반하고 있었다. 경차관은 왕명을 직접 받아 파견되었던 만큼 각 군현의 수령으로서는 그에 대한 접대를 결코 소홀히 할 수가 없었다. 한편 경차관도 각 군현의 전답을 두루 답험한다는 것은 불가능한 일이었다. 그러므로 경차관은 각 수령의 책임 아래 시행되는 답험손실에 있어서의 불공정을 살피는 위협적인 역할을 수행하는 것이 그들의 소임이었다.

답험손실의 1차 책임자는 수령이었다. 수령은 자기 관내의 모든 전답을 친히 답험할 수 없었으므로 재지사족을 답험손실의 委官으로 삼아 활용하였다. 즉 태종 때부터 공평하고 청렴한 재지사족으로 위관을 삼아 답험손실의 실무를 맡게 하였다. 그리하여 답험손실에 있어 공평하고 청렴한 품관을 실무자로, 수령을 그 책임자로, 그리고 경차관을 그 감독관으로 제도화하였다.

이러한 조선 초기의 답험손실은 고려 전시과의 그것과 비교할 때 어느 정도 발전된 측면이 있다. 첫째, 답험의 1차 책임자가 전시과에서는 村典이었는 데 비하여 과전법에서는 수령으로 규정되고 있어, 수령을 통해 농민을 보다 직접적으로 파악하는 중앙집권정책의 강화 사실과 관련되고 있다. 둘째, 전시과에서는 현지의 주민인 촌전으로 하여금 답험의 실무를 맡게 한 데 비하여 과전법에서는 공평하고 청렴한 품관으로 답험의 실무를 맡게 하되, 지역을 바꾸어 답험케 하였다.[9] 고려 전시과에서의 답험손실과 조선 초기 과전법에서의 그것을 비교할 때 그 원칙에 있어서 과전법의 것이 보다 발전된 측면을 갖추었다고 할 수 있다.

그러나 그러한 원칙에도 불구하고 답험손실의 실제는 고려 이래의 전통적인 방식이 거의 그대로 답습되고 있었다. 답험손실은 위관이 현지에 나가 전답의 매 필지마다 일일이 답사하고, 그 경작자를 상대해야 했다. 그리하여

---

9) 金泰永, 《朝鮮前期土地制度史硏究》(지식산업사, 1983), 256쪽.

위관으로서 사무를 담당케 된 인원은 매우 많아 8도에 걸쳐 거의 1천여 명에 이르렀다.[10] 1천여 명에 달한 공평하고 청렴함 품관을 선임하기도 어려웠고, 위관으로 선임된 품관이 매 필지마다의 전답에서 소농민과 상대하는 답험실무를 기꺼이 응하려 하지 않아 실제 답험은 향리에 의해 행하여졌다.[11]

답험관들에 대한 접대는 농민들이 맡아 그 폐단이 매우 컸다. 손실의 산정이 위관의 자의적인 심증에 의하여 좌우되는 한, 현지 농민들이 위관에 대하여 음식을 대접하지 않을 수 없어 위관에 대한 접대비가 많이 소요되었다.[12] 농민들이 이러한 제도외적 부담을 떠맡을 뿐 아니라, 손실의 산정에 있어서도 그 객관적 기준이 애매하여 자의적으로 행하여져서, 세력있는 부자의 전답에 대해서는 재해에 의한 손이 많이 산정되고 소농민의 전답에서는 그 반대였다.[13] 이와 같이 실제 답험에서는 불공정으로 말미암아 소농민이 침해를 당하게 되었다.

답험손실의 과정뿐 아니라 그것을 집계하는 과정에서도 향리들의 농간이 잇따르고 있었다. 손실의 유무와 다소를 문서화하는 과정에서 가난한 소농민의 전답에 더 많은 세를 부담케 하였으며, 향리의 집계과정에서 한 面에 수십 결씩이나 실전이 은폐되는 은결의 조작이 행하여졌다.[14]

과전법의 조세규정은 세종 26년(1444)에 새로운 전세제도인 貢法으로 개혁되어 성종 20년(1489)에 전국적으로 실시하게 되었다. 공법 실시를 위한 논의는 세종 12년부터 전국적으로 여론을 수집하고, 세종 18년에 貢法詳定所를 설치하였으며, 세종 26년에 공법 실시를 위한 최종안이 채택되었다. 공법은 세종 26년에 하3도 6현에 실시되었고, 세종 32년에 전라도, 세조 7년에 경기도, 세조 8년에 충청도, 세조 9년에 경상도, 성종 2년에 황해도, 성종 6년에 강원도, 성종 17년에 평안도, 그리고 성종 20년에는 영안도에서 각각 실시하게 되었다.

공법의 중요한 내용은 전분 6등법과 周尺을 기준으로 하는 새로운 양전제

10) 《文宗實錄》 권 3, 문종 즉위년 9월 임인.
11) 金泰永, 앞의 책, 258쪽.
12) 《世宗實錄》 권 75, 세종 18년 10월 정묘 및 권 85, 세종 21년 5월 경술.
13) 《世宗實錄》 권 82, 세종 20년 7월 임진.
14) 《世宗實錄》 권 93, 세종 23년 7월 기해.

의 정착, 연분 9등법과 세율 1/20에 의한 1결당 20두~4두의 수세량 적용, 그리고 감면의 제도에서 正田·續田의 구분 및 災傷田의 10결 連伏에 의한 감면 규정 등이다.

공법이라는 새로운 전세제도의 개혁에 따라 전결제는 고려의 상·중·하 3등전과 山田에 의한 전품제에서 전분 6등으로 재편성되었다. 공법 이전의 전결제는 3등전품제라고 하나 거의가 하등전으로 실제는 기준이 없는 量田 상태이었다.[15] 그리고 전분 6등법은 종래의 隨等異尺指尺에 의한 양전제에서 隨等異尺周尺을 기준으로 하는 새로운 양전제로 개혁되었다.[16] 그리하여 結負의 실적이 비교적 객관적인 토지생산력에 상응하는 것으로 산정되기에 이르렀다. 貢法의 실시와 함께 전분 6등법으로 새로운 周尺量田尺에 의한 양전사업이 뒤따랐다. 공법의 실시로 새로운 기준에 의한 양전사업은 세조 때까지 하3도와 경기도에 행해지고 기타 4도는 성종 때에 이르러 행하여졌는데 후술하기로 한다.

공법은 답험손실법의 폐단을 근절시키기 위해 연분 9등법을 실시하였다. 연분 9등법은 정액세로서 답험손실법의 정률세보다는 제도적으로 객관적인 기준과 타당성을 지니고 있었다. 연분 9등법에 의한 1결의 세액은 아래와 같다.

상상년(全實) 20두, 상중년(9分實) 18두, 상하년(8分實) 16두
중상년(7分實) 14두, 중중년(6分實) 12두, 중하년(5分實) 10두
하상년(4分實) 8두, 하중년(3分實) 6두, 하하년(2分實) 4두

무릇 세는 수확고의 1/20을 부과하였다. 과전법에서 매 1결당 1/10租인 30

---

15) 貢法 실시 이전의 結負制는 비록 제도상으로는 上·中·下 3등 田品制이지만 실제로는 전국적으로 1結 57畝의 획일적 운영으로, 경상도와 전라도에서는 上田이 1천 결 중 1·2결, 中田은 1백 결 중 1·2결일 뿐 나머지는 모두 下田이며, 그 밖의 도에서는 上田이 전혀 없고, 1천 결 중 1·2결의 中田이 있을 뿐, 나머지는 모두 下田이었다고 한다(《世宗實錄》 권 49, 세종 12년 8월 무인).

16) 貢法 실시 이전에는 농부의 손가락 폭을 기준으로 삼아 上·中·下田 量田尺으로 上·中·下 3등田品으로 구분하고, 山田은 山下田·山腰田·山上田으로 구분되어 왔는데, 貢法의 실시로 指尺 대신 周尺을 기준으로 삼아 1등전 量田尺에서 6등전 양전척까지 6개 양전척을 사용하게 되었다. 다음 田結制 항목 Ⅳ-4-2)에서 상술하기로 한다.

두는 1결의 생산고를 300두(20석)로 산정한 것인 데 비하여 공법에서는 1결당 1/20稅로서 상상년 20두로 책정되고 있으니 1결당 생산고를 400두로 산정하고 있는 것이다. 과전법에서 1결당 생산고를 300두로 책정한 데 비하여 공법에서는 1결당 생산고를 400두로 높이 책정하여, 공법 이후 結負制가 공법 이전의 결부제보다 1결의 면적이 축소되어 있다. 그러므로 과전법에서 1/10조가 공법에서 1/20세로 책정되어, 표면상으로는 세율이 감소되고 있으나 공법 실시 이전과 이후의 각 도별 수세액을 비교해 보면 공법 이후의 수세액이 훨씬 증가되어 있다.[17]

공법에서의 年分等第는 연분 9등법으로 각 등전 1결의 전세액을 최고 상상년 20두로 하고 연분에 따라 각각 2두씩 감소하여 최하인 하하년에는 4두로 되어 있다. 이 연분등제는 각 도의 감사가 각 도별로 논·밭별 등급을 의정부·6조와 의논하여 연분을 결정하되, 필요에 따라 朝官을 파견하여 심사한 후 서면으로 중앙에 보고하여 연분을 정하도록 하였다. 이와 같은 연분등제 규정은 뒤에 다소 수정되었다. 단종 2년에 한 고을 단위의 연분등제는 너무 소루하다 하여 5방위면 단위로 고쳐 1읍 안에 읍내와 동·서·남·북 등 5방위면의 연분으로 정하게 되었다.[18]

감면의 제도는 토지대장에 正田과 續田으로 구분되었다. 정전은 상경전을 뜻하며, 起耕을 장려하는 의미에서 기경과 진황을 불문하여 세를 거두고, 속전은 혹은 기경하고 혹은 진황하는 토지로서 기경에 한하여 세를 거두도록 규정하였다. 그리고 災傷田의 단위는 10결이 연하여 재해를 입어야만 감면을 받을 수 있도록 규제되어 실질적으로 거의 정액세에 의하여 세를 거두고자 하는 제도였다. 그러나 정전 중에는 휴한을 요하는 토지가 편입되어 있거나, 빈곤·질병·유망 등으로 진황하는 경우도 있었으므로 全災傷과 全陳田은 면세한다고 규정되고 있다.[19]

공법으로의 개혁은 비단 답험손실법의 결함에서만 이루어진 것이 아니라 당시 농업생산력의 발전과도 불가분의 관계가 있었다. 조선 초기에는 대체로

---

17) 李載龒, 《朝鮮初期社會構造硏究》(一潮閣, 1984), 252쪽.
18) 《端宗實錄》 권 12, 단종 2년 8월 정미.
19) 《經國大典》 권 2, 戶典 收稅條.

휴한법이 극복되고 연작법이 보급되어 갔다. 이러한 농업생산력의 발전으로 1결당 생산고가 증대되어 토지 파악의 단위 면적에 변화가 일어났다. 고려 후기의 足丁 17결 단위에서 조선 초기 作丁 5결로 줄어들고 있는 데 주목하지 아니할 수 없다. 이것은 고려 말까지 족단적이고 집단적인 토지경영에서 소단위 토지경영으로의 변화, 휴한법의 극복과 연작법의 보급 내지 윤작법의 보급, 이에 따른 농업생산력의 발전과 밀접한 관계가 있다.[20] 당시 농업생산력의 발전에 따라 고려시대의 평전·산전에 의한 전품제에서 전분 6등법에 의한 새로운 전품제로 바뀌고, 또한 전세제도에 있어서도 종래의 답험손실법에서 공법으로 개혁되었던 것이다.

그러나 공법을 실시하는데, 그 원칙이 잘 지켜지지 못하였다. 양전을 비롯하여 연분등제, 진황전 수세나 給災 등에 있어서 그 원칙이 잘 지켜지지 못하고 관료나 향리의 손에 의하여 자의적으로 집행되어 갔다. 양전에 따른 토지대장이 잘 작성되지 못하였으며, 이에 따라 陳荒·災傷田 등이 제대로 파악될 수 없었다. 이러한 실정으로 16세기에 이르면 연분등제가 하중년의 6두 내지 하하년의 4두로 고정되어 갔고, 공법에 의한 전세 수납은 전세부담자의 사회적 세력의 강약에 따라 그 부담이 다르게 운영되어 갔다.[21]

전세는 추수 후에 징수하기 시작하여 11월 초부터 서울에 조운으로 수송되며, 이듬해 정월까지 수세를 끝맺어 6월까지 상납을 완료하게 하였다. 다만 평안·함경도의 전세는 현지에 그대로 두어 군자 등에 충당하게 하였다. 서울에 전세를 운송하는 데 부수되어 징수되는 부가세가 있었다.

고려시대에는 부가세로서 輸京價 혹은 耗米를 부담케 하였다. 수경가는 조세의 수송비로서 수송거리에 따라 구분되어 비교적 고율이었는데, 정종 때 조운의 기능이 60포에서 12조창으로 옮겨지자 일률적으로 1斛에 대하여 모미 7승을 과세하는 제도가 실시되었다. 모미는 조창부터 경창까지 수송하는 과정에서 생기는 손실을 메우어 보충하는 것인데, 수경가에 비해서는 그 부담이 훨씬 가벼운 것이었다. 조창제가 확립되어 모미의 제도가 관청에서 정

---

20) 李載龒, 앞의 책, 273쪽.

21) 李載龒, 〈16세기의 量田과 陳田收稅〉(《孫寶基博士停年紀念 韓國史學論叢》, 1988), 319쪽.

해진 이후 재래의 수경가와 비슷한 船價가 별도로 존재하였는지 그 여부는 알 수 없다.

세종 때 輸納代價로서 5價가 있었다. 세종 12년 8월 호조의 상계에 의하면, 豊儲倉·廣興倉·軍資倉에서 수납하는 세는 원 세액만 징수하고 5가는 제하여 주었는데, 科田에서는 5가를 作者 즉 佃客에게 부담시킨다고 하였다.[22] 5가의 구체적 내용은 분명치 않으나, 각사의 전세 수납 때 船馬·脚力·雇賃의 價로 3가가 부가되어 징수되고 있고,[23] 나머지 2가도 전세 수납에 관계되어 징수되던 비용이었을 것으로 보인다. 5가 중 전세 수납에 부가되는 세액이 얼마인지 자세하지 않으나, 대체로 미 1석 기준으로 수납에 소요되는 액수는 4두 안팎이었을 것으로 추산되고 있다.[24]

태종 때 사전의 전조 납부에는 전객이 미 1석(15두)을 납부하는 데 실제 23~24두를 바쳤다.[25] 이것을 1결당 납부액으로 환산하면 전객은 전조인 미 30두, 즉 2석을 납부하는 데 46~48두가 소요되었다. 그러므로 전조 30두를 제하면 16~18두는 藁草 10두 이외에 5가 등 수납가가 6~8두가 됨을 알 수 있다. 그런데 사전의 경우, 전주의 수취는 여기에 머물지 않고, 그 밖에 쑥[藨]·숯[炭]·섶[薪]·꼴[草] 등의 여러 가지 수렴이 있었다. 조선 초기에 농민이 전답에서 새로 부담하는 양은 소출의 4/10이고, 그 중에서 공물 대납가가 6/10을 차지하고 있었다고 한다.[26] 1결당 소출을 미 300두로 기준을 삼으면, 전세 4/10는 120두가 되고, 그 중에서 공물 대납가가 6/10이라 하니 72두가 된다. 120두에서 72두를 제외한 48두가 전답에 부과되어 징수되는 액수가 되니 私田 전주가 전객으로부터 받아내는 48두와 일치된다.

---

22) 《世宗實錄》 권 49, 세종 12년 8월 무인.
23) 《世宗實錄》 권 31, 세종 8년 정월 병오.
24) 李景植, 앞의 책, 129쪽.
25) 《太宗實錄》 권 30, 태종 15년 8월 갑술.
26) 《世祖實錄》 권 33, 세조 10년 5월 경진.

2) 전결제

삼국시대부터 양전의 단위로서 결부제가 사용되어 왔는데, 조선시대의 결부제는 토지의 면적과 그 토지에서의 수확량을 이중으로 표시하는 독특한 계량법이다. 穀禾 1握(한 움큼)을 1把(한 줌)라 하고, 10把를 1束(한 단), 10束을 1負(한 짐) 또는 1卜이라 하고 100負를 1結이라 하여, 곡화의 수확량을 표시하는 단위인 동시에 그 수확량을 산출할 수 있는 토지면적을 의미하기도 하였다. 이 결부제에 대립되는 중국의 경무제는 고정된 면적 표시의 계량법이다. 즉 경무제는 단순한 면적표준인 데 비하여 결부제는 수확표준·수세표준인 동시에 면적단위도 겸한 이중적인 성격의 것이었다.

신라 이래 고려 전기까지는 중국과 같이 결부가 곧 경무와 다름없는 토지면적 단위였으나, 고려 중기부터 토지면적과 수확량에 의한 이중적 계량법으로서 수등이척에 의한 결부제가 운영되어 왔다. 그리고 고려 중기 이래 조선 초기 공법 실시 때까지는 隨等異尺指尺 시기이며, 공법 실시 이후는 隨等異尺周尺시기이다. 즉 공법 실시 아전에는 상·중·하 3등전품을 구분하는 데 농부의 손가락 폭을 田尺의 기준으로 삼아 계산하였으나, 공법 실시에 따른 전분 6등법은 周尺을 田尺의 기준으로 삼았다.

고려 전기의 결부제는 단순한 토지면적의 단위에 불과하였다. 그 증거로서 고려 성종 11년에 공전에 대한 수조율을 1/4로 정하고, 이 수조율에 따른 매 결당 공전조의 수취량은 전품을 상·중·하의 3등전으로 나누어 차율수조의 방식을 취하고 있는 데서 알 수 있다.

신라 이래 고려 전기까지 결부=경무일 때 결부의 실적은 33步 4方인데 1보의 길이는 6尺, 1尺의 길이는 10分, 1分의 길이는 6寸이었다.[27] 그러나 量田尺 1尺의 길이를 산출하여 이것을 기준으로 步와 結의 면적을 계산해야 하는데 양전척의 길이가 명확하지 않아 연구자에 따라 그 면적의 산출에 차이가 있어, 1결의 면적을 혹은 17,077평, 혹은 6,807평, 혹은 4,184평으로 보

27) 《高麗史》 권 78, 志 32, 食貨 1, 田制 經理.

는 견해 등이 있다.[28)]

삼국시대 이래 고려 전기까지는 토지면적을 고정시켜 놓고 田品에 따라 조세를 차등있게 수취하는 同積異稅制였으나, 고려 중기 이후 1년의 조세액을 고정시켜 놓고 그 대신 1결의 토지면적을 전품에 따라 조절하는 隨等異尺制로 바뀌었다. 1결의 면적을 조절하는 방법은 전품에 따라 양전척의 길이에 차등을 두었다. 즉 비옥한 토지에는 길이가 짧은 양전척을, 척박한 토지에는 길이가 긴 양전척을 사용하였으니, 이것이 수등이척제이다. 토지의 비옥하고 척박함에 따라 상·중·하의 3등전으로 구분하되, 농부의 손가락을 표준으로 삼아 上等田尺은 20指, 중등전척은 25지, 하등전척은 30지로서 각각 1척으로 삼았다. 指尺의 해석에는 여러 의견이 있으나 손가락 마디의 가로길이(橫幅)를 의미한 것으로 보는 견해가 가장 이치에 맞는다고 이해되고 있다. 즉 장년 농부의 둘째 손가락과 셋째 손가락을 마디에서 밀착시켜, 그 가로의 길이를 열 번 거듭한 전체의 길이를 상등전척 1척으로 삼고, 또 같은 방법으로 다섯 번 거듭한 뒤 다시 둘째 손가락·셋째 손가락·넷째 손가락을 밀착시켜 그 마디의 가로 길이를 다섯 번 거듭하여, 이를 합친 전체의 길이를 중등전척 1척으로 삼으며, '3指'의 마디의 가로 길이를 열 번 거듭한 전체의 길이를 하등전척 1척으로 삼았다. 이 지척의 상등전·중등전·하등전의 길이는 20 : 25 : 30=4 : 5 : 6의 비율을 보이고 있다.

과전법에서의 전품제는 이러한 지척에 의한 수등이척제의 양전에 의한 것이었다. 그러나 고려 말 이래 조선 초기에 이르기까지 전품이 3등전이라 하나 거의 대부분의 토지가 하등전에 속하였다. 따라서 당시 1결의 토지면적은 대부분 4,184평이었다.

세종 26년 공법의 실시와 함께 전분 6등법에 따라 전품의 새로운 조정이 시작되었다. 구 3등전에서 신 6등전으로의 재편성 관계는 구 상·중등전은 모두 신 1·2등전으로, 구 하등전은 대부분 신 1·2·3등전으로 되었다. 그리고 신 4·5·6등전으로 된 것은 나쁜 전답들뿐으로 그리 많지 않았다. 특

28) 金容燮은 17,077평을(〈高麗時期의 量田制〉, 《東方學志》 16, 1975), 姜晋哲은 6,807평을(《高麗土地制度史硏究》, 高麗大出版部, 1980), 그리고 朴興秀는 4,184평을(〈新羅 및 高麗의 量田法에 관하여〉, 《朴興秀博士論文集－度量衡과 國樂論叢－》, 1980) 각각 주장하였다.

히 이러한 경향은 하3도에 있어서 현저하여 하3도에서는 4등전 이하가 드물며, 신 4등전 이하로 된 것은 구 山田으로 배정된 것이 대부분이었다.[29] 이제 구 3등전·산전의 1결 면적과 신 6등전의 1결 면적을 畝와 坪으로 표시하면 〈표 1〉과 같다.

〈표 1〉 구 3등전·산전 및 신 6등전 1결의 면적

구 3등전·山田 1결의 면적			신 6등전 1결의 면적		
	畝	坪		畝	坪
상 등 전	25.4	1,846	1 등 전	38.0	2,753
중 등 전	39.9	2,897	2 등 전	44.7	3,247
하 등 전	57.6	4,184	3 등 전	54.2	3,932
山 下 전	115.2	8,345	4 등 전	69.0	4,724
山 腰 전	172.8	12,519	5 등 전	95.0	6,897
山 上 전	230.4	16,692	6 등 전	152.0	11,036

〈표 1〉에서 보는 바와 같이, 구 상등전 1결의 면적에 비하여 1등전 면적은 보다 넓어졌으며, 구 중등전의 면적과 2등전의 면적은 별로 큰 증감이 없는데, 구 상등전·중등전은 본래 극히 소수여서 개의할 것이 없고, 구 하등전이 대부분 신 1·2·3등전으로 되어 모두 단위 면적이 감축된 것이다. 또한 종래의 산전이 4·5·6등전이 되었으니 전반적으로 단위 면적이 감축되는 것을 의미하는 것이다. 따라서 신 1결의 地積은 대체로 구 1결의 지적보다 크게 감축되었던 것이다.

공법으로 결부제와 전세제도의 기본이 확립되어 갔고, 이 공법을 실시하기 위해서는 먼저 지방마다 경차관을 파견하여 각지의 田分等第를 사정하여야 했다. 그러나 그것이 용이하지 않은 대사업인 만큼, 그 기회에 양전도 병행하는 계획이 진행되어 세종 26년(1444)에 하3도 6현에서 공법이 실시된 이후 약 반세기만인 성종 20년(1489)에야 전국의 양전이 완료되어 공법이 실시되었다고 함은 전술한 바와 같다. 특히 평안·함경 양도의 양전이 지연된 것은 휴한을 요하는 산전이 많기 때문에 정액세인 공법에 대한 반대가 많고, 아직도 그 지방 토호들의 세력이 커서 중앙의 위령이 철저하게 전달되기 어려웠

29) 朴時亨, 〈李朝田稅制度의 成立過程〉(《震檀學報》 14, 1941), 118쪽.

기 때문이었다.

양전은 매 20년마다 시행하는 것을 원칙으로 하였으나, 원래 큰 사업인 만큼 실제 20년마다 실시하기가 어려웠다. 그러나 조선 초기에는 어느 다른 시기보다도 양전사업이 활발히 수행되었다. 고려 말 전제개혁과정에서 행해진 공양왕 2년의 기사양전에서 경기·6도를 측량하여 얻은 전결수는 〈표 2〉와 같다.[30]

〈표 2〉 공양왕 2년 전결수

구 분	實 田	荒遠田	총 계
경 기	131,755결	8,387결	140,142결
6 도	491,342	166,643	657,985
합 계	623,097	175,030	798,127

조선왕조 건국 후 태종 4년에 의정부가 각 도의 전결과 호구의 수를 중앙에 보고한 통계에 의하면, 8도의 전결이 총계 931,835결에 이르고 있고,[31] 태종 5년 하3도 양전을 다시 시행하여 그 이듬해에 보고한 것에 의하면 "6도를 양전하여 무릇 96만 결을 확보하였으니 다시 고쳐 측량해서 얻은 결수가 30만 결에 달한다"고 하였다.[32] 이어 태종 11년에는 평안·함경 양도의 양전이 완료되었으며 같은 해에 제주도의 양전도 완료되었다.[33]

태종 때에 일단락을 지은 양전사업은 세종 때에 들어와 다시 시행되었다. 세종 10년에 경기·강원·충청·전라도에서 새로운 양전사업이 시작되었는데,[34] 이 때의 양전척에는 변동이 있었다. 즉 공양왕 2년 기사양전 때의 양전척은 3步 3尺 4方을 1負로 삼았는데, 태종 5년 乙酉量田 때의 양전척은 3보 1척 8촌 4방을 1부로 삼았고, 세종 10년에 이르러 다시 己巳量田 때와 같이 3보 3척 4방을 1부로 삼는 양전척을 사용하게 되었다.[35] 세종 10년에 새

30) 《高麗史》 권 78, 志 32, 食貨 1, 공양왕 3년 5월 都評議使司上書.
31) 《太宗實錄》 권 7, 태종 4년 4월 을미조의 各道 田結 통계에 의한 것이나, 경기도의 田結數가 缺하여 있어, 경기도의 전결수는 《太宗實錄》 권 3, 태종 2년 2월 무오조의 통계를 인용·합계하였다.
32) 《太宗實錄》 권 11, 태종 6년 5월 임진.
33) 《太宗實錄》 권 22, 태종 11년 12월 정유.
34) 《世宗實錄》 권 41, 세종 10년 8월 병술.
35) 《世宗實錄》 권 42, 세종 10년 10월 신사.

로운 양전척에 의하여 먼저 강원도와 전라도의 양전이 이루어지고, 세종 11년에는 경상도, 세종 12년에는 충청도, 세종 14년에는 경기도의 양전이 완료되었다. 그 밖에 황해·평안·함경도의 양전이 어떻게 되었는지 명확치 않으나 세종 14년까지에는 양전이 완료된 것으로 보인다. 그 근거로서 《세종실록지리지》에 실린 각 도 토지결수는 세종 14년에 편찬된 《八道地理志》의 결수를 옮겨 놓은 것을 들 수 있다.[36)]

《세종실록지리지》의 전결수(각 도 총론 통계)는 1,632,006결로 태종 4년의 96만 결에 비하여 무려 67만여 결이나 증가되고 있다. 그 중에 특히 평안·함경도의 결수는 태종 때의 것에 비하여 합계 43만여 결이나 증가하였다. 세종 때에 평안·함경도의 양전이 완료됨에 따라 집계된 전결수라고 하지만, 이 결수는 과다하게 집계된 결수로 보인다. 《세종실록지리지》에 집계된 평안·함경도의 결수와 후일의 《磻溪隨錄》 田制攷說 下, 本國平時(壬亂 以前) 結數를 비교해 보면, 후자의 평안·함경 양도의 결수가 전자의 결수에 비하여 약 반액에 불과하다. 그러므로 《세종실록지리지》에 집계된 평안·함경 양도의 결수는 다분히 과다하게 집계된 결수라고 볼 수 있다.[37)] 이제 태종 4년의

〈표 3〉 태종 4년·《세종실록지리지》의 결수

구 분	태종 4년 전결수	《세종실록지리지》 각도총론 전결수
京都한성부		1,415
개성유후사		5,357
경기도	*149,300	200,347
충청도	223,090	236,300
경상도	224,625	301,147
전라도	173,990	277,588
황해도	90,922	104,772
강원도	59,989	65,916
평안도	3,271	308,751
함경도	6,648	130,413
합계	931,835	1,632,006

* 태종 4년 전결수 중, 경기도 결수는 《태종실록》 권 3, 태종 2년 2월 무오조를 인용하였음.

36) 李載龒, 앞의 책, 257쪽.

결수 통계와 《세종실록지리지》 결수 통계를 도표화하면 〈표 3〉과 같다.

《세종실록지리지》의 전결수 통계는 세종 14년 《八道地理志》의 것이라 함은 전술한 바와 같고, 그 후 공법 실시에 따라 양전사업이 함께 행하여졌다. 그리하여 전라도는 세종 32년과 세조 8년에, 경기도는 세조 7년에, 충청도는 세조 8년에, 경상도는 세조 9년에 양전이 행해지고, 황해도는 성종 2년에, 강원도는 성종 6년에, 평안도는 성종 17년에, 그리고 함경도는 성종 20년에 각각 양전이 행해지고 공법이 실시되었다. 그 후 성종 23년에도 경기·충청도에 양전이 행해지고, 성종 24년에는 전라·경상 양도에 양전을 착수하여 연산군 1년(1495)에 완료하였다.[38)]

연산군 7년(1501) 경의 경기·양계를 제외한 5도의 전결수는 〈표 4〉와 같이 집계된다.[39)]

〈표 4〉 연산군 7년 경 5도 전결수

도 별	토지결수
충청도	231,995
경상도	295,440
전라도	368,221
황해도	101,600
강원도	34,814
합계	1,032,070

연산군 7년에 경기·양계를 제외한 5도 결수가 집계된 것은 당시 5도가 전세수납원이었기 때문인 것으로 생각된다. 경기도는 직전·사전 등으로 국고수납의 대상에서 거의 제외되어 있고, 양계는 그 전세가 군자에 충당되어 중앙의 국고에 수납되지 않는 특수지대임을 상기할 때 그러하다. 그리고 위 5도의 전결수를 《세종실록지리지》 전결수와 비교해 보면, 충청·경상·황해도의 결수는 별로 증감이 없고, 강원도의 결수는 거의 반감되어 있으며, 전라도의 결수가 많이 증가되어 있다. 강원도의 결수가 반감된 것은 공법 이전의 양전이 지나치게 많이 파악된 데 비하여 공법 이후의 양전에서 歲易火田은 續案에도 파악되지 않았기 때문인 것으로 생각되며,[40)] 전라도 결

37) 《世宗實錄地理志》에 집계된 평안도의 결수는 30,875결, 함경도의 결수는 130,413결인데, 《磻溪隨錄》에 집계된 壬亂 이전 평안도의 결수는 153,009결, 함경도의 결수는 63,831결이다.

38) 《成宗實錄》 권 267, 성종 23년 7월 정축 및 권 282, 성종 24년 5월 정미.
《燕山君日記》 권 12, 연산군 2년 2월 계축.

39) 李載龒, 앞의 글, 303~304쪽.

40) 《成宗實錄》 권 72, 성종 7년 10월 신미.

수의 증가는 그 지방 水田의 증가와 堰田 개발에 기인하는 것으로 생각된다.

〈李載龒〉

5. 공 물

1) 공물의 분정과 내용

공물은 민호가 공납하는 토산의 현물로서 호를 대상으로 부과하였다. 그러나 전세에도 경우에 따라서 油·蜜·蠟·布·苧 등으로 대납하는 田貢이 있고, 역에도 保布·軍布·노비身貢布 등의 현물을 대납하였으며, 그 밖에 잡세도 현물에 의한 경우가 많았다. '貢'의 개념은 전세, 혹은 공물, 혹은 전세·공물의 전부를 지칭하는 수도 있었으나 전세와 공물은 제도상 상대적 세납의 종목이었다.[1)]

공물은 군현 단위로 그 지방의 산물과 토지결수의 많고 적음을 기준으로 하고 또 관아의 경비를 고려하여 액수를 정하고, 그 주현 단위의 액수는 다시 각 민호에 배정되었다. 각 민호로부터 수납되는 공물은 군현별로 중앙에 상납하되, 중앙에는 공물의 수납을 전담하는 관아가 따로 없고, 중앙 각사에서 소정의 물품을 각각 수납하였다. 공물은 중앙 각사만이 아니라 감영이나 병영·수영에서도 그 관하의 각 군현으로부터 징수하였으며, 각 군현은 군현대로 그 군현 민호로부터 징수하였다.

공물의 分定은 우선 토지결수의 많고 적음이 그 기준의 하나라고 하지만, 이것을 다시 민호에 분정하는 기준은 호구와 전결을 참작한다는 막연한 규정이 있었으며, 분정은 실제로 지방관에 맡겨지고, 또 수령 자신이 그 사무를 집행하기 어려워 향리들이 임의로 분정하였다. 그리고 공물의 종류가 잡다한 까닭에 그 분정이 공평하기가 어려웠다. 건국 초 이래 공물을 분정하는 기준이 모호하였으나 세종 17년에 이르러 민호의 토지소유를 기준으로 한 5

1) 田川孝三, 《李朝貢納制の硏究》(東京, 東洋文庫, 1964), 12쪽.

등호제가 제정되었으므로, 이 때부터는 5등호제에 준거하여 공물이 분정되었을 것으로 보인다.

조선 초기에 있어서 공물의 종류에 대하여 알 수 있는 자료로는《경상도지리지》와《세종실록지리지》가 있다. 이제《세종실록지리지》에 보이는 각 도별 공물 품목 통계를 들면 〈표 1〉과 같다.

〈표 1〉 《세종실록지리지》 각 도별 공물품목

구 분	경기도	충청도	경상도	전라도	황해도	강원도	평안도	함길도
공 물	50	89	81	112	84	91	44	26
약 제	120	120	173	138	167	125	85	101
약제種養	21	20	29	8	21	12	9	4
계	191	229	283	258	272	228	138	131

공물 품목의 내용을 보면 농업생산물을 비롯하여 가내수공업제품, 해산물, 과실류, 광산물, 조수류 등 천연산물이 주종이라 할 수 있다. 또 공물품목을 용도별로 보면 의료, 식료, 문구류, 가구, 염료, 제약, 연료, 건축자재, 병기, 수공업원료 등이 있었다.

공물에는 상공과 별공이 있는 바, 매년 항상 정해 있는 공물을 상공이라 하고, 항상 정해 있는 것 외에 정부에서 필요로 한 것을 不時로 배정하여 공납하게 하는 것을 별공이라 하였다. 즉 매년 상납을 상례로 하여 공안에 수록된 것을 상공이라 하고 그렇지 않은 것은 별공이라 할 수 있다. 공물의 종류와 그 수량은 국가 소요의 경비를 기준으로 책정한 것이므로, 그 변경은 거의 허용되지 않았다. 공물은 한 번 배정되어 공안에 오르게 되면 그 감면은 어려운 것이었다. 혹시 감면되는 경우에는 다른 고을에 移定되거나 引納하게 하여 공물의 액수를 유지하는 일이 많았다.

공물은 토산물로 부과하는 것이 원칙이나 실제로는 생산되지 않은 것들이 많이 차정되었다. 공물로 차정되면 생산되지 않은 것일지라도 상납해야만 했다. 민호는 할 수 없이 산지에 가서 고가로 구입하여 상납하였다. 토산물에 비하면 왕복에 소요되는 시일, 노력, 가격면에서 몇 배의 값이 치러지는 것이었다. 공물이 모두 토산물로 배정되는 것을 원칙으로 하면서도 생산되지 않은 것을 많이 배정하였으므로, 이것은 공납제에 있어서 큰 모순이 되었으며 대납을 촉진하는 원인이 되었다.

공물은 지방관부를 단위로 액수를 상정하고, 상정된 액수는 특별한 사정이 없는 한 변경되거나 감면되지 않았다. 그러므로 공물의 민호 부담에 분정 규정이 따로 없고, 지방관부를 단위로 하는 공물 액수만이 상정되었다. 그런데 지방관부에 나누어 배정된 공물은 모두 민호에게 부담하게 하는 것이 아니라 그 중에는 지방관부에서 갖추어 내야 하는 것이 정해져 있었는데, 이것을 官備공물이라 한다. 예컨대 漆·箭竹·楮木·과실·약재 등은 각 지방관부에서 각각 재배하는 것으로 상납하는 것을 상례로 삼고 있었다. 위에서 말한 漆木·果木 등을 관에서 재배하는 규정이《경국대전》工典 栽植조에 수록되어 있다.[2] 그리고 納貢에 대해서《경국대전》戶典 徭賦조에 "諸邑의 楮·莞·漆은 배양된 所出로써 納貢한다"라고 수록되고 있다.

관비공물 이외의 공물은 民備貢物로 민호의 부담이 된다. 그러나 이것도 민호 각자가 생산에 종사하거나 혹은 취득하여 상납하는 것이 민호의 생활수단과 상응하도록, 농민은 농업생산물을, 어업이나 염업에 종사하는 자는 어물이나 소금을, 수공업자인 장인은 그들의 전문업에 따라 각각 그 생산물을 바치게 하였다.

민호 중에는 정부의 각 관아에 소속되어 신역으로 소정의 생산 노역에 종사하여 그 생산물을 상납하는 定役戶가 있었다. 예를 들면 경기도 내 司宰監 소속의 公賤인 수군에게 燒木을 상납하는 역을 정속시켜, 이들을 燒木軍이라 하였다. 그리고 한강부터 通津에 이르는 水邊 각 관의 양민이나 공천 중에서 뽑혀 司饔院에 소속된 生鮮干도 정역호였다. 그 밖에 각종 工匠, 貢鹽干 등도 역이 규정되고 전세 외의 잡역이 면제되었다. 정역호는 소정의 역에 의한 생산품을 공물로 상납하였다. 그러나 뒤에 정역호는 폐지되고 공납의 역은 일반 민호에게 전가되어 갔다.

지방관부에 나누어 배정된 공물이 반드시 토산물이거나 민호의 생산 여하를 참작한 것만은 아니었다. 수령은 배정된 공물의 종류에 따라 혹은 현물로

---

2) "諸邑漆木·桑木·果木條數及楮田·莞田·箭竹産處成籍 藏於本曹 本道本邑栽植培養".

징수하고, 혹은 대가로 미·포를 부과하며, 혹은 민호를 사역시켜 조달하였다. 따라서 민호의 부담도 일률적으로 말할 수는 없다. 민호를 사역시켜 마련하는 공물로는 焰焇의 煮取, 금·은·동·철의 채굴, 貢茶제조, 石灰, 貢船造作 등이 있었다.

2) 방 납

공납제는 전국 각지의 토산·물산을 왕실·정부재정으로서 주로 중앙에 납입하는 것이므로, 중앙으로의 수송이나 납입과정에 있어서 상납의 청부 즉 대납의 문제가 일어났다.

원래 대납은 두 가지 뜻으로 사용되어, 그 하나는 납입물품에 대신하여 다른 물품을 납입하는 경우와, 다른 하나는 상납해야 할 당사자 대신 납부하는 경우가 있었다. 납입물품 대신 다른 물품을 납입하는 것은 이미 고려 중기 이래 平布로서 折價代納하는 일이 인정되어 이를 절납이라 했다. 조선 태종 때 저화의 興用策으로 공물을 저화로써 상납하는 것이 인정되었으나 거의 행해지지 않았다. 조선 초기에는 상납해야 할 당사자 대신 영리수단으로서 상납을 청부하여 그 代償을 챙기는 것으로 防納이 문제가 되었다.

대납은 고려 말에도 영리를 위하여 행해진 사례를 찾아 볼 수 있으며, 조선 초기에는 그 내용이 복잡하게 변화되어 갔다. 상납의 청부가 대납되며, 대납은 또 방납이라고도 하여, 민호가 직접 상납하는 것을 막고, 민호의 의사를 무시하며 권력으로 누르고 타인으로 하여금 상납을 청부하게 한 것이다.

지방관부에서 공물이 징수되면 향리 중에서 유식하고 재력이 있는 자를 선임하여, 그 물자를 소정의 중앙 각사에 수송하여 납입토록 하였는데, 그를 貢吏라 했다. 공납의 납입기한은 그 물자가 생산되는 계절에 따라 달랐으나, 상납의 최종기한은 그 이듬해 2월까지였다.

공리가 상경하면, 그 고을의 京邸吏 즉 京主人 집에 묵어 경주인의 알선에 의해 공물 상납을 수속하였다. 공리는 상경할 때 반드시 수령의 陳省(上納呈狀)을 받아 이것을 각사에 공물과 함께 바쳤다. 각사는 진성을 받아 공물 물자를 점검하여 납입케 하였다. 공리는 공물의 납품을 마치면 각사에서 准納帖이란 영수증을 받았다.

조선 건국 초의 경우 공물의 청부 상납은 소납 각사의 吏·奴에 의해 행해지거나 관료·승도·상인 등에 의해 행해지는 두 가지 유형이 있었다. 공물이 각사에 납부되는 과정에서 관료의 점검은 대체로 형식적이며 실무를 담당한 이·노가 점검하는 직권을 빙자하여 공리에게 뇌물을 강요하는 일이 일반화되었다. 이와 같은 각사 이·노의 불법을 억제하기 위해 點退된 공물은 호조에 신고하여 재심사를 받게 하고, 혹은 그 점퇴가 부당한 경우에는 이·노를 처벌하도록 하였다. 그러나 이와 같은 규정은 한갓 공문에 지나지 않고, 각사 이·노는 공리로부터 뇌물을 받는 데 그치지 않고, 다른 관료나 商賈 등의 대납 영리에 연결되어 스스로 대납하여 큰 이득을 취하기도 했다. 각사의 이·노가 대납하고, 그 대가의 수납은 공물 준납첩을 받아 공물을 납부한 지방관아에서 징수하였다. 각사 이·노 중에는 대납에 의하여 재력을 축적한 자도 있고, 혹은 상인이나 부자·세력가와 결탁하기도 했다. 그러나 15세기 전반에는 이·노의 활동이 아직 관료·사족·승도와 비교할 수 없었다.

15세기 전반에 관료·사족·승도·상고의 청부상납은 가장 일반적이었다. 상납청부의 수속과정에서 보면 陳省은 공물 상납 呈狀임과 동시에 청부자에게는 청부인가서이며, 준납첩은 공물 납부증명서임과 동시에 청부자에게는 그 대가 징수의 권리서였다. 그리하여 수령이 진성을 발급하는 것인 만큼 청납자는 수령과 결탁하거나 혹은 세력있는 관료의 요청이나 강요를 통하여 대납을 행하였다. 또한 수령은 관료와의 연결뿐 아니라 부상·승도와도 결탁하여 상납청부를 인정하여 영리를 꾀하였다.

한편 진성은 청부자에게는 인가서이기 때문에 뇌물을 받게 되었고, 그것은 지방관아의 수입으로 인정되었다. 그리고 청부자는 공물을 납입한 뒤 준납첩을 가지고 당해 지방관아에 나아가 직접 민호로부터 그 대가를 독촉하여 징수하였다. 그 대가는 으레 2배로 받아 청부자는 큰 이득을 취했으나 민호에게는 극히 가혹한 이중착취여서, 대납의 대가를 독촉하여 징수하는 자를 防納叟라 일컬었다.

공물의 대납은 고려 말 이래 아무런 제약도 없이 행해져 왔는데, 태종 9년에 이르러 비로소 대납에 대한 금령이 반포되었다. 즉 태종 9년에 관료·사족·승려 등이 상납청부를 금지하도록 조처한 바 있다. 그리고 세종 2년에도 대납에 대한 금지령이 내려졌다. 그러나 공납의 대납은 고려 말 이래의 관행이었고, 생산되지 않는 물품이 배정되며, 공안이 고정되고 개정되지 않았기 때문에 시정되기 어려웠다. 그리하여 대납에 대한 금령을 내리면서도 세종 5년에는 민호가 스스로 갖추어 납부할 수 없는 공납은 부분적으로 대납이 공인되었다. 대납의 공인 이래 승도는 관권을 배경으로 그 주도권을 관장한 바 있다. 승도의 대납 활동을 진전시킨 것으로 都廳을 간과할 수 없다. 도청은 원래 內佛堂 건립을 위해 설치되어 사찰의 중수공사를 맡아, 그 경비 마련을 위해 幹事僧의 공납청부가 공인되었던 것이다.

세조 때에 이르러 공물의 상납 청부는 공물 부담자와 청부인과의 동의에 의해 허용되고, 청부의 代償은 수령이 중간에서 조정하여 민호로부터 받아 청부인에게 지급하였다.[3] 원래 청부물자의 대납은 생산되지 않는 물품으로서 민호와 청부인이 동의할 때에만 행하도록 하였으나, 점차 생산되는 물품 뿐 아니라 공물 이외의 전세·身貢布 등 거의 모든 공과물에까지 적용되었다. 청부의 대가는 수령이 먼저 민호로부터 받아 청부인에게 지급하였는데, 청부인이 공물의 납입을 연체하는 일이 속출하기도 했다. 그리고 청부대가는 시가의 몇 배나 되는 액수를 징수하여 민호에게 과중한 부담이 되었다. 공납청부인은 수령에게 강요하거나 수령과 결탁하는 일이 상례였으므로, 이 폐단을 제거하기 위해 뒤에는 청부공인권을 호조에 회수한 바 있다.

세조 5년(1423)에 공납 청부가 공인된 이후 종친·관료·사족·승도·상고 등이 청부인으로 참여했으며, 특히 승도와 상고의 진출이 눈에 띄고, 정부기관으로 忠勳府·刊經都監 등이 청부활동을 주도하였다. 상납청부는 그 자체가 일종의 이권으로 매매되어 '納分'이라 했다. 그리고 청부활동은 중앙뿐 아니라 감영, 병영·수영까지 파급되었다. 그런데 대납이 민생을 어렵게 만든 반면 교환경제에 자극을 촉진시킨 바 크다.

한편 건국 초 이래 각사의 이서와 노복은 공물 수납에 즈음하여 점검을 이용해 자의적으로 點退함으로써 그들의 영리를 꾀하였다. 또한 그들은 공물

3) 田川孝三, 〈貢納請負の公認と禁斷〉(앞의 책).

수납 수속을 짐짓 늦추어 방치하고, 혹은 공물 수납 후에도 영수증인 준납첩을 바로 발급해 주지 않고 공리에게 뇌물을 강요하였다. 이러한 폐단을 방지하기 위하여 세조 12년에 수납기한을 10일 내로 한정시켰다. 즉 貢吏가 바치는 貢物陳省이 호조에 보내지고 다시 각사에 회부된 후 수납기한을 10일간으로 정하고, 수납 당일에 준납첩을 발급하도록 했다. 그리고 호조는 각사의 공물 수납에 대한 감독권을 강화하여 공리의 진성 제출과 준납첩의 발급을 직접 관할하도록 조처하였다. 또한 각사에서 공물을 점퇴하는 것을 금지시키고 그 취체를 강화하였으며, 공리는 공물 상납과정에서의 어려움을 호조와 사헌부에 호소할 수 있도록 하였다. 그러나 이러한 규정이 제정된 이후에도 각사의 이서·노복은 공리를 침해하여 대납하고 본읍에 내려가 대가를 독촉하여 징수하였다. 이와 같은 각사의 이서·노복의 대납은 상사 관원, 혹은 상인, 권세가와 결탁되어 있었다. 대가를 독촉·징수하기 위하여 휴가를 받아 지방에 내려가는 것은 상사 관원의 허가가 필요하였고, 또 대납에 물자를 조달하는 데는 부상이나 권세가와 연결되어야만 하였다.

세조 때까지 관료·승려·상인 등의 청부상납이 활발히 행해졌고 각사의 이서와 노복의 대납은 비교적 적은 편이었으나, 세조 5년에 대납이 공인된 후부터 각사의 이서·노복의 활동이 활발해지기 시작했다. 그리고 예종 즉위년(1468)에 대납을 금단토록 조처하였다가 1년도 못되어 완화·개정하고 말았는데, 이 때를 계기로 각사의 이서·노복의 활동이 더욱 활발해졌다. 이때부터 각사의 이서·노복은 종전과는 달리 대납 대가를 본읍에 내려가 독징하는 것이 아니라 각사에 앉아서 무거운 대가를 받아내기에 이르렀다.

공리는 향리 중에서 공물을 바치기 위하여 선임되었는데 부유하고 유식한 자로써 차정하도록 하였다. 공리는 공물을 가지고 서울에 올라와 서강·용산·漢江渡·豆毛浦 등지에 도착하여 소정의 각 江倉에 납부하고, 또한 한성 내에 반입하여 각사의 창고에 상납하였다. 공리가 서울에 올라오면 그가 투숙하는 京邸舍의 이서를 비롯하여 각사의 이서·노복, 혹은 서강·용산의 江民 상인 등에 의하여 박해를 받거나 유혹을 받기도 했다. 또 공리 자신도 유흥으로 경비를 많이 쓰거나, 혹은 점퇴라 사칭하고 민호에게 공물을 다시 징수하거나, 혹은 상인과 결탁하여 공물을 전매하고 이득을 취하는 자가 적지 않았다.

공물은 대체로 조운을 통해 서울에 옮겨져 각사의 창고에 상납되었는데, 지방의 각종 물산을 싣고 온 향리인 공리는 마땅히 본읍 京邸舍에 투숙해야 했으나 사적으로 통하는 私主人에게 투숙하고 그들과 결탁하여 공물을 전매하는 일이 번번이 일어났다.[4] 西江·龍山 등의 江民 중에 사주인이 있어, 그들은 각각 공리를 분점하여 기숙시키는 것으로 가업을 삼아 자손에게 계승하였다. 사주인은 숙소의 제공, 물품 보관, 물품 판매 등을 행하였는데, 그들은 뒤에 등장하게 되는 객주·여각의 전신이었다. 그들은 서강·용산·한강도·두모포 등 한강 연안은 물론 동대문·서대문 부근 등 한성의 도로 요지에도 자리하고 있었다. 교통요로에서 영업하는 사주인은 공물을 수송해 온 공리를 잡아 자기 집에 머물게 하였다. 공리는 때로는 사주인과 공모하여 공물 물자를 전매하여 그 이득을 나누는 일이 적지 않았고, 또한 사주인은 그들의 영업을 이용하여 공리를 침해하기도 했다.

위에서 말한 사주인 이외에 各司主人이 있었다. 그들은 각사 사주인이라고도 일컬었는데, 공리가 공물을 상납할 때 그 물자를 검사하면서 뇌물을 강요하거나 혹은 대납하기도 했음은 전술한 바 있다. 중앙에서 전곡을 맡는 관아의 물자출납은 관아의 장이 관리 책임을 졌고, 창고의 출납은 반드시 사헌부 감찰의 검찰을 받아야 했다. 그러므로 중앙관아마다 급히 전곡을 사용할 경우에는 바로 검찰을 받아 처리하기 어려워 흔히 규정된 창고 이외의 곳에 전곡을 저장하여 外庫라 하고 그 물자를 자유롭게 사용하였다. 외고는 관제 외의 것이므로 출납에 엄한 규정이 없고 자유스러웠다. 이 외고를 私庫라 하기도 하며, 사고에는 창고를 지키는 이서와 노복을 두어 관리케 하였으므로 그들도 각사주인 혹은 각사 사주인이라 하였다. 각사 사주인의 발생은 세종 초부터이며, 그들은 관원에 대한 음식의 제공 및 물자의 조달을 직임으로 하였으므로 미천하나마 굳건한 기반을 가지고 있었고 방납으로 확고한 기반을 구축하였다.

세조 때부터 각사의 이서·노복인 각사 사주인의 활동이 활발해져, 그들에 의한 공물의 상납 청부는 방납으로 귀결되었다. 종전에서 각사의 이서·노복은 준납첩을 받아 본읍에 가서 대가를 독촉해 징수하였으나, 이제는 오로지

4) 田川孝三, 〈吏胥·奴隷の防納とその展開〉(앞의 책).

공리에게 징구하면, 공리는 부득이 그들의 요구에 응할 수밖에 없었고, 그것은 공리를 통하여 민호에 대한 수취로 돌아갔다.

일찍이 세조 이전부터 공리와 각사 사주인은 공모해 왔으므로 성종 초에는 공리와 각사 사주인에 대한 감독을 강화하고 제재하도록 규제되었다. 그러나 연산군 초에는 양자 간에 깊은 유대관계가 형성되었다. 각사 사주인에게는 공리의 확보가 가장 중요한 일로 공리에 대한 쟁탈이 전개되었다. 그리고 江民 私主人과 각사 사주인의 공리 확보 경쟁에서 결과적으로 각사 사주인이 승리하게 되었다. 그리고 종래에 각사 사주인의 대납은 점퇴나 상납수록의 연체 등으로 공리를 궁지에 몰아 그들을 속여 유인하는 것이었으나, 15세기 말 16세기 초에 이르러 각사 사주인은 공리에 대한 침해자에서 벗어나 업자로서 공리와 결탁하여 공납청부업자로서 성장해 갔다. 그들은 공리를 상대로 하는 여숙·창고업을 하고 조합조직을 형성하여 공납청부권을 독점해 나갔다.

15세기 후반에 각사의 이서·노복이 공납청부의 주도권을 쥐고 직업화하게 되었는데, 이러한 과정에서 공부의 布納化가 전국적인 형상으로 전개되어 갔다. 각사의 이서·노복은 상납청부의 대가를 받는 것이 상투적 수법이었고, 이에 따라 지방관은 상납물자를 수송하는 대신 그들에게 면포나 미곡을 대가로 보내는 것이 보편화되었다. 이와 같이 각사 사주인 등 청부자가 방납하는 것에 따라 지방관은 공물 물자 대신 布物을 징수하여 수송하였던 것이다.[5] 비록 토산물이 있어도 상납할 수 없었다. 또한 지방관이 현물로 상납하고자 할지라도 방납청부업자가 물리쳐버리는 것이었다.

官備貢物은 민호에게 과중한 요역이 되었는데, 공물의 포납화에 따라 요역도 포납화되었다. 공물의 포납화 이외에도 신역이 포납화되고 잡역도 포납화되어, 군현에서는 혹은 地稅化하거나 혹은 인두세화하게 되었다. 그러므로 공납제를 개혁하기 위해서는 貢案을 개정하고 방납을 두절케 해야 했다. 16세기에 이르러 그 개혁의 성과는 私大同에 집약되어 나타났고, 이 사대동은 貢物作米, 半大同과 함께 대동법의 선행형태로 분류되었다.[6]

〈李載龒〉

5) 田川孝三, 〈貢納·徭役制の崩懷と大同法〉(앞의 책).
6) 高錫珪, 〈16·17세기 貢納制 개혁의 방향〉(《韓國史論》 12, 서울大, 1985).

6. 진 상

공물 이외에도 토산의 현물을 공납하는 진상이 있었다. 공물은 세로 바치는 것의 하나로 각 군현 단위로 년 1차 상납하는 것이나, 진상은 본래 세로 바치는 의무라기보다 국왕에 대한 지방 장관의 禮獻으로 국왕의 御膳을 비롯하여 궁중의 祭享·약재·기타 등에 쓰일 물품을 감사, 병사·수사 등이 월 1차 상납하는 것이었다. 그 물품의 수량·상납 도수·상납 시기 등은 각각 상세한 규정이 있었으며, 거의 민호의 부담으로 징수되었다. 그러므로 진상은 전세·공물과 같이 公課임에 틀림이 없었다. 후일 대동법이 실시되면서 진상은 원칙적으로 공물과 같이 전결에 부과하도록 하였으나 祭享薦新·物膳進上 등의 명목은 여전히 남아 갑오개혁 때까지 존속하였다. 진상의 종류에는 物膳진상, 方物진상, 祭享·薦新진상, 藥材진상, 鷹子진상, 別例진상 등이 있었다.1)

1) 진상의 종류

물선진상은 進膳이라고도 하며, 왕실에 바치는 식료품으로서 감사, 병사·수사 등 지방 장관이 바쳤다. 물선진상을 바치는 대상은 국왕·왕비·왕세자·전왕·전왕비 등이 포함되어 있었다. 물선진상은 정기적인 것과 부정기적인 것으로 나뉜다.

정기적인 물선진상은 朔望진상이라 한다. 삭망진상은 매월 행해지므로 月膳이라고도 일컬었다. 그러나 각 도 관찰사 및 각 병사·수사 중 원근의 거리에 따라 월 2회, 월 1회, 격월 1회로 그 도수에 차이가 있었다. 이 물선을 바치는 것은 각 지방관아에서 군수·현감 등 수령을 差使員으로 임명하여 물목을 적은 膳狀을 가지고 사옹원에 상납하였는데, 선장은 승정원에 바치

1) 田川孝三, 〈進上考〉(《李朝貢納制の硏究》, 東洋文庫, 1964).

고, 물선은 예조의 점검 아래 바쳤다. 물선의 종류는 각 지방의 산과 바다에서 난 좋은 식료품을 위주로 하고 그 밖에 기구·장식품 등이 첨가되어 있다. 물선은 모두 감영, 병영·수영에서 마련한 것이라 하나 鎭管 내의 여러 각 읍에 분정하였다.

물선진상 중에 부정기적인 것으로 別膳, 日次물선, 到界·瓜遞진상 등이 있었다. 별선은 매월 상례의 것을 月膳 혹은 進膳이라 일컫는데 대하여, 이것은 別進膳, 無時진상이라 하였다. 별선은 지방관이 임의로 소관 경내에서 진귀한 특산물을 바치는 경우와 국왕이나 왕실의 명령에 따라 상납하는 경우가 있었다. 일차물선은 경기도에서만 행하여져, 경기 관찰사는 도내의 각 관·포에 각각 분정하고 기일을 정하여 토산 어물을 감영에 납입케 하여 사옹원에 바쳤다. 그리고 도계진상은 관찰사, 병사·수사가 부임지에 도착한 날과 각 명절에 禮狀과 함께 사은의 예물로 바치는 것이며, 과체진상은 위의 지방관이 임기를 마치고 돌아갈 때 사은의 뜻으로 바치는 것이다.

방물진상으로는 名日방물, 行幸방물, 講武방물 등이 있었다 명일에 방물을 바치는 날은 국왕 탄신을 경축하는 聖節과 冬至, 正朝의 세 명절 이외 왕비 탄신일·人日(음력 정월 초이렛날)·입춘·단오·유두·추석 등의 명절이 이에 속한다. 명절날 중앙에서는 대소 조회를 행하여 지방에서는 각관이 하례를 행하였다. 그리하여 왕실에 차사원을 파견하여 예조를 경유해 箋文을 올려 하례를 펴고 지방특산물을 방물로 바쳤다. 명절 하례는 2품 이상의 지방관이 국왕·왕비·왕세자뿐 아니라 전왕이 계실 경우에는 전왕에게도 함께 바쳤다. 그리고 세조 때에 이르러 성절·동지·정조의 세 명절 이외의 명일방물은 국왕에게만 바치도록 조처되었다. 물선진상이 식료품 위주인 데 대하여 명일방물은 병기를 위주로 모피·기구·가구·白布 그리고 산해진미를 바쳤으며 제주목에서는 말을 바쳤다.

행행방물은 국왕이 궁궐 밖으로 거둥할 때 지방관이 문안과 함께 토산물을 헌납한 것이며, 강무방물은 국왕 감독하에 행하는 강무 때에 지방관이 문안과 함께 토산물을 헌납한 것을 말한다. 국왕의 거둥은 주로 왕릉에 친히 제사지내거나 강무·수렵을 하기 위한 일이 많았다. 거둥할 때의 문안은 沿道의 지방관에 한한 것이 아니라 멀리 타도의 관찰사, 병사·수사 및 수령까지도 문안하였다.

왕의 거둥은 강무·수렵의 경우가 가장 많았는데, 수렵하여 잡은 것으로 종묘에 제사지냈기 때문에 강무는 제사와 연관되어 軍國의 중요한 행사로 제정되었다. 강무는 춘추 2회에 걸쳐 안으로 국왕이 친히 통괄하여 감독하고, 밖으로 지방의 군병이 행하는 국가적 행사로 제정되었다. 국왕의 강무에는 관찰사, 병사·수사가 차사원을 보내어 문안하고 방물을 헌납하였다. 강무방물은 매년 2회의 진상으로 정하고, 왕이 세자를 동반하여 강무를 행할지라도 강무방물은 국왕에게만 진상하게 하였다. 뒤에는 강무가 있거나 없거나 춘추 2회로 방물을 바치게 하였다.

제향진상은 지방관이 왕실의 각종 제사에 쓰이는 제수를 바치는 것이다. 중앙에는 사직·종묘·別廟의 제사를 비롯하여 여러 제사가 있어, 예조를 비롯하여 전농시·내자시·전생서·사포서·장원서·혜민서·양현고 등이 각각의 직임으로 나뉘어 관장하였다. 이 제사에 바치는 奠物은 중앙 각사가 직임에 따라 供上하는 것이 있고, 지방 각관으로 하여금 진상케 하는 것이 있었다. 중앙 각사에서 공상으로 마련한 전물 이외에 不卜日의 제사에 그때 그때 새로 생산된 것을 月令에 따라 지방 각관으로 하여금 진상케 한 것을 薦新이라 하였다.

종묘의 천신은 典祀寺에 상납하고, 別廟의 천신은 사옹원에서 관장케 하였었다. 그런데 이로써는 체통이 서지 않았으므로 예종 때에 천신진상에 대한 물목·수량·등급 등을 예조에 직접 보고케 하고, 그 진상도 오로지 예조에서만 점검케 하는 제도를 마련하였다. 연산군 때에는 제향·천신진상도 다른 진상물과 같이 貢案에 수록되었다. 그리하여 지방 각관에 제향·천신을 분정하는 것은 공물이나 물선진상의 경우와 같이 토산에 따르는 것을 원칙으로 하였고, 그 바치는 시기는 생산하는 계절에 따라 월령으로써 정하였다.

약재진상은 관찰사의 책임 하에 왕실 의료업무를 전담하는 內醫院에 상납되었다. 공물약재는 지방 군현에서 중앙 의료기관인 典醫監·惠民局·濟生院 등에 상납되어 의료용으로 사용되고, 혹은 일반에 판매되기도 하였다. 약재진상은 내의원에 상납되어 왕실 어약에 사용되고, 혹은 왕이 조신에게 하사하기도 했다. 정부 의료기관에서 사용하는 향약재는 공물로서 지방관아에 분정하여 상납케 하였고, 그 밖에 왕실의 어약으로 사용할 것은 특별히 진상이라 하여 공물 외로 상납케 하였다. 약재진상은 월령으로써 그 품목과 수량이 정하여져 있었다. 약재진상은 내시부에서 내의원에 차정된 환관이 이를 관장하였다.

鷹坊진상은 각 감영과 병영·수영에서 매를 사육 또는 생포하여 응방에 바치는 것을 말한다. 매 사냥은 고려 이래 국왕이나 지배층 사회에서 널리 행해졌는데, 조선시대에도 고려의 제도를 답습하여 왕실 직속으로 응방을 설치하고 종묘·별묘의 천신제물을 공상하는 중요한 직무를 맡게 하였다.

조선 초기에는 매의 진상이 매의 주산지인 평안·함경·황해·강원도 등 이북지역에 국한되었으나, 세종 때 명나라에 대한 금은 歲貢이 면제되는 대신 매의 進獻이 시작되어 그 진상지역이 전국적으로 확대되었다. 이에 따라 산출되지 않는 지역의 민호는 貿納價를 바치는 등 새로운 부담이 늘어났다.

상례의 진상 이외에 별례진상이란 것이 있었다. 별례진상에는 두 가지가 있으니, 그 하나는 국왕의 하명에 의하여 바치는 경우이고, 다른 하나는 하명의 유무를 불문하고 감사, 병사·수사가 특수한 새로운 산물을 바치는 경우이다. 예컨대 세종 때 함경도 관찰사에게 공물과는 별도로, 神稅布의 수입으로 甲山郡에서 貂皮를 매입하여 별례진상으로 상납케 하고 있다. 왕명이 없어도 진기한 특산물로서 바치는 것으로 주옥같은 것을 들 수 있다. 상례의 진상은 모두 貢案·横看에 수록되었으나 별례진상은 이 규정 이외의 별도 수입이었다.

2) 진상과 민호의 부담

진상은 그 바치는 물목을 보면 공물과 별 차이가 없었다. 공물은 군현 단위로 나누어 배정되었으나 진상은 감영, 병영·수영에서 왕에게 예물로 바치는 것이었다. 그러나 민호의 부담이 되는 점에서는 공물과 차이가 없었다.

진상 중에 종묘에서 지내는 薦新은 예조 소관으로 典祀寺에 바쳤으나, 그 밖에 物膳을 비롯하여 모든 진상물은 궐내 기관에 직접 수납되었다. 물선이 궐내에 바쳐지는 절차는, 膳狀이 승정원을 거쳐 사옹원에 접수되고 물선은 사옹원에 직접 수납되었다. 다만 名日方物은 예조에서 물건을 점검해 수납하여 궐내 기관에 납입하였다.

전세에는 풍·흉에 따라 감면의 규정이 있고, 또한 공물에도 국왕의 특혜에 의하여 감면이 있었으나 진상에는 그러한 감면의 규정이나 관례가 없었다. 진상은 다른 貢賦와 같이 貢案에 수록되고 세조 이후에는 經費式橫看에 기재되었다. 진상은 전세·공물과는 달리 왕에 대한 예물로 제정된 것이어서 정부로서도 이에 관여하는 것을 꺼렸다. 그러나 물선진상이나 別膳같은 것은 일부지역에 제한되기는 하였지만 일시적으로 중단되거나 감면되었는데, 그것은 국왕의 특별한 은총으로 행하여졌다. 그리고 감면된 공물은 다른 군현에 移定되었지만 진상에서는 그러한 예가 거의 없었다.

진상 중에 物膳·方物·薦新 등은 그 중요성에 따라 등급이 있었다. 천신이 제1등급이고, 방물 그리고 물선의 순서였다. 천신은 제사지내는 것이므로 가장 중요하게 여겼다. 그러므로 흉년에 물선을 감면해 주는 일이 있어도 천신만은 예외로 하였다. 그리고 진상은 세공과는 달리 그 물자도 품질을 정선하고 제작품도 왕에게 바치는 예물로서 특별히 정성을 다하였다.

공물의 분정은 중앙정부에서 행하였으나 진상 물자의 분정은 관찰사, 병사·수사 등의 권한에 속하였다. 공물은 호구와 전결의 다소를 참작하여 각 군현을 대상으로 물목과 수량을 정하였다. 진상은 특별히 분정의 규정이 정해 있지 않았는데 공물의 분정에 준하였기 때문이었다. 진상은 지방관의 예물로서 제정된 것으로 관할 각 군현에 분정되면 군현에서 조정해야만 했다. 각 군현에 분정된 진상은 공물의 경우와 같이 그 일부는 官備진상으로 관부에서 직접 조달하고, 나머지 일부는 民備진상으로서 민호에 부과되었다.

관비진상에는 관비공물과 같이 관부에서 직접 조달하는 것도 있고, 혹은 사역에 의한 것도 있으며, 혹은 定役戶에 부과된 것도 있었다. 관부에서 직접 조달하는 것으로는 관에서 운영하는 菜田이나 藥圃에서의 소산으로 바치는 것 등이 있었다. 사역에 의한 것으로는 새·짐승·어류 등을 당번군사를 사역시켜 잡아 상납하거나, 무기 기타 기구를 도내 각 군현 소속의 공장에 의하여 제작·상납하는 것 등이다. 정역호는 정부기관에 세습적으로 소속되어 소청의 직무나 생산노동에 종사하는 민호인데, 꿩 등을 상납하는 鷹人, 짐승 수렵에 종사하는 阿波赤, 漁戶인 海作軍 등이 있었다.

진상은 관에서 조달하는 것이 원칙이었으나 실제는 일반 민호에 부담시키는 것이 많았다. 진상 물자의 분정은 호구와 전결의 다소를 참작하는 것이 원칙이었으나 지방관의 임의에 맡겨져 생산되지 않는 물자나 갖추어 납부하기 어려운 품목도 분정된 것이 적지 않았다. 그리고 한 번 정해진 진상 품목은 감면되기 어려웠다. 그러므로 생산되지 않은 물자나 비납키 어려운 품목도 상납하라는 명령이 내려지면 민간에서 거두거나 혹은 價布·미곡을 징수하여 사서 납부하였다.

당시의 관찰사·병사·수사는 진상을 칭탁하여 사사로이 착복하였다. 관에서 만든 덫(檻穽)에서 잡은 범·사슴 가죽은 화살 자국도 없는 상품인데, 주로 사사로이 소비되고 진상품은 민호에 부과되었다. 또 관청에서 직접 경영하는 楮田이 있음에도 불구하고, 그 생산은 관부나 수령의 소비에 충당하고 진상하는 것은 따로 민호에 부과하였다. 관비물자를 민호에 전가하는 것은 이전에도 있었던 일이나 성종 말, 연산군 초에 이르러서는 어떤 품목을 불문하고 거의 일반적인 현상이 되어 갔다. 더욱이 관찰사 이하 수령이 관비의 물품을 사사로이 쓸 뿐 아니라 민간에서 책납하는 경우 거의 정액의 수배를 거두었다. 진상을 위한 민호의 부담은 요역으로써 사역하거나 혹은 價布로써 바치게 하였다. 그리고 연산군 이후 진상은 공물 물자의 생산, 조달을 위한 사역과 같이 오로지 가포로써 바치게 하는 것이 일반적인 현상이 되었다.

한편 진상에 있어서 공물과 함께 민호에게 미·포를 바치게 하거나 요역으로써 사역하게 한 것은, 교환경제를 촉진케 하고 물자를 상품화하였으며 향리를 비롯하여 이서·노복을 상인화하였다. 진상 물자는 다만 감영이나 병영·수영에서만 수집되는 것이 아니라 여러 都會所를 설치하여 부근의 군현으로 하여금 분납케 하였다. 도회소는 대체로 界首官에 설치되었으나 반드시 계수관에 한정된 것만은 아니었다. 따라서 감영, 병영·수영, 도회소에서 經歷·都事·判官·鎭撫·都會所 수령이 진상 물자를 관장하게 되어 있으나, 그 실무자는 중앙 각사의 이서·노복이 담당하여 점차 실권을 그들이 관장하게 되었다. 그리하여 이서·노복의 농락으로 많은 뇌물이 강요되거나 고가의 대가가 요구되기도 하였다.

진상은 공납과 함께 교환경제를 촉진하여 상업발달의 길을 열어주었다. 다만 생산되지 않는 물자나 비납하기 어려운 물자를 바꾸어 사서 조달했을 뿐 아니라 防納이라는 청부상납이 상행위로 성행되어 갔다. 진상은 사옹원·내의원을 위주로 하여 궐내에 납입되었으므로 대납이 감영, 병영·수영, 도회관에서 납입될 때 성행되었다.

연산군·중종 때부터 공물은 거의 중앙 각사의 이서·노복이 대납하게 되었는데, 그들은 진상 물자에도 손을 뻗쳐 대납하고 고가로 독징하였다. 그리하여 진상은 공물과 함께 상품화되어 이서·노복의 영리수단에 이용되었다.

〈李載龒〉

7. 환 곡

1) 의 창

조선시대의 환곡은 환자[還上], 또는 公債라고도 했다. 환곡은 고구려의 진대법과 고려의 의창을 계승한 관곡 대여제도였다. 환곡은 수령의 관장 하에 춘궁기에 관곡을 농민에게 대여하였다가 추수 후에 회수하였다.

조선 건국 초에 기민 구제를 위하여 고려의 제도를 답습하여 의창을 설치하고 의창곡을 무상으로 기민에게 대여하였다. 환곡은 대여곡이었으므로 토지와 친척이 있어 뿌리가 든든한 자에게 대여하는 것이 원칙이었으며, 혹 환곡을 받은 자가 환납하지 못할 경우에는 토지를 팔거나 족징으로라도 징수토록 하였다.

그러나 대부분의 농민들이 환곡이 없으면 살아갈 수 없는 상황이었으므로 환곡의 미납자와 逋欠者의 수는 결코 적은 것이 아니었다. 그리하여 의창 원곡은 대여된 것의 전액이 회수되지 못하여 의창곡의 감소는 불가피하였다.

그러나 기민이 대량으로 발생하면 더 많은 의창곡의 지출이 요구되는 것이었다. 태종 6년에는 煙戶米法으로 의창곡을 적립하였으나[1] 흉년에는 의창곡이 부족하였다. 따라서 의창은 국가재정이 허용하는 한도에서 계속 補添되어야 그 기능을 다할 수 있었다.

당시 의창은 주로 군자곡에서 보첨되었는데, 군자곡은 국가의 비상시에 대비한 예비재원이었다. 그리고 군자곡이 오래되면 묵은 곡식이 되기 때문에 매년 신곡으로 改色되어야만 했다. 그러므로 군자곡이 환곡과 같이 대출되는 것은 의창 때문이기도 하지만 그것은 신곡으로 개색되어야만 했기 때문이기도 하다. 그리하여 지방관은 의창의 원곡이 부족할 때에 군자곡의 대출을 요청했던 것이다. 이와 같이 군자곡도 대출이 허용되는 한 그 포흠이 없을 수 없었다.

세종 5년에 의창을 군자곡에서 보첨해 주면서 앞으로 환곡과 진제는 오로지 의창곡으로써만 지급하고 군자곡은 경솔하게 지출하지 못하도록 조처하였다. 이 결과 군자곡 98만여 석이 의창에 보첨되었으며 군자곡의 대출은 억제키로 결정되었다.[2] 그러나 세종 5년 이후에도 기민이 계속 발생하는 상황에서 의창 원곡이 부족하여 매년 지방관의 군자곡 방출이 요청되고, 군자곡은 신곡으로 개색해야 하기 때문에 대출되지 않을 수 없었다. 그러므로 정부의 억제에도 불구하고 군자곡은 계속 대출되었다. 그리하여 세종 30년에는 당시 군자곡 125만여 석을 의창에 보첨해 주고 군자곡 대출의 통제를 더욱 강화하는 조처를 취하였다.[3] 그러나 기민이 발생하는 한 그 통제는 무력한 것이 되고, 군자곡 대출의 요청은 매년 반복되었다.

이와 같은 의창 원곡의 부족과 군자곡의 대출을 극복하기 위하여 세종 때부터 의창 대신에 민영으로 사창을 설치하자는 주장이 나오기 시작했다. 이

---

1) 태종 6년 11월 凶年에 대비할 名目으로 京中의 現職 1·2品은 上戶로 米 10두, 3·4品은 中戶로 米 6두, 5·6品은 下戶로 米 4두, 參外는 下下戶로 米 2두, 庶人은 米 1두, 前職 各品은 각각 그 半을 감하여 出米하였다. 外方은 田 15결 男女 15口 이상을 上戶, 田 10결 男女 10口 이상을 中戶, 田 5결 男女 5口 이상을 下戶, 田 1·2결 男女 1·2口는 不成戶라 하고, 3戶를 1戶로 삼아 京中 3等例에 따라 出米하였다.

2) 《世宗實錄》 권 21, 세종 5년 9월 갑오.

3) 《世宗實錄》 권 120, 세종 30년 4월 정축.

사창 설치의 주장은 오랫동안 논의되다가 문종 원년에 이르러 경상도 대구 등 10군현에 시험적으로 설치·운영하게 되었다. 이 때 각 향리마다 설치된 사창은 의창곡에서 200석씩을 분급 받아 농민들에게 2할 이식을 부과하여 운영되었다. 그러나 사창도 의창이나 군자곡과 마찬가지로 원곡의 회수가 보장된 것이 아니었다. 지방자치의 일환으로 시행된 바 있는 사창곡의 회수는 社長의 무력과 무책임으로 의창에서 수령이 관권을 가지고 회수하는 것보다 훨씬 어려움이 있었다. 결국 사창도 처음 계획한대로 원곡이 저축되기는 고사하고 더 많은 손실을 가져와, 성종 원년에 혁파되고 말았다.[4)]

이에 앞서 의창의 원곡이 부족하고 군자곡의 대출이 불가피하게 되자, 세조 3년에 군자곡으로 대출하여 회수될 때에는 매 10두에 4두라는 4할의 이식을 받게 하였다. 그러나 문종 원년에 사창이 설치되어 2할 이식을 취하고 있었으므로 세조 5년에 이르러 군자곡의 이식도 사창과 동일하게 2할 이식을 취하도록 하였다.[5)] 위와 같이 의창 원곡이 부족하여 군자곡으로 보첨하였으나 원곡이 매년 감소되어 갔고, 이에 사창을 설치·운영하였으나 원곡의 감소는 만회될 수 없었다.

2) 모곡의 징수

환곡 원곡의 저축을 위하여 사창과 군자곡에 이식이 부과 징수되었으며 환곡에서도 이식이 부과되었다. 환곡에서의 이식은 사창과 군자곡과는 다른 사정에서 부과 징수되었으므로, 그 명칭도 耗穀이라 하여 이식과는 구별하는 것이었다.

모곡은 耗米, 雀鼠耗 등으로도 일컫고 이식의 의미가 없으며, 그것은 원곡의 모손 즉 자연적 감소를 보충한다는 의미에서 유래된 명칭이었다. 그러나 명칭이야 어떻든, 그것은 이식과 다를 것이 없었던 것이다.

조선 건국 초에는 환곡에 이식이 없이 대출되었다. 환곡에서 처음으로 모

4) 《文宗實錄》 권 10, 문종 원년 11월 기미.
《成宗實錄》 권 3, 성종 1년 2월 계유.
5) 《世祖實錄》 권 8, 세조 3년 7월 계유.
《世祖實錄》 권 17, 세조 5년 8월 기미.

곡이 부과 징수된 것은 세종 5년부터이며, 1석에 3승의 모미를 부과하는 3升耗法이었다.6) 이 모곡은 환곡을 징수하여 분급할 때까지 수령이 보관하는 기간에 생기는 耗損을 보충하는 것으로 되어 있다. 그러나 3승모법은 제정된 지 2년만인 세종 7년에 환곡의 모미 수납이 백성에게 폐단이 있다 하여 폐기되고 말았다.

3승모법이 폐기된 이후 어떠한 耗法이 제정되었는지 자세히 알 수 없다. 다만《增補文獻備考》를 비롯하여《度支志》·《大丘邑誌》·《嶺南人物考》등을 통하여 세종·세조 때에 이미 1할모법 즉 매 1석에 모곡 1두 5승을 부과하는 법에 따라 징수한 것으로 보인다.《대구읍지》에서는 세종 때 대구·달성지방에서 매 1석에 모곡 5승을 감했다는 사실을 전해주고 있고,《영남인물고》에서는 조선 후기에 매 1석 모곡이 1두 5승인데 달성지방만은 5승을 감하여 1두만 징수했다는 사실을 전해주고 있다. 이것이 사실이라면 세종·세조 때에 이미 1할모법 즉 매 1석에 모곡 1두 5승이 부가되었다고 할 것이다.7) 그러나 이 사료는 당시의 직접 사료가 아니고《경국대전》에도 耗法의 규정은 없다.

3승모법이 폐기된 이래 새로운 모곡이 부과 징수된 사실은 명종 9년의 논의에서 찾아볼 수 있다.8) 우의정 尹漑는 중에 "무릇 費耗率은 1두에 1승을 납부하므로 10석의 비모는 1석이 된다"고 하였고, 같은 자리에서 特進官 成世章도 "1만석의 費耗는 1천 석뿐이니 어찌 10만 석을 斂散하는 邑이 있겠는가"라고 말한 것으로 보아 당시에 이미 원곡의 1/10을 모곡으로 부과 징수하고 있었음을 알 수 있다. 그러므로 1석 즉 15두에 1두 5승을 모국으로 징수하는 1할모법은 그 제정된 시기가 확실하지 못하다. 그러나 1할모법이 제정된 시기는 세조 7년 3승모법이 폐기된 이후부터 명종 9년 이전까지라고 할 수 있다. 이 1할모법은《속대전》의 호전 창고조에 '取耗什一'로 규정되어 조문화되었던 것이다.

모곡의 부가징수는 정부에서 묵인 내지 공인하는 형식으로 법제화된 것으

---

6)《世祖實錄》권 31, 세조 5년 9월 갑오.
宋贊植,〈李朝時代 還上取耗補用考〉(《歷史學報》27, 1965), 34쪽.

7) 宋贊植, 위의 글, 36~37쪽.

8)《明宗實錄》권 16, 명종 9년 5월 무오.

로 추측된다. 성종 5년에 申叔舟는 세금을 거둘 때 세리들의 濫徵을 어느 정도 인정하여 '耗米'라는 명칭으로 법제화할 것을 주장하였고, 예종 1년에 梁誠之는 수령들의 부족한 용도에 충당하기 위해 군자곡 1석에 2두의 '鼠耗'를 부가 징수하자고 주장하였다.[9] 그리하여 수령들의 남징이 묵인되나, 무제한으로 허용할 수 없는 것이므로 그것을 어느 한도 내에서 법제화한 조처로 보인다. 1할 耗法의 제정 시기가 분명치 않은 것도 이러한 남징이 오랫동안 묵인되어 오다가 어느 시기에 공인되었기 때문일 것이다.

징수된 모곡은 실제 국가재정의 일부가 되지 못하고 지방관리들이 자유로이 사용할 수 있도록 방임되어 왔으므로 모곡은 수령의 중요한 수입이었다. 선조 8년에 李珥가 수령으로 부임하는 趙汝式에게 충고하기를 "모곡에 대하여는, 1년 모곡의 1/3은 관아의 支供으로 하고, 1/3은 사객 및 친구의 접대비용으로, 1/3은 창고에 두어 여분으로 하도록 하라" 하였다.[10] 모곡은 회계에 들어있는 국가재정의 일부가 아니었으므로 그 사용방법도 수령의 재량에 따라서 달랐음을 알 수 있다. 또한 모곡은 국가재정의 일부는 아니었지만 이미 수령들의 부족한 용도에 보태어 사용되고 있었으므로 실제 국가재정에서 지출되어야 할 부분을 대신 충당하고 있었던 것이다.

〈李載龒〉

8. 역

1) 요 역

국가에서 민의 노동력을 징발하는 역은 일시적인 요역과 항구적인 국역으로 나눌 수 있다. 역은 人丁을 대상으로 하는 것이나, 국가에서 사역시키는 대상인 인정에 따라 戶役과 身役이 있고, 또한 인정이 종사하는 역의 내용에 따라 요역·군역·定役의 구별이 있었다. 호역은 인정을 개별적으로 지정하

---

9) 《成宗實錄》 권 49, 성종 5년 11월 기사.
《睿宗實錄》 권 6, 예종 1년 6월 신축.
10) 《栗谷全書》 권 14, 送趙汝式說.

지 않고 호를 통해 부과하는 역이며, 신역은 국가에서 개별적으로 지정한 인정에 부과하는 역이어서 요역은 호역이며, 군역·정역은 신역이었다.

요역은 雜役·雜徭·所耕徭役·戶役·力役·賦役 등 여러가지 명목으로 표현되었다. 잡역·잡요는 수취제도의 한 형태로서 요역이 지니고 있는 특징을 반영하는 용어이며, 잡다한 종목으로 요역제가 적용되었기 때문이었다. 소경요역이라 함은 요역을 징발하는 기준이 개별 민호의 전지 소유면적에 있었기 때문인 것으로 所耕田稅가 전세를, 所耕貢賦가 공부를 뜻하는 것과 같은 표현방식이다. 세종대 이후 요역이 전지소유면적을 기준으로 부과되었고, 그러한 원칙은《경국대전》에 법제화되고 있음은 주지의 사실이다.[1] 호역이란 개별 민호에 부과된 부역이란 뜻인데, 요역은 신역과 구별되는 요역의 특성과 관련하여 호역이라 한 것이다. 역역이란 조선 초기에 노동력을 직접 징발하는 물납으로 전환하기 이전의 요역을 말하는 것이다. 부역은 신역이나 요역을 포괄하는 보다 넓은 개념의 용어이지만 때로는 이것이 요역과 동의어로 혼돈되기도 했다.

요역의 부담은 위로는 양반으로부터 아래로 천인에 이르기까지 호를 구성하고 있는 모든 국민에게 신분과 직역을 불문하고 부과하도록 되어 있었다. 요역을 위한 出丁의 기준에는 호 내의 인정의 다소를 보아 출정수를 결정하는 計丁法과 호가 보유하는 소경전의 많고 적음에 따라 출정수를 결정하는 計田法, 그리고 인정의 다소와 소경전의 다과를 참작하여 出丁의 수를 결정

---

1) 尹用出, 〈15·16세기의 徭役制〉(《釜山史學》 10, 1986), 6~7쪽.
有井智德이 所耕徭役과 雜役으로 구분하여, 전자는 中央的·國家的인 요역이며, 후자는 잡다한 地方的인 요역으로 주장한 데에 대하여, 尹用出은 所耕徭役·所耕田雜役·雜役은 모두 같은 것이며 따라서 지방적인 雜役과 구분되는 所耕徭役이 따로 존재한 것은 아니라 하였다. 有井智德은 요역을 크게 所耕의 요역과 雜役으로 구분하여 다음과 같이 주장하고 있다. 所耕의 요역에는 다시 貢賦의 역과 田稅의 역, 기타의 역이 포함되어 있다 하였고, 所耕의 요역은 戶가 보유한 所耕田의 다소에 따라 人丁을 내는 요역이었는데, 그 속에 貢賦의 역은 貢物의 생산 및 貢物을 중앙 各司에 수송하는 역이며, 田稅의 역은 전세를 정해진 창고에 수납하는 역이다. 기타의 역은 進上을 중앙에 수납하는 일, 使臣의 화물 전송, 邑城의 수축, 堤堰의 수축 등 여러 가지라 하였다. 그리하여 所耕의 요역은 모두 왕실 및 중앙정부에서 限定的으로 부과하는 데 비하여, 잡역은 대체로 지방관부의 잡다한 요역으로 지방관부의 필요에 따라 일정한 기한이 없이 수시로 동원되었다고 하였다(有井智德, 〈朝鮮初期の徭役〉, 《朝鮮學報》 30·31, 1963, 97쪽).

하는 計丁·計田折衷法 등이 있었다.

태조 원년에 16세 이상 60세까지를 丁이라 하고, 각 호의 정수를 호적에 기입하여 10정 이상의 호를 대호, 5정 이상 9정까지의 호를 중호, 4정 이하의 호를 소호로 삼아, 요역에는 대호에서 1명, 중호는 2호를 아울러 1명, 소호는 3호를 아울러 1명을 출정케 하는 계정법이 시행되었다.[2] 그러나 계정법은 철저하지 않아 계전법이 시행되는 지역도 있어 출정의 기준이 일정치 않고, 민정의 출정은 지방에 따라 관찰사·수령 등 지방관의 자의에 맡겨지고 있었다. 이에 따라 정종 원년에 각 호의 소경전과 인정의 많고 적음에 따라 출정의 다소를 결정하는 이른바 계정·계전절충법이 시행되었다.[3]

그러나 세종 때에는 계전법이 시행되기에 이르렀다. 세종 2년에 요역은 모두 소경전의 다과를 출정의 기준으로 삼았으며, 세종 17년에는 戶가 보유하는 소경전의 다과에 따라 대호(50결 이상)·중호(30결 이상)·소호(10결 이상)·잔호(6결 이상)·잔잔호(5결 이하)의 5등호로 나누어 출정케 하고, 다만 경중 5部에서는 가옥 間數에 따라 대호(40칸 이상)·중호(30칸 이상)·소호(10칸 이상)·잔호(5칸 이상)·잔잔호(4칸 이하)의 5등호로 나누어 출정의 수를 정하였다.[4] 그리고 성종 초에는 계전법이 한층 구체화되어 모든 소경전 8결마다 1夫를 출정하도록 정해지고, 이 내용은 《경국대전》에 그대로 규정되어 조문화되었다. 세종 때 이래 계전법이 확립되었다 하여 모든 요역이 계전법에 의해 시행된 것은 아니었다. 그리고 중앙의 국가적 큰 역사에 계전법이 적용된 까닭은 당시의 호가 보유하는 소경전이 균등하지 못하여 현격한 빈부 격차가 있었기 때문이었다.

요역에서 민정을 사역시키는 계절과 기간은 세종 12년에 10월부터 역을 시작하여 평년은 20일간을 원칙으로 하되, 풍년에는 30일, 흉년에는 10일로 하며, 봄철에는 사역시키지 않도록 규정되고 있다.[5] 그 후 성종 2년에 이르러 田 8결에 1夫를 내고 1부의 사역기간은 6일을 넘지 못하도록 결정되어[6] 이것이 《경국대전》에 조문화되었으나, 그 규정은 현실적으로 지켜지기

2) 《太祖實錄》 권 2, 태조 원년 9월 임인.
3) 《太祖實錄》 권 15, 태조 7년 9월 정해 定宗卽位之敎.
4) 《世宗實錄》 권 10, 세종 2년 11월 기사 및 권 67, 세종 17년 3월 무인.
5) 《世宗實錄》 권 50, 세종 12년 11월 임자.

가 어려웠다. 민정은 사역시키는 기간이 지켜지지 못하고 실제의 역사에 대한 代償으로서 물품 납입 규정이 없었던 것은 노동력이 부족하였기 때문이었다.

요역에서 人丁의 배정은 각 도의 관찰사가 그 역에 소요되는 인정의 수를 정하여 도 내의 군현에 배정하였다. 군현의 수령은 각각 자기 군현에 배정된 인정의 수를 다시 소경전의 많고 적음에 따라 군현 내의 각 호에 배정하였다. 각 군현에서 인정을 사역시키는 순서는 役所 부근 각 관부터 차례로 징발하였는데, 한 고을 내에 거주하는 役民을 징용하는 구체적 순서는 규정되어 있지 않았다. 그러므로 수령이나 향리는 세력있는 자를 빠지게 하고 세력없는 잔호만 사역시키는 폐단이 심하였다. 그리하여 성종 초에 역민의 장부를 작성하고 출정의 기준에 따라 각 호의 출정수를 분명히 기록하여, 이에 따라 수령이 친히 뽑아 차례로 역을 부과하게 하고, 관찰사가 이 일에 대한 부정을 수사하여 증거를 수집토록 하였다.[7]

요역 중에 인정은 원칙적으로 스스로 식량을 부담하도록 되어 있었으나 농사 때를 놓쳤거나 아주 괴로운 역일 때에는 식량을 나누어주는 것이 관례였다. 그러나 인정이 요역에 동원되었을 때 식량뿐 아니라 여러 가지 물품을 징수당하는 경우가 적지 않았다.

요역에서 민호의 부담은 극히 무거웠다. 이 무거운 부담은 제도가 불비한데다가 관리의 부정이 더하여, 실제로는 빈민호에 무겁고 부민호에 가볍게 부과되었다. 또한 군현제와의 관련에서 지역적 불균등이 심하였다. 즉 군현의 크고 작음, 主邑과 속현, 월경지와 치소의 편재, 군현의 특정한 위치 등 여러 가지 조건에 의하여, 작은 읍은 큰 읍보다, 속현은 주읍보다, 월경지는 월경지가 아닌 곳보다, 치소가 한쪽에 편재한 경우는 가까운 곳이 먼 곳보다 무거운 부담을 짊어졌다. 또한 특정한 위치에 있는 군현은 일반 군현보다 무거운 요역을 부담하였다. 특히 경기도 군현의 요역은 타도보다 훨씬 무거웠다. 경기도는 타도와는 달리 藏氷·왕릉 축조를 비롯한 여러 가지 역사 및 여러 물납요역을 민호에게 부과시켰기 때문이다.

---

6) 《成宗實錄》 권 13, 성종 2년 12월 병자.

7) 有井智德, 앞의 글, 100쪽.

전술한 바와 같이 역에는 요역·군역·定役 등이 있어, 요역은 특정한 人丁이 아닌 자들을 토목·영선·물품의 생산이나 운송 등에 사역하는 것이며, 군역과 정역은 특정한 인정을 군사 및 국가의 필요한 일들에 종사시키는 것이었다. 그러나 요역으로서 일반 인정을 사역시키는 토목·영선 등에 군역·정역에 종사하는 특정의 인정이 사역되는 경우가 적지 않았다. 특히 군정이 건국 초부터 군역 복무 중에 요역에 동원되어, 점차 군역에서 요역의 비중이 커지며 군정의 역졸화 현상이 일어났다. 즉 正兵·水軍·防牌·攝六十·彭排·隊卒 등의 군정이 토목·영선 등에 동원되어 점차 역졸화하였는데, 그것은 노동력이 부족했기 때문이었다.

조선 초기 요역의 특색으로는 대략 다음과 같은 점들을 들 수 있다. 당시 국가에서 요역에 필요한 총노동력에 비하여 실제 노동력이 아주 부족하였다. 그러므로 요역 부담의 의무를 신분과 직업의 구별 없이 모든 민호에 부과하였는데, 그것은 개별 민호의 부담을 과중케 하여 役民이 계절과 기한의 규정을 준수할 수 없게 하였으며, 실제 역에 대신하는 물품 납입의 제도를 불필요하게 하고 군역의 요역화를 촉진시켰다. 요역 부담은 지역적 불균등이 심하였고 특히 경기도의 요역이 과중하였다. 그리고 민정은 다만 노역에 복무하는 것만이 아니라 식량을 비롯하여 여러 물품도 스스로 부담해야만 했다. 또한 공부의 비중이 컸고 수송관계의 역이 많았으며, 잡역을 규제하는 일반적인 규정이 없었다.

2) 국 역

임시적인 역이라 할 요역은 戶내 불특정 인정을 동원하는 것인데 비하여, 항구적인 역이라 할 국역은 개별적으로 파악된 인정을 대상으로 특정한 公役을 부과하는 것이었다. 국역은 身役이며, 신역에는 군역과 직역(定役)이 있었다. 신역은 신분에 따라 良役과 賤役의 구별이 있고, 신역 중 군역은 신역의 중심적인 것으로 양인이 부담하였기 때문에 이를 양역이라 했다.

신역의 일종인 직역은 중앙 및 지방관아의 행정실무를 비롯하여 모든 잡역에 항구적으로 종사하는 역이다. 중앙에서 이러한 역을 담당하는 자로는 錄事·書吏 등의 京衙前을 비롯하여 諸員·皂隷 등 말단 사무담당자, 杖首·螺匠 등 사법·경찰 잡무 담당자 그리고 伴倘·丘史 등 관원 수종 담당자 등이 있었다. 지방에는 행정실무를 맡는 향리와 군사실무를 맡는 軍校가 있었다. 특히 향리는 지방관아에서 세습적으로 행정실무를 담당하여 鄕役이라 하였다. 그리고 지방에 있는 院·館의 院主와 館主, 역의 역리, 渡·津의 津夫와 水夫, 漕倉의 漕軍, 목장의 牧子, 봉수대의 烽軍 등도 공역에 종사하는 직역 부담자였다. 천인은 공천의 경우 입역을 하거나 노비신공을 바쳤는데 이것이 공역으로서 국역의 일단이라 할 수 있다. 그러나 사천의 경우는 그 상전에 대하여 사적으로 노동력을 제공하는 것이므로 국역이라 할 수 없다.

양반의 경우에 현직관료가 별도의 국역을 부담할 필요는 없었다. 그들의 관직 자체가 신역과 상쇄되는 것으로 간주되었다. 또 관료가 되기 위하여 학업에 종사하는 과정인 성균관과 향교의 유생도 역이 면제되었다. 그 밖에 3품 이하 전직 관료 등 양반에게는 원칙적으로 국역의 부담이 지워졌으며, 그 구체적 내용은 군역이었다. 그러나 당초 벼슬과 연결된 이들은 일반 양인이 지는 군역과는 다른 차원에서 군역을 부담하는 경우가 많았다. 뒤에 군역이 등질화되어 양반도 제도상 일반 군역 부담자가 된 때가 있었지만, 실제로는 이를 피하고자 하는 수가 많았다. 한편 왕족·공신을 비롯하여 양반 상층부의 경우에는 군역 부과와 관료로의 진출을 동시에 해결할 수 있도록 특수 兵種에 의한 관직이 주어졌다.

군역의 부과는 그 대상자의 신분에 따라 차이가 있었으니, 그것은 병종에 따라 우열관계로 나타났다. 병종은 크게 세 가지 유형으로 구별할 수 있어, 양인의 의무 병종과 武藝 試取로서 선발된 직업군인 그리고 특권층 자손에 대한 특전으로 편성된 병종 등이 그것이다.

군역 부담자 중에 절대적 비중을 차지하는 것이 양인의 의무 병종인 正兵과 수군이었다. 정병은 건국 초 이래의 侍衛軍(牌)으로서 세조 5년(1459)에 정병으로 개칭되었으며, 세조 10년에는 각 지방의 營·鎭軍이 정병에 합속되었다. 서울에 번상하는 일반 정병과 지방군인 留防正兵의 구분은 이와 같은 배경에 기인한 것이다. 수군은 건국 초 이래의 船軍 또는 騎船軍이 《경국대전》 편찬 당시에 수군으로 일컬어지게 되었다.

무예의 시취로서 선발되는 직업군인은 양반 자제가 다수 소속되는 병종으로, 갑사를 비롯하여 別侍衛·親軍衛·兼司僕·內禁衛·宣傳官 등을 들 수 있고 양인으로 구성되는 破敵衛 등의 병종도 이에 속하였다.

특수층 자손에 대한 특전으로 편성된 병종으로 공신자손을 입속시키는 忠義衛와 忠贊衛, 고위 관직의 자손을 우대하기 위한 忠順衛 등이 있었다. 그 밖에 身良役賤者 중 일부는 從良의 전제로서 보충대에 입속하도록 하였다.

그리하여 조선 초기의 병종은 신분에 의하여 구분되었고, 병종 자체는 그 신분관계를 더욱 세분하는 것이기도 했다. 당시에 병종을 구분하는 것은 신분이었고, 또한 군역 부담에서 다시 그들의 신분이 세분화되었다. 예를 들면 신량역천의 신분이었기 때문에 防牌는 활과 칼 대신에 괭이와 삽을 드는 병역 아닌 役軍이라는 병역을 졌으며, 그가 역군인 방패라는 병역을 지는 데에서 그의 신분을 신량역천 중의 세분된 방패라는 신분이 되었던 것이다.

《경국대전》의 반포 직후인 성종 6년에 보고된 전국의 병종별 군정의 수를 도표화하면 〈표 1〉 과 같다.[8]

〈표 1〉 성종 6년 전국 병종별 군정의 수

병 종	군 정	병 종	군 정
甲士	14,800	大平簫	60
別侍衛	1,500	親軍衛	40
破敵衛	2,500	正兵	72,109
彭排	5,000	水軍	48,800
隊卒	3,000		
吹螺赤	640	計	148,449

〈표 1〉에서 양인의 의무병종으로서 육군인 정병이 72,109명, 해군인 수군이 48,800명으로 합계 120,909명이나 되어 전국 군정의 수 148,449명 중 약 81%를 차지하고 있다. 試取에 의한 병종인 갑사·별시위·파적위·팽배·대

8) 《成宗實錄》 권 59, 성종 6년 9월 갑인.

졸 · 친군위 등은 일종의 직업군인이라 할 수 있다. 그러나 전문적 무사는 아니고 별도의 생활기반을 갖고 있었다.

시취에 의한 병종도 신분적 토대 위에서 이루어졌으며, 그들의 복무도 군역부과의 테두리 안에서 이루어지고 있었다. 즉 갑사 · 별시위 등의 병종은 각각 응시자의 자격을 규정하고 있었던 바, 그 내용은 경제적 요건과 신분의 제한이 중요한 골자를 이루고 있었다. 갑사와 별시위는 대체로 양반자제를 그 시취의 대상으로 삼고 있는 데 비하여, 파적위는 양인 중에서 뽑고, 팽배 · 대졸 등은 신량역천층에서 뽑았다. 이들은 모두 번차에 의해 일정 기간씩 교대로 番上근무를 하였고, 대체로 保人이 지급되었으며 진관별로 군적에 등록되었던 것이다.

3) 호수와 봉족

일반 군정의 경제적 처지가 빈약한데도 군정은 특별한 자를 제외하고는 녹봉이 지급되지 않아, 그 立役 기간 중의 비용은 스스로 부담해야만 했다. 그리하여 正丁이 입역하도록, 정정에게 余丁을 주어 奉足으로 삼아 정정의 입역비용을 봉족으로 하여금 조달케 하였다. 이와 같이 입역하는 정정은 반드시 봉족의 도움을 얻어 부과된 역을 담당할 수 있었다. 이 입역하는 정정을 戶首 또는 甲首라고 부르며, 호수를 돕는 인정을 봉족이나 혹은 助丁 또는 率丁이라 하며, 봉족은 지방에 따라 함경도에서는 管下, 제주도에서는 人祿이라 부르기도 하였다. 그리고 봉족인의 戶를 奉足戶, 혹은 助戶라고 하였다.[9]

태조 6년에 군역 편성의 기저로써 처음으로 봉족이 定給되었는데, 군호단위로서 品官馬兵에게는 봉족 4명, 無職馬兵에게는 봉족 3명, 그리고 무직보병에게는 봉족 2명을 정급해 주었다.[10] 그후 태종 2년에는 군정의 소경전 다소를 참작하여 군적을 만들게 하였고, 태종 4년에는 군역을 비롯하여 各司吏典 · 향리 · 역리 · 皀隷 · 公衙丘從 · 院主 · 津尺 등 거의 국역 전반에 이르기

9) 李載龒, 〈朝鮮初期의 奉足制〉(《朝鮮初期社會構造硏究》, 一潮閣, 1984), 92쪽.
10) 《太祖實錄》 권 11, 태조 6년 2월 갑오.

까지 소경전의 다소를 참작하여 봉족이 定給되기에 이르렀다.[11)]

조선 건국 초 이래의 戶는 2중의 의미를 가지고 있다. 그 하나는 호구의 다과와는 관계없이 자연히 형성된 한 '살림'이라는 뜻이고, 다른 하나는 役이나 공물을 부담케 하기 위해 '법제적'인 호라는 개념이다. 법제적 호는 대개 3丁을 1호로 삼는 것이 통례로서, 3개의 자연호가 1개의 법제적인 호가 되어 호수와 봉족이 각각 다른 살림에서 나오게 되는 것이다. 조선 초기에 대체로 3정으로서 1호로 삼는 것은 單寒한 호의 경우 1호에 정이 둘이나 셋이 있을 리 없기 때문이었다. 당시에는 殘殘戶와 같은 단한한 호가 절대적 다수를 차지하고 있어 "3家로서 1戶로 삼는 것"과 "3丁으로서 1戶로 삼는 것"이 본질적으로 아무 차등이 없었다. 富戶의 경우에는 그 자신이 단독으로 한 단위가 되는 것이지만, 절대 다수인 貧戶의 경우에는 3호가 아울러 한 법제적인 호로 되는 것이 통례이었다.

立役은 3정 1호의 원칙에 의하였는데 3정보다 많은 인정을 가진 부호에게는 상대적으로 가벼운 부담이 지워지는 경향이 있었다. 하나의 자연호 중에 10여 명의 인정이 있는 호에 3정 1호의 원칙에 의하여 여러 개의 법제적인 호를 만들어 입역단위를 여러 개로 만드는 경우를 생각할 수 있지만 실제로 그렇게 하지 못하였다. 그것은 대호의 부력과 권세도 문제이지만 자연호 자체가 혈연 중심의 체제이었기 때문이었다.

세조 때에 진관체제가 이루어져 모든 군사는 거주지 단위로 파악됨으로써 군역이 일원적으로 파악되고, 군역 부과를 확대시키면서 호 단위 파악에도 변화가 일어났다. 세조 10년(1464)에 실시된 保法은 종래 자연호를 중심으로 한 3정 1호 내지 3가 1호의 원칙에서 2丁 1保로 개편된 것이다. 保에는 두 가지 뜻이 있어, 그 하나는 종래 역 부담의 단위로서의 '호'에 대신하는 '보'라는 개념으로, 보의 신설은 종래의 호 단위에서 인정 단위로 개혁된 것이며, 다른 하나는 戶首에 급여하는 봉족과 같은 뜻의 개념으로 사용하게 된 것이다.[12)] 세조 10년의 군병에 대한 作保로 군액 확장에 획기적 박차를 가하게 되었다. 이어 세조 12년에 이르러서는 보법이 군역 이외에 여러 직역에까

---

11) 《太宗實錄》 권 4, 태종 2년 8월 임자 및 권 7, 태종 4년 6월 계해.

12) 李載龒, 앞의 책, 107쪽.

지 적용되었다.

세조 때 호단위에서 人丁단위로 개편한 역이 기본구조인 보법은《경국대전》병전 給保조에 그 기준이 실려있거니와 그 중요한 내용을 간추리면 다음과 같다.

① 2丁 1保의 원칙에 변함이 없지만 자연호와의 연관을 어느 정도 고려하여 戶首로 나가는 호내에 지정된 보수를 넘는 인정이 있더라도 2정까지는 인정하며, 수군의 경우에 3丁戶는 1정을 保에 포함시키지 않는다.

② 세조 10년에 田 5결을 1정에 준하게 한다는 土地准丁의 규정을 폐지하고, 奴子의 경우에는 准丁한 수의 반만을 保로 따지도록 한다.

③ 保人으로부터의 재정적 보조는 매월당 綿布 1필 이상 거두지 못하도록 한다.

④ 각 병종별 급보수는 다음과 같다.

- 甲士 : 2保
- 騎正兵 · 吹螺赤 · 大平簫 · 水軍 : 2保
- 步正兵 · 壯勇衛 · 隊卒 · 彭排 · 漕卒 · 烽燧軍 · 差備軍 : 1保

보법은 호단위에서 인정단위로의 개혁으로, 호와 유리된 보의 구조 자체가 군역제도를 문란케 하는 요인이 되었다. 그리고 봉족 즉 보인의 재정적 보조는 매월 면포 1필로 규정되고 있는 바, 실제로 戶首와 보인과의 관계는 수탈관계에 놓이게 되었다. 군사 중에 유력한 군사일수록 많은 보인, 他戶의 보인이 定給되는 경향이 있었으므로 이와 같은 收布의 濫徵현상이 일어난 것이다. 保布는 원래 軍布와는 다른 것이니, 군포는 번상의 대가로 수포하는 것이며 보포는 호수가 보인으로부터 거두는 것이기 때문이다. 이에 예종 때에 호수의 보인으로부터의 수탈이 면포 8·9필에 이르는 형상이 나타나고 있었다. 호수가 보인으로부터 함부로 면포를 징수하면 보인으로 하여금 관에 고발케 하였으나 보인은 호수에 비하여 약자였으므로 실제 그렇게 하지 못하였다.

군역 부담자를 확보하는 것은 군적을 통해서 이루어졌고 군적은 호적을 토대로 작성되었다. 원래 호적의 작성은 신고에 의하여 여러 사항이 기재되고, 이것이 합쳐져 戶口案이 되어 호조·본도·본읍에 비치되며, 각 호에서도 한 부씩을 갖도록 하였다. 호적은 3년마다 한 번씩 만들도록 규정되었고, 군적은 6년마다 호적을 토대로 작성되었다. 그리고 군적은 한성의 5부와 외방 각도의 절도사가 대장을 만들어 병조에 보내고, 監營, 主鎭·巨鎭·諸鎭 등에 각각 한 벌씩 비치하였다.

호적이 3년마다 작성된 데 비하여 군적은 6년마다 작성토록 규정되어 있었으나, 호적 자체가 3년마다 새로 작성되지 못하였으므로 군적의 경우에도 6년마다 작성되지 못하였다. 그리하여 전번의 군적을 그대로 사용하거나 혹은 형식적으로 개작되는 경우가 많았다.

태조 2년에 군적이 처음 작성되었는데, 8도의 마·보병 및 기선군의 총수는 20만 8백여 명이며, 자제와 鄕·驛吏 등 유역자는 10만 5백여 명이었다.[13] 그 후 태종 3년에 병조에서 보고한 전국의 군정수는 모두 296,310명이었고,[14] 태종 6년의 전국 戶丁의 수와[15] 《세종실록지리지》의 전국 호구의 수는 〈표 2〉·〈표 3〉과 같다.

〈표 2〉 태종 6년 각도별 호구 통계

도 별	경기도	충청도	경상도	전라도	황해도	강원도	평안도	함길도	합계
戶	20,729	19,560	48,993	15,714	14,170	15,879	33,890	11,311	180,246
丁	38,138	44,476	98,915	39,167	29,441	29,224	62,331	28,683	370,365

〈표 3〉 《세종실록지리지》 각도별 호구 통계

도 별	경기도	충청도	경상도	전라도	황해도	강원도	평안도	함길도	합계
戶	20,882	24,170	42,227	24,073	23,511	11,084	42,167	14,739	201,853
口	50,352	100,790	173,897	94,248	71,897	29,009	105,444	66,976	692,477

《세종실록지리지》 호구 통계의 구는 丁인데, 그 수가 태종 6년의 호구 통계의 정에 비하여 배로 급증되고 있다. 그것은 인구의 자연적 증가에 의한 것이라기보다 태종 때 이래 세종 초기까지 호적법이 정비되고 철저하게 인구를 파악하게 되었기 때문이었다.

그리고 《세종실록지리지》에서 각 도 軍丁 통계를 집계할 수 있고, 《慶尙

13) 《太祖實錄》 권 3, 태조 2년 5월 경오.
14) 《太宗實錄》 권 5, 태종 9년 5월 병오.
15) 《太宗實錄》 권 12, 태종 6년 11월 병진.

道地理志》(1425년 편찬)에는 각 병종별 戶首와 奉足의 통계가 나타나 있으니 〈표 4〉·〈표 5〉와 같다.

〈표 4〉 《세종실록지리지》 각도별 軍丁 통계

도 별	경기도	충청도	경상도	전라도	황해도	강원도	평안도	함길도	합계
軍丁數	5,605	11,846	22,441	15,384	9,027	3,696	21,210	5,957	95,166

〈표 5〉 《경상도지리지》 병종별 戶首·奉足 통계

병 종	호 수	봉 족	합 계
別 牌	816	3,947	4,763
侍 衛 軍	2,120	7,895	10,015
營 鎭 屬	2,261	6,107	8,368
守 城 軍	1,223	2,362	3,585
騎 船 軍	15,941	36,071	52,012
합 계	22,361	56,382	78,743

《세종실록지리지》에 의하면 당시 전국의 정규병력이 95,166명인데, 여기에는

〈표 6〉 성종 8년 각도별 정군·봉족 통계

正軍·奉足 / 도별	正 軍	奉 足	계
京 中	2,824	2,920	5,744
개 성	696	1,521	2,217
경 기 도	8,596	21,180	30,136
충 청 도	23,780	51,664	75,444
경 상 도	35,517	94,810	130,327
전 라 도	34,044	80,949	114,993
황 해 도	9,817	27,471	37,288
강 원 도	*(2,338)	(5,845)	(8,183)
평 안 도	19,336	52,231	71,567
함 길 도	*(9,091)	(22,727)	(31,818)
합 계	146,399	361,308	507,707

* 《成宗實錄》 권 81, 성종 8년 6월 을묘조 통계인데, 이 통계에는 강원도와 함길도의 군액이 누락되어 있으므로, 누락된 두 도에 성종 원년 2월의 통계로서 대입시키고, 두 도의 봉족수는 타도의 정군·봉족의 비율 2.5배를 대입시켜 총군액을 산출하였다.

甲士·別侍衛 등 중앙군의 병력은 포함되어 있지 않다. 한편《경상도지리지》에서 경상도 戶首수에 대한 봉족수의 대비가 약 1대 3.5이므로 이 대비율을《세종실록지리지》에 적용하면,《세종실록지리지》의 군정수는 95,166명이므로 당시 호수와 봉족을 합한 총수는 약 33만여 명이 될 것이다.

세조 때 保法을 실시하여 군정의 수가 많이 증가되었는데, 무리한 군액증가는 다시 조정되었다. 이러한 조정이 이루어진 직후인 성종 8년의 각도별 정군·봉족의 통계는 앞의 〈표 6〉과 같다.

4) 신역의 포납화

신역으로서의 군역 이외에 戶役으로서의 요역이 있었다 함은 전술한 바 있거니와, 보법 실시 이후 군역과 요역은 그 구별이 거의 무의미하게 되고 말았다. 그것은 보법 이후 모든 인정이 군역에 충당되었으므로 요역의 대상자를 따로 파악한다 할지라도 그 대상자는 노약자밖에 남아 있지 않았기 때문이었다. 그러므로 점차 번상·입번하는 군사가 토목·영선 등에 대거 동원되어 군역의 요역화 현상이 일어났다. 군역의 요역화는, 국가가 국민들의 노동력을 과도하게 파악한 데 그 근본원인이 있었다.

그리하여 군역과 요역의 양립은 무의미하게 되었으며, 역을 부담하는 자에게는 이중적인 것이었다. 요역 동원으로 군역 의무가 없어진 것이 아니기 때문에 군역에 일정한 대가를 바치고 방면된 다음에도 다시 요역에 동원되는 것이었다.

당시 정규병력 약 15만 명 중에 의무병종인 정병과 수군이 약 12만 명으로 그들은 대부분 양인농민이었다. 정병은 戶首 1丁에 保人 2丁, 수군은 호수 1정에 보인 3정으로 각 군호 단위는 생계를 위한 농업노동력까지 감안한다면 이중적인 역의 부담은 고통스러운 것이었다. 이에 최소한의 농업노동력을 확보하기 위한 수단으로 군사의 자의에 의하여 雇人에게 대가를 지불하고 대신 입역케 하는 소위 代立의 현상이 일어났다. 그러나 이 대립도 점차 강제적 성격이 짙어감에 따라 대립 자체가 가중한 부담이 되어 갔다.

번상의 대립은 조역가를 公定化하였다. 보인은 정군의 번상에 그 경비를 조달해야 할 의무가 있었고, 그 경비는 당초에 양식으로 바쳤으나 점차 면포로 바뀌어 갔다. 보법의 실시 이전에는 호수와 봉족의 관계가 그다지 각박하지 않았고, 조역가도 정해 있지 않았다. 보법의 실시 이후 정군과 보인은 각자의 생활권을 위협당하였고, 자신의 생활권조차 위협을 받게 된 정군은 자기에게 배정된 보인으로부터 무리한 부담을 요구하게 되었다.

이러한 상황 변화는 조역가의 책정을 불가피하게 하였고, 예종 원년에 비로소 조역가가 책정되었다. 그 규정에는 역가의 납부로서 보인의 임무 수행을 원하는 자에 한하여, 가까운 道의 3日程은 포 2필, 먼 도는 4필로 하며, 그 이상 보인으로부터 포를 함부로 징수하면 보인의 신고에 의해 처벌토록 하였다.[16] 그 후《경국대전》병전 급보조에서는 "조역가는 1인당 매월 면포 1필을 초과할 수 없다"라고 개정되었다. 이 규정은 예종 때의 규정에 비하여 보인의 부담이 줄어들게 한 것이다.

조역가가 책정되던 시기에 이미 번상병의 대립 현상도 일어나고 있었다. 즉 번상병은 보인으로부터 받은 조역가로 타인을 고용하여 대립케 하고 자신은 귀향하는 것이었다. 대립의 원인은 보법 실시 이후 국역 담당자가 부족한 농업노동력을 위하여 대립 방법을 취하거나, 혹은 번상하여 군사활동이 아닌 토목공사 등 가혹한 노동에서 벗어나고자 하였기 때문이다. 세조 때 군액이 확장된 이후 번상병이 증가함에 따라 서울의 미곡가격이 등귀하여 번상병이 일정한 조역가만으로 서울에 오래 머물러 있을 수 없었다.[17] 이에 번상병은 책정된 군역가보다 많이 남징하게 되고, 그 조역가로서 서울에 사는 雇人에게 지불하여 대립케 하였다.

위와 같이 당초에는 번상병의 편의에 따라 대립이 시작되었으나 뒤에는 각사 吏胥·奴僕들의 강제적인 代立 요구로 변해 갔고, 부분적인 현상에서 전면적인 현상으로 확대되어 국가에서 대립을 공인하게 되었다. 성종 말 경에는 이미 각사의 이서·노복이 번상병에게 대립을 강요하는 경향으로 바뀌고 있었다. 각사의 이서·노복은 번상병으로부터 고액의 代立價를 받아 '退

16)《睿宗實錄》권 4, 예종 원년 3월 갑오.
17)《成宗實錄》권 1, 성종 즉위년 12월 계축.

立'의 명목으로 조작하거나 서울의 한산인과 결탁하여 그들을 대립시켜 중간 이익을 취하였다.

관속인 이서·노복이 강제로 고액 대립가를 요구하여 결과적으로 保人이 도망하거나 유리하게 되었고, 보인이 유리하자 정군 혼자서 대립가를 마련하다가 정군마저 감당치 못하여 도망하였다. 도망하여 絶戶된 군역의 대립가는 그 일족 또는 가까운 이웃에게 전가되어 남아 있는 군호조차 도망하는 연쇄적 현상이 일어났다. 이렇게 군호가 도망하면 군적은 공허한 대장이 되고 말았으나 代立價의 징수는 여전히 군적에 의하여 징수되었다. 대립가는 풍년·흉년에 따른 곡가의 변동과 면포의 생산량에 따라 유동적이었지만 성종 24년에는 대립가 1朔番價가 5승포 8~9필이나 되었기 때문에 국가는 공식적으로 5승포 3필만 받도록 책정하였다.[18] 중종 때에 이르면 1삭번가는 훨씬 고액으로 징수되고, 대립가의 징수 절차에 새로운 방식을 채택하게 된 상황에 대하여는 후술할 것이다.

한편 각 지방 진관의 留防正兵이나 각 浦의 수군에는 방군수포가 널리 행해졌다. 성종 6년의 군액 통계에 의하면 정병 72,109명, 수군 48,800명인데, 정병 중에 번상정병의 27,620명, 유방정병이 44,484명이었으므로[19] 수군과 유방정병의 합계 93,284명은 지방군에 해당된다. 지방군에게는 일찍부터 방군수포의 현상이 일어나고 있었다. 세종 때부터 지방군의 代役현상이 나타났고, 문종 때에 선군 즉 수군의 경우에 입번하지 않으면 月俸이라 하여 매월 포 3필 또는 미 9두를 징수한 바 있다.[20]

지방군의 방군수포는 당초에 군사의 편의를 위한 것이었으나 점차 지휘관의 私利를 위해 강요되었다. 그러한 한 원인으로서 당시의 僉使와 萬戶에게는 녹봉이 없었다는 점을 들 수 있다. 따라서 그들은 모든 경비를 사졸로부터 거둬들여야 했고, 결국 탄핵의 대상으로 지탄받았던 것이다.[21] 그러므로

18) 한국군사연구원, 《韓國軍制史-近世朝鮮前期篇-》(陸軍士官學校, 1968), 243쪽.
19) 《成宗實錄》 권 59, 성종 6년 9월 갑인.
20) 《文宗實錄》 권 4, 문종 즉위년 10월 경진.
21) 李珥는 그의 《萬言封事》에서 軍政개혁의 여러 조항 중에 지방의 放軍收布에 대하여 言及하고 그 원인을 제도적 결함에서 찾았으니, 즉 兵使·水使·僉使·萬戶·權管 등의 관직은 祿俸制가 마련되어 있지 않아 士卒들로부터 모

첨사·만호에게 녹봉을 제정해 주어야 한다는 논의도 있었고, 때로는 첨사·만호의 자질이 논의되기도 하였다.[22] 그리고 지방군에 대한 방군수포는 번상 정병의 경우처럼 價布가 공식적으로 정해지지 않고 불법적으로 행해졌다.

〈李載龒〉

든 경비를 取辦하게 되었다 하였다(《栗谷全書》 권 5, 疏箚 2, 萬言封事).

22) 《成宗實錄》 권 3, 성종 원년 2월 신미 및 권 29, 성종 4년 4월 을유.

V. 교통 · 운수 · 통신

V. 교통·운수·통신

1. 도로의 정비

1) 도성의 가로망

한양으로 도읍을 옮긴 것을 결정한 조선정부는 태조 3년(1394) 新都宮闕造成都監을 설치하고 종묘·사직·궁궐·관아 등을 조성하면서 아울러 도성의 가로망을 구획하였다.[1] 많은 인구가 새 수도로 집중되리라는 예상에서 사회 발전의 측면에서 우선적으로 가로망의 정비가 요구되었다. 가로망 조성의 노력으로 도성 내에는 크고 작은 길이 계획적으로 건설되었고, 평탄하고 곧은 길로 수레의 왕래가 빈번하게 되었다.

그 후 정종의 開京還都를 계기로 한양의 가로망은 무지한 백성들의 집터로 침범당하고, 울타리로 인하여 길에 굴곡이 생기게 되었으며, 심한 경우에는 도로가 가로막혀 통행의 불편을 일으킬 때도 있었다.[2] 이에 한양으로 도읍을 확정한 태종 이후에는 도로관리에 특히 유의하였다. 즉 태종 15년(1415)에는 길의 너비와 길가의 배수로 관리를 정하게 하였고, 세종 8년(1426)에는 도성의 길을 大路·中路·小路로 구분함으로써 길의 등급을 정하였으며 그에 따른 관리 대책을 강구하였다.[3] 그리하여 한양 성안에는 대로·중로·소로의 가로망이 체계있게 형성되어 교통의 편의를 제공하였다.

《經國大典》에 의하면 대로의 너비는 56척, 중로는 16척, 소로는 11척, 그리

1) 《太祖實錄》 권 6, 태조 3년 9월 무술·병오.
2) 《太宗實錄》 권 13, 태종 7년 4월 갑진.
3) 《太宗實錄》 권 30, 태종 15년 8월 신미.
《世宗實錄》 권 32, 세종 8년 4월 무진.

고 길 양쪽에 있는 도랑 즉 배수구의 너비는 2척으로 하였다. 오늘날의 미터법으로 환산하면 대로는 17.48m, 중로는 5m, 소로는 3.43m이고, 도랑의 너비는 각각 62㎝ 정도가 된다. 이러한 한양 성내의 도로 구조는 그 후에도 큰 변화없이 유지되었다.

〈지도 1〉 漢陽의 街路網

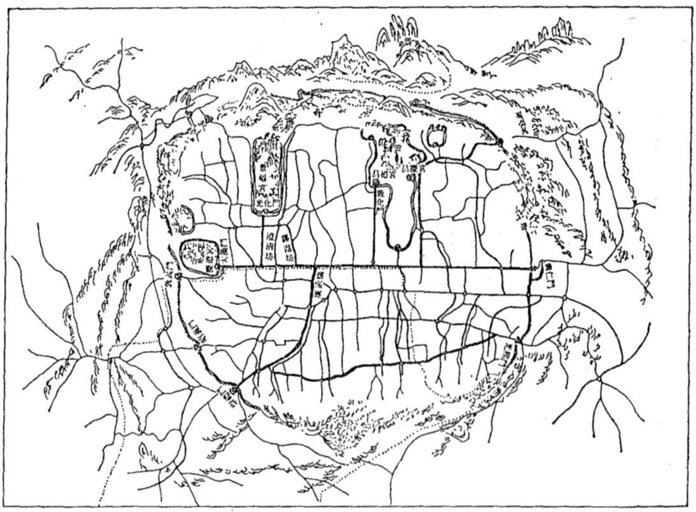

조선시대 한양의 가로망 중에서 대로는 셋, 중로는 여섯이었다.

○ 대 로

① 黃土峴(광화문 네거리)에서 경복궁 앞에 이르는 길로서 좌우 양쪽에 의정부·6조·사헌부 등 관아가 있었다.

② 興仁門(동대문)에서 慶熙宮까지의 길로서 동서를 관통하였다. 오늘의 종로거리가 중심이었다.

③ 崇禮門(남대문)에서 廣通橋(보신각 앞)에 이르는 길로서 백성들의 내왕이 빈번하였다. 특히 삼남 지방에서 도성에 들어서면 먼저 밟는 큰 길이다.

○ 중 로

① 종로3가에서 창덕궁 돈화문에 이르는 길(돈화로).

② 종로4가에서 창경궁을 끼고 혜화문에 이르는 길(혜화로).

③ 을지로 입구에서 광화문에 이르는 길(을지로).

* (夫小院) ─40─ 靈岩 ─30─ 月南站 ─50─ 海南 ─40─ 館頭梁 ……(水 路) 9백 70리…… 濟州

- 靈岩 ─20─ 兵營
- 月南站 ─20─ 康津
- 海南 ─40─ 南利驛 ─20─ 右水營 ─20─ 碧波亭 ─20─ 珍島
- 濟州 ─130─ 旌義
- 濟州 ─140─ 大靜

〔第 8 路〕 서울～忠淸水營

서울……第 6 路……素沙 ─20─ 平澤 ─10─ 濁川 ─20─ 要路院 ─5─ 御來峴 ─15─ 曲橋川 ─10─ 新昌 ─20─ 新禮院 ─20─ 仁厚院〔→ *〕

- 濁川 ─40─ 牙山
- 要路院 ─30─ 溫陽
- 新禮院 ─10─ 禮山
- 新禮院 ─30─ 大興 ─40─ 靑陽
- 新禮院 ─20─ 舒川 ─20─ 德山 ─15─ 大岾 ─15─ 海美 ─20─ 瑞山 ─30─ 泰安
- 仁厚院 ─30─ 洪州 ─30─ 結城

* ─40─ 慶川 ─40─ 忠淸水營

- 忠淸水營 ─20─ 保寧 ─30─ 藍浦 ─60─ 庇仁

〔第 9 路〕 서울～江華

서울 ─10─ 楊花渡 ─20─ 陽川 ─20─ 金浦 ─40─ 通津 ─20─ 甲串津 ─10─ 江華

- 楊花渡 ─40─ 富平
- 楊花渡 ─40─ 星峴 ─10─ 仁川
- 甲串津 ─(水路) 50─ 喬桐水營

〔第 1 路〕 서울～義州

서울 —30— 新院 —10— 高陽 —40— 坡州 —40— 長湍 —40— 開城府 —25— 青石洞撥所 —20— 金川(黃海道) —30— 舊金川 —30— 平山 —10— 車嶺 —10— 〔→*〕

　　—50— 交河

　　—60— 豊德

　　—40— 石潭書院 —50— 鶴嶺 —20— 長活嶺 —30— 松禾 —40— 豊川

　　—50— 大川坪 —40— 牧甘院 —40— 長淵

　　—40— 文化溫泉 —30— 殷栗

　　—40— 高浪津 —20— 沙彌川 —40— 廿五里峴 —20— 朔寧

　　兎山 —30—

　　—40— 碧瀾渡 —5— 金谷驛 —30— 番之橋 —30— 延安 —40— 挿橋 —40— 石長栍 —40— 海州 —20— 永田坪 —10— 醉也亭 —40— 黃谷 —40— 甕津

　　—白川

　　康翎 —30— 牛峙 —20—

*金郊驛 —40— 上車嶺 —20— 瑞興 —40— 釰水 —30— 鳳山 —10— 洞仙嶺 —10— 舍人岩 —30— 黃州 —30— 駒峴(平安道) —11— 中和 —45— 大同江 —5— 〔→ **〕

　　—50— 銀波場 —30— 載寧 —30— 信川 —40— 安岳 —40— 長連

　　—40— 院吾峴 —50— 遂安

　　—30— 文化

　　—40— 方下橋 —20— 新溪 —40— 儉乙院 —50— 谷山

** 平壤 —50— 順安 —30— 冷井撥所 —30— 肅川 —30— 雲岩撥所 —30— 安州 —20— 廣通院 —10— 大定江 —20— 嘉山 —5— 曉星嶺 —55— 〔→ ***〕

　　—30— 永柔

　　—10— 清川江 —30— 博川 —60— 泰川 —60— 龜城 —30— 大館 —30— 鷄盤嶺 —30— 朔州

　　—50— 寧邊 —20— 新豊川 —35— 魚川驛 —50— 東萊所串 —40— 行場站 —40— 黃京來站 —20— 熙川 —40— 長洞館 —25— 白石山 —50— 白石撥店 —20— 狄踰嶺 —40— 坡院撥店 —30— 立石撥店 —40— 城干館撥店 —30— 別河撥店 —40— 介也勿淌撥店 —30— 江界

　　—20— 自作峴 —20— 雲山 —40— 委曲鎭倉 —30— 青山山城 —30— 橐駝項下大倉 —60— 恃寨鎭 —25— 仇溪嶺 —20— 城倉川 —30—

　　—〔→ **〕 碧潼 —40— 南下倉 —

　　—50— 石牆撥店 —50— 牛峴鎭 —50— 牛場倉 —50— 板倉嶺 —50— 楚山古倉 —30— 兪坡倉 —60— 渭原南倉 —30— 舊邑 —10— 渭原

　　—30— 板幕嶺 —10— 板倉 —60— 古中倉 —60— 東倉 —30— 楚山

　　—35— 屯田平 —40— 甑山

　　—65— 利城院 —25— 慈山 —5— 慈山江 —25— 殷山 —25— 順川新倉 —10— 順川 —20— 殷山北倉 —25— 撫鎭臺 —25— 价川

　　—25— 雲川橋 —25— 江西 —20— 咸從

　　—40— 彌勒嶺 —20— 德川

　　—40— 龍岡 —30— 三和

　　—50— 孟山 —45— 寧遠

　　—25— 地境院 —35— 祥原

　　—20— 琉珠江 —10— 江東南倉 —50— 炭峴 —10— 三登

　　—30— 長水院 —60— 江東 —50— 成川 —60— 別倉 —50— 破邑站 —50— 院倉 —30— 陽德

** 恃寨鎭

　　—10— 臥龍嶺 —20— 恃寨鎭倉 —40— 所古里倉 —10— 自作嶺 —20— 昌城

*** 定州 —15— 當峨嶺 —15— 郭山 —40— 宣川 —25— 東林山城 —25— 鐵山 —15— 西林山城 —15— 龍川 —40— 串津江 —25— 箭門嶺 —25— 義州

〔第 2 路〕 서울～西水羅

서울 —70— 樓院 —60— 攤撥幕 —30— 萬歲橋 —10— 梁文驛 —40— 豊田驛 —60— 金化 —50— 金城 —30— 昌道驛 —50— 新安驛 —30— 淮陽 〔→*〕

　　—(楊州)

　　—20— 湘水驛 —20— 間坡店 —30— 堂浦津 —15— 麻田

　　—50— 楸池嶺 —40— 通川 —30— 歙谷

　　—60— 通川東倉 —50— 高城

　　—20— 碑立街 —40— 柯亭 —20— 漢大灘 —30— 漣川 —30— 龍潭 —10— 鐵原 —30— 月乃井站 —30— 平康

　　—40— 升良站 —40— 安峽 —20— 鍮橋峴 —40— 伊川

　　—10— 楊州 —40— 光遂院 —20— 積城

　　—60— 攤撥幕 —10— 抱川 —35— 永平

* —40— 鐵嶺(咸鏡道) —15— 高山驛 —20— 龍池院 —30— 南山驛 —20— 安邊 —35— 元山倉 —15— 德原 —35— 文川 —50— 高原 —40— 永興 —30— 金波院 —15— 草原驛 —10— 高城峴 —30— 定平 —5— 逢臺驛 —45— 咸興 —30— 德山驛 —25— 林東院站 —10— 咸關嶺 —10— 咸原驛 —25— 洪原 —45— 平浦 —25— 霜加嶺 〔→ **〕

　　—40— 去峙川倉 —60— 中嶺 —50— 樺皮倉 —30— 碣隅倉 —40— 長津

道路網

(숫자는 里數를 나타냄)

** —20— 北青 —30— 眞毛老 —25— 居山驛 —25— 多寶洞站 —15— 松亭站 —10— 利城 —30— 谷口驛 —25— 巢洞站 —15— 磨雲嶺 —20— 端川 —40— 磨谷驛 —25— 磨天嶺 ***

|—45— 慈般院 —35— 濟仁關 —30— 黄水院 —35— 終浦驛 —45— 熊耳驛 —27— 呼麟院 —48— 甲山 —45— 許麟驛 —45— 三水 —30— 自仁堡 —45— 舊加乙坡知 —90— 厚州

*** 城津鎭 —40— 臨溟驛 —55— 吉州 —35— 古站 —25— 明川 —50— 鬼門嶺 —20— 朱村驛 —45— 永康驛 —45— 鏡城 —40— 輸城驛 —60— 富寧 —45— 廢茂山 —45— 廝田院 —55— 茂山 —27— 梁永萬洞 —25— 豊山鎭 —45— 甫乙下鎭 —20— 會寧 —25— 高嶺鎭 —50— 防垣 —35— 鍾城 —15— 潼關 —25— 永達 —30— 穩城 —30— 莫栢坡堡 —17— 錢鎭 —30— 訓戎鎭 —30— 慶源 —30— 安原 —30— 乾原 —20— 阿山堡 —45— 撫夷堡 —35— 慶興 —35— 造山堡 —30— 西水羅

|—40— 美行營 —70— 德明站 —23— 阿吾池 —40— 慶興

〔第 3 路〕 서울~平海

서울 —25— 忘憂里 —13— 王山灘 —7— 平丘驛 —25— 奉安驛 —7— 高浪津 —15— 月溪 —30— 楊根 —30— 砥平 —20— 前陽峴 —40— 安昌(江原道)〔→*〕

|—40— 屈雲 —20— 淸平川 —40— 加平 —20— 安保驛 —20— 德道院 —20— 春川 —5— 昭陽江 —40— 加洛洞 —25— 楊口

|—20— 獐峴 —30— 至儉站 —30— 原川驛 —10— 狼川

|—10— 廣灘 —30— 新大峙 —50— 洪川 —30— 長松峴 —35— 泉甘驛 —50— 馬奴站 —30— 麟蹄 —60— 狼郊驛 —40— 麗水坡嶺 —20— 遠巖 —20— 淸澗亭 —40— 杆城

|—30— 於路峴 —40— 橫城

* —30— 原州 —50— 梧院站 —20— 安興驛 —30— 雲交驛 —30— 方林驛 —60— 淸心臺站 —10— 珍富驛站 —40— 橫溪驛 —10— 大關嶺 —20— 丘山驛 —20— 江陵 **

|—40— 神林驛 —40— 酒泉驛 —40— 龍井院 —25— 良仁驛 —25— 寧越

|— 巨瑟岬 —20— 平昌

** —60— 牛溪 —30— 平陵驛 —30— 三陟 —20— 交歇驛 —30— 龍化驛 —40— 梧院倉 —60— 蔚珍 —10— 守山驛 —20— 德新驛 —10— 望洋亭 —30— 越松鎭 —5— 達水驛 —5— 平海

|—40— 陰城

|—40— 午村 —40— 槐山 —40— 延豊

|—40— 淸安

〔第 4 路〕 서울~釜山

서울 —10— 漢江 —40— 板橋站 —10— 險川 —20— 龍仁 —20— 直谷 —20— 陽智 —10— 佐贊 —50— 陣村 —20— 廣岩 —20— 石院 —40— 崇善 —40—〔→*〕

|—30— 松坡江 —30—|

|—30— 陽城 —40— 安城

|—20— 竹山 —20— 廣惠院 —20— 長楊驛 —20— 鎭川 —60— 淸州

|—20— 廣州 —30— 慶安驛 —20— 昆池巖 —60— 利川 —50— 陰竹 —10— 長好院 —10— 鳥岬 —40— 嘉興倉 —10— 木溪 —40— 朴達峴 —15— 忠州

|—40— 驪州

|—30— 堤川 —20— 蘆院峙 —50— 永春

* — 達川 —10— 忠州 —10— 丹月驛 —50— 安富驛 —20— 鳥嶺東草院(慶尙道) —20— 聞慶 —20— 新院 —20— 幽谷驛 —20— 德通站 —30— 洛院驛 —30—〔→ ** 〕

|—〔→ * 〕

|—〔→ ** 〕

|—30— 黃江 —10— 西倉 —20— 淸風

|—50— 丹陽 —30— 竹嶺

|—20— 昌樂驛 —30— 豊基 —20— 榮川 —30— 乃城站 —20— 奉化 —40— 太白山

順興 —30—|

|—20— 斗突倉 —40— 禮安

* 聞慶(新院)

|—40— 山影場 —10— 龍宮 —30— 醴泉 —30— 豊山倉 —30— 安東 —30— 冊街 —30— 眞寶 —30— 西面倉 —30— 黃丁場 —45— 寧海

|—50— 英陽

|—30— 琴召驛 —50— 靑松

|—60— 地昌站 —50— 盈德

** 德通站

|—20— 廣大遷 —30— 深川站 —20— 安溪驛 —30— 比安 —30— 軍威 —40— 薪院 —30— 新寧 —40— 永川 —40— 乾川站 —40— 慶州 —40— 仇愛 —30— 左兵營 —10— 蔚山

|—40— 義興

|—20— 梅李院場 —30— 義城

|—40— 淸景驛 —40— 達城站 —30— 興海 —20— 淸河

|—30— 東倉 —20— 廢縣 —30— 迎日 —40— 長鬐

|—50— 沒陽站 —60— 仍保倉 —20— 彥陽

** 佛峴 —10— 洛東津 —30— 餘次里站 —30— 古里谷 —20— 丈川 —40— 東明院峴 —10— 午巖倉 —20— 琴湖江 —10— 大丘 —30— 梧桐院 —20— 八助嶺 —20— 淸道 —30— 楡川 —30— 密陽 —10— 耳倉 —40— 內浦津 —20— 黃山驛 —20— 梁山 —40— 東萊 —20— 釜山

|—20— 仁同

|—20— 漆谷

|—30— 慶山 —20— 慈仁

|—30— 三浪站 —40— 金海

|— 左水營

|—10— 松亭站 —50— 機長

〔第 5 路〕 서울～統營

서울…第 4 路…幽谷驛 20 咸昌 40 尙州 20 安保站 30 比川 20 扶桑峴 40 星州 40 茂溪津 30 玄風 40 〔→*〕

40 昌寧 30 靈山

40 安谷驛 30 開寧 20 金泉 40 知禮 40 竹谷 60 居昌 40 安義

40 功成站 15 斗華院 25 金山 25 秋豊驛

40 竹峴 20 善山

20 安院驛 30 高靈 10 安林驛 40 草溪 30 陜川 20 三嘉

5 八鎭驛 20 新反站 50 宜寧

* 漏浦 40 上浦津 20 漆原 30 咸安 40 鎭海 30 背屯驛 30 固城 50 統營

30 昌原 30 安民院 30 熊川

20 留防鎭 40 巨濟

〔第 6 路〕 서울～統營

서울 10 銅雀津 20 果川 10 葛山站 20 彌勒堂 20 柳川 25 中底 10 菁好驛 8 振威 30 素沙 20 成歡驛 40 〔→ * 〕

10 露梁津 22 衿川 10 賜犬隅

彌勒堂 28 安山 20

40 鷗浦 20 南陽

45 水原

30 稷山

* 天安 18 金蹄驛 10 德坪 15 車嶺 20 廣亭倉 25 毛老院 25 公州 40 敬天驛 10 魯城 10 草浦橋 10 沙橋 10 〔→ ** 〕

20 黃山橋 20 彌羅橋 20 龍安 10 咸悅

10 全義 40 燕岐 30 乃星嶺 30 鎭岑

40 連山 10 陪泰峴 40 珍山 30 錦山 40 茂朱

40 彌串江 40 斗底浦 20 懷德

20 利仁驛 20 滄江 20 扶餘

30 乾坪 20 石城

20 銅川 30 彌勒堂 20 恩山驛 40 鴻山 30 韓山

30 定山

30 林川

10 猪峴 40 舒川

30 木川 40 薪院倉 10 鵠川 20 淸州 30 文義 50 增若驛 50 赤登 30 永同 30 黃澗 20 秋風嶺

30 沃川

30 斗山 5 皮盤嶺 15 懷仁 30 報恩 30 原巖驛 20 靑山

** 恩津 30 礪山(全羅道) 20 炭峴 20 參禮驛 30 全州 20 萬馬洞 30 烏院驛 20 馬峙 20 獒樹驛 30 栗峴 10 南原 30 〔→ *** 〕

10 伐峙 30 高山

20 益山 30 栗浦 30 萬頃

30 黃登場 30 臨陂 40 沃溝

20 任實 40 葛覃驛

40 熊峙 40 鎭安 40 栗峙 28 長水

40 鹽巖 20 雲南津 20 本驛 50 淳昌 40 潭陽 30 昌平

60 金堤 20 東津 20 扶安

30 玉果 30 藍峴 40 同福

20 重鎭院津 10 谷城 40 鴨綠院 20 潺水驛 30 松院峴 30 順天 40 星省院 40 左水營

30 北倉 10 松院峙 45 光陽

30 求禮 40 花開站 30 河東 20 範烏峴 40 露梁津 40 南海

40 石谷院 30 洛水 40 銅店 40 伐橋 30 炭浦峴 40 興陽

40 樂安

*** 女院峙 20 雲峯 20 八良峙(慶尙道) 40 咸陽 20 沙斤驛 30 戰谷 30 道川 30 晋州 30 泗川 60 固城 50 統營

40 山淸 40 丹城

一昆陽

〔第 7 路〕 서울～濟州

서울……第 6 路……參禮驛 60 金溝 40 泰仁 20 井邑 20 川院站 40 靑岩驛 10 長城 40 北倉 40 羅州 30 〔→ * 〕

古阜 40

40 興德 40 茂長 40 靈光 40 加里驛 20 咸平 30 務安

60 高敞

40 東倉 20 光州 20 和順 20 綾州 20 利衙門場站 25 熊峙 15 寶林寺 40 長興

④ 충무로 입구에서 광희문에 이르는 길(지금의 퇴계로).
⑤ 사직단 입구에서 경복궁을 거쳐 보신각에 이르는 길.
⑥ 덕수궁 대한문에서 궁궐담을 끼고 서대문에 이르는 길.

새 서울 한양은 지형으로 보면 크고 작은 산과 구릉으로 둘러 싸여 있고, 그들 산에서 한강으로 흘러가는 개천이 여러 갈래로 뻗어있었다. 그리하여 도로의 개설에는 장애 요소가 적지 않았다. 장애 요소를 극복하기 위하여 고개에 길을 내고 개천에 다리를 놓아야 했다. 도성 안에 있는 큰 고개로는 누르재·구리개·진고개·풀무재·배고개 등이 유명하고, 다리로는 도성 중심부를 관통하고 있는 청계천을 건네주는 광통교·수표교·효경교·오간수교 등이 널리 알려져 있었다.

고개와 다리 등을 통해 곧고 바르게 건설된 도성의 가로망은 처음부터 규모있게 구획되어 사람과 수레의 통행이 원활하였으나, 점차 도로의 침식 현상이 나타나 정부는 도로의 침식을 법제적으로 규제함과 동시에 도로 수리사업에도 힘을 기울였다. 도로에 대한 관리는 漢城府가 주관하되, 공조와 병조도 이에 관여하였다. 도로를 보수함에는 한성부 주민들이 동원되었다. 도로에 대한 관리 규칙은 대단히 엄격하여 도로 및 그 양편에 있는 도랑에 함부로 오물을 버리거나 파손하는 자가 있을 때는 그 범법자는 물론 해당 관리까지 책임을 물어 처벌하였으며, 파손된 도로나 다리는 즉시 수선하고 복구하도록 하였다.

2) 외방 도로의 정비

(1) 전국의 도로망

도성의 주요 가로망은 각 성문, 즉 崇禮門·興仁門·敦義門·昭義門·惠化門·光熙門·彰義門 등을 통하여 외방으로 나가는 도로망과 연결되었다. 한양이 나라의 중심이었기 때문에 전국의 도로망은 한양을 중심으로 형성되었다. 조선 후기에 전국의 도로망은 더욱 정비되었는데, 《增補文獻備考》에서는 다음 〈그림 2〉 및 〈별표〉와 같이 9개의 대로를 설정하고 있다.

〈지도 2〉 朝鮮時代의 主要 道路網

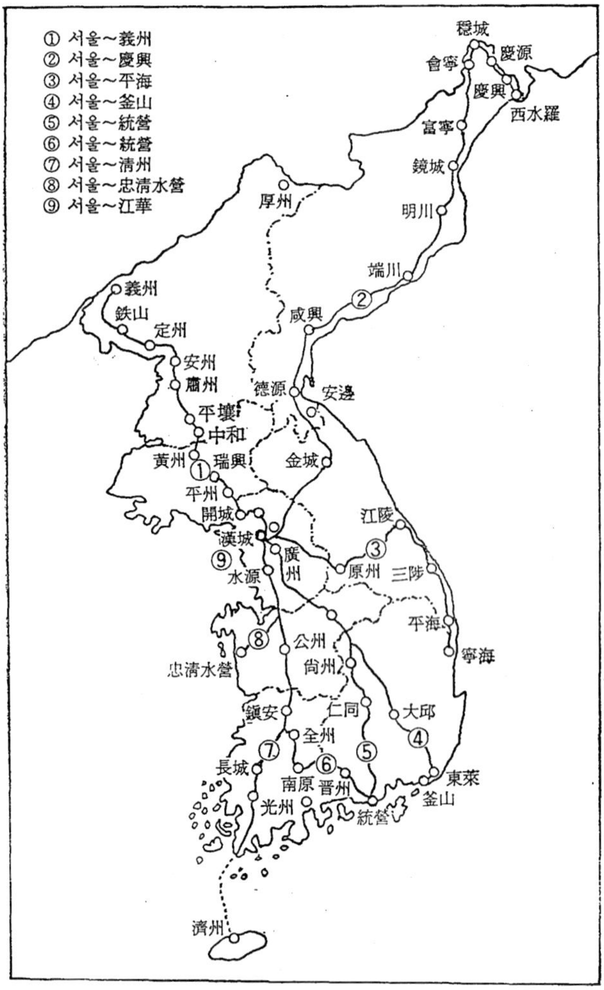

서울에서 외방으로 뻗은 외방 도로는 그 멀고 가까움에 의하여 대로・중로・소로로 나뉘었다. 도성의 가로가 노폭에 의하여 대로・중로・소로로 구분된 것과는 달리 외방도로의 등급은 한양에서의 거리에 의해 구분되었다. 도로의 등급을 영남로의 경우를 들어 살펴보면, 《世宗實錄地理志》에서는 죽산 分行驛까지를 대로, 거기서 상주 洛陽驛까지를 중로, 그 이하는 소로라

하였고, 《增補文獻備考》에서는 광주 樂生驛까지를 대로, 거기서 상주 낙양역까지를 중로라 하였다.[4)]

물론 노폭도 다소 고려되고 있었다. 《磻溪隨錄》에 의하면 대로는 12보, 중로는 9보, 소로는 6보로 규정되고 있다. 그러나 규정대로 도로의 너비가 닦여진 것은 아니었다. 길이 지나는 지형 조건에 따라 차이가 있었다. 예를 들면 과천 양재역에서 판교 사이에 있는 달이내고개, 문경의 새재, 회양의 철령 등의 길폭은 1~2보에 불과하고 경사가 급하여 수레의 통행이 힘들었고 사람이 간신히 다닐 정도였다고 한다.

도로망이 정비되면서 통행의 길목에는 이정표가 세워졌다. 조선시대에 있어서 도로의 거리는 周尺 6척을 1보, 360보를 1리, 30리를 1息이라 하였다. 그리고 10리마다 小堠(작은 이정표), 30리마다 大堠(큰 이정표)를 세우고, 거리와 지명을 표시하였다. 또 5리마다 정자를 세워 五里亭이라 하고, 30리마다 楡柳를 심어 여행자가 쉬게 하였다.[5)]

전국적으로 뻗은 외방도로의 起點은 처음에는 창덕궁 돈화문이었다. 돈화문에서 각 성문으로 길이 갈라지고 다시 각 성문에서 전국으로 도로망이 개설된 것이다. 그 후 도로 원표는 경복궁 광화문 앞을 기점으로 하여 전국적으로 도로망과 거리수가 계산되었는데 커다란 차이는 없었다.

(2) 교통 장애의 극복

도로의 기능을 크게 저하하는 장애물은 산악과 하천이다. 우리나라는 넓은 영역을 보유하고 있지 않음에도 불구하고 크고 작은 산맥이 얽혀 있고, 그 사이로 강과 개울이 흘러 교통을 방해하고 있다.

전국의 도로가 집중하는 수도 한양의 주위에도 삼각산·인왕산·무악재·목멱산·관악산·청계산·도봉산 등이 서울로의 진입을 억제하고 있고, 서울의 남쪽에는 한강이 가로놓여 있어 이를 건너기가 쉽지 않았다. 이에 정부에서는 산허리를 뚫어 길을 내고, 강에는 다리를 놓아 통행의 편의를

---

4) 崔永俊, 〈朝鮮時代의 嶺南路硏究〉(《地理學》 11, 1975), 59쪽.

5) 南都泳, 〈陸上交通〉(《서울六百年史》 제1권, 1977), 556쪽.

꾀하였다.

중앙집권적 사회에서의 교통 문제는 국가 정책과 밀접한 관련을 갖는다. 조선왕조 개창을 전후하여 추진된 일련의 개혁 조치는 중앙집권체제를 강화하려는 운동이었다. 그리하여 15세기에는 국력이 크게 신장되고 백성에 대한 국가의 지배력이 커지게 되었다. 중앙집권화 정책이 추진되면서 통치 체제를 효과적으로 운영하기 위해 교통과 통신, 그리고 운송 체제가 정비되어 갔다. 새 왕조의 교통 정책도 이러한 집권화 운동의 일환으로서 추진되고 전개되었다. 지방통치를 보다 강력히 행하기 위해서도 교통망의 정비는 불가피한 것이었다. 따라서 교통 장애가 있다고 하면 이를 극복해야 하는 것이 당면 과제였던 것이다.《증보문헌비고》에 의하면 전국의 간선도로는 앞에서와 같이 9개였다.[6] 이들 간선도로 중에서 제4로, 제5로, 제6로, 제7로, 제8로, 제9로 등 6개 도로가 도성의 남쪽에 가로놓인 한강을 통과해야 했다. 삼남지방을 비롯한 한강 이남지방과의 왕래에 있어서 한강은 큰 장애물이었다. 그리고 서울 북쪽에 가로놓인 임진강은 황해·평안도 등 북부지방과 한양 사이의 교통을 차단하고 있었다. 이 두 강은 도성의 방어를 위한 자연적인 방어선은 되었을지 모르나 교통로에 있어서는 많은 지장을 주었다.

그러나 사람들은 교통의 장애를 극복하며 새로운 문화를 창조하여 왔으니 하천의 장애를 극복하는 것이 다리[橋梁]이며, 산악의 장애물을 극복하는 것이 터널이다. 사람이 물 위에 다리를 놓게 되기까지 자연은 두 가지의 지혜를 주었다. 그 중 하나는 계곡의 물이 돌을 굴려 내려나가다 물길의 중간 중간에 하나씩 남겨 둔 것이며, 또 하나는 바람이 나무를 쓰러뜨려 계곡을 가로질러 걸쳐 준 것이었다. 사람들은 전자에서 징검다리를 놓는 것을 알게 되었고, 후자의 암시에서 외나무다리를 놓게 되었다.

그러나 토목기술이 그리 발달하지 않은 사회에서는 큰 강에 다리를 놓는 것이 쉽지 않았다. 그리하여 일찍부터 배를 이용할 줄 안 사람들은 다리보다는 배를 타고 강을 건넜다. 강을 건너는 양쪽 지점에는 나루터가 생겨났다.

---

6)《增補文獻備考》권 24, 輿地考 20, 道里.

조선시대 주요 간선도로가 통과하는 한강에는 일찍부터 광나루[廣津] 삼밭나루[三田渡]·서빙고나루[西氷庫津]·동자개나루[銅雀津]·노들나루[露梁津]·삼개나루[麻浦津]·서강나루[西江津]·양화나루[楊花渡] 등이 개설되어 있었다. 특히 광나루·삼밭나무·서빙고나루·동자개나루·노들나루는 5江津路라고 하여 중요한 길목으로 이용되고 있었다. 이들 나루의 도선장인 나루터를 오가며 사람과 물자를 건네주는 나룻배는 한강 양편을 이어주는 최대의 편의시설이었다.

나루는 그 규모에 따라 渡와 津으로 구분되었다. 津渡의 설치는 이미 고려시대부터 제도적으로 이루어졌는데, 예성강의 碧瀾渡, 임진강의 河源渡, 대동강의 觀仙津, 그리고 한강의 沙平渡·楊花渡 등이 그것이다.7) 고려의 체제를 거의 준용한 조선시대에도 津渡制는 거의 그대로 운용되었다. 즉 서울을 개성에서 한양으로 옮겨 한강의 중요성이 크게 증대된 조선시대, 특히 국초에는 고려를 계승하여 한강에 양화도·사평도를 계속 설치하였다.

그 후 체제가 정비되고 사회가 안정되면서 진도가 국가뿐만 아니라 서민의 교통시설로서 중요시되어 확장 설치되어 갔다. 특히 태종은 호패법을 실시하여 전국의 인구 동태를 파악하고 아울러 그 이동을 살피고자 진도에 別監을 파견하였다. 이로써 진도는 국가적 관리체계 속에 편입되었다. 국초에 변란이 자주 일어났으므로 위정자들은 반역자·범죄자 등 위험인물의 단속에 주의를 기울이지 않으면 안되었던 것이다. 즉 태종 14년(1414) 정부는 종래의 臨津渡·洛河渡·漢江渡 외에 민간인이 임의로 통행하던 한강 일대의 노들나루·광나루 등의 진도를 직접 관장하면서 범죄인·유망민의 출입을 기찰하였다. 그리고 나루의 등급을 渡로 승격시켜 한강도에서와 같이 별감을 두고 업무를 주관케 하였다. 이어서 세종 때는 송파에 삼전도를 신설하고 渡船 3척, 津尺 10인을 배속시켰다.

渡의 책임자인 별감은 세종 때를 전후하여 渡丞으로 지위가 바뀌었는데, 세도가의 자제들이 이를 차지하고 권세를 부리기도 하였다. 도승에게는 직역복무의 대가로 位田이 지급되었으며, 아울러 각 진도에는 그 운영 비용을 위

7) 《高麗史》 권 56, 志 10, 地理 1, 楊廣道.

하여 津尺位田이 분급되었다. 진척위전은 각 진도의 등급에 따라 차이가 있었는데 대로에 속한 양화나루 · 삼밭나루 · 임진나루 · 벽란도 등에는 10결의 토지를 지급하였다. 특히 교통이 빈번한 한강도에는 20결, 노들나루에는 15결의 진척위전이 급여되었다. 津夫 역시 그에 상응하여 10명, 20명, 15명이 배속되었다.

진도에는 도승을 보좌하여 津吏가 사무를 처리하였으나, 실제 나룻배를 건네주는 것은 뱃사공, 즉 津夫들이었다. 이들은 부역의 일환으로 도강 작업에 강제로 동원되었으나 사회적 · 경제적 대우는 좋은 편이 아니었다. 진부는 도강뿐 아니라 왕실에 소요되는 생선을 잡아 바치는 등 잡역에도 동원되었다. 그리하여 진부들은 가급적 역을 피하여 유망하는 경우가 많았다.

정부는 교통의 원활화를 위하여 진부의 유망을 감독하고, 아울러 선박의 관리에도 유의하여 사고에 대비하였다.

한편 한강은 서민들의 교통에 장애를 주었을 뿐 아니라 국왕을 비롯한 고관들의 행차에도 커다란 불편을 주었다. 특히 국왕은 지체가 존귀하였으므로 터럭만큼도 위험요소가 없어야 했다. 그러나 강을 건넌다는 것은 예기치 않은

〈지도 3〉 朝鮮時代 漢江의 津渡

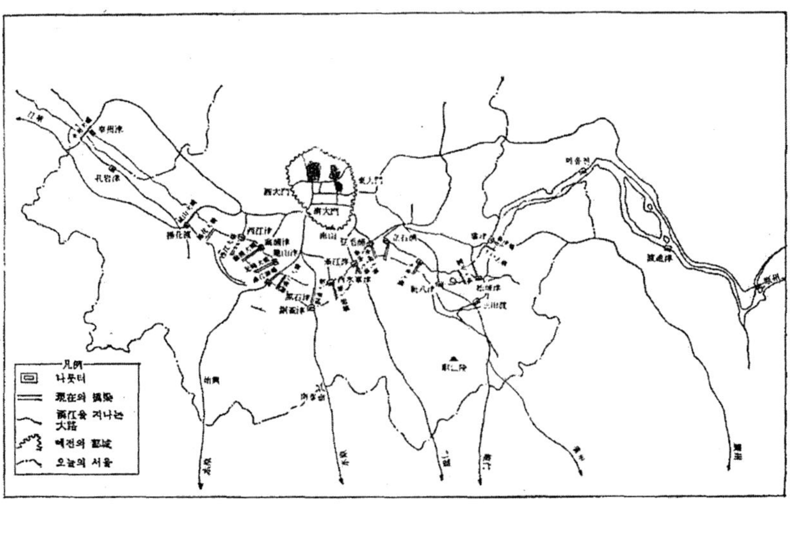

사고의 위험이 도사리고 있었다. 그럼에도 불구하고 국왕들은 온천에, 또는 왕릉에, 아니면 불공을 드리거나 사냥을 하기 위해 한강을 건너야 했다. 이에 고안된 것이 배다리, 즉 浮橋였다. 선박을 이용하기 때문에 舟橋라고도 한다. 부교의 가설은 세종·세조·연산군 때 많이 이루어졌다. 연산군은 청계산에서 사냥을 즐기면서 부교를 상설케 한 바도 있었다.[8]

〈崔完基〉

2. 역·원제의 정비

1) 역제의 정비

전국적으로 도로망을 개설한 조선왕조는 도로의 기능을 활성화하기 위해 전국 도로 요처에 驛을 설치하고 역제를 운영하였다.[1] 조선시대의 역제는 대체로 고려시대의 그것을 이어 받아 정비되었다. 중앙집권적인 군현제도를 강력하게 추구하던 조선왕조로서는 역이 지니는 중추신경적인 기능을 중요시하지 않을 수 없었고, 지방에 대한 통제를 용이하게 하는 역의 기능을 충분히 이용하기 위하여 관리체제에 특히 유의하였다. 조선 초기 국왕들은 역제를 정비하는 과정에서 관리체계의 개편, 역로의 보수, 역리·역졸의 충원, 驛田의 운영 등에 많은 관심을 보였다.

조선시대 역제의 윤곽이 분명해진 것은《經國大典》이 성립될 무렵이었다. 이 때에 확립된 역제는 그 후 다소 변동이 있었지만, 근본적으로는 그 틀이 유지되었다.

조선시대에 있어서 驛路行政을 총괄하는 기구는 중앙의 병조였고, 그 밑에

---

8)《燕山君日記》권 60, 연산군 11년 11월 경자.

1) 조선시대 驛의 명칭은 站·館·合排 등으로도 불리웠는데, 그 기능이나 구성 면에서 다른 것이 아니고, 역이 위치하는 지역에 따라서 관례적으로 사용되었다. 예컨대 황해도에서 站이, 함경도에서는 站과 館이, 평안도에서는 站·館·合排가 혼용되었다. 이 때의 站은 수로교통의 水站과는 별개의 것이다.

서 구체적 실무를 맡던 곳은 乘輿司였다. 승여사는 고려시대의 供驛署가 태종 5년(1405)에 개편된 것이었다. 승여사의 관할하에 전국 각 역에는 驛丞을 두어 그 임무를 맡게 하였다. 선초에는 종9품의 역승 외에 종6품의 察訪을 함께 두어 교통행정을 책임지웠다.

그러나 세조 3년(1457)을 전후하여 전국의 역승은 모두 혁파되고, 그 역할은 찰방으로 대치하였다. 그러나 세조 8년에는 찰방이 관할하는 역이 많다고 하여 역승을 다시 두니, 이 때의 상황이 반영된 《경국대전》에는 역승·찰방이 병존하게 되었다. 그러나 역승의 폐단이 다시 제기되면서 중종 30년(1535)에는 다시 역승을 폐지하고, 찰방체제로 정비하였다. 역승은 書吏 중에서, 찰방은 3품 이하의 朝官 또는 무예를 겸비한 인물 중에서 임명하였는데 임기는 30朔이었다. 찰방의 임무는 본역에 파견되어 주재하면서 진상·공물 등의 수납을 감독하거나 驛戶를 관리 규찰하는 것이었다. 《경국대전》에 의하면 찰방 23, 역승 18의 41개 驛道에 537개 역이 분속되어 있는데,[2] 조선 후기에 이르러 다소 변동을 보이고 있지만 커다란 전환은 없었다.

〈표 1〉 조선시대 지방별 역의 분포

區分	察訪道	驛丞道	驛數	驛名
漢城	兵曹直轄		(2)	青坡(漢城) 蘆原(漢城)
京畿道	迎曙道		7 (6)	迎曙(楊州) 碧蹄(高陽) 馬山(坡州) 東坡(長湍) 青郊(開城) 狻猊(開城) 中連(豊德)
	良才道		13(12)	良才(果川) 樂生(廣州) 駒興(龍仁) 金嶺(龍仁) 佐贊(竹山) 分行(竹山) 無極(陰竹) 康福(安城) 加川(陽城) 海門(南陽) 菁好(水原) 長足(水原) 同化(水原)
	平丘道		12(11)	平丘(楊州) 綠楊(楊州) 安奇(抱川) 梁文(永平) 奉安(楊州) 娱賓(楊根) 雙樹(楊州) 白冬(砥平) 田谷(砥平) 仇谷(楊州) 甘泉(加平) 連洞(加平)
		重林道	7 (6)	重林(仁川) 慶信(仁川) 盤乳(衿川) 石谷(安山) 金倫(陽川) 終生(通津) 南山(陽川)
		慶安道	8 (7)	慶安(廣州) 德豊(廣州) 楊花(驪州) 新津(驪州)

2) 《經國大典》 권 4, 兵典 驛馬.

				安平(驪州) 阿川(利川) 吾川(利川) 留春(陰竹)
		桃源道	6 (5)	桃源(長湍) 仇和(長湍) 白嶺(長湍) 王溪(漣川) 丹棗(稍城) 湘水(稍城)
忠清道	栗峯道		17(16)	栗峰(淸州) 長楊(鎭川) 臺郎(鎭川) 雙樹(淸州) 猪山(淸州) 時花(淸安) 德驛(文義) 增若(沃川) 嘉和(沃川) 土坡(沃川) 順陽(沃川) 化仁(沃川) 會同(永同) 新興(黃澗) 原巖(報恩) 含林(報恩) 田民(懷德)
	連原道		15(14)	連原(忠州) 丹月(忠州) 仁山(槐山) 坎原(陰城) 新豊(延豊) 安富(延豊) 可興(忠州) 用安(忠州) 黃江(淸風) 水山(淸風) 長林(丹陽) 令泉(丹陽) 吾賜(永春) 泉南(堤川) 安陰(淸風)
	成歡道		12(11)	成歡(天安) 新恩(天安) 金蹄(天安) 廣程(公州) 日新(公州) 敬天(公州) 平川(連山) 丹平(公州) 維鳩(公州) 金沙(燕岐) 長命(淸州) 延春(木川)
		利仁道	10 (9)	利仁(公州) 龍田(扶餘) 恩山(扶餘) 楡楊(定山) 宿鴻(鴻山) 藍田(藍浦) 靑化(庇仁) 豆谷(舒川) 新谷(韓山) 靈楡(林川)
		金井道	9 (8)	金井(洪州) 光時(大興) 海門(結城) 靑淵(保寧) 世川(洪州) 龍谷(洪州) 夢熊(海美) 下川(泰安) 豊田(瑞山)
		時興道	8 (7)	時興(溫陽) 昌德(新昌) 日興(禮山) 汲泉(德山) 順城(沔川) 興世(唐津) 長時(牙山) 花川(平澤)
慶	幽谷道		19(18)	幽谷(聞慶) 聊城(聞慶) 德通(咸昌) 守山(醴泉) 洛陽(尙州) 洛東(尙州) 仇彌(善山) 雙溪(比安) 安溪(比安) 大隱(龍宮) 知保(龍宮) 召溪(軍威) 延香(善山) 洛源(尙州) 上林(善山) 洛西(尙州) 長林(尙州) 洛平(尙州) 安谷(善山)
	金泉道		13(12)	金泉(金山) 秋豊(金山) 踏溪(星州) 安彦(星州) 茂溪(星州) 安林(高靈) 金陽(知禮) 扶雙(開寧) 東安(仁同) 八鎭(草溪) 茂村(居昌) 高平(漆谷) 楊原(仁同) 勸賓(陜川) 星奇(居昌) 楊川(開寧) 文山(金山) 作乃(知禮) 長谷(知禮) 省草(居昌) 琴川(大丘)
	安奇道		11(10)	安奇(安東) 鐵坡(義城) 靑路(義城) 雲山(安東) 琴召(安東) 松蹄(安東) 靑雲(靑松) 文居(靑松) 和睦(靑松) 角山(眞寶) 寧陽(寧海)
	長水道		15(14)	長水(新寧) 靑通(永川) 毛良(慶州) 沙里(慶州) 牛谷(義興) 富平(蔚山) 淸景(永川) 仇於(慶州)

				華陽(河陽) 義谷(慶州) 仁庇(慶州) 鏡驛(慶州) 朝驛(慶州) 押梁(慶州) 阿火(慶州)
	省峴道		17(16)	省峴(淸道) 雙山(玄風) 內野(昌寧) 一門(靈山) 凡於(大丘) 楡川(淸道) 舌化(大丘) 溫井(靈山) 鰲西(淸道) 幽山(大丘) 買田(淸道) 西芝(淸道) 龍駕(密陽) 金洞(密陽) 良洞(密陽) 水安(密陽) 無訖(密陽)
尙		松羅道	8 (7)	松羅(淸河) 柄谷(寧海) 大松(延日) 望昌(興海) 酒登(盈德) 峰山(長鬐) 陸驛(慶州) 南驛(盈德)
		昌樂道	10 (9)	昌樂(豊基) 平恩(榮川) 昌保(榮川) 瓮泉(安東) 幽洞(安東) 通明(醴泉) 安郊(安東) 道深(奉化) 竹洞(順興) 宣安(禮安)
		沙斤道	15(14)	沙斤(咸陽) 有麟(三嘉) 安澗(晋州) 臨水(安義) 蹄閑(咸陽) 正谷(山陽) 新興(宜寧) 正守(晋州) 横浦(河東) 馬田(河東) 栗元(河東) 碧溪(丹城) 小南(晋州) 平沙(河東)
		自如道	15(14)	自如(昌原) 近珠(昌原) 昌仁(漆原) 大山(金海) 新豊(昌原) 巴水(咸安) 春谷(咸安) 靈浦(漆原) 金谷(金海) 省法(金海) 赤項(金海) 安民(昌原) 報平(熊川) 南驛(金海) 德山(金海)
道		召村道	16(15)	召村(晋州) 常令(鎭海) 平居(晋州) 富多(晋州) 知南(宜寧) 背屯(固城) 松道(固城) 丘墟(固城) 官栗(泗川) 文知(晋州) 永昌(晋州) 東溪(泗川) 良浦(昆陽) 浣沙(昆陽) 烏壤(巨濟) 德新(南海)
		黃山道	12(11)	黃山(梁山) 仍浦(慶州) 奴谷(慶州) 渭川(梁山) 輪山(梁山) 德泉(彦陽) 堀火(蔚山) 肝谷(蔚山) 河月(機張) 蘇山(東萊) 休山(東萊) 新明(機張)
		參禮道	13(12)	參禮(全州) 半石(全州) 烏原(任實) 葛覃(任實) 蘇安(臨陂) 村谷(咸悅) 良才(礪山) 鶯谷(全州) 居山(泰仁) 川原(井邑) 瀛原(古阜) 扶興(扶安) 內才(金堤)
全	獒樹道		12(11)	獒樹(南原) 昌活(南原) 東道(南原) 應嶺(南原) 引月(雲峰) 潺水(求禮) 知申(谷城) 良栗(順天) 洛水(順天) 德陽(順天) 益申(光陽) 蟾居(光陽)
羅	靑巖道		12(11)	靑巖(羅州) 丹巖(長城) 永申(長城) 仙巖(光州) 申安(羅州) 綠沙(靈光) 加里(咸平) 永保(靈岩) 景申(務安) 光利(南平) 烏林(南平) 靑松(茂長)
道	景陽道		7 (6)	景陽(光州) 德奇(潭陽) 加林(和順) 人物(綾州) 黔富(同福) 昌新(淳昌) 大富(玉果)

	碧沙道		10 (9)	碧沙(長興) 可申(寶城) 波靑(寶城) 楊江(興陽) 洛昇(樂安) 鎭原(康津) 通路(康津) 綠山(海南) 別珍(海南) 南利(海南)
	濟原道		5 (4)	濟原(錦山) 所川(茂朱) 達溪(龍潭) 丹嶺(鎭安) 玉包(高山)
黃海道	金郊道		11(10)	金郊(金川) 興義(金川) 金岩(平山) 寶山(平山) 安城(平山) 龍泉(瑞興) 劍水(鳳山) 洞仙(鳳山) 敬天(黃州) 所串(黃州) 丹林(黃州)
	靑丹道		10 (9)	靑丹(海州) 金谷(白川) 深洞(延安) 望汀(海州) 金剛(海州) 文羅(甕津) 金洞(長淵) 新行(長淵) 維安(松禾) 南山(金川)
	麒麟道		12(11)	麒麟(平山) 茶滿(載寧) 元山(信川) 延陽(文化) 員木(安岳) 朴山(長連) 文羅(殷栗) 安山(豊川) 位羅(遂安) 所串(谷山) 所坪(新溪) 新興(瑞興)
江原道	銀溪道		20(19)	銀溪(淮陽) 豊田(鐵原) 生昌(金化) 直木(金城) 昌道(金城) 新安(淮陽) 龍潭(鐵原) 玉洞(平康) 乾川(伊川) 瑞雲(金城) 山陽(狼川) 原川(狼川) 方川(狼川) 含春(楊口) 水仁(楊口) 馬奴(麟蹄) 嵐校(麟蹄) 林丹(平康) 富林(麟蹄) 林川(麟蹄)
	保安道		30(29)	保安(春川) 安保(春川) 泉甘(洪川) 仁嵐(春川) 原昌(春川) 富昌(春川) 連峰(洪川) 蒼峰(橫城) 葛豊(橫城) 烏原(橫城) 安興(橫城) 丹丘(原州) 由原(原州) 安昌(原州) 神林(原州) 新興(原州) 楊淵(寧越) 延平(寧越) 藥水(平昌) 平安(平昌) 碧呑(旌善) 好善(旌善) 餘粮(旌善) 臨溪(江陵) 高丹(江陵) 橫溪(江陵) 珍富(江陵) 大和(江陵) 方林(江陵) 雲交(江陵)
		平陵道	16(15)	平陵(三陟) 冬德(江陵) 大昌(江陵) 丘山(江陵) 木界(江陵) 安仁(江陵) 樂豊(江陵) 新興(三陟) 史直(三陟) 交柯(三陟) 龍化(三陟) 沃原(三陟) 興富(蔚珍) 守山(蔚珍) 德神(蔚珍) 達孝(平海)
		祥雲道	16(15)	祥雲(襄陽) 連倉(襄陽) 降仙(襄陽) 麟丘(襄陽) 竹苞(杆城) 淸澗(杆城) 雲根(養城) 明波(杆城) 大康(高城) 高岑(高城) 養珍(高城) 朝珍(通川) 登路(通川) 巨豊(通川) 貞德(歙谷) 五色(襄陽)
	高山道		14(13)	高山(安邊) 南山(安邊) 朔安(安邊) 火燈(安邊) 奉龍(安邊) 鐵關(德源) 良驥(文川) 通達(高原) 隘守(高原) 和原(永興) 蓬臺(定平) 平原(咸興)

咸鏡道				德山(咸興)
	居山道		19(18)	居山(北青) 咸原(北青) 新恩(北青) 平浦(北青) 五川(北青) 濟人(北青) 施利(和原) 谷口(利原) 基原(端川) 麻谷(端川) 嶺東(吉州) 臨溟(吉州) 雄平(吉州) 明原(明川) 古站(明川) 終浦(甲山) 熊耳(甲山) 虛川(甲山) 積生(三水)
	輸城道		19(18)	輸城(鏡城) 吾村(鏡城) 朱村(鏡城) 石堡(富寧) 懷綏(富寧) 寧安(會寧) 豊山(會寧) 櫟山(會寧) 鍾慶(鍾城) 撫安(鎭城) 鹿野(鍾城) 撫寧(穩城) 德明(穩城) 馬乳(慶源) 燕基(慶源) 阿山(慶源) 江陽(慶興) 雄撫(慶興) 要站(鏡城)
平安道	大同道		12(11)	大同(平壤) 生陽(中和) 安定(順安) 肅寧(肅川) 安興(安州) 嘉平(嘉山) 新安(定州) 雲興(郭山) 林畔(宣川) 良策(龍川) 所串(義州) 義順(義州)
	魚川道		22(21)	魚川(寧邊) 所古(价川) 開平(寧邊) 長洞(熙川) 狄踰(熙川) 立石(江界) 城干(江界) 從浦(江界) 北洞(謂原) 央土(楚山) 古里(楚山) 牛場(楚山) 古延(雲山) 昌州(昌城) 大朔(朔州) 草川(陽德) 平田(熙川) 加莫(熙川) 滿浦(江界) 碧團(碧潼) 小朔(朔州) 方山(義州)

(資料 : 《新增東國輿地勝覽》)

2) 역의 운영

초기에는 역승이, 후에는 찰방이 감독 규찰하고 있던 각 역에는 驛長·驛吏·驛丁·驛卒·日守·奴婢·保人·率人 등이 있어 역의 일을 처리하였다. 역장은 큰 역에 두었는데 역승이나 찰방이 겸임하였다. 대체로 작은 역은 역리가 주관하였는데, 역리는 본래 양인 신분이었으나 그 임무가 賤役이어서 천시되었다.

역무 종사자의 수는 《경국대전》에 상등역(121인), 중등역(96인), 하등역(71인)의 등급에 따라 신분별 정원이 정해져 있었지만, 뒤에는 신분 구별도 불분명해지고 그 수도 엄청나게 많아졌다. 예를 들면 전라도 參禮驛에는 971인(역리 24, 역정 101, 일수 267, 노비 36, 보인 382, 솔인 191), 경상도 安奇驛에는

1,326인(역리 1,019, 노비 307)이 있었다.

한편 각 역에는 소정의 驛馬가 구비되어 있었다. 교통수단으로 중요한 의의를 지니고 있던 역은 관원의 출장, 또는 공물의 운송에 편의를 제공하기 위하여 역마와 수레를 항시 준비해야 했다. 조선 초기 역마의 수를 자세히 알 수 없는데, 조선 후기의 실상을 보여주는《增補文獻備考》에 의하면 청파역과 노원역에는 각기 80필씩의 역마가 준비되어 있었다. 두 역에서는 매일 25필의 역마가 교대로 운영되었고, 말의 쓰임새는 상등말은 蛟龍旗를 받들고, 중등말은 기마용으로, 하등말은 화물운반용이었다. 서울을 제외한 전국 535개 역에는 5,380필의 역마가 있어, 한 역에는 평균 10필이 비치되어 있었던 것 같다.

역에 비치된 말을 사용할 때는 馬牌라는 증명이 필요하였다. 구리로 만든 둥글고 납작한 모양의 이 패는 겉면에 발행 연월일과 발행처인 尙瑞院印이 새겨지고, 뒷면에 마필의 수를 나타내는 말의 그림이 새겨져 있다.[3)]

마패의 발급은 중앙에서는 출장 관원의 품계에 따라 병조가 문서를 발행하면 상서원에서 지급하였고, 지방에서는 관찰사와 절도사가 갖고 있다가 중

〈표 2〉 각 道의 驛馬 保有表

구 분	驛 道	驛	馬 匹	평 균
京 畿 道	6	51	444	8.7
公忠左道	3	44	478	10.9
右道	2	16	274	17.1
全羅左道	4	34	274	8.1
右道	2	25	272	10.9
慶尙左道	6	76	787	10.4
右道	5	85	900	10.6
江 原 道	4	83	503	6.1
黃 海 道	3	30	222	7.4
平 安 道	2	33	301	9.1
咸 鏡 道	3	58	925	15.9
계	40	535	5,380	10.1

(《增補文獻備考》)

3)《萬機要覽》軍政編 1, 驛遞.

〈표 3〉 京官 給馬表 (《經國大典》4, 兵典 驛馬)

구 분	上等馬	中等馬	下等馬	駄 馬	계
大君·議政	1		3	3	7
정2품 이상	1		3	2	6
종2품	1		2	2	5
3품 堂上	1		2	1	4
6품 이상		1	1	1	3
9품 이상		1		1	2
赴京使·副使·通信使	1			2	3
同書狀官·從事官·通信從事官		1		1	2
通信製述官 이하		1		*1	(2)
赴京從人			1	*1	(2)
御史	1		1	1	3

* 표는 2인에 1필 지급

앙에 보고나 진상을 올려 보낼 때 발급했다.[4] 역마는 전국의 목장에서 뽑아 충당했으나 항상 부족해서, 몰수한 亂臣의 말이나 민간의 말을 징발해 쓰기도 했다. 당시 말 한 필이 포목 3백 필 내지 5백 필에 이르는 비싼 값이었기 때문에 찰방이 말주인과 결탁해서 사리사욕을 취하는 경우도 적지 않았다.

한편 각 역에는 교자와 수레도 비치되어 있었는데, 수레에는 大車·便車·曲車 등 여러 종류가 있어 쓰임새에 따라 이용되었다.

그리고 역에는 역사의 수리나 사행·출장관원이 내방할 때 내방시에 소요되는 경비, 사무용 물품 등을 구입하기 위한 역전이 지급되었다. 이와 같은 역전은 고려 이래로 公須田·紙田·長田·館田의 형태로 분급되었는데, 조선시대에도 이를 계승하여 官屯田·公須田·馬位田·長田·急走田 등이 역의 규모에 따라 차등있게 지급되었다. 특히 공수전과 마위전이 역의 경영에서 큰 비중을 차지하고 있었다.[5]

공수전은 역사의 수리, 사행·출장관원 내방시에 소요되는 경비를 위해 지

4) 《經國大典》 권 4, 兵典 驛馬.

5) 趙炳魯, 〈朝鮮前期 驛吏에 대한 一考〉(《素軒南都泳博士華甲紀念 史學論叢》, 1984), 298쪽.

급되었는데, 대로에 속한 역에는 20결, 중로에 15결, 소로에 5결씩 지급되었다. 공수전은 수조권이 부여된 토지와 소유권이 부여된 토지로 나누어 볼 수 있다. 역의 소유인 공수전은 역리나 역에 소속된 노비에 의해 경작되었다. 그리고 역마를 사육하기 위해 지급된 마위전도 원칙적으로는 역에서 직접 경작하였다. 마위전은 大馬인 경우 7결, 中馬인 경우 5결 50부, 小馬인 경우 4결을 지급하였고, 요충지인 경우에는 다소 더 지급하였다.

그러나 이와 같은 역의 운영은 16세기에 이르면서 역리·역졸들이 유망하고 토호에게 투탁하면서, 마위전이나 공수전 등 역전이 사사로이 전매되거나 세도가에게 침탈되어 곤경에 이르렀다. 그리하여 역제는 점차 정상적으로 운영되지 못하고 기능이 약화되어 갔다.

〈표 4〉 驛站의 토지지급 규정표

지역 형태 / 역참	官屯田	公須田	馬位田	有役人田	衙祿田
驛	12결	大路 20결 (黃海道 45결, 兩界 40결) 中路 15결(兩界 22결) 小路 5결(兩界 8결)	大馬 7결 中馬 5결 50부 小馬 4결 (緊路大馬 8, 中馬 6, 小馬 4결 50부)	長田 2결 副長田 1결 50부 急走田 50부(緊路 1결)	
站					5결

(《經國大典》 권 2, 戶典 諸田)

3) 원의 설치와 분포

(1) 원의 설치와 운영

院은 공무로 여행하는 사람에게 숙식을 제공하기 위하여 중요한 길목에 설치된 편의 시설이었다. 조선시대에는 院과 더불어 각 고을에 빈객을 접대하기 위하여 館을 두기도 하였다. 원은 驛과 같은 장소에 설치되는 경우가 많아서 역과 원을 합하여 驛院이라고 하였다.

원은 역과 마찬가지로 교통의 편의를 위한 공공시설로서, 조선시대에는 대개 30리에 하나씩 두었으나, 지형조건에 따라 원 사이의 평지에서는 거리는 다소 멀고, 산악지대에서는 가까웠다. 예를 들면 廣州의 板橋院과 용인의 寶樹院, 보수원과 죽산의 太平院 사이의 간격은 각기 15㎞ 정도인데, 새재 근처의 新惠院과 桐華院, 동화원과 鳥嶺院은 불과 3㎞ 간격이었다.

원의 경영을 책임맡은 院主에게는 院主田이 지급되었다. 그 액수는 대로에 속한 경우에는 1결 35부, 중로 90부, 소로 45부였다.

그런데 원은 사용자가 국한되어 있었고, 관리가 철저하지 못하여 국초부터 폐지된 곳이 적지 않았다. 이에 세종 27년(1445)에는 원의 운영을 활성화하기 위하여 인근 주민 중에서 덕망있는 사람을 뽑아 원주의 책임을 맡겼다.

원의 운영을 강화하고자 하였음에도 그 이용자가 제한되었고, 더군다나 그 비용도 원칙적으로 관아에서 草料라고 하여 지급받았으나, 그것이 제대로 시행되지 못하였다. 16세기를 전후하여서는 공무여행자의 숙식을 각 고을의 객사, 또 역에서 맡거나 민간업자가 위탁받아 대행하는 경우가 많았다.

그 후 임진왜란 · 병자호란 등 전란을 겪으면서 원은 거의 폐허화되고, 여행하는 사람들은 민간에서 사사로이 개설한 店을 이용하였다. 점은 대개 원터에 설치되었기 때문에 院의 이름이 店의 이름으로 된 곳이 많았다. 여행자가 점에서 숙식할 때는 房火錢이라 하여 숙식비를 내야했다. 이들 점은 조선후기에 사회경제적 변화와 더불어 교통이 빈번해지면서 酒店 · 酒幕으로 부르던 거릿집으로 발전하여 갔다.

원은 교통상의 요지만이 아니라 깊은 산속이나 험한 길가에도 설치되었는데, 이는 교통의 편의 제공 외에도 빈민 구제의 역할을 위해서였다. 실제로 조선왕조는 서울 근교의 弘濟院 · 普濟院 · 梨泰院 등에 빈민 · 기민을 응급구호하기 위해 賑濟場을 설치 운영하였다. 이는 본래 지방에서 서울로 몰려드는 무위도식배를 일시적으로 진휼하여 그들이 도성 안으로 진입하는 것을 막아 보려 한 데 그 설치 의도가 있었기 때문이다. 정부는 진제장에 의원을 배치하여 병자를 치료해 주기도 하고, 濟用監으로 하여금 옷을 지어주게도 하였다. 세종 27년(1445) 각 진제장에 수용된 기민은 보제원 67인, 홍제원 70

인 등이었다.[6]

원을 근거로 한 진휼 활동은 지방에서도 행해졌는데, 회덕의 彌勒院은 고려 말부터 빈민을 구휼하고 있었다.

(2) 원의 분포

院은 전국 각지 교통의 요로에 설치되었고,《新增東國輿地勝覽》에 의하면 1,310개소의 원이 있었다.[7] 이를 지방별로 살펴보면 한성부에 4개소, 개성부에 6개소, 경기에 117개소, 충청도에 212개소, 전라도에 245개소, 황해도에 79개소, 강원도에 3개소, 함경도에 37개소, 평안도에 79개소였다. 그 중에서도 홍제원·이태원·인덕원·조치원·사리원·장호원 등은 지금까지도 이름이 남아있는 유명한 원이었다.

〈표 5〉 지방별 院의 분포

	州郡	院名
漢城府 (4)		普濟, 洪濟, 梨泰, 箭串
開城府 (6)		天壽, 藥王, 大悲, 磨前, 注波, 西普通
京畿道(117)	廣州	沙平, 板橋, 東陽, 末乙川, 黃橋, 雙嶺, 金尺, 利夫, 鳳獻, 芚入, 大也, 渡迷, 仁德, 沙斤乃, 鄭金, 廣津
	驪州	草溪, 加老介, 破場, 新院, 福川, 寶通, 子川, 普濟
	利川	仍邑, 貫川
	楊根	月溪, 多樂, 末院, 草院
	砥平	之德
	陰竹	富民, 貫寺, 長海
	陽智	承寶
	竹山	大平, 普賢, 通梨, 獐項, 梨院
	果川	露梁, 仁德, 彌勒, 吾金, 要光
	水原	烏山, 大梯, 蛇院
	富平	球瑟, 大也
	南陽	鎭水
	仁川	彌羅, 濟物
	安山	雙鹿
	安城	光寶, 大悲

6)《世宗實錄》권 107, 세종 27년 2월 갑진.

7)《新增東國輿地勝覽》各道 各郡縣의 驛院條 참조.

	振威	長好, 李方, 白峴, 葛院
	龍仁	普施, 弘化, 金嶺
	金浦	廣因
	衿川	觀音, 楊花渡
	陽城	禪院, 所草
	通津	祖江, 甲串, 溫山
	楊州	廣濟, 廣仁, 相知, 陶孔, 德海, 道濟
	坡州	焚脩, 廣灘, 惠陰, 檜院, 梨川, 兜率
	高陽	德水, 仁厚, 利泰, 重房, 興福
	抱川	碧呑石, 功德
	交河	冷井, 洛河
	加平	狄栗, 林草
	長湍	通濟, 冷井, 吾目, 藥師, 蓮花, 石柱, 淑川, 禪具, 天壽
	江華	甲串津, 寅石津, 昇天府津
	豊德	昇天浦, 冷井, 光大, 臨海
	麻田	東指
	漣川	松折
	喬桐	東津
忠淸道(212)	忠州	乾兌, 若翁, 慶希, 龍頭, 敬濟, 隅院, 都宮, 石院, 金串, 注之, 彌勒, 新倉, 釜拘伊
	淸風	權一, 論陽, 酒餠
	丹陽	普通, 用富, 長會, 有德, 鶯院
	槐山	灘濟, 楓井, 北巖, 佯相, 盆哲
	延豊	新惠, 溫井, 延慶
	陰城	楊惠, 長信
	永春	斜院德通, 義通
	堤川	寶通, 楡院, 朴達, 黃澗, 屯池
	靑州	栗餠, 板橋, 米院, 德山, 情盡, 蒲院, 北院, 長命, 金院, 調風, 仁濟, 鵲院, 場院, 吳根, 椒井
	天安	寧豊, 大平, 三岐, 安定, 加乙, 南院, 大召, 楓川
	沃川	仁化, 增若, 金川, 牛峴, 栗峴, 德水, 赤登
	文義	茶亭, 廣濟, 荊角, 達山
	稷山	通水, 末院, 愁歇, 弘慶, 新院
	木川	塔院, 黃信, 新院, 井項, 佛地方, 末院
	懷仁	禮大, 新院, 塔院
	淸安	白毛老, 水精遷, 長候
	鎭川	時泰, 永濟, 台郞, 廣惠, 脇呑
	報恩	馬分, 普通, 王來, 南院, 竝院, 門羅, 杻院
	永同	金連, 會德, 深川, 沙邑, 米田, 乾行

	黃澗	李申, 徐松, 朴車, 茲川, 梨峴, 板草
	青山	吾昆, 銀川, 酒城
	公州	普通, 錦江, 歡喜, 要光, 毛老, 弓院, 仁濟, 熊津, 公西, 般若, 古館, 公濟, 內倉, 廣道, 佛峴, 孝家里
	林川	南院, 古多津
	韓山	看法岩, 崇井, 曲火, 吉山
	全義	高羅, 松峴
	定山	彌勒, 長壽, 修德
	恩津	娉項
	懷德	彌勒, 德昌, 寵迹, 荊止, 餘兒
	鎭岑	吾山, 支石
	連山	般若, 草浦, 布川
	尼山	吾德, 弓井
	扶餘	古省, 福泉, 金剛
	石城	水湯, 臨江
	燕岐	松峴, 新院, 東津
	洪州	驪陽, 仁厚, 弘天
	舒川	客望, 吉山
	瑞山	冷井, 猪旨, 芒峴
	泰安	興仁
	沔川	東濟
	溫陽	艾院, 新院, 望賓, 龍頭, 松峴, 烏山, 任潘
	平澤	上院
	鴻山	鹿間, 廣明, 栗峴
	德山	峯聳
	靑陽	馬養, 仁旋, 乾川, 加亭子
	大興	加方
	庇仁	鍾川, 禿豆等, 塔院
	藍浦	藍川, 橫川
	結城	廣川
	保寧	牛耳峴, 寶院, 加頭
	牙山	佛藏, 要路, 興仁
	新昌	鳴巖, 馬場, 龍頂, 新禮
	禮山	無限城, 古沙
	海美	神堂
慶尙道(468)	慶州	甫伊, 東院, 龍頭, 長嶺, 惠利, 毛火村, 要光, 利見, 典洞村, 南院, 大櫓, 天龍, 仇沙, 回隱村, 仇良火村, 大悲(豆豆), 金藏, 彌勒, 高院, 永慶, 果雙, 甘助村, 楓井, 新院, 天恩, 館院, 花山村, 廣濟, 所也, 閑甫, 礪院, 仁多, 多叱,

	竹洞, 待候, 多文村
蔚山	鎭東, 松池, 大閑, 可樹介, 犬墳, 堀火, 丹豆, 大洋, 孔界, 草田, 公須串, 青光, 古之, 古院, 大和, 八等村
梁山	北亭, 安井, 東院, 凡魚, 內浦, 省川, 狐浦
永川	濟川, 普通, 赤栗, 要看, 烏邑浦, 新院, 要光, 臨河, 吉祥, 匙川, 永登
興海	釜院, 玉山, 余川
東萊	溫井, 彦樹, 沙川
淸河	古縣里, 金井, 古松羅
迎日	惠濟, 阿彌羅, 注津
長鬐	毛伊峴, 平安
彦陽	猪村, 于川, 石南, 普通
安東	觀音, 所乙礎, 館院, 禿川, 慈濟, 迎秋, 兜率, 燕飛, 落木, 飛沙, 豆毛, 吾里, 望至, 申邑谷, 普濟, 加羅淵, 甘斤, 楊才, 歸毛, 茅峴
寧海	眠峴, 濟仁, 蓴長, 赤穴, 廣濟, 川上, 德奉, 鼎足, 蒼水, 歡喜
青松	三者, 枝院, 訥仁
醴泉	芒峴, 虎鳴, 黃利, 牛頭, 北院, 毛峴, 光德, 竹院
榮川	孝大, 文殊, 金林, 乘利, 加耳, 長金, 德山, 鐵鉗
豊基	南院, 山腰, 葦池, 昌樂驛南院, 寅賓
義城	南院, 許於里, 尹谷, 廉谷里, 黃山, 僧逢, 件峴, 冰山, 都里, 梨谷, 北院
盈德	北院, 酒登, 南驛, 豆牙禾, 知品, 新院
奉化	長佛, 馬場里, 太子山
眞寶	普賢, 楸峴, 三豆等院
軍威	長水, 天寶, 義省, 倉庫, 上院
比安	興係, 玉彌, 長足, 楮川, 安溪, 加次
禮安	大寺, 場院
龍宮	天德, 石峴, 省火川, 長安, 龍西, 津院
大丘	洛中, 大櫓, 沙阜, 觀方, 馬川, 南川, 梧院, 朴實
密陽	金谷, 北亭, 南亭, 助火, 馬山, 無量, 成德, 耳倉, 入良赤, 臨江, 海陽, 鵲院
淸道	濟生, 孔巖, 利吉, 冷泉, 如意, 陽院, 勒院
慶山	乾興, 新院, 月淵, 時和, 廣利
河陽	幅掛, 匙川
仁同	種子, 所也, 光惠, 石種, 草院
玄風	豊濟, 所道村, 長破高, 新院
義興	南院, 義樓, 李趙, 薪院, 錢拘伊, 凡朴, 陽也, 甲院, 新院
新寧	陽也, 甲峴, 新院

	靈山	普濟, 要光, 汲救
	昌寧	西院, 茶見, 赤峴, 京山, 仇谷, 甘勿倉, 防文
	尙州	南院, 安賓, 廣濟, 泥豆等, 要濟, 陽山旨, 興玉, 於巖, 唐梯, 退山, 柳等, 竹峴, 大豆, 重生, 長惠, 班岩, 東院, 西院, 北院, 城院, 松院, 栗院, 釜院
	星州	仁化, 蛇院, 東安, 公排, 李同, 若寶, 廣大, 大也, 鳳栖, 崇儒, 興王, 沙邑梯, 多品, 月恒, 退界, 觀音, 通信, 引院, 柳院, 鵲院
	善山	竹峴, 箭磨, 安谷, 茶亭, 所法谷, 吾乙古介, 觀風, 觀心, 南上, 彌羅, 草積, 東院, 上林, 竝飛, 許忠, 三韓, 俗離, 柳院
	金山	南院, 金泉, 果谷, 左峴, 堂旨, 梨亭, 豆下
	開寧	東院, 西院, 龍旨, 興信, 飛下, 葛項, 彌勒, 乾川
	知禮	禪院, 所淵, 石谷, 頭衣谷, 所盲, 上佐
	高靈	安性, 白圭, 救生, 李托, 愁居非, 量田, 寶山
	聞慶	鳥嶺, 要光, 觀音, 串岬, 回淵, 開慶, 佛井, 普通, 桐華, 犬灘, 華封
	咸昌	茶方, 咸濟, 唐橋, 串川
	晋州	開慶, 長朴只, 杻峴, 盆峴, 可樹介, 蟾津, 永昌, 南濟, 於東, 楸毋, 鐵所, 西亭子, 召南, 仇羅梁, 車衣, 應濟, 新院
	陜川	南江, 正陽, 知峴, 阿峴, 頭峴
	草溪	松林, 樂民, 高法, 沙法川, 橫步, 仇彌, 甘勿倉, 東院
	咸陽	廣惠, 沙斤, 桃峴, 德信
	昆陽	鳳溪, 浣紗, 露梁
	南海	露梁
	居昌	東院, 鼎台, 古川, 竝火, 星奇, 石積, 高梯, 省草, 茂村
	泗川	普通, 磨月, 可谷
	三嘉	梧桐, 都豆, 內禪, 栗院, 網峴, 項餘
	宜寧	禪院, 鼎巖, 朴桂, 介金, 世于, 神堂, 末回, 大峴, 中梯
	河東	橫浦
	山陰	臨川, 白也峴, 水勝, 新院
	安陰	藪院, 牛落只, 長風
	丹城	新安, 松界
	金海	南亭, 梨樹, 黃山, 興福, 冷泉, 露峴, 草嶺, 北亭子, 三歧, 海陽, 太山
	昌原	禪院, 安民, 臨見, 甘界, 錢縣, 儀仗, 安成, 迪屋, 迎賓
	咸安	伊峴, 仁庇, 梨陰, 大平, 於東, 月村
	固城	道善, 城山, 見乃梁, 松亭
	漆原	惠民, 蔑浦
	鎭海	所達
	熊川	落水, 惠濟, 八峴

全羅道(245)	全州	金光, 宿店, 安德, 四大, 虛高, 長信, 上館, 楸川, 月塘, 皮界, 補山, 大初, 廣濟, 炭峴, 毛老, 南福, 毛叱知, 奈峴, 新院
	益山	黑石
	金堤	東院
	古阜	宋德, 恭惟, 加田, 栗院, 生斤
	錦山	南濟, 歧平, 北亭, 錦南, 金谷, 東院
	珍山	要光, 新昌
	礪山	寶城, 永寧
	萬頃	立石
	臨陂	新倉, 館院, 西院
	金溝	弘仁, 蘇復, 甘勿川, 潛溪
	井邑	迎支, 王信, 廣濟
	興德	蟹川, 仇乙, 甲鄕
	扶安	東津, 手洗, 金設
	咸悅	四街
	高山	三奇, 梨生, 西院
	泰仁	鼎魚, 泰居, 王輪
	羅州	慈化, 要光, 錦江, 蓮花, 洪海, 新安, 開界, 昌乞, 嶺院
	光山	水餘, 甑院, 崔鄭, 猪院, 普通, 分水, 長祿, 堅巖, 穴洑, 樓門, 極樂, 鎭國, 新院
	靈巖	淸風, 普賢, 燧院
	靈光	可亭, 延德, 道鞭梯, 臨溪, 北院
	咸平	四岐, 瓮山, 柤峴
	高敞	盤龍, 仁戒
	長城	得良, 可亭, 彌勒, 寶燈
	珍原	木虎, 行人, 禪院
	茂長	西信, 淸溪, 要光, 東院
	南平	猪浦川, 廣通, 蝦川
	務安	古幕, 古鐵所, 平梯
	長興	滿水, 長綾, 西德, 榧子枝, 東德, 省巖
	珍島	鹿津
	康津	月南, 古也峴, 稼亭, 石橋, 錦川, 高謁
	海南	萬喜, 赤良, 三歧
	南原	安信, 虎山, 金川, 飛鴻, 西林, 鶉子, 多時川, 雲梯, 丑川, 弘化, 栗頭川, 源川, 滽水, 新院, 遷院
	潭陽	西院, 五禮, 延德
	淳昌	東院, 赤城, 牛峴, 磨月, 蘆峴, 西院
	龍潭	里田, 仇羅, 大伐, 松峴

	昌平	三之川, 宣化
	任實	東隅, 萬歲, 九皐, 中止, 雲巖, 申幹
	茂朱	茂梯, 勝長, 召爾
	谷城	慈悲, 觀音, 鵝子, 鴨綠, 三岐
	鎭安	東院, 栗峴, 草川, 南院, 要光, 左山, 潁川, 三歧, 康乳
	玉果	老多, 四岐, 延德
	雲峰	女院, 中興, 大功
	長水	得方, 水分, 德安, 洪福, 陽善, 席北
	順天	蓮池, 乾川, 深院, 薪岾, 潺水津, 高陽, 神堂, 廣川, 梨濟, 南院, 冬栢, 仇音谷, 成生, 無常, 內禮, 東院
	樂安	沙斤舘, 玉山, 油芚, 新場, 要光, 左瑟峴
	寶城	蛇結, 赤峴, 斜只, 余下峴, 可申, 亭子川, 水多, 草岾
	綾城	李陽, 呂岾, 浮落岩, 大林
	光陽	阿磨代, 蟾津, 地藏
	求禮	潺水
	興陽	卜梯, 炭浦, 令毛淵, 松峴, 蓮坊
	同福	攬轡, 方席, 南德, 沙坪, 餘岾
	和順	新院, 乃火, 古者
黃海道(79)	黃州	高石, 仁濟, 濟衆, 普濟, 貯卜只, 大濟
	平山	猪灘, 龜寧, 茶井, 崇水, 彌勒, 長淵, 冷井, 芊芳, 山首
	瑞興	釜濟, 龍泉, 興水, 禿館, 板積, 牧甘, 慈悲
	鳳山	館山, 沙里, 栗串, 觀音
	安岳	迎津, 薪仇里
	載寧	廣濟, 水鐵, 岐灘, 濟興
	遂安	造山, 紙川, 徐考, 如意, 甫音, 板積
	谷山	舘院, 令音勿, 仍古介
	信川	沙院, 大母土城
	新溪	廣山, 長楊, 金剛, 灰院, 觀音, 食岾
	牛峯	仍邑川, 水精, 濟次伊
	兎山	梨豆等, 石串
	海州	普通, 泣川, 三灘, 鵲川, 金剛, 粘石, 甑院, 廣灘, 水餘, 楊距, 茄川
	延安	深洞, 禿山, 角山, 新院
	白川	普達, 所草
	殷栗	板草
	江陰	臨濟, 萬壽, 瓦院
	康翎	牛井
	長淵	廣淺, 長洞
江原道(63)	江陵	洪濟, 濟民, 大嶺, 禿山, 人樂, 人當, 慈仁, 長淵, 無應仇里,

		長壽, 大濟, 松峴
	三陟	萬年, 濟窮, 竹峴
	平海	平等, 多施, 望洋
	杆城	獅子
	高城	炭呑, 梨嶺
	通川	中臺, 通慈, 長正
	蔚珍	加乙, 斗川, 召造, 廣庇
	原州	阿也尼, 松現, 屯呑, 要濟
	春川	藥師, 栗長, 淸平, 德頭
	旌善	行邁
	寧越	濟德, 龍井
	平昌	祉祥, 泉川
	麟蹄	新院, 加歷, 巾伊
	橫城	大悲, 實美, 弘安
	洪川	勝道, 長生, 陽德, 於背
	淮陽	校生, 遮山
	鐵原	通化, 權化
	金城	永豊, 熊施, 菩提津, 兜率
	楊口	都里串
	狼川	大利
	伊川	廣德
	平康	石橋
	金化	寶德
咸鏡道(37)	咸興	新院, 平川
	永興	龍興, 金彼
	定平	濕峴, 南山, 梽川
	高原	要光, 箭灘
	安邊	南山, 龍池, 拯生
	德源	銘石
	文川	琵琶
	北青	平青, 黃水, 蕨坡, 大定, 橋項
	端川	求濟, 忠信
	利城	普恩, 院洞
	洪原	咸關嶺
	甲山	呼麟浦
	三水	草平, 所乙外, 安仇非
	鏡城	淸河, 義生, 雲加委
	吉城	雙介, 磨天嶺
	會寧	廣濟

	鍾城	小白山, 斛巖
	富寧	茂山
平安道(79)	平壤	車門, 奉國, 栽松, 斧山, 大悲, 大井, 普通, 牛井, 降福, 安鶴宮
	中和	多林, 普濟, 駒峴, 陽和
	順安	巖赤川
	安州	亇古介, 雲岩, 南亭, 載川, 新院
	定州	德濟, 曉星, 縺川, 唐五里
	肅川	通寧, 慈悲
	嘉山	甘草, 加磨浦
	義州	古津江, 盖武
	鐵山	豆老弄, 龍泉
	龍川	栽松, 乾川
	昌城	旅貞, 丸階
	朔州	界畔, 大朔
	龜城	釜淵, 八嶺, 仇林
	宣川	加勿川, 栢峴
	郭山	慈悲, 加乙亇川
	寧邊	加乙峴, 幀坪, 石橋
	雲山	車踰, 牛界, 牛院
	熙川	狄踰嶺
	博川	廣通
	泰川	退餘, 瓦洞
	成川	溫井, 成殷, 保彊, 迎賓
	德川	平地
	价川	卵結
	祥原	普濟, 廣濟, 臥佐未, 於丁淺, 新院
	三登	大寺
	陽德	淳熙
	江東	西江
	江界	仁濟, 坡院, 於乙外, 林子陂
	渭原	豆音古介
	理山	板幕, 車踰, 牛嶺
	寧遠	廣城, 支山

(《新增東國輿地勝覽》)

〈崔完基〉

3. 수상교통과 조운

1) 조운제의 정비

(1) 조운정책의 수립

교통이라고 하면 흔히 도로를 이용한 육상 교통을 연상한다. 그러나 근대화 이전의 사회에 있어서는 육상 교통은 그리 발달하지 못하였다. 우리나라는 구릉과 하천이 많았을 뿐 아니라 이를 극복하기 위한 교통 수단 역시 발달하지 못하였기 때문에 육상 교통의 발달은 제한적이었다. 비록 전국 각지에 도로가 개설되어 있다고 하여도, 그것은 역로와 파발로 중심이었기 때문에 행정·군사적 도로로서 이용되었고, 화물의 운송은 수로를 통하는 것이 일반적이었다.

조선 초기의 실학자 李重煥은 《擇里志》에서 사람이 살 터를 잡는 데에는 첫째 地勢가 좋아야 하고, 다음은 교역이 편해야 하며, 다음은 인심이 좋아야 하고, 또 다음은 아름다운 산수가 있어야 한다고 하면서, 특히 지세에 있어서는 먼저 물길을 살펴본 후에 들판의 형세, 산악의 모양 등을 헤아려야 한다고 하였다.[1] 이는 당시 선비들의 공통된 생각이라고 여겨진다.

조선왕조의 수도인 漢陽은 수상 교통의 요충지였다. 서해안과 한강 하류를 통하여 충청남도·전라도의 양호지방과 황해도·평안도의 양서지방의 물자가 한양으로 운송되고, 한강의 상류인 남한강·북한강을 통하여 충청북도와 강원도의 물화가 한양으로 운송되었다. 더구나 한강은 그에 이어지는 낙동강과 아울러 경상도 지방과 서울 지방을 연결하는 대동맥으로서 그 기능의 비중이 높았다. 뿐만 아니라 한강 유역에는 광주·여주·충주·원주·춘천 등 대도회지가 발달하고 있어 사람들의 왕래도 한강의 수로를 이용하는 경우가 많았다.

1) 李重煥, 《擇里志》 12, 卜居總論 1, 地理.

그러나 조선시대 특히 그 초기에 있어서는 자급자족적인 경제구조하에서 지방간의 교통이나 원거리 교역이 그리 발달한 편이 아니었다. 다만 고려 이래로 국가의 통제하에 집약적으로 운영되던 세곡의 운송만이 비교적 전국적으로 행해지고 있었다. 세곡의 운송은 당시에 있어 가장 조직적이고 규모가 큰 운송체제였다. 세곡의 운송은 조운에 의함이 원칙이었다.

조운은 漕轉·漕輓·水運·站運이라고도 불렀는데, 조선시대의 조운제는 고려의 그것을 토대로 하여 제정되었다. 고려시대의 조운제는 13조창의 설치와 운영을 내용으로 하였다. 그러나 12세기 말의 무신란을 계기로 국내정세가 동요되면서 여러 제도가 문란해졌고, 이에 따라 조운제도 그 기능이 약화되더니, 14세기 후반 왜구가 창궐하면서 조운은 거의 폐지되다시피 하였다. 그리하여 세곡의 대부분은 육로를 통하여 운송되었는데, 국가에서는 이를 위하여 요소 요소에 院館을 두고 운송의 편의를 도모하였다. 그렇다고 하여도 세곡은 정상적으로 운송되지 못하였고, 운송량은 크게 감축되었다. 그로 인하여 국가 재정은 날로 궁핍해 갔고, 나아가 고려왕조의 지배력을 약화시켜 그 쇠망을 촉진케 하였다.

이에 위화도회군으로 정권을 장악한 이성계를 중심으로 한 신흥사대부들은 자신들의 경제적 기반과 장차에 있을 새로운 국가를 위하여도 경제기반을 강화시켜야 했다. 그것이 전제개혁과 조운제의 재정비였다. 조운제의 정비 작업은 국가재정의 원활화가 시급히 요청되었던 당시로서는 科田法의 실시에 못지 않게 중요시되었던 당면 과제였다. 그리하여 이성계는 王康·盧嵩 등을 기용하여 漕轉城을 수축하고 漕渠의 개설을 시도하는가 하면, 鄭夢周의 건의를 받아들여 水站을 설치하였다.[2] 조창과 조선이 복구되면서 마침내 40년 동안 불통되던 세곡의 조운이 소통되니, 이로써 국고가 어느 정도 충실해지고 백성들의 삶도 다소 편해지게 되었다.

이성계는 조선왕조를 세운 후에도 새 도읍을 물색하면서 조운에 특히 유의하였는데, 新都內·毋岳·漢陽 등이 모두 그러하였다. 신도 내에선 그 자신이 몸소 자연적 조건을 살피며 호종한 成石璘·金湊·李恬 등에게 조운의

2) 《高麗史》 권 45, 世家 45, 공양왕 2년 정월 갑신.
《太宗實錄》 권 28, 태종 14년 8월 갑진.

편부를 파악토록 하였고, 또 무악에 있어서도 천도를 주장하는 河崙은 물론이거니와 천도를 반대하는 鄭道傳·成石璘 등도 모두 조운을 가장 중요한 입지조건으로 내세웠다. 마침내 한양으로 도읍을 정함에 있어서도 태조는 "조운이 통하지 않는다면 어찌 도회지라고 하겠는가"하면서 조운에 대한 적극적 관심을 보였다.[3] 실로 한양은 조운의 적격지였으니, 한반도의 중앙을 관통하는 한강변에 위치하여 수로와 해로의 이용이 수월한 곳이었고, 또한 옛 고려의 조창들을 관리하기도 편한 곳이었다.

태조와 그의 신하들에 의해 수립된 조선왕조의 조운제는 중앙정부가 조창·조선·조군을 직접 관장하는 官船漕運體制였다. 관선조운체제로 방향을 정한 조선왕조는 국초부터 조운제 정비에 적극적 관심을 보여, 조창이 복구되고 조선이 다수 건조되어 중앙정부가 필요한 세곡이 거의 차질 없이 지방에서 중앙으로 운송되었다. 그 운영과정에서 어려움이 없었던 것은 아니다. 왜구의 노략질이 아직 계속되었고, 또 해난사고가 자주 일어나서 한 때는 조운정책을 포기한 바 있었으며, 私船에 의해 세곡운송을 시도한 바도 있었다. 그러나 법제조직의 강화, 관료조직의 재편성, 토지제도의 정비, 국방체제의 수립 등과 마찬가지로 집권화 정책의 일환이었던 관선조운정책은 강력한 집권체제를 구축하려 했던 태종과 세조에 의해 적극 지지되어, 조선왕조의 기본적 세곡운송정책으로 자리잡게 되었다. 《經國大典》에 제시된 세곡운송정책은 기본적으로 관선조운정책이었던 것이다.

(2) 조창의 설치와 관리

관선조운체제에 있어서 그 경영의 핵심은 조창과 조선·조군의 확보에 있었다. 따라서 조선왕조가 조운의 건실한 경영을 꾀하고자 한다면, 우선 고려말 왜구의 노략질로 인해 황폐된 漕倉의 복구에 힘써야 했다. 조창의 설치는 대체로 고려의 것을 복구함에서 시작되었다. 즉 경상도에서는 공양왕 때 漕轉城의 형태로 복구되었다고 보이는 馬山倉(昌原), 通陽倉(泗川)과 이 때를 전후하여 설치된 佛巖倉(金海)이 도내의 세곡, 특히 남부 연해안 지방의 세곡을

3) 《太祖實錄》 권 3, 태조 2년 2월 갑신 및 권 6, 태조 3년 8월 기묘·경진.

나누어 조운하였는데, 이는 고려시대의 石頭倉·通陽倉에 새로이 佛巖倉이 증설된 것이었다.[4] 한편 북부 내륙지방의 세곡은 고려시대 이래로 鳥嶺이나 竹嶺을 넘어 한강의 수로를 이용해 상납되었는데, 지역의 생산조건에 의해 布貨로 대납되는 것이 일반적이었다. 그리고 가장 많은 세곡을 상납하고 있던 전라도에서는 역시 공양왕 때 복구된 龍山城·榮山城 등의 조전성에 인근의 세곡을 수납하여 조운하던 체제를 계승, 조창으로서의 설비를 강화하고 있는데, 이 역시 고려시대의 세곡 수납처인 鎭城倉과 海陵倉의 옛터 또는 그 인근에 설치한 것이다. 용안성은 그 후 태종 17년(1417) 창사를 새로이 조영하면서 得城倉이라 하였다가, 세종 10년(1428) 득성창이 자리한 金頭浦 포구 앞으로의 물길이 막힘으로 인하여 함열의 皮浦로 옮겨 德成倉이라 하였다. 그러나 피포 역시 항구적인 포구가 아니어서 성종 18년(1487)에 다시 용안 금두포로 옮겨 득성창이라 했다.[5]

다음으로 충청도에서는 고려시대 이래로 크게 두 개의 운송로를 구축하고 있었는데, 즉 서해안을 경유하는 경우와 한강의 수로를 이용하는 경우가 있었다. 《경국대전》에는 可興倉과 貢稅串倉이 충청도 지역 세곡의 조운 거점으로 밝혀지고 있지만, 초기에는 보다 여러 곳에서 세곡을 수납하고 있었다. 예컨대 서해안 지방의 세곡은 貢稅串·慶陽浦·犯斤川 등지에서, 내륙 지방의 세곡은 한강 연안의 淵遷·仰巖·亐音安浦·推乎浦·梨浦 등지에서 수납되어 경창으로 운송되었다.[6] 이들 세곡의 수납처도 대개 고려시대의 조창 또는 조운포구의 옛터 또는 인근의 편리한 지역에 마련되었다. 즉 慶陽浦는 河陽倉이, 淵遷 즉 金遷은 德興倉이었던 곳이다. 그 밖에 강원도에는 興原倉과 昭陽江倉이, 황해도에는 金谷浦倉과 助邑浦倉이 설치되어 각기 한강과 예성강의 수로를 이용하여 인근 지방의 세곡을 운송하였다.

조창의 신속한 복구는 용이하지 않았으나, 창고의 보수와 증설로서 조운의 조기 정상화를 꾀한 정부의 노력은 점차 실효를 거두어 체제가 갖추어져 갔다.

---

4) 六反田豊, 〈李朝初期の田税輸送體制〉(《朝鮮學報》 123, 1987), 48쪽.
5) 《新增東國輿地勝覽》 권 34, 全羅道 咸悅 古跡.
《世宗實錄》 권 42, 세종 10년 12월 기해.
6) 《世宗實錄地理志》 권 149, 忠淸道 總論.

〈표 1〉 15세기 漕倉의 수세 구역

<table>
<tr><th colspan="2">구 분</th><th>漕倉名</th><th>漕倉의 收稅區域</th><th>부속조선수</th></tr>
<tr><td colspan="2">直 納</td><td>京 倉
(서울)</td><td>京畿 諸邑과 江原道의 淮陽, 金城, 金化, 平康, 伊川, 安峽, 鐵原</td><td></td></tr>
<tr><td rowspan="5">站運</td><td rowspan="3">左水站</td><td>可 興 倉
(忠州)</td><td>慶尙道 諸邑과 忠淸道의 忠州, 陰城, 槐山, 淸安, 報恩, 丹陽, 永春, 堤川, 鎭川, 黃澗, 永同, 淸風, 延豊, 靑山</td><td rowspan="3">51척</td></tr>
<tr><td>興 原 倉
(原州)</td><td>江原道의 原州, 平昌, 寧越, 旌善, 橫城</td></tr>
<tr><td>昭陽江倉
(春川)</td><td>江原道의 春川, 洪川, 麟蹄, 楊口, 狼川</td></tr>
<tr><td rowspan="2">右水站</td><td>金谷浦倉
(白川)</td><td>黃海道의 海州, 延安, 豊川, 信川, 長淵, 文化, 康翎, 瓮津, 松禾, 長連, 殷栗, 白川</td><td rowspan="2">20척</td></tr>
<tr><td>助邑浦倉
(江陰)</td><td>黃海道의 江陰, 黃州, 瑞興, 平山, 鳳山, 谷山, 遂安, 安岳, 載寧, 新溪, 牛峰, 兎山</td></tr>
<tr><td colspan="2" rowspan="4">海運</td><td>貢稅串倉
(牙山)</td><td>忠淸道의 牙山, 瑞山, 韓山, 連山, 林川, 定山, 公州, 洪州, 新昌, 結城, 保寧, 全義, 靑陽, 尼山, 大興, 石城, 海美, 泰安, 天安, 庇仁, 恩津, 木川, 沔川, 燕岐, 德山, 舒川, 稷山, 鴻山, 扶餘, 藍浦, 禮山, 康津, 平澤, 溫陽, 淸州, 文義, 懷德, 鎭岑, 沃川, 懷仁</td><td>60척</td></tr>
<tr><td>德 成 倉
(龍安)</td><td>全羅道의 龍安, 全州, 任實, 南原, 臨陂, 金堤, 長水, 金溝, 雲峯, 益山, 萬頃, 礪山, 錦山, 珍山, 泰仁, 沃溝, 鎭安, 高山, 茂朱, 咸悅</td><td>63척</td></tr>
<tr><td>法 聖 倉
(靈光)</td><td>全羅道의 靈光, 興德, 玉果, 扶安, 咸平, 珍原, 潭陽, 茂長, 長城, 井邑, 谷城, 昌平, 古阜, 淳昌, 高敞</td><td>39척</td></tr>
<tr><td>榮 山 倉
(羅州)</td><td>全羅道의 羅州, 順天, 康津, 光山, 珍島, 樂安, 光陽, 和順, 南平, 同福, 興陽, 務安, 綾城, 靈巖, 寶城, 長興, 海南</td><td>53척</td></tr>
</table>

(《經國大典》, 《新增東國輿地勝覽》)

아울러 운영 관리에도 세심한 배려가 경주되어 조선왕조의 조창은 《경국대전》의 반포를 계기로 9개 조창제로 정리되어 갔다.[7] 즉 아산의 貢稅串倉에선 충청도, 충주의 可興倉에선 충청도와 경상도, 함열의 德成倉과 나주의 榮山倉 그리고 후에 새로이 설치된 영광의 法聖浦倉에선 전라도, 원주의 興原倉과 춘천의 昭陽江倉에선 강원도, 배천의 金谷浦倉과 강음의 助邑浦倉에선 황해도의 세곡을 수납하여 운송하였다.[8] 기타 경기도와 강원도 일부 지역에서는 직접 京倉으로 납부하였고, 변방인 평안도와 함경도의 세곡은 그 양이

7) 崔完基, 〈朝鮮前期漕運試考〉(《白山學報》 20, 1976), 402쪽.

8) 《經國大典》 권 2, 戶典 漕轉.

많지 않았을 뿐 아니라 국방을 위해 그 지방에 그대로 두기를 원칙으로 하였다. 평안도 지방의 세곡은 한때 경창으로 조운되기도 하였다.

조운은 크게 海運과 站運(水運)으로 나뉜다. 조운의 편의를 고려하여 한양에 도읍을 정한 조선이었지만, 처음에는 고려를 계승하여 서해안, 남해안 요소에 몇 개의 조창을 설치하고, 이를 기점으로 한 해운에 역점을 두었다. 즉 건국 직후 왜구에 대한 경비책을 강화하여 왜구의 횡포가 점차 제거되면서 각 지방의 세곡을 해운토록 하였다. 그러나 우리나라의 연해안은 다도해로서 항로의 사정이 양호하지 못하였다. 그 중에서도 장연의 長山串, 태안의 安興梁, 강화의 孫乭項, 임천의 南堂津, 영광의 七山梁 등은 험난한 해로로 유명하였다. 게다가 조선 초기에는 항해기술도 이같은 지형조건을 쉽게 극복할 만큼 뛰어나지 못하였다. 그리하여 이들 지역에서는 조선이 난파좌초되는 일이 끊이지 않았다. 즉 태조 4년(1395)의 경상도 조선 16척, 태종 3년(1403)의 경상도 조선 34척, 태종 14년(1414)의 전라도 조선 66척, 세조 원년(1455)의 전라도 조선 55척의 침몰은 그 중에서도 큰 사고였다. 이같은 조선의 침몰은 국가 재정상의 손실은 말할 것도 없고, 조선·조군의 확보문제와 아울러 민심에 끼치는 영향도 컸다. 그리하여 이를 시정하기 위한 대책으로서 陸運論·賃船論·漕渠策 등 온갖 방안이 제시되었지만, 그 어느 것도 실효를 거두기가 힘들었다. 여기에 조운의 부담을 줄이고자 하는 부분적 수정책으로서 제시된 것이 경상도 세곡의 수운화였다. 태조의 조운 정책을 계승하려 한 태종은 造船作業을 강행하면서 조운에 지대한 관심을 보였지만, 연이은 조선의 침몰로 해운정책을 계속 고집할 수 없었던 것이다. 즉 河崙의 건의를 좇아 경상도 조세의 陸轉化를 명령한 조치가 그것이다.9) 이는 명목은 육전화이지만, 실제로는 낙동강과 한강을 경유하는 수운화를 의미한다. 즉 충주 金遷에 새로이 慶原倉을 설치하여 지금까지 해로를 경유하여 조운하던 경상도 연해안지방의 세곡을 수납하였다가, 다시 경창으로 운송토록 하였는데, 이로써 낙동강 연안의 김해 등지에서는 사선을 세내어 세곡을 경원창에 납부하였다. 그 후 세조 11년(1465)에는 경원창을 인근의 可興里로 옮겨 可興倉이라 하고, 그 규모를 확장하여 경상도 세곡은 물론 梨

9) 《太宗實錄》 권 5, 태종 3년 6월 정사.

浦 · 推乎浦 등지에서 수납하던 충청도 지역의 세곡도 총괄하여 수납 운송케 하였다.

여기에서 유의할 것은 15세기에 있어서의 조창은 창고라고는 하지만, 실제로 창고의 시설이 완비되어 있었던 것 같지는 않다. 가흥창을 예로 살펴보면, 창고의 설비가 이루어진 것은 중종 16년(1521)으로서, 충청감사 李世應과 경상감사 金安國 등이 의논하여 부근의 廢寺를 철거하여 약 70칸의 창고를 지으면서였다. 지금까지는 창고라고 하지만 이름뿐으로서 양곡을 저장하는 칸살도 없이 강변에 노적하였는데, 이 때문에 비바람에 쓸려가고 도둑 맞기가 예사였다.[10] 이와 같은 사정은 아산의 貢稅串倉에서도 마찬가지였다. 국초 이래로 貢稅串 등 여러 곳에서 세곡을 수납하던 충청도 서해안 지방에서는 성종 9년(1478) 이후 공세곶에서 통합함으로써 조창 이름도 공세곶창이라 하였는데, 역시 창고의 시설이 마련되지 못한 상태로 조창의 구실을 하고 있었다. 그런 가운데 가흥창의 창사가 마련된 2년 뒤인 중종 18년(1523)에야 비로소 80칸의 창고 시설이 이루어졌다.[11]

경상도 세곡의 수운화가 시행되었다고 하여도 조정의 위정자들이 특히 관심을 기울이고 있었던 것은 해운이었다. 그것도 전라도 세곡의 조운이었다. 국가의 재정이 이 지방에서 조운되는 세곡에 거의 전적으로 의지하고 있었기 때문이다. 전라도의 세곡은 태종 때에 7만 석에 가까웠고, 그 후 점차 증대하여 중종 때에는 10여만 석에 이르렀다. 양란 후에는 전결의 감축으로 세액도 크게 줄었는데, 인조 때의 조사에 의하면 당시 전라도에서 수납하던 세곡은 40,176석으로, 이는 총세액 82,849석의 50%에 해당하는 것이다.[12] 이와 같이 국가 재정에서 차지하는 전라도 세곡의 비중이 크기 때문에 조정에서는 일찍부터 그 세곡의 운송에 깊이 유의하고 있었고, 조창의 관리 역시 전라도에 소재한 조창 경영에 깊은 관심을 보이고 있었다. 해운하는 4개 조창 중에서 3개소가 전라도에 소재하고 있었다. 즉 국초에는 득성창(덕성창)과 영산창에서 세곡을 분담 수납하였는데, 그 후 세곡의 양이

10) 《新增東國輿地勝覽》 권 14, 忠州 倉庫.
11) 《新增東國輿地勝覽》 권 20, 牙山 倉庫.
12) 《仁祖實錄》 권 41, 인조 18년 12월 정미.

〈지도 1〉 조창의 분포와 조운로

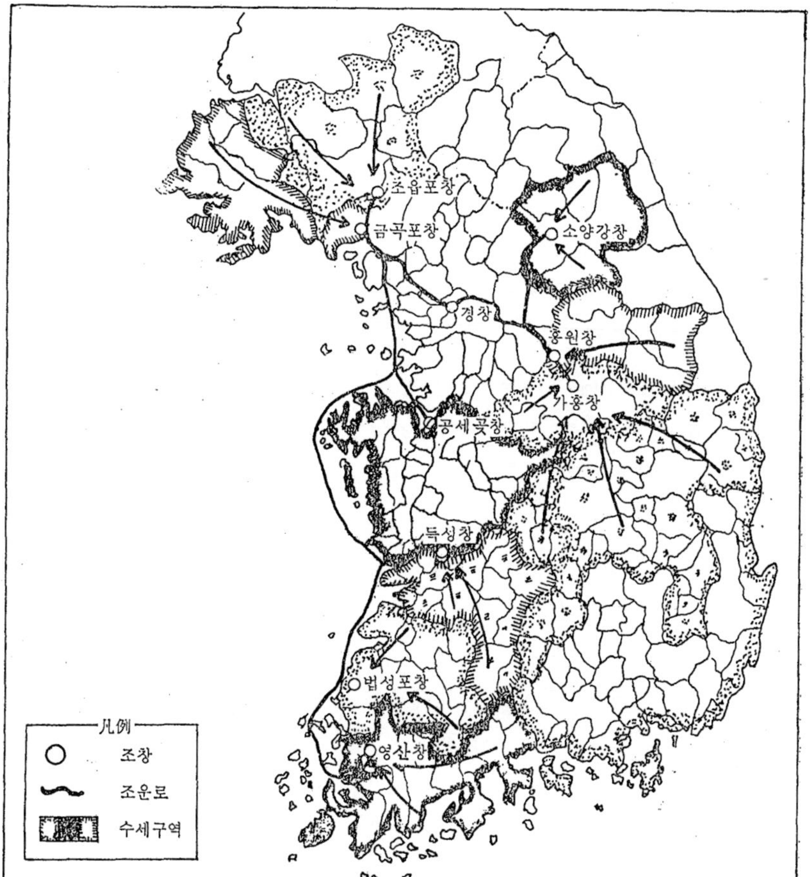

많아지면서 일찍이 고려시대에 芙蓉倉이 있었던 곳에 세조 11년(1465) 法聖浦倉을 증설하여 3개 조창에서 전라도의 세곡을 분담, 조운하였다. 그 후 중종 7년(1512) 영산창 소속의 조선 다수가 七山梁에서 침몰하는 사고가 일어났다.[13] 이에 위정자들은 영산창의 경영에 회의를 표명하고, 폐쇄하기로 결정하였다. 그리하여 영산창에서 수납하던 각 고을의 세곡은 법성포창으로 이관되고, 법성포창 소속의 일부 고을은 용안의 득성창이 다시 옮겨진 옥구

13) 《中宗實錄》 권 16, 중종 7년 9월 무술.

의 群山倉으로 관할이 넘어갔다.

창고의 설비가 미비하였던 15세기에는 그렇기 때문에 더욱 조창의 관리에 유의하였다. 즉 연해안의 해운에 있어서는 海運判官을, 수로연변의 참운에 있어서는 水站判官을 두어 각 조창에서의 세곡 출납과 반출을 감독 관리케 하였다.[14] 이들 관원은 《경국대전》이 편찬되는 전후, 즉 조운제가 정비되는 시기에 설치되었다고 보이는데, 그들의 직무는 1차적으로 조선·조군의 관리에 있었으나, 세곡의 출납과 운송 도중에서의 점검도 직무의 하나였다. 또 실제 세곡의 수납에 임하여서는 判官을 수행하여 書記·使令 등의 임시요원이 있어 창고 행정을 맡았고, 평상시에는 이와 별도로 각 조창에 庫直 수 명을 배치하여 세곡의 간수에 힘썼다. 또한 창고에 대하여는 3년, 5년 혹은 10년마다 이를 주관하는 감독관이 反庫, 즉 물품 재고조사를 행하여 현물과 장부가 일치하는가를 검사하였으며, 재고품의 보존 관리가 적합한가를 조사하였다.[15]

각 조창에 수납된 세곡은 일정한 시기에 조선에 실어 해운 또는 수운을 통해 京倉으로 집결되었다. 경창이란 한양의 남쪽 강변에 설치된 중앙정부의 창고를 말한다. 즉 해운을 통하여 한강 하류를 거슬러 온 충청·전라·황해도의 세곡은 서강변에 위치한 廣興江倉과 豊儲江倉에, 수운을 통하여 한강상류를 흘러 온 경상·강원·충북의 세곡은 용산강변에 위치한 軍資江監과 豊儲江倉에 수납되었다. 이들 중앙정부의 창고는 모두 태조 원년(1392)에 설치된 이래 국가 재정을 맡아 왔는데, 광흥창 세곡은 정부 관료의 녹봉으로, 풍저창 세곡은 왕실의 비용으로, 그리고 군자감 세곡은 군량미로 각기 충당되었다. 본래 이들 창고는 재정을 맡은 관서였지만, 세곡을 보관하기 위해 江倉·江監의 시설을 한강 연변에 마련하고 있었다.

(3) 조선·조군의 확보

관선조운제에서 핵심은 조창의 관리와 아울러 조선·조군의 확보에 있었다. 즉 개개 농민 혹은 고을을 단위로 하여 조창에 수납된 세곡을 다시 경창

14) 六反田豊, 앞의 글.
15) 崔完基, 앞의 글.

으로 조운하기 위해서는 조선과 이를 부리는 조군이 필요하였다. 특히 운송의 매체인 조선은 조운에서 필수불가결한 존재였다. 이에 국가로서는 조선의 확보를 위해 여러 모로 노력했다. 실제로 조선의 확보가 용이할 때에는 관선조운의 운영 역시 원활하였고, 조선의 확보가 용이하지 않을 때에는 관선조운의 운영도 침체의 길을 면치 못하였다. 그리하여 정부에서는 造船作業에 지극한 관심을 보였고, 조선의 사후 관리에도 신중을 기하였으며, 나아가 조선작업이 여의치 않을 때에는 병선을 동원하기도 하였다.

조선왕조는 선박의 건조와 관리를 위하여 그 초창기부터 담당기관을 두고 있었으니, 司水監이 그것이다. 사수감은 그 후 司宰監·司水色·典船色 등으로 명칭이 바뀌더니 《경국대전》에 典艦司로 정착되면서 전국의 모든 선척을 관장하였고, 세곡 운송을 맡은 조선·참선의 관리도 담당하였다. 전함사에는 관원으로 도제조·제조·제검·별좌·별제 등이 배속되어 있었다. 선박을 관리하였을 뿐 아니라 造船도 주관하였던 전함사는 그 기구가 內司와 外司로 구성되어 있었다. 내사는 서울의 중부 澄淸坊에 있었고, 외사는 西江에 있었는데, 내사에는 선박의 관리 혹은 조선의 관리 사무를 주관하였고, 서강 연변에 있던 외사는 그 자체가 바로 조선소였다.[16] 물론 조선시대에 조선 작업은 한강 연안에서만 이루어진 것은 아니었으며, 삼남지방의 수영을 비롯한 각 처에서도 이루어지고 있었다. 여하튼 왕조 초기에는 관선의 건조가 중심이었기 때문에 국립조선소로서의 전함사의 역할이 컸다.

조선시대의 조선작업은 대체로 병선보다도 漕船에 치중하고 있었다. 조선의 대규모 건조 작업은 태종 때에 비롯되고 있다. 조운에 깊은 관심을 보이고 있던 태종은 그 원활한 소통을 위하여 운송의 매체인 조선의 건조에 힘을 기울였다. 그리하여 태종은 즉위하자 곧 삼도조운체찰사 林整에게 대규모의 조선작업을 명하여 그 이듬해 251척의 조선을 건조하였다. 이어서 태종 10년(1410)에는 병선 185척을 건조하였고, 태종 13년(1413)에는 조운에 쓰일 平底船 80척을 건조하였다. 그 후 세종조에는 선박 건조작업의 기사가 그리 보이지 않는데, 세조가 즉위하면서 조선작업은 크게 활기를 띠었다. 세조는 그동안 화평의 기운으로 다소 해이해진 국가 질서를 확립하여 강력한 중앙

16) 姜萬吉, 〈李朝造船史〉(《韓國文化史大系》 III, 1970), 884쪽.

집권화를 추구하였다. 그리하여 법제의 정비가 단행되고, 이를 뒷받침하기 위하여 충실한 국가 재정이 요구되어, 여기에 조운제의 중요성이 제고되면서 그 원활한 운영을 위하여 조선의 건조작업이 대대적으로 시도되었다. 즉 감조경차관 安哲孫의 지휘하에 각 고을에서 船匠과 목공 3백 명이 징발되어 전라도의 변산과 완도를 중심으로 작업이 전개되어 당년에 조선 100여 척을 건조하였다.

나아가 조선왕조의 지배층은 漕船의 확보를 위하여 각 조창의 조선 수효를 법제적으로 명시하였다. 해운에 있어서는 貢稅串倉에 60척, 德成倉에 63척, 法聖倉에 39척, 榮山倉에 53척을, 그리고 한강 상류를 관장하는 좌수참 즉 可興倉·興原倉·昭陽江倉에 두루 51척, 한강 하류를 관장하는 우수참 즉 金谷浦倉·助邑浦倉에 두루 20척을 규정하였다. 이어서 지배층은 조선의 修改年限도 규정하였는데, 건조 후 8년에 수리하고, 또 6년 후에 다시 수리하며, 그리고 다시 6년 후에 개조한다고 하였다. 조선의 수명을 20년으로 보고 있는 것이다. 그리고 조선을 운항하지 않는 평시에는 매 선박마다 2인의 선인을 지정 간수케 하고, 조선 운항에서 침몰하지 않고 무사히 임무를 수행하는 경우에는 포상을 제도적으로 보장하고 있다. 이는 조선 확보를 위한 당국의 의도를 간접적으로 보여주는 것이다. 그런데 세곡운송에 있어서 각 조선의 적재량은 매우 중요하지만, 이에 대한 기록이 분명하지 않다. 다만 고려조에 있어서 해운에선 1천 석, 수운에선 2백 석이었으며, 조선조에도 대동소이하였으리라고 보는데, 17세기의 《磻溪隨錄》에서는 海船에 8백 석을 적재할 것을 주장하고 있다.[17]

한편 정부는 관선조운제를 확립하면서 조선의 확보와 함께 漕軍의 확보에도 관심을 크게 기울였다. 조선이 조운의 객체라면, 그 주체라 할 수 있는 조군의 확보 역시 관선조운을 운영함에 있어서 매우 중요하였다. 조군은 漕卒이라고도 불리는데, 沙工과 格軍으로 구분되어 그 업무가 분화되기도 한다. 이들 조군은 거의 세습직이었는데, 사공은 물론 격군도 신분은 양인이었으나 천역에 종사해야 하는 이른바 身良役賤에 속한 계층이었다. 따라서 현실적으로는 거의 불가능한 일이었지만, 법제상으로는 賞職도 받을 수 있고

17) 柳馨遠, 《磻溪隨錄》 권 3, 田制後錄 上, 漕運.

과거시험에도 응시할 수 있었다. 그러나 실제로 그들은 혹독한 노동력의 착취로 교육의 기회가 전혀 부여되지 않았으니, 매년 계속되는 세곡의 운송, 허다한 잡역, 위험부담율이 큰 해상 활동 등은 그들의 자유로운 생존을 결코 허용하지 않았다. 따라서 避役의 길만 모색하는 상황 속에서 정부는 조군의 확보를 위해 고심하지 않을 수 없었다.

조선 초기에는 수군이 조운업무를 담당하고 있었다. 이른바 漕轉船軍이 그들이었다.[18] 따라서 당시의 수군은 番次로 해상 방어와 조운 활동에 참여하지 않으면 안되었다. 원래 수군의 조운 활동은 14세기 후반 연해안에 출몰하여 노략질을 일삼던 왜구로 인하여 조운 활동이 불가능한 상황에서 한편으로는 연해안 방비, 다른 한편으로는 세곡 운송의 역할을 수행치 않을 수 없었던 데서 연유한다. 15세기에 들어서서 왜구의 횡포가 제거되어 가는 속에서도 수군의 겸무는 시정되지 않고, 오히려 수군의 조운 활동이 당연시되어 갔다. 게다가 이들에게는 파선의 개조, 소금굽기 등 잡다한 역이 가해져 그 역을 감당할 수 없는 형세에 이르렀다. 그렇다고 이들의 경제적·사회적 대우가 좋았던 것은 물론 아니었다. 奉足制가 확립되지 못한 초기 무렵에 그들은 조운에 참여하지 않을 때면 영농을 하여 가족을 부양해야 했고, 조운 도중에 소요되는 비용도 스스로 부담해야 했다. 또한 그들에 가해지는 사회적 처우는 천민이나 다름없이 천시되었다. 이러한 불리한 여건 속에서 견딜 수 없었던 수군들은 다반사로 避役과 代役을 자행하였다.[19] 이와 같은 상황은 결과적으로 해상방어는 고사하고 조운 운영에 있어서도 차질을 빚었다. 그리하여 정부로서는 해상 방어와 관련하여 여러 가지 대책을 마련하고, 아울러 조운 활동을 효율적으로 운영하기 위한 방안을 강구하기에 이르렀다. 그것은 중앙집권화 정책을 강력히 추구한 세조 때를 전후하여 이루어졌다. 병선과 조선, 수군과 조군의 분리 문제가 논의되었다. 수군의 해상 방어의 임무를 충분히 살리면서 조운의 운영을 원활히 하는 길은 수군을 조운활동에서 배제하고 그 대신 조운을 전담할 새로운 집단을 확보하는 방법

18) 金鎔坤, 〈朝鮮前期의 漕運〉(《明知史論》 창간호, 1983), 83쪽.
19) 《太宗實錄》 권 23, 태종 12년 6월 정묘.
《世宗實錄》 권 32, 세종 8년 6월 신미.

이었다. 그리하여 성종 때에는 騎船軍을 모체로 하여 漕軍 4,470명을 확보하고, 이들을 각 조창에 나누어 배속시켰다. 정부는 조군을 확보함과 더불어 그 역을 완화시켜 주었으니, 성종 5년(1474) 새로이 1,490명의 조군을 더 확보하여 좌우번으로 나누어 교대 근무케 하였다.[20] 조군은 이제 운송인으로서의 지위가 굳혀진 것이다.

(4) 조운로의 관리

조창을 설치하고 조선·조군을 확보하여 조운의 활성화를 시도한 위정자들은 조선이 왕래하는 조운 항로에 대하여도 세심한 관심을 기울였다. 매년 연례행사와 같이 빈번히 일어나는 조난 사고, 즉 조선의 침몰은 국가 재정상의 손실은 말할 것도 없고 민간에게 준 폐해도 적지 않았다. 익사한 조군의 가족들이 울부짖는 원한에 가득 찬 통곡소리는 민심을 불안하게 하였고, 死地로 가는 거나 다름없는 조군들은 더욱 그 일을 맡지 않고자 하였다. 이에 조난 사고를 사전에 예방하기 위하여 여러 가지 운항지침이 강화되고 아울러 항로 관리에 유의하였다. 조선이 지나가는 항로에 암석과 토사가 있으면 이를 수시로 제거하고, 또 태안의 安興梁과 같은 위험한 지역을 피하기 위하여 운하 공사에도 적극적인 관심을 보였다. 泰安漕渠는 대표적인 운하공사였다.[21] 그러나 지형조건과 토목기술로 인하여 운하공사는 뜻대로 이루어지지 못하였다. 이에 대신하여 정부는 항로표지를 설치하고 또 조선의 운항규칙을 엄격히 하여 조선 운항의 안전을 기하고자 하였다.

조선의 침몰사고는 크게 두 가지 측면에서 그 원인이 내재되고 있었다. 發船期日을 어기고 늦게 출항하여 항해 도중 폭풍을 만나서 사고가 일어나는 경우와, 또는 적재 상한선 이상으로 세곡 또는 기타의 물건을 과적하여 전복되는 경우가 그것이다. 예나 지금이나 선박의 항해에 있어서 거센 풍랑은 무엇보다도 먼저 주의 깊게 고려되어야 했다. 1년 가운데 6·7·8월은 이른바 장마철이어서 폭우가 쏟아지고 폭풍이 불어 바다에는 성난 파도가 밀어닥치

20) 金鎔坤, 앞의 글, 88쪽.
21) 李鍾英, 〈安興梁對策으로서의 泰安漕渠 및 安興倉問題〉(《東方學志》 7, 1963), 103쪽.

게 되니 行船이 쉽지 않았다. 더구나 암초가 도처에 솟아있고 조류가 거친 安興梁·七山梁 등처럼 지세가 험한 지역에서 폭풍을 만나면 사고는 피할 수 없는 것이었다. 따라서 항해의 적기는 바람이 순조롭고 비가 적어 파도가 잔잔한 2월에서 5월 사이였는데, 법전에는 이 기간 중에 조선을 운항토록 하고 있다. 예컨대 충청도에서는 2월 20일 이전에 발선하여 3월 10일 이내에 상납하고, 전라도에서는 3월 15일 이전에 발선하여 4월 10일 이내에 상납하며, 경상도에서는 3월 25일 이전에 발선하여 5월 15일 이내에 상납토록 하였다 (위의 일정은 음력이다). 이 같은 적정 기간을 지나서 발선하는 '過期'는 그 까닭이 어디에 있건 해난 사고의 원인이 되었기 때문에 위정자들은 발선 기일을 엄수토록 하였고, 특히 7월의 행선은 전적으로 금지시켰다.[22]

조선 침몰사고의 또 하나의 원인은 '過積'에 있었다. 선박을 비롯한 모든 운송수단에는 荷重이 정해져 있어 그에 따라 적재량이 일정하였다. 이를 위반하게 되면 운송이 여의치 않게 됨은 물론이다. 선박의 경우에 있어서는 특히 그러하므로 과적은 곧 사고의 유발을 의미하는 것이나 다를 바 없었다. 그리하여 조선조의 위정자들은 특히 여기에 유의하였다. 관선조운체제 하에서 漕船 1척의 적재한도는 5백 석이었다.[23] 그리고 조선 부족현상으로 인하여 세곡운송에 강제로 동원되었던 어선·진선 등 사선의 경우는 대·중·소 3종으로 구분하고, 각기 대선에는 250석, 중선에는 200석, 소선에는 130석을 적재량을 제한하였다.[24] 이러한 규정을 어기고 과적하였을 때는 조군은 물론 감독관리까지 처벌토록 하였다. 한편 조선의 실제 운항에 있어서는 30척을 1綜으로 하여 편대 운행케 하고 불가피한 경우를 제외하고는 단독행위를 못하게 하였다.

2) 사설항로의 발달

국가에서의 조운제 정비와 때를 같이 하여 민간 선인들에 의한 사설항로

22) 《太宗實錄》 권 28, 태종 14년 8월 갑진.
23) 《新補受敎輯錄》 권 2, 戶典 漕轉.
24) 《世宗實錄》 권 113, 세종 28년 9월 신사.

도 점차 개설되고 발달해 갔다. 일찍이 고려시대에도 민간 선인들이 세곡운송에 참여하여 나름대로의 길을 개척한 바 있었는데, 조선시대에 이르러서도 그들은 계속 이 업무를 맡고자 하였다.

조선시대 전반을 통하여 한양은 가장 번화한 도시였고, 그리하여 한양의 경제적 정치적 위치 때문에 이곳을 관통하는 한강유역은 그 어느 하천유역보다도 경제성이 높은 곳이었다. 특히 한양 남쪽의 한강은 京江이라 하여 서강·마포·용산·송파 등지에는 전국의 중요한 물산이 선박에 의해 이 지역으로 운반됨으로써, 경강 연변에는 조선 초기 이래로 운수업은 물론 선박으로 상업 활동을 하는 선상업이 발달하였다. 곧 江商 혹은 京江商人이라 불리는 상인들의 활동이 그것이다.

조선시대에 있어 경강상인의 활동은 당초 세곡 운반을 중심으로 전개되었다. 조선왕조가 전국에서 거두는 세곡은 내륙지방의 경우를 제외하고는 모두 선박으로 운반되었는데, 그를 위한 대책이 앞에서 살핀 조운제였다. 조운제하에서는 조선이나 병선으로 세곡을 운반하는 것이 원칙이었으나, 私船으로 운반되는 경우도 적지 않았다. 태조 때에 이미 사선을 동원한 바 있었고, 태종 때에는 전라도 지방의 세곡 7만 석을 한양으로 운반하면서 30%에 해당하는 2만 석을 사선으로 운반하였다.

나아가 태종 14년(1414) 전라도 조선 66척의 침몰사고를 계기로 민간선인들의 세곡운송이 본격화되어 이후 15세기 중엽에는 한동안 사선이 세곡운송을 주도하기도 하였다.[25] 그러나 세조의 관선 조운정책에 의해 민간선인들은 세곡 운송활동에서 배제되었다. 그렇지만 관선 조운정책은 造船과 海防에서 문제점을 야기하여 일부 위정자들은 사선의 동원이 불가피함을 주장하였다. 그들은 사선의 활용이 여의치 않다면, 관선과 사선을 겸용하여 운송의 효율화를 기하자고 하였다. 그런 가운데 중종 5년(1510)에 일어난 三浦倭亂을 계기로 소형의 輕快船으로 왜선에 대비하고자 하는 해안경비책이 수립되면서, 그나마 있던 조운용 병선마저 거의 모두 경쾌선으로 개조됨으로써 세곡의 운송이 더욱 어렵게 되었다. 관선에 의한 조운이 여의치 않자 보수적인 위정

25) 崔完基, 〈朝鮮前期의 穀物賃運考〉(《史叢》 23, 1979), 4쪽.

자들도 사선을 동원하지 않을 수 없어 드디어 賃船制를 채택하기에 이르렀다. 중종 때의 특진관 申公濟의 보고에 의하면 당시의 조운은 거의 사선에 의존하였다고 한다.[26]

세곡 뿐만 아니라 양반지주들의 농장에서 거두어들인 소작료의 운송도 私船이 맡음으로써 민간선인들의 활동 영역은 더욱 확대되어 갔다. 그런데 농장, 즉 대토지사유화는 고려를 무너뜨린 과전법론자들이 매우 부심하던 문제의 하나였고, 따라서 과전법에서는 그 규제조치가 상당히 강구되기도 했다. 그러나 여러 가지 사정으로 과전법이 무너지면서 조선조에서도 15세기 말부터는 전국 도처에 농장이 발달하였다. 무분별하게 증대된 농장에서는 엄청난 양의 소작료가 수취되었는데, 중종 13년(1518)의 기록에 의하면 전라도 순천 등지의 지주들은 대체로 5·6천 석 내지는 1만 석까지 소작료를 수취하고 있었다.[27] 당시 농장을 소유한 지주층은 내수사를 비롯한 다수의 궁방·양반관료·부상대고 등의 대지주에서 영세한 소지주에 이르기까지 매우 폭넓게 구성되어 있었는데, 그들이 매년 징수한 소작료의 총량은 국가의 세곡 총량과 비견될 정도였다. 조선 전기에 있어 지주는 거의 한양에 거주하는 부재지주였다. 농장의 미곡은 현지에서 상인들에게 처분되기도 하고, 고리대활동의 자본이 되기도 하였지만 상당량은 한양으로 운송되었다. 소작료의 운반도 선박에 의존하였다. 지주들이 소작료를 운반하기 위하여 자체적으로 선박을 보유한 경우가 없지 않았지만 대체로 사선을 이용하였다.

양반지주들은 소작료의 운송을 위해 그들의 권력을 바탕으로 관선을 이용하기도 하였지만 이는 어디까지나 합법적인 것이 아니어서 일시적 수단일 수밖에 없었다. 생산지에서 소비지로 운송이 요구되고 있던 농장의 소작료는 자연히 사선이 운송해야 했다. 중종 때의 영부사 沈貞은 "舟車의 이익은 백성들로선 삶의 자본이기 때문에 그 이익을 잃으면 반드시 원망이 일게 된다. 또 외방의 곡물이 京中으로 운송된 연후에야 물가가 안정되니 사선의 활동이 국가에 도움이 안된다고 볼 수 없다"고 주장했다. 특진관 申公濟도 "전라·충청도의 곡물은 반드시 사선으로 경중에 운송해야 한다"고 건의하고

26) 《中宗實錄》 권 64, 중종 23년 12월 정축 및 권 65, 중종 24년 5월 을묘.
27) 《中宗實錄》 권 33, 중종 13년 5월 을축.

있다.[28] 이러한 사실들은 사선이 농장생산물 운송에 있어서 주요한 수단이었음을 증거해 주고 있다. 선인들은 농장주가 선박을 이용하기에 편하도록 내륙 깊숙한 곳까지 배를 정박시킴으로써, 멀리 남해안에서 평안도 연안까지 사선의 뱃길이 닿지 않는 곳이 없었다.

사선인들은 선상활동에 있어서도 그 능력을 발휘하였다. 선인들은 한양이라는 최대의 소비도시를 배경으로 선박을 이용하여 미곡·어물·소금·목재 등의 상품을 매매하였다. 특히 한강변에 근거를 두고 있던 경강상인들은 선박을 이용하여 전라·황해도 등의 쌀·어물·소금을 구입하고, 이를 경강으로 운송하여 다시 한양 시내의 시전상인에게 공급하였다. 일부 상인들은 포목을 가지고 전라도 일대를 돌아다니며 곡물을 매집하여, 지주의 소작료나 농민의 양식뿐 아니라 군자곡까지 매집하였던 것이다.[29] 요컨대 한강을 비롯한 주요 하천과 이와 접속되는 연해안 일대에는 경강상인을 비롯한 선상들의 사설항로가 국초부터 개설되어 곡물·어물·소금 등의 생산지와 소비지를 연결시켜 주며 유통로로서의 구실을 충실히 수행하고 있었다.

〈崔完基〉

4. 통신수단의 관리

1) 봉수제도의 운영

(1) 봉수제도의 정비

조선왕조는 교통수단과 아울러 통신수단도 정비하여 집권체제를 강화하였다. 조선시대의 중요한 통신수단으로는 烽燧制度가 있었다. 이것은 외침과 같은 국경지방에서의 긴급한 사정을 중앙정부, 또는 이웃 지방에 알리는 동

28) 《中宗實錄》 권 65, 중종 24년 5월 을묘.

29) 崔完基, 〈朝鮮中期의 貿穀船商〉(《韓國學報》 30, 1983), 50쪽.

시에 그 지방 주민에게도 알려서 신속하게 대응토록 함에 의도가 있었다. 즉 봉수로는 국가의 신경조직에 해당되는 바 역로와 함께 군사행정상의 의미를 지니면서 통치체제를 효과적으로 구축케 하였다. 다만 역제가 주로 중앙의 공문을 지방관아에 전달하는 하향식임에 비하여 봉수제는 변경에서 중앙으로 급보를 전달하는 상향식에 그 특징이 있었다. 그리고 역제가 행정기능 중심인데 대하여 봉수제는 군사기능 중심이었다.

봉수가 행해진 것은 일찍이 삼국시대부터였으나 본격적으로 법제화된 것은 고려 후기였다. 조선의 봉수제는 이를 토대로 하여 정비되었다.

원래 봉수란 용어는 밤에 불로서 알리는 봉인 燃烽과 낮에 연기로서 알리는 수, 즉 燔燧를 합친 말이다. 그러므로 흔히 일컬어지는 烽火란 말은 야간의 연봉만을 가리킨 것이나 후에 주간의 번수까지 합친 뜻으로 쓰여져 고려 말기 이래로 봉화로 통칭되었다.[1)]

연봉이든 번수이든 신호를 알리기 위하여 대략 수십 리 거리를 두고 전망과 관측이 용이한 산마루에 烽燧臺를 두었다. 그리하여 변경의 봉수대가 긴급한 사정을 알게되면, 이를 즉시 밤에는 횃불로써, 낮에는 연기로써, 또 비가 오거나 안개가 끼어서 횃불이나 연기로 연락이 불가능할 때는 봉수군이 직접 달려가서 알림으로써 차례대로 전달하여 중앙에 보고하도록 하였다.

봉수의 관장은 그 기능상 군사 책임자가 맡았다. 즉 중앙에서는 병조의 武備司가, 지방에서는 관찰사와 수령 및 병마절도사·수군절도사·도절제사·순찰사 등 군사 책임자가 관리하였다. 특히 수령은 봉수군의 근무활동을 수시로 감독하고 연대책임을 졌으며, 그들의 차출과 근무 상황은 물론 봉수대 시설의 이상 여부를 항시 살펴야 했다.

각 봉수대에는 봉수군과 伍長(지휘책임자로서 監考라고도 한다)이 배치되어 봉수대에서 기거하면서 밤낮으로 관측하며 이상 유무를 수령에게 보고하고, 수령은 유사시에는 즉시, 일이 없을 때는 매월 말에 관찰사에게 보고했으며, 관찰사는 3개월 단위로 3·6·9·12월 말에 병조에 보고하였다. 봉수군은 14세기 말 이래로 烽卒·烽軍·烽火軍이라고 통칭되었는데, 별칭으로 烽火干·看望軍·看望人·候望人·海望人 등으로 불려지기도 했으나, 《경국대

1) 南都泳, 〈陸上交通〉(《서울六百年史》 1, 1977), 581쪽.

전》에서는 봉수군이라 명명되었다. 처음에는 봉수군만이 봉수대에서 근무하였는데, 그 통솔에 문제가 있다고 하여서 세종 28년(1446) 경부터 監考, 즉 伍長을 배치하였다. 봉수대에서 근무하는 감고와 봉수군의 수는 시대에 따라서 또는 장소에 따라서 차이가 있었고, 근무일수도 변화가 있었는데, 《경국대전》에 의하면 변경지대의 봉수대에는 봉수군 50명, 감고 10명이 10일마다 교대로 근무하고 있었다.[2] 그리고 봉수군은 出番 · 退番의 편의를 위하여 반드시 부근의 주민을 중심으로 차출하였다.

신호를 알리는 방법으로서의 擧火法은 시대에 따라 약간의 차이가 있다. 신호의 표시는 정세의 정도에 따라서 횃불 또는 연기의 수, 즉 炬數로써 구별토록 하였는데, 일찍이 고려 때나 중국 당나라에서는 4炬法이 일반적이었으나, 《경국대전》에서는 5炬法으로 확장되었다. 즉 평상시 아무 일이 없으면 1炬로 하다가 사태가 일어나면 炬數를 늘렸다. 이 때 육지에서는 적병이 국경 쪽으로 움직이면 2炬, 국경에 접근하면 3炬, 국경을 침범하면 4炬, 우리 군대와 접전하면 5炬로 하였고, 바다에서는 적선이 바다 위에 나타나면 2炬, 해안 가까이 오면 3炬, 우리 병선과 접전하면 4炬, 적군이 육지로 상륙하면 5炬를 올리도록 하였다.

봉수제는 그 기능상 신속성을 유지해야 했다. 원래 봉수는 그 봉수대가 동서남북 어느 변경에 소재하던 간에 대략 12시간이면 중앙에 전달되어야 했다. 그러나 후에는 봉수군의 태만, 봉수대의 관리 소홀로 전달함에 소요되는 시간이 너무 지연되거나, 불통되는 경우도 없지 않았다. 중종 27년(1532)의 경우에는 변방에서 서울까지 5~6일 걸렸다.[3] 따라서 정부에서는 봉수제를 강화하기 위하여 여러 가지 법제적 조치를 강구하기도 하였다. 즉 근면성실한 봉수군은 표창하고 태만하거나 불성실한 봉수군은 엄히 징계하였는데, 제대로 시행하지 않을 경우에는 심하면 참형에 처하기도 하였다.[4] 그럼에도 불구하고 16세기 이래로 기강이 해이해지면서 缺番과 代立이 빈번하였으며, 때로는 도적들이 봉수대를 차지하고서 거짓으로 봉화를 올리는 경우도 있었다.

---

2) 《經國大典》 권 4, 兵典 烽燧.
3) 《中宗實錄》 권 73, 중종 27년 9월 경오.
4) 《新補受敎輯錄》 권 4, 兵典 烽燧.

(2) 봉수망의 구성

봉수는 연락을 그 기능으로 하기 때문에 각 봉수대는 이웃 봉수대와 연락망을 이루고 있다. 봉수의 연락망은 기능의 중요성에 비례하여 간선과 지선으로 나뉘었다. 간선은 변경지방에서 중앙으로 직접 통하였기 때문에 直烽이라 하였고, 그 사이에 보조선으로서의 지선이 있었는데 이를 間烽이라 하였다. 《增補文獻備考》에 의하면 전국 봉수의 주요 간선은 크게 5개의 직봉으로 이루어져 있었다. 즉 동북쪽 두만강변의 함경도 경흥 서수라 牛巖烽燧臺, 동남쪽 해변의 경상도 동래 다대포 應峰烽燧臺, 서북쪽 압록강변의 평안도 강계 만포진 餘屯烽燧臺, 같은 서북쪽 압록강 입구의 평안도 의주 古靜州烽燧臺, 서남쪽으로 전라도 순천 방답진의 突山烽燧臺 등을 기점으로 하여 정해진 노선을 따라 서울의 木覓山烽燧臺로 집결하도록 하였다.

봉수망은 잠시라도 그 기능이 중단될 수 없기 때문에 고려의 봉수망이 거의 그대로 답습되었는데, 조선 초기 野人들의 침구가 그치지 않으면서 북방의 봉수망이 확장 증설되었다. 예컨대 세조 1년(1455) 강계부 적유령에 봉수대가 증설되어 종래 압록강변을 따라서 의주를 경유하던 봉수망 외에 희천·영변으로 이어지는 보다 빠른 봉수로가 개설되었다.[5] 전국의 봉수대는 직봉, 간봉을 합해서 670여 개소였는데, 5개 간선 봉수망은 대체로 다음과 같이 이루어졌다.

朝鮮時代의 烽燧網

◎ 第一炬：慶興－서울間〈直烽 122, 間烽 58, 計 180〉

直烽初起 牛巖(西水羅)→南山(이하 造山堡)→豆里山→仇信浦(이하 撫夷堡)→望德→浦項峴→西峰→東峰(阿吾地堡)→白顔(이하 阿山堡)→件加退→水汀(乾原堡)→東臨(安原堡)→南山(이하 訓戎鎭)→厚訓→城上→獐項→馬乳→中峰(慶源)→長城峴(黃拓坡堡)→錢江(이하 美錢鎭)→松峰→美錢→浦項(이하 柔遠鎭)→坪烟臺→射場→坪烟臺→壓江→古城→時建→大灘→中峰(이하 永達堡)→松峰→小童建→甫淸浦(이하 潼關鎭)→北峰→長城門→北峰(이하 鍾城)→南峰→三峰→烏碣巖→釜回還→新岐里→浦項→下乙浦(이하 會寧)→北峰→竹堡→吾弄草→鰲山→古煙臺→雲頭峰→南峰→松峰→中峰→奉德→梨峴→古峴(이하 富寧)→黑毛老→南峰→仇正坂→漆田山→松

5)《世祖實錄》권 2, 세조 원년 11월 신사.

谷峴(이하 鏡城)→姜德→羅赤洞→長坪→永康→朱村→中德→壽萬德→北峰(이하 明川)→項浦洞→古站峴→碌磻(이하 吉州)→鄕校峴→山城→場古介→雙浦嶺→岐里洞→胡打里(이하 端川)→吾羅退→ケ訖乃→甑山→城門(이하 利原)→邑主峰→眞鳥峰→石茸(이하 北靑)→山城→佛堂→六島→南山(洪原)→藁三仇味(이하 咸興)→倉嶺→草古臺→城串→鼻白山(이하 定平)→王金洞→德峙(이하 永興)→城隍峙→熊望山(高原)→天達山(이하 德源)→所達山→長德山→蛇洞(이하 安邊)→山城→沙古介→鐵嶺→峰道只(이하 淮陽)→所山→城北→屛風山→雙嶺→箭川→松古介(이하 平康)→土水→所伊山(이하 鐵原)→割眉峴→適骨山(이하 永平)→彌老谷→禿峴(이하 抱川)→荿邑峴→汗伊山(이하 楊州)→峩嵯山→서울 木覓山 第一烽

間烽 (1)

①阿吾地堡東烽(直烽)→金石山→皮德→行營 ②乾元堡水汀(直烽)→進堡→同上 ③會寧古烟臺(直烽)→池德→南孝郎→同上

間烽 (2)

初起 南嶺(이하 茂山)→錚峴→西峴(이하 會寧)→大巖→琥珀德→雲頭峰(直烽)

間烽 (3)

①初起 遮山(이하 鏡城)→姜德(直烽) ②初起 下峰(이하 鏡城)→羅赤洞(直烽) ③初起 佛巖(이하 鏡城)→古峰→長坪(直烽) ④初起 下田坡(이하 鏡城)→淸德→長坪(直烽) ⑤初起 松峯(이하 鏡城)→永康(直烽) ⑥初起 東峯(이하 鏡城)→牟德→朱村(直烽) ⑦初起 西山(이하 吉州)→高峰→東山→崔世洞→鄕校峴(直烽)

間烽 (4)

初起 隱龍德(吾乙足堡 이하 端川)→馬膽嶺→檢義德→口宇→日彦→沙器→獐項→古所里→藿嶺家舍→瑟古介→杉峰→梨洞(이하 北靑)→馬底→虛火→厚峙→設烽→沙乙耳→者羅耳→石茸(直烽)

間烽 (5)

初起 龍峰(魚西堡 이하 三水)→乙山德→松峰→龍起峰→甕洞→西峰→家南→西峯→水永洞→何方金德(이하 甲山)→所里德→阿叱間→伊叱間→南峰→牛頭嶺→石茸→天秀嶺(이하 端川)→瑟古介(直烽)

◎ 第二炬 : 東萊→서울간〈直烽 44, 間烽 110, 計 154〉

直烽初起 鷹峰(이하 東萊)→龜峰→荒嶺山→鷄鳴山→渭川(梁山)→夫老山(彦陽)→蘇山(이하 慶州)→高位→蝶布峴→硃砂峰→方山(이하 永川)→永溪→城隍堂→城山→仇吐峴→餘音洞(新寧)→吐乙山(이하 義興)→甫只峴→繩木山→繩院(이하 義城)→大也谷→城山→鷄卵峴→馬山→甘谷山(이하 安東)→峰枝山→開目山→祿轉山(禮安)→菖八來山(榮川)→龍岾山(奉化)→堂北山(安東)→沙郎堂(順興)→城內山(榮川)→望前山(豊基)→竹嶺山(順興)→所伊山(丹陽)→五峴(淸風)→心項(이하 忠州)→馬山→加葉山(陰城)→望夷城(忠州)→巾之山(竹山)→石城山(龍仁)→天臨山(廣州)→서울 木覓山 第二烽

間烽 (1)

初起 干飛烏(東萊)→南山(이하 機張)→阿爾→爾吉(이하 蔚山)→加里下山→內川→南木→下西知(이하 慶州)→禿山→福吉(이하 長鬐)→磊城→鉢山→大冬背→知乙(이하 興海)→烏峰→桃李山(淸河)→別畔山(盈德)→大所山(이하 寧海)→廣山→神法山(眞寶)→藥山(이하 安東)→新石山→峰枝山(直烽)

間烽 (2)

初起 加羅山(巨濟)→彌勒山(이하 固城)→牛山→天峙→曲山→加乙浦(鎭海)→巴山(咸安)→可幕山(宜寧)→彌陁山(草溪)→彌崇山(陜川)→望山(高靈)→伊夫老山(이하 星州)→星山→角山→朴執山(이하 仁同)→件臺山→石古介(이하 善山)→籃山→城隍山(開寧)→所山(金山)→回龍山(이하 尙州)→西山→所山→南山(居昌)→禪巖(이하 聞慶)→炭項→麻骨峙(이하 延豊)→周井山→大林城(이하 忠州)→馬山(直烽)

間烽 (3)

①唐浦鎭 閑背串(巨濟)→本鎭 ②助羅浦鎭 柯乙串(巨濟)→同上 ③知世浦鎭訥逸串(巨濟)→同上 ④玉浦鎭 玉山(巨濟)→同上 ⑤栗浦鎭 別望(巨濟)→同上

間烽 (4)

牛山(固城 間烽 2)→蛇梁鎭 主峰→佐耳山(固城)→晋州 角山(間烽 9)

間烽 (5)

①加背梁鎭 別望(固城)→本鎭 ②所非浦堡 別望(固城)→同上

間烽 (6)

初起 天城堡(이하 熊川)→沙火郎→高山→城隍堂(昌原)→安谷山(漆原)→所山(이하 靈山)→餘通→太白山(昌寧)→所伊山(玄風)→末乙應德(星州)→城山(이하 大丘)→馬川山→星州 角山(間烽 2)

間烽 (7)

沙火郎(熊川 間烽 6)→餘浦(昌原)→加乙浦(鎭海 間烽 2)

間烽 (8)

初起 天城堡(熊訓 間烽 6)→省小也(이하 金海)→山城→子菴→栢山(이하 密陽)→南山→城隍→盆項→南山(이하 淸道)→北山→法伊山(大邱)→城山(慶山)→匙山(河陽)→永川城隍堂(直烽)

間烽 (9)

初起 錦山(南海)→臺防山(이하 晋州)→角山→鞍峴山(泗川)→望晋(이하 晋州)→廣濟山→笠巖山(丹城)→金城山(三嘉)→所峴山(陜川)→金貴山(이하 居昌)→渠未屹山→龜山(知禮)→高城山(金山)→訥伊項(이하 黃澗)→所伊山→朴達羅山(永同)→月伊山(이하 沃川)→環山→鷄足山(懷德)→所伊山(文義)→巨叱大山(淸州)→所屹山(鎭川)→忠州 望夷城(直烽)

間烽 (10)

①南海猿山→錦山(間烽 9)→本邑・本鎭 ②彌助項鎭 別烽臺→錦山(間烽 9)→同上 ③泗川三千堡 別望→同上

◎ 第三炬：江界－(內陸)-서울〈直烽 79, 間烽 20, 計 99〉

直烽初期 餘屯臺(이하 江界)→車加大→宰臣洞→朱土→分土→許麟浦→馬時里→奉天臺→林里(이하 謂原)→舍長仇非→南坡→新烟臺－銅遷→蛤池山(이하 楚山)→北山→古烟臺→東烟臺(이하 碧潼)→松林→豆音只→金昌山→秋羅仇非→胡照里→小斤古介→古林城(이하 昌城)→徐加洞→於汀灘→船豆洞→雲頭里山→二峰山→權狄巖(이하 朔州)→田往仇非→老上灘(이하 義州)→亭子山→金洞→浮箇→金洞→石階→統軍亭→白馬山→葛山→龍骨山(龍川)→甑峯(이하 宣川)→熊骨山→鶴峴→圓山→西望日峰→松足山(이하 定州)→所串→仇寧山→馬山→七嶽山→冬乙郎山(嘉山)→竝溫山(博川)→舊青山(이하 安州)→吾道山→所里山→都延山(肅川)→米豆山(永柔)→獨子山(順安)→斧山(이하 平壤)→雜藥山→畵寺山→雲峯山(中和)→天柱山(이하 黃州)→古每峙→巾之山(鳳山)→所卞山(이하 瑞興)→回山→禿鉢山(이하 平山)→奉子山→南山→古城山(金川)→松嶽國師堂(開城)→道羅山(長湍)→大山(坡州)→禿山(이하 高陽)→醢浦→母嶽東烽→서울 木覓山 第三烽

間烽 (1)

①許實里(江界)→江界 ②金ケ訖(江界)→同上 ③安興道(江界)→同上 ④安明守家北(江界)→同上 ⑤梨峴(江界)→同上 ⑥松峰(江界)→同上 ⑦金成民家北(江界)→同上 ⑧吾里波(江界)→同上 ⑨餘屯臺(江界 直烽)→同上

間烽 (2)

二峰山(昌城 直烽)→廷坪(이하 朔州)→件田洞→吾里洞→古城頭山→所串(이하 龜城)→姑城→籠吾里(泰川)→栗古介(이하 寧邊)→德山→深原山(博川)→城隍堂(安州)→青山(安州 直烽)

◎ 第四炬：義州－(海岸)-서울〈直烽 71, 間烽 21, 計 92〉

直烽初起 古靜州(이하 義州)→岐伊城→亐里巖→龍眼山(이하 龍川)→辰串→少爲浦→石乙串→所串山(이하 鐵山)→鷲家山→白梁山→東所串山(이하 宣川)→海岸→青奄山(이하 郭山)→防築浦→都致串(이하 定州)→鎭海串→慈聖山→舍音山→沙邑冬音→虎穴(이하 安州)→冬乙郎山→息浦(이하 肅川)→餘乙外→所山(永柔)→大船串(順安)→佛谷(이하 平壤)→馬項→鐵和→兎山(甑山)→吾串(이하 咸從)→漕士池→所山(龍岡)→牛山(三和)→今卜只(長連)→甘積山(安岳)→巾之山(殷栗)→所山(이하 豊川)→古里串→兀串(이하 長淵)→松纛→彌羅山→淸石→大串→開龍山→大岾(이하 甕律)→檢勿餘→炭項→推峙(이하 康翎)→九月山→堅羅山→食大山→沙串(이하 海州)→花山→南山→睡鴨島→延坪島→龍媒→皮串→聲串(平山)→注之串(이하 延安)→定山→看月山→白石山→角山→鳳在山(이하 白川)→彌羅山→松嶽城隍山(開城)→德積山(이하 交河)→兄弟峰→高峰(高陽)→母嶽西峰→서울 木覓山 第四烽

間烽 (1)

①龍川龍虎烽→龍眼山(直烽)→本邑 ②宣川大睦山→東所串山(直烽)→同上 ③郭山金老串→防築浦(直烽)→同上 ④定州古堂山→都致串(直烽)→同上 ⑤嘉山古堂

峴→沙邑冬音(直烽) ⑥安州新靑山→舊靑山(第三炬直烽)→虎穴(直烽) ⑦山川廐甲山→牙山→餘乙外(直烽) ⑧永柔米豆山新烽→所山(直烽) ⑨順安金剛肅→大船串(直烽) ⑩平壤承令山→秀華山→佛谷(直烽) ⑪甑山西山→兎山(直烽) ⑫江西正林山→咸從窟嶺山→漕士池(直烽) ⑬龍岡大德山→所山(直烽)

間烽 (2)

黃州琵琶串→月呼山→所山→梨峴→甘積山(直烽)→兵營

間烽 (3)

延安角山(直烽)→喬桐修井山→延安看月(直烽)

◎ 第五炬：順天－서울間〈直烽 61, 間烽 24, 計 85〉

直烽 初起 突山島(이하 順川)→白也串→八田山(이하 興陽)→馬北山→天登山→帳機山→全日山(이하 長興)→天冠山→垣浦(이하 康津)→佐谷山→莞島→達廐山(靈巖)→舘頭山(海南)→女貴山(珍島)→僉察山→黃原城(海南)→群山(羅州)→鍮達山(이하 務安)→高林山→瓮山(이하 咸平)→海際→次音山(이하 靈光)→古首島→弘農山→古里浦(이하 茂長)→所應浦→月古里(이하 扶安)→占方山→界火里→花山(沃溝)→五聖山(이하 臨陂)→佛智山→所防山(咸悅)→廣頭院(龍安)→江景臺(이하 恩津)→皇華臺→魯城山(魯城)→月城山(이하 公州)→高登山→雙嶺山→大鶴山(天安)→燕巖山(牙山)→望海山(稷山)→塊台串(陽城)→興天山(水原)→念佛山(이하 南陽)→海雲山→正往山(安山)→城山(仁川)→杻串(富平)→白石山(金浦)→守安山(通津)→大母城山(이하 江華)→鎭江山→網山→圭山(喬桐)→河陰山(이하 江華)→江華南山→南山(通津)→冷井山(金浦)→開花山(陽川)→서울 木覓山 第五烽

間烽 (1)

①順天突山島(直烽)→進禮山→光陽件對山→順天城隍堂→本邑 ②興陽帳機山(直烽)→藪德山→同上 ③長興全日山(直烽)→億佛山→康津修仁山→同上 ④長興全日山(直烽)→寶城眞興山→同上 ⑤珍島女貴山(直烽)→屈羅浦→同上 ⑥珍島女貴山(直烽)→上堂串→同上

間烽 (2)

沃溝花山(直烽)→雲銀山(舒川)→漆枝山(庇仁)→玉眉峰(藍浦)→助侵山(保寧)→興陽山(洪州)→高山(結城)→高丘(洪州)→島飛山(瑞山)→白華山(이하 泰安)→主山→安國山(海美)→高山(唐津)→倉宅串(沔川)→陽城塊苔串(直烽)

間烽 (3)

初起 長烽島(이하 江華)→甫音島→末叱島→江華鎭望山(直烽)

◎ 濟州島 烽燧

濟州牧：沙羅岳 別刀 笠山岳 道道里岳 水山岳 高內岳 板乙浦

旌義縣：南山 吾音沙只岳 餘乙溫 小水山 只末山 達山 兎山 餞月論 狐兒村 三每陽

大靜縣：松岳 毛瑟岳 遮歸岳 堀山 居玉岳

〈지도 1〉 朝鮮時代의 烽燧網圖

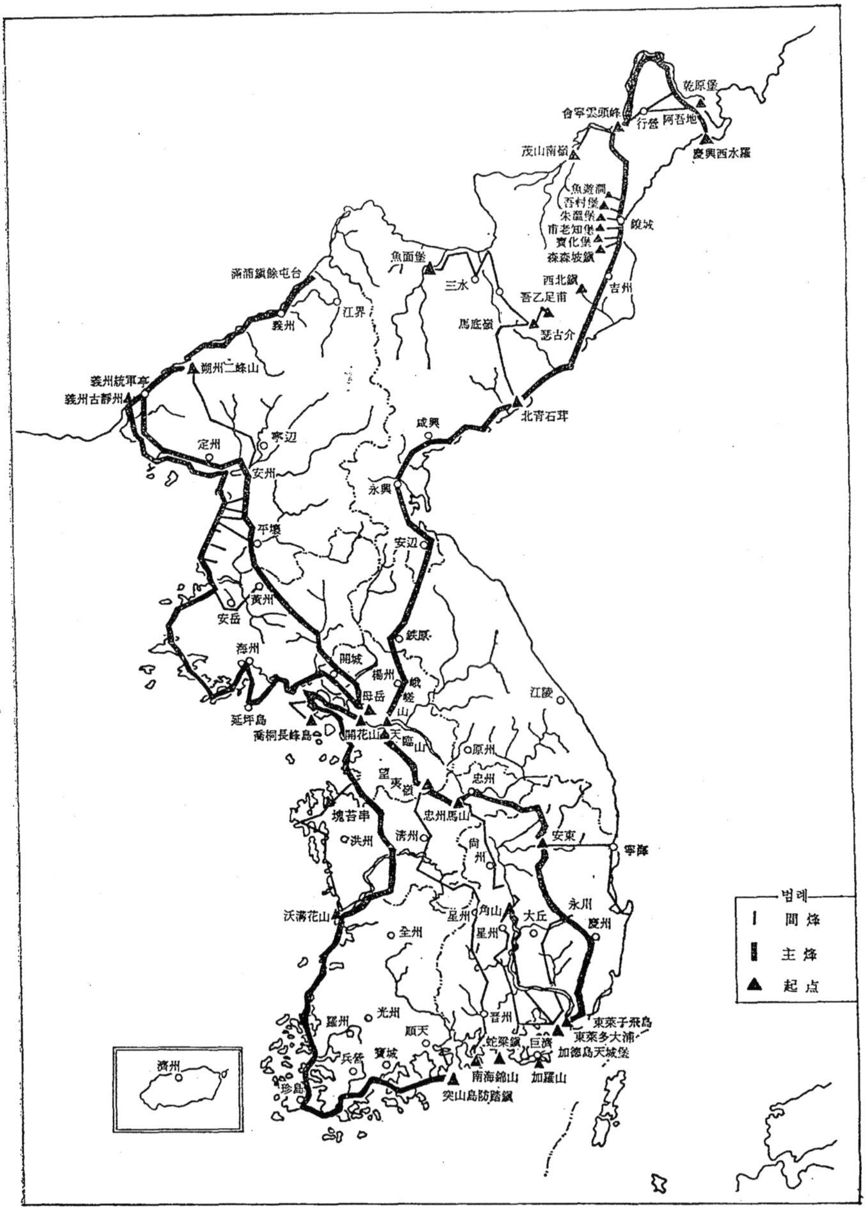

2) 파발로

(1) 파발로의 개설

擺撥은 사람에 의해 소식을 전달하는 통신망이다. 봉수제가 조선 중기 이후 그 기능이 약화되고, 통신기능을 일부 지니고 있던 역제도 공물 운반에 비중이 두어지면서 새로운 통신망이 요구되고 있었다. 임진왜란을 계기로 봉수제는 거의 허구적인 존재로 되어서 변방의 사정을 중앙에 신속히 알리는 데 도움이 되지 못하였다.

이 때 원군으로 참여하였던 명나라 군대에서는 파발제를 통하여 연락을 신속히 하고 있었다. 이에 정부에서는 봉수제 대신에 파발제를 실시하여 위급에 대비하고자 하였다. 그러나 파발제도를 시행하기 위하여는 말의 확보, 파발군의 충원, 도로의 보수 등이 뒷받침되어야 했다. 그리하여 파발이 간헐적으로 시행되기도 하였으나, 전면적으로 실시되지는 못하였다.

파발제도가 정착된 것은 선조 34년(1601) 도체찰사 李德馨의 강력한 주청에 의해서였다. 즉 전국 주요 도로에 擺撥幕을 설치하고, 파발군 6·7명을 각기 소속시켜 연락업무를 맡겼던 것이다. 파발에는 말을 사용하여 보다 신속히 전달하는 騎撥과 사람의 도보에 의하는 步撥의 두 가지 방법이 있었다.

역제에서 교대하는 곳을 역이라 한 데 대하여 파발이 교대하는 곳을 站이라 하였다. 파발로는 신속성이 중시되었으므로 역로와 겹치는 곳도 있지만 때로는 봉수대를 따라 연결되기도 했고, 지름길을 취하는 등 가능한 한 최단거리를 취하였다.

파발이 교대하는 참은 지형이나 방법에 따라 다소 차이가 있었다. 기발에서는 25리마다 1참을 두게 되었으나, 곳은 따라서는 20리, 또는 30리의 거리를 두었다. 보발에서는 30리마다 1참을 두는 것이 원칙이었으나, 40리 혹은 50리마다 두는 경우도 있었다. 그리고 站(파발막)은 일종의 병영과 같았는데 기발에는 撥將 1인, 邑吏 1인, 軍丁 5인과 말 5필씩을, 보발에는 발장 1인과 군정 2인씩을 배치하였다. 보발군은 달리기를 잘해야 했으므로

速步에 능한 사람이 차출되었다.

(2) 파발망의 형성

파발은 연락을 전제로 하기 때문에 路線이 설정되어야 했다. 즉 한양을 중심으로 3개의 간선망과 그 사이에 보조노선이 있었다. 3개의 간선망은 서울과 평안도 의주를 연결하는 서북로선인 西撥, 서울과 함경도 경흥을 연결하는 동북로선인 北撥, 그리고 서울과 경상도 동래를 연결하는 동남로선의 南撥의 셋이었다. 그 중에서도 서발과 북발이 중요시되었는데, 특히 서발에만 기발을 설치한 것은 명·청 등 대중국 관계를 고려한 때문이었다. 남발은 대일본 경계망이었다. 신속성에 있어서 말을 타고 달리는 기발이 빠른 것은 물론이었으나, 보발의 속도도 빨라서 서울과 동래 사이를 23일에 도달하기도 하였다. 중도에 휴식을 금하고 릴레이식으로 밤낮으로 질주하는 것이 보발이었다.

조선시대의 擺撥網

(숫자는 里數)

◎西撥(西北路線, 騎撥, 서울~義州 41站 1050里)

서울 畿營站[敦化門밖] —23— 黔巖站[楊州] —22— 碧蹄站[高陽] —20— 焚修院站[坡州] —20— 馬山站[坡州] —20— 東坡站[長湍] —20— 調絃站[長湍] —25— 青郊站[開城] —25— 青石洞站[自論站, 開城] —25— 餠塵岐站[金州] —20— 官門站[金州] —30— 官門站[平山] —25— 石隅站[平山] —25— 安城站[平山] —20— 官門站[瑞興] —23— 西山站[瑞興] —22— 水山院站[鳳山] —25— 官門站[鳳山] —20— 洞仙站[鳳山] —20— 官門站[黃州] —20— 貯卜站[黃州] —25— 官門站[中和] —25— 大井站[地突站, 平壤] —25— 官門 站[平壤] —25— 斧山站[平壤] —25— 官門站[順安] —30— 冷井站[永柔] —20— 官門站[肅川] —20— 雲巖站[安州] —20— 官門站[安州] —25— 廣通院站[博川] —25— 官門站[嘉山] —30— 求井站[安州] —30— 官門站[定州] —10— 雲興站[郭山] —20— 林畔站[宣川] —30— 淸江站[宣川] —20— 車輦站[鐵山] —30— 良策站[者浦院, 龍川] —30— 所串站[義州] —20— 官門站[義州]

[間撥] 江界1路：安州 官門站 —(東北方)— 江界 官門站(18站 510里, 서울과의 거리 1230里)

渭原1路：安邊 國司站 —(北方)— 渭原 古堡站(13站 470里)

碧潼1路：安州 官門站 —(北方)— 碧潼 官門站(12站 440里)

◎北撥(東北路線, 步撥, 서울~慶興 64站 2300里)

서울 —50— 豆驗川站[楊州] —50— 安奇站[抱川] —30— 梁文站[永平] —40— 豊田站[鐵原] —50— 官門站[金化] —50— 官門站[金城] —50— 昌道站[金城] —40— 新委站[淮陽] —20— 官門站[淮陽] —50— 高山站[安邊] —20— 引豆門[安邊] —30— 方下山[安邊] —40— 官門站[德源] —30— 官門站[文川] —50— 官門站[高原]

—40—官門站[永興]—40—草原站[定平]—50—蓬臺站[定平]—50—平原站[咸興]—50—德山站[咸興]—50—新恩站[洪原]—50—大門站[洪原]—30—舊院基站[北靑]—30—五川站[北靑]—30—大峴站[北靑]—30—羅下洞站[利原]—30—施利站[利原]—30—谷口站[利原]—30—忠信院站[端川]—30—基原站[端川]—50—麻谷站[端川]—60—嶺東站[吉州]—60—臨溟站[吉州]—50—山城院站[吉州]—20—確平站[吉州]—25—古站[明川]—45—明原站[明川]—25—雲委院站[鏡城]—35—朱村站[鏡城]—30—永康站[鏡城]—45—吾村站[鏡城]—45—輸城站[鏡城]—35—獐項站[富寧]—35—官門站[富寧]—20—虛古院站[富寧]—20—古豊山站[會寧]—30—獨德站[會寧]—20—官門站[會寧]—25—高嶺站[會寧]—25—防垣站[鍾城]—20—官門站[鍾城]—25—潼關站[鍾城]—20—永達站[穩城]—30—官門站[穩城]—25—黃拓坡站[穩城]—25—訓戎站[慶源]—10—官門站[慶源]—20—安原站[慶興]—25—乾原站[慶源]—20—阿山站[慶源]—20—阿吾地站[慶興]—20—官門站[慶與]—25—撫夷站[慶興]—35—造山站[慶興]—30—西水羅站[慶興]

[間撥] 厚州1路：北靑 五川站—(北方)—厚州(13站 530里)

茂山1路：富寧 虛古院—(西北方)—會寧 官門站(8站 280里)

◎南撥(東南路線, 步撥, 서울～東萊 31站 920里)

서울—22—新川站[廣州]—20—栗木站[廣州]—20—黔北站[廣州]—20—慶安站[廣州]—20—雙橋站[廣州]—20—高尺站[利川]—20—大浦站[利川]—20—素沙站[利川]—20—官門站[陰竹]—20—林烏站[忠州]—40—崇善站[忠州]—50—丹月站[忠州]—50—安富站[延豊]—40—聊城站[聞慶]—40—犬灘站[聞慶]—20—德通站[咸昌]—30—洛源站[尙州]—40—洛東站[尙州]—40—迎香站[善山]—40—楊原站[仁同]—40—高平站[漆谷]—30—官門站[大邱]—30—梧桐院站[大邱]—40—鰲西站[淸道]—40—楡川站[淸道]—30—官門站[密站]—20—無訖站[密陽]—30—內浦站[梁山]—20—蘇山站[東萊]—20—官門站[東萊]—20—釜山站[東萊]

〈崔完基〉

5. 마 정

馬政은 교통·군사·외교·산업상의 필수로서, 말(馬匹)을 생산하고 관리·조달하는 일을 맡아 다스리는 것을 말한다. 우리나라 마정은 삼국시대 이전부터 실시되어, 그 후 삼국을 거쳐 고려시대에 발달된 체제를 갖추게 되었다.[1)]

---

1) 이 글은 南都泳의 《韓國馬政史硏究》(亞細亞文化社, 1976)와 〈朝鮮牧子考〉(《東國史學》 8, 1965) 및 〈朝鮮時代의 馬政硏究〉 Ⅰ·Ⅱ(《韓國學硏究》 1·2, 1976·1977) 등을 주로 참고한 것이므로, 이들 글에서 나오는 전거는 따로 주를 달지 않음을 밝혀둔다.

〈표 1〉 고려시대 畜馬料式

馬匹種類		季節	馬料量(牛料量포함)	合計
①	戰馬	黃草節	①稗1斗 ②豆2升 ③末豆4升	1斗6升
		青草節	①稗1斗 ②末豆3升	1斗3升
②	雜馬	黃草節	①稗4升 ②豆2升 ③末豆3升	9升
		青草節	①稗3升 ②末豆2升	5升
③	牝馬	黃草節	①稗1斗 ②豆2升 ③末豆3升	1斗5升
		青草節	①稗1斗 ②末豆3升	1斗3升
④	2 歲 駒	黃草節	①稗4升 ②豆2升	6升
		青草節	①稗3升 ②豆2升	5升
⑤	把父馬		①加稗3升 ②豆2升	5升
⑥	典廐役騾	黃草節	①稗1斗5升 ②實豆·末豆 各 3升	2斗1升
		青草節	①稗1斗5升 ②末豆3升	1斗8升
⑦	大僕寺別立馬	黃草節	①稗1斗3升 ②實豆3升 ③末豆4升	2斗
		青草節	①稗1斗3升 ②末豆4升	1斗7升
⑧	駱駝	黃草節	①稗5斗 ②豆2斗 ③鹽5合	7斗5合
		青草節	①稗2斗 ②豆9升 ③鹽3合	2斗9升3合
⑨	驢騾	黃草節	①稗6升 ②豆2升 ③末豆3升	1斗1升
		青草節	①稗6升 ②末豆3升	9升
⑩	尙乘局御馬	黃草節	①田米3升 ②實豆3升 ③末豆3升	1斗5升
		青草節	①田米5升 ②末豆5升	1斗
⑪	件馬	黃草節	①田米3升 ②實豆2升 ③末豆3升	9升
		青草節	①田米3升 ②末豆3升	6升
⑫	役騾	黃草節	①稗1斗 ②實豆2升 ③末豆3升	1斗5升
		青草節	①稗1斗 ②末豆3升	1斗3升
⑬	常立馬	黃草節	①稗1斗 ②實豆3升 ③末豆4升	1斗7升
		青草節	①稗1斗 ②末豆4升	1斗4升

⑭	役　　牛	黃草節	①稗6升　②豆2升	8升
		靑草節	①稗4升　②末豆2升	6升
⑮	犢　　牛	黃草節	①稗4升　②豆2升	6升
		靑草節	①稗3升　②末豆2升	5升
⑯	大　　牛		①稗8升　②實豆3升　③黃草7束	

* ①馬 1필 1일의 馬料配定料(의종 13년 성립).
②참고적으로 牛料 및 駱駝料도 표시.

고려시대의 마정[2]은 중앙에는 마정사무를 전관하는 司僕寺(처음 大僕寺)·典牧司를 두고, 지방 각 목장에는 牧監과 奴子 및 看守軍을 배치하여 운영토록 편성하였으며, 또 현종 16년(1025)과 의종 13년(1159)에는 말의 사육방법을 과학화하여 '畜馬牛料式'[3]을 위의 〈표 1〉과 같이 규정하였다. 말 한 필 1일의 사료[馬料]를 말의 종류·성격과 계절(靑草節 : 봄·여름·가을철인 4월~9월, 黃草節 : 겨울철인 1~3·10~12월)에 따라 馬料의 품종과 양의 차이를 두어 기르게 해서 고도의 생산기술을 갖추게 되었다.

고려가 元과 교섭을 갖게 되면서 원은 일본정벌의 필요에서 충렬왕 2년(1276) 이후 耽羅島(제주도)에 대규모의 몽고식 목장을 건설하였다. 또한 몽고말[韃靼馬]과 그 사육전문가인 牧胡를 보내와서 본격적으로 방목하게 되었는데, 그러한 영향으로 공민왕 16년(1367) 무렵부터 종래 말 생산에 종사하였던 奴子의 직책과 명칭이 牧子로 바뀌게 되었다.[4]

그러나 고려 말 元·明과 같은 나라의 끊임없는 徵馬 요구에 부딪쳐, 원에는 약 20회에 걸쳐 수 만의 말과 소, 수십만 석의 사료 '牛馬料豆'를 보냈고, 명에는 약 35회에 걸쳐 3만여 필의 말을 보내었다. 이러한 고려 말의 마정은 원·명 양국과의 관계 정상화에 기여하였고,[5] 조선시대에 이르러 더욱 중요

2) 南都泳, 〈高麗時代의 馬政〉(《曉城趙明基博士華甲記念 佛敎史學論叢》, 1965).
3) 《高麗史》 권 82, 志 36, 兵 2, 馬政.
南都泳, 〈典牧同에 대하여〉(《歷史學報》 30, 1966).
4) 南都泳, 앞의 책, 83~119쪽.
———, 앞의 글(1965 a).
———, 앞의 글(1965 b), 24~31쪽.
5) 南都泳, 위의 글(1965 b), 409~411쪽.

한 외교적 위치를 차지하게 되었던 것이다.

조선시대의 마정은 고려 말 원의 나하추[納哈出]와 홍건적, 왜구를 격퇴하고 威化島回軍으로 새 왕조를 개창한 李成桂에 의하여 처음 실시되었다.[6)]

그러나 그 후 역대 통치자들은, 말이 군사상의 戰馬나 교통상의 驛馬, 외교상의 교역품 및 농업경작용 등으로 크게 이용될 뿐만 아니라, 그 고기는 식용으로서, 말갈기·말꼬리는 갓(冠) 또는 관모(鬃帽·鬃笠)로서, 그리고 가죽은 신발 등 일용품으로, 힘줄은 활 제조용으로 각각 유용됨으로써 주목하기 시작하였다.[7)] 특히 마정의 중요성에 대해 '나라의 중요한 것은 군사요, 군사의 소중한 것은 말'[8)]이며, '마정은 나라의 중대한 일',[9)] 또는 '나라의 강약은 말에 달려 있으므로, 임금이 富를 물으면 말을 세어서 대답한다'[10)]고 강조함으로써, 중앙과 지방에 馬政機構를 갖추었던 것이다.

1) 마정기구

(1) 중앙의 마정기구

조선의 마정기구는《經國大典》의 완성과 더불어 정립되었다. 그 기본적인 구조는 兵曹 아래에 司僕寺를 속아문으로 소속시켜 실무를 담당케 하였다. 그리고 마정의 최고 정책에는 議政府·六曹·承政院·司諫院·司憲府·經筵 등이 참여하였고, 이 밖에 특수한 업무를 위하여 內司僕寺·兼司僕을 두었으며, 漢城府도 일정 부분 마정의 업무를 담당하였다.[11)]

이러한 관제가 정비되기까지는 다음과 같은 과정을 밟았다.[12)] 태조는 고려의 제도를 답습하여 원년(1392) 7월에 都評議使司·門下府 밑에 병조와 사복시를 두어 마정을 관장케 하였다. 도평의사사는 최고정책에 관여하였고,

6)《增補文獻備考》권 125, 兵考 17, 馬政.
7) 南都泳, 앞의 글(1976), 1~10쪽 참조.
8)《太宗實錄》권 18, 태종 9년 11월 임오.
9)《中宗實錄》권 38, 중종 28년 9월 신축.
10)《增補文獻備考》권 25, 兵考 17, 馬政.
11) 南都泳, 앞의 글(1976·1977) 참조.
12) 南都泳,〈朝鮮時代 말 需給問題〉(《鄉土서울》53, 1992).

문하부는 마정을 총괄하였으며, 병조는 兵籍(馬籍포함)·郵驛 등을 담당하였고, 사복시는 輿馬와 廐牧 등을 맡아 判事 2인(정3품), 卿 2인(종3품), 少卿 2인(종4품), 主簿 1인(종6품), 兼主簿 1인(종6품), 直長 2인(종7품)을 두어 이에 종사케 하였다.

고려의 제도를 그대로 따른 이 관제는 정종 2년(1400)의 개혁에서 도평의사사를 의정부로 고쳐 마정 최고정책에 관여하게 하였다. 태종 5년(1405) 정월에는 병조를 강화하여 判書(정2품)를 두고 조정에 참여케 함으로써 마정을 주관하게 하였다. 그러나 이런 개혁에도 불구하고 병조와 사복시는 서로 독립된 기구로서 국왕에 직결되어 체계적인 조직을 갖추지 못하였다.

따라서 이를 보완하기 위한 개혁이 태종 5년 3월에 또 다시 단행되었다. 곧 병조에 武選司·乘輿司·武備司를 두고, 그 가운데 승여사로 하여금 廐牧·程驛 등을 전장케 하고, 屬衙門제도를 두어 병조에 사복시를 소속시킴으로써 비로소 체계적인 조직을 정비하게 되었다. 그 후 《경국대전》에서 이 관제가 약간 보완되어 중앙 마정제도가 확립되었다.

《경국대전》에 병조는 武選·郵驛 등의 일을 관장하되, 무선사를 두어 武官·軍士 및 雜職(馬醫 포함) 임명 등의 일을 관장케 하고, 승여사는 임금의 가마(輿輦)·廐牧(養馬)·里程과 驛 등의 일을 관장케 하였으며, 무비사는 軍籍(牧馬軍 호적 포함)·馬籍·軍士 점검 등의 일을 관장케 하였다.[13] 그 후 《大典通編》을 수찬할 때 승여사는 馬色으로 개칭되어, 立馬·路文 및 草料(馬料) 등의 일을 겸무케 되었으며, 또한 二軍色과 都案色이 설치되어 騎兵에 관한 일을 맡게 되었다.

병조는 의정부의 합의를 거쳐 국왕의 허락을 받아 마정의 업무를 집행하였다.[14] 그러나 태종 5년에 병조가 승격·강화된 뒤로는 의정부와 권한이 자주 문제되다가, 태종 14년 이후로 병조는 군국의 중대한 일을 제외한 사안의 경우 직접 국왕에게 直啓하여 처리하였다.[15] 重臣의 臣權이 우세한 세종 18년

13) 《經國大典》 권 1, 吏典 京官職 六曹.

14) 議政府 설치 후 馬政의 중요사항은 '議政府 定'(《太宗實錄》 권 2, 태종 원년 10월 무오), 또는 '議政府 啓'로 결정되고 있다(《太宗實錄》 권 12, 태종 6년 7월 병신).

15) 《太宗實錄》 권 27, 태종 14년 4월 경신 및 권 28, 태종 14년 9월 병술.

이후 문종·단종 때에는 의정부를 거쳐 처리하였으나, 왕권이 강화된 세조 때에는 병조 직계로 처리하였으며,[16] 중종 이후에는 備邊司를 거치기도 하였다.[17] 그러나 이러한 실권의 신축에도 불구하고 병조는 마정의 주무 최고기관으로서의 지위를 끝내 유지하여 갔다.

사복시는 병조에 소속된 정3품아문으로, 말 사육 및 전국의 목장, 왕의 가마 등에 관한 실무를 관장 집행하였다.《경국대전》에 규정된 정원은 提調 2인과 사복시의 장으로서 正(정3품) 1인, 그리고 副正(종3품) 1인, 僉正(종4품) 1인, 判官(종5품) 1인, 主簿(종6품) 2인이 있었고, 잡직으로 馬醫 10인 중 安驥(종6품) 1인, 調驥(종7품) 1인, 理驥(종8품) 2인, 保驥(종9품) 2인이 있었다. 또한 吏屬으로 書吏 15인, 諸員 600인, 差備奴 14인, 根隨奴 8인을 배치하였다. 이 밖에도 理馬 4인, 牽馬部 11인, 庫直 4인, 大廳直 1인, 使令 11인, 軍士 2인이 배치되었음을 각종 문헌에서 살필 수 있다.

그 후 연산군 11년(1505)에 사복시는 입양하는 말 50필을 가지고 1坊을 만들어 天驥·地駿·玄驪이라 칭하고, 궁중의 養馬所를 龍廐, 內司僕寺를 麟廐, 興天寺를 驥廐, 兵曹를 雲廐로 칭하였으나, 중종 원년에 파하여 다시 원상태로 복구하였다. 사복시는 실무기관으로서 마정을 병조에 보고하고 의정부를 거쳐 집행하는 것이 원칙이었다. 그러나 문종 원년에 金宗瑞가 영의정으로서 사복시 제조를 맡은 뒤로는, 그 소관이 제조를 통해 국왕에 직결되어 처리되기도 하였다. 또한 그 중요성으로 인하여《경국대전》에 제조 2인으로 규정 배치하고, 영조 때의《續大典》에서는 제조 2인 중 1인을 영의정이 겸임토록 하고 諸員을 증원하여 3,448명을 배치하였다.

한편 내사복시는 궁중의 말 사육(內廐), 임금의 御乘馬, 국왕의 侍衛 및 入直 등을 맡은 바,[18] 內乘 밑에 司僕 40여 인[19]과 書吏 5인이 배치되었

16)《世祖實錄》권 2, 세조 1년 9월 경인.

17) 선조 25년 이후 備邊司에서 중요 馬政이 처리됨.

18)《續大典》兵典 京官職 散職 內司僕寺.
《經國大典》권 4, 兵典 侍衛 入直.

19) 內司僕 정원을 40여 인으로 추정한 것은 太宗이 내사복 정비를 하고 있을 당시에 "上曰…故內司僕寺馬 定數四十匹"(《太宗實錄》권 30, 태종 15년 8월 경오)이라고 그들이 사용할 馬匹을 40필로 정한 것과,《大典續錄》권 4, 兵典 符信條에 "信符依詳定數 曹堂上親監烙給…內司僕寺四十三…兼司僕五十…"이라고

다.[20] 이 관아가 정식 관제로 등장한 것은 성종 23년(1492)의 《大典續錄》에서였다.[21] 영조 때의 《속대전》 兵典 散職條에는, 내승 3인 중 2인은 종2품으로부터 9품에 있는 자가 통틀어 겸임하고, 1인은 사복시의 正(정3품)이 겸임케 하였으며, 특별히 慶熙宮으로 왕이 옮길 때는 1인을 증가할 수 있게 하였다. 그리고 시위는 국왕의 측근에서 하고 官馬와 私馬의 조련을 매월 시행하도록 하였다.

겸사복은 태종이 내사복시 소속의 司僕을 內禁衛 등과 같이 시위에 복무케 한 데서 비롯되었다. 따라서 태종 9년부터는 내사복시에 종래의 사복과는 다른, 武才를 겸비하고 시위를 주임무로 하는 사복을 증치하였다. 이 사복에게는 僉摠制 등과 같은 閑職을 수여하여 겸임케 하였다. 이러한 시책은 세종 때까지 계속되어, 上護軍·護軍·僉摠制·行司直 등의 관료들이 사복에 겸직되었다. 이 겸임제 때문에 '司僕' 앞에 '兼' 자를 붙여 兼司僕이라 칭함으로써 종전의 사복과 구별하였다.[22]

그 후 세조는 왕권강화책으로서 내사복시 기구 중에서 겸사복을 분리 독립시키려는 시책을 서둘렀다. 마침내 세조 10년(1464)에 梁誠之의 건의에 따라 정식 관제화함으로써 兼司僕將 밑에 겸사복 50인을 배속시켜 내금위와 같은 親兵衙門으로 만들었다. 겸사복은 《경국대전》에서 종2품아문으로 되고, 뒤에는 兼司僕廳으로도 불리게 되었다.[23] 겸사복은 가장 정예적인 기병 중심의 친병으로서 守門과 赴防·捕盜·捕虎 및 마정에 관련된 御乘馬 점검·飼育·調習, 목장관리 등의 임무를 수행하였다.[24]

그리고 한성부는 馬籍과 牧子籍 관리, 말고기 매매와 牛馬賊 단속 등을 관

한 것에 근거하여 추정해 본 것이다.

20) 《增補文獻備考》 권 226, 職官考 13, 武職 內司僕寺.

21) 《大典續錄》 권 4, 兵典 符信·《續大典》 권 4, 兵典京官職 散職·《增補文獻備考》 권 226, 職官考 13, 武職 內司僕寺 등에 전하고 있다.

22) 南都泳, 〈朝鮮初期의 兼司僕에 대하여〉(《金載元博士華甲紀念論叢》, 1969).

23) 《續大典》 권 1, 吏典 京衙前條에서 '兼司僕(將)廳'이라고 한 것과 《睿宗實錄》 권 2, 예종 즉위년 11월 신사조에 '司僕廳'이라는 것, 그리고 《宣祖實錄》 권 53, 선조 27년 7월 신사조에 "內禁衛·兼司僕 將有三員…兩廳之將 以年少武臣可堪爲將者 擇差" 등에서 볼 수 있다.

24) 南都泳, 앞의 글(1969) 참조.

장함으로써 일정하게 마정에 관여하였다.[25]

(2) 지방의 마정지구

지방의 마정조직은 각 도의 관찰사 밑에 監牧官을 두어, 守令으로 하여금 이를 겸임케 함으로써(일부 지방은 전임의 감목관 배치) 각 목장의 群頭·群副 및 牧子를 관찰하도록 하는 체계를 갖추었다.

조선 초기에는 고려 말의 편제를 그대로 따르면서도 중국의 大明律 등을 참고한 체제로서 운영하였다. 그러나 지방조직의 정비를 위한 1차 작업이 태종 7년(1407) 의정부의 건의로 착수되었다. 즉 전국 각 고을의 水草가 좋은 곳에 목장을 건설하고, 牧子로 하여금 생산에 종사하게 하되 수령이 그 책임을 맡았으며, 관찰사가 수령을 평가할 때에는 種馬를 번식시킨 수에 따라 黜陟을 결정토록 함으로써, 관찰사－수령－〈목장〉－목자로 이어지는 조직을 갖추게 되었다. 그러나 수령들이 실무에 어두워 말 생산에 손실을 가져오자, 다음해에는 2차 작업으로 새로이 감목관을 배치하여 지방의 마정을 강화시키고자 하였다.

제3차 작업은 병조의 안에 따라 세종 7년(1426)에 실시되었다. 마정의 하부조직인 각 도의 목장을 암말 100필 단위로 1群으로 편성하여 군두 1인을 배치하고, 50필마다 각각 군부 1인, 25필마다는 목자 1인씩을 소속시켰다. 그리고 이를 관할하기 위하여 말 번식에 능숙한 6품 이상의 감목관을 파견하였다. 이에 따라 각 군마다 1년에 80필 이상 번식시키면 上等, 60필 이상은 中等, 60필 미만은 下等으로 하여 출척하되, 30개월 안에 상등이 세 번이면 위계를 올려 주고, 상등이 한 번이면 위계는 그대로 둔 채 임용하며, 세 번 중등이면 벼슬을 깎아서 내보내고, 하등은 즉시 논죄·파면하여 내쫓으며, 두 번씩 성적이 하등인 것은 군두·군부·목자까지 모두 논죄하고, 말을 죽게 하거나 잃어버리고 손상하여 쓸 수 없게 될 때에는 모두 법률의 조문에 따라 처리하게 하였다. 이로써 감목관－(목장의 각 군)－

25) 南都泳, 〈朝鮮時代의 牧畜業〉(《東洋學》 9, 1979).
　　───, 〈牧畜業〉(《서울六百年史》 2, 1978).

군두·군부·목자로 연결되는 체계가 확립되었다. 또한 세종 10년에는 役이 없는 백성을 목자로 충당하여, 牧馬軍을 편성함으로써 목장을 간수·관리케 하는 4차 작업을 마무리하였다.

이러한 과정을 거쳐, 목장 조직은 《經國大典》에 이르러 약간 보완되어 확립되었다. 《경국대전》 兵典에 의하면 각 도의 목장을 암말 100필과 숫말 15필로써 1군을 삼고, 1군마다 군두 1인(목자 중에서 良人을 골라 정하되 군부도 같음), 군부 2인, 목자 4인을 배치하여 돌보게 하였다. 한편 종6품의 감목관을 수령으로 겸임시켜, 매년 85필 이상을 번식케 하면 그 군두의 품계를 승급시키고, 뛰어난 자의 경우에도 품계를 승급하여 관직을 수여하도록 하였다.(〈표 2〉).

〈표 2〉 牧場組織表

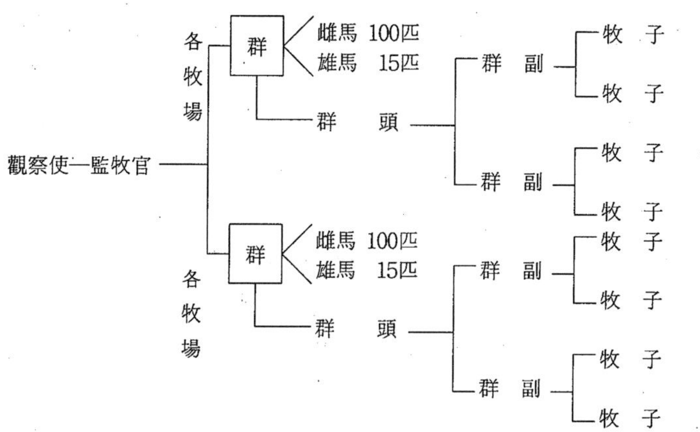

2) 감목관·목자

마정의 실무행정을 맡은 監牧官과 생산에 종사한 牧子는 마정의 성과를 가름하는 존재로서 여러 규제와 보호의 대상으로 주목되었다. 이러한 감목관과 목자의 유래 및 신분 직책은 다음과 같다.

(1) 감목관의 지위

감목관은 강원도를 제외한 각 지방에 소재는 목장을 관할하여 말의 번식·개량·관리·조달 등의 일을 수행한 종6품 관직이다. 이는 태종 8년(1408)에 처음 설치되었는데, 고려시대의 목장관리를 맡았던 牧監을 참작하여 당시까지 전해진 愛馬孶長官提領을 고친 것이다.

특히 당시에는 마정에 밝지 못한 '수령들이 목장 관리를 맡아 말이 많이 파리해져서 손실을 보게 되는' 문제가 지적되었는데,[26] 이를 해결하고자 하는 노력이 계속되어 세종 7년(1425) 병조의 건의에 따라 '말 번식에 숙달된 6품 이상인 자'로서 감목관을 임명케 함으로써 '專任監牧官'이 배치되기에 이르렀다. 그러나 감목관 배치로 인해 공대비용이 늘고 그들의 관사를 미처 마련하지 못하여, 다음해인 세종 8년에는 목장 부근의 말에 익숙한 驛丞과 鹽場官으로서 감목관을 겸임시켰다. 이로써 겸임감목관과 더불어 겸임하지 않은 전임감목관이 배치되었던 것이다.

그런데 겸임감목관인 역승들이 본래의 임무(驛의 일) 때문에 마정에 전념할 수 없는 데다가 민폐까지 끼치게 되어, 세종 13년 정월에 이의 폐지에 관한 논의가 있게 되었다. 孟思誠 등은 겸임을 그만두도록 주장하고, 李中至 등은 그대로 둘 것을 고집하였으나, 결국 맹사성의 의견이 수용되었다.[27] 그리고 감목관의 임용 조건을 강화시켜 2품 이상의 당상관이, 3품 이하의 목양기술이 있는 사람을 추천토록 하여, 이를 임명하여 마정을 전적으로 관장하도록 하였다. 그러나 겸임감목관제의 필요성은 곧 다시 제기되었다. 그것은 대개의 목장이 바다에서 50~60리에서 100리 밖에 떨어져 있어서 감목관이 실무를 집행하는 데 항시 왕래하여 살필 수가 없고, 순찰에 따른 경비부담이 크며, 수령들의 행정지원이 없이는 소임을 다할 수 없기 때문이다.[28] 그 중에도 수령들의 비협조는 큰 문제로 되어 바로 그 해 11월에 병조는 다음과 같이 건의하였다.

수령들이 '이미 감목관이 임명되었으니 말을 기르는 일은 자기네와 관계없다

---

26) 《世宗實錄》 권 32, 세종 8년 4월 갑신.
한편 조신들이 주장한 감목관 자격은 ① 마정에 밝고 익숙한 자(《世宗實錄》 권 64, 세종 16년 4월 계유) ② 먹여 기르는 법을 아는 자(《世宗實錄》 권 32, 세종 13년 6월 신해) 등이다.

27) 《世宗實錄》 권 51, 세종 13년 정월 기축.

28) 《世宗實錄》 권 90, 세종 24년 정월 경인·권 69, 세종 17년 7월 을해.

고 여김으로써 일찍이 마음을 쓰지 않으므로, 말을 번식하는 것이 점점 예전과 같지 못합니다. 지금부터는 수령에게 감목관을 겸임하도록 하여 말 기르는 일을 살펴서 번식케 하소서(《世宗實錄》 권 54, 세종 13년 11월 병술).

세종 15년(1433)에 江華府使가 감목관을 겸하고 그 후부터는 萬戶·千戶로 감목관을 겸하게 하였는데, 이들이 무관으로서 배타기를 잘하고 마정에 밝아 섬에 있는 목장을 잘 보살필 수 있었기 때문이었다. 특히 濟州島와 같이 대규모의 목장을[29] 설치한 곳에서는 牧使(정3품)가 마정을 총괄할 것이 강조되었다. 원래 제주도에는 태종 8년(1408)에 최초로 감목관과 鎭撫를 배치하였는데, 세종 10년에 本州는 判官(종5품)이 감목관을 겸하고, 大靜·旌義는 縣監(종6품)이 겸하게 하였다. 그러나 제주도 행정의 총책임을 맡은 목사가 마정에 참여하지 않아 牧養과 畜産을 시행하는 사무가 다 시행되지 못하자[30] 세종 22년에는 사복시의 건의대로 목사를 감목에 겸임시켜 세 고을의 마정을 통솔하도록 하였다. 따라서 그 칭호도 일반 감목관과는 다른 '濟州島安撫使知監事'라 하고, 2품 이상은 都節制使知招營田事例에 의하여 역시 '知監牧事'라 칭하고 목사 직함은 예전대로 하였다.[31]

그러나 감목관제는 겸임 또는 전임의 문제뿐만 아니라 그 존재 자체가 계속 논의의 대상이었다.

전라도 도관찰사가 아뢰기를, '감목관이란 직책은 여러 섬에서 기르는 말의 새끼치고 번식하는 것을 살피는 일에 불과할 뿐인데, 수령과 만호들이 다 감목을 겸해서 그 일을 맡아보고 있습니다. 감목관은 목장을 순시하는 것이 1년에 두 세 차례에 불과한데, 이로 인하여 지나가는 고을마다 창고의 곡식이 소비되어 그 폐가 적지 아니합니다. 더구나 司僕寺에서는 매년 봄·가을로 여러 섬에 있는 말들을 점검하고, 감사도 또한 감목을 겸직하고 있는 수령과 만호의 잘하고 못하는 성적을 살피고 있습니다. 그러므로 감목관이란 벼슬은 없어도 좋으니, 청컨대 이를 혁파해 버리고, 그 여러 섬의 牧養하는 상황은 點馬別監으로 하여금 검찰을 겸행하여 위에 아뢰게 하고, 감사에게 이첩하여 출척의 자료로 삼게 하소서' 하니, 병조에 내려서 의논하게 하였다(《世宗實錄》 권 106, 세종 26년 11월 기해).

---

29) 南都泳, 〈朝鮮時代 濟州牧場〉(《韓國史硏究》 4, 1969).
30) 《世宗實錄》 권 89, 세종 22년 5월 정미.
31) 《世宗實錄》 권 89, 세종 22년 6월 경진.

〈지도 1〉 濟州島牧場의 種別分布圖

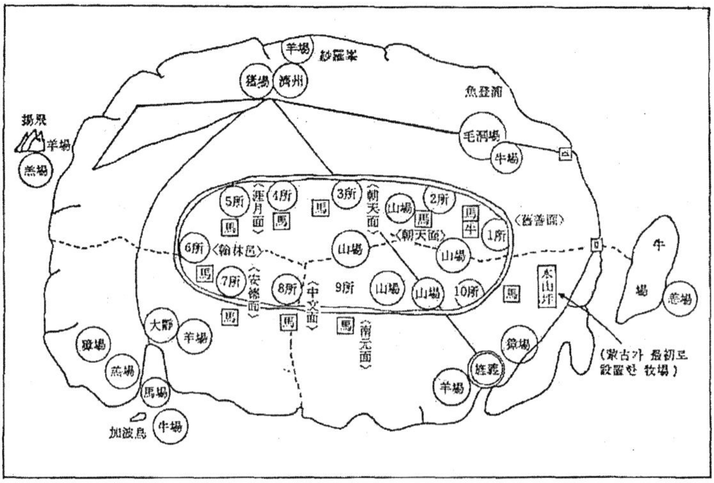

(南都泳, 〈朝鮮時代 濟州牧場〉, 《韓國史硏究》 4, 1969).

목장이 많은 전라도와 경기도 지방은 전임감목관이 계속 배치되다가, 세종 27년(1445)에 감목관제는 폐단만 있고 무익하다는 의정부의 건의대로, 다른 도에서의 예에 따라 겸감목관이 정착하는 단계에 이르게 되었다.

세종 28년에 보고된 충청·전라·경상도 각 목장에 감목관이 배치된 상황을 정리하면 다음과 같다.

> **忠淸道** : 泰安郡의 禿津串과 薪串의 두 목장은 左道都萬戶가 겸임하고, 洪州 興陽串목장은 洪州判官이 겸임.
> **全羅道** : 多慶串목장은 務安縣監, 靈光郡의 珍下山목장은 咸平縣監, 羅州의 狎海島목장은 羅州判官, 靈岩郡 黃原串목장은 靈岩郡事가 겸임하며, 珍島의 南面 女歸山串목장의 제1소는 珍島郡事, 제2소는 金甲島萬戶, 제3소는 南挑浦萬戶 등이 나누어 맡고 西面 富支山串과 北面 海原串목장은 珍島郡事가 겸임.
> **慶尙道** : 巨濟 加羅山목장의 제1소는 巨濟縣事, 제2소는 知細浦萬戶, 제3소는 玉浦萬戶가 나누어 맡음(《世宗實錄》 권 101, 세종 28년 정월 신묘).

감목관의 배치 상황은 그 최초의 기록인《世宗實錄地理志》에는 강원도와 평안도를 제외한 6도에 8인이 배치되었고,《경국대전》에는 기록이 없다. 영조 때 편찬된《續大典》兵典에는 강원도를 제외한 지역에 21인이 배치되고 있다. 숙종 4년(1678)에 만들어진 《牧場地圖》에는 12인, 《增補文獻備考》 마정편에는 11인, 동 職官考(外武職 監牧官)에는 24인이 배치되고 있다. 이밖에 제주도에는 3인의 감목관이 배치되고 있었다. 이상의 내용을 요약하고 또한 《속대전》에서 배치한 사항을 도시하면 다음 〈표 3〉·〈표 4〉와 같다.

〈표 3〉 監牧官 定員

道 名	世宗實錄地理志	牧場地圖 (숙종 4년)	續大典	增補文獻備考	
				馬政篇(仁祖)	職官考
京畿道	1	3	5	2	5
忠淸道	1	1	1	1	1
慶尙道	1	2	3	2	3
全羅道	3	3	5	3	8
黃海道	1	2	3	2	3
江原道					
平安道			1		1
咸鏡道	1	1	3	1	3
計	8	12	21	11	24

(이 밖에 濟州島에 감목관 3명이 배치됨).

(2) 목자·군두·군부

牧子는 국영목장에 소속되어 賤役인 말과 소의 생산을 담당하였다. 그 신분은 양인이었으나 역이 천하여 사회적으로 身良役賤(신분은 양인이나 역이 천한 자)이란 특수 계층으로 불리었다.32)

목자는 16세에서 60세까지 말·소 생산에 종사하도록 되어 있어 국가는 그 대가로서 그들에게 牧子位田 2결과 復戶의 혜택을 주었으며, 또한 근무성적에 따라 쌀·포목으로 포상하거나 群頭·群副·百戶·千戶 및 京官職으로까지 영달할 수 있도록 보장하였다.

32) 南都泳, 앞의 글(1965 a) 참고.

〈표 4〉 《續大典》에 규정된 監牧官 定員

道 別	定 員	品 階 (經國大典)	配置場所	兼任關係	備 考
京畿道	5	종6품	江 華 水 原 南 陽 仁 川 長 峯	永宗僉使 兼任 〃 〃 〃 長峯萬戶 兼任	→草芝鎭僉使 兼任
忠淸道	1	〃	瑞 山	平薪僉使 兼任	
慶尙道	3	〃	晋 州 蔚 山 東 萊	多大浦僉使 兼任 〃 〃	
全羅道	5	〃	興 陽 順 天 羅 州 珍 島 荏子島	僉使 兼任 〃 〃 〃 荏子島僉使 兼任	續大典에 없는 감목관 ·智島 監牧官 ·薪知島 監牧官 ·濟州島 監牧官
黃海道	3	〃	海 州 豊 川 長 淵	登山僉使 兼任 椒島僉使 兼任 白翎僉使 兼任	
咸鏡道	3	〃	咸 興 端 川 穩 城	咸興府使 兼任 端川府使 兼任 穩城府使 兼任	
平安道	1	〃	鐵 山	宣沙浦僉使 兼任	

그러나 이는 법제상의 규정일 뿐 실제면에서 보면 그 몇 배나 되는 苦役이 그들에게 가해지는 이외에 그 직은 종신토록 면할 수 없으며, 세습적으로 자손에게 전해지고 거주이전과 다른 직책으로의 전직이 허락되지 않으며, 사료와 토산물을 바쳐야 하고 牧馬軍으로서 복무해야만 했던 것이다.[33] 그리하여 그들은 가난에서 헤어날 수 없었는데, 감사·사복 관원 및 점마별감 등이 1년에 2, 3차례씩 순찰을 빙자하여 수탈하는 행위로 말미암아 가산을 탕진하기까지 하였던 것이다.

33) 南都泳, 위의 글, 36~38쪽.

처음에 목자는 10필의 말을 사육하면 되었다.[34] 그러나 세종 7년(1425)에는 25필로 증가되고, 매년 그것을 길러 새끼말 20필 이상을 생산하면 상등, 15필 이상이면 중등, 15필 미만이면 하등으로 평가되는데, 30개월 단위로 그 성적을 매겨서 3회 이상 상을 받으면 승진되고, 중을 3회 받으면 좌천 또는 파면되었으며, 하를 받으면 처벌받도록 하였다. 그 후 이 직책은《경국대전》에서 강화되어 목자 4인이 암말 100필과 숫말 15필을 길러 매년 새끼말 85필 이상을 생산해야만 하였다. 이러한 규정은《大典後續錄》·《續大典》및《大典通編》에도 동일하게 나타나고 있어 조선 후기까지 적용되었다고 하겠다.

이 밖에 목자는 직책상의 과실 또는 사고로 손실을 보게 하였을 때는 예외없이 笞 50에서 杖 100에 이르는 체형과 잃어버린 말의 수대로 배상해야만 했다. 이런 과중한 직책과 가혹한 부담은 목자들의 離役을 초래하게 하였다.[35] 따라서 목자의 확보가 사회문제로 되어 목자는 3년에 한 번씩 호적을 다시 만들게 하여 단속을 철저히 하는 한편, 목자의 자손은 父役에 복무하도록 하고,《경국대전》에서는 목자의 동거친족 중 1인은 다른 역을 못하게 하였다. 중종 6년(1511)에는 盧公弼의 주장에 따라 목자가 계집종과 결혼하여 낳은 아들은 아버지 役處에 속하고, 그 딸은 어머니의 신분에 따라 천인으로 소속시켰다. 良人이지만 천역을 하고 있는 牧子·鄕吏·驛吏·鹽干 등에게까지 출가의 폭을 넓힘으로써 이들 천역에 종사할 인원을 확보하고자 하였던 것이다.

그러나 이와 같은 목자의 생활보장책이 없는 정책은 성공할 수가 없었다. 가중된 고역과 생활의 방편으로 목자들은 목장말을 부정으로 매각하거나 둔한 말과 교환하여 利를 취하고, 금지된 私畜을 하는가 하면 말을 도살하여 팔거나 물가 변동에 편승하여 木棉 등과 바꾸어 사복을 채움으로써 혼란을 가져오게 하였다.

이러한 범법행위는 극형으로 다스려졌다. 세종 8년(1426)에는 牛馬를 도살한 목자의 경우 ① 곤장 100대에 ② 刺字하고 ③ 몸은 水軍에 충당하며 ④

34)《太宗實錄》권 12, 태종 6년 7월 병신.

35) 南都泳, 앞의 글(1965 a), 41~47쪽.

가산을 몰수하였는데, 세종 16년에는 범법자를 초범 · 재범으로 구분하고 재범은 평안도로 추방하였다.[36] 그 뒤 세종 26년에는 범법자를 초범 · 재범 · 3범으로 나누어 3범은 사형에 처하였다. 세종 29년에 이르러서는 재범까지 사형에 처하더니,[37] 단종 2년(1454)에는 초범은 主犯(爲首者)과 從犯(爲徒者)으로 구분하여 주범은 교수형에 처하고, 종범은 자자하여 巨濟 · 珍島 · 南海로 추방하되 재범은 교수형에 처하였다. 이렇게 가중되어간 형량은 가족에게까지 미쳐 가족들 또한 강제이송(流配)에까지 이르게 하였다. 목자로서 유배된 자는 유배지에 가서도 신분상의 고역을 면할 수 없었다.[38]

이와는 반대로 목자에게 가혹하게 적용되었던 법규는 관료지배층에게는 적용되지 않은 경우가 많았다. 이를테면 江華府使로 온 楊脩 · 金徑 등이 부정행위를 한 데 대해 목자 姜石이 義禁府에 고발하였으나 국왕의 명령으로 무죄가 되었으며,[39] 종친 李徐와 같은 권세가가 去骨匠과 결탁하여 불법적으로 도살하여도 이의 적발이나 처벌이 묵인된 바 있었으니,[40] 조선사회에서의 법운영의 맹점과 목자의 가련한 처지를 이해할 수 있다. 이런 사회적 여건 속에서 목자들이 생산의욕을 가질 수 없음은 물론이었다.

군두 · 군부의 직제는 전술한 바와 같이 세종 7년(1425)에 처음 제정되고, 그 후 다소 보완되어 《경국대전》에서 정비되었다.

군두 · 군부는 목자 중에서 근무성적이 양호한 자로서 임명되었다. 군두는 각 목장에서 암말 100필과 숫말 15필을 단위로 한 '群'의 책임자로서, 그 밑에 군부 2인, 목자 4인을 배치 받아 말 생산에 종사하였다. 그들은 매년 85필 이상을 번식시키면 품계가 가하여져 京外官職에 임명되었다.[41] 그리고 군부는 군두 밑에서 50필의 목양책임을 맡았는데 목자 2명을 거느렸다. 군부 중 우수한 자는 군두로 승진될 수 있었다.[42]

---

36) 南都泳, 〈鮮初의 牛馬盜賊〉(《東國大大學院論文集》 14, 1975).
37) 《世宗實錄》 권 116, 세종 29년 5월 병진.
38) 《世祖實錄》 권 2, 세조 원년 9월 병술.
39) 《文宗實錄》 권 5, 문종 원년 정월 임자.
40) 《成宗實錄》 권 50, 성종 5년 12월 무자.
41) 南都泳, 앞의 글(1965 a).
　　——, 앞의 글(1976), 220~222쪽.
42) 南都泳, 위의 글(1976), 222~223쪽.

조선시대 목자의 수를 전하는 것으로 《世宗實錄地理志》, 《牧場地圖》(숙종 4년, 1678), 《輿地圖書》(영조 33~41년, 1757~1765), 《耽羅巡歷圖》(1700년대 초), 《耽營事例》(연대미상)와 《成宗實錄》(성종 원년 계미조), 《中宗實錄》(중종 17년 2월 정해조 등), 《日省錄》(헌종~철종) 등이 있다. 그 중 《세종실록지리지》는 경기도의 목자 수만 전하고, 《탐라순력도》·《탐영사례》는 제주도의 목자 수만 기록하고 있으며, 《여지도서》는 전국의 목자수를 전하고 있으나 일부 목장의 목자 수가 누락되어 있다. 숙종 때 만들어진 《목장지도》는 전국의 목장을 지도로 표시하고 있을 뿐만 아니라, 목자와 우마의 수를 잘 밝히고 있다. 《목장지도》에 기록된 목자는 경기도에 874인, 공청도 705인, 경상도 166인, 전라도 1,005인, 황해도 421인, 평안도 176인, 함경도 444인, 濟州牧 754인, 旌義縣 365인, 大靜縣 126인, 別牧場(제주) 141인으로서, 조선시대의 목자는 강원도를 제외한 7도에 총 5,178인이 배치되어 있었다.

그런데 군두·군부의 수를 전하는 문헌이 아직 발견되지 않고 있다. 이 점

〈표 5〉 지방 마정 종사인원수

牧子數	推定人員		監牧官	地方 馬政에 종사한 總人員數
	群頭	群副		
874	(219)	(437)	5	1,535
705	(176)	(358)	1	1,240
166	(42)	(83)	3	294
1,006	(252)	(503)	5	1,766
421	(105)	(211)	3	740
176	(44)	(88)	1	309
444	(111)	(222)	3	780
754	(189)	(377)		1,320
365	(91)	(183)		639
126	(32)	(63)		220
141	(35)	(71)		247
5,178	1,296	2,596	21	9,091

에 대해서는 첫째, 위의 제 문헌의 편찬자들이 동일 목장 群에서 같은 직종(말 사육)에 종사하고 있는 군두 · 군부 · 목자를 동일시하여 이를 목자로 합쳐(군두 740인, 군부 1,480인, 목자 2,958인으로 추산할 수 있음) 그 수치(5,178인)를 기록한 것이라 이해된다. 둘째, 편찬자들이 누락하였다면, 이는 세종 7년의 《경국대전》에서 결정한 원칙 곧 "1群에 군두 1인, 군부 2인, 목자 4인을 배치"한다는 것으로 추산할 수밖에 없다. 이로써 보면 군두는 약 1,296인, 군부는 약 2,596인으로서 지방 마정에 종사한 인원은 감목관 21인을 합쳐 총 9,091인이 배치되었음을 알 수 있다. 이는 위의 〈표 5〉와 같다.

3) 목장의 발달과 실태

(1) 목장의 발달과 변천

조선시대의 목장은 고려시대부터 전하여지는 목장을 재건하는 한편으로 수초가 좋은 곳에 목장을 설치함으로써 국영 및 사영의 다양한 목장이 발달하였다. 사육되는 목축류도 말 · 소를 비롯하여 양 · 돼지 · 염소 · 노루(獐) · 고라니(麂) 등에까지 이르러 이에 따른 다양한 목장이 설치되었다.[43]

①馬牧場 ②牛牧場 ③羊牧場(羊棧 : 양) ④猪場(猪圈 : 돼지)
⑤羔場(羔圃 : 염소) ⑥獐場(獐圈 : 노루) ⑦麂場(고라니)

그 가운데 말목장이 가장 발달하여 전체목장의 약 90%를 차지하였다. 말목장의 수는 《세종실록지리지》에 58개소(그 중 폐목장 2), 《동국여지승람》 산천조에 87개소, 《반계수록》에 123개소, 《대동여지도》에 114개소, 《목장지도》에 38(140)개소(그 중 폐목장 62), 《증보문헌비고》에 171개소(그 중 폐목장 54, 소재 불명 3)가 전하고 있다.

소목장은 소만을 전문적으로 사육하는 목장과 말목장에 소속된 것의 두

---

43) 南都泳, 〈韓國牧場制度考〉(《東國史學》 11, 1969).
———, 앞의 글(1969 b).
———, 〈朝鮮時代의 地方馬政組織에 대한 小考〉(《史學研究》 18, 1963).

가지가 있었다. 그 수는《목장지도》에 의하면, 전자는 약 2개소(초기 4개소), 후자는 약 10개소에 불과하였으며, 그 운영도 마정체제로써 하였다. 양장·고장·장장·저장·궤장도 관리자인 監을 배치하여 운영하였다.

조선시대의 말목장(소 목장 포함)은 육지에 있는 일부를 제외하고는 대부분 바다의 섬이나 바닷가에서 뾰족하게 내민 땅인 곶(串)에 설치되어 있었다. 그리고 분포는 다음 〈표 6〉에서 파악되듯이 전라도가 약 43.9%로서 제일 많고, 이어 경기도·경상도의 순으로 분포되어 있어, 이 3도에 전체의 약 72% 이상의 목장이 설치되어 있었다. 그리고 섬으로서는 제주도가 5개소(뒤에 15개소)로서 제일 많고, 강원도에는 하나도 없었다.

〈표 6〉 전국의 목장 통계

	京畿道	公淸道	全羅道	慶尙道	咸鏡道	黃海道	平安道	濟州	江原道	計	合計
東國輿地勝覽	28	10	13	18	6	10	5	2	0	92	92
牧場地圖	30	10	49 〈56〉	23	7	10	4	5		138 〈145〉	138
輿地圖書	8	3	15	6	6	5	1		0	44	44
大東輿地圖	21	3	50	11	5	5	5	14	0	114	114
增補文獻備考	24 〈3〉 (11)	5 (5)	32 (27)	20 (7)	7	7 (4)	4 (1)	15	0	114 〈3〉 (54)	171

* ① ( )는 廢牧場, 〈 〉는 所在不明 牧場.
② 《輿地圖書》는 말이 있는 목장만 표시함.

이상과 같은 목장은 임진왜란 이후 폐지 또는 축소되는 과정을 밟게 되었다. 임란 중 남방의 목장 반 이상이 적의 수중에 들어가 선조 27년(1594)에 40여 개소가 폐지되고[44] 말을 보급한 목장은 제주도목장을 비롯 강화의 진강·신도·거을도·미법도·장봉도·북일도·매음도·주문도, 황해도의 초도·백령도·순위도·등산도·기린도·창린도·석도·용매도·연평도와 낙안의 신미도, 함경도의 두언대·도련포·사눌도·말응도·마랑이도, 평안도의 가도 등 25개소 뿐이었다. 전란 중 우수한 戰馬를 보급한 곳은 진강과 가도가 유

44)《牧場地圖》後序 참조.

명하였다.[45]

그 뒤 인조 19년(1641)에 119개의 목장 중 말이 있는 곳이 46, 폐지된 곳이 73개였으며,[46] 숙종 때는 다소 정비되어 138개 중 폐지 또는 둔전·민전으로 변한 것이 62개소에 달하였다.[47] 이러한 실태에 대하여 일부 실학자는 그 개혁을 주장하였으나[48] 뜻을 이루지 못하고, 일제 강점기에 牧場田이 몰수됨으로써 조선시대의 목장은 전폐되었다.

조선시대의 목장분포 상황을 《증보문헌비고》에서 보면 말이 있는 목장(有牧場)이 114개, 폐지된 목장이 55개, 불분명한 것 3개, 도합 172개가 전하고 있다. 이를 정리하면 다음과 같다.

〈표 7〉 조선시대의 목장분포

道 別	有廢牧場別	所管邑名	牧 場 名
京畿道(38)	有牧場(24)	江華	①鎭江場 ②信島 ③ 居乙島 ④煤音島 ⑤彌法島 ⑥北一場 ⑦長峰島 ⑧注文島
		仁川	⑨龍流場 ⑩無衣島 ⑪薪佛島
		南陽	⑫大阜島 ⑬靈興島 ⑭仙甘島 ⑮召忽島 ⑯伊作島 ⑰小牛島 ⑱伊側島 ⑲佛島 ⑳楓島 ㉑立破島
		水原	㉒陽也串 ㉓洪原串
		陽城	㉔槐台串
	廢牧場(11)	江華	①甫音島 ②松家島
		仁川	③紫烟島 ④茅島 ⑤難智島 ⑥士也串
		南陽	⑦德積島 ⑧昇黃島 ⑨禿甲島
		長湍	⑩壺串
		坡州	⑪沙牧島
	所 在 不 明 (3)		①項浦 ②吾杂庄 ③振威屯

45) 《宣祖實錄》 권 98, 선조 31년 3월 기유.

46) 《牧場地圖》 後序.
《增補文獻備考》 권 129, 兵考 17, 馬政.

47) 숙종 4년에 된 《牧場地圖》 後序에 "各道牧場總數 濟州並一百三十八…廢牧場六十二"라고 기록되고 있다.

48) 柳馨遠, 《磻溪隨錄》 권 22, 牧馬.

〈그림 2〉 朝鮮時代 牧場分布圖

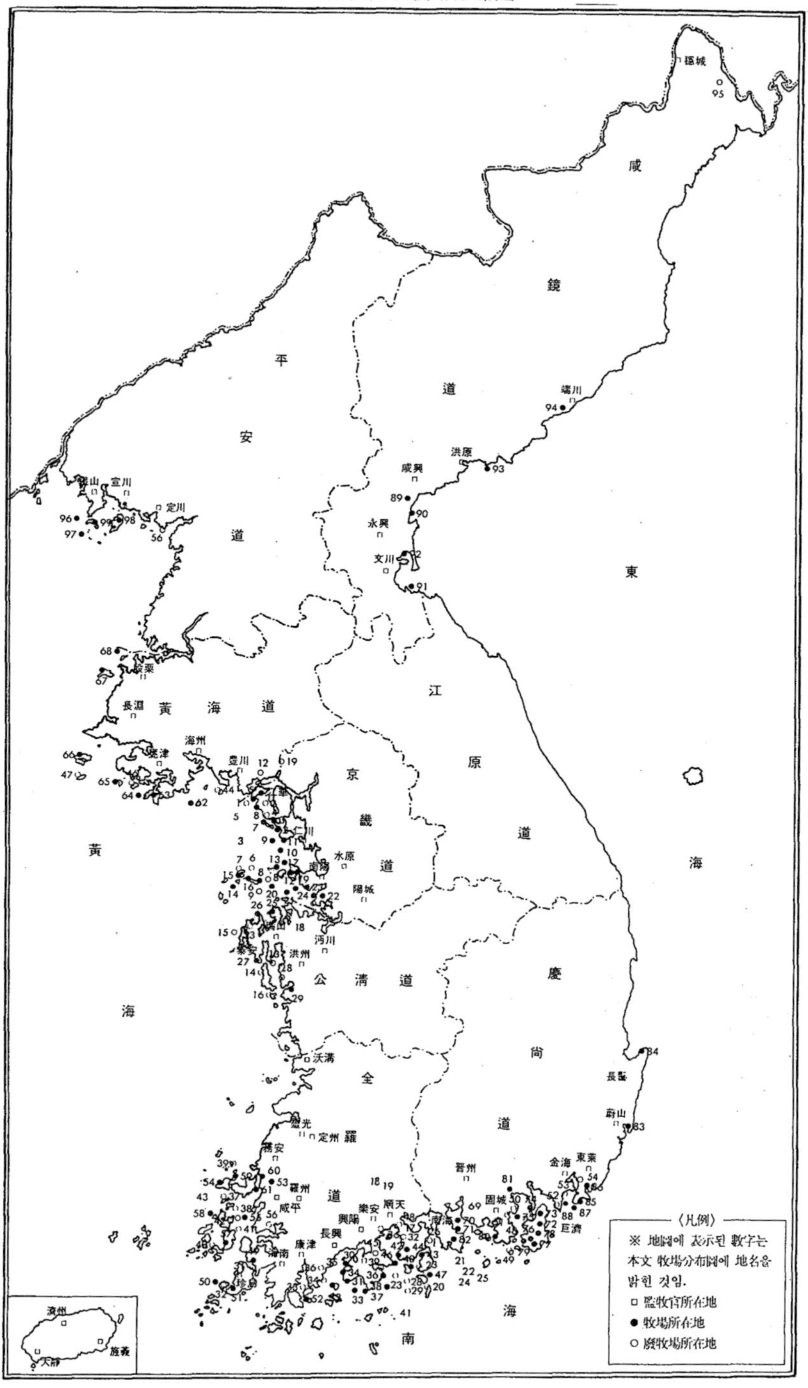

忠淸道(9)	有牧場(5)	瑞山	㉕大山串
		泰安	㉖梨園串 ㉗遠西面 禿津島
		洪州	㉘興良島
		沔川	㉙倉宅串
	廢牧場(5)	泰安	⑫智靈山 ⑬安眠串 ⑭薪串 ⑮大小山串
		洪州	⑯元山島
全羅道(59)	有牧場(32)	興陽	㉚道陽場 ㉛折爾島 ㉜小鹿島 ㉝示山島 ㉞鹿島 ㉟亇叱島
		順川	㊱內羅老島 ㊲城頭串 ㊳外羅老島 ㊴禾太島 ㊵蓋島 ㊶諸里島 ㊷白也串 ㊸突山島 ㊹白也島 ㊺猫島 ㊻狼島 ㊼黔毛島
		樂安	㊽獐島
		海南	㊾黃原串
		珍島	㊿智力山 51南桃浦
		康津	52薪智島
		靈光	53多慶串 54荏子島
		羅州	55押海島 56牛串島 57長山島 58慈恩島 59智島
		務安	60加羅串
		咸平	61珍下山
	廢牧場(27)	興陽	⑰赤亇島 ⑱平內伊島 ⑲沙日海島 ⑳所里島 ㉑大頭里島 ㉒小頭里島 ㉓多里島 ㉔自毛島 ㉕安島 ㉖[illegible]見島
		順天	㉗耳里島 ㉘大花島 ㉙小花島 ㉚四叱島
		珍島	㉛占察山 ㉜夫之山
		康津	㉝古爾島
		長興	㉞來德島 ㉟得良島 ㊱帳內串
		靈光	㊲甑島 ㊳古耳島 ㊴臨淄島
		羅州	㊵箕島 ㊶安昌島 ㊷其佐島
		沃溝	㊸箕食島

黃海道(11)	有牧場(7)	海州	㉒延坪島
		康翎	㉓登山串 ㉔巡威島
		甕津	㉕麒麟島
		長淵	㉖白翎島
		豊川	㉗椒島
		殷栗	㉘席島
	廢牧場(4)	海州	㊹龍媒島 ㊺甫音島
		甕津	㊻昌麟島
		長淵	㊼大靑島
慶尙道(27)	有牧場(20)	晋州	㉙興善場 ㉚昌善場 ㉛赤梁島
		巨濟	㉜舊永登場 ㉝長木浦場 ㉞漆川島 ㉟加助島 ㊱九千場 ㊲舊助羅浦場 ㊳知世浦場 ㊴山達島
		固城	㊵三千唐浦場 ㊶海坪場
		南海	㊷錦山場
		蔚山	㊸魴魚津
		長鬐	㊹冬乙背串
		東萊	㊺絶影島 ㊻乭浦 ㊼烏也項
		金海	㊽金丹串
	廢牧場(7)	巨濟	㊽閑山島 ㊾龍草島
		固城	㊿葡萄島
		漆原	51龜山島
		熊川	52加德島
		金海	53鳴旨島 54古今丹馬城
咸鏡道(7)	有牧場(7)	咸興	89都連浦 90花島
		文川	91四訥島
		永興	92末應島
		洪原	93馬郎耳島
		端川	94豆彦台

		穩城	⑮莎草島
平安道(5)	有牧場(4)	鐵山	⑯大串 ⑰椵島
		宣川	⑱身彌島 ⑲炭島
	廢牧場(1)	定州	㉟都致串
濟州牧(15)	有牧場(15)	濟州牧	6
		大靜	3
		旌義	2
		山屯	1
		牛屯	1
		乙丙別屯	1
		淸馬別屯	1

* 목장명(有·廢牧場別) 앞의 번호로 〈지도 2〉 〈조선시대 목장분포도〉에 위치를 표시하였다.

(2) 목장의 실태

조선시대의 名馬 생산지로 이름난 목장은 함경도의 산이 깊고 풀이 무성하며 샘물이 좋은 都連浦(함흥), 馬郞耳島(홍원), 四訥島(문천), 末應島(영흥), 豆彦臺(단천) 목장과 평안도의 身彌島(선천), 大串(철산), 椵島(철산)목장 그리고 경기도의 鎭江場(강화), 煤音島(강화), 경상도의 絶影島(동래), 乫背串(장기) 목장 등이었다. 그 중에서도 북쪽의 도련포, 남쪽의 제주도목장은 우리나라의 冀北(중국 준마 명산지)이라 불리어 유명하였으며, 특히 제주도목장은 원나라 이래 명·청대까지 알려졌다.[49]

도련포목장은 沃沮가 자리잡았던 곳으로 神馬가 난다는 명산지인데, 李成桂가 그 곳에서 난 駿馬를 타고 조선을 건국한 것으로 유명하다. 그러나 이 목장은 큰 들 가운데 있어 해마다 고을 백성을 동원하여 모래를 쌓고 목책

49) 《宣祖實錄》 권 98, 선조 31년 3월 기유.
《牧場地圖》 正色圖·進獻馬.
《增補文獻備考》 권 125, 兵考 17, 馬政.

을 세워도 홍수 때마다 떠내려가 숙종 35년(1709)에 사복시 제조 趙泰采가 그 대비책을 건의한 바 있으나 영조 이후 점차 부진해졌다.[50)]

제주도목장은 고려 충렬왕 2년(1276)에 몽고식목장을 설치한 이래 발달된 것으로 섬 전체가 목장으로 되어 15개소(뒤에 64)의 목장이 설치되어 있었다. 숙종 4년에 목자의 수는 1,386인(濟州牧 754인, 旌義縣 365인, 大靜縣 126인, 別牧場 141인)으로 전국 목자수(5,178인)의 약 4분의 1이 배치되고, 말은 전국의 반이 넘는 12,411필을 관리하고 있었다.[51)] 따라서 제주도의 마정기구는 다른 곳과는 다르게 濟州牧都安撫使知監事(牧使 겸임·정3품)－監牧官(濟州牧 判官 겸임, 大靜·旌義縣 縣監 겸임)－群頭－群副－牧子의 체제로서 운영되었다. 제주도의 말은 국내만이 아니라 중국 수출품으로도 유명하였다.

馬籍에 오른 제주도 각 목장의 말의 수는 세종 28년(1446)에 9,780필, 숙종 4년(1678)에 12,411필이었다. 마정이 발달하였던 성종 때는 약 20,000~26,400여 필을 관리하였을 것으로 추정되는데, 제주도 마필수를 전하는 문헌의 내용을 요약하면 아래의 〈표 8〉과 같다.

한편 목장에서 생산된 말의 종류는 혈통·털빛·높이의 칫수·나이 등으로 분간하여 정해졌는데, 문헌상 그 이름은 약 90여 가지에 달하고 있다.[52)] 원래 한국 고유의 말은 고구려·예 등에서 생산된 果下馬였다. 이 말은 높이가 세 자에 불과하여 이를 타고서 과일나무 아래를 달릴 수 있다하여 일컬어졌는데, 산을 오르는 데 편리하였다. 삼국·고려시대를 거치는 동안 우리

〈표 8〉 제주도 목장 마필수

문헌명	濟州牧	大靜縣	旌義縣	別牧場	牛島	기타	합계
世宗實錄 권 11 세종 28년 3월 1일	3,810	2,090	3,880				9,780
世宗實錄地理志	3,352	2,009	3,352				8,713
耽羅志	6,454	1,552	2,383				10,385
牧場地圖	5,788	1,248	2,077	2,605	410	(28.3%)	12,411

50) 《增補文獻備考》 권 125, 兵考 17, 馬政.
51) 南都泳, 앞의 글(1969 b).
52) 南都泳, 앞의 글(1977), 174~177쪽.

나라에 북방마(중국·서역·몽고 말)가 전래됨으로써 다양한 말을 생산하게 되었다.

조선시대의 명마는 먼저 태조가 개국할 때에 타고 다녔다는 여덟 필의 준마를 꼽을 수 있다. 첫째는 橫雲鶻으로서 여진산인데 元의 나하추(納哈出)를 패주시키고 홍건적을 토평할 때에 탄 것이다. 둘째는 游麟靑으로 함흥산인데 兀剌[여진]를 빼앗고 왜구를 격퇴할 때 탄 것이다. 셋째는 追風烏로서 여진산이며, 넷째는 發電赭로서 안변산인데 장단에서 사냥할 때에 탄 것이다. 다섯째는 龍騰紫로서 단천산인데 해주에서 왜를 토평할 때에 탄 것이다. 여섯째는 凝霜白으로 제주산인데 압록강에서 회군할 때에 탄 것이다. 일곱째 獅子黃으로 강화부의 煤島산인데 지리산에서 왜를 토평할 때에 탄 것이다. 여덟째는 玄豹로서 함흥산인데 兎兒洞에서 왜를 격퇴할 때에 탄 것이다.[53]

다음은 세조가 왕위에 오르기 전에 탄 명마 12필을 들 수 있다. 첫째 靖世驃, 둘째 流霞騮, 셋째 梨花驄, 넷째 玉英虬, 다섯째 凌空鵠, 여섯째 逐風駒, 일곱째 蓊雲驥, 여덟째 騰霧豹, 아홉째 軼警鴻, 열째 翼飛龍, 열한째 截虜麟, 열두째 照夜驪 등이다.[54]

그리고 명마로서 중국에 조공하는 말로 지정된 鐵靑駿·紫騮馬 등 正色馬 21종이 유명하였다.

조선시대의 전국 각 목장에서 관리하는 말의 수는 성종 때의 약 40,000필을 최고로 하여, 그 후 연산군 8년(1502)에 30,000필, 중종 17년(1522)에 20,000필로 감소하고 있다. 말이 가장 많이 번식하였던 때인 성종 원년(1470)의 상황을 살펴보면, 司僕寺가 제주도를 제외한 마필수를 13,599필로 보고하고 있고 또한 중종 17년에 特進官 高荊山이 성종 때의 총 마필수를 40,000여 필로 보고하고 있어, 이를 기준으로 제주도의 마필수를 정리하면 다음 〈표 9〉와 같다.

조선 후기 숙종 4년의 목장지도에 의하면 말이 있는 목장이 50개소, 소가

---

53) 태조가 탄 8駿馬 기록은《世宗實錄》권 123, 세종 31년 3월 갑술조에 보이고 그 내력은《增補文獻備考》권 125, 兵考 17, 馬政에 자세히 전한다.

54) 위와 같음.

〈표 9〉 전국 목장 마필수(성종대)

목장명			말				소의 필수
			필수	비교			
도	읍	목장명		고실	유실	범이 잡아먹은 수	
京畿道	江華府	北一場	331	49	6		
		鎭江場	1,302	122			
	長湍府	壺串	340	30	8		
	陽城縣	槐台吉串					101
忠淸道	泰安郡	大小山	458	117		19	
		薪串					77
		知靈山	300	24		7	
		梨山串	322	25		44	
	瑞山郡	安眠串	354	39		8	
	洪州牧	元山島	122		10		
全羅道	靈光郡	珍山下	214	40			
		古耳道	219	53			
	康津郡	新智島	299	49			
	興陽郡	道陽串	666	163	5		
		折爾島	364	72			
	長興郡	來德島					188
	海南郡	貢原串	1,449	152			
	珍島郡	知歷山	1,312	131			
慶尙道	東萊府	吾海也項	793	78		38	
	固城縣	末乙上串	284	59			
		海平串	742	101			
	蔚山府	魴魚津	360	57	11	67	
黃海道	甕津郡	昌比島	167	26			
	康翎縣	登山串	551	102		49	
	黃州牧	鐵島	78			20	
	豊川府	席島	122		5		
咸鏡道	端川府	豆彦台	103	50			
	北靑府	羅萬北	389	119			
	文川郡	反上四訥島					121
平安道	鐵山府	大串	1,293	420			
		椵島	145	42			

	宣川府	身 彌 島	280	49			
	定州牧	都 致 串	240	52			
		소 계	13,599	2,221	45	252	487
	濟州島		26,401				
		총 계	40,000				

〈표 10〉 전·후기 마필수 비교표

시대별 / 도별		전 기 성종 원년(1470)	후 기 숙종 4년(1678)	
경 기 도		1,973(101)	1,387(581)	574 〈813〉
충 청 도		1,556 (77)	613	167 〈446〉
경 상 도		2,179	1,488	484 〈1,044〉
전 라 도		4,523(188)	2,465	927 〈1,535〉
황 해 도		918	340(314)	95 〈245〉
함 경 도		491(121)	670	197 〈473〉
평 안 도		1,958	992	359 〈633〉
소 계		13,599(487)	7,955(895)	
제주도	濟州牧		5,788	2,017 〈3,771〉
	旌義縣		2,077	649 〈428〉
	大靜縣		1,248	429 〈819〉
	別牧場		2,605	867 〈1,738〉
	牛 島		410	174 〈236〉
	기 타		?	
	소 계	26,401?	12,128ⓐ 12,411ⓑ 12,258ⓒ	
총 계		약 40,000(487)	20,213(895)	숫말 6,739 암말 13,274

① ( )는 소, 〈 〉는 암말.

② 후기 제주도의 마필수는 기록마다 차이가 있다. ⓑ牧場地圖는 총 12,411필로 되어 있으나, ⓐ그 내역으로 기록된 濟州牧·旌義·大靜縣·別牧場·牛場의 마필수를 합치면 12,128필로서 283필이 부족하다.

③ 그리고 ⓒ牧場地圖는 전국 마필수를 20,213필로 하고 있어, 여기서 제주도를 제외한 마필수 7,955필수를 빼면 제주도 마필수는 12,258필이 되어야 된다. 이런 차이가 나는 세 수치를 모두 밝혔다.

있는 목장이 1개소로 감소되었다. 그 중 5,000필 이상인 목장은 1개소(濟州牧), 2,000필 이상 2개소(旌義縣, 別牧場), 1,000필 이상 1개소(大靜縣), 800필 이상 1개소(泰安 梨山串), 500필 이상 4개소(珍島 智力山, 順天 突山島, 瑞山 大山串, 宣川 身彌島), 기타는 400필 미만으로서, 총 마필수가 20,213필(그 중 수말이 6,939필), 소가 895필(그 중 수소가 212필)이었다. 이상 〈표 10〉의 내용을 정리하면 위의 〈표 10〉과 같은 비교가 가능하다.

그 뒤 마필 수는 순조 5년(1805)에 8,337필,[55] 철종 9년(1858)에 10,137필,[56] 그리고 고종 7년(1870)에 5,646필을[57] 기점으로 계속 감소되어 갔다.

4) 말의 수요

(1) 국내 수요

조선시대의 말은 다방면에서 소용되었는데, 그 중에서도 기병에게 말을 공급하는 문제가 가장 중요한 것이었다. 정책수립자들은 '마정은 軍國의 중대한 일'이라던가[58] '軍政은 말보다 급한 것이 없다'고 하여[59] 그 조달에 힘썼던 것이다. 그러나 늘어나는 수요를 감당하지 못하여 말이 없는 군사가 속출하고 기병으로서 말이 없는 자는 보병으로 전과하거나 타인의 말을 일당으로 빌려 타지 않으면 안되었으며 심지어 빈한한 보병에게 자비로 말을 사서 타도록까지 하여 가산을 탕진케 하였던 것이다. 결국 이상과 같은 戰馬 부족의 현상으로 국방력을 약화시켜 임란·호란과 같은 때에 무방비상태를 초래하였으며, 그 후 그 복구책이 계속 강구되었으나 수요를 따라가지 못하였다.

그리고 540여 개의 驛에 말을 공급하여 공문의 전달과 공무여행하는 관료에게 말을 제공하고, 官物의 수송을 담당하게 하였다. 그러나 불법적인 관료들의 濫騎와 急馳 등의 폐단으로 역마가 폐사하여 감소하게 됨으로써, 국초

55) 《增補文獻備考》 권 125, 兵考 馬政.
56) 《日省錄》 권 156, 철종 9년 12월 무오.
57) 《高宗實錄》 권 7, 고종 7년 12월 29일.
58) 《端宗實錄》 권 5, 단종 원년 정월 정축.
59) 《世宗實錄》 권 21, 세종 5년 8월 경술.

부터 驛政(驛馬·驛田·驛戶 확보 등) 관리에[60] 힘쓰는 한편, 그 수요 억제책을 추진하였다. 태조 6년(1397)에는 도성 내에서 동반 7품 이하, 서반 6품 이하는 기마를 못하게 하였으며,[61] 정종 2년(1400)에는 이를 강화하여 '賤隷騎馬禁法'을 제정함으로써, 工人·商人·賤隷·牧竪 및 喪中에 있는 자에게 기마를 금지시켜, 일반 서민들은 도보로 여행하지 않으면 안되었다.[62] 세종 25년(1443)에는 역마 부족으로 함길도 도절제사 金孝誠이 '말값이 소보다 비싼 점'을 들어 각 역에 수레 서너 대와 황소 6~7필을 준비하게 하여 4품 이하는 말 대신 牛車를 이용토록 하자는 건의를 올리기까지 하였다.[63] 그러나 말 공급을 해결하지 못한 이러한 변통책이 역정을 바로 잡을 수는 없었다. 그 뒤《경국대전》에서는 역마를 함부로 탄 자와 사사로이 내어준 자는 모두 杖 100, 流 3,000리에 처하도록 하였으며,[64] 선조 30년(1597)에 擺撥制가 실시되자 마정은 213개의 站에 撥馬를 공급하는 등 현안문제를 해결해 나가지 않으면 안되었다.[65]

말은 농업경작에도 이용되었다. 서북 양도와 제주도 등에서 馬耕이 행해졌다. 특히 제주도는 땅이 푸석하고 들떠서 파종할 때 반드시 말과 소를 모아 땅을 밟게 하여 단단히 한 뒤에 종자를 뿌려 농업을 하였으므로 마정은 그 공급을 담당해야만 하였다.[66]

한편 말고기의 수요가 늘어나자 다양한 대책이 마련되었다. 말의 증산은 물론 그 수요를 막기 위한 법적인 조치를 취하고, 매매를 통제하였다. 태조는 고려 말엽의 禁殺都監을 존치시키고《經濟六典》을 제정하여 소와 말의 도살을 금하였으며,[67] 태종 11년(1411)에는 도살을 일삼는 新白丁을 색출하여 도성 900리 밖으로 추방하여 감시하도록 하였다.[68] 그러나 밀도살이 계속 행

---

60) 趙炳魯,《朝鮮時代 驛制硏究》(東國大 博士學位論文, 1990).
61)《太祖實錄》권 11, 태조 6년 4월 경술.
62)《定宗實錄》권 5, 정종 2년 7월 무자.
63)《經國大典》권 5, 刑典 禁制.
64)《世宗實錄》권 99, 세종 25년 3월 기사.
65) 南相虎, 〈擺撥制考〉(《慶州史學》8, 1989).
66) 南都泳, 앞의 글(1969 b).
67)《世宗實錄》권 27, 세종 7년 2월 갑진 참조.
68) 위와 같음.

해지고 더욱이 궁중 관부에서의 수요가 늘어나자, 정부는 말 명산지인 제주도로 하여금 매년 乾馬肉을 공물로 바치게 하였다. 이로 인하여 제주도민의 盜殺·유망이 속출하자 정부는 그 治罪에 부심하게 되었다.[69]

세종 3년(1421)에는 외국사신을 위로하는 잔치 이외에는 말을 잡지 못하게 하였으며, 동 7년에는 도성 안의 산에서 우마 도살을 자행하는 자가 많아 防護所 13처를 설치하여 이를 단속하였고, 말고기를 먹은 자에 대해서는 笞 50형에 처하였다. 그리고 세종 7년(1425) 말고기 매매를 소고기 매매의 예에 따라 서울은 한성부, 지방은 지방관의 허가를 받도록 하여 이를 위반한 자는 처벌토록 하였으며, 동 11년에는 자연사한 우마육이라도 허가를 받은 후에 매매할 수 있도록 통제하였다.[70]

세조 10년(1464)에 도성 내에서 우마 도살을 전업으로 하는 去骨匠을 5部의 管領과 동네 사람에게 명령해서 비밀 고발케 하고 수시로 체포토록 하였으나[71] 도살은 더욱 성행하였다. 이에 동 13년에는 대사헌 梁誠之가 그 실정을 "옛날에 도살은 白丁·禾尺이 하고 잔치에 쓰기 위해서였지만, 지금은 양민이 시장에 판매하기 위해서 하고 있다"고 지적하면서 거골장을 사형에 처하고 그 처자 일가족은 변방으로 이주시키도록 하였다.[72] 그리고 우마를 죽인 자를 체포하면 면포 10필을 주고 매 1인씩 추가할 때마다 2필로부터 50필까지 더 주도록 하였다.[73]

조선 초기 국왕 가운데 말고기를 가장 애용한 인물은 연산군이었다. 그는 특히 늙고 병이 없는 백마가 양기를 돋구는 데 좋다고 하여 이를 즐겨 먹더니 그 6년(1503)에는 민가에서 색출해 오게까지 하였다.[74] 중종 12년(1517) 사헌부에서는 "의금부 등 아문에서 밀도살이 행해지고, 또 한성부·형조의 奴子들이 관권을 빙자하여 도살을 자행하고 있다"고 하여 이를 단속하였으며, 동왕 38년에는 《大典後續錄》을 제정하여 그 철저를 기하도록

69) 南都泳, 앞의 글(1969 b).
70) 《世宗實錄》 권 27, 세종 7년 1월 병술·2월 갑진·무신 및 권 43, 세종 11년 2월 신사.
71) 《世祖實錄》 권 34, 세조 10년 8월 을유.
72) 《世祖實錄》 권 41, 세조 13년 정월 신미.
73) 《經國大典》 권 5, 刑典 捕盜.
74) 《燕山君日記》, 연산군 9년 2월 을사.

하였다.[75]

그 후《속대전》에서는 '牛馬 私屠殺者'를 杖 100과 徒 3년에 처하게 하는 한편, 도살을 허가하지 아니할 수 없는 고을은 5일에 한 마리를 도살하여 공급토록 하였다.[76] 그러나 이러한 시책은 일부 양반층에만 한정된 것이었을 뿐 말고기 수요문제를 근본적으로 해결하지는 못하였다.

이 밖에 말의 갈기, 곧 鬃과 말꼬리는 갓의 원료로써 鬃帽·馬尾帽·鬃笠 등을 만드는 데 사용되었다. 특히 조선사회는 유교적인 예법이 발달하여 국왕은 물론 관료들은《경국대전》禮典 儀章條에 따라 朝服·祭服·公服·常服別로 품위에 따라 차등을 두고 갓을 쓰게 되었으며, 일반 서민들도 갓을 소중히 여기게 되었다. 따라서 갓은 지위와 교양·인격을 표징하는 것으로서 다투어 좋은 갓을 구하려는 풍조가 일어나게 되었는데, 그 중 종모와 종립이 가장 인기가 있었다.

정부는 갓생산을 위하여 공조에 帽子匠·紗帽匠·草笠匠을, 尙衣院·濟用監에 毛冠匠, 지방에 鬃帽兒匠을 배치하였으며, 민간에서도 갓을 생산하였다. 그러나 종모·종립의 수요를 감당치 못하여 그 가격이 등귀하고, 이에 따라 말갈기와 말꼬리 값도 오르게 되어 심지어는 대낮에 서울시가에 세워둔 말의 갈기와 꼬리를 도둑맞기 일쑤였다.

국초부터 이런 문제를 해결하려는 대책이 여러 번 강구되었으나 큰 효과를 거두지 못하자 성종 17년(1486)에는 사복시 제조 尹壕가 "사람마다 종립 쓰기를 좋아하여 공사의 말갈기가 다 잘렸으니 법을 세워 금지함이 옳다"고까지 주장하였다. 이에 국왕은 領敎寧 이상에게 이 문제를 논의케 하였던 바, 鄭昌孫·尹弼商은 종모·종립의 사용으로 말꼬리를 도둑질하는 자가 많이 생겼으니 비록《경국대전》에 그 사용규정이 있더라도 직위 고하를 막론하고 사용을 금지해야 된다고 주장하였다. 이에 반해 沈澮·盧思愼은 그대로 사용하여야 한다고 맞섰다. 이 양론에 대해 성종은 단안을 내려 종모는 정1품에 한하여 쓰도록 하고, 종립은 大典에 따라 時散官에게 쓰도록 하였던 것이다.[77]

75)《大典後續錄》권 5, 刑典 雜令.
76)《續大典》권 5, 刑典 禁制.

말갈기와 꼬리는 갓 이외에 체를 만드는 원료로도 사용되었으므로 馬尾篩匠을 膳工監에 배치하여 제조에 종사하도록 하였다. 또 말꼬리는 동아줄 원료로도 공급되었다.

한편 말힘줄[馬筋]은 활 만드는 원료로, 말가죽은 가죽신 · 주머니(櫜 : 활 · 화살촉용 등)의 원료로 사용되었으며, 이를 구어서 아교를 만들기도 하였다.[78]

특히 靴鞋(정강이까지 덮는 목이 달린 가죽신)는 의장용으로서 관료들이 품위에 따라 신게 되어 있었는데, 일반 서민들까지 상 · 하의 구별 없이 가죽신을 사용하게 되어 가격이 오르게 되었다. 이에 따라 말 · 소가죽 값도 등귀하여, 이를 얻기 위해 불법으로 우마를 죽이는 자가 속출하게 되었다.[79] 그러자 정부는 말가죽을 각 목장에서 공납케 하는 한편 세종 8년(1426)에는 사헌부가 다음과 같이 건의하는 계를 올렸다.

> 의장복식의 절차는 상 · 하를 구별하며 계급의 위신을 밝히는 것입니다. 우리나라에는 뚜렷한 형식이 갖추어져 있는데 다만 靴鞋에 대한 절차가 아직도 상세히 제정되지 아니하여 심지어는 거리의 工商人이나 公私賤隷까지도 모두 가죽신을 신으며, 參外와 직책이 없는 사람까지도 套(비올 때 신는 반장화)를 신고 있는 실정입니다. 이것은 상하 계급을 없게 할 뿐 아니라, 가죽 값을 뛰어 오르게 하여 禁殺令이 엄중할지라도 몰래 우마를 훔쳐 가는 일을 잇달아 일으키는 것이니…바라옵건대 예조에 명하시어 상세한 제도를 제정하여 상하의 구별을 밝히고, 도둑질하는 근원을 막게 하여 주십시오(《世宗實錄》 권 31, 세종 8년 1월 신유).

이에 국왕은 의정부와 諸曹가 함께 논의할 것을 예조에 명하였다. 이에 따라 마침내 수요의 제한을 두는 최초의 화혜제도를 마련하였다. 즉 時散 동서 7품 이하는 套의 착용을 금지하고, 대소의 승려 · 經師 및 별군 내의 대장이하 近仗隊長과 隊副 · 보충군 · 조예 · 杖首 · 所由 · 喝導 · 螺匠 · 도부외 · 庶人 · 공인 · 상인 · 공사천인은 가죽신을 신는 것을 금하며, 武工과 樂工 중에

---

77) 《成宗實錄》 권 188, 성종 17년 2월 기묘.

78) 《成宗實錄》 권 188, 성종 17년 2월 기묘.
《文宗實錄》 권 8, 문종 6년 5월 기축

79) 《世宗實錄》 권 31, 세종 8년 1월 신유 및 권 48, 세종 12년 4월 계미 · 12년 5월 갑인 등.

서 7품 이하는 음악을 연주할 때 이외에는 가죽신을 신는 것을 금지하며, 皮草鞋도 남녀 모두 금지케 하되 각 궁의 별감과 小親衛만은 가죽신을 신게 허용하였다. 이로써 화혜는 관료층만이 독점 사용토록 되었다.[80] 그러나 이 조치에도 불구하고 화혜는 일반 서민에서 수요되어, 세종 11년(1429)에 보다 강화된 단속법이 제정되었다.[81] 그 이듬해에는 우의정 孟思誠의 "常人들의 皮鞋와 긴요하지 않은 皮物은 금지해야 한다"는 주장에 따라,[82] 한성부는 우마피 단속책을 다음과 같이 세워 실시하게 되었던 것이다.

> 서울 안 5부 및 성 밑 10리 안에서 죽은 말과 소의 날가죽은 한성부에 들여서 火印을 받게 하고, 익혀서 시장에 팔 적에도 또 京市署에 고하게 하여, 그 표가 붙어 있는가를 조사 받게 한 뒤에 매매를 허가하고, 그 표는 곧 거두어 불태워 없앤다. 만일 표가 없는 가죽을 사사로 매매하는 자에게는 서울 안에서는 管領 및 五家의 長이 성 및 10리 안에서는 勸農과 坊의 別監 등이 이를 곧 한성부에 보고하면, 한성부는 형조에 공문을 보내어 표 없는 고기를 매매하는 예에 의하여 죄를 논하고, 가죽은 관가에서 몰수하며 지방 각 도는 그 고을 이름의 글자로 된 화인으로 표를 붙여서 관리하도록 한다(《世宗實錄》 권 48, 세종 12년 4월 계미).

이러한 과정을 거쳐서 화혜제도는《경국대전》예전 의장조의 조문으로 확립되었다.[83] 그러나 말가죽은 생활필수품으로서 여전히 암거래가 이루어졌던 것이다.

(2) 중국 수출

말은 외교상 중요한 수출품이었다. 우리나라에서 말을 수출한 것은 공민왕 21년(1372) 명나라가 北元정벌 등의 필요에 따라 이를 요구하면서부터이다. 우왕 12년(1386)에는 양국의 합의에 따라 그 동안 명에 보낸 금·은·말 등의 朝貢品 가운데 오직 말만 3년에 한 번 50필씩을 보내기로 하였다. 그러나 이러한 합의에도 불구하고 명의 수시적인 和賣 요구에 따라 공양왕 3년(1391)까지 명에 수출된 말은 약 3만 필에 이르렀다.

---

80)《世宗實錄》권 31, 세종 8년 1월 신유.
81)《世宗實錄》권 43, 세종 11년 2월 신사.
82)《世宗實錄》권 48, 세종 12년 4월 을해.
83)《經國大典》권 3, 禮典 儀章 靴鞋.

조선 초기에는 명의 국내외적인 불안한 정세(靖難의 役, 韃靼 등)에 대비한 徵馬 요구가 심하였으므로, 마정은 국내수요보다 명에 말을 증여 또는 易換(조선 말과 명 비단·포목과 교환)하는 일에 진력하지 않으면 안되었다. 그 중 정기적으로 매년 正朝·節日·千秋節에 보내는 歲貢馬는 式年馬(매 3년마다 정기적으로 보내는 말)와 더불어 양국 친선외교의 중요 행사로서, 국왕은 물론 의정부·예조·사복시·승문원·進獻官馬色 등의 치밀한 계획으로 진행되었다. 즉 말의 높이가 周尺으로 別馬는 6척 이하 5척 8촌 이상이고, 種馬·土馬는 5척 7촌 이하 5척 6촌 이상이어야 하고, 털빛은 3색(黑五明, 鐵靑·赤·栗·黃色, 白·灰色 등)을 갖추고, 나이는 3~4세로 간택하여 미리 길러 조련시킨 후에 북경에 보냈다.[84)]

세마는 정조에 34필(황제에 30필, 동궁에 4필), 절일에 40필, 천추절에 10필 도합 84필을 보냈는데, 이를 준비하기 위해 補數馬(흠결이 있을 때 보충하는 말) 16필을 합친 100필을 전국에 배정하되, 사신왕래가 많은 황해·평안도는 제외하고 경상도에 28필, 전라도에 23필, 충청도에 22필, 경기도에 10필, 강원도에 10필, 함경도에 7필을 바치게 하였으며, 세종 12년(1430) 이후에는 200필로 늘려 배정·준비하도록 하였다. 그리고 말을 바친 자에게는 魚鹽稅·神布稅 및 雜物로써 원하는 대로 말값을 주었으며, 명에서는 세마의 답례로 비단·포목 등을 보내왔다.[85)]

식년마는 고려 우왕 13년(1387) 이후 보내던 것으로서 외교상 가장 중시되었다. 세종 23년(1441)에 承文院의 건의로서 결정된 절차는 다음과 같다.

> 亥·卯·未年을 당해서…(말을) 진공하여 왔습니다. 오늘 이후로는 진공 해당년 2년 전인 巳·酉·丑年 정월 상순에 承文院이 말의 털빛과 마필 수를 예조에 첩보하고 병조에 관문을 보내면, 병조가 각 도에 내려서 監司로 하여금 가려 뽑아서 미리 기르게 하고, 그 해 10월에 각 도 감사가 그 수를 병조에 보고하게 합니다. 진공 1년 전인 寅·午·戌의 해 8월에 각 도 감사가 말을 병조에 보내면 사복시에 전송하여 기르게 한 후, 해·묘·미년 10월에 이르러 正朝가 북경에 진헌하도록 하십시오.…(《世宗實錄》 권 92, 세종 23년 3월 갑인).

---

84) 《世宗實錄》 권 49, 세종 12년 8월 임진·9월 갑진 신해.
85) 《世宗實錄》 권 47, 세종 12년 2월 정유 및 권 48, 세종 12년 4월 정해.

이러한 사무를 철저히 하기 위하여 승문원은 현관에 六甲(①丑·②寅·③卯·辰·①巳·②午·③未·申·①酉·②戌·③亥·子)을 써 놓고 그 밑에 진행상황을 표하여 살피도록 하였으며, 또한 예조·병조·승정원·사복시와 각 도 감사도 이 예에 따라 검찰케 하고, 그 종마 50필의 종류를 다음과 같이 결정하였다.

> 烏觜·烏腎·烏蹄의 결백한 牡馬(성장한 숫말) 5필, 烏觜·烏眼의 결백한 牝馬(성장한 암말) 10필, 鐵靑의 牡馬 5필, 鐵靑의 牝馬 10필, 黑鬃·黑尾의 黃牡馬 2필, 黃牝馬 5필, 黑五明의 牡馬 2필, 黑五明의 牝馬 4필, 棗騮(털빛이 붉은 말)의 牡馬 3필, 棗騮의 牝馬 4필, 계 50필(《世宗實錄》 권 92, 세종 23년 3월 갑인).

그리고 부정기적으로 명의 강제적인 易換馬 요구에 수시로 대량의 말을 수출하였다. 그런데 이로 인한 과중한 부담으로 백성들이 굶주리게 되고, 국내에 말이 부족하게 되어, 조신들은 그 조달책에 고심한 나머지 "사대의 예로 말하면 말을 바치지 않을 수 없고, 宗社의 계책으로 말하면 많이 바칠 수 없다"고 토로하였다. 한편 세종 5년(1423)에 許稠 같은 이는 명에 대하여 징마 감량을 진정할 것을 다음과 같이 건의하였다.

> 중국에서는 지난 해에 말을 1만 필을 청구하고 지금 또 1만 필을 청구하나, 본국의 말은 예전에 비하여 감소되고 또 强壯하지도 못합니다.…군정은 말보다 급한 것이 없는데 충실한 말 2만 필을 골라서 바치게 되면 이는 2만의 기병을 감소시키는 결과가 됩니다.…어떻게 그 한정 없는 요구에 응하겠습니까.…신의 어리석은 생각으로서는 지금 주청하여 반감하지 않으면 만세에 걱정이 될 것입니다(《世宗實錄》 권 21, 세종 5년 8월 경술).

그러나 명은 이러한 요청을 번번이 거절할 뿐만 아니라 오히려 사신을 보내서 횡포무례하게 징마를 독촉하고, 교역마의 退馬·酒食을 요청하거나 처녀 또는 기생 등을 요구함으로써 사회적으로 큰 물의를 일으켰다.

조선의 통치자들은 이런 요청이 있을 때마다 進獻官馬色을 설치, 이에 의정부 찬성, 병조판서, 공조판서, 판한성부사 등을 제조로 삼고, 관속 15인을 배치하여 역환마를 살피게 하였다.[86] 역환마는 세종 9년에 결정된 예에 따

86) 進獻官馬色은 태조 3년 4월 6일 을해에 처음 설치되었으며, 그 구성에 관한 것은 《太宗實錄》 권 14, 태종 7년 8월 경술과 《世宗實錄》 권 13, 세종 3년 9

라 크고 토실한 말로서 그 품등을 정하였다. 곧 中馬의 상등은 크기가 4척 7푼, 중등은 4척, 하등은 3척 9촌 3푼으로, 그리고 小馬는 상등을 3척 8촌 6푼, 중등을 3척 7촌 9푼, 하등을 3척 7촌 2푼으로 정하였다.87) 이에 따라 역환마로 4자 이상(中馬 중등)으로 뽑았고, 그 수량은 각 도에 배정하되 목장말은 물론 時散官으로부터 經師·무당·부자·공인·상인·염색인·군인·양민 등에 이르기까지 각각의 품위 또는 신분에 따라 마필수를 할당·배정하였다.

그리고 수집된 말은 험난한 요동까지 수송해야만 하였는데, 독촉이 심할 때는 1개월 여에 1만 필을 보내야만 했다. 한 예로서 태종 10년에는 19회에 걸쳐 5천 필을 보냄에 있어, 압송관과 호송관 813인, 炊飯軍 70인, 騎卜馬 408필, 몰이꾼 408인, 견마군 5,000인이 왕래하여, 이에 소요되는 6,291인의 왕래 숙박비 및 10,408필의 말먹이 등으로 백성을 피폐케 하였다.88) 더욱이 그 수송로에 위치한 평안도민의 부담은 다른 도의 배나 되어 그 참상은 이루 헤아릴 수가 없다.89)

명에 수출된 마필 수는 기록 미비로 명백히 밝힐 수는 없다. 다만《조선왕조실록》을 중심으로 살펴보면, 태조 원년(1392)부터 문종 즉위년(1481)까지 59년간에 걸쳐 약 7만 필을 수출하였는데, 그 가운데 86%인 약 6만(58,611)필은 태조~세종 9년(1427) 사이에 보낸 것이다. 그 중 태종과 세종 때에는 일시에 1만 필 이상을 각각 2회씩 수출하였다. 그리고 나머지 1만 필은 문종 즉위년까지 수출하였는데, 문제가 된 것은 세종 31년에 명이 오이라트[瓦剌]의 침입을 받자 말 2~3만 필을 강제로 요구하여 온 것이었다. 이에 河演·皇甫仁·鄭麟趾·許翊 등 조신들은 "우리나라는 사면에 적을 접하고 있어 말이 긴요하다"는 이유를 들어 5천 필만 보내기로 결정하였다. 이를 명에 통고하고 수송하다가 적을 격퇴한 명이 문종 즉위년 3월에 "말을 보내지 말라"고 통고해 옴으로써 2,477필만 보내고 중지한 일이 있었다.90) 이로써 명에 수출한 마필

월 을해에 전하고 있다.

87)《世宗實錄》권 127, 세종 32년 정월 경인.

88)《太宗實錄》권 19, 태종 10년 5월 기사.

89)《世宗實錄》권 127, 세종 32년 정월 임인·윤정월 갑인.

90)《世宗實錄》권 126, 세종 31년 12월 무진 및 권 127, 세종 32년 정월 기축·

수는 고려 말에 약 3만 필을 보낸 것을 합치면 약 10만 필에 달하여, 조·명 외교 정상화에 크게 기여하였다. 그 후 명은 국내적으로 안정되어 임진왜란 때를 제외하고는 무리한 징마요구를 하지 않았다.

5) 말 값

(1) 국내 말값

조선시대의 말은 관에 신고되어 처분에 통제를 받았으나, 정부는 그 수요에 따라 민간 말을 구입하거나 또는 관마를 방매하기도 하였으며, 민간에서도 말을 매매하여 관에 신고하였다.91) 말값은 5升布·楮貨·구리·쌀·은·목면 등으로 지불되었다.

조선 초기의 말값은 5승포 4~5백 필로 거래되었는데, 이는 당시 노비가 150필인 것에 비해 3배에 해당하는 것이었다. 그리하여 조신들은 "가축[말]을 중히 여기고 사람[노비]을 가볍게 여기는 것"이라 하여 노비가를 올리자는 건의까지 하였다.92) 그 후 태종 원년(1401)에 의정부는 명에 보낼 말을 수매하기 위하여 큰말의 경우 상등가 常5升布 500필, 중등가 450필, 하등가 400필로, 중간말의 경우 상등가 300필, 중등가 250필, 하등가 200필로 결정하였다.93) 그런데 다음해에는 저화를 발행하여 그 가치를 '저화 1장=5승포 1필=쌀 2말'로 정하고,94) 세종 5년(1423)에는 '저화 1장 값을 쌀 1말, 또 저화 30장 값을 목면 1필'로 하여, 이에 따라 말값을 책정하여 거래하도록 하였다. 이러한 가격관계를 알기 쉽게 정리하면 다음의 〈표 11〉과 같다.

그 후 저화의 가치가 1/3로 폭락하자 호조의 건의에 따라 동전 1관=저화 10장이던 것을 동전 1관=저화 30장으로 개정함으로써, 말값은 저화로는 3배

정유.

91) 《太宗實錄》 권 14, 태종 7년 8월 임진.
《世宗實錄》 권 48, 세종 12년 4월 계미.

92) 《太祖實錄》 권 14, 태조 7년 6월 임술.

93) 《太宗實錄》 권 2, 태종 원년 10월 무오.

94) 《太宗實錄》 권 3, 태종 2년 정월 기축·임진.

〈표 11〉 말값표(태종 원년~세종 5년)

馬價楮貨기준비 / 種類 / 馬等級		楮貨(張)	5升布(匹)	쌀(斗)		木棉(匹)
		1張②	1匹①	2斗③	1斗④	楮貨 30장 : 木棉 1필⑤
大馬	上等	500	500	1,000	500	16.7
	中等	450	450	900	450	15.0
	下等	400	400	800	400	13.3
中馬	上等	300	300	600	300	10.0
	中等	250	250	500	250	8.3
	下等	200	200	400	200	6.7
下馬	上等	150?	150?	300?	150?	5.0
	中等	100?	100?	200?	100?	3.3
	下等	50?	50?	100?	50?	1.7

* ① 《태종실록》 권 2, 태종 원년 10월 무오.
②③④ 《태종실록》 권 2, 태종 2년 정월 임진.
⑤ 《세종실록》 권 21, 세종 5년 9월 계사.

인상되어 다음 〈표 12〉와 같이 결정하였다.[95]

《경국대전》에서는 국가의 화폐를 布貨와 楮貨로 통용케 하되, 그 가치를 常布 1필은 저화 20장에, 저화 1장은 쌀 1되에 준하도록[96] 하는 한편, 정부에서 말을 수매하는 가격을 "別馬와 進上馬는 상등 1필이 면포 50필, 중등은 45필로 하고, 종자말은 상등 1필에 수말이면 면포 40필, 암말이면 30필, 중등은 수말 35필, 암말 25필, 하등은 수말 30필, 암말 20필, 그리고 土産馬는 종자말 수놈과 같게" 정하여 거래케 하였다.[97] 이를 당시의 하락된 저화를 기준으로 하여 가치를 비교하면 다음 〈표 13〉과 같다.

이상과 같은 말값 체계는 국내외적인 경제사정에 따라 등락을 거듭하였는데, 문종 원년에는 120~130필, 중종 3년에 300~400필, 동왕 11년에 500필,

95) 《世宗實錄》 권 21, 세종 5년 9월 계사.
96) 《世宗實錄》 권 20, 세종 5년 6월 경오.
97) 《經國大典》 권 2, 戶典 進獻.

〈표 12〉 말값 비교표

말등급 / 화폐종류 / 연대		태종 원년		세종 5년	
		저 화(장)	동 전(관)	저 화(장)	동 전(관)
대 마	상	450	45	1,350	45
	중	400	40	1,200	40
	하	350	35	1,050	35
중 마	상	300	30	900	30
	중	250	25	750	25
	하	200	20	600	20
소 마	상	150	15	450	15
	중	100	10	300	10
	하	50	5	150	5

〈표 13〉

말의 종류 / 유통수단			木棉(匹)	楮貨(餘張)	米	
					升	石(大斛)
別 馬 進上馬	上 等		50	5,000	5,000	25.0
	中 等		45	4,500	4,500	22.5
種 馬	上 等	雄 馬	40	4,000	4,000	20.0
		雌 馬	30	3,000	3,000	15.0
	中 等	雄 馬	35	3,500	3,500	17.5
		雌 馬	25	2,500	2,500	12.5
	下 等	雄 馬	30	3,000	3,000	15.0
		雌 馬	20	2,000	2,000	10.0
土 馬	上 等		40	4,000	4,000	20.0
	中 等		35	3,500	3,500	17.5
	下 等		30	3,000	3,000	15.0

(楮貨 1장=米 1되, 木棉 1필≒楮貨 100장)

선조 37년에는 면포 60~70필 또는 쌀 40여 석으로 변화하였다. 또한 유통수단도 쌀·포목(綿布·麻布·紬·苧布)·상평통보(銅錢)·은 등이 사용되었으며 특히 《경국대전》의 말값 규정은 조선 후기까지 관·민거래의 기준이 되었다.

(2) 국제 말값

가. 중국(명)과의 말값 청산

앞에서 살핀 바와 같이 중국(명)에 말을 보내면, 그 대가로서 은·모시(紵絲)·명주(生絹)·段子(곱고 광택 있는 비단)·錦布(빛깔 섞인 무늬 있는 비단)·羅織(얇은 비단)·목면(무명)·약재(白花蛇·木香·乳香 등 여러 약재) 등의 물품을 보내 왔다. 그러므로 이런 물품 교역의 청산을 위하여 말값 환율을 정할 필요가 있었다. 이에 태종 원년(1401)에 의정부는 다음과 같이 易換馬價를 결정하였다.[98]

① 명에 보내는 말의 표준은 4자 이상의 中馬로 하고, 그 말값의 換率(定易換馬價)은 5升布·段子·官絹·緜布의 4종류로써 한다.
② 5승포로는 그 환율을 大馬는 상등에 500필, 중등에 450필, 하등에 400필, 그리고 中馬는 상등을 300필, 중등을 250필, 하등을 200필로 한다.
③ 단자로는 상품은 1필에 5승포 90필, 중품은 80필, 하품은 70필에 준하여 교환케 한다.
④ 관견으로는 上絹은 1필에 5승포 30필, 中絹은 25필에 준하여 교환케 한다.
⑤ 緜布로는 1필에 5승포 20필에 준하여 교환케 한다.
⑥ 그리고 이런 物品(5승포·단자·관견·면포) 이외에 여러 가지 약재를 아울러 지급하여 준다.

이상을 정리하면 다음 〈표 14〉와 같다.

이러한 환율이 실제 적용되고 있는 것을 보면, 태종 원년 10월 중국에서 온 말 한 필 값은 상등마의 경우 단자 4필과 견 10필, 중등마는 견 8필과 면포 12필, 이 밖에 각 약재로서 청산되고 있다.[99] 태종 2년에는 상마 1필에

98) 《太宗實錄》 권 2, 태종 원년 10월 무오.
99) 《太宗實錄》 권 2, 태종 원년 10월 신미.

〈표 14〉 (단위 : 匹)

구분 / 馬別	品等	國內馬價	明 馬 價 換 率					
		5升布 換率	段 子 換 率			官 絹 換 率		綿布換率
			상품	중품	하품	상품	하품	
大 馬	상	500	5.6	6.0	7.0	16.6	20.0	25.0
	중	450	5.0	5.6	6.4	15.0	18.0	22.5
	하	400	4.4	5.0	5.7	13.3	16.0	20.0
中 馬	상	300	3.3	3.8	4.3	10.0	12.0	15.0
	중	250	2.8	3.1	3.6	8.3	10.0	12.5
	하	200	2.2	2.5	2.9	6.7	8.0	10.0

단자 6필,[100] 그리고 세종 5년 관마색의 '세종 3년과 5년 양년에 명에 보낸 말값을 중마 상등은 한 마리 당 견 3필과 목면 2필, 중마 하등과 소마 상등은 견 2필과 목면 3필, 소마 중·하등은 견 2필과 목면 1필'로 하자는 건의에 따라 이를 결정하여 청산한 바 있다.[101]

문종 때는 중국으로부터 말 한 필에 생견 3필·면포 2필[102]의 비율로 그 값을 받고 또한 특별 답례품으로 한 마리에 은 0.6냥, 모시 0.06필, 羅 0.06필, 闊生絹 0.2필 비율로 받았는데, 이 공정환율, 곧 '견 3필·면포 2필'은 이후 공정환율처럼 되었다. 중국과의 말값 청산에 관한 구체적인 사례는 다음 문종 즉위년(1450) 4월에 있었던 500필 말값에 대한 회사품 등을 통해서 알 수 있다.[103]

◯ 回賜品(말값)
- ㅇ 闊生絹(絹子) 1,497필
- ㅇ 錦布 998필

100) 《太宗實錄》 권 3, 태종 2년 정월 기유.
101) 《世宗實錄》 권 23, 세종 6년 정월 정해.
102) 《文宗實錄》 권 2, 문종 즉위년 7월 신유.
103) 《文宗實錄》 권 1, 문종 즉위년 5월 임인.

◯ 特賜品(특별답례품)

- 銀 300필
- 紵絲 30필

  織錦胸背麒麟紅 2필, 織錦胸背麒麟靑 2필, 織錦胸背麒麟綠 1필, 織錦胸背白澤紅 2필, 織錦胸背白澤靑 1필, 暗花骨朶雲嵌八寶綠 2필, 暗花八寶天花雲靑 1필, 暗細花紅 2필, 暗細花靑 1필, 暗細花明綠 2필, 暗細花藍 2필, 素紅 2필, 素靑 4필, 素明綠 2필, 素綠 2필, 素藍 2필
- 羅 30필

  織錦胸背麒麟紅 2필, 織錦胸背麒麟靑 2필, 織錦胸背白澤紅 2필, 素紅 4필, 素靑 6필, 素明綠 6필, 素綠 5필, 素藍 4필
- 闊生絹 100필

조선 정부는 이상과 같이 명으로부터 말값에 상응하는 물품을 받으면, 모두 말 주인에게 나누어주되, 그 중 일부는 內資寺 · 內贍寺 · 濟用監에 분납하게 하고 나머지는 백성에게 무역하도록 허락하였다.104)

선조 31년(1598) 2월에 명은 銀子 1만 냥을 보내 말을 구입하겠다고 요구하여 왔다. 이에 25개 목장에서 2천 필을 보내려 하였으나 전란으로 수집이 어려워 조신들은 "이 2천 필을 채우면 그 때부터 이 나라에 말이 없을 것"이라고 하여 그 조달에 힘썼다.105) 그리고 같은 해 4월에 '말 1필에 은 10냥'으로서 1천 필을 사겠다고 요청하여 왔으나 조신들은, 첫째 말 등급별 환율이 정하여 있지 않고, 둘째 중국 重寶로 값을 책정하면 혹시 값이 후하게 또는 낮게 매겨질 폐단이 있으며, 셋째 지금 말값은 오르고 은자 값은 떨어져 10냥으로 戰馬를 구할 수 없고, 넷째 1천 필의 많은 수는 현재 각처의 기마를 모조리 매입한다고 하더라도 쉽게 될 수 없는 것이라 하여, 이를 명에 개진케 한 일이 있었다.106)

나. 여진 · 왜와의 말값 청산

조선은 작은 말(果下馬)이 주로 산출되어 여진(야인)으로부터 큰 말인 韃靼馬 · 胡馬 등 종자말을 무역하여 왔다.

---

104) 《太宗實錄》 권 21, 태종 11년 정월 신사.
105) 《宣祖實錄》 권 97, 선조 31년 2월 정축 및 권 98, 선조 31년 3월 기유, 그리고 권 99, 선조 31년 4월 을축 · 계유.
106) 《宣祖實錄》 권 99, 선조 31년 4월 계유.

국초부터 北平館을 설치하고 또한 鏡城과 慶源에 무역소를 두어 야인들이 바치는 진상마와 무역을 통해 구입하여 오는 말에 대해서 마포·식기·지물 등의 잡물을 지급하여 왔다.[107] 따라서 야인과의 말거래에 따른 환율문제가 일어나자 세종 8년(1426)에 호조가 올린 대로 다음과 같이 결정하였다.

말을 바친 야인에게 大馬 1필에 상등이면 면포 45필, 중등이면 40필, 하등이면 35필로 하며, 中馬 상등은 30필, 중등은 25필, 하등은 20필로 하고, 小馬 상등은 15필, 중등은 10필, 하등이면 6필로 하라(《世宗實錄》 권 31, 세종 8년 정월 임인).

이러한 말값은 《경국대전》 호전 진헌조에서도 그대로 규정되었다.[108]

한편 왜와는 對馬島主가 외교 의례로서 말을 진상하면 포목·미곡을 답례품으로 보내 주었는데, 《경국대전》에는 그 환마값을 야인과의 거래에서와 같은 것으로 하였다.

〈표 15〉 여진·왜와의 환마가격표

(단위 : 匹)

馬種	大馬			中馬			小馬		
品等	상	중	하	상	중	하	상	중	하
綿布	45	40	35	30	25	20	15	10	6

조선사회에서의 말값은 정부의 단속에도 불구하고 간상배들이 값을 조작하여 백성들이 피해를 보는 경우가 많았다. 그러한 진상은 세종 18년(1436)에 정부가 지적한 다음과 같은 사실에서 파악할 수 있다.

市井의 간사하고 교활한 무리들이 혹은 平準이 아닌 되[升], 말[斗]을 쓰기도 하고, 혹은 평준의 그릇을 속여 고치기도 하며, 혹은 곡식을 섞기도 하고, 혹은 모래를 섞기도 하여, 온갖 방법으로 속여서 적게 주고 많이 취하여 그 본값에 비교하면 겨우 10분의 6, 7을 얻게 된다. 어리석은 백성이 진실로 눈앞에 급한 것을 구하려고 고소할 여가도 없어서 더욱 곤궁하게 되니, 진실로 불쌍하고 민망스럽다. 京市署는 비록 직책은 市令을 맡았지만 관직은 낮고 인원은 적어서 능히 두루 살필 수가 없으니, 어찌 간사한 자를 징계하고 원통한 사람을 바로 잡아 줄 수 있겠습니까(《世宗實錄》 권 75, 세종 18년 11월 병진).

107) 南都泳, 〈麗末鮮初 馬政上으로 본 對明關係〉(《東國史學》 6, 1960), 70~72쪽.
108) 《經國大典》 권 2, 戶典 進獻.

정부는 이러한 실정을 憲府로 하여금 엄중히 적발하여 법에 따라 다스리고 아울러 경시서의 근무태도를 규찰하려 하였으나, 여러 조신들이 "이같이 금령을 만든다면 시골의 어리석은 백성들은 곡식을 바꾸기가 쉽지 않아서 먹을 것을 얻기가 어려울 것이니, 헌사에서 그 대강만 들어서 규찰하는 것만 같지 못합니다"고 하여, 결국 형식적인 단속에 그쳐 간상배들을 근절시키지 못하였다.

6) 마정관리책

조선의 마정관리책은 첫째 말 생산에 종사하는 목자 · 군부 · 군두에게 생활보장책으로서 토지(牧子位田 2結)와 복호의 혜택을 주고, 근무성적에 따라 포상 또는 京官職으로까지 영달할 수 있도록 보장하고, 또는 다른 직으로의 전직을 막아 전문적으로 종사케 함으로써 생산기술의 향상 등에 철저를 기하였다.

둘째로는 말의 우량종을 확보하여 종자개량을 하는 것이었다. 중국 및 야인으로부터 종마(韃靼萬 · 胡馬)를 수입하여 개량종(良馬)을 확보하고자 하였다.

셋째는 《馬醫書》·《馬經》·《牛經》·《農事直說》·《攷事撮要》 등의 서적을 발간하고 馬醫 · 理馬 등으로 하여금 말의 질병 치료와 예방에 힘썼다.

마의는 《경국대전》에 의하면 사복시에 10인이 배치되었는데, 安驥(종6품), 調驥(종7품), 理驥(종8품), 保驥(종9품) 등이었다. 마의의 선발은 병조가 사복시 제조와 함께 《安驥集》(마의서) 가운데 세 군데를 臨文(책을 펴놓고 보면서 강독하는 것)으로 試講하여 뽑았다.[109] 마의는 말은 물론 소 · 기타 가축의 질병도 치료하였으며, 마의를 양성하는 일을 맡았다. 그 직역(신분)은 친족 1인을 다른 직으로 나가지 못하게 하여 세습케 하였다. 마의에게는 馬醫田을 주고 雜役 · 保布를 면제하였으며 《속대전》에서는 마의 3인을 정7품의 遞兒職으로 규정하고 있다.

---

109) 《世宗實錄》 권 52, 세종 13년 6월 갑인.

세종 13년(1431) 병조는 사복시 의원 2인에게 체아직을 주어 나이 어리고 영리한 자를 뽑아서 마의술을 전습시켜 理馬 등을 양성하였으며[110] 제주도에 파견한 마의의 임기를 1년에서 2년 6개월로 연장함으로써 철저를 기하게 하였다.

한편 이마는 국초부터 중앙과 각 도 목장에 배치되어 말 사육과 병 치료를 담당하였는데, 그 중 사복시에 소속된 4인은 《속대전》에 정6품의 체아직으로 규정되었다. 이마는 안기·조기·이기·보기 등이 폐지되면서 중시되지만, 그 직책은 苦役으로서 본가에서 3丁이 넘더라도 다른 역에 나가지 못하게 하였다. 당시 쓰인 약재로는 蒺藜·淸蜜·朮·熊膽·蕎·穰·靑鹽 등이 있는데,[111] 그 대부분은 현지조달 하거나 중앙에서 수천 관씩 수송되어 충당하였다.[112] 그리고 의술은 醫方·理藥·針刺 등이 있지만 경험 위주로 하는 정도여서[113] 현종 때 7년간 창궐했던 馬疫, 牛疫으로 수만 필의 소와 말이 죽어 가는데도 속수무책일 수밖에 없었다.[114]

넷째는 영양가 있는 좋은 사료를 먹이는 것이었다. 사료는 生草(靑草)·穀草(黃草)·콩·보리·칡·꼴 등이었는데, 제주도에서는 자골초·모애초·갈근·잔디(토끼풀)·서숙대·보릿겨·어욱 등을 사료로 하였다. 그 중 꼴과 콩을 확보하여 썩지 않게 공급하는 것이 중요하였다.

조선시대 사료정책은 다음 여섯 가지로 나누어 볼 수 있다.

(1) 목장을 목초가 풍부한 곳에 설치하여 자급시켰다.[115]

(2) 職田·籍田·馬田·民田에 목초를 재배하여 納草케 하고 馬草場을 보호하였는데,《경국대전》형전에서 그 사적인 점유가 금지되었다.

(3)《경국대전》에 積蒭條를 규정하여 각 고을을 마초를 저장·비축하여 유사시에 대비하되 큰 고을은 10만 속, 중간 고을은 8만 속, 작은 고을은 6

110)《世宗實錄》권 52, 세종 13년 4월 을사·6월 갑인.
111)《攷事撮要》권 25, 雜方.
《林園十六志》佃漁志解.
112)《肅宗實錄》권 57, 숙종 42년 정월 기미.
113)《世宗實錄》권 52, 세종 13년 6월 갑인.
114)《顯宗改修實錄》권 9, 현종 4년 10월 병자 및 권 19, 현종 9년 9월 을묘 그리고 권 23, 현종 11년 8월 신축.
115)《太宗實錄》권 14, 태종 7년 10월 갑진.

만 속을 비축하여야 하며 중요 도로 연변의 고을은 위의 해당 등급에다 1만 속씩 더 추가하였다.

(4) 민에 납초의 의무를 부과하였는데, 장소와 시대에 따라 그 차이가 있어 물의가 그치지 않자 성종 24년(1493)에 '전 1결에 1속'의 사료(蒭草)를 징수하도록 하였다. 그러나 부강한 자는 이를 뇌물로 면하는 반면 직전 경작자는 그 소유주의 납초까지도 부담하게 되어 조신들은 그 해결책에 부심하였다.

(5) 사료값을 통제하여《경국대전》에서는 '풀 1속에 쌀 2되'로 하여 거래케 하였다.

(6) 목초 도적의 단속정책은 원칙적으로 가혹하게 다스려서 목초를 훔치는 자는 刺形을 가하여 배상케 하고 정도가 지나친 자는 일반 刑典에 따라 처벌토록 하였다.[116]

말에 주는 사료량은 세종 11년에 '큰 말 1필은 1일에 콩 1말, 작은 말은 5되'[117]였고, 문종 원년에는 '말 1필의 꼴(蒭)로는 1일에 10여 속, 콩으로는 內立馬의 경우 1일에 1말, 外立馬는 7되'[118]를 먹이도록 하였다. 그러므로 보통 말 1필당 1일 사료가 꼴로는 10속, 콩으로는 1말이 된다. 전국에 걸쳐 목장 말 4만 필을 보유하였던 중종 때[119]의 사료 소요량을 계산하면, 먼저 꼴의 경우는 1일 40만 속, 1년에 1억 4천 6백 속, 다음으로 콩의 경우는 1일 4만 말, 1년에 1천 460만 말을 비축해야 되는 것이었다.

다섯째는 말생산 종사자의 복무규정을 강화하여 마정 관리에 철저를 기하도록 하였다.《경국대전》병전 廐牧條의 규정을 보면 다음과 같은 조항이 있다.

> ① 사복시의 祿官 · 兼管 및 馬醫 · 養馬[120] 등이 마 · 소 기르기에 힘쓰지 않아서 마 · 소가 병이 나게 하거나 죽게 한 자가 있으면 논죄하고, 마 · 소가 죽으면 죽은 3필에 대하여 1필씩 변상 징수하며, 잃어버린 자는 그 잃은 수대로 배상케 한다. 또한 거세한 말이 거세한 지 37일 내에 죽으면 그 거세 수술한 자와 함께 논죄하도록 한다.

---

116)《太宗實錄》권 28, 태종 14년 9월 병술.
117)《世宗實錄》권 43, 세종 11년 2월 갑오.
118)《文宗實錄》권 6, 문종 원년 3월 병진.
119)《中宗實錄》권 44, 중종 17년 2월 정해.

② 군두·군부·목자로서 우마 1필을 잃어버린 자는 笞 50형에 처하고(감목관은 형 1등 경감) 잃은 말 1필이 증가할 때마다 형 1등을 추가하되 杖 100의 형벌에 그치고 잃은 수대로 추징한다. 그리고 무인도에 있는 목장에서 우마를 잃은 자는 형 1등을 감하고 잃은 수 3필마다 1필씩을 배상케 한다.

③ 사고로 말을 망실하였을 때에는 3필에 대하여 1필은 官에서 보급하고 1필은 징수하되, 평시 看養하고 있지 않은 목장에서는 말 4필에 대하여 2필은 관에서 보급하고 1필은 징수하며, 무인도의 목장 말은 7필에 대하여 2필은 관에서 보급하고 1필은 변상케 한다.

④ 겸직 감목관은 변상액수를 감하여 주되, 잃은 우마 10필이나 사고망실한 우마 15필 이상, 항상 감양하지 아니하는 목장에서의 잃은 15필이나 사고망실 20필 이상, 무인도 목장에서의 유실 20필이나 사고망실 25필 이상에 대하여는 모두 목자 1인에 대한 예에 따른다.

⑤ 목장 내에 虎豹가 들어 온 것을 즉시 포획하지 아니하고 마·소 5필 이상을 죽게 한 자는 감목관은 장 100, 병마절도사는 장 90의 형에 처하고, 매년 세초마다 병조에서 馬籍을 점검 조사하여 그 유실·사고망실·치살 등이 가장 많은 자와 번식한 수를 3년을 통산 조사하여 연평균 30필 미만인 자에 대하여는 감목관을 파면하도록 한다.

그러나 이런 직책규정이 너무 가혹하고 또한 그 후에 《속대전》·《대전통편》에서도 개선책이 마련되지 않아 결국 목자들의 離役현상을 초래하였다.

〈南都泳〉

---

120) 養馬는 말의 치병(《世宗實錄》 권 73, 세종 18년 6월 정축), 거세(去勢 : 騸馬 만드는 것, 《經國大典》 권 5, 兵曹 廐牧), 새끼 낳는 것(生馬 : 《世宗實錄》 권 11, 세종 7년 1월 임오) 등을 담당하였다.

Ⅵ. 도량형제도

1. 옛 도량형제도
2. 세종조의 도량형 통일
3. 광무 6년의 도량형제도 개혁

Ⅳ. 도량형제도

1. 옛 도량형 제도

1) 상고의 도량형제도

(1) 도량형의 시초

인류는 의·식·주를 위해 필요한 여러 가지 물질들을 자연상태 그대로 취하여 이용해 왔는데, 지능의 발달과 더불어 이러한 물질들을 사용에 편리한 크기와 필요에 알맞은 물량으로 판단하기 위한 방법이 모색되었다. 이는 언제 어디서나 물질의 크기와 양을 항상 일정하게 측정할 수 있는 방법이어야 했다. 이러한 요구에 알맞게 만들어 낸 것이 바로 크기는 길이를 기준으로, 물량은 기준량의 倍數값으로 판단하는 방법이었다. 기록에 의하면 이러한 목적을 달성하기 위한 최초의 기준은, 장년 남자 신체의 특정부분이었다. 신체라 하더라도 그 기준을 삼는 부분이나 크기에 따라서 많은 차이가 생기게 되었고, 그것은 각 지역의 인종에 따라 도량형의 차이로 나타나게 되었다. 즉 고대 바빌로니아에서는 장년 남자의 오른쪽 팔꿈치에서 長指 끝까지의 길이를 기준으로 정하여 1큐빗(약 50㎝)이라 했는데, 오늘날 길이의 표준치가 되는 1미터는 이 基準에 연유한 것이다. 또 중국 상고 때 기록에 의하면, 장년 남자의 10指幅을 길이의 기준으로 취하여 指尺 1尺이라 하고, 步幅의 2배를 1步라고 했다. 그리고 장년 남자의 양손을 모아 담은 穀物量을 물량의 기준으로 삼아 1升(또는 1掬)이라 했다고 한다.[1] 이와 같이 옛 사람들이 생존하기 위해 물량을 측정하고 판단하였던 방법이, 훗날 度(길이)·量

---

1) 《孔子家語》 王言篇·小爾雅.
《史記》 夏本紀.

(부피)·衡(무게)이란 제도로 발전하였다. 그런데 이와 같이 용적에서 기준을 취한 것으로 보아 상고 때의 計量法은 농경사회 사람들이 곡물을 거래하는 데 공정성을 얻기 위해 시작된 것이었다고 여겨진다. 앞에서 이야기했듯이 인체를 기준으로 한 것은 인체의 크고 작음에 따라 차이가 있었다. 그런데 지능이 발달하면서 곡물거래의 공정성이 요구되었고, 器物 제작 기술도 개발됨으로써 지배자는 단일 標準尺과 標準量器 등을 만들어 이러한 요구에 부응하는 통일된 도량형제도를 시행하였던 것이다. 이 때 제정된 표준척 길이와 표준량의 부피는 관습적으로 사용되어 왔던 신체 기준 그것과 비슷하거나 같았던 것으로 확인되고 있다. 이러한 제도와 기술은 강력한 국가권력에 의해 널리 시행되면서 정확하게 전수·발전하였다. 인접 후진국들은 제도나 기술을 받아들이기 위해 그 기준이 되었던 도량형제도도 함께 수용하여야 했다.

그러므로 어떤 나라의 도량형제도를 밝힐 수 있다면 그 제도나 기술의 근원을 밝힐 수 있을 것이며, 아울러 강력한 지배자가 통치하는 국가가 있었음을 확인할 수 있을 것이다.

동양에서 통일된 도량형제도의 시행에 관한 가장 오래된 기록은 《舜典》의 "乃同律度量衡"이란 것이다. 舜임금은 당시까지 전래하던 길이 표준척인 '指尺'을 취하지 않고, 舜帝樂의 基準音律管長을 舜帝尺으로 취하여 전래의 표준량인 1승의 용적을 25立方寸이 되게 하였다.[2] 그러나 민간에서 실제로 많이 사용되었던 척도는 指尺이었다. 우리나라에서 통일된 도량형제도가 언제부터 시행되었는지는 분명하지 않으나, 여러 문헌자료와 유물·유적 등을 통하여 옛 도량형의 표준척과 표준량이 장년 남자의 10指幅(또는 한뼘)과 양손에 담긴 곡물량이 기준이 되었음을 알 수 있다. 이와 아울러 箕田尺도 표준척으로 사용되고 있었던 사실을 알 수 있는데, 이로 보아 우리나라에서 통일된 도량형을 시행한 것은 상당히 상고 때부터였던 것으로 여겨진다.

(2) 기전의 할지법과 기전척

《高麗史》 地理志의 '箕子의 井田制'란 기록에 관하여 최초로 깊이 연구한

2) 朴興秀, 〈中國上古때 度量衡制度에 關하여〉(《大東文化硏究》 12, 1978).

결과를 圖面까지 작성하여 밝힌 箕田遺制說이 있다.[3] 이에 의하면, 含毬門과 正陽門 사이에 있는 田土를 '井'자형으로 9등분 한 것이 아니라 '田'자형으로 4등분하여 종횡을 각각 4개씩 배열함으로써 16개의 田을 하나의 기본형이 되도록 구획하였다고 한다. 또한 만일 4등분된 하나를 1區라고 부른다면, 그 기본형은 4진법 수에 맞추어 64구로 割地된 것이 분명하므로 이를 井田이라고 할 수는 없다고 했다.

그런데 箕田의 遺趾는 일제 때 일본인들이 평양역을 건설하면서 파괴하였으나, 훗날 주변에 남아 있던 기전들을 정밀 측정하여 그 결과가 보고된 바 있다.[4] 즉 "箕田에서의 도로는 종횡으로 똑같이 넓은 길과 좁은 길이 번갈아 관통하고 있는데, 그 넓은 길의 폭은 약 46척 1촌(曲尺, 13.97m), 좁은 길의 폭은 약 17척 3촌(5.24m)이 된다. 지난해 (朝鮮)總督府 技師가 실측한 데 따르면, 각 도로간의 거리는(가령 町이라 하면) 동서 9町의 평균치가 597.5呎(182.118m), 남북 7町의 평균치가 595.5呎(181.505m)으로 되어 거의 같았음을 알았다. 이 넓이는 도로까지 포함시킨 것이므로 東魏尺[高句麗尺] 500척으로 분할하여 도성을 세우려 하다가 버려진 것으로 생각된다"고 하였다.

이에 따른다면 다음과 같이 36.36㎝ 길이의 고구려척이 사용되었을 것으로 추측된다.

$$1町=(182.118m)\times(181.505m)=(181.812m)^2=[(36.3626㎝)]\times(500)]^2$$

지금까지 밝혀진 고구려척인 기전척의 길이는 35.50~35.85㎝에 불과하고 이러한 長尺은 알려진 바 없으며 동위척의 정확한 길이도 34.766㎝로 밝혀지고 있어, 이 설은 하나의 가상으로서 신뢰할 수 없다고 하겠다.

$$\begin{aligned}1町(田)&=(181.8129m)^2\times[\{(35.510㎝)\times(6.4)\}\times80]^2\\&=[(227.264㎝)\times(80)]^2=3{,}3055㎡=3.3ha\end{aligned}$$

오히려 위와 같이 할지된 것으로 해석한다면 고려 문종 때의 米斛量器의 1변의 길이 35.51㎝와 多寶塔의 建造尺인 35.52㎝의 고구려척과 같은 유형의

3) 韓百謙, 《久庵遺稿》 上, 箕田遺制說.
4) 藤田元春, 〈箕子の井田〉(《尺度綜考》, 刀江書院, 1929).

척도라고 할 수 있을 것이다. 따라서 이를 기준으로 할 때 기전의 1田은 殷代의 도량형제도에서의 4진법의 길이 단위인 64촌, 즉 6척 4촌인 227.26㎝를 거리단위(이것을 1步 또는 1竿長이라 한다면)로 한 4방 80竿이 되게 할지된 것이었다고 볼 수 있다.

이 때 사방 1간인 넓이 40.96평방척을 1竿積, 사방 4간이 만드는 넓이를 1畮(18畮라고 가칭한다)라 한다면, 다시 한 가구에 분급되었을 1區의 넓이는 100畮(畝)로 볼 수 있으므로 그것은 1600평방간(8263.8㎡)이 되고, 1田의 넓이는 6400평방간(3,3055㎡)이 되어, 모든 단위 수들이 殷代의 도량형단위제도와 같이 4진법과 10진법의 복합단위수가 된다. 또 1전이 차지하였던 도로의 넓이도 10분의 1이 되므로 1구의 실질적인 경작농토의 넓이는 1400평방간(7437.4㎡)이 되며, 기전의 기본형의 넓이는 그것의 64배, 기전의 총넓이는 640배에 가까워진다. 이것과 비슷한 量田法이 근년에 이르기까지 山東省益都縣에서 실시되었는데, 거기서의 1竿長도 동일한 길이이었음이 확인되었다.[5)]

이러한 이유에서 기전은 韓百謙의 해석대로 殷田 제도를 축소한 것이 명백하므로 정전이라고 할 수 없다. 그리고 기전척이 삼국시대의 官尺이었던 고구려척으로 일컬어져 온 것으로 보아 우리나라가 통일된 도량형제도를 실시하였던 시기가 기전의 개설 때보다 내려올 수 없음도 명백하다. 《孟子》에 보이는 "殷人七十而助"에서 '七十'은 1구가 사방 84간인 7056평방간의 100분의 1인 1무 넓이를 가리킨다. 이 때의 실전은 사방 80간인 6400평방간이 되며, 나머지 4간 중 1간은 소도로인 소위 1畝道路幅에, 3간은 3畝路幅에 충당되었을 때의 넓이로서 도로는 10분의 1이 되게 된다. 이 4구인 1전을 정자형으로 9등분한다면, 그 넓이가 정확히 《禮記》 王制篇에서의 當今의 100畝와 같게 된다. 그러므로 삼국시대의 관척이었던 이른바 '高句麗尺'은 기전척이 原尺이며, 그때부터 우리나라의 기본척이 되어 전해진 것으로 볼 수 있다. 아울러 정전법은 춘추전국시대의 도량형 개혁 때 생겨난 것이 확실시되고 있다.

---

5) 朴興秀, 〈箕田考〉(《道原柳承國博士 華甲記念論文集》, 1983).

(3) 통일신라의 결부속파법과 10지척

통일신라 때 실시되었던 結負束把法은 고려때는 물론 조선 세종 때까지도 전국적으로 실시된 양전법이었다. 이 때 밝혀진 양전법은 다음과 같이 정리할 수 있다.6)

量田尺＝壯農夫 10指幅(指尺)＝19.42㎝
1把길이＝64指＝指尺 6尺 4寸
1把積(줌)＝四方 指尺 6尺 4寸＝指尺 40.96平方尺
1束(단)＝10把＝指尺 409.6平方尺
1負(짐)＝10束＝四方 指尺 64尺
1結(먹)＝100負＝四方 指尺 640尺
　　＝四方 下田尺 35.55步
　　＝指尺 40,9600平方尺
　　＝1,5447㎡＝世宗 때 中朝畝 59畝 112步≒1.5ha

결부속파법은 正方形田으로 양전하는 것으로서 4진법과 10진법의 複合數형의 단위제도였으나, 그것은 기전의 割地法에서와는 별개의 제도였다고 볼 수 있다. 또한 그것은 井田法과 阡陌田法에서의 양전법으로 밝혀진 《예기》 왕제편의 步畝法과 거의 비슷하지만, 엄밀하게 살펴보면 약간의 차이가 있다. 다시 말해서 왕제편에서는 周尺을 量地尺으로 삼아 6척 4촌의 길이를 1步, 사방 1步積도 1보, 100보를 1무, 100무를 1夫라 하였는데, 결부속파법에서는 步·畝·夫를 把·負·結이라 하였다. 파·속·부·결은 '줌'·'단'·'짐'·'먹' 등으로 일컬으며, 특히 '먹'이란 단위 명은 한 가구의 양식을 얻기 위해 給田된 넓이란 의미로 풀이되고 있다.

정전법은 춘추시대 말기 전국시대 초엽에 齊가 도량형제도를 개혁할 때, 殷田의 1田인 4區를 井자형으로 9등분한 데서 만들어진 것이 분명하다. 商鞅에 의하여 秦에 도입되어서는 천백전법으로 되었으나, 量地尺인 周尺이 신장됨으로써 이 제도들도 진시황 26년부터 1보가 주척 6척으로 개혁되어 없어졌다. 우리나라가 결부속파법을 중국에서 도입하였다면 이 시기에 수용했을

6) 朴興秀, 〈新羅 및 高麗의 量田法에 關하여〉(《學術院論文集－人文社會篇－》 11, 1972).

것이다. 만일 그러하다면 도량형제도의 특성에 따라 양전척은 주척으로, 양전의 단위명도 보·무·부로 불려져야 한다. 물론 통일신라 때 학자들 사이에선 결·부·파를 중국식으로 경·무·보로 부르기도 했으나, 정전법에서의 畝·夫와 漢 이후의 畝·頃制도 면적 사이에는 크게 차이가 있었으므로, 이 호칭은 본래의 명칭이 아니라 중국제도를 모방한 학자들의 그릇된 호칭이었음을 알 수 있다. 그 밖에 다음과 같은 이유에서 이러한 양전법은 본시 우리나라의 상고시대의 제도로 보아야 할 것으로 생각된다. 첫째 중국에서는 周公 때에 상고시대의 指尺을 周의 官尺(길이 19.496㎝)으로 제정하였다. 후인들은 이 관척을 주척이라 불렀으므로 장년 남자의 10指幅이란 호칭은 주척이란 호칭보다 앞선 명칭이라는 점, 둘째 중국 상고시대에 길이의 표준 10지폭과 양의 기준량으로서 장년남자가 두 손을 모아 담을 수 있는 곡물량인 1升(또는 1掬)은 당시 도량형의 기준이었는데, 이 제도가 우리나라 상고시대의 그것과 같았던 점, 셋째 고구려와 신라의 관척이었던 고구려척은 기전척의 傳授尺임이 분명한데, 오랜 옛날부터 標準量器로 전해 온 米斛量器가 기전척의 1입방척이었던 것으로 보아, 기전이 개설되었을 시기에 기전척을 기준으로 하여 도량형제도를 통일하여 실시하였던 것으로 보인다. 따라서 양전법도 기전에서와 같이 기전척을 기준으로 하는 것이 당연했다. 그러나 양전법에서는 실제로 상고시대의 길이 기준이었던 10지폭을 양지척으로 사용하였다. 이는 기전이 개설될 당시에 10지폭을 기준한 도량형제도와 결부속파법이 실시되고 있어 그것들을 改量田하기가 곤란하므로 그대로 사용하였던 결과로 생각된다는 점, 넷째 결부속파법에서 사용된'먹'·'집'·'단'·'줌'이란 명칭은 곡물의 수확량을 나타내는 이름이었다. 즉 통일된 도량형제도가 실시되기 이전에는 한 가구의 양식이 대략 장년 남자의 100집 정도에 해당되는 명칭이었다. 그러나 도량형제도가 정비되고 전토의 넓이도 이에 따라 10지폭을 기준으로 그 단위를 제정할 때 옛 수확량의 기준이 되고 있었던 줌·단·집·먹으로 면적의 단위명칭을 정했던 것으로 생각되는데, 중국에서의 양전단위에는 보이지 않는 束 단위까지도 만들어졌던 것으로 여겨진다는 점 등이다.

(4) 상고의 도량형

가. 척 도

앞에서 밝힌 바와 같이 상고 때 標準尺 길이는 장년 남자의 10지폭이었는데, 조선 세종 때까지 전해진 下田尺을 기준으로 한다면 그 길이는 19.42cm가 된다. 이 길이는 주공의 주척 19.496cm보다는 조금 짧다. 또 기전이 개설된 당시부터 표준 관척이 되었을 기전척인 고구려척은 35.510cm이다. 이 기준척을 量器尺으로 하여 만들어졌을 고려 문종 때의 米斛量器를 세종 때의 표준량으로 환산한다면 35.498cm의 길이가 되는데, 이러한 차이는 실측 과정에서 생길 수 있었던 오차에서 비롯된 것이었다. 따라서 그 두 가지 길이를 평균했을 때 기전척은 35.504cm가 되므로 원래의 기전척 길이를 35.510cm로 보고자 한다. 삼국은 이 척도를 똑같이 관척으로 사용하였는데, 여러 유지와 유물의 실측에서 확인되고 있다. 즉 통일신라 때 건조된 경주 불국사 다보탑의 실측에서는 35.52cm 길이로 밝혀졌으며, 백제의 목수들에 의하여 건조된 일본 四天王寺의 실측에선 35.576cm였던 것으로 밝혀진 바 있다.7)

이 밖에 서울 방이동의 백제 석실고분의 석실은 길이 23.25cm의 王莽尺의 신장척으로 볼 수 있는 척도로써 만들어졌고, 또 武寧王陵은 20.81cm 길이의 주척으로 보아야 할 척도로써 만들어졌음이 밝혀져, 고구려척 이외의 척도들도 중국에서 도입하여 사용하였음이 확인되고 있다. 한편 人身尺으로 보아야 할 한 발[尋], 한 길, 한 걸음폭 등도 길이 측정의 기준으로 사용되어 상고 때의 인신척이 근세까지도 사용되었음을 알 수 있다.

나. 표준량과 표준량기

가) 표준량기의 용적과 양기척

고려 태조는 '宜用舊法'이라 밝히면서 도량형제도는 물론 조세법까지도 통일신라 때의 제도를 계승하였는데,8) 조선의 태조도 고려의 도량형제도와 조

7) 藤田元春, 〈四天王寺と法隆寺の地割の差〉(앞의 책), 429쪽.

8) 《高麗史》 권 78, 志 32, 食貨 1, 田制 祿科田 趙浚上書.

세제도를 그대로 계승하였다. 따라서 세종 때의 米斛 표준량은 통일신라의 표준량을 계속 사용하였다. 이와 같이 표준량이 정확히 전수될 수 있었던 것은 箕田尺을 기준으로 하여 1입방척이 되게 만들어졌던 표준양기가 전해졌기 때문인데, 그것이 바로 고려 문종 때의 미곡양기였다. 《고려사》에서는 米斛器를 1입방척이 아닌 1척 2촌의 입방체 용적이라 하였으나 그것은 기전척 길이를 唐大尺의 길이로 量器尺을 고쳐서 기재하였기 때문이다. 최근의 연구결과 세종 때 營造尺 길이가 31.22㎝로 밝혀졌는데, 이에 근거하여 문종 때의 미곡양기의 용적을 계산하면 영조척 1470입방촌, 한 변의 길이가 영조척 1尺 1寸 3分 7釐로 계산되므로 기전척 길이 35.497㎝로서 한 되의 용적이 596.4㎤가 된다.

지금 이 표준량기의 양기척 길이가 제조 당시에 기전척 길이와 같았다고 가정한다면, 한 변의 길이는 영조척 1척 1촌 3분 7리 4모가 되어 4모의 차이가 있게 된다. 4모까지를 포함시킨다면 미곡기 용적은 영조척 1471.43입방촌이 되므로 한 되의 용적은 19.619입방촌이 되어야 한다. 실제로 4모의 길이까지가 실측되었다 하더라도 세종 때에는 1승을 영조척 19.6입방촌으로 하여야 했을 것이므로, 표준량기로서의 미곡량기는 한 변의 길이를 箕田尺 1척인 35.510㎝가 되게 하였던 것으로 볼 수 있다.

이러한 근거에서 이 미곡량기는 기전척을 기준척으로 하여 도량형제도를

〈표 1〉 韓國의 上古尺度

尺 種	1尺 길이(㎝)				實 測 物
	상 고	삼국시대	통일신라	고 려	
箕 田 尺 (高句麗尺)	35.510	35.510	35.510	35.510	平壤 箕田
	35.51	35.51	35.51	35.51	標準米斛量器
			35.52	35.52	佛國寺 多寶塔
10指尺 (量田尺)	19.42	19.42	19.42	19.42	高麗 下田尺
周 尺		20.81	20.8～20.54	19.42	統一新羅石造物 및 武寧王陵
百 濟 尺		23.25			芳荑洞 石室古墳
唐 大 尺				29.592	米斛量器

통일할 때 만들어져 전해 온 것으로 판단된다. 따라서 통일신라 때 한 되의 부피는 597㎤였으며, 75升이었던 표준량기의 용적은 4,4776.7㎤였던 것으로 인정된다.

나) 도량형제도의 통일과 표준량

고려 문종 때까지 전수된 표준량기인 미곡량기의 양기척이 기전척과 정확히 일치하고 있어 箕田이 개설될 그 당시에는 기전척을 標準尺으로 한 통일된 도량형제도가 실시되었음을 알 수 있다.

우리나라는 옛부터 곡물량을 나타내는 단위로서 '섬'[石]을 널리 사용하였다. 그러한 관습은 오늘날까지도 지속되고 있으나, 그 실질적인 양에 있어서는 도량형제도가 개혁될 때마다 변화되었다.

농민들 사이에서 불려온 '섬'이란 곡물을 담기 위해 볏집을 엮어서 만든 양기의 이름이면서 동시에 그 용기 속에 채운 곡물의 양으로도 일컬어 온 명칭이다. 이와 같이 '섬'이란 이름은 선사시대에 곡물을 다루기 위해 섬을 만들어 곡물을 채워 운반 저장한 데서 시작되었던 명칭으로 생각된다. 따라서 처음에 한 섬이란 물량은 장년 남자가 다루기에 편리한 무게였을 것으로 추측되며, 그 양은 점차 정확성을 띠면서 일정한 곡물의 기준량으로 발전하였던 것으로 생각된다. 이 단위량이 '石'이란 명칭으로 불린 것은 한자를 통용하기 시작하여 중국의 단위명이 도입된 때로부터 풀이된다.

우리나라에서 최초로 통일적인 도량형제도가 실시된 것은 장년 남자의 양손에 담긴 곡물량을 한 되, 섬에 담긴 곡물량을 한 섬으로 하고, 장년 남자의 1指를 기준으로 하여 그 길이의 표준을 10指로 했을 때였던 것으로 보인다. 이를 바탕으로 통일된 제도로 제정된 것이 결부속파법이었다고 생각된다. 이를 정리하면 다음과 같다.

길이 기준=손가락 굵기	물량기준=한 되(약 300㎤)
길이 표준=10指(19.4㎝)	한 말=열 되
양전용 길이=64指	한 섬=열다섯 말(약 45리터)

여기에서 한 섬은 10진법 수와 일치하지 않는데, 이에 대해서는 명확하게 알 수 없다. 다만 '섬'이란 단위는 10진법에 의한 통일된 도량형제도를 실시

하기 이전에 통용되었기 때문에, 그 양을 10진법에 맞추면서 한 섬이 15말로 된 것으로 생각된다. 중국 상고시대에 1승은 313㎤, 1두=10승, 1석=10두로 10진법을 기준으로 하였지만, 우리나라의 경우 1石量이 다른 점으로 보아 우리의 상고시대 도량형제도는 중국에서 도입된 것이 아니었음을 알 수 있다.

우리나라 상고시대에는 또 하나의 통일된 도량형제도가 있었던 것으로 생각되는데 다음과 같이 정리할 수 있다.

기준척=箕田尺(35.510㎝)
=箕田尺 6尺 4寸
1升(되)=298.5㎤
1斗(말)=10升
1石(섬)=15斗(4,4776.7㎤)=標準量器 容積

상고시대 도량형의 특징은 1石을 기전척의 1입방척으로 정확하게 환산하고 1승의 양을 298.5㎤로 정확하게 통일시킨 점이며, 이 때 만들어진 표준양기는 잘 보존 전수되어 기전척인 고구려척을 통일신라 말까지 보존할 수 있게 하였고, 아울러 표준량도 정확하게 전할 수 있었다.

다. 무게 단위로서의 칭량

《經國大典》度量衡記에서는 衡量 단위에 釐·分·錢·兩·斤이란 단위 이외에도 稱이란 단위량이 세종 때까지도 사용되었음을 보여준다.[9] 그런데 중국의 옛 도량형제도를 밝히고 있는《漢書》律曆志에서의 형량 단위에는 銖·兩·斤·鈞·石의 다섯 가지 단위의 이름이 있을 뿐 稱이란 단위는 보이지 않는다.[10] 최근의 연구결과에 의하면 이러한 무게 단위들은 주나라 말 도량형을 개혁한 이후의 것으로 밝혀졌는데, 小爾雅에서는 "稱이란 단위가 옛날에는 있었는데 15斤에 해당하는 秤이란 것과 상통한다"고 했을 뿐이다.

한편《史記》의 夏本紀에 "聲爲律 身爲度 稱而出"이란 것이 보여, 人身尺과 더불어 상고 중국에서도 칭이란 무게 단위가 있었음을 확인할 수 있을 뿐

9)《經國大典》권 6, 工典 度量衡.
10)《漢書》권 21 上, 律曆志.

그 상세한 내용은 알 수 없다. 그런데 세종 때까지 우리나라에서 사용된 단위량 '칭'은 大稱·中稱·小稱의 세 종류로 구분되었고, 대칭은 100斤, 중칭은 7근 혹은 30근, 소칭은 1근 혹은 3근이라 하여 그 실상을 알아내기 힘들며, 중국에서의 15근과도 차이가 있다. 이 단위량에 대한 해석은 앞으로의 연구 과제이지만, 여기서 밝힐 수 있는 것은 이러한 무게 단위를 가진 도량형제도가 상고 때부터 상당히 오랜 기간 실시되었다는 점이다. 그것은 상고 이후 문무왕 21년(681)의 도량형 개혁 때까지 도량형제도를 개혁한 흔적을 찾을 수 없기 때문이다.

2) 문무왕 21년의 도량형 개혁

《三國史記》와 《三國遺事》를 보면 중국의 도량형 단위인 步·丈·里·分·兩·斤·升(斗)·斛 및 畝·頃 등이 흔히 쓰이고 있다. 이는 삼국시대 중기 이후부터 중국과의 교류가 빈번해지면서 조공과 상거래를 위해 필요했기 때문이라 생각되지만, 그러한 단위량들이 어떠한 기준에 의해, 어느 시대의 어떠한 제도를 반영하는 단위인지는 명확하지 않다.

삼국을 통일한 신라 문무왕의 遺詔에는 불편하게 여겨왔던 도량형제도의 개혁 의지를 밝히고 있다.[11] 통일신라와 고려 때의 제도로 보아서 이 때 개혁된 도량형제도는 里步法과 儀禮의 기준척이 되었던 周尺 및 唐大尺이 도입되었을 것이며, 기준량이 되어 온 '한 되'는 본래의 양을 두 배로 하여 唐의 1升量인 655㎖와 비슷하게 하였던 것으로 추측된다. 이 때 한 섬의 양도 관습에 따라서 새로운 표준량으로 삼아 15두로 증량시켰던 것으로 생각된다. 이러한 개혁으로 말미암아 일반 농민들 사이에는 섬[石]량의 혼돈으로 인한 큰 혼란이 있었으리라 추측된다. 또한 이러한 개혁으로 섬을 크게 만들어야 하였으므로 '섬'에는 큰 섬과 작은 섬이 있게 되고, 이를 구별하기 위해서 새로운 큰 섬량을 1碩으로 하였던 것으로 판단된다. 그러므로 상당한 기간 동안은 본래의 되·말·섬들은 작은 되, 작은 말, 작은 섬으로 새로운 양기들

11) 《三國史記》 권 7, 新羅本記 7, 문무왕 21년.

은 큰 되, 큰 말, 큰 섬으로 구분되었을 것이나, 관에서는 새로운 제도에 따라 租穀을 거두어들임으로써 점차 新量制度로 단일화되어 '碩'도 石으로 통용되었던 것으로 풀이된다. 그런데 옛 한 섬의 양은 옛부터 개혁 이후까지 줄곧 표준양기가 되어야 했으므로 중국의 10斗량의 단위인 斛을 도입하였던 것으로 생각된다. 따라서 이 때 升 이하의 적은 단위량도 중국제도를 본떠서 제정되었을 것으로 보이는데 이를 다음과 같이 정리할 수 있다.

1勺　　　　=0.1合
1合(홉)　　=0.1升　=60mℓ
1升(되)　　=10合　=597mℓ
1斗(말)　　=10升　=5970mℓ
1斛(작은 섬)=7斗 5升=4,4777mℓ
1碩(큰 섬) =15斗　=8,9553mℓ

이러한 量制가 개혁될 때, 물론 衡量에도 개혁이 있었을 것이다. 이 때까지 통일된 도량형제도로서의 단위량에는 稱量이 있었을 뿐 斤과 같은 양들은 중국의 형량들을 도입하여 중국식으로 제정되어 쓰여졌을 것으로 생각된다. 이 당시 당에서 실시되고 있었던 1斤重은 668그램으로 추정되나 아직까지 그 정확한 값은 알 수 없는 형편이다. 衡量單位도 1斤=16兩=668그램, 1兩=24銖, 1銖=10分(文)이란 제도와 10進法 제도인 1貫=100兩, 1兩=10錢(粲), 1錢=10分, 1分=10釐와 같은 두 가지 유형이 있지만, 세종 때까지 전해진 단위명은 1전=10분, 1냥=10전, 1근=16냥이었다. 만일 문무왕 때 제정된 형량단위가 세종 때까지 전해진 것으로 본다면 다음과 같이 계산할 수 있다.

1錢=10分=4그램
1兩=10錢=40.1그램
1斤=16兩=642그램

따라서 형량의 표준량도 당의 그것과 같았다고 보아야 한다. 또 문무왕 때 제정된 1근을 642그램으로 가정한다면 당시에 있어서 본래의 형량 1칭은 약 475그램이었을 것으로 추정할 수 있다.

3) 고려의 도량형제도

(1) 문종 7년의 양 체제 개혁

고려의 성종은 통일신라 때부터 토질이 비옥하거나 척박한 데 대한 차이가 없이 일률적으로 1負에서 수확된 곡물 3승씩의 조세를 내게 하던 조세법을 고쳐서, 1결의 수확고가 7~10석까지의 田은 하등전, 11~14석까지의 전은 중등전, 15~18석까지 전은 상등전으로 나누고, 그 수확고의 4분의 1에 해당하는 조세로서 하등전에서는 2석, 중등전에서는 3석, 상등전에서는 4석씩을 거두어 들이는 3등급의 차등조세법을 실시하였다.[12] 이와 같이 토질에 따른 차등조세법을 실시함으로써 그 동안의 모순된 조세법을 바로잡고 增稅의 목적도 달성할 수 있었다. 그러나 그 실행과정에서 차등조세율에 따른 각종 세액 계산이 크게 복잡하게 되어, 조세량의 산정이 부정확할 염려가 있었다. 이에 문종은 전토의 면적 차이에다 차등세율을 두어 옛 조세법과 같이 1부에 3승씩의 조세를 내게 하는 이른바 '同科收租法' 시행의 사전 작업으로서 量制를 먼저 개혁하였다. 즉 옛부터 전해 온 표준량기 1斛器를 米斛 1斛量器로 한 채 이것과는 용적을 달리한 大·小豆斛과 末醬斛, 稗租斛의 4종류로 구분하였다. 그 가운데 대·소두곡을 제외한 나머지 세 종류는 거기 담긴 곡물의 값이 糙米 1곡 값과 꼭 같을 수 있게 만들어진 것인데, 이러한 量體制는 중국 옛 기록에서도 볼 수 있었던 이른바 '齊價量體制'라 할 수 있는 제도였다.[13]

여기에 비해 대·소두곡의 용적은 다른 量器들 곡물가의 절반값이 되게 만들어진 것이 특징이다. 대·소두곡의 용적만을 절반값이 되게 만든 것은 동과수조법을 실시하는 데 필요하였기 때문이었다. 즉 1부에서 3승의 조를 거두어들일 때 水田租는 미곡양기로 糙米 3되를, 旱田租는 대·소두곡 양기로 대·소두 3되를 바치게 하기 위해서였다. 이러한 내용은 《世宗實錄》에도

12) 《高麗史》 권 78, 志 32, 食貨 1, 田制 租稅.
13) 朴興秀, 〈新羅 및 高麗 때 量制度와 量尺에 관하여〉(《科學技術硏究》 5, 1977).

〈표 2〉 한국 고대 量制度 일람표

양기종류	단위명	상고시대		문무왕 21년 이전		문무왕 21년~고려 문종 7년		문종 7년~조선 세종 28년		표준양기 長·廣·高
		용적(升)	용적(mℓ)	용적(升)	용적(mℓ)	용적(升)	용적(mℓ)	용적(升)	용적(mℓ)	
米斛量	合	–	–	–	–	0.10	60	0.10	60	상고 때 箕田尺 1尺 문종 7년 후 唐大尺 1尺 2寸=35.51㎝
	升	1.00	299	1.00	299	1.00	597	1.00	597	
	斗	10.00	2985	10.00	2985	10.00	5970	10.00	5970	
	斛(原器)		4,4776.7	150.00	4,4776.7	75.00	4,4776.7	75.00	4,4776.7	
	石	150.00	4,4777	150.00	4,4777	150.00	8,9553	150.00	8,9553	
大·小豆斛量	合	–	–	–	–	–	–	0.10	45	唐大尺 1尺 9分 (29.59㎝)
	升	–	–	–	–	–	–	1.00	447	
	斗	–	–	–	–	–	–	10.00	4474	
	斛	–	–	–	–	–	–	75.00	3,3555	
	石	–	–	–	–	–	–	150.00	6,7110	
末醬斛量	合	–	–	–	–	–	–	0.10	93	唐大尺 1尺 3寸 9分
	升	–	–	–	–	–	–	1.00	928	
	斗	–	–	–	–	–	–	10.00	9278	
	斛	–	–	–	–	–	–	75.00	6,9586	
	石	–	–	–	–	–	–	150.00	13,9172	
稗租斛量	合	–	–	–	–	–	–	0.10	105	唐大尺 1尺 4寸 5分
	升	–	–	–	–	–	–	1.00	1053	
	斗	–	–	–	–	–	–	10.00	1,0532	
	斛	–	–	–	–	–	–	75.00	7,8992	
	石	–	–	–	–	–	–	150.00	15,7984	
量體制		單 一 量 制					4종의 齊價量制			

자세히 보인다.[14] 이 4종류 곡미들의 용적에 대한 實寸數가 기록되었다고 하나, 그 量器尺이 어떠한 척도였는지는 분명하지 않다. 다만 그것은 고구려척

이 아닌 길이가 29.592㎝의 唐大尺이었던 것으로 풀이된다.

(2) 문종의 3등전척

고려 문종은 성종 11년(992)에 제정된 3등급 조세법이 복잡하므로 이를 혁파하고, 옛 조세법처럼 전토의 면적을 3등급으로 나누어 조세율을 단일화한 同科收租法을 실시하였다. 이를 위해 문종 7년에는 '齊價量制'로 양제를 개혁하고 23년에는 면적을 3등급으로 나누는 改量田을 실시하였다. 이때 실시된 양전법은 길이 비율이 장정의 농부 손가락을 기준으로 한 것이었다.

즉 上田尺 : 中田尺 : 下田尺의 비율이 각각 20指 : 25指 : 30指가 되도록 세 종류의 양전척을 만들었던 것이다.[15] 이러한 양전척을 중국에서와 같이 6척 길이를 각 등전의 1步로, 사방 3보 3척의 넓이를 각 등전의 1負로 정하였다. 그러므로 하등전 1결의 면적은 하등전척을 기준으로 하여, 下田 1결=下田尺{(3步 3尺)×(10)}^{2}=下田尺(210尺)^2=10指尺(630尺)^{2}이 된다. 따라서 실제로 하등전 1결에 대한 양전은 이와 같이 시행하였던 것으로 여겨진다. 그런데 1결의 사방 길이는 33보라는 기록은 있지만 1부의 넓이에 대한 기록은 보이지 않는다.[16] 그러나 그것은 실제의 전토 넓이와 달랐으므로 후일 조선 태종 5년(1405)에 "1부의 넓이를 사방 33보의 10분의 1인 3보 3분으로 하지 않고 3보 3척으로 한 것은 잘못이다"하고, 1부를 3보 3분인 3보 1척 8촌이 되게 전국의 田積을 고쳤다. 이에 1결이, 1結差=(210尺)^2−(198尺)^2={(4,4100)−(3,9204)}尺^2=4896尺^2=12負 4.9束으로서, 12부 4속씩 감소시켜 결과적으로 12.4%의 增稅를 달성하였다.

그러나 세종 10년의 改量田은 1부를 3보 3척으로 환원시키고, 그것의 100배가 되는 1결을 사방 35보로 고친 것이었다.[17] 즉 下田 1結=下田尺(35步)^2=下田尺(210尺)^2=周尺(210×2.8尺)^2=周尺(1,3829)步=세종조 畝法 57畝 149步였다. 그러나 10指를 指尺 1尺으로 보았을 때, 1把는 사방 63指인 지척

14)《世宗實錄》권 104, 세종 26년 6월 갑신.
15)《世宗實錄》권 49, 세종 12년 8월 10일.
16)《高麗史》권 78, 食貨 1, 田制 문종 23년.
17)《世宗實錄》권 42, 세종 10년 10월 3일.

〈표 3〉 한국의 고대量田法과 量田尺表

	상고~고려 초 때 양전법	문종 23년 이후의 양전법		태종 5년 개량전법	세종 10년의 개량전법
		기 록	실 제		
量田制 基準尺	壯農夫 10指 (19.42㎝)		壯農夫 10指 (19.42㎝)	10指	10指 (19.42㎝)
量田尺 ─下	−	30指	30指＝3尺	指尺 3尺	指尺 3尺
量田尺 ─中	−	25指	25指＝2尺 5寸	指尺 2尺 5寸	指尺 2尺 5寸
量田尺 ─上	−	20指	20指＝2尺	指尺 2尺	指尺 2尺
1把長	64指	6尺	6尺		
1把	方 64指 ＝$(1.24m)^2$ ＝1.51㎡				
1負	方 640指 ＝$(12.4m)^2$ ＝154.5㎡		方 3步 3.33尺 ＝154.5㎡	方 3步 1尺 8寸 ＝133.1㎡	方 3步 3尺 ＝149.7㎡
1結	方 640指 ＝1,5447㎡	方 33步	方 35.55步 ＝1,5447㎡	方 33步 ＝1,3307㎡	方 35步 ＝1,4968.5㎡
下田 1結	1,5447㎡		1,5447㎡	1,3307㎡	1,4968㎡
中田 1結			1,0727㎡	9241㎡	1,0394㎡
上田 1結			6865㎡	5914㎡	6652㎡
租 稅 率 (1結)	租 30斗		水田糙米 30斗 旱田黃豆 30斗	水田糙米 30斗 旱田黃豆 30斗	水田糙米 30斗 旱田黃豆 30斗

사방 6척 3촌이 아니라 6척 4촌(4進法數)이 된다. 이것을 하전척으로 표시했을 때 본래의 1결은, 指尺(640尺)^2＝下田$\left(\frac{640}{3\times6}\text{尺}\right)^2$＝下田尺(35.55步)^{2}으로서 사방 35보 5.555분이 되고, 또 1부는 3보 3.333척으로 표시되어야 한다. 따라서 문종이 개량전했을 때 1부를 3보 3척으로 하고 그 이하의 치수는 버렸던 것으로 생각된다.

이상과 같은 결과에서 문종이 동과수조법을 위해서 개량전하였을 때, 1결 면적의 기준이 되었을 옛 1결을 하등전 1결로 정하고, 중등전과 상등전의 면적은 옛 1결을 각각 1결 44부와 2결 25부로 한 계산을 통하여 개량전이 실시되었을 것이 분명하다. 실제로 땅을 측량하여 면적을 결정하였을 때에는 오직 下等田尺만으로써 실측하였을 것으로 생각된다. 이 하등전척 1척은 대략 세종 때의 周尺 2척 8촌으로 환산되었던 것으로 여겨진다.

〈朴興秀〉

2. 세종조의 도량형 통일

신라 문무왕 21년에 개혁된 도량형제도는 고려로 전승되었고, 다시 조선에 전해졌다. 또한 量制의 표준량은 옛부터 전해온 標準量器를 통해서 정확하게 세종 때까지도 이어졌다. 그러므로 고려 문종 때 개혁된 齊價量制는 세종 때의 양제가 되었으며, 무게의 표준도 고려 때부터 전해 온 工曹의 저울추를 표준으로 삼았으나, 척도만은 정확한 표준척이 없어 그 길이가 매우 문란하였으므로 새로운 표준척을 제정 통일하게 되었다.

1) 척도의 통일

조선이 건국된지도 30여 년이 경과되어 나라 안팎이 안정되게 되자 여러 가지 제도들을 정확히 확립시킬 필요가 있었다. 세종은 태종 때에 吉禮序禮와 각종 의식을 제정하였던 許稠에게 洪武舊制와 東國儀禮를 바탕으로 우리나라 五禮를 상세하게 제정할 것을 명하였다. 이에 허주는 5례를 제정하는데 필요한 정확한 표준으로서 造禮器尺을 만들게 되었다. 이 무렵 朴堧은 예악을 정돈하기 위해서 음악의 기본음과 정확한 12音律을 얻고자 하였다. 이에 海州産의 秬黎를 바탕으로 한 累黍法으로 黃鐘尺을 만들었다.

한편 고려에서부터 시작된 同科收租法을 중국식의 頃畝法으로 고쳐 貢法을 실시하자는 여론으로 인하여, 경무법의 양전척이 되고 있었던 정확한 周尺의 표준도 필요하게 되었다. 이에 세종은 집현전에 표준이 될 척도를 제정하도록 명하여 가례의 주척을 새로이 고쳐 標準周尺을 제정하게 되었다. 이때 제정된 것으로는 새로운 표준척으로서의 營造尺과 縱黍尺, 橫黍尺 등이었는데, 이 3종의 척도는 명나라에서 도입되었을 것으로 추측된다. 이러한 척도들은 세종 12년(1430)에 제정되었으나, 관청과 민간에서 가장 널리 사용되었던 布帛尺의 표준은 제정되지 못하였다. 그러므로 공조에서는 재가를 얻어 전국의 관부로 하여금 그 지방의 표준척으로 사용되고 있는 포백척을 대나무로 만들어 京市署로 보내게 하고, 그것들을 바탕으로 새로운 포백척을 제정하여 각 관부에 분급함으로써 포백척도 통일하였던 것이다.[1)]

周尺은 주공이 새로이 경무법을 제정하기 위하여 옛부터 많이 사용되어 온 10지폭의 지척을 量田用으로 제정하였던 주나라의 관척으로서, 그 정확한 길이는 19.496㎝였다. 그러나 新의 王莽 때 劉歆은, 중국음악과 도량형이 舜임금의 '同律度量衡'제도로부터 시작된 것임을 근거로 하여, 중국의 표준척은 주척이 아니라 중국음악의 기본임인 黃鐘音을 내는 黃鐘律管長임을 밝혔다. 그 이후로 모든 樂理學者들은 劉歆 銅斛尺만을 표준척으로 여기게 되었고, 이에 따라 주척은 실질적으로 양전과 里程用尺으로 사용되면서도 기록에서 그 자취를 찾을 수 없게 되었다. 그러면서도《周禮》의 기준척이었던 주척은 가례와 더불어 私尺으로 전해 내려와 우리나라에서도 禮制의 기준척이 되었음을 기록에서 확인할 수 있다.[2)] 즉 건국 초에는 가례에 있는 司馬公(光)의 石刻周尺을 바탕으로 했으나 그것이 오래되어 오차가 심하므로 洪武 癸酉年(1393)에 허조가 陳友諒의 아들 陳理家에게서 얻은 주척, 원나라 중추원사 金剛이 얻은 象牙周尺, 가례에 있는 사마공의 석각주척 등을 자료로 하여 집현전에서 가장 정확한 주척을 만들었던 것을 밝히고 있다.

〈표 1〉 諸尺關係表

(단위 : 尺)

관계척 \ 기본척	黃鐘尺	周　尺	營造尺	造禮器尺	縱黍尺	橫黍尺	布帛尺
周　　尺	0.6	1.000	0.663	0.73	0.7	0.789	–
營 造 尺	0.899	1.499	1.000	1.09	1.15	1.18	–
造 禮 器 尺	0.825	1.38	0.92强	1.000	1.7	–	–
布 帛 尺	–	2.246	–	–	–	–	–
一等量田尺	–	4.775	–	–	–	–	2.126

1) 朴興秀, 〈李朝尺度에 關한 硏究〉(《大東文化硏究》 4, 1967).

2) 《增補文獻備考》 권 85, 禮考.

이 때 제정되었던 각종 표준척의 길이 사이에는 〈표 1〉에서와 같은 관계가 있었다고 했는데, 여기에 포백척과 세종 26년에 제정된 一等量田尺의 길이를 합하여 다시 정확하게 계산하면 〈표 2〉에서와 같은 결과를 찾을 수 있다. 이러한 관계를 바탕으로 하여 세종 때의 표준척으로 나머지 척도들의 길이도 정확히 밝힐 수 있게 되었다. 《磻溪隨錄》에는 임진왜란과 관리들의 관리 소홀로 모든 척도들은 없어졌지만 三陟府의 포백천과 水標橋의 水位周尺이 남아 있었다고 한다.[3] 그러나 이것마저 없어져 순조가 부러진 世宗水標에서 世宗周尺을 실측함으로써 밝힌 釐正周尺記와 현재 전하는 수표교의 인조 甲戌量田周尺長, 南大門樓와 圓覺寺十層石塔에서 얻은 世宗營造尺 등에서 세종 때의 표준척 길이가 〈표 3〉과 같음을 밝힐 수 있다. 〈표 2〉에서 밝

〈표 2〉 세종조 諸尺度 관계의 換算値 일람표

(단위 : 尺)

기본척 / 관계척	黃鐘尺	周 尺	營造尺	布帛尺	造禮器尺	橫黍尺
黃鐘尺	1.00000	1.66864	1.11148	0.74299	1.21239	1.31499
周尺	0.59929	1.00000	0.66610	0.44527	0.72657	0.78806
營造尺	0.89970	1.50128	1.00000	0.66847	1.09078	1.18310
布帛尺	1.34591	2.24584	1.49595	1.00000	1.63176	1.76986
造禮器尺	0.82482	1.37633	0.91677	0.61283	1.00000	1.08463
橫黍尺	0.76046	1.26893	0.84524	0.56502	0.92197	1.00000

〈표 3〉 세종 尺度의 길이 일람표

尺種	세종 척도의 표준길이		경국대전	
	黃鐘尺의 단위	cm 단위	黃鐘尺의 단위	cm 단위
黃鐘尺	1.00000	34.700	1.00000	34.700
周尺	0.59929	20.795	0.606	21.028
營造尺	0.89970	31.220	0.899	31.195
造禮器尺	0.82482	28.621	0.823	28.558
布帛尺	1.34591	46.703	1.348	46.776
橫黍尺	0.76046	26.388		
一等量田尺	2.86156	99.296		
甲戌量田周尺	0.62746	21.773		

3) 柳馨遠, 《磻溪隨錄》 권 2, 附錄 3, 陟布帛尺圖.

혔듯이 척도 사이의 길이 관계를《經國大典》의 기록과 비교했을 때, 오로지 周尺만이 심한 차이를 보이고 있다. 즉《경국대전》에서 周尺長을 黃鐘尺의 6寸 6釐라 함으로써 세종 척도를 밝히려는 연구자들에게 많은 혼란을 주었는데,《六典條例》에서는 이러한 잘못을 정정하고 있다.[4)]

2) 양전법의 개량

앞에서 밝힌 바와 같이 세종 10년에는 1결의 넓이를 고려 때 三等田의 넓이로 환원시키기 위하여 사방 35보로 改量田하였다. 그러나 同科收租法이 중국의 貢法만 못하다 하여 세종 18년에 공법을 입법하여 다음해부터 경상·전라·경기에서 頃畝法으로 개량전을 시행하였다. 이 때의 양전은 다음과 같은 기준에 의하였다.

1步 길이＝周尺 5尺
1步 면적＝方周尺 5尺＝周尺 25尺^2
1畝＝240步＝周尺 6000尺^2
1頃＝100畝＝周尺 60,0000尺^2

위와 같은 단일면적으로써 田品을 6등분, 年分을 9등분하였던 것이다. 그러나 이를 실시해 본 결과 조세를 위한 종류가 54종이나 되어 매우 복잡한데다 부패한 관리들의 행패가 심하여 국고에 들어오는 租穀의 양이 줄게 되었다. 이에 세종 26년에는 다시 옛 제도인 동과수조법으로 환원시키도록 개량전을 실시하였다. 이 때의 양전법은 전품을 6등급으로, 연분을 9등분한 것이었다. 전품을 6등급으로 나눈 방법은 당시 하등전 1결의 넓이가 57무 149보였으므로, 이것을 57무로 계산하여 여기서 上上年에 上上田이면 벼 80석(糙米 40석)이, 下下田이면 벼 20석이 수확된다고 보고, 이 사이를 벼 12석의 수확고의 차이가 있는 田을 한 등급씩 낮게 하는 방식을 취하였다. 또 각 等

---

4) 朴興秀,〈李朝尺度 標準에 관한 考察〉(《素巖李東植先生華甲記念論文集－道와 人間科學－》, 1981).
《世宗實錄》권 50, 세종 12년 10월 18일 및 권 93, 세종 23년 8월 20일.

田 1결의 넓이에 있어서는 1結租를 20두로 정하면 1등전 1결의 넓이는 종래의 하등전 1결의 2/3인 38무가 되고, 6등전 1결은 228무의 2/3인 152무가 되어 가장 알맞은 1결의 넓이가 된다고 보고, 수확고의 1/20인 20斗租의 동과 수조법이 되게 정했던 것이다. 이는 1등전 1결 57무에서 조미 30두의 조세를 내게 하면 1/20조가 되므로, 1결조를 糙米 30두로 정했을 때 1등전의 넓이는 57무가 되지만, 6등전 1결의 넓이는 228무나 되어야 하므로 면적단위로서의 1결의 넓이가 너무 넓기 때문이었다.

이렇게 1결의 넓이를 정하여 각 등전 1결의 넓이를 세종 周尺과 경무법으로 표시하면 다음과 같다.

1等田 1結＝38畝＝周尺(38×6000)尺^2＝周尺(22,8000尺^2)＝周尺$(100\times4.775$尺$)^2$
＝9859.5㎡≒1ha
2等田 1結＝44畝 7分＝周尺(44.7×6000)尺^2＝周尺(26,8200)尺^2
＝周尺$(100\times5.179$尺$)^2$
3等田 1結＝54畝 2分＝周尺(54.2×6000)尺^2＝周尺(32,5200)尺^2
＝周尺$(100\times5.703$尺$)^2$
4等田 1結＝69畝＝周尺(69×6000)尺^2＝周尺(41,4000)尺^2＝周尺$(100\times6.434$尺$)^2$
5等田 1結＝95畝＝周尺(95×6000)尺^2＝周尺(57,0000)尺^2＝周尺$(100\times7.550$尺$)^2$
6等田 1結＝152畝＝周尺(152×6000)尺^2＝周尺(91,2000)尺^2＝周尺$(100\times9.550$尺$)^2$

이를 다시 주척을 기준으로 하여 계산하면 다음과 같다.

1等 量田尺 1尺＝周尺 4.775尺
2等 量田尺 1尺＝周尺 5.179尺
3等 量田尺 1尺＝周尺 5.703尺
4等 量田尺 1尺＝周尺 6.434尺
5等 量田尺 1尺＝周尺 7.550尺
6等 量田尺 1尺＝周尺 9.550尺

또 이와 같은 길이의 양전척으로 계산하면 다음과 같다.

1把＝方 1尺
1束＝10把
1負＝10束＝方 10尺
1結＝100負＝方 100尺

〈표 4〉 세종조 頃畝 및 結負束把 일람표

세종 19년 頃畝法		세종 26년 이후 結負束把法		인조 12년 이후 結負束把法	
경	수 치	경	수 치	경	수 치
量田尺	周尺=20.795cm	量田尺	周尺	量田尺	甲戌周尺
			=20.795cm		21.772cm
1步	周尺 5尺	1等 田尺	周尺 4.775尺	1等 田尺	周尺 4.775尺
			=0.99290m		=1.0396m
1步積	方周尺 5尺	2等 田尺	周尺 5.179尺	6等 田尺	周尺 9.550尺
	=周尺 25尺^2		=1.0776m		=2.0792m
1畝	周尺 240步	3等 田尺	周尺 5.703		
	=周尺 6000尺^2		=1.189m	1把	方 1尺
	=259.46㎡	4等 田尺	周尺 6.434尺	1負	100把
1頃	100畝 = 周 尺		=1.33795m	1結	100負
	60,0000尺^2	5等 田尺	周尺 7.550尺		
	=2,5946㎡		=1.57002m	1等田 1結	1,0807.7㎡
					=41畝 157步
		6等 田尺	周尺=9.550	2等田 1結	1,2714㎡
			=1.98592m	3等田 1結	1,5417㎡
		1把	方 1尺	4等 1結	1,9623㎡
		1負	100把	5等田 1結	2,7020㎡
		1結	100負	6等田 1結	4,3232㎡
		1等田 1結	38畝		=1頃 66畝
			=9859.7㎡		149步
			=2982.5坪		
		6等田 1結	152畝		
			=3,9439㎡		
			=1,1930坪		

따라서 1등전 1把는 2등전의 0.85파, 3등전의 0.7파, 4등전의 0.55파, 5등전의 0.4파, 6등전의 0.25파나 된다. 그러므로 실제의 양전에 있어서는 1등 양전척 하나만이 사용되었다. 이 척도로 측량된 넓이는 각 등전에 따라 환산되었는데 그 환산표가 바로 田制詳定所에서 만든 '田制詳定遵守冊'이다.

3) 세종 28년의 양 체제 개혁

고려 문종 때 제정된 齊價量制度는 세종 초기까지도 계속 사용되었는데, 그 네 종류의 量器尺은 모두 唐大尺이었다. 양기척은 중국에서도 점차로 길이가 길어져 옛 양기척과 같은 길이의 당대척은 없어졌으며, 그 伸長尺이 명나라 때에 營造尺으로 불리워지고 있었다. 조선에서도 태조 때에 이미 명나라 영조척이 도입되어 官尺으로 사용되었으며, 이러한 배경에서 세종 12년의 표준척에 영조척이 제정될 수 있었다. 따라서 표준량을 계속 정확히 유지·보존하기 위해서도 양기척을 세종 영조척으로 교체할 필요가 있었다. 뿐만 아니라 크기를 다르게 한 量器가 4종씩이나 있었지만, 각 시대별로 곡물가가 다양하여 이 네 종류의 양기만으로는 부족했을 뿐 아니라 1升의 가격비율도 동일할 수 없었다. 더욱이 부정이 생길 원인으로 작용하였기 때문에 세종 28년(1446)에는 양기의 체제를 바꾸어 米斛量器 하나만의 단일체제로 통일하고, 그 표준 양기척도 영조척으로 바꾸어 1두의 용적이 196입방촌이 되게 長方體形으로 개혁했던 것이다.[5] 옛 양기가 입방체였음에도 불구하고 장방체형으로 고친 것은 옛 입방체 양기의 용적을 그대로 영조척 길이의 입방체로 표기할 수 없었기 때문이었다. 다시 말해서 세종 때에 양기의 표준을 영조척 196입방촌으로 결정한 것은, 고려의 표준 미곡양기의 용적을 정확히 전수 받고자 한 결과로 볼 수 있다.[6] 따라서 세종 영조척 길이만 정확히 알 수 있다면 우리나라 옛 표준량을 정확히 알 수 있게 된다.

세종 영조척 길이를 31.220㎝로 보았을 때 세종 量制度는 〈표 5〉에서와 같이 되며, 통일신라 때 1승 즉 고려 문종 이후의 미곡 1승은 597㎤가 되고,

---

5) 《世宗實錄》 권 113, 세종 28년 9월 27일.

6) 高麗때 米斛量器의 한 모서리의 길이를 35.510㎝로 보아야 했으므로, 길이가 31.220㎝의 世宗 營造尺으로 측정한다면 $\frac{35.510}{31.220}$ =1尺 1寸 3分 7釐 4毫가 되므로 米斛의 容積을 營造尺으로 表示하면 1斛=7斗 5升=(11.374寸)^3=1471.43寸^3, 따라서 1斗=$\frac{1491.43}{7.5}$寸^3=196.1907寸^3≒196寸^{3}이 되었기 때문에 寸單位量까지만을 취했다고 볼 수 있다.

〈표 5〉 세종 때 斛斗升合의 용적

(영조척 길이 31.220㎝)

단 위 量器名	量器記錄寸數			계산된 용적			비 고
	길이(寸)	넓이(寸)	깊이(寸)	寸³	㎝³	리터	
合	2.00	0.70	1.40	1.96	59.642	0.060	
升	4.90	2.00	2.00	19.6	596.424	0.596	
斗	7.00	7.00	4.00	196	5964.235	5.964	
小斛(平石)	20.00	10.00	14.70	2940	8,9463.53	89.464	15두
大斛(全石)	20.00	11.20	17.50	3920	11,9284.71	119.285	20두

세종 때 1승은 596.4㎤가 되어 일치했다고 볼 수 있다. 이와 같이 세종 때에 통일된 정확한 표준량은 중앙에서 영조척 40개를 만들어 각 관부에[7] 지급함으로써 계속 보존할 수 있게 되었던 것이다.

4) 형량 통일과 형량표준기 황종률관

신라 문무왕 때 제정된 衡量制度는 고려를 거쳐 세종 때까지 전수되었다. 세종 3년에 공조에서는 보존하고 있던 저울을 기준으로 하여 다량의 저울을 새로 만들어 전국에 공급함으로써 衡量을 통일하였다.[8] 후일 朴堧에 의하여 雅樂의 기본음과 12음률을 제정하기 위해 黃鐘尺이 만들어졌다. 즉

〈표 6〉 세종대 衡量의 크기

항 / 단위명	중량(그램)	비고	항 / 단위명	중량(킬로그램)	비고
黃鐘律管容水 88分	35.307	黃鐘律管容積 35.320㎤	小稱	0.642	1斤
1分	0.4012			1.926	3斤
1錢	4.0122		中稱	4.494	7斤
1兩	40.1218			19.258	30斤
1斤	641.946		大稱	64.195	100斤
1貫	4012.2				

7) 《世宗實錄》 권 114, 세종 28년 11월 4일.
8) 《世宗實錄》 권 13, 세종 3년 8월 18일 및 권 18, 세종 4년 12월 29일.

《律呂新書》의 기록을 바탕으로 하여 황종척으로 길이 9寸, 內徑 3分 4釐 6毫의 黃鐘律管을 만들어 거기에 물을 가득 채우고, 그 물의 무게를 표준저울로 88分이 되게끔 실측하여 이로써 저울추를 만들어 형량의 표준으로 삼게 하였다.9) 따라서 세종 때의 황종율관은 그 당시 음악의 기본음의 기준이었을 뿐만 아니라 형량의 표준 原器로 삼았음을 알 수 있다. 앞의 〈표 6〉은 위에서 살핀 세종대의 형량을 정리한 것이다.

〈朴興秀〉

3. 광무 6년의 도량형제도 개혁

세종 때 통일된 표준척들은 관리 소홀로 그 의미를 잃게 되었다. 周尺은 성종 때 이미 그 길이가 신장되어 《經國大典》에 보이는 것과 같은 오차가 생겼으며, 임진왜란을 겪는 사이에 三陟府의 布帛尺을 제외한 모든 표준척은 없어졌다. 인조 때 제작된 一等量田尺은 포백척으로 1촌씩 길어져 양전 면적도 약 10% 정도 증가하였다. 이와 같이 표준척이 문란하게 되자 계량법에 있어서도 斗升量을 고봉으로 계량하게 되어, 영조 때 兪拓基는 삼척부의 포백척을 기준으로 하여 세종 척도를 복원하려 하였으나 전국적인 통일을 이루지 못했다. 또한 순조 때에는 《경국대전》의 周尺長의 잘못을 고쳐 《六典條例》에 밝혔으나 표준척의 문란을 바로잡지 못하였다. 이와 같은 표준척의 문란은 결국 광무 6년(1902)에 平式院에서 도량형제도를 개혁함으로써 어느 정도 진정되었던 것이다.

1) 표준척으로서의 곡척 도입

광무 6년 도량형제도를 개혁할 때 미터법을 도입하면서 표준척 1척을

9) 《經國大典》 권 6, 工典 度量衡.

10/33m로 하고 이 척도를 原尺이라 하여 일본의 曲尺을 우리나라 표준척으로 제정하였다. 또 慣例를 살린다는 뜻에서 주척장을 곡척 6촌 6분이라 했는가 하면 포백척은 곡척 1척 7촌이라 하고, 관례의 결부속파법과 里程法을 다음과 같이 하였다.[1)]

1步＝周尺 6尺
1間＝周尺 10尺　　　　　　1鍵＝10間
1里＝周尺 2100尺＝350步＝420m
1息＝30里
1把(줌)＝方周尺 5尺＝1平方m
1束(단)＝10把　　　　　　1負(짐)＝100把
1結(먹)＝100負＝方 100m＝1ha

그러나 일본 陸地測量部는 전국을 삼각측량하여 지도와 토지대장을 작성하는 데 전래의 결부속파법을 사용하지 않고 다음과 같은 일본식 단위제도를 채택하였다.

1間＝曲尺 6尺
1坪(步)＝方 曲尺 6尺　　　　1畝＝30坪(步)
1段步＝300坪　　　　　　1町步＝100畝

그 결과 표준척은 일본의 도량형제도로 바뀌게 되었던 것이다.

2) 양제도의 개혁

광무 6년 도량형 개혁에서는 다음과 같이 量制度의 단위와 미터법의 단위량을 정하였다.

① 양제도의 단위

1撮＝10圭　　　　1抄＝10撮
1勺＝10抄　　　　1合＝10勺
1升＝10合　　　　1斗＝10升

---

1) 《增補文獻備考》 권 91, 樂考 2, 度量衡.

1石＝10斗

② 미터법의 단위량

1先知翊突(㎝)＝5抄 5撮 4圭

1翊突(m)＝5合 5勺 4抄 3撮 5圭

위와 같이 양제도를 제정함으로써 결국 1升＝1803.90669㎤와 같은 표준량을 취하게 되었는데, 이 1승량은 일본이 明治 때 통일한 일본 도량형의 표준량을 취한 것이었다.

3) 형량의 개혁

미터법에서의 질량의 標準原器인 백금제 1kg의 400분의 15의 무게를 衡量의 표준으로 정하고 그것을 1량으로 하여 보조 단위량을 다음과 같이 정하였다.

1絲＝10忽　　1毫＝10絲

1釐＝10毫　　1分＝10釐

1錢＝10分　　1兩＝10錢＝37.5g

1斤＝16兩＝600g

1貫＝100兩

이 표준량도 역시 일본 도량형의 표준량을 도입하여 우리나라 전래의 도량형제도를 완전히 말살시킨 것이었다.

〈朴興秀〉

집 필 자

개 요 ………………………………………………………… 李載龒

I. 토지제도와 농업

1. 토지제도 ………………………………………………… 金泰永
2. 농업과 농업기술 ………………………………………… 李鎬澈

II. 상 업

1. 도시상업 ………………………………………………… 劉元東
2. 지방상업 ………………………………………………… 劉元東
3. 화폐의 유통 ……………………………………………… 元裕漢
4. 무 역 …………………………………………………… 元裕漢

III. 각 부문별 수공업과 생산업

1. 야철수공업과 철광업 …………………………………… 柳承宙
2. 방직업 …………………………………………………… 趙孝淑
3. 제지업 …………………………………………………… 河宗睦
4. 조선업 …………………………………………………… 金在瑾
5. 염 업 …………………………………………………… 申芝鉉
6. 수산업 …………………………………………………… 朴九秉

Ⅳ. 국가재정

Ⅴ. 교통·운수·통신

Ⅵ. 도량형제도

한국사 24

조선초기의 경제구조

편찬간행 **국사편찬위원회**

초판1쇄 2003년 11월 30일
2쇄 2013년 6월 4일

번각발행 **탐구당**

등록일 1950년 11월 1일
등록번호 서울 제 03-00993 호

주소 서울특별시 용산구 한강대로 62 나길 6
전화 (02) 3785-2211(대표)
팩스 (02) 3785-2272
홈페이지 www.tamgudang.co.kr
전자우편 tamgudang@paran.com

ISBN 978-89-8236-590-4
978-89-8236-566-9(세트)

값 25,000 원